DÉPORTATION

CHRISTIAN BERNADAC

Déportation

(1933-1945)

1

FRANCE-EMPIRE
13, rue Le Sueur
75116 Paris

Vous intéresse-t-il d'être au courant des livres publiés
par l'éditeur de cet ouvrage ?

Envoyez simplement votre carte de visite aux

ÉDITIONS FRANCE-EMPIRE
Service « Vient de paraître »
13, rue Le Sueur, 75116 Paris

et vous recevrez régulièrement et sans engagement de votre part,
nos bulletins d'information qui présentent nos différentes collections
que vous trouverez chez votre libraire.

ISBN 2-7048-0706-X

IMPRIMÉ EN FRANCE

SOMMAIRE

Les Médecins maudits

Les expériences médicales humaines dans les camps de concentration

Ce livre est dédié à mon père, Robert BERNADAC.

Il a connu l'enfer de la déportation et ne m'a jamais appris la haine.

PRÉFACE

Pourquoi ?

Les coquelicots ont refleuri dans les champs retrouvés de Dachau, de Buchenwald ou d'Auschwitz.

Pour des millions de jeunes hommes d'aujourd'hui, nés après 1935, la longue aventure criminelle du national-socialisme est oubliée. Mieux, elle ne les concerne pas. Les souvenirs poussiéreux de la génération des parents sont versés depuis longtemps dans le dossier des « histoires de régiment ».

Le temps efface le passé avec une telle rigueur que beaucoup se demandent même si ces crimes horribles, minutieusement décrits depuis plus de vingt ans, on été réellement commis...

L'Histoire, souvent, dépasse le roman en « imaginations ».

L'aventure des « médecins maudits » reste le chapitre le moins connu de cette histoire criminelle du Reich nazi : un voile pudique a bien souvent masqué les comptes rendus des procès et les écrivains, qui ont étudié les expériences médicales humaines dans les camps de concentration, étaient tous des médecins et s'adressaient, avant tout, à des médecins.

Au début de l'année 1967, j'ai rencontré plus de cinquante étudiants de la faculté de médecine de Paris et j'ai été surpris de constater qu'ils ne connaissaient pas les expériences des camps et que près de la moitié d'entre eux admettaient « dans certaines conditions » les expérimentations humaines. D'autres considéraient même « l'expérience obligatoire » lorsqu'elle pouvait apporter la guérison de milliers de personnes. Cette thèse-argument était, après la guerre, la seule grande défense des « médecins maudits ». Elle revient à la mode dans certains milieux médicaux. L'exemple le plus frappant nous est fourni par la lecture d'un journal suisse : *Médecine et Hygiène* qui, dans son numéro 639 [1], affirme :

« L'animal expérimental idéal est l'homme. Chaque fois qu'il est possible, il faut prendre l'homme comme animal d'expérience. Le chercheur clinique doit avoir à l'esprit que, pour connaître les maladies humaines, il faut étudier l'homme. Il n'est de recherches plus satisfaisantes, plus intéressantes et plus lucratives que celles effectuées sur l'homme. Il nous faut donc aller plus loin dans la recherche sur le plus développé des animaux : l'homme. »

Sans commentaires.

L'année 1952, où l'on vit juger les médecins criminels de Struthof, a été riche en discussions et controverses. Les limites « floues » de l'« essai sur le vivant » ont été fixées. Le pape, par contre, a condamné sans appel les expériences et les volontaires-cobayes :

— Dans tous les cas un homme sain n'a pas le droit d'être volontaire pour une opération qui, certainement, aura pour conséquence une mutilation du corps humain ou une détérioration grave et durable de la santé. Le patient ne peut abandonner au médecin tous les droits sur son corps, sur lequel il n'a lui-même qu'un droit d'usage.

L'Académie de médecine, qui a toujours considéré comme criminels les actes d'expérimentation commis dans certains camps, a publié les règles de ces expérimentations. Elle établit la différence entre les essais de méthodes nouvelles pratiqués sur un malade et l'expérimentation sur des hommes sains. Si dans le premier cas l'expérimentation est nécessaire et même obligatoire, puisqu'elle peut sauver le malade, dans le second cas :

« Cette expérimentation ne pourrait être appliquée que sur des volontaires informés et entièrement libres de l'accepter ou de la refuser, et ne saurait être conduite que par une personnalité hautement qualifiée, capable de réduire au minimum les risques encourus. »

C'est un peu le résumé des dix règles de Nuremberg publiées à la fin du procès des « grands patrons » de la médecine allemande.

Les conclusions de l'Académie de médecine et les règles de Nuremberg ne satisfont pas l'ensemble du corps médical. En effet, comment imaginer qu'un volontaire puisse être totalement volontaire [2] ?

« On sait que le consentement libre est assez rare, on peut facilement créer une atmosphère de suggestion, de persuasion, arrivant à influencer la personnalité : bien entendu, des moyens de pression plus graves peuvent atteindre des sujets lorsqu'ils sont prisonniers. »

---

1. Avril 1964.
2. *La Psychopathologie expérimentale*, par le professeur Henri Baruk, P.U.F.

Quant au sacrifice volontaire consenti à la communauté [1] :

« Une telle mentalité nous paraît relever d'une régression et d'un retour à la mentalité des sacrifices humains de l'ancien paganisme, de ces sacrifices humains faits pour une nouvelle idole qui, dans cette optique, deviendrait la Médecine. »

Malheureusement chaque société a besoin de martyrs !

Cette même année 1952, les médecins juifs se réunissaient à Jérusalem et concluaient :

« Aucun être humain n'a le droit de sacrifier son semblable pour des buts d'utilité scientifique. »

L'expérimentation humaine ne sera, sans doute, jamais totalement codifiée. Le cas de conscience reste posé pour chaque praticien. Tout au long des discussions sur ce problème délicat avec des médecins, j'ai lancé la même question :

— Si pour sauver cent personnes il vous fallait tuer un seul cobaye humain ?

La plupart des médecins ont répondu :

— Je pense que ma conscience me forcerait d'accepter ce chantage ignoble.

Le professeur Baruk lui aussi avait sans doute posé cette question, puisqu'il écrit :

« On s'étonne que des professeurs de faculté et des savants nazis aient commis des crimes effroyables. Mais à partir du moment où on pense que le but unique est d'augmenter la science sans tenir compte des êtres humains et sans être soumis à un facteur éthique supérieur, et sans écouter les sentiments humains et en faisant taire son cœur, dans une telle optique, toutes les voies sont ouvertes pour toutes les déformations, les régressions, les perversions et les dégradations de la déshumanisation. »

Si, de plus, les médecins sont sûrs de l'impunité... Ce climat favorable à tous les excès, Hitler et Himmler l'avaient imposé : ce livre présente les expériences médicales qu'ils avaient réclamées ou tolérées. Je ne suis pas médecin. J'ai travaillé en journaliste. J'ai recherché et retrouvé d'anciens déportés sur qui les médecins allemands avaient expérimenté ; des médecins détenus qui, sous peine de mort, devaient servir d'assistants ou de « spécialistes » aux « chercheurs » nazis. J'ai compulsé des milliers de témoignages, les notes sténographiques des principaux procès. Pour les déclarations à la barre de Nuremberg j'ai utilisé la traduction de François Bayle, médecin général français, expert près du tribunal, qui a pu rencontrer avant leur procès les « savants criminels ». François Bayle

1. *La Psychopathologie expérimentale*, par le professeur Henri Baruk, P.U.F.

a publié sur ce sujet un ouvrage essentiel *Croix gammée contre caducée* qui malheureusement est épuisé et que l'on trouve difficilement dans les bibliothèques.

La conclusion de cet ouvrage n'est guère optimiste :

« Qu'il se trouve, de par le monde, un tyran comparable, petit ou grand, et qu'il réussisse à fanatiser la jeunesse par une idéologie aussi "idéaliste", fausse et inhumaine, que cette idéologie extirpe de la pensée de ses tenants toute notion religieuse (et morale), alors le pire renaîtra. Des médecins violeront encore la conscience humaine sous des prétextes scientifiques et utilitaires. De monstrueuses recherches s'édifieront, qui n'ont pu aboutir en Allemagne, mais qui seront tentées ailleurs ; l'État tout-puissant prendra sur lui la responsabilité, et tout recommencera. »

J'ai traité volontairement de « la morale expérimentale » dans cette préface pour conserver dans l'ouvrage les seuls faits bruts, sans « amélioration dite littéraire », sans « exclamations indignées ». L'horreur ne se souligne pas.

C.B.

On n'a jamais le droit de tuer un homme parce qu'on ne sait pas les images qui sont au fond de ses yeux

SAINT-EXUPÉRY.

Cette honte, personne ne nous en absoudra.

Professeur THÉODORE HEUSS,

Ancien président de la République fédérale allemande

I

UNE GRANDE PREMIÈRE

Ce spectacle-là, il le savait, lui donnerait des cauchemars. Ce soir, chaque soir, soir après soir. Une bien étrange manière de fêter son trente-troisième anniversaire ! Il sourit.

— Eh bien oui, Walter Neff, tu viens d'avoir trente-trois ans. Peut-être... sans doute, la dernière année de ta vie. En effet, comment toi, le prisonnier privilégié, l'infirmier indispensable du Block des tuberculeux de Dachau, pourrais-tu te tirer de cette nouvelle aventure ?

Sigmund Rascher inscrivit sur son carnet, à couverture noire, « 22 février 1942 ». Une rafale de vent s'engouffra dans l'étroit couloir de terre battue qui séparait les deux baraquements et se brisa sur la cabine métallique. Rascher leva les yeux de son calepin.

— Vous fermerez l'allée avec des planches. Il est impossible de travailler dans ces courants d'air.

Neff, pieds et mains gelés, sentit une goutte de sueur perler entre ses deux yeux. Il pensa :

« Comme ça, nous serons encore plus isolés. Après ils me tueront. Ils ne vont pas supporter que l'on ait vu ''ça''. On pourrait raconter... »

Rascher hurla :

— Ça y est 47 200 pieds ! Faites-lui enlever le masque.

Ce 22 février 1942, par la volonté d'un petit médecin grassouillet SS, capitaine de réserve de l'armée de l'air, commençait, dans le camp de déportation de Dachau, la première grande série d'expériences humaines de l'histoire du IIIe Reich. Rascher avait gagné : il serait bientôt professeur d'université. Les balles de la guerre siffleraient leur bonsoir bien loin de ses oreilles. D'ailleurs il faudrait qu'il en parle à son « ami » Himmler : en aucun cas les savants ne devraient risquer leur vie sur les fronts... Le docteur Romberg interrompit sa rêverie.

— Voilà ! il ôte son masque.

La chambre à basse pression avait été prêtée à Rascher par le docteur Siegfried Ruff, le jeune directeur du Centre expérimental aéronautique. Il s'agissait d'un grand caisson vertical, habillé de tuyauteries, de leviers de commande, de hublots. À deux mètres du sol, une « barre fixe » supportait un harnais de parachutiste, une cloche à vaches et une ardoise d'écolier. Des manettes et volants extérieurs permettaient à l'expérimentateur de régler la pression atmosphérique du caisson. À la limite, les docteurs Rascher et Romberg pourraient simuler des vols à 22 000 mètres. Aujourd'hui les cadrans indiquaient 15 000 mètres (42 700 pieds).

Le pantin à pyjama rayé, noué dans ses sangles, hésitait. Sa main accrochée au masque à oxygène se crispa. Neff songeait :

« S'il ne l'arrache pas, Rascher va lui faire passer un sacré quart d'heure. »

Enfin le cobaye se décida. Le groin de cuir glissa et se balança lentement au bout du tuyau d'arrivée. Les yeux du déporté se révulsèrent. Comme dans un jeu de massacre la tête, bouche béante, narines dilatées, se rejeta. Rascher notait :

« Symptômes graves du mal des aviateurs, convulsions spasmodiques. »

Neff aurait marqué :

« Une véritable marionnette dont on tire toutes les ficelles à la fois. »

Millimètre par millimètre Rascher tournait le volant de commande générale. L'aiguille du chronomètre indiquait trente secondes, l'altimètre quatorze kilomètres et demi. Violemment, le corps du faux parachutiste s'arc-bouta, jambes et bras unis. Un croissant posé verticalement. Le carnet noir s'enrichit d'un bref griffonnage :

« Opisthotonos [1]. »

Romberg soudain découvrit l'inutilité de l'expérience. Jamais non jamais, un aviateur quittant un appareil touché à de telles altitudes n'ouvrirait tout de suite son parachute ; il commencerait sa descente en chute libre. On ne saute pas en « automatique » de 15 000 mètres, mais en « commandé ». Au même instant Romberg découvrit une autre inutilité : celle de ses appréhensions. Le SS Rascher, protégé d'Himmler, pouvait tout se permettre. Lui, Romberg, détaché par l'Institut officiel d'expérimentations aériennes n'était là que pour cautionner les recherches de Rascher alors que l'Institut croyait que Romberg dirigeait... Il s'approcha du hublot. Rascher inscrivait :

1. Forme de tétanos dans laquelle la contraction prédomine sur les muscles extenseurs et sur les muscles de la face postérieure du corps.

« 14,3 kilomètres. Bras tendus raides en avant ; cherche à s'asseoir comme un chien, les jambes écartées maintenues raides. »

Les extrémités s'agitaient, le visage tour à tour blême et rougeaud n'était plus qu'une bouche haletante, avide d'oxygène. L'irrégularité, l'accélération et l'amplitude des mouvements respiratoires, l'incoordination de tous les gestes, leur brusquerie, les convulsions d'agonie, les yeux surtout, des yeux vides, morts, éteints, faisaient songer à un poisson que le pêcheur dépose dans l'herbe et qui désespérément se tortille, se tire-bouchonne, branchies folles, queue frétillante.

Arrivé à six kilomètres, l'homme grogne en bavant ; ses muscles se détendent quelques secondes avant de se contracter à nouveau. Relâchement, contraction, relâchement... les grognements rauques s'aiguisent, s'effilochent, ronronnent, basculent dans un ronflement régulier pour se transformer enfin en cris désespérés, apeurés. La tête tombe en avant. Le supplice se prolonge depuis déjà vingt minutes. Le parachutiste va atteindre le sol. Rascher note :

« Crie spasmodiquement, grimace, se mord la langue. »

Rascher interroge :

— Tu m'entends ?

— Ça va ?

— Réponds !

Cinq minutes après avoir atteint le niveau du sol, première réaction :

— Ça va ?

Il remue la tête, cligne des yeux.

— Redresse-toi.

L'homme essaye en répétant plusieurs fois :

— Non, s'il vous plaît.

Neuf minutes : il se lève et, quelle que soit la question posée, répond :

— Seulement une minute.

— Dis-nous ta date de naissance !

— Seulement une minute.

Il renifle, gonfle ses joues, égrène des chiffres, la tête tournée convulsivement vers la gauche. Il tente sans arrêt de répondre à la première question concernant sa date de naissance, puis à son tour pose des questions :

— Puis-je couper une tranche ? Je peux respirer ? Est-ce que cela sera bien si je respire profondément ?

Rascher ne répond pas. Le déporté bombe le torse.

— Très bien. Merci beaucoup. Puis-je couper une tranche ?

Quinze minutes :

— Allons, maintenant tu vas marcher.

— Très bien. Merci beaucoup.

Et il avance.

— Ta date de naissance ?

— 1928 [1].

— Dans quelle ville ?

— Quelque chose en 1928.

— Ta profession ?

— 28. 1928. Puis-je respirer profondément ?

Rascher répond affirmativement.

— J'en suis très content.

Il court au hublot ouvert dans la cabine.

— Excusez-moi s'il vous plaît.

Rascher brandit son revolver, fait sauter le cran de sécurité, arme et tire en l'air. Le prisonnier n'a aucune réaction. Il ne retrouvera ses esprits que vingt-quatre heures plus tard et ne se souviendra pas de sa lente descente immobile dans la chambre à basse pression [2].

— Très bien mon vieux, conclut Rascher, nous recommencerons après-demain.

*
* *

Les deux hommes qui, pierre à pierre, édifièrent la pyramide nazie, Hitler et Himmler, acceptèrent et provoquèrent les expériences médicales humaines.

Dans *Mein Kampf,* la bible du régime, Hitler, après avoir démontré la supériorité de la race aryenne, écrit :

« L'État est un moyen de parvenir à un but. Son but est de maintenir et de favoriser le développement d'une communauté d'êtres qui, au physique et au moral, sont de la même espèce. »

Le principe général est posé et vous savez que tous les moyens seront bons pour que ce noyau d'élus, cette caste supérieure, prospère en écrasant les peuples d'esclaves. S'il faut effacer de la terre les êtres inférieurs, on doit aussi se servir d'eux pour l'édification de l'Empire de Mille ans et l'amélioration de la race des Seigneurs. Les sous-êtres sont plus nombreux et moins précieux que les animaux de laboratoire. Lorsque les médecins veulent des singes, ils doivent les faire acheter à Calcutta ou Bombay. Inutile aujourd'hui : la nasse barbelée s'est refermée sur des millions de déportés.

Le médecin général Karl Brandt, l'autorité suprême dans les domaines

---

1. Il est né le 1er novembre 1908.

2. Le rapport de cette expérience figure dans les archives de la 7e Armée américaine et bien sûr dans les archives de Nuremberg.

médicaux du Reich, a affirmé devant les juges qui le condamnèrent à mort à Nuremberg qu'Hitler avait eu l'idée de ces expérimentations en 1935.

— Il avait émis cette opinion à l'occasion d'une opération subie à la gorge en 1935. Il avait déclaré à l'époque qu'il serait logique d'utiliser des criminels pour mettre au point des problèmes médicaux [1].

Devant les mêmes juges, le professeur Gebhart, ami d'enfance d'Himmler, médecin général et chef occulte des médecins SS, confirma la déclaration de Brandt. Il alla même un peu plus loin :

— Les expériences de Rascher ordonnées par Himmler avaient été exposées au Führer et Hitler avait décidé qu'en principe les expériences humaines étaient permises lorsque l'intérêt de l'État était en jeu. À ce moment elles étaient protégées par la loi, non soumises à des sanctions et, au contraire, celui qui n'aurait pas accepté d'exécuter cet ordre militaire aurait été puni. D'après Himmler, le chef de l'État pensait

---

1. Karl Brandt n'avoua jamais qu'il avait été tenu au courant des différentes expérimentations. Né à Mulhouse en 1904, il quitta la France dès 1919. Durant ses études médicales il travailla sous la direction d'Albert Schweitzer, il eut même l'intention de s'embarquer pour Lambaréné mais il aurait dû effectuer son service militaire sous le drapeau français. En 1933 il soigna une nièce d'Hilter blessée dans un accident d'automobile, il rencontra le Führer, devint son médecin d'escorte puis « presque » ministre de la Santé... Condamné à mort le 20 août 1947, il réclama le privilège de mourir au cours d'une expérience médicale. Les autorités américaines refusèrent. Avant son exécution sur l'échafaud, il déclara :

— Ce prétendu jugement d'un tribunal militaire américain est l'expression formelle d'un acte de vengeance politique. Abstraction faite de la compétence contestable de la cour elle-même, il ne sert ni la Vérité ni le Droit. On comprend la chinoiserie du procureur de la cour de Nuremberg quand il dit : "Le procès a montré que Karl Brandt n'a rien su des expériences, mais il est coupable parce qu'il aurait dû le savoir."

« Comment la nation qui se trouve à la pointe de toutes les expérimentations humaines inimaginables, peut-elle oser accuser et juger des gens qui l'ont tout au plus imitée ? Et même l'euthanasie ! Que l'on regarde l'Allemagne d'aujourd'hui et sa détresse subtilement prolongée. Il n'est pas étonnant que cette nation qui portera toujours dans l'histoire de l'humanité le signe de Caïn, après Hiroshima et Nagasaki, essaye de se cacher dans la brume des superlatifs moraux.

« Le droit n'a jamais existé ici mais la dictature de la force. La force exige des victimes et j'en suis une. C'est pourquoi je n'ai pas de honte à me trouver sur cet échafaud ; je sers ici ma patrie en toute conscience et de toutes mes forces. Le poteau de Landsberg est le symbole du devoir pour tous ceux qui sont droits et sincères.

« Je pense à mon pauvre pays qui m'est sacré, à mon peuple et à sa puissance qui peinent et s'efforcent, se cherchent et cherchent l'éternel. C'est dans l'éternel que moi aussi je me sens en sûreté. Dans cette heure solennelle pour moi, je remercie la vie qui m'a pris entièrement. Je suis un homme, je me suis donc trompé moi aussi. J'ai failli également mais j'ai toujours combattu en conscience pour mes convictions, avec droiture, franchise, et à visière ouverte.

« Je suis prêt. »

qu'on ne pouvait laisser intacts certains des prisonniers des camps de concentration, alors que les soldats combattaient et que des femmes et des enfants souffraient des raids et des bombes.

Hitler se souciait peu du déroulement quotidien de la vie et de la mort dans les camps d'extermination :

— Pour les détails, consultez le Reichsführer SS Heinrich Himmler.

L'ancien étudiant en sciences agronomiques était à la fois adepte de l'ésotérisme et pragmatique. Il avoua à Heydrich :

— J'aurais aimé jouer du violon comme vous mais surtout guérir les hommes soit en imposant les mains, soit comme médecin.

Et Gebhart nous apprit à Nuremberg que le livre de chevet d'Himmler était un recueil des pensées et des travaux d'Hippocrate.

— Il n'existe pas de livre auquel Himmler se référait plus souvent que le livre d'Hippocrate. Depuis 1940 ce livre se trouvait sur son bureau.

L'ouvrage lui avait été offert par sa femme ; elle collectionnait les ouvrages anciens de « soins à donner aux malades ». Un atavisme logique : Mme Himmler, comme sa mère et sa grand-mère, avait été infirmière.

Chez Himmler le besoin de faire expérimenter était une véritable maladie.

— Essayez toujours, il en sortira peut-être quelque chose.

Les charlatans surtout recevaient ses faveurs. Lorsque Mussolini par exemple avait été arrêté et que les services d'espionnage allemands ne savaient pas où il était retenu prisonnier, Himmler réunit en un véritable banquet — cigares, champagne — quarante diseurs de bonne aventure, agitateurs de pendules et autres chiromanciens déportés d'Oranienburg-Sachsenhausen, pour retrouver le Duce évanoui [1].

Ne nous y trompons pas. Il est facile aujourd'hui d'écrire : « Les dirigeants nazis étaient des fous... Tenez le bon docteur Morell (le médecin privé d'Hitler) le bourrait de strychnine ; Himmler dirigeait des sociétés secrètes comme le groupe de Thulé ou l'Ahnenerbe. Et ces mages voulaient retrouver le trésor des Cathares à Montségur et le saint Graal entre Tarascon-sur-Ariège et Vicdessos... »

Tout cela est vrai mais Himmler partait du principe que tout devait être tenté dans tous les domaines. Nous en revenons à son fameux :

— Essayez toujours, il en sortira peut-être quelque chose.

Ahnenerbe signifie « héritage des ancêtres ». Cette société avait pour statuts dès 1933 : « Rechercher la localisation, l'Esprit, les Actes et

1. Édouard Calic, *Himmler et son empire,* Stock.

l'Héritage de la race nordique indo-germanique et communiquer au peuple les résultats de ces recherches sous une forme intéressante. »

Bien sûr les « chercheurs » se dispersaient : nouvelle quête de la pierre philosophale et de l'Atlantide, cérémonies initiatiques, magie, occultisme, études des grandes religions, des mouvements mystiques et philosophiques, interprétation des « sagesses » tibétaines ou asiatiques, etc. mais surtout l'Ahnenerbe se consacra, sous le contrôle d'Himmler, aux expérimentations humaines. Dès 1942 il ne s'intéressa pratiquement plus qu'à cela. L'Institut était rattaché à l'état-major personnel du second personnage de l'État [1].

Rascher, comme beaucoup d'autres expérimentateurs, était membre de l'« Héritage des ancêtres ».

Sigmund Rascher était fils de médecin. Lorsqu'il rencontra Nini Diehls il venait d'avoir trente ans ; elle quarante-six. Mais Nini Diehls pouvait servir l'ambition de son amant, briser la médiocrité de sa vie ; elle n'avait qu'un seul grand ami : Heinrich Himmler. Le couple ne recula devant aucune bassesse. Rascher dénonça même son père à la Gestapo.

— C'est un ennemi du régime...

Il fut déporté.

Si les dirigeants nazis applaudissaient l'union libre, ils aimaient bien recevoir, chez eux, des couples légitimes accompagnés de rejetons blonds. Les Rascher attendirent la naissance de leur second enfant pour signer le registre des mariages. Couple « dans le vent », choyés par oncle Heinrich qui leur offrait des chèques en blanc, ils étaient de toutes les réceptions et Nini Diehls baissait timidement les yeux lorsqu'une matrone dodue, gavée de cochonnailles et de bière, lui demandait :

— Vous devez avoir un secret. À votre âge, de si beaux enfants, c'est presque inimaginable !

Le secret des Rascher n'était connu que d'une troisième personne : une servante légère qui avait accepté de vendre sa « production clandestine ». Nini Diehls, satisfaite de la « marchandise », payait rubis sur l'ongle et retenait toujours la « faute » de l'année prochaine. Un jeu de coussins de différentes épaisseurs transformait à souhait la silhouette de cette déjà vieille dame, si jeune encore.

Rascher fréquentait les cercles médicaux aéronautiques. Les pilotes — le docteur Siegfried Ruff, directeur du Centre expérimental de l'armée de l'air l'a affirmé à Nuremberg — ne savaient que faire lorsqu'ils

---

1. Les aspects ésotériques de la société ont été traités par Louis Pauwells et Jacques Bergier dans *Le Matin des magiciens*, éditions Gallimard et par Édouard Calic (ouvrage déjà cité).

abandonnaient leurs appareils à de hautes altitudes. Ils ne disposaient même pas d'appareils à oxygène pour sauter.

— Les équipages redoutaient après l'ouverture du parachute la descente et l'atterrissage sur terre ou sur mer, le mal de l'altitude ou la noyade. Nous ne pouvions les aider car nous n'avions pas de bases expérimentales. Or, les avions de combat volaient jusqu'à dix et onze mille mètres. Les avions ennemis volaient même plus haut. Nous avions un chasseur, le Messerschmitt 163 qui était à la période des essais et qui pouvait atteindre dix à douze mille mètres en deux minutes. De plus gros moteurs et de plus grands avions étaient en construction. Ils pourraient atteindre seize mille mètres. Les développements mécaniques avaient dépassé les résultats obtenus en médecine aéronautique. J'avais déjà résolu la question du sauvetage à douze mille mètres ; restait le sauvetage à vingt mille mètres.

Rascher savait que Ruff et ses collaborateurs avaient effectué sur eux-mêmes plus de dix mille expériences :

— Il est juste de dire que nous avons reproduit les conditions, jusqu'au point où nous ne pouvions plus les supporter, jusqu'au point dangereux... Nous devions payer notre propre assurance sur la vie... Nous eûmes seulement deux morts.

Ruff était bloqué dans ses recherches lorsqu'il reçut la visite de Rascher.

— J'ai l'autorisation, lui dit-il, d'expérimenter sur des prisonniers de Dachau, des « criminels professionnels ». Cette permission est signée Himmler.

C'était vrai. Rascher avait discuté longuement de ces problèmes avec le Reichsführer SS. Une lettre du 15 mai 1941 officialisait sa demande :

« L'étude des vols à haute altitude nécessitée par le plafond plus élevé des avions de combat britanniques, a pris une place importante. On a jugé regrettable de ne pouvoir faire des expériences sur du ''matériel humain'' car ces expériences étaient très dangereuses, personne n'était volontaire. C'est pourquoi je pose la question capitale : pouvez-vous mettre à notre disposition deux ou trois criminels professionnels, à des fins expérimentales ? »

Par la plume de son secrétaire, Himmler répondit :

« Bien entendu, des prisonniers seront mis avec plaisir à votre disposition... »

Les instituts officiels de recherche ne faisaient pas confiance à Rascher, mais n'osaient pas l'avouer. Il faudrait trouver d'autres médecins capitaines plus sérieux... Rascher serait leur adjoint. Les docteurs Lutz et Wendt refusent. Le fait est assez rare pour être signalé. Le docteur Lutz témoigna à Nuremberg :

— Je ne me considérais pas assez dur pour ce genre d'expériences... C'est déjà bien assez difficile d'expérimenter sur un chien qui vous regarde et qui semble avoir une sorte d'âme.

Le docteur Romberg avait certainement plus de scrupules que Rascher mais pas assez pour refuser. Lorsqu'il voudra se retirer de l'expérience, il sera trop tard.

* * *

N'oublions pas que pour Rascher les expériences sont le moyen le plus rapide et le plus sûr d'obtenir une place dans une université. Mais ses travaux, pour avoir plus de poids que ceux d'autres chercheurs comme Romberg, doivent aboutir à des conclusions originales. Le petit médecin capitaine ambitieux dispose d'un dossier volumineux sur le sujet. Des milliers d'essais ont été tentés sur des animaux ; la simple arithmétique a fourni des résultats jusqu'à des altitudes de cent kilomètres. Alors ? Les expériences sur des êtres humains ne feront que confirmer les données du problème, les modifier dans le détail... une piètre étude ! Mais si l'on va plus loin, si on laisse mourir un homme à quinze kilomètres, si on pratique l'autopsie à cette hauteur, ou sous l'eau, pour prouver l'embolie gazeuse ; si minutieusement on décrit son agonie... Les directeurs des Instituts aéronautiques ne se manifesteront pas, ils tremblent devant les SS.

Ainsi vont naître à Dachau deux séries distinctes d'expériences. Une première officielle avec des sujets volontaires, bien traités, que l'on montrera aux observateurs galonnés. Tous sont déportés allemands. La seconde clandestine sans Romberg et sans témoins, avec des prisonniers qui le lendemain seront exécutés dans la chambre à dépression.

Écoutons August Heinrich Vieweg, un détenu allemand du camp :

— Au moment même où les moteurs de cette chambre commençaient à tourner, un silence de mort régnait dans l'infirmerie ; il arriva souvent que des malades ou même des infirmiers qui se trouvaient dans les couloirs fussent immédiatement amenés sur le lieu des expériences.

« Cela alors que dix détenus avaient été sélectionnés par le chef du camp.

« Les dix sujets devaient être les sujets d'expérience officiels ; ils étaient bien nourris, recevaient du tabac et autant que je sache on les appelait les sujets de démonstration. En dehors d'eux un grand nombre de déportés étaient choisis au hasard dans le camp pour être amenés à cette chambre de dépression. De plus je me rappelle qu'un chef de Block, envoyé à l'hôpital pour pneumonie, fut amené à cette station d'expérience et quelques jours plus tard porté à la morgue. »

Le témoin numéro un de l'accusation au procès de Nuremberg devait être Walter Neff.

— Les expériences commencèrent le jour de mon anniversaire : le 22 février 1942. La chambre avait été apportée par un camion de charbon. Le docteur Romberg arriva en même temps, donna les ordres de montage et les directives concernant le courant.

« Il y avait un certain nombre de volontaires car Rascher leur avait promis de les libérer s'ils acceptaient les expériences ; une dizaine de détenus furent volontaires. Un seul fut libéré ; un nommé Sobotta. Il subit une expérience en présence du Reichsführer SS qui lui demanda depuis combien de temps il était incarcéré. Il fut envoyé plus tard au groupe Dirlewanger, ce qui était la pire chose qui pouvait lui arriver. C'était une division SS entraînée à Oranienburg, chargée d'actions spéciales aux endroits les plus dangereux. Je ne connais aucun cas de prisonnier condamné à mort qui ait eu sa peine commuée en emprisonnement à vie, après avoir subi les expériences des hautes altitudes. »

Neff confirma que Rascher travaillait seul le soir. D'après ce témoin, en dehors des dix sujets officiels, cent quatre-vingts à deux cents déportés de toutes nationalités subirent les « recherches spéciales » du petit médecin. Plus de soixante-dix moururent, parmi eux seize prisonniers de guerre soviétiques.

— Ceux qui devaient être soumis à des expériences sévères, se terminant par la mort, étaient réclamés par Rascher à l'administration du camp et fournis par les SS... À mon avis de profane, chaque cas de mort dans la chambre à dépression a été provoqué volontairement et intentionnellement. Le pouvoir de Rascher dans le camp n'avait pas de limites. Il devint de plus en plus fort et, à la fin, personne ne pouvait s'opposer à lui. Je ne puis pas nier que j'ai eu l'impression que Romberg désirait se retirer des expériences. Je ne puis pas décider si c'est par manque de courage ou pour d'autres raisons qu'il ne l'a pas fait. L'initiative de tout cela appartenait à Rascher. Je suis convaincu que si Romberg avait eu l'ordre de conduire seul ces expériences, sans Rascher, il n'y aurait pas eu de morts.

Les juges furent convaincus par Neff et ils acquittèrent le « faible » Romberg non sans le malmener.

Question : Pourquoi n'avez-vous pas essayé d'empêcher Rascher d'interrompre les expériences lorsque vous vous êtes rendu compte qu'elles pouvaient être fatales ?

Romberg : Du fait de mon éducation et de mes études un homme de science peut difficilement attaquer quelqu'un physiquement, et se livrer à la force brutale. Personnellement je ne suis ni un violent ni un boxeur...

Question : Lorsque la première mort se produisit, vers le 1er avril, comment cela se passa-t-il ?

Romberg : C'était une expérience à treize ou quatorze kilomètres : de toute façon Rascher resta trop longtemps à la même altitude, il se produisit une embolie gazeuse qui causa la mort.

Question : Vous teniez-vous simplement à la fenêtre ou bien vous occupiez-vous d'un appareil pour Rascher ?

Romberg : Je regardais l'électrocardiogramme ; quand l'expérience arriva à un point critique, où je l'aurais moi-même arrêtée, je le dis à Rascher.

Question : Qu'auriez-vous pu faire pour sauver l'homme au moment où vous avez vu que l'expérience devenait dangereuse ?

Romberg : Rascher avait dans la main les commandes d'altitude ; il aurait fallu tourner le volant pour augmenter la pression, ainsi l'altitude aurait été réduite dans la chambre.

Question : Pourquoi ne pouviez-vous pas tourner cette roue et sauver la vie de l'homme ?

Romberg : Dans ce cas j'aurais dû le frapper.

Mais le docteur n'était pas boxeur...

II

LA MORT QUI VENAIT DU FROID

Nini Diehls devenue Mme Rascher pouponnait près de son mari. Tous deux avaient bien mérité de la patrie. Et ce n'était qu'un début : leur fidèle servante stakhanoviste venait d'annoncer une « livraison certaine » dans un délai de sept à huit mois. Mme Rascher pouvait acheter de nouvelles aiguilles à tricoter ; elle serait mère une troisième fois, à quelques jours d'un demi-siècle d'existence. Quant au docteur, il mitonnait des « découvertes extraordinaires ». Torse bombé, cheveux gominés, des piles de dossiers sous les bras, il était l'« irremplaçable savant » du Reich. Sa fatuité lui fermait cependant de nombreuses portes ; ne déclarait-il pas au professeur de physiologie Rein :

— Vous vous croyez physiologiste mais votre expérience est limitée à des cobayes et à des souris. Je suis absolument le seul qui connaisse vraiment la physiologie humaine car, moi, j'expérimente sur des hommes et non sur des cobayes et des souris.

Que craint-il ? Rien ! il est le protégé d'oncle Heinrich ! Plus que jamais.

* * *

Au lendemain de la Bataille d'Angleterre, les services de Recherche de l'armée de l'air s'étaient penchés sur les statistiques des sauvetages en mer. Si les Britanniques abattaient sans rémission les avions, la Manche glacée tuait les pilotes du maréchal Goering avec plus d'efficacité que les balles de mitrailleuse :

— Le problème du froid était très important pour nous [1]. Des

1. Déposition du médecin général Hippke au procès de Nuremberg.

aviateurs tombés en mer mouraient de froid malgré leurs vêtements chauds ; des aviateurs repêchés vivants mouraient aussi malgré les médicaments, les couvertures chaudes et les autres soins. La marine avait également l'expérience des naufragés ramenés vivants à terre et qui mouraient. C'était une énigme. Pourquoi ces gens ne récupéraient-ils pas ? Pourquoi leur état s'aggravait-il progressivement jusqu'à la mort ? Ils étaient tous sans connaissance et raides, mais encore vivants. Ils mouraient et nous n'y comprenions rien.

Rascher à cette époque tuait les parachutistes-cobayes dans la chambre à basse pression de Dachau. Il collectionnait toutes les publications sur le froid mais, débordé par ses « inestimables travaux secrets », il ne pouvait mener de front deux expériences différentes. Pour prendre date, il en avait parlé à Himmler. Ce dernier avait souri et cligné de l'œil :

— Les pêcheurs ont trouvé la seule bonne solution. Quand ils débarquent gelés, ils demandent à leur femme de se coucher sur eux...

La fin de la phrase s'était perdue dans les rires et les tapes sur les cuisses.

Le professeur Weltz, dans les semaines qui suivirent, publia un article qui passionna les services de Recherche de l'armée de l'air et le docteur Rascher.

« Au cours de leurs études préliminaires sur des cobayes, ils (Weltz et ses assistants) découvrirent tout à fait par hasard que beaucoup de ces animaux qui avaient été refroidis à des températures habituellement fatales, pouvaient être réanimés avec une rapidité remarquable par un bain chaud à 40°. D'après les théories en honneur jusqu'alors, on s'attendait à ce que la littérature médicale appelait la syncope grave par réchauffement [1]. Après cette surprenante découverte, ils essayèrent de plonger rapidement des animaux refroidis trois ou quatre fois dans de l'eau à 45 et même 60° ; le pourcentage des animaux ainsi sauvés s'accrut encore. »

Weltz prit alors le chemin de Dachau... Il dépassa le camp de concentration et s'installa dans une gigantesque porcherie à moins de dix kilomètres des « chambres de torture » de Rascher.

— Je transportai mon institut à Freysing, dans une propriété où l'on élevait des cochons ce qui nous permit d'expérimenter, dans des conditions beaucoup plus proches des conditions humaines. En effet, le porc a un métabolisme proche du métabolisme humain, ses dimensions sont en rapport et il n'a pas de fourrure.

1. Le professeur Weltz comme, semble-t-il, les médecins de l'armée de l'air, ignorait les travaux du professeur russe Lepczinsky qui, au XIXe siècle, avait avec succès réchauffé rapidement des gelés dans un bain à quarante degrés. Weltz ne faisait que redécouvrir.

De suite, Weltz obtient les mêmes résultats qu'avec les cobayes. L'armée de l'air envisage d'appliquer cette redécouverte[1] à l'homme. Des instructions vont être données aux marins chargés des repêchages en mer pour qu'ils baignent les aviateurs, dès leur sauvetage, dans de l'eau à 40°. Rascher intervient et déclare au médecin général Hippke :

— Himmler m'a donné l'ordre d'expérimenter dans ce domaine.

Ce qui peut paraître aujourd'hui invraisemblable se produisit : le général céda au capitaine... Comme le dira plus tard Gebhardt :

— L'ombre d'Himmler planait.

Cette « ombre » n'obscurcissait pas totalement l'intelligence des experts militaires. Ils décidèrent de faire couvrir l'opération par un spécialiste. Lui seul conduirait l'expérimentation... le pied sur la pédale de frein pour tempérer les ardeurs sanguinaires de Rascher. L'homme choisi, le docteur Holzlöhner, était professeur de physiologie à la faculté de médecine de Kiel ; les aviateurs lui devaient déjà l'invention d'une combinaison de vol révolutionnaire pour l'époque. Le tissu, les bottes, les gants imprégnés de gaz, dégageaient de la chaleur au contact de l'eau. Le professeur Holzlöhner avait également, tout au long de la Bataille d'Angleterre, étudié et soigné les aviateurs repêchés.

— Il était d'un dévouement exemplaire. Nous n'avions jamais connu un médecin aussi humain. Une seule chose comptait pour lui : notre guérison.

C'est en ces termes que parle du professeur Holzlöhner le capitaine Schlutzer. Alors, comment imaginer qu'il ait accepté d'expérimenter sur des êtres humains ? « L'ombre » ne paraît pas une réponse suffisante. Peut-être faut-il se demander si la certitude de l'impunité ne modifie pas l'éthique, la déontologie professionnelle, toutes les valeurs morales de certains individus en libérant les forces malignes, latentes qu'ils portent en eux... Lorsque, à la première heure de l'anéantissement du régime, le professeur se retrouvera seul, sans protection, il se suicidera.

* * *

Walter Neff savait que le « petit capitaine » allait le convoquer. Tous ces préparatifs dans le Block 5 ne pouvaient que cacher une nouvelle « folie ». Quelles images indélébiles remplaceraient celles qu'il portait gravées au fond des yeux ?

— Voilà... C'est simple, avait expliqué Rascher, tu t'es bien comporté au cours des expériences à haute altitude...

1. Voir note 1 page précédente.

De mécanicien-infirmier-croque-mort-électricien, Neff devenait assistant médical.

* * *

Hendrik Bernard Knol, un jeune Néerlandais, sommeillait sur un châlit de l'infirmerie. Son phlegmon guérissait lentement.

— Debout charogne ! Suis-moi. Vite !

Knol reçut un coup de crosse alors qu'il enfilait ses galoches.

Devant l'infirmerie un camion vert stationnait.

— Tu vas décharger la glace.

Et « sans comprendre le but de cette opération », Knol transporta une vingtaine de pains de glace dans un curieux bassin de bois qui occupait le centre d'une pièce fraîchement repeinte et que son gardien SS appelait la salle d'aviation.

* * *

Une table basse, en bois blanc, deux pupitres, un petit bureau ; le long du mur un établi et une paillasse d'évier, des éprouvettes, des cornues, trois tabourets et une chaise ; sur le sol des fils électriques ; au plafond une grosse poutre d'acier... Nous sommes dans la « salle d'aviation » du Block 5. Tous ces objets entourent la « piscine ».

— Le bassin était en bois. Il avait deux mètres de long et deux mètres de profondeur. Il dépassait le plancher d'environ cinquante centimètres. Il y avait dans la salle d'expérience et dans le bassin un certain nombre d'appareils de mesure [1].

Le père Michialowsky n'eut pas le temps de se poser de questions ; il aperçut les blocs de glace qui flottaient sur l'eau et Rascher lui cria :

— Déshabille-toi.

Le prêtre était polonais. Il avait été choisi comme cobaye par le chef de camp et accompagné près de la piscine par le médecin de l'hôpital de Dachau.

— On fixa des fils à mon dos, puis dans le rectum et je dus remettre ma chemise et mon pantalon, puis un uniforme d'aviateur, une paire de bottes fourrées et une combinaison de vol.

« On me plaça sous la nuque une chambre à air gonflée ; les fils furent reliés aux appareils et je fus jeté à l'eau. J'eus immédiatement très froid et je commençai à trembler. Je dis aux hommes qui étaient là que je ne pourrais pas supporter ce froid plus longtemps, mais ils rirent et me dirent que cela durerait très peu de temps. Je m'assis dans l'eau et

1. Témoignage de Walter Neff (Nuremberg).

gardai ma connaissance pendant une heure et demie approximativement. Pendant ce temps ma température s'abaissa lentement au début, plus rapidement ensuite ; d'abord 37,6, puis 33 et ensuite 30. Je devins à peu près inconscient. À ce moment, on me prenait du sang à l'oreille toutes les quinze minutes. On me donna une cigarette et bien entendu je n'avais pas envie de fumer. Cependant un de ces hommes me donna cette cigarette et l'infirmier qui se tenait auprès du bassin continua de la mettre dans ma bouche et de la retirer. J'en fumai la moitié. Puis on me donna un peu d'alcool, puis une tasse de rhum tiède. Mes pieds devinrent durs comme du fer, ainsi que mes mains, et ma respiration très courte. Je me remis à trembler. Une sueur froide perlait à mon front. Je me sentis sur le point de mourir et je leur demandai encore de me sortir de là.

« Le docteur me donna alors quelques gouttes d'un liquide inconnu, douceâtre, puis je perdis connaissance. Lorsque je revins à moi, il était environ huit heures du soir et j'étais étendu sur un brancard recouvert de couvertures avec au-dessus des lampes chauffantes. Je dis que j'avais faim. Le médecin du camp donna des ordres pour que l'on me donne une meilleure nourriture.

« Je mis longtemps à me rétablir. J'ai conservé une certaine faiblesse cardiaque ainsi que des maux de tête et très souvent des crampes dans les pieds. À mon arrivée au camp je pesais cent kilos, au moment des expériences cinquante-sept. »

Il est évident que le père Michialowsky n'était pas volontaire et qu'il dut attendre, comme ses camarades, l'arrivée des Américains pour être libéré.

Les expériences du professeur Holzlöhner et du docteur Rascher devaient se terminer au début du mois d'octobre 1942. Quatre-vingts déportés se succédèrent dans le bassin ; tous furent semble-t-il anesthésiés lorsque la douleur devenait insupportable. Tous furent sortis du bain glacé vivants. « Quinze ou peut-être même dix-huit », témoignera Neff, moururent alors que les médecins tentaient de les réchauffer.

Si cette première partie de l'expérience est condamnable, il faut tout de même reconnaître qu'aucun sujet ne fut tué délibérément. L'« humanité » toute relative d'Holzlöhner devait indisposer fortement le petit médecin capitaine. Il respira enfin lorsque le patron déclara :

— Notre but est atteint, il est inutile de pratiquer d'autres expériences.

Holzlöhner et Rascher rédigèrent leur rapport. Il serait plus juste d'écrire : le professeur Holzlöhner rédigea seul ce texte scientifique de plus de cinquante feuillets dactylographiés. Les conclusions étaient révolutionnaires à l'époque, les Américains les premiers le reconnurent. Un naufragé repêché continue à se refroidir lorsqu'il est sorti de l'eau, ce qui explique les nombreux cas de morts enregistrés après le repêchage. Il faut de suite baigner l'homme dans de l'eau chaude, c'est pour lui le seul moyen de survivre ; surtout ne lui donner ni alcool, ni médicaments. Les ceintures de sauvetage au début de la Seconde Guerre mondiale maintenaient le naufragé allongé sur l'eau et l'aidaient à mieux mourir car la nuque et l'occiput sont plus fragiles que le reste du corps ; désormais les ceintures de sauvetage devront soutenir le rescapé dans une position verticale, sa tête reposant sur un boudin de caoutchouc.

Le médecin capitaine raccompagna le professeur Holzlöhner à la porte du camp et se précipita dans son laboratoire. Il était enfin le seul maître des lieux, les véritables travaux scientifiques pouvaient débuter.

*
* *

Hendrik Bernard Knol approvisionnait toujours la « piscine » en glace.

— Ce soir-là, il devait être neuf heures, je venais de déposer mon dernier pain, un officier entra en compagnie de son chien. Je reconnus Himmler. Le docteur Rascher me fit une prise de sang puis me donna l'ordre de me déshabiller. On me fixa une ceinture de sauvetage. Brusquement je reçus un coup de pied et je tombai dans l'eau glacée. Himmler me demanda si j'étais rouge ou vert[1]. Je lui dis que j'étais rouge. « Si vous aviez été vert vous auriez eu une chance de liberté. » Je ne sais pas combien de temps je restai dans l'eau glacée, ni ce qui m'arriva car je perdis connaissance. Lorsque je revins à moi, j'étais étendu dans un lit, entre deux femmes complètement nues qui essayaient de provoquer un acte sexuel, mais sans succès.

Ainsi donc la lourde plaisanterie d'Himmler sur le pêcheur transi qui se pelotonne dans le giron de sa femme pour retrouver chaleur et vigueur, était à la fois une histoire grivoise et un dogme scientifique. Himmler avait même entrepris le voyage de Dachau pour toucher des yeux sa découverte capitale. Nous possédons sur ce sujet hautement scientifique une collection impressionnante de lettres signées Himmler ou Rascher. Tout au long de la période Holzlöhner, le Reichsführer SS demandait timidement : « Et la chaleur animale ? » puis lorsque Rascher expérimenta seul, l'obsession sadique et sexuelle du second personnage de l'État pouvait éclater :

« J'ordonne que quatre femmes de Ravensbrück soient envoyées au docteur Rascher. »

« Je suis très curieux des expériences réalisées avec la chaleur animale.

1. Les rouges étaient les détenus politiques, les verts des criminels. Le témoignage de Hendrik Bernard Knol figure dans les archives du Bureau d'investigation des crimes de guerre d'Amsterdam.

Je crois que ces recherches nous apporteront les plus grands et plus durables succès. Il est possible naturellement que je me trompe. »

Rascher réceptionna les quatre prostituées de Ravensbrück. Ses yeux ne pouvaient plus se détacher de la plus grande : Ursula Krauss. Elle pouvait avoir vingt ans, belle, élancée, racée, blonde à rendre jaloux un régiment de purs aryens ; au milieu de ce visage parfait on ne voyait que deux grands yeux bleus, rieurs, calins.

— Comment ! s'écria Rascher, toi une femme allemande de race nordique, tu acceptes de livrer ton corps à des Juifs, à des êtres inférieurs, à des animaux.

Elle répondit brutalement :

— Plutôt six mois dans un bordel que six mois dans un camp de concentration.

Rascher avertit Himmler.

« ... Elle présente indiscutablement les caractéristiques de la race nordique. Mes sentiments raciaux sont choqués par l'abandon de cette fille à des éléments racialement inférieurs du camp. Grâce à un métier bien choisi elle pourrait être remise sur le bon chemin. C'est pourquoi j'ai refusé de l'utiliser pour mes expériences. »

Le monde pouvait s'arrêter de tourner, Himmler et Rascher devaient sauver de la déchéance cette bonne aryenne. Le seul sentiment qu'ils possédaient, le « sentiment racial » s'indignait. Himmler dicta à son secrétaire une note destinée aux chefs de camp de concentration.

« Ursula Krauss mise sous la protection de l'État, appartient à cette catégorie de filles qu'on doit essayer de sauver pour le peuple allemand et pour leur propre vie ultérieure. J'ai découvert que des fous avaient dit aux prisonnières de Ravensbrück que celles d'entre elles qui seraient volontaires pour la maison de prostitution du camp seraient libérées au bout de six mois.

« J'ordonne :

1° Ne doivent être envoyées à la maison de prostitution du camp que les femmes qui ont apporté la preuve qu'elles ne pourraient jamais retrouver une vie régulière. Nous ne devons pas nous rendre coupables d'avilir une femme qui pourrait être sauvée pour le peuple allemand...

2° Toutes les filles jeunes qui peuvent être encore sauvées doivent être séparées des plus âgées... Il faut faire une différence entre celles qui peuvent être réformées et celles qui seront sauvées définitivement... etc. »

L'Histoire ne saura jamais si Ursula Krauss s'amenda. Une chose est certaine : elle ne s'allongea pas dans le lit de douleur du jeune ouvrier de Haarlem, Bernard Knol. Le 12 février 1943 les travaux obscènes du petit docteur se terminaient par l'envoi à son maître d'un assez court rapport qui devrait figurer dans toute bonne anthologie de la bêtise :

« Les sujets furent refroidis de la façon habituelle, nus ou habillés, dans de l'eau froide (température entre 4 et 9°). Les sujets furent retirés de l'eau lorsque leur température rectale eut atteint 30°. Au cours de huit expériences différentes, ils furent placés entre deux femmes nues, dans un lit spacieux. Les femmes devaient se serrer autant que possible contre le sujet refroidi. Les trois personnes étaient alors recouvertes de couvertures.

« Résultats :

1° Quand la température des sujets fut enregistrée, il fut surprenant de constater que la baisse supplémentaire de température avait atteint 3° ce qui constitua une baisse supplémentaire, plus considérable que celle constatée avec les autres méthodes de réchauffement. Cependant la reprise de connaissance se produisit plus tôt. Les sujets se rendirent très vite compte de la situation et se pelotonnèrent contre les femmes nues. L'élévation de la température corporelle se produisit à peu près à la même vitesse que dans le cas des sujets réchauffés par enveloppement dans des couvertures. Quatre sujets firent exception ; à des températures de 30 à 32° ils pratiquèrent un acte sexuel. Chez ces sujets la température s'éleva plus rapidement après l'acte sexuel, d'une façon comparable à l'élévation de température qui se produit dans un bain chaud.

2° Une autre série d'expériences fut constituée par le réchauffement au moyen d'une seule femme. Dans tous ces cas, le réchauffement fut nettement plus rapide que lorsqu'il était produit par deux femmes. On peut attribuer la cause à la disparition de toute inhibition personnelle, la femme se pelotonnait beaucoup plus intimement contre le sujet refroidi. Dans ce cas également, le retour à la connaissance complète fut rapide. Un seul sujet ne reprit pas connaissance et le réchauffement fut très faible. Ce sujet mourut avec des symptômes d'hémorragie cérébrale confirmés à l'autopsie. »

Rascher concluait que cette méthode de réchauffement était très lente et que l'on devait lui préférer le bain chaud.

* * *

Rascher se précipita, tête baissée, dans de nouvelles recherches. Les plus cruelles sans doute, si l'on admet une hiérarchie dans l'horreur.

Le commandant du camp choisit comme cobayes des officiers russes. Prisonniers de guerre, ils n'étaient au camp de déportation que depuis quelques jours. Rascher avait demandé :

— Je veux les deux hommes les plus robustes du camp... des taureaux de préférence.

Ils furent sortis de la prison. Il était interdit aux autres déportés et aux assistants de laboratoire de leur adresser la parole sous peine de mort. Rascher voulait savoir combien de temps pouvait survivre, dans l'eau glacée, un homme normalement constitué, en excellente forme physique. Les deux officiers se déshabillèrent en silence et se lancèrent dans la « piscine ». Pendant deux heures ils souffrirent sans crier.

Walter Neff demanda à Rascher :

— On pourrait peut-être leur faire une injection ?

Rascher se contenta de hausser les épaules. L'un des officiers s'adressa à son camarade :

— Dis à cet officier qu'il peut nous achever d'une balle.

— N'attends rien de ce chien !

— Qu'est-ce qu'ils racontent ? interrogea Rascher.

Un infirmier polonais donna une traduction approximative, expurgée. Rascher sortit :

— N'y touchez pas. On va voir s'ils battent le record de durée.

Dès qu'il eut disparu, le jeune polonais se pencha sur le bassin pour essayer de chloroformer ces hommes méconnaissables. Leurs lèvres ressemblaient à deux gros poings noueux. Rascher ouvrit brusquement la porte. Il tenait à la main son revolver.

— J'en étais sûr. Tu voulais saboter mon expérience. Je devrais t'abattre comme un chien. Vous tous sachez bien que vous mourrez dans l'eau, comme eux, si vous vous approchez du bassin sans en avoir reçu l'ordre.

Les deux officiers russes luttèrent désespérément contre la mort, cinq heures. Le record de la « piscine » était établi, il ne devait jamais être battu.

Pour élargir le champ de ses investigations, le petit médecin s'attaqua au second chapitre du froid. La campagne de Russie avait prouvé que le « froid sec » des steppes ventées était, de loin, le meilleur allié des troupes soviétiques. Rascher pouvait écrire le 4 avril 1943 :

« Grâce à Dieu, il y a de nouveau une période de gel intense à Dachau... »

Quelle aubaine ! même le ciel était avec lui. Moins 8° ! Inespéré. Walter Neff eut une nouvelle promotion. Il devint en quelque sorte le directeur-adjoint des expériences... Bien malgré lui... mais tout de même. Écoutons-le :

— Le premier prisonnier fut étendu nu sur un brancard, à l'extérieur du Block. Il était recouvert d'un drap et toutes les heures on versait sur lui un seau d'eau froide. Il resta ainsi jusqu'au matin...

Il est difficile d'imaginer la souffrance de cet homme qui se sentait geler de minute en minute, ses hurlements, ses supplications. Mais Rascher ne fut pas satisfait.

— C'est une erreur de l'avoir recouvert d'un drap. L'air n'est pas en contact avec son corps. La nuit prochaine je veux dix « criminels » et surtout pas de drap.

Rascher ne dormait plus, depuis dix-huit jours, que quelques heures seulement au petit matin. Sa fureur expérimentale seule le soutenait. Le dix-neuvième matin il s'approcha de Neff et lui confia :

— Je ne tiens plus le coup. Je vais dormir ces nuits prochaines. Je pense que je peux me reposer sur vous.

Neff décida alors de saboter les expériences.

— Ce soir-là nous donnâmes une anesthésie à l'Évipan à dix prisonniers. Nous laissâmes seulement un détenu dehors jusqu'à dix heures du matin. Nous aurions été prévenus par la lampe rouge des gardes si Rascher était revenu dans le camp. Vers six heures du matin, nous avons rédigé les rapports. Nous indiquions que dix détenus avaient été laissés dehors. C'est pourquoi dans les feuilles établies on peut voir que des déportés sont restés nus pendant toute la nuit à des températures qui pouvaient atteindre 10° au-dessous de 0 sans aucun accident. Un expert verrait tout de suite que c'est une chose impossible. En théorie, nous pratiquâmes une centaine d'expériences alors que réellement nous en fîmes seulement vingt. Pendant les expériences contrôlées par Rascher, trois hommes moururent. Les sujets avaient été laissés quinze heures dehors. La température corporelle la plus basse constatée fut 25°. La plupart des expériences furent faites sans anesthésie. Au début, Rascher ne voulait pas mais les déportés hurlaient tellement qu'il fut obligé d'accepter.

Rascher estimait que sous anesthésie, les résultats obtenus étaient « très peu scientifiques ». Mais comment faire autrement dans un camp ? Le secret ne pouvait être gardé si ces hommes gémissaient et criaient pendant des heures. Une solution : Auschwitz. Là il pourrait installer ses laboratoires dans le « désert » qui entoure le camp. Comme nous connaissons Rascher, nous pouvons être sûr qu'il aurait réussi, mais la découverte d'un déporté chimiste de Dachau, Robert Feix, interrompit brutalement les expérimentations sur le froid sec. Depuis le départ du professeur Holzlöhner, Rascher avait tué plus de quatre-vingts déportés sans compter les prisonniers sur lesquels il expérimentait, seul, dans l'enceinte fermée du four crématoire, des pastilles et des ampoules de cyanure. Il devait tuer là peut-être dix, peut-être cent cobayes humains. On ne le saura jamais. Walter Neff a affirmé :

— Il fabriquait environ soixante à quatre-vingts comprimés par jour.

Nous disions entre nous : « Ils sont en train de fabriquer des poisons qui leur permettront de disparaître rapidement lorsque les choses iront mal. »

III

NINI, NOUS SERONS MILLIONNAIRES

Quelle mouche avait piqué Rascher ? Il sifflotait sans arrêt alors qu'il aurait dû mourir de jalousie : la troisième série d'expériences intéressant l'armée de l'air [1] débutait à Dachau et lui, le grand spécialiste des problèmes aéronautiques, n'était même pas consulté. Il se pencha sur le maroquin rouge de son bureau et écrivit à sa femme :

« Nini, je ne peux t'en dire plus, mais tu peux me croire, nous serons très vite millionnaires. »

De ces millions, il rêvait depuis toujours. Il en avait assez de tirer le diable par la queue, de compter sur sa femme et sur Himmler pour changer d'appartement, de rideaux, de domestiques. Le temps des « Je te dénonce quelqu'un tu me donnes un chèque ; je réalise une expérience tu me fais un chèque » était terminé. Rascher allait bâtir des usines en Suisse d'abord, puis il passerait la frontière et irait s'installer au Canada ou pourquoi pas aux États-Unis ? Les Américains, comme les Allemands, avaient un tel besoin de la découverte de Robert Feix, pardon : de la découverte de Sigmund Rascher.

***

Robert Feix était un chimiste allemand connu : spécialiste des aliments concentrés et de la coagulation du sang. Mais Feix était juif et les nazis ne toléraient guère ce péché originel. Cependant, Robert Feix disposait de ressources impressionnantes ; il réussit à se faire établir des papiers attestant qu'il était « demi-juif » du premier degré ; encore un peu d'argent et il se retrouverait « aryen » du second degré, puis... Mais

1. Les expériences sur l'eau de mer. Voir chapitre suivant.

une dénonciation brisa cette escalade vers la pureté raciale. On n'accusait pas Feix d'être juif, mais d'avoir corrompu certains fonctionnaires. Feix fut acquitté mais arrêté en fin d'audience sur ordre de Bormann. Pendant sa détention préventive, les domestiques de Bormann, persuadés qu'il ne pouvait être que condamné, avaient déménagé l'appartement du riche chimiste.

À Dachau, Feix poursuit ses travaux et met au point le Polygal 10. Une tablette de son médicament ralentit les hémorragies pendant six heures. Il est trois fois plus efficace que tous les autres hémostatiques déjà fabriqués et sa réalisation coûte trois fois moins cher. Non, Rascher ne peut laisser échapper une telle « fortune ». Il songe sérieusement à faire prendre toutes les six heures, à tous les soldats allemands, sur tous les fronts, toute leur vie de combattant durant des pastilles de Polygal. Ainsi, les blessés saigneront moins et vivront plus longtemps... Il faudra fabriquer sans arrêt des tonnes et des tonnes de Polygal, des millions et des millions de pastilles de toutes les couleurs, de toutes les formes.

L'expérimentation est facile, il suffit de faire avaler à des malades que l'on va opérer cette drogue... trop facile pour Rascher. Le mauvais diable qui ronge son cerveau en ricanant lui conseille de tuer, encore, encore, encore.

Nous ne saurions rien de ces expériences sans les déclarations à Nuremberg de l'oncle de Rascher, le docteur Fritz Rascher. Famille parfaitement unie, comme vous pouvez en juger, où le fils dénonce le père à la Gestapo et l'oncle son neveu aux Américains.

L'oncle Fritz qui, de temps en temps, venait voir son neveu à Dachau, pénétra seul, un jour, dans le bureau de Sigmund. Des documents traînaient sur le maroquin rouge.

— Ces papiers avaient trait à l'exécution par fusillade de quatre personnes afin d'expérimenter le Polygal. Autant que je me rappelle, il s'agissait d'un commissaire russe et d'un Crétois. Je ne me rappelle pas qui étaient les deux autres. Le Russe reçut une balle dans l'épaule droite qu'un SS, debout sur une chaise, tira d'en haut ! La balle sortit près du foie. Le rapport décrivait longuement comment le Russe se tordit convulsivement de douleur puis s'assit sur la chaise et mourut au bout de vingt minutes. J'étais si choqué que je n'ai pas pu lire les trois autres descriptions.

Nous pouvons facilement imaginer.

Rascher entreprit alors, à son compte et en cachette, des tractations avec des laboratoires pharmaceutiques... Il s'entendit avec celui qui était le plus proche de la frontière suisse, à Lustenau. Il rêvait sans doute de contrebande lorsque trois SS vinrent l'arrêter. Rascher avait voulu aller trop vite. Il pouvait tuer sans scrupule, tout le camp de Dachau s'il le désirait, Himmler l'admettait, l'encourageait même, mais il n'avait pas le droit de voler d'un mark le Reich. Ses « amis » le voyant en difficulté enfoncèrent davantage le clou. Nini avait mis au monde son troisième enfant. Eh bien, avait-on dit à Himmler, c'est un bébé volé... enquête... servante retrouvée... Nini est arrêtée... N. i. n. i. c'est fini ou presque. Mme Rascher sera pendue à Ravensbrück la veille de la libération du camp.

Quant au docteur Sigmund Rascher, il termina sa vie criminelle dans la première semaine de juin 1945. Il occupait une cellule dans le Bunker de Dachau ; sur le grabat de cette pièce minuscule l'avaient précédé des prisonniers qu'il avait tués dans la chambre à basse pression ou la « piscine ». Le gardien SS, comme tous les soirs, frappa au guichet de la lourde porte en sapin. Rascher se leva pour prendre la gamelle de soupe aux épluchures de rutabagas. Le gardien était prêt ; le revolver pointé, il attendait. Rascher s'approcha. Le SS de la main gauche ouvrit le guichet. Il avança lentement le bras droit, se baissa pour viser et tira. Puis il ouvrit la porte et donna au petit docteur le coup de grâce que ce dernier avait si souvent refusé à ses victimes.

IV

OPÉRATION NEW YORK

Les grands dignitaires du Reich entendirent au moins une fois Himmler avancer :

— Vous verrez ; avant la mise au point des armes spéciales nous enverrons des avions sur les États-Unis. Et ils tomberont sur le cul, ces naïfs qui se croient à l'abri dans leur île. Nous ferons de l'Amérique une seconde Angleterre.

Et si quelqu'un demandait :

— Mais les pilotes ?

— Les équipages n'auront pas assez d'autonomie de vol pour revenir en Allemagne. Mais nous les sauverons tous. Je ne veux pas que l'on nous accuse d'envoyer des hommes au suicide.

Depuis 1935, les services de Recherche de la marine et de l'aviation étudiaient l'eau de mer en laboratoire et se posaient cette simple question :

— Comment rendre potables ces milliards de litres d'eau, au milieu desquels on meurt, en général, de soif ?

Himmler et les stations expérimentales SS posaient cette question d'une tout autre manière.

— Combien de temps un homme peut-il tenir en absorbant de l'eau de mer seulement ?

Nous ne saurons jamais si Hitler et Himmler désiraient réellement envoyer des bombardiers sur New York et remporter ainsi une éclatante victoire psychologique. C'est probable. L'intérêt particulier qu'Himmler apporta aux expériences sur l'eau de mer, est, pour certains, un début de preuve.

Il existait en Allemagne, à l'époque, deux moyens de rendre l'eau de mer potable. La méthode Schaefer, médecin chimiste mais sous-officier ;

la méthode Berka, ingénieur célèbre, officier. Le dossier Berka se présentait au départ en meilleure position que la découverte de Schaefer.

Les services techniques de l'armée de l'air conseillèrent à Himmler de faire expérimenter l'eau de Berka : la méthode Schaefer nécessiterait la construction d'une gigantesque usine qui « brûlerait » trois tonnes d'argent par mois. Berka, par contre, avait inventé une méthode simple, « pratiquement gratuite » et, de plus, son eau traitée était très agréable au goût.

— Pardon, réclama Schaefer, Berka est un charlatan. Sa méthode ne fait que changer le goût de l'eau. En une demi-heure, je vous apporte la preuve par analyse chimique que son sirop est en réalité de l'eau de mer, moi par contre...

Il était sous-officier...

L'armée de l'air fut chargée de l'expérimentation. Les SS fourniraient les cobayes. Dachau « camp rodé à ce genre de travail » abriterait les chercheurs dirigés par le professeur Beiglböck, de la clinique médicale de l'université de Vienne. Il était l'adjoint du docteur Hans Eppinger, considéré comme l'un des plus grands médecins vivants en Autriche [1].

Beiglböck croyait en Schaefer ; il décida d'expérimenter également son eau.

*
* *

Karl Holleinreiner et Joseph Laubinger avaient tous deux échoué à Buchenwald. Depuis le temps qu'on leur répétait :

— Vous, les Tziganes, vous ne valez guère mieux que les Juifs...

... Ils attendaient chaque jour leur transport au four crématoire. À moins qu'une corvée spéciale ne les éloigne à jamais de cet enfer où les morts devaient être plus heureux que les vivants. Ce matin-là, le haut-parleur hurla leur nom et leur matricule, au milieu d'une longue liste d'autres Tziganes. Karl, qui songeait souvent à se précipiter dans les barbelés pour mettre fin à ses souffrances, se sentit soulagé : il n'aurait pas à se suicider ; cette « sélection » annonçait sa mort prochaine, la disparition, l'effacement d'une race.

— Vous avez une sacrée veine « les moins que rien » claironna le Kapo, vous partez déblayer les rues, après les bombardements...

— Quelle ville ?

— Vous verrez bien !

Les petits yeux gris et les profondes balafres ouvertes dans les joues

1. Le docteur Eppinger se rendit à Dachau pour suivre les travaux de son élève. Il se suicida à la Libération après avoir été convoqué pour témoigner à Nuremberg.

accueillent les Tziganes à Dachau. Le professeur Beiglböck réclame à ses assistants un examen physique et radiologique approfondi de tous les prisonniers. Sur les soixante-trois arrivants, il retient quarante-quatre cobayes.

Joseph Laubinger croyait encore à la formation de ce commando de déblaiement mais très vite le « balafré » le détrompa. La scène se déroula dans la baraque 1/4.

— Vous êtes ici pour participer à des expériences médicales sans danger. Je le répète sans danger. Vous serez très bien nourris, vous fumerez, vous aurez simplement, sous notre contrôle, à avaler des petites quantités d'eau de mer.

Karl Holleinreiner s'étonna de son courage. Pour la première fois il osait élever la voix :

— Nous ne sommes pas venus ici pour subir des expériences.

Un autre détenu, Rudi Taubmann, enchaîna :

— Moi je refuse.

Le « balafré » s'approcha de lui :

— Toi, si tu ne te tiens pas tranquille, tu sais ce qui arrivera.

Se tournant vers les autres :

— L'expérience n'est pas dangereuse, personne ne mourra. D'ailleurs après vous serez libérés. Que ceux qui ont des parents dans l'armée me donnent leurs noms.

Le Block 1/4 était isolé. Les médecins n'utilisèrent que la grande chambre de gauche. Des SS montaient la garde à la porte du couloir et à l'entrée des W.-C. Beiglböck avait choisi quarante-quatre hommes parce qu'il disposait de quarante-quatre lits dans cette pièce. Tous les Tziganes étaient jeunes, la plupart avaient moins de vingt ans ; le plus jeune seize ans. Il est impossible de rentrer dans le détail de l'expérience car, pratiquement, chaque Tzigane suivait un régime particulier : beaucoup eurent à jeûner pendant cinq à sept jours, d'autres absorbèrent des rations militaires ; certains devaient avaler cinq cents centimètres cubes d'eau de mer, ou d'eau de Berka, ou d'eau de Schaefer ; quelques-uns mille centimètres cubes.

— Dès le premier jour, raconte Laubinger, un des détenus nous dit que si nous buvions l'eau de mer, nous mourrions certainement ; nous devrions nous entendre et refuser de boire. Beiglböck en entendit parler et hurla au sabotage. Il ajouta : « Tu sais ce qui arrive aux saboteurs ? On les pend ! »

L'homme avala l'eau de mer, mais il vomit aussitôt. Beiglböck vint avec un tube de caoutchouc et lui fit absorber ainsi une plus grande quantité d'eau de mer.

Pendant l'expérience des déportés lèchent les robinets condamnés des W.-C. L'un d'eux découvre une fuite derrière une cuvette.

— Cet homme, Beiglböck l'attacha à son lit et lui ferma la bouche avec du sparadrap. Je l'ai vu, avec sa bouche bandée. Il était deux lits après le mien... Plusieurs sujets eurent des attaques, se roulant sur les lits et criant comme des petits enfants, l'écume à la bouche.

Le Tzigane Holleinreiner portait le numéro 23 :

— J'ai bu la pire qualité d'eau, la jaune (l'eau de Berka). Je me rappelle que dans le deuxième lit de la première rangée, en entrant, l'homme aboyait comme un chien. Il avait de l'écume aux lèvres. C'est lui qui eut la première ponction du foie. Nous étions fous de soif et de faim, mais le médecin n'avait pas pitié de nous. Il était froid comme glace. Il ne nous prêtait aucun intérêt. Un Tzigane qui avait mangé un petit morceau de pain et bu de l'eau pure rendit Beiglböck furieux. Il fut attaché à son lit et sa bouche bouchée avec du tissu adhésif. Un autre Tzigane qui se trouvait à droite, un gros et vigoureux garçon, refusa de boire. Il lui fit avaler une sonde. Le Tzigane s'agenouilla et supplia. Mais le médecin versa l'eau dans la sonde.

Un infirmier, Joseph Worlizeck, par négligence, répondit de l'eau salée par terre.

— Je sortis pour chercher un chiffon. J'épongeai l'eau. Quand j'eus fini, j'oubliai le chiffon ; les Tziganes le prirent et sucèrent l'eau.

La serpillière avait été rincée à l'eau douce avant de servir à essuyer l'eau salée.

— Beiglböck me convoqua et me menaça, si le fait se reproduisait, de m'utiliser dans les expériences. Je n'ai pas vu mourir de sujets, mais un Tzigane me dit, après les expériences, qu'un de ses amis était mort trois jours après avoir quitté le Block.

*
* *

Le docteur Roche [1] et les membres du comité clandestin de résistance du camp désiraient à tout prix savoir exactement ce qui se passait à l'intérieur du Block mystérieux. Plus tard, si l'un d'entre eux quittait Dachau vivant, il pourrait témoigner... Le docteur Roche, en insistant, persuada le professeur Beiglböck de l'utiliser dans son équipe d'assistants.

— Il vous manque un spécialiste des yeux... Les observations que je pourrais faire au fond de l'œil seront précieuses pour vos études.

Beiglböck accepta et Roche découvrit alors :

1. Médecin ophtalmologiste français, président de l'Amicale française des anciens de Dachau, interviewé par l'auteur le 4 janvier 1967.

— Le Radeau de la Méduse. Ils devenaient fous. Ils hurlaient comme des cochons. Des fous ! Ils étaient fous ! Ils se sentaient devenir fous. Ils étaient persuadés qu'ils allaient tous mourir. Ils somnolaient en râlant lorsqu'ils étaient épuisés. Un spectacle horrible : leur peau parcheminée se détachait en plaques, les artères temporales étaient sinueuses... Ils avaient vieilli de quarante ans en quelques jours. Toutes les chevilles étaient éléphantasiques. J'ai réussi à convaincre Beiglböck de stopper l'expérimentation sur trois Tziganes en lui disant qu'ils allaient mourir certainement. Il m'a écouté.

Ces hommes furent couchés sur des civières et transportés à l'infirmerie. La première série d'expérimentations s'était déroulée alors que le camp connaissait une vague de chaleur inhabituelle. Soudain, le samedi après-midi, comme Beiglböck partait se reposer, le ciel s'obscurcit et la pluie transforma en boue la terre battue de Dachau. Roche, seul avec le personnel déporté, décida de prendre des mesures pour que les « prochains » cobayes n'aient pas à souffrir de la soif.

— Les poutres, juste au-dessous du plafond de la salle, étaient la meilleure cachette. Nous avons fait la chasse aux récipients et nous avons pu dissimuler sur les poutres plus de quarante litres d'eau. Je pus même, au cours des expériences, faire entourer la tête de plusieurs Tziganes de chiffons mouillés. L'expérience était complètement truquée et comme les résultats étaient sensiblement différents de ceux observés la semaine précédente, Beiglböck conclut :

— Il a plu cette semaine, les conditions atmosphériques ont une importance capitale.

Le docteur Roche ne fut pas recherché à la Libération pour témoigner à Nuremberg. Les juges et les experts palabrèrent plusieurs jours pour deviner ce qui se cachait derrière les résultats si différents entre les séries... Ils ne pouvaient se douter qu'au-dessus des lits, sur les poutres, étaient cachées des gamelles d'eau, vidées lorsque Beiglböck disparaissait et souvent remplies au robinet débloqué des W.-C.

* * *

— Faites entrer le témoin Karl Holleinreiner.

Le Tzigane, survivant de Dachau, se présenta devant le tribunal de Nuremberg puis, comme le président lui demandait s'il reconnaissait l'accusé Beiglböck, le Tzigane s'avança vers le box lentement. Il est facile d'imaginer la haine de cet homme et ce qui se passa. Holleinreiner bondit dans le box et, les poings levés, se précipita sur l'accusé. Les gardes américains le maîtrisèrent.

Le président : Que le maréchal de la cour amène le témoin devant le tribunal. Le témoin est puni de quatre-vingt-dix jours de prison. Avez-vous quelque chose à dire pour expliquer votre conduite ?

Holleinreiner : Je suis très excité. Cet homme est un meurtrier. Il a ruiné ma santé.

*
* *

Il ne fut jamais prouvé à Nuremberg que Beiglböck fut un meurtrier. Des déportés avaient vu des formes humaines allongées sur des brancards, le corps et le visage recouverts d'un drap. Le médecin balafré expliqua :

— Lorsque je les faisais sortir pour des examens, je les recouvrais entièrement d'un drap pour qu'ils ne voient pas l'eau...

Drap ou suaire ? La question n'aura probablement jamais de réponse. Beiglböck pataugea longuement dans ses explications ; il reconnut avoir falsifié quelques fiches d'observations après son arrestation pour « atténuer » la mauvaise impression que pourraient retirer de leur lecture certains néophytes. Les juges et les experts l'aiguillonnèrent avec faiblesse. Beiglböck ne fit aucune découverte ; il conclut à l'inutilité de la méthode Berka, à l'efficacité de l'eau de Schaefer et conseillait aux naufragés de boire des petites quantités d'eau salée. Il fallut attendre le voyage fou d'un naufragé volontaire fou, à bord d'un canot fou pour apporter la lumière sur le sauvetage des naufragés. Alain Bombard traversa l'Atlantique à bord de l'*Hérétique* en 1952... Il était médecin... Il expérimentait... Mais sur lui seul. À cette date, Wilhelm Beiglböck purgeait dans la prison de Munich une peine de quinze ans de détention.

V

L.S.D. OU SÉRUM DE VÉRITÉ

Le lieutenant-colonel, comte von Stauffenberg, chef d'état-major de l'armée de réserve éternua. Il sortit son mouchoir, se moucha et déposa sa serviette en box-calf noir, patinée, éculée, toujours gonflée de dossiers et de documents contre le pied de la table de chêne. Un pied épais, noueux. Un pied large. Un pied trop épais, trop large, il s'en apercevait soudain pour la première fois. Il pensait que comme toutes les tables, celle où s'appuyait Hitler dans la « Tanière du Loup » de Rastenburg devait avoir quatre pieds. Eh bien non ! Deux suffisaient pour soutenir cette masse de bois. De la pointe du soulier, il repoussa la serviette et éternua à nouveau. Il était 12 h 35, ce 20 juillet 1944... Depuis sept minutes l'acide du détonateur rongeait l'attache du percuteur. Dans cinq minutes il serait libéré et la bombe à oxygène exploserait. Hitler tué par un explosif anglais ! un comble ! Hitler était nerveux. Il se trémoussait, reniflait en fixant le colonel Brandt. Le colonel devant son Führer et les membres de l'état-major brossait un tableau de la situation en Galicie. Un amphi avec graphiques et cartes.

Von Stauffenberg se pencha vers Keitel.

— C'est long. J'ai un coup de fil à donner. J'en ai pour une minute.

Hitler ne tourna pas la tête. Il devait rêver à Mussolini qui, dans moins de deux heures, serait à son quartier général. Brandt avait déjà heurté deux fois la serviette noire ; sa cheville droite la rencontra à nouveau. Il se baissa en dépliant une carte et, d'un geste rapide, la saisit et la plaqua contre le pied ; ce pied sans élégance, lourdaud, grossier. Ce pied, bouclier, écran, blindage entre la bombe et Hitler. Quatre minutes après la sortie du comte, la serviette bondit comme un diable ; la fumée lécha le chêne ; l'explosion souleva la table, le toit ; les murs se lézardèrent... Il y eut des morts, des blessés, mais Hitler ne fut que commotionné... Son étoile ! La suite est connue : arrestations, interrogatoires, tortures, exécutions, purge : cinq mille têtes tombèrent.

Ce qui est moins connu c'est l'expérience curieuse déclenchée par Himmler et l'Ahnenerbe à la suite de l'attentat ; elle ne figure dans les archives d'aucun procès médical ; à ma connaissance, aucun auteur n'en a parlé à ce jour. Himmler fit établir par l'Institut pour l'Héritage des ancêtres une étude « sans précédent » sur les drogues hallucinogènes et autres stupéfiants. Il s'agissait pour les « chercheurs ésotériques » d'abord, les expérimentateurs ensuite, de découvrir le fameux sérum de vérité, le produit miracle qui permettrait aux SS d'interroger sans qu'ils s'en rendent compte les militaires allemands car ce détecteur de mensonge avant la lettre était en priorité réservé aux officiers en mal de complot. Mais pour dépister les futurs putschistes, le produit devait être efficace et sans goût.

* * *

L'Ahnenerbe remit son rapport à Himmler dans la semaine de Noël. Une plante mexicaine, un minuscule cactus sans épine, le peyotl, réunissait les propriétés et les espérances désirées. Si l'on voulait aller même un peu plus loin, une autre plante mexicaine, le sinicuichi, rendait ceux qui en absorbaient une forte dose amnésiques. La fin de la guerre ne devait pas permettre de vérifier l'efficacité de l'« herbe de l'oubli ». Par contre, huit déportés de Dachau furent sélectionnés pour tester le peyotl-mescaline, sous le regard étonné du médecin colonel Plottner.

* * *

Dans l'est du Cora, au nord de Mexico, les indiens Huichols abandonnent, une fois par an, le culte du Soleil, leurs huttes, leurs femmes, pour aller adorer et cueillir le peyotl le long de la frontière des États-Unis. Ils doivent partir toujours à la même date, en chantant ; coucher dans des clairières sacrées ; danser chaque soir de chaque jour de marche. Une longue marche... Pour les plus éloignés des champs d'« émerveillement », 900 kilomètres aller et retour. Le peyotl, c'est une tête verte qui sort du sol. Le géant de ces cactus atteint quatre centimètres de haut. Avant de le décoller de la poussière, l'Indien s'incline trois fois, puis il découpe la boule en rondelles comme un saucisson. Le peyotl saigne, se fane ; le vert tourne au gris. Il séchera au soleil en rougissant. Les Indiens modernes l'ont baptisé « whisky dry » et en 1911, Joseph Rave, fondateur à New York d'une église satanique, remplaça l'hostie de la communion par cette « rondelle de lumière ».

Ses fidèles juraient tous et jurent encore que le peyotl leur fait découvrir le Paradis de l'Éternité. Du peyotl, les chimistes tirent la mescaline. Le frère d'Aldous Huxley, Thomas, sépara la mescaline du peyotl ; l'écrivain ne put résister à la tentation de se plonger dans ce « rêve coloré ».

— Il y eut de somptueuses surfaces rouges, s'enflant et s'étendant à partir de nœuds d'énergie brillants qui vibraient d'une vie aux dessins continuellement changeants.

Au début de l'année 1945, le déporté belge Arthur Haulot s'assit en face du médecin Plottner dans l'une des chambres du centre de recherche SS de Dachau. C'était un dimanche glacial. Sur une table, une bouteille de cognac français et deux verres.

— Asseyez-vous.

Plottner versa l'alcool dans les verres.

— Du cognac simplement. Goûtez. Essayez de vous souvenir exactement du goût.

Arthur Haulot dégusta la première gorgée. Il claqua la langue ; ses papilles gonflées redécouvraient un monde qu'il avait oublié.

— Bon ?

— Très bon.

— Écoutez bien maintenant. Je délaye la mescaline dans le verre. Dites-moi si le goût du cognac est changé.

— Je ne trouve rien. C'est le même cognac. Le même goût.

Pendant deux heures, rien ne se passa.

— Puis j'ai [1] perçu les premières manifestations du poison sous forme d'une première vision extraordinairement colorée.

« Assez rapidement, les visions se sont multipliées, jusqu'à en arriver à me donner l'impression que mon cerveau était entièrement encombré par ces créations.

« Ces visions prenaient, pour moi, l'aspect de formes géométriques, variant du losange à la courbe ondulatoire. Elles avaient toutes, pour origine, une espèce de point central d'un violet extrêmement sombre, d'où elles surgissaient, à un rythme que je qualifierais de musical, en revêtant les couleurs à la fois les plus nuancées et les plus vives. »

Pendant une heure encore, Arthur Haulot est conscient qu'il participe à une expérience. Il suit avec intérêt le travail des médecins déportés qui prennent sa tension, lui font une prise de sang, examinent ses yeux. Le docteur Roche constate que ses vaisseaux ont doublé de volume.

— La mescaline est un vaso-dilatateur puissant. Haulot était rouge. Il ressemblait à un homme ivre.

---

1. Témoignage reçu par l'auteur le 15 janvier 1967.

Le « cobaye » sent qu'il perd conscience mais il conserve une lucidité relative et sa mémoire. Plottner s'approche :

— Écoutez-moi bien. Croyez-vous que d'un homme dans votre état, il serait possible d'obtenir qu'il dise ce qu'il ne devrait pas dire ?

— Au prix d'un effort assez grand, j'ai pu assimiler sa question et répondre fermement par la négative.

« Environ une heure plus tard, la même question m'a été posée. J'étais à ce point dominé par les visions, toujours plus riches et plus colorées, que le fait de rentrer en contact avec la réalité et notamment d'ouvrir les yeux et de raisonner m'est apparu comme un supplice absolument sans aucune mesure avec tout ce que j'avais, jusque-là, connu au travers de trois ans de camp.

« J'ai répondu, tout d'abord : ''Oui tout'', j'ai ajouté : ''Demandez-moi si j'ai tué mon père et ma mère, je répondrai oui, pour que vous me fichiez la paix.'' Puis, me raisonnant, au prix d'un effort beaucoup plus douloureux encore, j'ai jeté rageusement : ''Mais de moi, vous ne saurez rien.''

« Le colonel a ri, m'a rassuré sur ses intentions à mon égard et a quitté la pièce.

« On m'a demandé, à ce moment, de me lever et d'écrire ce qui me passait par la tête. De nouveau, l'effort fait pour m'arracher du lit, tenir les yeux ouverts et comprendre les questions qui m'étaient posées m'ont paru comme l'expérience la plus effroyablement douloureuse que j'aie traversée.

« Je me suis débattu pendant de longues minutes, en refusant d'écrire quoi que ce soit. Je n'avais plus du tout la certitude, à ce moment, d'être un cobaye volontaire entouré d'amis, mais j'avais, au contraire, le sentiment d'être pris dans un piège.

« Je crois avoir fini par écrire quelques mots, probablement sans suite, après avoir recouvré la certitude qu'il ne s'agissait que d'une expérience et que le seul but à atteindre était de comparer mon écriture normale avec celle que je pouvais avoir dans cet état.

« On m'a alors accordé un repos complet.

« Vers sept heures trente du soir (l'absorption de la mescaline avait eu lieu à midi), j'ai pu rejoindre ma chambre d'infirmier au block trois.

« J'étais très exactement comme un boxeur groggy. Je devais m'appuyer aux murs pour avancer.

« J'ai pu faire part, rapidement, de mes impressions à quelques camarades. Mon cerveau continuait d'être encombré d'images colorées, mais sur un rythme décroissant.

« J'ai pu alors me coucher dans mon propre lit ; mais dès que je sentis que j'étais effectivement en sûreté, en dehors de la salle d'expérience et entouré exclusivement de camarades, j'ai piqué une véritable crise de folie furieuse. Je hurlais et me débattais, sans pouvoir reprendre le contrôle de mes nerfs, absolument brisés.

« J'ai été veillé toute la nuit par un ami qui m'a affirmé, le lendemain, que la crise avait perdu sa violence vers une heure du matin et que j'étais resté jusqu'aux environs de cinq heures sans pouvoir m'endormir.

« Au réveil, je me suis senti dans un état normal, à ceci près que j'avais un immense sentiment de lassitude physique, qui a disparu dans les vingt-quatre heures.

« J'ai retrouvé, immédiatement, mon appétit habituel et ma capacité normale de raisonnement.

« Je n'ajouterai qu'un détail, probablement sans importance, mais qui, personnellement, m'a beaucoup intéressé : avant l'expérience, j'avais toujours rêvé, comme la plupart des gens, en gris : j'ignorais même que certaines personnes rêvaient en couleur. Pendant très longtemps, après l'expérience, il m'est arrivé de rêver en couleur ; c'est encore le cas, mais de plus en plus rarement aujourd'hui.

« J'estime que les expériences faites à Dachau ont démontré ceci :

« 1. L'absorption du produit, surtout si elle se fait sans que le patient en ait conscience, doit immanquablement amener chez lui un état d'affolement qui le prive, au plus fort de la crise, de toute espèce de résistance spirituelle.

« 2. On peut obtenir du patient, dans ces conditions, je ne dirai pas n'importe quel aveu, mais n'importe quelle déclaration.

« Sans doute, par hasard, peut-on obtenir que le patient dévoile une vérité qu'il voudrait cacher mais, beaucoup plus généralement, on obtiendra simplement de lui qu'il souscrive à n'importe quelle accusation portée contre lui, même la plus invraisemblable, parce que son seul désir n'est pas du tout de se débarrasser d'un secret, mais bien plus simplement d'échapper à la souffrance intolérable que lui cause l'obligation de s'isoler du rêve créé par la drogue.

« Mes conclusions correspondent à celles que m'ont formulé divers autres camarades de Dachau qui s'étaient livrés à la même expérience, la seule différence de l'un à l'autre consistant dans le fait que les visions, tout en gardant pour tous les sujets la même intensité de coloration, changeaient de forme, apparemment en fonction d'éléments de leur subconscient.

« Certains, en effet, m'ont fait part de ce que ces visions revêtaient, pour eux, un caractère essentiellement érotique par exemple. »

Huit déportés dégustèrent le cognac à la mescaline. Puis le médecin colonel disparut dans la débâcle avec ses dossiers, ses conclusions et sans doute ses bouteilles de V.S.O.P. Les militaires allemands n'avaient plus besoin de sérum de vérité-L.S.D., pour hurler à la mort contre Hitler.

VI

LES PETITS LAPINS DE RAVENSBRÜCK

Le nouveau chauffeur l'attendait, figé au garde-à-vous. Choisi par la Gestapo, ce remplaçant ne pouvait être qu'un homme sûr.

Le SS Obergruppenführer Reinhardt Heydrich, adjoint d'Himmler, chef du service de sécurité du Reich, gouverneur-protecteur de Tchécoslovaquie, n'en demandait pas plus. Il le regarda à peine, ne répondit pas à son salut et s'installa à l'avant de la Mercedes. Le soleil de ce 27 mai avait un petit air de juillet.

Heydrich planait au sommet de sa gloire ; Himmler et Bormann le craignaient. Oui, il était dangereux depuis que le Führer lui avait laissé miroiter le portefeuille de l'Intérieur, le jour anniversaire de ses trente-huit ans.

Reinhardt Heydrich devait tout à Himmler.

— Je vous ai trouvé, dégrossi, fabriqué, poussé...

Il avait été chassé de la marine pour une affaire de mœurs. Imaginez un enseigne de vaisseau qui, non content de saouler la fille d'un officier supérieur, la viole et lui « emprunte » de l'argent... Sans ressources, il choisit le « Parti » pour Armée du Salut.

Le voici très vite gravissant les marches de son ascension vers le pouvoir. Intelligent, beau — grand et blond, — amateur de musique et de réceptions mondaines, électrique devant les femmes, passionné pour ses maîtres et leur nouvelle philosophie, il découvrait chaque jour un moyen nouveau pour plaire. Un seul complexe le rongeait : sa voix haut perchée, féminine, à la fois aiguë et blanche. Une note poussée par un fausset gigantesque. Mais ses pantalonnades et ses prouesses dans les maisons de rendez-vous le rassuraient sur l'avenir de sa virilité.

La Mercedes aux ailes enrubannées de fanions SS et du drapeau de la régence du Reich ralentit en abordant le dernier virage avant les faubourgs de Prague. Les deux ouvriers en bleu de chauffe attendaient à la sortie de la courbe. Ils rejetèrent leur musette en arrière et probablement sourirent. Une chance inespérée ! La voiture était décapotée. Heydrich fixait la route. Il en connaissait chaque nid de poule. Moins de dix kilomètres séparaient sa « résidence provinciale » du château impérial de Prague qui abritait ses services et ses fichiers.

L'ouvrier tchécoslovaque, Josef Gabeik, lâcha sa bicyclette et bondit vers la voiture, revolver au poing. Dès le premier coup de feu, le chauffeur lâcha l'accélérateur. Heydrich hurla et se leva.

Dans la main de Jan Kubis, tapi un peu plus loin, dans le fossé, une lourde grenade-bombe, dont l'explosion était réglée à sept secondes. Kubis ne la lança pas mais la fit rouler comme une boule de pétanque. Heydrich tirait. Il blessa légèrement Gabeik. La charge quadrillée arrivait à la rencontre du cochonnet. Kubis et Gabeik se plaquèrent au sol. Avant d'être parachutés en Tchécoslovaquie ils avaient répété cent fois peut-être l'attentat dans une école spéciale des commandos en Grande-Bretagne... Tout se déroulait ici trop parfaitement. La bombe roulait, elle allait dépasser la voiture... Non ! elle explosa sous le châssis. Les deux hommes enfourchèrent leurs bicyclettes et disparurent dans un nuage de fumée. Kubis, à la seconde même de l'explosion, avait décapsulé deux pots fumigènes.

Le fier Obergruppenführer fut un blessé détestable, pleurant, insultant, maudissant, implorant :

— Ne me laissez pas mourir !

Sa chambre de l'hôpital municipal de la Bullouka vit défiler toutes les sommités médicales du Reich. Le professeur Hohlbaum recueillit sur le corps du blessé une vingtaine d'éclats avant de pratiquer l'ablation de la rate et d'extraire une balle. Le général SS Karl Gebhart, professeur de clinique chirurgicale à la faculté de médecine de Berlin reçut l'ordre, signé Himmler, de sauver Heydrich.

Cheveux en brosse, lunettes épaisses, nez cassé, lèvres fines, Gebhart a raconté devant ses juges de Nuremberg les tentatives faites pour sauver le chef du service de sécurité :

— J'arrivai par avion trop tard, après l'attentat ; il avait été opéré par deux chirurgiens connus de Prague et je n'eus qu'à contrôler le traitement. Hitler et Himmler téléphonaient chaque jour pour obtenir des renseignements et faisaient des suggestions dont deux prirent presque la forme d'un ordre : appeler mon maître, Sauerbruch et le médecin du Führer, Morell, qui désirait utiliser sa propre méthode.

« Je n'hésitai pas à prendre nettement mes responsabilités ; la balle avait déchiré l'abdomen et la poitrine. L'opération avait été bien faite et des sulfamides employés. Je pense que trop de nervosité et de trop nombreux médecins mettent en danger la vie d'un malade, c'est pourquoi je refusai d'appeler Sauerbruch et Morell. Heydrich mourut.

« Hitler me fixa rendez-vous puis refusa de me recevoir. Il m'adressa à Himmler. J'eus avec lui une discussion très rapide : il m'indiqua clairement la situation :

« ''La mort de Heydrich équivaut à la perte d'une bataille telle que nous n'en avons pas encore subie...''

« Himmler ne faisait que répéter les termes d'Hitler. Quant à Morell, il avait conclu :

« ''Si mes sulfamides modernes avaient été administrés les choses auraient été différentes.'' »

Et Gebhart poursuit, devant le tribunal de Nuremberg, sans se rendre compte de l'importance capitale d'une simple petite phrase :

« Quant à moi, ma réhabilitation dépendait des preuves cliniques de mon traitement à Prague et des résultats des expériences sur les sulfamides. »

Voici l'aveu : Gebhart, pour survivre politiquement, devait prouver que les sulfamides étaient inefficaces. Ces expériences, envisagées depuis les désastres de la campagne de Russie où chaque blessé grave n'avait aucune chance de se rétablir, pouvaient débuter. Heydrich mort condamnait les déportés car il n'était pas question pour Gebhart d'expérimenter dans son propre hôpital sur les nombreux blessés allemands rapatriés de Russie. Son hôpital de Hohenlychen n'était éloigné que de douze kilomètres du camp d'expérimentation qu'il avait choisi : Ravensbrück.

* * *

Gebhart voulait des « petits lapins » jeunes... L'âge de ses soldats et de préférence d'une même nationalité.

— C'est plus pratique pour les graphiques.

— Justement, lui signala le commandant du camp, plusieurs centaines de Polonaises sont arrivées au mois de septembre dernier.

— Des filles solides, aussi dures que des hommes.

* * *

Vladislawa Karolewska est appelée le 25 juillet 1942 [1] à l'hôpital de Ravensbrück. Elles sont là, soixante-quinze à attendre la décision des quatre médecins que dirige l'adjoint de Gebhart : Fischer.

Dix femmes sont retenues. Karolewska apprendra la semaine suivante,

1. Heydrich est mort le mois précédent.

par une prisonnière, que toutes les Polonaises du premier groupe sont couchées, les jambes prises dans le plâtre.

— Le 14 août, je fus moi-même convoquée à l'hôpital avec huit de mes camarades ; on me mit au lit et on nous enferma après nous avoir fait une piqûre. Puis on me transporta à la salle d'opération. Là, les médecins du camp me donnèrent une deuxième injection intraveineuse. Je remarquai le docteur Fischer qui avait des gants et je perdis connaissance.

« Lorsque je me réveillai, ma jambe était dans le plâtre jusqu'au genou et je ressentis une très forte douleur. Ma température était très élevée et du liquide s'écoulait de ma jambe. »

Le commandant rendit visite aux opérées et leur présenta un papier :

— Ce n'est rien, vous signez que vos blessures proviennent d'un accident du travail.

Toutes refusèrent.

Le lendemain, Vladislawa Karolewska était transportée à la salle d'opération.

— On me mit une couverture sur les yeux. J'avais l'impression qu'on coupait quelque chose dans ma jambe.

Deux semaines d'attente, de craintes, d'espoir aussi et puis Gebhart arrive : Vladislawa ne songe qu'à sa jambe :

— Je regarde... l'incision était si profonde qu'on voyait l'os.

Le 8 septembre, elle est renvoyée au Block. Elle se traîne ; sa blessure baigne dans le pus. Nouvelle opération à l'hôpital.

— Comme je faisais remarquer à mes camarades les mauvaises conditions des soins, le docteur Oberheuser me fit aller seule à la salle d'opération, à cloche-pied.

Les Polonaises rédigèrent une lettre de protestation. Elles ne reçurent aucune réponse.

— Une femme est revenue me chercher. On me demandait à l'hôpital. Je refusai et marchai jusqu'au Block n° 9. La surveillante dit :

— Pourquoi vous tenez-vous ainsi, comme si vous alliez être exécutée ?

La surveillante revint un peu plus tard avec des SS. Quatre Polonaises sont traînées au Bunker, la prison. Des cellules minuscules, sales et obscures.

— Ils me donnèrent du café noir et un morceau de pain noir, puis je fus conduite dans le bureau du médecin SS Trommel. Il me demanda : « Voulez-vous accepter une petite opération ? » Je lui répondis que les opérations ne pouvaient pas être pratiquées sur des détenues politiques sans leur acceptation. Trommel sortit et revint avec deux SS qui me jetèrent sur un lit et me mirent un morceau d'étoffe dans la bouche parce que je hurlais. Ils me cramponnaient les pieds et les mains. Pendant l'injection, j'entendis vaguement Trommel dire :

— *Das ist fertig*.

Lorsque Vladislawa reprend connaissance sa jambe est ligotée sur une attelle métallique. Un nouveau mois d'attente, une nouvelle opération.

— Je m'aperçus après que mes pieds étaient pleins de boue et n'avaient pas été lavés avant l'opération.

* * *

Visage lisse, cheveux noirs, mains longues et fines, Maria Broel-Plater était à Ravensbrück depuis près d'un an. Chef de messagers dans la résistance polonaise, elle avait été arrêtée et torturée par la Gestapo.

— Je suis un peu dure d'oreille. Les coups reçus sur la tête. Le 18 novembre 1942, le docteur Oberheuser nous fait déshabiller, nous examine, nous envoie à la radio puis on me met au lit.

Maria s'endort et ne reprend connaissance qu'après l'opération :

— Oberheuser me giflait ; ma jambe droite était insensible. Pendant la nuit j'eus une fièvre élevée et ma jambe gonfla depuis les orteils jusqu'à la hanche. On m'amena à nouveau à la salle d'opération et quand je me réveillai ma jambe avait un pansement des orteils au genou. Elle était très douloureuse et du sang en sortait. Pendant la nuit nous étions seules, sans personne pour nous donner de l'eau ou passer le bassin.

Au mois de janvier, bien que sa blessure ne soit pas guérie, elle doit reprendre le travail. Elle peut rencontrer ses camarades opérées :

— Je vis dans leurs blessures des morceaux de bois, de verre et même des fragments d'aiguille.

* * *

Maria Kusmierczuck se souvient qu'au beau milieu de l'opération, sous anesthésie locale, elle vit, horrifiée, le professeur Gebhart brandir un marteau et s'acharner sur les os de sa jambe mis à nu.

* * *

Ces récits auraient suffi à faire condamner à mort Gebhart et ses assistants. Le tribunal de Nuremberg entendit longuement un témoin à charge que les expérimentateurs, tassés dans le box, durent regretter de ne pas avoir fait disparaître.

Sofia Magzka était polonaise comme les « petits lapins » de Ravensbrück ; mais docteur en médecine, elle pouvait être utile à l'hôpital. Elle devint infirmière et interprète. D'une voix sans haine elle déclara :

— Il y eut soixante-quatorze jeunes filles polonaises opérées, sans compter un témoin de Jéhovah, une Allemande et une Ukrainienne. Cinq moururent des expériences : Veronica Kraska du tétanos... On ne lui fit pas de sérum antitétanique mais on lui donna des sulfamides. C'était là l'expérience. Les quatre autres qui moururent étaient : Sofia Kiecol, Aniela Lefanowicz, Alfreda Pruss et Kazimiera Kurawsky. Cette dernière fut à mon avis infectée avec de la gangrène gazeuse. C'était une fille bien portante, de vingt-trois ans. La maladie progressa lentement. La jambe de l'opérée devint chaque jour plus noire et plus gonflée. Ils ne prirent soin d'elle que pendant les premiers jours. Par la suite, elle fut placée dans la chambre quatre où elle resta à souffrir d'une façon incroyable et où elle mourut sans aide médicale. J'ai pu l'observer personnellement. L'amputation de la jambe l'aurait sauvée, l'infection pouvait être contrôlée. Ils ne voulaient pas l'opérer pour ne pas la sauver.

Sofia Magzka espérait qu'un jour, peut-être, elle aurait à témoigner. Elle avait tenu un véritable cahier de ses observations.

— D'après mes clichés radiographiques, treize personnes subirent des opérations sur les os : fractures, greffes avec ablation d'os. Certaines des jeunes filles furent opérées plusieurs fois. Par négligence et manque d'asepsie, deux sujets présentèrent une ostéomyélite [1].

« Krystyna Dabska m'avait été envoyée à la radiographie. Opérée aux deux jambes, des fragments du péroné de quatre à cinq centimètres de long avaient été prélevés. D'un côté le périoste [2] subsistait, de l'autre non. Je demandai à Oberheuser comment elle voulait obtenir une régénération de l'os sans périoste. Elle répondit :

— C'est justement ce que nous cherchons. »

Expérience inutile car n'importe quel étudiant apprend au début de ses études que l'os ne régénère pas sans périoste.

Il y eut également des opérations d'un genre assez particulier. L'assistant de Gebhart amputa dix débiles mentaux.

— Je connais personnellement deux cas, affirma Sofia Magzka devant les juges du procès des médecins ; amputation d'une jambe : les infirmières amenèrent la femme à la salle d'opération puis à la pièce spéciale où on mettait les morts. Je me rendis dans cette salle avec une autre camarade qui travaillait à l'hôpital. Il y avait un cadavre recouvert d'un drap et il lui manquait une jambe. Un peu plus tard, les infirmières

1. Inflammation de l'os et en particulier de la moelle osseuse.
2. Membrane fibreuse qui recouvre les os.

vinrent et, sans l'aide des prisonniers, mirent le cadavre dans un cercueil, pour garder le secret [1].

— Le deuxième cas était celui d'une femme anormale. Ce jour-là le docteur Fischer se rendit dans la salle d'opération, puis il remonta en voiture. Une infirmière portait un paquet entouré de linges, de la dimension d'un bras. Fischer le prit lui-même et partit. La prisonnière Quernheim vint me trouver et me dit : « Savez-vous ce qui est arrivé aujourd'hui ? Eh bien on a enlevé le bras tout entier avec l'omoplate, à une déportée. »

Pourquoi cette mutilation ? Quoi de plus facile en vérité que de puiser dans ce gigantesque réservoir de pièces détachées que constituait un camp d'extermination. Si le mystère de la jambe amputée et emportée discrètement reste entier, le tribunal a reconstitué « l'affaire de l'omoplate ».

Au cours de l'hiver 1942, Himmler visita pour Noël l'hôpital de son ami Gebhart ; sans flonflons ni guirlandes. Évidemment comme le dit Gebhart :

— Il ne fut pas satisfait des résultats des sulfamides.

Himmler reconnut une infirmière, Luisa, dont le coude avait été complètement emporté.

— Nous devons lui greffer une articulation, minauda Stumpfegger, un des médecins qui accompagnait Himmler.

Écoutons Gebhart :

— J'avais été incapable de remplacer cette articulation. Mais Himmler et Stumpfegger souhaitaient que l'opération fût tentée. À Hohenlychen, j'avais un malade civil nommé Ladisch dont l'omoplate était rongée par le cancer.

Gebhart alors marchande. Il persuade Stumpfegger, désireux à tout prix de tenter une greffe, d'abandonner la charmante Luisa qui malgré la protection d'Himmler n'a aucune chance de plier à nouveau le coude et de s'attaquer à l'épaule de son client payant, l'étudiant Ladisch.

Le docteur Fritz Fischer est chargé « d'aller chercher » l'omoplate...

— Je montai en voiture et me rendis à Ravensbrück où les médecins du camp avaient déjà préparé l'opération. J'enlevai l'omoplate avec mes propres instruments.

Fischer arrête l'hémorragie, abandonne le champ opératoire aux médecins du camp, place l'omoplate dans un récipient stérile maintenu à 38° et retourne à l'hôpital de Gebhart.

Gebhart devait affirmer au procès de Nuremberg :

---

1. Les déportés n'avaient pas l'habitude de voir des cercueils dans les camps de concentration.

— Le bras fut sauvé, l'omoplate greffée cicatrisa et jusqu'en 1945 le cancer ne réapparut point.

Et comme pour s'excuser...

— L'omoplate n'est pas une articulation indispensable ; c'est pour cela que j'ai choisi cette opération plutôt que de laisser Stumpfegger enlever une articulation plus grande.

Le président lui demanda s'il avait connaissance d'autres amputations, Gebhart répondit :

— Monsieur le président, croyez-moi, je ne me suis jamais inquiété des conditions des camps de concentration et Fischer non plus [1].

Le président :

— Je comprends.

Dans son inconscience Gebhart disait vrai. Fischer, comme lui, ne se souciait guère de ce qui arrivait « après ».

Peut-être Gebhart et Stumpfegger auraient-ils recommencé une greffe en 1945 s'ils avaient été appelés au chevet de leur ami Fischer. Fischer, blessé en Normandie, fut amputé à son tour du membre supérieur droit.

En le voyant ainsi, manche vide dans le box des accusés, une des témoins ne put s'empêcher de murmurer :

— Un début de justice. Un début seulement.

* * *

Pour Gebhart, le seul fautif ne pouvait être qu'Himmler.

— Je n'étais pas assis auprès d'Himmler comme un gros bourdon. Je ne lui ai pas suggéré la façon de tuer des milliers de gens au cours d'expériences inutiles. Himmler avait une méthode de travail très simple, sans considération pour son caractère honnête ou cruel. Dans tous les domaines où la littérature existante montrait qu'une certaine expérience avait été accumulée, il estimait qu'on devait découvrir quelque chose et il donnait immédiatement l'ordre à une ou deux personnes d'effectuer le travail.

« Bien entendu, il ne s'occupait pas seulement de médecine. Il s'occupait aussi de porcelaine et d'or. Il intervenait dans les régimes et les SS étaient la seule unité à recevoir du porridge à leur petit déjeuner. Certaines expériences étaient terribles ; tout d'un coup, toutes les divisions du front durent boire seulement de l'eau. Il existait une certaine résistance, mais il réalisa de bonnes choses : nourriture concentrée

1. *Ich habe mich, Herr Präsident dürfen mir glauben, überhaupt nie eingelossen in die verhälnisne der Konzentrationslagers und Fischer auch nicht.*

et vitaminée par exemple, vêtements camouflés, fourrures pour les campagnes d'hiver [1], voitures amphibies. Nous avions l'impression que s'il ne s'était pas lancé dans toutes les expériences, et s'il s'était borné à construire des voitures amphibies, nous aurions certainement débarqué en Angleterre. Il exténuait son entourage. En temps de paix il utilisait déjà de vraies balles pour les troupes en manœuvres et les SS avaient des morts. Tout ceci est caractéristique de cet homme et ne peut être réglé par une simple objection. Il nous disait souvent : "Je sais que vous, médecins, vous êtes opposés à ce vieux procédé qui a été perdu [2] mais je désire maintenant l'employer malgré toutes vos objections." On ne peut pas dire en parlant de sa personnalité que tout ce qu'il faisait n'avait pas de sens. D'autre part, bien entendu en ce qui concerne les hommes, toute erreur provoque une catastrophe, et c'est ce qui nous a mis dans la situation actuelle. »

Si Gebhart fut condamné à mort et exécuté [3], Fischer emprisonné à vie, la « douce » Herta Oberheuser consultait dans une clinique privée dès 1956. Condamnée à vingt ans d'emprisonnement, elle avait bénéficié d'une remise de peine. Sur intervention d'associations de déportés, elle sera rayée de l'ordre des médecins.

Elle serait employée aujourd'hui... dans un laboratoire [4].

---

1. Hitler, persuadé que la campagne de Russie serait terminée avant l'hiver, avait refusé de doter les combattants de tenues chaudes.
2. Les expériences humaines.
3. Il demanda le baptême.
4. (1967).

VII

LES JUMEAUX DE MENGELE

Il pleuvait. Peut-être, ce soir-là, a-t-il senti peser sur lui le doute, la peur. Il est apparu dans l'enceinte des fours crématoires en traînant la jambe, pâle, les yeux fixes, lèvres serrées. Que lui arrivait-il à ce « maître avant Dieu » du destin de millions d'hommes ? Que lui arrivait-il à ce génial docteur ?

Joseph Mengele, Obersturmführer, médecin-chef du camp d'extermination d'Auschwitz ne serait-il qu'un homme comme le numéro A. 8450, ce petit médecin légiste hongrois à qui il vient réclamer un rapport d'autopsie ?

— Herr Obersturmführer, permettez-moi de porter votre manteau et votre képi dans la salle du four, dans cinq minutes ils seront secs.

— Laissez cela, l'eau n'ira jamais que jusqu'à ma peau.

Miklos Nyiszli présente le rapport à Mengele. Il parcourt les premières lignes...

— Je suis très fatigué, lisez vous-même.

Le déporté reprend le paragraphe du procès-verbal.

— Laissez, ce n'est pas nécessaire.

Alors Miklos Nyiszli, stupéfait de son courage, s'entend demander :

— Herr Obersturmführer, jusqu'à quand ces anéantissements vont-ils durer ?

— Mon ami, répond Mengele, ce sera toujours comme ça, toujours comme ça.

Il attrape sa serviette et sort du laboratoire.

— Dans les jours à venir vous aurez du travail intéressant.

Cette scène extraite du journal de Miklos Nyiszli [1] se termine par cette réflexion :

« Le travail intéressant représente la mort d'un nouveau groupe de jumeaux. »

* * *

Mengele veut et doit percer le secret de la gemellité ; pour se distraire, il glanera quelques observations sur les géants, les nains, les bossus et les autres spécimens dégénérés de la race juive. L'Allemagne victorieuse extermine les races inférieures ; elle va installer ses pionniers dans les vergers déserts de l'Europe centrale. Le Reich ne cesse de rabâcher à ses mères patriotes : « Donnez-nous des enfants, des purs chevaliers blonds. Qu'importe d'ailleurs s'ils n'ont pas de père, Hitler et Himmler les adopteront ; croissez et multipliez-vous... » Alors, dans le cerveau tourmenté d'un médecin inconnu de l'Institut de recherche Dahlem [2] se développe un projet insensé : il faut absolument que les mères aryennes donnent naissance à des jumeaux. Quel triomphe pour la Race ! Cela Mengele le comprend. Le détenteur de ce secret deviendra le sauveur de l'Empire de Mille ans. Que de temps gagné aussi... Le grignotement et l'occupation des territoires vierges iront deux fois plus vite puisque, dans le même temps, deux fois plus d'enfants verront le jour. Et déjà, sur le papier, le rêve prend réalité : un statisticien de l'Ahnenerbe écrit à l'un de ses amis :

— Les grossesses moyennes ramenées à cent trente-cinq jours...

Eh oui, bien sûr ! Neuf mois divisés par deux ! Dieu lui-même n'y aurait pas songé.

* * *

Mengele se précipite dans son « grand œuvre ». Il n'a pas à se poser la question :

— Comment trouver ces jumeaux ?

La rampe de sélection qu'il dirige déverse son torrent ininterrompu de chairs et de muscles.

— À droite !

Un coup de stick sur la botte.

— À gauche !

---

1. *Médecin à Auschwitz,* un document essentiel sur la déportation. Éditions Julliard 1962.

2. Berlin-Dahlem, Institut für Rassenbiologische und Anthropologische Forschungen ; le centre où Mengele adressait ses rapports d'observation.

Un coup de stick sur la botte.

— Vous les jumeaux ici, près de moi.

Un coup de stick sur la botte.

Droite, stick, gauche...

À droite les chairs pour le crématoire. À gauche les muscles pour les commandos de travail. Il fallait le voir se tenant debout, souriant, affable, détendu, la main droite dans le dolman de son uniforme, dans un geste « à la Napoléon ». Il se disait d'ailleurs descendant du prince Rodolphe d'Autriche.

« Il sifflait [1] un air de la *Tosca* et cet air signifiait la mort pour des centaines ou des milliers de déportés. Mengele sifflait toujours la *Tosca* quand il était de bonne humeur, quand il avait de grandes sélections à faire. »

Le dernier coup de stick claquait sur la botte. Autour de lui, hébétées, craintives, les « bêtes curieuses », étranges ou difformes du « cirque Mengele » comme appelaient ces groupes les autres SS.

Les jumeaux comprennent, dès leur arrivée au camp, cet intérêt que leur porte le médecin-juge. Depuis qu'ils sont nés, des dizaines de médecins les ont auscultés, étudiés. Une chance nouvelle de sollicitude leur est accordée. Les plus jeunes sont abandonnés par leur mère : elles aussi savent que la science est friande des anomalies.

Les chairs et les muscles s'en vont vers leur destin, les jumeaux vers la gloire de Mengele. La première étape est coquette, chaude, accueillante. Un presque paradis au cœur de l'enfer : la baraque 14 du camp F. Du bouillon, de la viande, des pommes de terre, un bouquet de fleurs, des vêtements civils neufs, un coiffeur en blouse blanche, le peigne d'écaille en pochette. Et des sourires. J'oubliais des toilettes avec du papier hygiénique. Ils attendent. Couple après couple, jour après jour ils disparaissent dans le camp des Tziganes. Déjà le purgatoire avec sa cohorte d'observations scientifiques humiliantes et douloureuses : de la toise aux photos anthropométriques, en passant par les ponctions, prises de sang avec échange de frère à frère, dosages, examens, séances de pose devant le chevalet et les fusains de Dina une déportée qui, en d'autres temps, exposait ses toiles dans les galeries de Prague.

Mais ces longues constitutions de dossiers ne peuvent apporter aucune découverte capitale. Des milliers de médecins en ont établi d'identiques avant la guerre. La guerre est une chance pour la recherche. Les plus hautes autorités du pays « couvrent » les débordements des expérimentateurs. Alors, il faut avancer en terrain inconnu. Jamais un chercheur n'a eu, sous son scalpel, les deux mêmes corps étrangement

1. Témoignage Hans Arnoldson. *Natt och dimma*, Stockholm, 1946.

semblables ; un cadavre et son ombre. Bien sûr des jumeaux écorchés ont été déjà observés mais l'un après l'autre, à la seconde de leur mort, parfois à des années d'intervalle.

« Il arrive [1] ici une chose unique dans l'histoire des sciences médicales du monde entier. Deux frères jumeaux meurent ensemble et en même temps et on a la possibilité de les soumettre à l'autopsie. »

Ils meurent parce que Mengele les tue.

« La victime est installée dans un fauteuil de dentiste ; deux prisonniers lui tiennent les mains pendant qu'un troisième lui bande les yeux et lui immobilise la tête. Alors le docteur s'approche et lui enfonce une aiguille dans la poitrine. Le malheureux ne meurt pas sur le coup, mais tout devient noir devant ses yeux. Les autres détenus qui ont assisté à la piqûre emmènent la victime, à demi-inconsciente, dans une pièce voisine et la laissent sur le sol ; elle succombe en moins d'une demi-minute [2]. »

*
* *

Son scalpel, Mengele l'a découvert sur la rampe de sélection d'Auschwitz.

— Les médecins, sortez des rangs.

Et cinquante médecins se sont avancés.

— Je recherche un médecin qui a fait ses études dans une université allemande, qui connaît parfaitement l'anatomie pathologique et la médecine légale...

Un silence, une hésitation, et puis :

— Faites bien attention car il faut être à la hauteur de la tâche, sans cela !

Miklos Nyiszli interprète très bien la traduction du « sans cela » de Mengele. Il sort des rangs.

J'imagine facilement les regards échangés entre les deux hommes. Un contrat vers l'inconnu signé par un pas, un tremblement de la paupière, une décision qui prolonge la vie du médecin juif.

— Vous savez, dit Mengele en le faisant monter dans sa voiture, ce n'est pas un sanatorium où je vous emmène mais vous vivrez dans des conditions pas trop mauvaises.

La porte blindée qui ferme l'enceinte des crématoires s'est entrouverte. Ici ne pénètrent que les condamnés à mort. Chacun le sait. Les « Sonderkommandos », ces morts vivants, ont une existence moyenne de cent jours. Ils sont la hache et le bûcher. Ils préparent les douches ;

1. Miklos Nyiszli, ouvrage cité.
2. *Crimes allemands en Pologne*, volume I.

lorsque les petits cristaux bleutés de Cyclon B ont développé leur nuage dans les canalisations et que le gaz a rongé le dernier souffle de vie, ils nettoient au jet cette pyramide de cadavres ; les chauffeurs n'ont plus qu'à charger les gueules béantes des fours, la cheminée à cracher ses volutes goudronnées, le camp à oublier qu'une vague nouvelle s'est dispersée dans le ciel. Alors, et alors seulement, le Sonderkommando peut se rouler dans le luxe et l'alcool. Les chambrées ont des airs de Trianon. Débauche de soies et de porcelaines, de mets choisis, de lectures interdites... Pour oublier la fin des autres, pour oublier leur propre fin marquée d'une croix noire sur le calendrier du chef de camp. On liquide les fossoyeurs pour qu'ils ne parlent pas.

* * *

— Vous avez un chargement à la porte des crématoires.

Le travail « intéressant » promis par Mengele ! Le SS accompagnateur du Kommando de transport tend les dossiers médicaux. Nyiszli soulève le drap de la civière. Deux petits corps crispés, peau satinée. Ils ont deux ans. Tout à l'heure, le médecin découvrira avec horreur, dans son laboratoire, l'origine de la mort.

— Ils ont reçu une piqûre de chloroforme dans le cœur afin que le sang, en se coagulant, se dépose sur les valves et amène instantanément la mort par arrêt du cœur.

— Vous avez un chargement à la porte des crématoires.

À nouveau des enfants. Quatre paires. Les plus âgés n'ont pas encore dix ans.

Scier, ouvrir, peser, analyser et en fin de compte placer les organes « profitables à la découverte du secret » dans des bocaux d'alcool. Ces dossiers de verre et toutes les observations sont empaquetés avec soin et adressés à l'Institut Dahlem. Entre les ficelles croisées et les doubles étiquettes, un gros tampon s'écrase : « Urgent. Matériel de guerre. »

— Vous avez un chargement à la porte des crématoires.

Des jumeaux, des nains, des géants. Mengele assiste à la fin des travaux.

« Nous feuilletions [1] les dossiers déjà établis sur les jumeaux lorsque, sur la couverture bleue d'un dossier, il aperçoit une pâle tache de graisse. Au cours de la dissection, je manipule souvent les dossiers et c'est ainsi que j'ai pu le tacher. Le docteur Mengele me jeta un regard réprobateur et me dit avec le plus grand sérieux : ''Comment pouvez-vous agir d'une façon aussi insouciante avec ces dossiers que j'ai recueillis

1. *Médecin à Auschwitz*, ouvrage cité.

avec tant d'amour !'' C'est le mot ''amour'' qui vient de quitter les lèvres du docteur Mengele. Je suis tellement ébahi que je n'ai pu prononcer une phrase pour lui répondre. »

* * *

Oui, Mengele a de l'amour pour ces recherches insensées qui n'aboutiront jamais. Beaucoup de ses confrères expérimentateurs s'inventent des travaux, développent des services inexistants dans le seul but d'échapper au front et à la mort. Mengele n'a pas besoin de se montrer indispensable : il l'est. Nul mieux que lui ne saurait diriger la rampe de sélection. Lorsqu'il est absent... c'est presque le chaos. Avec amour aussi, il sait choisir ceux qui peuvent parfaitement illustrer les théories racistes du Reich. Les Juifs sont inférieurs, dégénérés ; les effacer de la planète rend service aux survivants. Un jour, le camp liquidait les derniers revenants du ghetto de Litzmannstadt. Mengele au comble de l'excitation découvre dans les rangs des déportés un père et son fils. Le père est bossu, le fils a un pied-bot. Mengele griffonne une note pour Miklos Nyiszli.

« Examiner du point de vue clinique ces deux hommes. Faire des mensurations précises sur le père et le fils. Établir les dossiers cliniques renfermant toutes données intéressantes et plus particulièrement celles relatives aux causes qui ont provoqué les défectuosités corporelles. »

Ils sont là tous deux, au terme de leurs souffrances, confiants encore dans la mansuétude de leurs semblables. Nyiszli est au bord de la dépression. Peut-il supporter cette épreuve criminelle si peu scientifique ? Il s'est juré d'échapper au crématoire pour porter témoignage et son renoncement ne sauverait personne.

« Le père possédait une importante affaire de tissus. Il a consulté avec son fils les plus grands médecins d'Autriche, et même d'Allemagne. »

Des Sonderkommandos leur présentent un sauté de bœuf aux macaronis. Ils se détendent. Puis la « corvée » de Mengele avec, à la tête des exécuteurs, l'Oberscharführer Mussfeld, franchit le hall des laboratoires. Ils sont abattus, tous deux, dans la salle des fours.

Le soir Mengele réclame les dossiers...

— Ces corps ne doivent pas être incinérés, il faut les préparer et leurs squelettes seront expédiés à Berlin, au Musée anthropologique. Quels systèmes connaissez-vous pour le nettoyage parfait des squelettes ?

Miklos Nyiszli développe deux méthodes principales : le bain de chlorure de chaux (au bout de deux semaines, les chairs ont disparu), la cuisson. Mengele tranche :

— La plus rapide, la cuisson !

Après cinq heures de feu ronflant, sous deux énormes fûts métalliques, le foyer est noyé. Des ouvriers polonais réparent, tout à côté, l'une des cheminées du crématoire, ils sont attirés par ces marmites géantes. Leur faim est trop atroce... Oui, c'est bien de la viande cuite...

Un assistant du laboratoire secoue Miklos Nyiszli.

— Docteur, docteur, les polonais sont en train de manger la viande des barriques !

* * *

Le docteur Hirsch [1] savait qu'il allait mourir. Le typhus ne lui laisserait que quelques jours de répit. D'autres déportés le chargent dans le camion... et puis soudain il s'évanouit. Il se réveille à l'infirmerie. Par quel miracle ?

— Des médecins déportés m'ont récupéré. Mengele cherchait un radiologue parlant allemand. Sans médicaments, par un autre miracle, j'ai pu me remettre rapidement.

Hirsch devait interpréter pour Mengele les radios des jumeaux prises dans le camp des femmes. Un jour, deux paires de jeunes enfants sont amenées à la « station ». Les deux plus jeunes ont cinq ans, les deux autres sept ans. Tous les quatre présentent des rougeurs autour des articulations. Les médecins déportés écoutent Mengele.

— On voit bien que ce sont là des tuberculeux.

Les médecins ont diagnostiqué de suite : Érythème noueux [2]. Mengele s'énerve, tape du pied.

— C'est du sabotage. Ce sont les signes de la tuberculose.

Si la situation n'était pas aussi grave, le docteur Hirsch éclaterait de rire devant cette preuve de l'incompétence de son « maître ».

— Et vous le radiologue ? Vous n'avez rien trouvé ?

— Non.

— Montrez les radios.

— Rien ! Mais si vous voulez que je marque sur les fiches « tuberculeux », je vais marquer.

Mengele se tourne vers les jeunes enfants.

— Venez avec moi.

Le docteur Hirsch voit les enfants monter dans la voiture de Mengele. La voiture au lieu de prendre la droite, vers le camp, tourne à gauche et s'engage sur le chemin du crématoire.

---

1. Médecin français. Témoignage recueilli en février 1967.

2. Congestion cutanée qui, dans la forme la plus courante, donne lieu à des rougeurs qui disparaissent sous la pression du doigt pour reparaître ensuite. L'urticaire est un érythème, une piqûre d'ortie aussi.

Miklos Nyiszli disséquera les corps sous les yeux de Mengele. Quatre meurtres pour prouver qu'il n'était pas possible qu'il se trompe.

Lorsqu'il revint vers les médecins déportés qui l'attendaient, il dit simplement :

— Oui. Ça va pour cette fois. Mais si je découvre un sabotage, le moindre sabotage, c'est vous qui prendrez la route du crématoire.

VIII

LES COLLECTIONNEURS

Leclerc s'est avancé vers les officiers de son état-major :

— Nous recommençons le plan « Libération de Paris ». Une colonne sur chaque route. Tout ça le plus vite possible. Les prisonniers seront désarmés et expédiés vers l'Ouest. Pas d'accrochage important. Nous contournerons les points de résistance... Pour tout le monde, rendez-vous au pont de Kehl.

La marche sur Strasbourg débute ce matin du 23 novembre, à sept heures trois minutes. Deux heures plus tard, la colonne Rouvillois traverse la ville, le pied au plancher. La stupéfaction est générale. La garnison allemande n'était même pas en état d'alerte. Des officiers déchargent leur revolver sur les blindés de la 2e D.B., d'autres ne songent qu'à la fuite et troquent leur uniforme contre le costume civil qu'ils gardaient « pieusement » caché depuis plusieurs semaines. Le professeur d'université August Hirt est certainement l'un des premiers à disparaître. N'avait-il pas répété plusieurs fois à ses assistants :

— Ils ne m'auront jamais vivant.

* * *

Hirt est un vieux Strasbourgeois... Il a débarqué à l'Institut d'anatomie, avec armes et scalpels, dans les premiers jours de 1941. Il est SS et membre influent de la société Ahnenerbe. C'est dire que toutes les portes s'ouvrent à deux battants devant le moindre de ses souhaits. À côté de ses recherches traditionnelles sur le système nerveux sympathique et les tissus vivants, Hirt dès son installation veut faire de Strasbourg, université allemande (Reichsuniversität) mais surtout université SS, le grand centre mondial de documentation sur les problèmes des races inférieures... Un musée des sous-hommes où l'on accumulera les preuves de la dégénérescence, de l'animalité des Juifs. Un musée qu'il faut absolument équiper car, comme tous les Juifs disparaîtront sous peu de la planète, leur squelette sera plus rare et plus précieux que celui d'un diplodocus par exemple. Hirt soumet son idée à Himmler :

— Il existe d'importantes collections de crânes de presque toutes les races et peuples. Cependant, il n'existe que très peu de spécimens de crânes de la race juive permettant une étude et des conclusions précises. La guerre à l'Est nous fournit une occasion de remédier à cette absence. Nous pouvons obtenir des preuves scientifiques tangibles en nous procurant des crânes de commissaires juifs, bolchéviques, qui personnifient une humanité inférieure, répugnante mais caractéristique.

Et comment donc ! Juif ce n'est pas mal ; mais juif bolchévique... Hirt semble s'excuser d'attacher tant d'importance à ces êtres répugnants. Il poursuit :

— Le meilleur moyen d'obtenir rapidement et sans trop de difficultés cette collection serait de donner des instructions pour qu'à l'avenir la Wehrmacht remette vivants à la police du front tous les commissaires bolchéviques juifs. La police les gardera jusqu'à l'arrivée d'un envoyé spécial (jeune médecin ou étudiant en médecine). Celui-ci, chargé de réunir le matériel, devra prendre une série de photographies et des relevés anthropologiques ; il devra s'assurer autant que possible de l'origine de la date de naissance, etc. des prisonniers. Après la mort de ces Juifs dont on prendra bien soin de ne pas endommager la tête, il séparera la tête du tronc et nous l'adressera dans un liquide conservateur.

La lourde machine administrative SS se met en branle. Himmler est « prodigieusement intéressé » par l'« énorme » intérêt de la proposition de « son ami ». Sievers, l'éminence grise de la société pour l'Héritage des ancêtres rend visite à Hirt. Tous deux estiment qu'il serait beaucoup plus aisé de transporter les commissaires juifs bolchéviques vivants à Strasbourg. Ils pourraient être tués dans le camp de Natzweiler, proche de la ville. Tous les services « dans le secret » applaudissent cette simplification. Les commissaires seront gardés à Auschwitz ; lorsque leur groupe atteindra cent cinquante ils seront dirigés sur Strasbourg.

Natzweiler était le seul camp d'extermination bâti sur le territoire français. Ses baraques s'étageaient à huit cents mètres d'altitude, dans un site grandiose, face au Donon. Plus tard il sera connu sous le nom de Struthof. Le maître des lieux, une brute bestiale : Josef Kramer [1].

— Pendant le mois d'août 1943, j'ai reçu du commandant suprême

1. Condamné à mort et exécuté. Archives de la 10e Région militaire.

des SS à Berlin l'ordre de réceptionner environ quatre-vingts détenus d'Auschwitz. Je devais prendre contact avec le professeur Hirt.

Hirt reçoit Kramer à l'Institut d'anatomie et lui demande de gazer le convoi. Les corps lui seront amenés par petits groupes. Hirt a préparé dans une bouteille les cristaux nécessaires au « traitement » des commissaires.

— Je reçus les quatre-vingts détenus, un certain soir vers 9 heures. Je conduisis à la chambre à gaz une quinzaine de femmes. Je leur dis : « Vous allez à la désinfection. » Aidé de quelques SS je les déshabillai complètement et les poussai dans la chambre à gaz. Lorsque je fermai la porte elles commencèrent à hurler. Je plaçai une certaine quantité de sels [1] dans un entonnoir placé au-dessus de la fenêtre d'observation. J'observai par cette lucarne ce qui se passait à l'intérieur. Les femmes continuèrent à respirer pendant une demi-minute et tombèrent sur le plancher. Quand j'ouvris la porte après avoir fait fonctionner la ventilation, elles gisaient à terre, sans vie, pleines d'excréments. Je dis à des infirmiers SS de mettre ces corps sur une camionnette et de les transporter le matin suivant à 5 heures et demie à l'Institut d'anatomie.

Kramer traitera, dans les jours suivants, quatre nouveaux groupes. Seconde par seconde il suivra l'agonie de trente femmes et de cinquante-sept hommes.

— Je n'ai ressenti aucune émotion en accomplissant ces actes car j'avais reçu l'ordre d'exécuter ces quatre-vingts détenus de la façon que je vous ai exposée. De toute façon j'ai été élevé ainsi.

*
* *

La camionnette de Natzweiler s'arrête devant l'Institut. Les deux préparateurs du professeur Hirt, Otto Bong et Henri Henrypierre, qui avaient, la veille, rempli des cuves d'alcool synthétique à 55°, aident le conducteur et deux SS à transporter les corps de ce premier convoi.

— Ils étaient encore chauds [2]. Les yeux étaient grands ouverts et brillants. Ils semblaient congestionnés et rouges. Ils sortaient de l'orbite. Il y avait des traces de sang au niveau du nez et de la bouche. Il n'y avait pas de rigidité cadavérique. J'estimai que ces victimes avaient été empoisonnées ou asphyxiées.

Henrypierre rencontre le lendemain Hirt dans les couloirs. Le professeur s'arrête et lance :

— Si tu ne tiens pas ta langue tu y passeras aussi.

Puis à nouveau la camionnette stoppa devant l'entrée de l'Institut.

---

1. Hirt lui a expliqué longuement les dosages. On peut même se demander si la chambre à gaz n'a pas été construite pour cet événement scientifique.
2. Témoignage d'Henri Henrypierre devant le tribunal de Nuremberg.

Hirt ne s'intéressera plus jamais à cette « collection ». Pendant plus d'un an, les préparateurs se contenteront d'ajouter, de temps à autre, de l'alcool dans les cuves. Devant l'avance des Alliés, l'Ahnenerbe qui a chargé Hirt de recherches urgentes sur les gaz de combat s'inquiète de la présence de ces commissaires compromettants. Le directeur de l'Ahnenerbe écrit au grand patron des médecins nazis, Rudolf Brandt :

« En raison du travail scientifique considérable nécessaire, la préparation des squelettes n'est pas encore terminée. Hirt demande ce qu'il faut faire de la collection au cas où Strasbourg serait en danger. Il peut les mettre à macérer et les rendre méconnaissables. Mais dans ce cas une partie de l'ensemble du travail aurait été faite en vain et ce serait une grande perte scientifique pour cette collection unique car les moulages ne seraient plus possibles. La collection, telle qu'elle existe actuellement, n'attire pas l'attention. On pourrait dire qu'il s'agit des restes des cadavres pris à l'Institut d'anatomie où les Français les avaient laissés et on les brûlerait. »

Le professeur Hirt ordonne à ses assistants de laboratoire de découper les cadavres et de les faire brûler au four crématoire de la ville. Mais les hommes de Leclerc arrivèrent plus vite que ne le souhaitait Hirt. Il restait encore les corps d'une quinzaine de commissaires dans le fond des cuves.

* * *

Dans la perspective de l'ouverture du « musée des sous-hommes », dont rêvait Hirt depuis le début de la guerre et que les tracasseries administratives et ses expériences sur les gaz de combat retardaient sans cesse, l'Ahnenerbe avait demandé à tous ses fidèles en poste dans les camps de concentration de mettre de côté les pièces anatomiques « particulièrement intéressantes et démonstratives ». Les bocaux s'entassaient dans les caves de l'Ahnenerbe.

À Oranienburg-Sachsenhausen, le médecin SS Baumkötter voulait prouver que les êtres inférieurs avaient un pénis... inférieur. Le scalpel dans une main, le flacon de formol dans l'autre, il parcourait les couloirs de la morgue (en permanence un millier de cadavres) et découpait « la pièce » dont il estimait la conservation nécessaire. Mais il alla plus loin. On le vit suivre avec passion les visites médicales des infirmeries. Édouard Calic qui avait découvert ce « violon d'Ingres » de Baumkötter écrit dans son livre *Himmler et son empire* :

« Maintenant, je m'explique pourquoi lorsque l'on se fait porter malade, les médecins SS commencent par ordonner qu'on laisse tomber son pantalon et qu'ensuite, du bout de leurs chaussures, ils relèvent nos chemises. D'abord pour repérer les Juifs mais aussi pour découvrir des anomalies ou des monstruosités particulières. Le déporté politique Walter Claux, matricule numéro 40 603 a même confirmé, par écrit, après la guerre, que Baumkötter s'arrêta devant le prisonnier Rudolf Schultze et lança aux médecins qui l'accompagnaient :

« Mes enfants, regardez ce morceau ! Ce gars-là est monté comme un étalon ! Sa verge a la forme d'un pied de cheval coupé. Ça ! c'est quelque chose pour nous ! »

Et Calic conclut :

« J'ignore si ''la chose'' a pris sa place parmi les flacons remplis de formol de l'armoire dans la cave secrète de Sachsenshausen, par contre, pendant mon séjour au camp j'ai pu constater moi-même que certains détenus d'un aspect physique extravagant, qu'on avait décidé, par l'appât de quelques cigarettes, à se porter volontaires pour expérimenter un médicament, ne reparaissaient plus. »

*
* *

Un livre ne suffirait pas à raconter les « extravagances criminelles » de la femme du commandant de Buchenwald, Ilse Koch. La « Kommandeuse » se faisait bâtir un manège d'équitation et comme elle était pressée de monter une pouliche que lui avaient offert « en participation » certains de ses amants et en particulier le docteur Hoven, dont nous reparlerons dans le chapitre sur le typhus, une centaine de déportés s'épuisèrent jour et nuit à la construction de cet édifice de cent mètres de long. Trente d'entre eux périrent au pied des murs, des boiseries et des glaces du manège. Tous les matins la « Kommandeuse » chevauchait dix minutes. L'orphéon des SS accompagnait ses évolutions. Puis elle allait prendre un bain ; bien souvent la baignoire était remplie de lait ou de madère et quelquefois elle confiait son corps aux mains expertes d'un masseur qui avait inventé pour elle un traitement à base de citrons d'Amérique du Sud. Mais l'ancienne dactylo d'une fabrique de cigarettes était passionnée par les tatouages et les infirmiers devaient lui signaler tous les déportés dont le corps s'ornait de portraits, d'inscriptions ou de « scènes artistiques ».

La « Kommandeuse » examinait le tatouage ; et, si elle estimait qu'il devait figurer dans sa collection, confiait le déporté à son Kapo favori, Karl Beigs. Le bon Karl piquait alors le « tableau vivant ». Les déportés des services pathologiques prélevaient le tatouage, le tannaient et l'offraient à la « Kommandeuse ». Un médecin SS, Muller, suggéra au jeune docteur Wagner de préparer une thèse sur les tatouages. Wagner, sans chercher à savoir d'où provenaient les peaux, se mit à l'ouvrage.

Le « médecin-directeur » des camps, le colonel SS Lolling, encouragea ses travaux, lui demanda de prendre en considération le grain, l'épaisseur de la peau. Il réclamait souvent des spécimens pour « épater » ses amis. La « Kommandeuse » se fit préparer une « grande surface » pour équiper l'abat-jour du bureau de son mari. Le support était un fémur. Mme Koch eut trois paires de gants en peau tatouée... La collection devint industrie. On prépara des jaquettes de livres, des étuis de canif et de poudriers.

Les Américains en libérant le camp au mois d'avril 1945 découvrirent une autre collection : des têtes réduites à la manière Jivaro. Des têtes de la grosseur d'un poing avec moustaches et longue chevelure. Les deux plus « réussies », présentées sur socle d'ébène, avaient appartenu à deux Polonais qui entretenaient des relations « dégradantes » avec des citoyennes allemandes. Les coupeurs de tête de Buchenwald réduisirent et naturalisèrent « à la perfection » plusieurs dizaines de « types différents ». Du vrai travail de sorcier d'Amazonie. La « recette » avait été communiquée par les spécialistes de l'Ahnenerbe à la demande du médecin-colonel SS Lolling.

IX

« *JE NE VEUX PLUS VOIR DE ROSES DANS LES CAMPS...* »

Le prince roumain Georgiu R... portait sur son corps plusieurs centaines de tatouages. Plus qu'un tableau, une grande exposition érotique.

— Chaque scène a été croquée sur place, dans tous les ports du vieux et du nouveau monde, j'ai relevé moi-même les dessins.

La « Kommandeuse » n'eut jamais connaissance de cette collection unique, le prince roumain était interné à Dachau sur ordre d'Himmler. Homosexuel, ses liaisons amoureuses dans les milieux nationaux-socialistes provoquèrent la colère du Reichsführer. Himmler, nous l'avons vu, avait voulu sauver les prostituées de leur déchéance ; il s'attaqua, en même temps, aux déportés qui affichaient sur leur pyjama rayé le triangle rose de l'infamie. Il réunit les chefs de l'inspection des camps et leur déclara :

— Je ne veux plus voir de roses dans les camps.

Et il leur raconta l'aventure du prince roumain, dossiers médicaux à l'appui.

Himmler avait envoyé le prince à Dachau car il pensait « que le dur labeur et les conditions pénibles de l'existence dans un camp de concentration, contribueraient à sa guérison rapide [1] ».

Le prince, personnage influent de Munich, ne pouvait tout de même pas être traité comme un vulgaire Juif. Le commandant se déplace en personne pour le recevoir :

— Vous allez bien aller à la douche ?

Le prince éclate en sanglots. Évidemment, il ne désire pas que des profanes feuillettent son « album vivant ».

---

1. Rudolf Hoess, *Le Commandant d'Auschwitz parle*. Julliard, 1959.

Le médecin l'examine et rédige son rapport à Himmler.

« La place de cet homme qui avoue lui-même ''éprouver depuis son adolescence des désirs sexuels immodérés qu'il n'arrive pas à satisfaire'' n'est pas dans un camp de concentration mais dans une maison de santé. »

En attendant la décision d'Himmler, il est attaché à son lit ; le lendemain il s'écroule lorsqu'on veut lui faire pousser un wagon. Il mourra deux jours plus tard... d'ennui. Himmler se penche longuement sur ce cas, dépêche à Dachau des médecins, des professeurs d'université, réclame rapport sur rapport. Et comme chaque spécialiste lui confie : « C'est un mal qui ne se guérit pas », Himmler prend les choses en main.

« Le Reichsführer[1] organisa à Ravensbrück des ''stages de guérison''. Un certain nombre d'homosexuels qui n'avaient pas donné de preuves définitives de leur renonciation au vice furent appelés à travailler avec des filles et soumis à une observation très stricte. On avait donné aux filles l'ordre de se rapprocher, sans avoir l'air, de ces hommes et d'exercer sur eux leurs charmes sexuels. Ceux qui s'étaient vraiment améliorés (avant le stage, devant les brimades, les menaces) profitèrent de l'occasion sans se faire prier ; quant aux incurables ils ne gratifiaient pas les femmes d'un seul regard. Si celles-ci se montraient trop provocantes, ils s'en détournaient avec dégoût et horreur. »

Le « stage » se terminait par une ultime épreuve : les guéris étaient laissés seuls en présence de malades. S'ils succombaient, tout était à recommencer.

Himmler qualifia ces stages de « demi-échec » et chercha une solution plus radicale. Il la trouva en la personne d'un commandant SS danois, le docteur Vernaet qui avait inventé une méthode infaillible pour guérir l'homosexualité. Il demandait l'autorisation « respectueuse » d'expérimenter dans un camp, « ayant appris que cela se faisait ». Himmler bondit sur l'occasion et lui ouvrit les barbelés de Buchenwald.

Le docteur Vernaet sélectionna quinze cobayes « désespérément » invertis. Ils demandèrent au docteur Horn, un détenu, de leur expliquer ce qui devait leur arriver...

— Ils étaient très effrayés, ils tremblaient comme des feuilles. Je leur dis qu'il s'agissait d'une hormone mâle qu'on allait leur implanter et que ce ne serait pas dangereux.

Le docteur Vernaet, comme Rascher, désirait monnayer sa préparation. Il proposa à Himmler :

— Nous pourrions vendre cette invention à l'étranger au marché noir

1. Rudolf Hoess, ouvrage déjà cité.

pour obtenir des devises. Nous pourrions la promettre à des espions en récompense d'informations utiles [1].

Himmler haussa les épaules et lui conseilla d'expérimenter ses hormones avant de « rêver éveillé ».

La « pile Vernaet » devait être implantée dans l'aine ou sous la peau des patients. Sur les quinze opérés deux moururent et aucun ne « guérit »...

1. Déclaration du docteur Poppendick, Nuremberg.

X

POUR VOIR...

Flossenbürg.

— Un détenu polonais nouvellement arrivé avait subi avant la guerre une grave intervention chirurgicale : ablation de l'estomac, de la rate et de trente centimètres de duodénum. Il commit l'imprudence de le dire au médecin du Revier, le Sturmbannführer Schmidt, dans l'espoir de se voir exempté de travail. Celui-ci qui n'avait jamais observé un homme sans rate voulut connaître comment l'opération avait été menée. Il pratiqua une nouvelle incision au même endroit, regarda et referma.

Quinze jours après le Polonais mourut sur son lit d'hôpital [1].

Curiosité bien naturelle si l'on sait que Cléopâtre faisait régulièrement ouvrir le ventre de ses servantes enceintes pour suivre le développement du fœtus.

* * *

Le docteur Neumann de l'Institut d'hygiène de la Waffen SS à Berlin prélevait des morceaux de foie sur des hommes bien vivants. Toutes ses victimes mouraient dans d'affreuses souffrances. Le pire de cette espèce de médecins SS était indubitablement le docteur Eysele. À Buchenwald, à Natzweiler de 1940 à 1943 il dépassa, de loin, toutes les horreurs que pouvaient commettre d'autres médecins SS. Lui aussi pratiquait pour son développement « professionnel » la vivisection sur des hommes qu'il assassinait ainsi : il prenait ses victimes au hasard dans les rues du camp, les menait à l'ambulance pour leur faire des piqûres d'apomorphine et jouir de l'effet produit. Sans la moindre nécessité, il faisait des opérations

1. Henri Margraff, *Témoignages strasbourgeois.*

et pratiquait des amputations. Et il n'était pas question d'endormir la victime ! Un des rares témoins survivants qui servit lui aussi de cobaye à Eysele était le Juif hollandais Max Nebig, sur lequel il pratiqua une gastrectomie. Après son opération, alors qu'il devait être tué par une piqûre, le Kapo de l'infirmerie lui fit une inoffensive injection d'eau distillée et il éloigna le « mourant » des yeux d'Eysele, en le mettant à l'abri dans le pavillon des tuberculeux où, par crainte de la contagion, le médecin SS n'entrait jamais. Nebig y est resté caché jusqu'en 1945.

*
* *

Il est certain que d'autres médecins, « pour voir » opérèrent des déportés dans le secret des laboratoires. Les corps qu'ils étudiaient sur les marbres des morgues ne leur suffisaient pas. L'observation directe sur un être vivant leur semblait plus profitable, plus scientifique. Mais les preuves manquent aujourd'hui pour accuser tel ou tel médecin. On sait par exemple qu'à Dachau disparaissaient tous les déportés dont un membre était atrophié... Aucune preuve également sur les expérimentations de médicaments nouveaux, sauf pour le Polygal de Rascher. On sait, pour avoir retrouvé des lettres dans les archives d'Himmler, qu'un médicament : le Diamino Diphényl Sulfone fut essayé à Buchenwald sur des malades. Il est probable que des dizaines, peut-être des centaines de drogues furent testées sur les consultants des infirmeries ou les prisonniers des forteresses. Ainsi un Lillois, Émile Rose, m'a remis un épais dossier sur les « mystères médicaux » de la forteresse de Kassel :

— J'étais seul dans une cellule avec un médecin allemand et des infirmiers. Ils m'ont fait régulièrement des piqûres de toutes sortes : intraveineuses, intramusculaires, dans la colonne vertébrale et dans les testicules... Aujourd'hui, je suis totalement dénaturé.

*
* *

Les médecins du front, inlassablement, rédigeaient des rapports sur les méfaits des sérums antigangréneux allemands qu'ils administraient à leurs blessés. Très souvent, après l'injection, le malade mourait. Les serums français, par contre, étaient efficaces et ne provoquaient aucun trouble. L'Académie de médecine militaire et le docteur Mrugowsky, hygiéniste en chef de la Waffen SS estimèrent que le phénol contenu dans le seul sérum allemand était responsable des accidents. Au cours d'une réunion à l'Académie, Mrugowsky chargea Ding de participer à une séance d'« euthanasie » dans un camp « pour voir » comment tuait le phénol.

Ding, un jeune médecin SS, dirigeait le centre expérimental du typhus à Buchenwald [1]. Il ne se soucia pas de savoir si les cobayes choisis étaient condamnés à mort. Les SS poussèrent dans une salle de l'hôpital cinq déportés, torse nu. Le médecin de garde leur avait dit qu'ils allaient être vaccinés contre le typhus. Ils étaient détendus, souriants, heureux d'échapper au travail des commandos. Ding a rédigé un rapport :

« Les prisonniers s'assirent tranquillement sur une chaise, sans émotion, à côté d'une lampe. Un infirmier bloqua la veine du bras et le docteur Hoven injecta rapidement vingt centimètres cubes de phénol brut non dilué. Ils moururent pendant l'injection, sans signes de douleur en moins d'une seconde. »

Expérience hautement scientifique comme on a pu le constater ! Mais, par les yeux de Ding, les chefs de la médecine militaire « avaient vu ».

* * *

Au cours de l'été 1944, dans la région de Cracovie, un fonctionnaire polonais était légèrement blessé par un résistant. Deux heures après il mourait en présentant tous les symptômes d'un empoisonnement. Le résistant fut retrouvé. Les balles de son revolver étaient creuses et contenaient des cristaux. L'Institut de chimie de la police criminelle analysa le poison : c'était de l'aconitine [2] d'origine soviétique. Des balles furent fabriquées artisanalement en laboratoire. Étaient-elles aussi radicales que les projectiles soviétiques ? Il fallait voir. Mrugowsky et Ding surveilleraient l'expérimentation. Le 11 septembre 1944, cinq déportés durent s'allonger dans la cour d'un block de Sachsenhausen. Un sous-officier SS chargea son 7,65 et en présence des médecins tira dans la cuisse gauche des « sélectionnés ». Le SS, ému sans doute, tremblait. Il blessa trop gravement deux détenus. Mrugowsky écrivit dans son rapport :

« Ces deux sujets furent abandonnés. »

Ils agonisèrent sans aucun doute dans un coin alors que le groupe d'observateurs se penchait sur les trois autres blessés ; à moins qu'un drame se soit joué dans cette cour du Block et que les spectateurs aient voulu le cacher. Ding confia beaucoup plus tard à son secrétaire, le déporté Eugène Kogon, qu'un des Russes avait réussi à dissimuler un couteau et qu'il avait attaqué Mrugowsky. On imagine la réaction des gardiens qui dégainent et abattent le déporté déjà blessé par la balle

1. Nous le retrouverons dans le chapitre consacré au typhus. Il s'est suicidé à la Libération. Mrugowsky a été condamné à mort et exécuté à Nuremberg.

2. Extrait de l'aconit, plante vénéneuse d'un mètre de hauteur. Feuilles vertes, fleurs bleues.

empoisonnée ; un second Russe se relève... Ce qui expliquerait les deux sujets « abandonnés » et les observations publiées qui glissent sur le sort des deux « cobayes ».

— La vue[1] de cette exécution fut une des expériences les plus horribles de mon existence. D'autre part, je ne pouvais abréger les souffrances car il n'existe aucun antidote.

« Au[2] bout de vingt à vingt-cinq minutes des troubles se déclarèrent en même temps qu'un léger écoulement de salive. Quarante-trois à quarante-quatre minutes après, nouvel écoulement très abondant de salive... salive écumeuse... symptômes d'étranglement, vomissements.

« Pendant la première heure, les pupilles restèrent sans changement. Au bout de soixante-dix-huit minutes, on put constater une dilatation des pupilles d'importance moyenne, avec en même temps paresse des réactions à la lumière. Les réflexes rotuliens et achilléens avaient disparu.

« Au bout de quatre-vingt-dix minutes, un des sujets d'expérience se mit à respirer très profondément et fut repris d'une agitation motrice qui alla en augmentant. La respiration devint rapide et superficielle. Il éprouvait en même temps de fortes nausées.

« Un des sujets essaya, en vain, de vomir. Pour y parvenir, il introduisit dans la gorge les quatre doigts d'une main. Sa figure était congestionnée. Les deux autres sujets, par contre, montrèrent très tôt un visage pâle. L'agitation devint si forte qu'ils se dressaient, se laissaient retomber, roulaient les yeux, lançaient des mouvements désordonnés avec les mains et les bras. Peu à peu l'agitation se calma, les pupilles s'agrandirent au maximum. Les condamnés restèrent étendus tranquillement. La mort survint respectivement cent vingt et une, cent vingt-trois et cent vingt-neuf minutes après la blessure. »

Inutile de préciser que les balles empoisonnées ne furent jamais fabriquées industriellement. L'expérience « pour voir » ne servit à rien.

* * *

Cet « essai » est à rapprocher d'une série de crimes, plus atroces encore, commis à Ravensbrück.

Deux SS de service au camp de jeunesse, Happ et Koelher, n'arrivaient pas à se mettre d'accord sur le problème qui leur semblait capital à la veille de la libération du camp :

— Souffre-t-on beaucoup si l'on est blessé par balle ? Combien de

1. Déclaration de Mrugowsky à Nuremberg.

2. Rapport de Mrugowsky à l'Institut de criminologie de la police de sécurité, en date du 12 septembre 1944.

temps faut-il pour mourir si l'on est touché aux jambes, au ventre, au visage ?

— Nous n'avons qu'à essayer.

— Essayer ? Un médecin pourrait nous renseigner.

— Non, rien ne vaut l'observation directe. D'ailleurs les médecins ont beaucoup trop d'autres expériences en train pour nous écouter...

La folie expérimentale des médecins avait déteint depuis longtemps sur les gardiens des camps. On ne compte pas ces « recherches imbéciles » tentées par les SS ; chaque déporté peut en citer des dizaines. Combien de temps un homme peut-il tenir debout sur un pied ? Les records sont homologués par le secrétariat du directeur. Combien de kilomètres peut parcourir un homme affaibli en marchant, en courant, avant de s'écrouler ? Études sur la gymnastique, les heures de sommeil, le rendement, la nourriture, la « distribution » et la « réception » des coups. Comment se débarrasser des corps ? Recueillir le plus rapidement possible les vêtements, les dents ? Etc.

Happ et Koehler étaient décidés, rien n'aurait pu les arrêter.

Vera Salvequart une infirmière SS du camp a témoigné au procès de Ravensbrück, avant d'être, elle-même, condamnée [1].

— C'est approximativement le 5 ou 10 avril 1945 qu'un convoi d'environ deux cents femmes, dont quatorze religieuses, arriva de Pologne. Ces femmes furent mises au Block 2. Une des religieuses, Isabelle Masynska, me demanda quelques comprimés pour elle et ses camarades souffrant de diarrhée.

« Le jour suivant, je me trouvais dans la salle des mortes, au service de récupération de l'or. Happ et Koehler entrèrent et me dirent de les suivre au petit camp. Happ avait pendant ce temps amené les quatorze religieuses dans la cuisine désaffectée située derrière mon Block. Tout à coup, nous entendîmes des coups de feu. Je fus à ce moment même appelée par Happ. Il me donna l'ordre d'apporter les ciseaux à dents à la fameuse cuisine. Lorsque j'entrai, je vis un spectacle indescriptible. Quelques-unes des religieuses étaient terriblement blessées et se convulsaient par terre, les yeux crevés, les orbites arrachées, des jets de sang jaillissaient de leur visage.

« Happ et Koehler tiraient à bout portant, au revolver, sur ces femmes qu'ils atteignaient aux points les moins vulnérables du corps, au visage en particulier, pour mesurer la résistance d'un soldat blessé et susceptible de survivre assez longtemps. Expérience qu'il fallait pratiquer [2].

1. Archives commission d'Histoire de la Déportation.

2. Phrase mystérieuse que les juges n'ont pas essayé d'éclaircir. Les deux SS avaient-ils, en définitive, demandé l'autorisation à un médecin pour être « couverts » ?

« Encore pantelantes, ces femmes furent emportées au crématoire au bout de quelques instants, en moins d'une heure je crois. »

* * *

Édouard Lambert[1] se tenait au garde-à-vous dans le couloir de l'infirmerie de Buchenwald...

— Approche !

Lambert en boitillant s'avança vers le médecin. Il le voyait pour la première fois.

— Alors, ta jambe, ça va ?

Lambert avait eu le pied coincé sous la roue d'un wagonnet.

— C'est fini. Je sors tout à l'heure.

Le médecin s'effaça pour le laisser passer.

— Bon ! Tu as droit à une récompense. Un bon repas avant de reprendre le travail.

Sur la table, une cruche d'eau, un gros pain et deux poulets bien gras, luisants de graisse, roux, chauds, merveilleux. En moins d'une seconde la bouche du déporté débordait de salive, ses mains tremblaient d'envie, de joie.

— Voilà. C'est pour toi. Ne te précipite pas. Tu as une heure, mais tu dois tout liquider. Je te laisse.

Il resta seul, face à la table. Sa tête tournait. Il se précipita sur le pain d'abord ; à la première bouchée il comprit :

— Si j'avalais tout, j'allais mourir. Je le savais. Il fallait manger sans se presser. Le médecin avait souligné que j'avais une heure. Lentement j'attaquai les cuisses. A la troisième mon estomac s'était noué. Je ralentis le rythme. Il n'y avait sur la table ni couteau ni fourchette. J'étais comme une bête couverte de graisse, les narines gonflées ! Je ne pensais plus qu'au pain ! Les poulets, c'était sûr, je les finirais... Mais le pain ? Il y avait un lavabo avec un robinet. Le trou d'évacuation d'eau n'était pas grillagé. J'émiettai des gros morceaux. La miche faisait plus d'un kilo. Lorsque le médecin revint, il ne restait sur la table que deux carcasses et un crouton minuscule.

— Eh bien ! Quel appétit !

Il riait.

— Une cigarette ?

J'acceptai.

— Bon maintenant quelques examens.

Pendant vingt-quatre heures Édouard Lambert fut livré à deux

1. Témoignage recueilli le 12 décembre 1966.

infirmiers qui lui firent deux prises de sang et surveillèrent sans arrêt sa température, son cœur, sa tension. Le lendemain, le médecin lui tendit un verre d'alcool et lui souhaita bonne chance.

— Vous vous souviendrez de mes poulets. Vous m'avez pris pour un fou. Allons, que tout se passe bien pour vous.

Et il lui serra la main. Aujourd'hui encore Lambert se demande la signification de ce repas digne de Pantagruel. Le médecin anonyme (il ne portait pas les fers SS) poursuivait sans doute des travaux sur la nourriture. Ces recherches étaient permanentes dans les camps de concentration, dans pratiquement tous les camps. Karl Brandt reconnut à Nuremberg avoir ordonné des essais de nourriture concentrée sur les déportés d'Oranienburg.

« Il s'agissait de mets concentrés que l'on devait parachuter dans certaines régions de Russie. Nous avions pris cette décision après avoir reçu des rapports de la forteresse de Stalingrad. On discutait sur la façon d'incorporer les matières grasses et les protéines. Ces expériences étaient importantes, mais sans danger. Les rations contenaient deux fois ou même plus de calories qu'il n'était nécessaire... Nous désirions connaître la forme de nourriture la plus capable de permettre aux soldats d'exécuter leur devoir. »

À Mauthausen, les expériences sur l'alimentation entraînèrent plusieurs morts. Jean Laffitte, matricule 25 519, fut l'un des premiers Français déportés dans ce camp. Il était affecté au Block 16, appelé par les uns « Block des cobayes », par les autres « Block de la mort ».

— Le Block 16 [1], édifié juste en face du crématorium, était entouré d'une enceinte spéciale et isolé du reste du camp. Nous n'en sortions que pour nous rendre au travail qui pour nous s'effectuait à la carrière et dans les commandos les plus durs. Tout le reste du temps nous étions soumis au régime de la quarantaine, y compris pendant la durée des appels. Privés de lits, entassés les uns à côté des autres, nous faisions l'objet de brimades permanentes (contrôles de toutes sortes, gymnastique à coups de schlague, douches glacées, etc.) qui pratiquement nous interdisaient le repos.

« Les ''expériences'' pratiquées sur nous portaient sur un régime spécial d'alimentation dont on essayait les effets sur l'organisme humain. Cette nourriture se présentait sous la forme de bouillies. Elles se composaient, pour autant que nous pûmes en déceler l'origine, de résidus végétaux ou d'erzats chimiques. Certaines de ces bouillies provoquaient la dysenterie ou la constipation. L'une d'elles, où nous

1. Témoignage recueilli le 26 décembre 1966.

pûmes déceler des grains d'avoine à ergots très aigus, entraîna en quelques heures la mort de plusieurs cobayes.

« Chaque semaine, nous étions pesés et faisions l'objet d'un examen sommaire, à l'intérieur du block, dans l'ambiance des cris et des coups. Chaque mois, nous étions conduits, sous bonne garde, à l'extérieur du Block pour un examen plus complet et des prélèvements de sang, ce qui aggravait encore notre faiblesse physique. La plupart de ces visites nous obligeaient à rester nus, dehors, pendant plusieurs heures.

« De façon générale, le régime du Block 16 a entraîné pour une même période une mortalité beaucoup plus grande que celle constatée dans les autres Blocks. Les malades ou blessés du Block n'étaient pas admis à se faire soigner au Revier. »

*
* *

Camp de Gusen.

— J'ai [1] été hospitalisé à l'infirmerie dans le « Block des puces ». Nous étions enfermés là pour voir combien de temps nous pouvions résister à l'action de ces parasites. J'ai vu le chef du Block 31 faire des expériences sur des malades qu'il voulait guérir. Il avait une seringue énorme où il mettait toutes les ampoules d'une boîte et il était tout étonné du résultat car, à chaque fois, les malades mouraient dans de terribles souffrances.

1. Témoignage de Georges Parouty, 8 janvier 1967.

XI

L'AFFAIRE DES POISONS

Le capitaine Selvester, fines moustaches lissées, taches de rousseur, doigts noueux, fixe longuement ce flibustier échappé d'un brigantin sabordé.

— Pourquoi ce bandeau sur l'œil gauche ?
— Rien. Une égratignure.
— Votre nom ?
— Vous avez les papiers, vous ne savez pas lire ?
— Votre nom ?
— Je vous dis : lisez.
— Votre nom ?
— Heinrich Hitzinger.
— Vous appartenez ?
— À la Geheime Feldpolizei.
— Grade ?
— Feldwebel...

Himmler, pâle, retrouve sa confiance ; ce petit capitaine britannique stupide et borné ne l'a pas reconnu. Lui qui soigne particulièrement ses moustaches aurait dû se rendre compte que le prisonnier a rasé les siennes : sous le nez la peau est plus claire. Ah ! si seulement il avait « perdu » comme tout le monde ses papiers. Mais non ! Le vieux réflexe policier a joué : avec un laissez-passer du service de sécurité de l'armée de terre, on ne peut-être considéré comme suspect...

Sauf pour les Britanniques qui arrêtent tous ceux qui brandissent des papiers et en particulier les membres des services de sécurité, considérés *a priori* comme « possibles criminels de guerre ». La sentinelle du poste de contrôle de Meinstedt a examiné longuement cette carte barrée de noir, lisse, timbrée, tamponnée.

— Elle semblait sortir d'un coffre-fort. J'ai téléphoné à un officier et j'ai gardé Hitzinger et ses compagnons. Ils étaient une dizaine. Tous déguisés.

Habillés à la fois de vêtements civils et militaires.

Le 23 mai 1945, les prisonniers sont transportés au camp britannique d'interrogatoire 031 de Lunebourg.

— Votre nom ?

Alors Hitzinger dans une attitude théâtrale arrache son bandeau, sort une paire de lunettes de sa poche, les ajuste, se fige au garde-à-vous :

— Je me présente : Reichsführer Heinrich Himmler. Je suis pressé. Je dois absolument rencontrer le maréchal Montgomery. C'est urgent.

Le capitaine n'a pas bronché. Il sonne les gardiens et, en leur confiant le prisonnier :

— J'ai un coup de fil à passer au Q.G.

Selvester revient avec un officier.

— Nous voudrions comparer votre signature avec une copie que nous avons ici.

— Pour que vous vous en serviez en me faisant déclarer n'importe quoi ? Je refuse.

Le capitaine s'approche du Reichsführer.

— Déshabillez-vous.

Dans une poche du pantalon, le second officier découvre deux ampoules de verre. Il les montre à Selvester en murmurant :

— Poison.

Selvester demande à Himmler :

— À quoi servent ces ampoules ?

— Des médicaments. J'ai souvent des maux d'estomac.

Les ampoules sont longues. Une moitié de cigarette. Selvester pense qu'Himmler doit en cacher une plus petite dans sa bouche.

— Nous gardons vos vêtements. Vous allez enfiler cette tenue britannique.

Himmler refuse.

— C'est ça ! Après vous n'aurez qu'à m'abattre comme espion.

Froidement le second officier réplique :

— Ce n'est pas dans nos habitudes. Je pense que nous n'avons pas les mêmes règles de guerre. Vous devez le savoir.

Selvester disparaît et revient alors qu'Himmler consent à s'habiller.

— Vous devez avoir faim ?

Une ordonnance apporte des sandwiches et deux théières.

Himmler se sert.

— J'aurais préféré du vin. Vous pensez que l'on va me conduire auprès du maréchal ?

— Nous attendons un de ses adjoints.

Le colonel Murphy du Deuxième Bureau de l'état-major Montgomery s'entretient dans une pièce voisine avec le capitaine médecin Wells qui a découvert les ampoules de cyanure.

— Comment est-il ?

— Nerveux. Il a refusé de s'habiller avec notre uniforme. Il disait qu'on voulait le tuer, ou mieux encore le photographier et le discréditer aux yeux des Allemands. Il a accepté un caleçon, une chemise et des chaussettes. On lui a jeté sur le dos deux couvertures.

— Et le poison ?

— Nous avons trouvé des capsules dans une poche. Rien dans le corps.

— La bouche ?

— Nous n'avons pas fouillé. Mais il a mangé et bu.

— Oui ! Nous verrons tout à l'heure.

Michael Murphy reconnaît Himmler.

— Vous voulez voir le maréchal ?

— J'ai préparé une lettre pour lui. Je suis toujours le chef des SS.

— Je sais. Voulez-vous me suivre.

Murphy conduit Himmler dans une cellule de la prison d'Ulzenerstrasse. Le sergent-major Edwin Austin est chargé de surveiller le Reichsführer.

— On ne m'avait pas dit que c'était lui. Mais je l'ai reconnu. J'avais vu des photos. Il tremblait sous ses couvertures. J'avais une peur bleue qu'il se suicide. Le général Pruetzmann avait croqué une boule de poison devant moi... J'avais un interprète. J'ai montré au prisonnier son grabat et je lui ai dit de se mettre nu. Il s'est énervé.

— Vous ne savez pas à qui vous avez à faire ?

J'ai répondu :

— Mais si, voyons, vous êtes Himmler. Ça m'est égal. J'ai reçu des ordres. Allez. Exécution. Couchez-vous.

À cet instant précis Murphy et Wells arrivent devant la cellule. Austin ouvre la porte.

— Nous allons vous fouiller. Nous devons nous assurer...

— Je sais, le poison. J'ai déjà été fouillé.

Ce seront là les dernières paroles d'Himmler. Wells minutieusement ausculte le corps du prisonnier. Il passe ses mains dans les cheveux et d'un geste brusque les plonge dans la bouche en se couchant sur la nuque du Reichsführer. Deux doigts de sa main droite ont forcé les lèvres. Himmler mord Wells au sang.

Déjà il se tord sur le lit crachant de minuscules morceaux de verre. Murphy s'affole.

— Il nous a eus. Le salaud !

Wells retourne le corps, le secoue. Rien n'y fera : vomitifs, lavage d'estomac, respiration artificielle. Onze minutes après avoir broyé la capsule de cyanure, Himmler roulera mort sur le plancher.

Austin remonte la couverture sur le visage violacé :

— Ah ! il est beau ! Ce n'est que ça Himmler ! Dans le fond il a ce qu'il mérite.

* * *

Avec un peu plus de diplomatie, les Britanniques auraient obtenu les archives du Reichsführer enterrées quelque part en territoire allemand. Himmler qui s'estimait le seul successeur historique d'Hitler se serait certainement suicidé avant son exécution (comme Goering) mais auparavant il aurait, par orgueil et pour se justifier, livré ses principaux secrets. Le « grand maître » des expériences médicales humaines a préféré disparaître lorsqu'il s'est rendu compte qu'on allait arracher de sa bouche cette capsule qui le protégeait d'une mort infamante et peut-être douloureuse, d'une mort dont il désirait choisir lui-même le jour et la seconde. N'avait-il pas toujours été « forgeron de son destin » ?

Deux événements au cours de l'année 1941 lui firent adopter la décision de « conseiller » à chaque dignitaire ou responsable de la machinerie nazie de conserver en permanence, « à portée des lèvres », une capsule de poison.

Le 10 mai 1941, le dauphin du Führer, Rudolf Hess, s'échappait d'Allemagne pour négocier avec Winston Churchill la fin de la guerre. Hitler sombra dans une colère sans précédent.

— Il faut dire qu'il a été enlevé. D'ailleurs il a été enlevé... non... non, nous dirons qu'il était fou, qu'il a été attiré dans un piège et que quand il s'est aperçu qu'il était trahi, il a avalé du poison...

Deux mois plus tard, Himmler en visitant un camp de concentration s'évanouit au bord d'une fosse commune ; un homme « mort » depuis deux jours, à demi-recouvert de terre, se dressait en hurlant... Le Reichsführer confia à son médecin :

— Je ne pourrais jamais supporter une telle souffrance, une telle angoisse. Je vais rêver de ce fantôme. Le mieux, voyez-vous, serait que j'aie toujours avec moi du poison.

Rascher, l'âme damnée d'Himmler, comme toujours, se trouvait là où il fallait, quand il fallait. Les deux hommes passèrent un accord secret, puisque nous savons par Walter Neff que le petit capitaine expérimenta seul les poisons au camp de Dachau.

— Il fabriquait soixante à quatre-vingts comprimés par jour.

Après la première « mise au point » de Rascher, pratiquement tous les camps essayèrent leur capsule. Heinz Baumkoettner, médecin SS du camp de Sachsenhausen, avoua à son procès que des détenus furent contraints d'absorber du cyanure de potassium. Le témoignage le plus important nous le devons à l'écrivain catholique Eugène Kogon [1] qui témoigna à Nuremberg.

— Je connais deux cas. Le premier à la fin de 1943 et le second, probablement pendant l'été de 1944. Dans chaque cas on utilisa des prisonniers de guerre russes.

« La première fois, on mit différentes préparations de la série des alcaloïdes dans la soupe aux nouilles des prisonniers de guerre qui se trouvaient au Block 46 ; sans se soucier de quoi que ce soit, ils prirent cette soupe. Deux furent malades et vomirent ; un troisième perdit connaissance, le quatrième ne présenta aucun symptôme. Là-dessus, les quatre furent étranglés au crématoire, et disséqués.

« La seconde fois, Ding revint de Berlin et me dit qu'il avait une tâche très désagréable à remplir. Je dois dire qu'à ce moment il n'existait rien de privé ou d'officiel qu'il ne me confiât. Il se rendait compte que la cause national-socialiste était perdue. Il me dit : ''Kogon, voyez-vous un moyen de m'en sortir ? Je dois essayer sur les prisonniers de guerre un poison et en rendre compte immédiatement. C'est un ordre direct de Mrugowsky...'' Il alla trouver en toute hâte le chef du camp Schubert et le commandant Pister. Ils se rendirent au crématoire. Quatre prisonniers russes avaient été amenés dans la cave aux murs de laquelle se trouvaient quarante-six crochets. Avec ces allonges de boucherie, on étranglait les gens. Les prisonniers furent empoisonnés. Ding me dit plus tard qu'il moururent très rapidement. Ils furent disséqués et brûlés. Ding n'envoya pas de rapport écrit à Berlin. Il me dit qu'il devait rendre compte verbalement à Mrugowsky. »

Ding brûla même devant Kogon le petit papier sur lequel il avait noté la formule chimique du poison. Toutes ces précautions expliquent le peu d'informations qui nous soient parvenues sur ces mystérieuses et criminelles « affaires des poisons ».

1. Auteur d'un livre capital sur la déportation : *L'Enfer organisé*. La jeune Parque, Paris, 1947.

XII

LES ARBRES SECS

La taille, les hanches, les jambes sont lourdes ; le visage étroit, les mains longues et fines. Gudrun a fêté ses trente-huit ans au mois de mai 1967.

C'était bien son nom sur l'annuaire téléphonique de Munich ; son adresse aussi : 81 Georgenstrasse. Je ne voulais pas lui parler mais j'ai tout de même composé le numéro. Elle a décroché, répété trois fois : « J'écoute » avec une petite voix sèche, cassée, puis elle a raccroché. Dans le fond je n'avais rien à demander à la fille d'Himmler. Je connaissais toutes les réponses qu'elle aurait pu faire à mes questions.

— Pourquoi avez-vous gardé le nom de votre père ?

— Je suis fière de lui, de son nom.

— Comment vivez-vous ?

— Seule. J'ai fait tous les métiers avant d'acheter une petite blanchisserie. Je me débrouille. Je consacre tous mes loisirs à la mémoire de mon père. Je suis fière de lui. On lui a tout mis sur le dos. C'est trop facile. Je vais le réhabiliter. J'y consacrerai s'il le faut toute ma vie. Un jour on parlera de lui comme de Napoléon... Vous savez il ne s'est pas suicidé. On l'a assassiné.

Je pense qu'Himmler, s'il vivait, serait fier de sa fille ; cette si belle Gudrun qui naissait au moment où il organisait le crime le plus atroce de sa vie : la stérilisation de millions d'hommes et de femmes.

— L'Europe sera peuplée d'arbres secs.

L'Europe sans enfants [1] ! C'est bien ça, l'Europe sans enfants.

---

1. Titre d'un ouvrage du docteur Marc Dvorjetski publié en hébreu à Tel Aviv.

*
* *

— Au revoir !

— Soyez courageuses !

— On ne vous oubliera pas !

— Courage ! courage ! courage !

Le camp de Birkenau est persuadé que I... G... et ses vingt-quatre camarades viennent d'être choisies pour un convoi vers la chambre à gaz. Déjà les SS les traînent vers les douches. Ici, l'eau coule toujours... Le nuage mortel, c'est pour tout à l'heure, sûrement à Auschwitz.

Dans l'air glacé de ce mois de novembre, les femmes attendent, nues, les ordres de leurs bourreaux. Hier elles maudissaient leur travail de terrassement dans les marais... cette eau qui rongeait leur corps ; aujourd'hui elles regrettent leurs souffrances de la veille.

— Que vont-ils nous faire ?

Personne n'ose répondre.

I... G... s'habille. Une longue robe légère frappée d'une énorme croix rouge dans le dos, un petit fichu sale pour cacher ses cheveux de trois centimètres, deux gros sabots de bois aux pieds. Deux sabots du même pied.

— En rang.

Auschwitz n'est qu'à quatre kilomètres. À nouveau les mêmes cris, les mêmes peurs.

— Courage !

— On ne vous oubliera pas !

— Je ne veux pas mourir !

Et soudain, les visages s'élargissent, les lèvres s'entrouvrent en esquissant un sourire.

— Regardez, nous tournons le dos aux chambres à gaz.

— C'est merveilleux !

— Un jour de plus à vivre !

— C'est un nouveau camp de travail qu'ils forment.

— Non ! Taisez-vous. Vous n'avez pas compris : ils nous ont pris pour des expériences.

— Des expériences ?

— Des expériences, expériences, expériences...

Le mot roule de bouche en bouche.

— Vous voyez bien que j'avais raison. Ils nous conduisent au Block 10.

— Mais non, c'est le Block 1.

— Le Block 1 en dur a remplacé l'ancien 10 en bois, mais c'est pareil.

La garde-chiourme les accueille, bouche mielleuse ;

— Ici vous allez être au chaud. Il y a de la couture pour tout le monde. Un vrai paradis !

Les femmes travaillent en silence. Elles reprisent des chemises. Le lendemain matin, la chef du Block annonce :

— On va vous examiner. Si ça va, on pratiquera sur vous une insémination artificielle. Ce n'est ni dangereux, ni douloureux. Vous avez de la chance. Non seulement vous allez vivre au chaud, mais vous aurez des enfants sans hommes...

La Blocklowa s'approcha d'I... G...

— Alors ?

— Vous n'avez pas honte d'aider les Allemands ?

— Tais-toi, sinon je te dénonce. Prépare-toi. Nous y allons. On commence par toi [1].

Les médecins, appuyés sur une table d'examen en verre bavardent entre eux sans se soucier des déportées livrées aux infirmiers. I... G... s'avance vers un médecin. Il la fixe :

— Non pas celle-là... la suivante.

Une déportée ne peut s'empêcher de lui glisser à l'oreille :

— Veinarde.

Une nuit d'espoir, une matinée d'angoisse car toutes les déportées sont rappelées, « préparées ».

Clauberg, bedon débordant en bataille, promène ses un mètre cinquante en sautillant. Un taureau ébloui par le soleil de l'arène.

— Toi. Avance.

I... G... tente son va-tout.

— Docteur, hier un médecin a dit que je n'étais pas bonne pour l'expérience.

— Eh bien moi, je pense le contraire. Tu m'intéresses.

Les assistants installent la déportée sur cette table gynécologique géante. Des lanières de cuir bloquent ses mains, ses chevilles. Un infirmier saisit sa tête.

— Tu as eu tort. Il n'aime pas ça. On ne t'a jamais dit que tu ne devais pas leur parler avant qu'ils t'interrogent ?

Clauberg s'approche. La seringue qu'il brandit ressemble à un gros clystère.

Elle ferme les yeux se répétant : « Ne pas bouger pour qu'il ne me blesse pas, ne pas bouger !!! »

Le liquide visqueux en pénétrant dans son corps irrite d'abord, puis la chair s'embrase, flamboie, se carbonise avant de fondre.

---

1. Témoignage recueilli à Paris, en février 1967.

La sangle de la main gauche a glissé. I... G... se mord le pouce pour ne pas hurler... le sectionne jusqu'à l'os. Son corps violé, pantelant, déchiré, baigne dans une mare de sueur.

L'infirmier la détache.

— Allez va-t-en. Tu as intérêt à te tenir tranquille.

Derrière la porte des camarades l'attendent pour la porter jusqu'à son lit.

Clauberg s'acharnera sur la jeune déportée qui avait osé lui adresser la parole. Il organisera pour elle, neuf « séances ». Lorsque I... G... pleurera dans son lit en demandant :

— Pourquoi moi, pourquoi encore ? Les autres n'y vont qu'une fois, deux fois au maximum...

La chef de Block lui répondra :

— C'est bien fait. Tu te croyais dans un salon. Il ne fallait pas te faire remarquer.

* * *

Nous avons vu, en suivant les expériences de Mengele, qu'Himmler et l'Ahnenerbe souhaitaient la découverte du secret de la gémellité, pour repeupler deux fois plus vite les territoires conquis dont on exterminait la population inférieure. Hitler qui avait imposé l'euthanasie des débiles mentaux et des incurables avait préparé, en 1935, une loi sur la stérilisation. Il ne faisait que répandre une idée longuement développée dans sa bible : *Mein Kampf*.

« L'État doit déclarer indigne de procréer et en empêcher matériellement toute personne apparemment malade et chargée d'une hérédité dont elle risque d'accabler sa descendance. »

Avec l'occupation des nouveaux territoires de l'Est, la « loi » allait être étendue aux bien-portants. Pourquoi ? Eh bien simplement parce que tous les peuples ne pouvaient être liquidés par un coup de baguette magique, et puis il fallait bien conserver quelques esclaves pour servir les maîtres. Lorsque les esclaves seraient usés ou morts, alors les nouvelles vagues d'aryens, jeunes et forts, défricheraient à leur tour. Les esclaves seraient stérilisés pour ne pas créer de problèmes.

Victor Brack, ami d'Himmler, organisateur et administrateur du programme d'euthanasie en Allemagne, avait parfaitement réussi à faire disparaître plus de deux cent mille malades des hôpitaux et asiles... des maisons de retraite également, car cet homme, qui avait tué de sa main sa femme malade « par souci d'humanité », fit assassiner les anciens combattants mutilés de la guerre 14-18. Le Reich retrouvait des lits, économisait les primes des pensions et fermait définitivement les bouches inutiles.

Himmler tout naturellement s'adressa à lui pour préparer et organiser la stérilisation massive.

Victor Brack posa d'abord le problème.

« Sur[1] dix millions de Juifs en Europe, il y a au moins deux à trois millions d'hommes et de femmes capables de travailler. Considérant les difficultés extraordinaires que le problème du travail soulève, je suis d'avis que ces deux à trois millions soient spécialement choisis et préservés. Ceci ne peut cependant être réalisé que s'ils sont en même temps rendus incapables de procréer. »

La solution ?

« La stérilisation, telle qu'elle est pratiquée normalement sur les personnes atteintes de maladies héréditaires est ici hors de question, car elle prend trop longtemps et est trop coûteuse. La castration par rayons X est non seulement relativement bon marché, mais peut aussi être pratiquée sur plusieurs milliers de sujets en un temps très court. »

Comment ? Inimaginable ! Victor Brack voulait construire un labyrinthe fantastique...

« Un moyen pratique de procéder consisterait à faire approcher les personnes à traiter d'un guichet où on leur demanderait de répondre à quelques questions ou de remplir des formulaires pendant deux ou trois minutes[2]. La personne assise derrière le guichet manœuvrerait l'appareil et mettrait en action deux ampoules simultanément car les radiations doivent être envoyées de chaque côté. Avec une installation à deux ampoules, cent cinquante à deux cents personnes environ pourraient être stérilisées chaque jour. Par conséquent, avec vingt installations de ce type, trois mille ou quatre mille personnes pourraient être stérilisées chaque jour. À mon avis un nombre quotidien plus important ne pourrait pas être atteint. Je puis seulement donner un chiffre approximatif des dépenses d'un appareil à deux lampes : environ vingt mille à trente mille Rentenmarks. Il y aurait cependant en plus le prix de la construction d'un nouveau bâtiment car les installations devraient être préparées pour la protection complète des manipulateurs. »

Himmler accusa réception, s'emballa pour le projet, l'oublia et le relança enfin en réclamant des expérimentations dans les camps de concentration. Un jeune Juif polonais témoigna à Nuremberg. Sa

1. Extraits de lettres à Himmler (de mai 1941 à août 1942).

2. Les expériences réalisées avaient prouvé que cent quatre-vingts secondes d'irradiation (600 r) suffisaient à provoquer la stérilité permanente.

déposition fut entrecoupée de sanglots. Son frère, ses deux sœurs, ses parents, déportés comme lui, n'étaient pas revenus.

— À Auschwitz, je reçus le numéro 132 266. Un soir on ordonna à tous les Juifs âgés de vingt à vingt-quatre ans de se présenter au bureau. Je n'y allai pas. Vingt prisonniers furent sélectionnés et durent se présenter à un médecin le jour suivant. Ils revinrent mais personne ne sut ce qu'on avait fait à ces vingt-là. Une semaine plus tard, vingt autres Juifs de vingt à vingt-quatre ans furent choisis. Mais cette fois la sélection fut faite par ordre alphabétique et je fus l'un des premiers. On nous amena à Birkenau dans le camp de travail des femmes. Là, un médecin de grande taille, en uniforme de l'armée de l'air arriva à motocyclette [1]. Nous fûmes contraints de nous déshabiller et nos organes sexuels furent placés sous un appareil pendant quinze minutes. Cet appareil chauffa fortement nos organes et les parties environnantes qui, plus tard, devinrent noires. Après ce traitement, nous dûmes reprendre notre travail immédiatement. Quelques jours après, les organes sexuels de la plupart de mes camarades suppurèrent et ils eurent les plus grandes difficultés à marcher. Malgré cela ils durent travailler jusqu'à l'évanouissement ; ceux qui s'évanouirent furent envoyés à la chambre à gaz...

« ... Deux semaines plus tard, nous fûmes conduits au Block 20 d'Auschwitz. Là, on nous opéra. Nous reçûmes une injection dans le dos qui rendit insensible la partie inférieure du corps. On nous enleva les deux testicules. J'ai pu suivre toute l'opération dans le miroir d'une lampe.

— Le président : Témoin, n'ayez aucune crainte.

— Excusez-moi si je pleure... Pendant trois semaines je restai à l'hôpital. Nous y avions très peu de nourriture mais beaucoup de mouches et de vermine... Pendant la grande fête juive, soixante pour cent des malades furent transportés à la chambre à gaz. J'ai été libéré le 30 avril 1945 par les Américains. Je me sens très découragé et j'ai honte de ma castration. Le pire est que je n'ai aucun avenir... Je mange très peu et malgré cela je deviens très gras... J'ai entendu parler du procès et j'ai pensé que c'était mon devoir de venir témoigner...

« ... Tout cela parce que j'étais Juif. Je demande au tribunal de ne publier mon nom en aucun cas. »

Le docteur strasbourgeois Robert Lévy, déporté, dirigeait le block chirurgical de Birkenau.

— Leurs blessures se transformaient souvent en cancers des rayons. Je

1. Il s'agit du docteur Horst Schumann chargé par Victor Brack d'expérimenter les rayons X.

suppose que les testicules étaient enlevés pour permettre un examen microscopique destiné à contrôler le résultat du traitement par les rayons. Je suppose qu'ils soumettaient les sujets à des rayons de densité variable, afin de découvrir la dose convenable. Ces garçons stérilisés étaient atteints physiquement et mentalement. Ils souffraient énormément car la radiodermite est une affection extrêmement douloureuse. Ils étaient mentalement diminués. Ils n'étaient plus des hommes, mais des épaves humaines.

Une doctoresse française, Mme Hautval, a soigné plusieurs victimes des stérilisations.

— Une des expériences les plus lamentables fut la stérilisation par les rayons X de toutes les jeunes filles de seize à dix-huit ans. Elles étaient Grecques pour la plupart, des frêles créatures délicates, dont les souffrances révoltaient... Les petites revenaient le soir dans un état effrayant. Elles vomissaient sans cesse et se plaignaient de douleurs abdominales atroces. Nombreuses furent celles qui durent s'aliter durant des semaines et même des mois. Nombreuses furent celles atteintes de brûlures radiologiques fort étendues nécessitant des pansements de longue durée...

... Il faudrait parler aussi des petites bohémiennes de Ravensbrück, des fillettes dont on ne peut pas oublier la vue, par terre dans les corridors du Revier, se tordant de douleur après la stérilisation.

Car les « essais » des « savants » portaient aussi sur les enfants.

Une déportée, Gustawa Winkowska, demanda au docteur Treite, spécialiste de ces stérilisations :

— Pourquoi aussi sur eux ?

— Il faut les stériliser très jeunes car ils sont capables d'avoir des enfants à treize ans.

* * *

Le 29 avril 1944, l'adjoint de Brack pouvait écrire à Himmler :

« La castration des mâles par rayons X est presque impossible ou demande un effort qui ne paie pas. »

Toutes ces recherches criminelles pour en arriver là ! Heureusement pour l'avenir du Reich, Clauberg avait trouvé la solution...

* * *

Rondouillard et propret ; toujours déguisé en tyrolien — culottes courtes et chapeau à plumes — Karl Clauberg était le médecin-chef de la clinique des femmes des hôpitaux Knapp et Saint Hedwig de Königshütte en Haute-Silésie. Son surnom chez les déportés : « Rase-mottes ». Une grosse tête sur un corps court. Général SS, informateur de la Gestapo, il ne négligeait pas les avantages financiers de sa charge et payait à l'administration des camps une prime pour chaque « utilisation de matériel humain ». Les laboratoires civils auxquels il fournissait des informations lui remboursaient le triple de la prime payée. Himmler avait accordé toute sa confiance au grand gynécologue.

— Vous seul pouvez trouver une méthode plus efficace et moins onéreuse que les rayons X. Combien de temps vous faudrait-il pour stériliser mille femmes ? Il est bien entendu qu'elles ne devraient s'apercevoir de rien.

Le Reichsführer souhaitait que Clauberg stérilise au cours d'un examen général. Pour l'appréciation des résultats ? Rien de plus facile :

— Une expérience pratique pourrait être tentée en enfermant un Juif et une Juive ensemble pendant une certaine période...

Obsédé sexuel, friand de ces contacts entre « bêtes de laboratoire », Himmler se délecterait en lisant les rapports médicaux [1].

Le 7 juin 1943, Clauberg lui écrivait :

« La méthode est pratiquement au point. Elle peut être pratiquée par une seule injection à l'entrée de l'utérus au cours d'un examen gynécologique habituel. Il sera possible de stériliser probablement plusieurs centaines et même mille personnes par jour, avec un médecin bien entraîné dans un laboratoire bien équipé, avec peut-être dix assistants. »

Nous avons vu au début de ce chapitre comment Clauberg avait expérimenté sa méthode sur une déportée française I... G... ; le docteur Hautval a témoigné à Nuremberg :

— Le Block 10 contenait jusqu'à cinq cents cobayes, toutes Juives : françaises, grecques, belges, hollandaises, slovaques et quelques allemandes. La terreur était d'autant plus grande que les victimes ne savaient pas de quoi il s'agissait. La première en date des expériences faites au Block 10 semble avoir été une stérilisation par introduction dans l'utérus d'un liquide caustique destiné à provoquer l'obstruction des trompes. (Clauberg opérait.) Elle se fit en trois séances à intervalles de un à plusieurs mois. L'opération fut suivie de radiographies. De nombreuses opérées souffrirent atrocement.

Mais Clauberg, sa « méthode » mise au point, voulait aller plus loin. Ces femmes stérilisées, il allait les rendre fécondes à nouveau, ainsi les médecins du Reich pourraient soigner les aryennes qui malgré de patients

1. À rapprocher évidemment des conseils donnés à Rascher pour le réchauffement par chaleur humaine et aux chefs de camps pour « tester » la guérison des homosexuels.

efforts n'avaient pu fournir la preuve « maternelle » de leur patriotisme. Le docteur Dora Kleinova a bien connu le Block 10 :

— Block de femmes isolé au milieu du camp des hommes, il était entouré de mystère. Les fenêtres en étaient obstruées par des planches clouées, de façon à rendre impossible toute communication avec le dehors et surtout avec les hommes déportés. Nous étions enfermées dans deux grandes salles où végétaient plutôt que vivaient quatre cents femmes entassées dans des lits à trois étages. Discipline de caserne appuyée d'injures, de cris hostiles et surtout de coups dont nous gratifiaient les surveillants SS et le personnel auxiliaire choisi parmi les détenus.

« ... En raison de l'installation spéciale dont disposait Clauberg et d'après les intentions qu'il laissait échapper de temps en temps, je suppose qu'il voulait ensuite faire sur ces malades stérilisées mécaniquement des expériences de fécondation artificielle. Ces projets furent heureusement interrompus par le rapprochement du front russe qui entraîna l'évacuation du camp d'Auschwitz... »

... Et la disparition de Clauberg.

*
* *

Berlin, 1955... Un petit homme amaigri pénètre discrètement en secteur britannique. Dans deux grosses valises, toute sa richesse : des manuscrits, des documents, ses secrets ; Clauberg a été libéré par les Soviétiques. Il a encore des amis, des protections ; il s'installe et classe ses notes. Il doit publier le plus rapidement possible, peut-être sous un autre nom, ses travaux. Il va sauver les femmes qui ne peuvent avoir d'enfants. On va se bousculer à ses conférences. D'abord trouver du personnel. Les petites annonces ? Pourquoi pas ! Les lecteurs d'un grand quotidien allemand purent lire dans la colonne offres d'emplois :

URGENT
Le professeur, docteur en médecine, Karl Clauberg
recherche
plusieurs excellentes dactylos,

qui, soit en chômage (ce qui est improbable) ou disposant de moments de liberté le soir en particulier voudraient travailler pour lui deux ou trois heures par jour. S'adresser immédiatement : (de 9 à 10 ou de 19 à 20, dimanche compris) clinique universitaire, section chirurgie (station privée, chambre 1). Possibilité de place stable pour les meilleures d'entre elles. Dans ce cas, elles l'accompagneraient en voiture à travers l'Allemagne, tous frais payés.

Inutile de dire que d'anciens déportés d'Auschwitz lurent cette petite annonce. Le comité des anciens du camp, et de nombreuses associations ou amicales de déportés réclamèrent justice. Clauberg fut arrêté à Kiel. Avec mauvaise grâce, la justice fédérale allemande ouvrit le dossier Clauberg. Les mois passèrent. Des amis puissants le firent enfermer dans une clinique psychiatrique :

— C'est un fou dangereux...

Les médecins conclurent à sa « totale responsabilité » ; il réintégra sa cellule. Le procès va avoir lieu en octobre mais il est repoussé pour la troisième fois. Son troisième avocat, Von Pfründt a introduit une demande d'instruction supplémentaire. Le procureur est sincèrement embarrassé. Il a cherché en vain un expert « au passé sans tache ». Tous les pressentis se sont récusés. Le dossier d'accusation, bien qu'épais, ignore la plupart des crimes du docteur. Ne seront jugés que « cent soixante-dix cas de sévices graves et quatre de mortels »... de nouveaux témoins se font connaître... le temps passe. Un beau matin, Karl Clauberg est retrouvé pendu dans sa cellule. L'enquête officielle conclut au suicide ; mais des journalistes allemands laissent entendre que de puissantes sociétés chimiques, des laboratoires pharmaceutiques pour qui Clauberg « en d'autres temps » avait travaillé désiraient « acheter son silence ».

Qui a tué Clauberg ? Peut-être tout simplement Clauberg lui-même.

*
* *

Victor Brack, le champion de la stérilisation par rayons X, fut condamné à mort à Nuremberg et exécuté. Le chapitre « stérilisation » fut très vite classé ; il n'était pour le tribunal qu'une parenthèse dans l'action criminelle de Brack qui avait « administré » le plan d'euthanasie et provoqué plus de deux cent cinquante mille assassinats. La défense de Brack fut enfantine :

— En les stérilisant, on les sauvait de la mort !

La déposition vaut la peine d'être lue.

— Pendant l'été de 1941, un de mes collègues du service de Bormann vint à la chancellerie du Führer et me déclara qu'on avait l'intention de trouver une solution radicale au problème juif. Seul Martin Bormann pouvait être l'instigateur de ces plans. La chose était très dangereuse, car ce que nous savions de son caractère nous donnait à penser que l'exécution en serait impitoyable. Personne en Allemagne ne pouvait s'opposer à Bormann. Hitler seul lui donnait des ordres. On pouvait supposer qu'après la guerre, beaucoup de pays européens s'adapteraient à la législation allemande sur les Juifs. Ainsi, pour les Juifs d'Europe centrale il serait impossible de continuer à vivre, et il fallait leur trouver une nouvelle patrie. L'établissement des Juifs à Madagascar avait l'avantage de supprimer la pomme de discorde constituée par la Palestine. Hitler refusa ce plan. Lorsqu'on m'adressa à Himmler, en janvier 1941, pour discuter avec lui de l'euthanasie, je ne savais pas qu'Himmler s'occupait à ce moment de découvrir une méthode efficace et bon marché de stérilisation.

« Au cours de la conversation, Himmler me dit que le danger juif en Allemagne s'aggravait du fait du mélange du sang des Juifs polonais avec celui des Juifs d'Europe occidentale, et me fit part de son intention de stériliser les Juifs d'une façon massive ; il me demanda si cela ne pouvait pas être fait par les rayons X. Cette communication de Himmler m'impressionna beaucoup ; d'après ce que je connaissais de lui, il m'était impossible de penser que cette idée destructrice pouvait émaner de son esprit, je pensai à Heydrich ou à Bormann, et je sentis l'obligation de faire mon possible pour prévenir cette action. C'est pourquoi je prétendis être d'accord pour m'informer de la possibilité de stérilisation massive par les rayons X. »

Victor Brack oubliait ses lettres à Himmler où il proposait toujours plus qu'il ne lui avait été réclamé.

* * *

Le tribunal de Nuremberg acquitta plusieurs médecins allemands qui avaient entrepris la réalisation d'une troisième « méthode de stérilisation ».

L'affaire « caladium » commence en 1941 par la publication dans le *Journal allemand de médecine expérimentale* d'un article signé du docteur Madaus, propriétaire d'une firme pharmaceutique qui mettait au point des médicaments nouveaux à partir de plantes. Madaus expliquait comment le caladium seguinum extrait de la sève d'une plante d'Amérique du Sud, la schweigrohr, provoquait la stérilisation des animaux. Une plante d'ailleurs qui était connue de « tous les sorciers » de la forêt vierge, habitués à dissimuler cette potion magique dans la nourriture de leurs ennemis pour les priver de leur virilité et de leur descendance.

De nombreux médecins lurent avec intérêt cette étude. L'un d'eux ne put s'empêcher de la signaler à Himmler.

« Je [1] me suis rendu compte de l'immense importance de ce médica-

1. Lettre du professeur Adolf Pokorny. Authentique savant inventeur de thérapeutiques nouvelles en dermatologie.

ment dans la lutte présente de notre peuple. Nous aurions une arme nouvelle et puissante à notre disposition, il serait possible de provoquer une drogue capable après un temps relativement court, de produire une stérilisation secrète sur des êtres humains. La seule pensée que les trois millions de Bolcheviques actuellement prisonniers en Allemagne pourraient être stérilisés et ainsi continuer à travailler sans se reproduire ouvre les plus grandes perspectives... »

Pokorny demanda alors à Himmler, s'il approuvait ses idées, de prendre les dispositions suivantes :

1° Le docteur Madaus ne doit plus publier de tels articles.

2° On doit produire en grand la plante (on peut la cultiver facilement en serres).

3° On doit commencer des recherches immédiates sur des hommes (criminels) de façon à déterminer la dose et la longueur du traitement.

4° Rechercher si on peut produire synthétiquement une « substance chimique égale ».

Himmler relut la lettre, la frappa de ses initiales et inscrivit dans la marge : « Dachau ».

Quelques mois plus tard, l'adjoint du Gauleiter du Bas-Danube adressait à son Reichsführer une lettre identique. Il proposait d'expérimenter sur des déportés du camp de Lackenbach et concluait :

« Il serait certainement intéressant d'étudier la science des cultes anciens et des castes de prêtres en ce qui concerne la puissance génitale humaine et la fécondité. Les populations des premiers âges du monde, proches de la nature, avaient et ont encore une connaissance très grande de ce sujet ; sans que ces connaissances soient connues de la Science. »

Il est à parier qu'à la suite de cette lettre les « penseurs » de l'Ahnenerbe se penchèrent sur les « magies » de nos ancêtres.

Que se passa-t-il ensuite ? La plante fut cultivée dans des serres à Dachau, des centaines d'expériences sur les animaux furent pratiquées : les effets du caladium équivalaient à une castration. Le tribunal de Nuremberg libéra Pokorny :

« Aussi horribles et viles que soient les propositions contenues dans la lettre, il n'y a aucune preuve qu'on ait jamais pris des mesures expérimentales pratiques. L'accusé doit être acquitté non pas en vertu de la défense proposée [1] mais malgré elle. »

Le tribunal a certainement conclu trop vite : il n'a pas recherché de « victimes » dans les survivants de Dachau. J'ai retrouvé en 1967 un ancien déporté, français, habitant Brest : M... K... stérilisé à Dachau.

---

1. Adolf Pokorny avait déclaré au tribunal qu'il voulait aiguiller Himmler sur une fausse voie...

— Pendant neuf jours on m'a fait une piqûre matin, midi et soir au-dessus du sein gauche...

Les effets de ces piqûres correspondent aux résultats obtenus sur des animaux stérilisés au caladium dans les laboratoires Madaus.

Peut-être ne s'agit-il pas d'une coïncidence !

XIII

LA GUERRE ARCHAÏQUE

L'Ahnenerbe triomphait... La société pour l'Héritage des ancêtres s'implantait pour la première fois, matériellement, dans un camp de concentration. Finis les intermédiaires ! Plus personne ne viendrait mettre le nez dans les recherches réclamées par le Reichsführer. Oh ! les laboratoires étaient un peu ridicules : une barraque-hangar de 196 m de long sur 7 m de large, mais il fallait bien un début. Le camp de Natzweiler, proche de Strasbourg, où venait de naître autour du professeur Hirt la « première université SS », était un bon choix, pour cette implantation. Le camp, placé en dehors des circuits touristiques traditionnels pour hautes personnalités et commissions spécialisées, n'attirerait pas les regards et les questions. De plus, Hirt, à la botte, aux ordres, à la pointe de la nouvelle morale ne sombrerait pas dans les scrupules. Décidément oui, un excellent tremplin pour le bond en avant nécessaire à toute victoire. Et si cette victoire les Alliés la trouvaient dans une arme du passé ? « Stupide » aurait répondu Hitler, habitué à répliquer à ses officiers généraux qui prévoyaient régulièrement des bombardements aux gaz de combat :

— Allons donc... Qui oserait revenir à cette guerre archaïque !

Himmler ne partageait pas cet avis. Les « tacticiens en chambre » de l'Ahnenerbe et les espions de l'Abwehr le persuadaient régulièrement de l'imminence d'une attaque. Il prit sa décision :

— Hirt fera l'affaire. Il a déjà entrepris des recherches à Strasbourg sur les animaux.

Sievers, au nom de l'Ahnenerbe écrivit à Hirt :

« ... Nous sommes certains de pouvoir mettre à votre disposition, pour la continuation de vos travaux, des facilités exceptionnelles en rapport avec nos expériences secrètes spéciales [1]actuellement pratiquées à Dachau. Pouvez-vous adresser au Reichsführer SS un rapport sur l'ypérite [2]. »

Hirt n'allait pas se faire prier.

*
* *

Il descendit de sa voiture et pénétra dans la station Ahnenerbe de Natzweiler. Il ressortit et se dirigea vers l'infirmerie du camp qui occupait une partie de ce même bâtiment. Nu tête, pantalon de golf, chaussettes grises et souliers jaunes, le professeur Hirt examina une cinquantaine de « convalescents ».

— Il [3]y avait deux chambres dans la station. Dans chacune d'elles, on mit quinze hommes qui avaient été choisis par Hirt pour leur bonne condition physique.

Pendant quinze jours, les déportés sont fortifiés, gavés de nourriture : ils reçoivent les mêmes menus que les officiers SS. Quatre nationalités sont représentées : Russes, Polonais, Tchèques et Allemands. Hirt a vraiment tenté de les convaincre d'accepter « volontairement » l'expérience. Tous ont refusé.

— Hirt fit déshabiller complètement les prisonniers. Ceux-ci vinrent l'un après l'autre au laboratoire. J'eus à leur tenir le bras et une goutte de liquide fut déposée environ dix centimètres au-dessus de leur avant-bras. Les gens qui avaient été traités de cette façon furent dirigés dans une autre pièce où ils durent rester une heure debout avec leur bras étendu. Environ dix heures après des brûlures commencèrent à apparaître et s'étendirent au corps entier. Quelques-uns devinrent même partiellement aveugles. Ils souffrirent terriblement, d'une façon difficilement supportable. Il était presque impossible de rester près d'eux... C'est au terme du cinquième ou sixième jour que la première mort survint. Le jour suivant sept moururent.

---

1. Celles de Rascher sur les hautes altitudes et le froid. Sievers avait présenté ces expériences à Hirt au cours d'une rencontre. Hirt comprenait facilement en lisant ces phrases ambiguës que les « facilités exceptionnelles » prévues signifiaient l'attribution de matériel humain.

2. Ypérite : sulfure d'éthyle dichloré utilisé comme gaz de combat pendant la Première Guerre mondiale. Il doit son nom à la ville d'Ypres (en flamand Yperen) qui reçut les premiers obus toxiques.

3. Témoignage de Ferdinand Holl, déporté allemand qui surveillait la station Ahnenerbe. Holl s'était réfugié en France en 1935. Il avait été arrêté par la Gestapo en 1940. À la fois Kapo et infirmier en chef, il fut un témoin capital de l'accusation au procès des médecins.

Un ancien détenu de Natzweiler, Hendrick Nales, a confirmé le témoignage de Ferdinand Holl.

— Je n'ai vu que trois morts... Dès le début de l'expérience la plupart perdirent connaissance. Vingt-quatre heures après, ils étaient couverts de plaies. Leurs bras étaient rongés ainsi que les parties de leur corps touchées par leur bras. Ils furent plusieurs jours sans connaissance et devinrent aveugles.

Le second volet de l'expérimentation se déroula dans la chambre à gaz :

— Hirt donnait à chaque sujet une petite ampoule. Il devait l'emporter dans la chambre à gaz qui se trouvait à cinq cents mètres du camp environ. Deux personnes entraient dans la chambre en même temps. Bien entendu les portes étaient verrouillées. Un des prisonniers devait écraser les ampoules et ainsi inhaler le gaz qui s'échappait. Ils perdaient connaissance, revenaient à eux et retournaient à l'Ahnenerbe... J'ai vu les poumons de ces gens qui avaient été disséqués. Ils étaient de la dimension d'une demi-pomme, complètement mangés et pleins de pus. En une année, cent cinquante déportés approximativement furent traités de cette façon... Avec le gaz liquide, Hirt expérimenta sur cent vingt personnes.

Combien de morts ? Holl ne peut fournir que des estimations.

— Entre trente et quarante pour cent.

Les expérimentations sur un autre gaz, le phosgène [1], avaient été confiées à un professeur d'université : Otto Bickenbach. Il avait étudié les effets du gaz sur des chats et des chiens et découvert qu'un médicament, l'urotropine, protégeait efficacement contre les effets asphyxiants du phosgène.

— Courant [2] 1943, Hirt me fit savoir qu'Himmler m'avait donné l'ordre de procéder à l'expérimentation de l'urotropine sur des hommes. J'ai objecté que l'efficacité du moyen de protection que j'avais trouvé était scientifiquement et expérimentalement établie. Je tenais à expérimenter préalablement sur moi-même. Hirt en référa à Himmler qui me le fit défendre, tout en me donnant l'injonction de procéder aux expérimentations demandées sur du matériel humain.

« Il me fut assuré à cette occasion que les individus qui devaient servir de cobayes avaient été condamnés à mort par une décision régulière de justice. Je me trouvais devant un cas de conscience tragique, car Hirt m'avait déclaré qu'Himmler m'avait donné cet ordre en ma qualité

1. Combinaison de chlore et d'oxyde de carbone.

2. Déposition du professeur Bickenbach reçue par le capitaine Margraff, juge d'instruction militaire à Strasbourg le 6 mai 1947.

d'officier, que je ne pouvais m'y soustraire, alors que ma conscience de médecin m'interdisait de procéder à de telles expérimentations. Je me suis donc rendu à Berlin, afin de consulter le professeur Brandt, médecin personnel du Führer et délégué général de celui-ci pour les questions de santé et d'hygiène. Je lui exposai mes hésitations, lui demandant d'intervenir auprès d'Himmler. Je lui déclarai également que, scientifiquement, les expérimentations humaines n'étaient pas nécessaires puisque les essais sur des animaux avaient prouvé l'efficacité du produit...

« ... À ce moment, la situation militaire était mauvaise pour le Reich. Les Alliés avaient débarqué en Afrique et l'Abwehr avait eu connaissance, ainsi que j'en avais été informé par mes chefs, de cinquante mille tonnes de phosgène entreposées en Afrique. La guerre des gaz semblait inévitable. Le commandement suprême de la Wehrmacht était convaincu que les Alliés seraient obligés de recourir aux gaz pour venir à bout de la "forteresse Europe".

« C'est dans ces conditions que j'ai finalement procédé en 1943-1944 aux expérimentations qui me sont reprochées. J'ajoute que malgré la défense d'Himmler, j'avais au préalable, à la chambre à gaz du Fort Ney, opéré sur moi-même. J'ai procédé à deux séries ; sur quarante sujets la première fois, sur quatorze la seconde. La première fois il n'y eut pas de décès ; un seul individu fut malade. Au cours de la deuxième expérience, quatre sont morts. J'attribue la cause de ces décès à leur état physiologique déficient...

« ... Je reconnais que les expérimentations sur du matériel humain sont contraires à l'éthique du médecin. J'y ai procédé malgré tout et surtout parce que, en conscience, connaissant les horreurs de la guerre des gaz, et sachant que la population allemande n'était pas protégée, j'estimais de mon devoir de tout faire pour assurer cette protection et sauvegarder, le cas échéant, la vie de milliers d'Allemands, surtout les enfants et les femmes ; en plus, il y avait l'ordre d'Himmler. »

***

Otto Bickenbach développa cette « thèse » devant les jurés des Assises de Metz au mois de décembre 1952. Il chargea les absents, Hirt et surtout Himmler :

— ... J'étais officier... Le bien de l'Allemagne l'exigeait... Je ne me suis occupé que de la partie technique... Les sujets témoins, non protégés contre le gaz, recevaient tout de même une injection de sel de cuisine ; ainsi ils ne s'effrayaient pas... À l'issue de l'expérience, ils durent monter, ceux du moins qui étaient encore en état de le faire, à pied au camp. Cela avait été exigé formellement par Himmler. Il avait demandé qu'après l'absorption des gaz, les sujets courent, sautent afin de connaître l'incidence de l'épreuve sur leurs qualités physiques et sur leur aptitude au combat immédiat...

Le 23 décembre, il était condamné aux travaux forcés à perpétuité. La chambre criminelle de la cour de cassation rejetait le jugement de Metz, des témoins cités à sa requête n'avaient pas été entendus. Au mois de mai suivant, un nouveau procès s'ouvrait à Lyon. Le commandant Brun, commissaire du gouvernement, réclama pour Bickenbach et Haagen [1] qui étaient jugés en même temps, la peine de mort :

« Haagen et Bickenbach pour les détenus de Struthof n'ont jamais eu le visage de médecins, mais celui de bourreaux. On a dit que les Français avaient la mémoire courte. C'est vrai parfois, mais il y a des faits que nous ne devons pas oublier. C'est pourquoi, au nom de toutes les souffrances que ces individus ont accumulées, je requiers contre Haagen et Bickenbach la peine de mort. »

Après les plaidoiries des avocats, le tribunal rend sa sentence : vingt ans de travaux forcés à chacun des accusés...

Plusieurs journaux français titrèrent « Scandaleuse décision » puis les hommes oublièrent, Bickenbach également. À sa libération il s'embarqua pour une destination inconnue.

1. Expérimentateur sur le typhus. Voir chapitre XVI.

XIV

L'ACTION « PARATONNERRE »

— Puisque je vous dis que je ne veux pas. C'est impensable. Une arme à double tranchant. Un boomerang qui peut vous revenir plus vite que vous l'avez lancé.

Hitler condamnait sans appel la « guerre bactérienne », non par souci d'humanité mais parce qu'il était persuadé que les ennemis du Reich n'oseraient jamais employer les premiers cette arme terrifiante, mais incontrôlable. Il accepta qu'une association se constitue pour préparer des mesures défensives.

— Nous devons agir comme un paratonnerre.

Hitler venait [1] de trouver le nom du comité chargé de prévenir les attaques bactériennes.

*
* *

Le jour de la libération de Paris, des soldats américains arrêtèrent dans un cimetière un groupe de combattants allemands qui surveillaient une tombe. Des officiers du service de Renseignement médical américain découvrirent :

— Un [2] véritable central de guerre bactérienne. Il y avait là de quoi répandre des maladies dans tout Paris. Les Allemands furent capturés alors qu'ils attendaient près de leur appareil de radio à ondes courtes

---

1. Hitler employa bien le mot *Blitzableiter*.

2. L'amiral Ellis M. Zacharias assumait pendant la Seconde Guerre mondiale les fonctions de chef du service de Renseignement de la marine. Il a fait cette déclaration le 20 mars 1949 sur une chaîne de radio new-yorkaise.

l'ordre de déclencher l'action. Ils voulaient utiliser le taboun [1] qui rend les hommes fous et des bactéries de la peste.

*
* *

Cette guerre spéciale ressemble fort au monstre du loch Ness. Quel est le gouvernement, le stratège, qui n'a jamais envisagé, perfectionné, l'utilisation des microbes... en laboratoire ? Depuis le jour où l'homme de la préhistoire découvrit les propriétés mortelles de certaines plantes et empoisonna l'eau des puits de son adversaire, chaque tribu, chaque état-major prépara la « guerre des maladies ». Jamais cependant un pays n'inventa autant d'« astuces » que l'Allemagne d'Hitler. Mais, me direz-vous, le Führer ne croyait pas à la nécessité de posséder une telle arme. Bien sûr, mais Himmler « sage parmi les sages », prévoyant ombrageux, accepta de réunir les pions de cette force de dissuasion avant la lettre, à la demande de certains médecins. Il réclama même des expériences humaines sur la peste. Aucun tribunal militaire n'a pu apporter la preuve de la réalisation de ces expériences, mais un fait est à souligner : le médecin général Schreiber, professeur à la faculté de médecine de Berlin, chargé de la direction scientifique du service de Santé de l'armée voulut soulever le problème de cette guerre à Nuremberg.

— Au cours de la guerre il s'est produit, du côté allemand, des faits contraires aux lois immuables de l'éthique médicale. J'estime que, dans l'intérêt du peuple allemand, de la science médicale allemande et de la formation des jeunes génération médicales, il est nécessaire de tirer cela au clair. Il s'agit de la préparation de la guerre biologique, qui a provoqué des épidémies et des expériences sur des êtres humains. J'ai attendu de savoir si ce tribunal ne soulèverait pas de lui-même la question. Quand j'ai vu que cela ne se produisait pas, je me suis décidé à faire cette déclaration.

Il faut reconnaître qu'après la lecture de ces lignes on peut difficilement condamner l'ensemble du corps médical allemand. L'attitude des « autres » n'en est d'ailleurs que plus incompréhensible. Schreiber poursuit :

— En mars 1945, je reçus la visite du professeur Blome [2] dans mon

1. Le taboun, gaz incolore et presque inodore, attaque le système nerveux de l'homme en pénétrant par les poumons ou par les yeux et provoque la mort en l'espace de une à cinq minutes. Si les yeux et les voies respiratoires sont protégés, le taboun peut s'infiltrer dans les vêtements pour être ensuite absorbé par l'épiderme, amenant la mort dans un délai de dix minutes à deux heures. À l'époque on ne connaissait aucun antidote efficace.

2. Président de l'Association des médecins du Reich, chargé de la direction de l'opération « Paratonnerre ».

bureau de l'Académie de médecine militaire. Il venait de Posen et était très agité... Il avait été chassé de son Institut par l'avance des troupes soviétiques. Il avait essayé de détruire ses laboratoires avec une bombe de Stuka, mais la charge n'avait pas explosé. Il s'inquiétait fort d'avoir laissé subsister des installations destinées à des expériences sur des êtres humains.

***

Le professeur Kliewe, directeur du centre de la guerre biologique à l'Inspection générale du service de Santé de la Wehrmacht, se battit pendant toute la durée de la guerre pour faire accepter à son Führer l'idée de la guerre bactérienne. Il ne manquait pas d'arguments ; dans un premier rapport il citait même un article de la revue britannique *Dix-neuvième siècle* qui dans son numéro de juillet 1934 reproduisait des documents affirmant que le 18 août 1933 à 14 h 47, des agents allemands avaient étudié la dissémination du *Bacillus Prodigiosus,* place de la Concorde et place de la République, l'aspiration d'air aux bouches de métro et la ventilation dans les couloirs et les tunnels. Décidément Paris était au cœur du problème !

Kliewe, en bon avocat, citait des précédents :

— En 1916, l'ambassade d'Allemagne à Bucarest déménagea et abandonna ses bureaux aux services consulaires des États-Unis. Le premier secrétaire de l'ambassade assista à la fouille des jardins où l'on découvrit dans une boîte enterrée cinq tubes de cultures pathogènes pour le bétail.

— L'année précédente, une épidémie de choléra décima deux régiments russes en Galicie. Des puits avaient été empoisonnés.

— L'armée allemande en retraite (1917) abandonna des cultures microbiennes que devaient découvrir les Français.

— Près de la moitié des chevaux de l'armée d'Orient furent contaminés par la morve et abattus, etc. de nombreux agents furent arrêtés. L'armistice mit fin à ces pratiques. L'arme bactérienne n'est considérée par personne comme une « hypothèse ».

L'homme qui, en 14-18, voulait à tout prix imposer cette forme de guerre récidiva en 1941. Il inonda les maîtres du Reich de lettres, de rapports, de conclusions. Il était médecin-colonel et s'appelait Winter :

— En avril 1916, alors que j'étais médecin au quartier général du 21e corps d'armée, je soumis au ministère de la Guerre un mémorandum sur la guerre bactérienne et suggérai une attaque sur Londres et les ports anglais avec l'arme la plus efficace et la plus terrifiante : le bacille de la peste... Je me rendis auprès de l'adjoint du directeur du service de Santé de l'armée. Après avoir écouté en silence, il me congédia en disant que si nous prenions cette mesure, nous ne serions plus dignes d'exister en tant que nation. Une fois de plus, l'Allemagne se trouve au milieu d'une lutte sans merci. Il n'y a pas de retour en arrière possible. La lutte contre un tel ennemi exclut toute pitié et tous les traités deviennent nuls ; cela s'applique également aux échanges de notes entre la Grande-Bretagne et l'Allemagne selon lesquelles, en accord avec le protocole de Genève du 27 juillet 1925, les deux pays se sont engagés à ne pas utiliser des gaz ou des bactéries dans la guerre. L'arme bactérienne cependant sera le seul moyen de combattre efficacement les Anglais et les Américains sur leur propre sol. Actuellement le nombre des opposants à une guerre bactérienne est encore élevé, moins à cause des raisons morales que par manque du sens de la responsabilité et par peur. La guerre totale ne permet pas de considérations morales. Elle connaît seulement la loi de détruire l'ennemi à tout prix et par tous les moyens qui offrent une chance de succès.

Magnifique profession de foi ! Ce n'est pas tout. Après avoir démontré la résistance de plusieurs bacilles « efficaces et reproductifs » malgré un mois de vie au grand air, Winter poursuit :

— J'ai travaillé soigneusement aux détails de la technique nécessaire que je ne décrirai pas ici pour la raison du secret. Le plan ultérieur doit être remis à une commission technique dans laquelle il n'y aura pas de place pour les âmes timorées à préoccupations professorales et scientifiques ou objections humanitaires. Une telle action réclame des hommes résolus, déterminés à tout risquer pour leur pays. Dans une lutte pour la vie, je cite le comte Rebenklow, on ne doit pas s'arrêter aux armes qu'on utilise ni aux valeurs qu'on détruit. La seule considération est le succès de la lutte. Après la paix, viendra la réparation des dommages. Je désire également préciser que la guerre bactérienne possède l'avantage du bon marché. Nous pourrions utiliser le bacille de la peste, qui est le plus dévastateur de tous.

Et comment donc ! Kliewe brandit son paratonnerre-parapluie et répond :

— Ces réflexions sur la guerre biologique écrites sous le coup d'un ardent amour de la patrie, contiennent des suggestions bien connues qui ont été discutées par les experts. Que la guerre bactérienne soit déclarée sous cette forme ou sous une autre, ou pas du tout, cela dépend du Führer.

* * *

— J'en ai un !

— Moi je n'ai pas de chance. Rien. Toutes ces sales bêtes sont devenues invisibles.

Les soldats repartirent à croupetons dans les champs de Speyer. Quelques minutes auparavant un avion venait de larguer dans le ciel la première bombe à doryphores de l'Histoire. Les « services scientifiques » de l'armée répétaient l'opération Bordeaux. Des milliers de parasites seraient lâchés au-dessus du vignoble et sur les cultures environnantes si l'expérience Speyer réussissait. Six heures après que les containers à doryphores aient touché le sol, les résultats n'étaient guère encourageants :

— Nous en avons retrouvé vingt-trois.

La chasse reprit. À la tombée de la nuit les officiers baissaient les yeux. Sur les quatorze mille doryphores qu'ils devaient ramasser, treize mille neuf cent quarante-trois s'étaient volatisés.

— Cinquante-sept présents mon colonel !

Les pommes de terre du Bordelais et de la Grande-Bretagne venaient d'échapper à une mort cruelle. Le comité « Paratonnerre » ne désarma pas. Les services vétérinaires des troupes d'occupation en France furent chargés de récolter plusieurs milliers de ces coléoptères friands de nos seules pommes de terre. Le comité allait affamer la Grande-Bretagne ! Comment ? En expédiant des doryphores aux prisonniers allemands de Churchill. Conclusion laconique du rapporteur (professeur Kliewe) :

— L'envoi de doryphores de France à des prisonniers de guerre a été essayé. Les doryphores étaient morts en arrivant. Les prisonniers de guerre ont été punis.

*
* *

Au mois de juillet 1942, le professeur Kliewe dirigea un nouveau bombardement aux environs du terrain d'aviation de Munsterlager.

— Cent cinquante litres de bouillon avec du *Bacillus Prodigiosus* comme stimulant furent lâchés d'une hauteur de cinq cents mètres à l'aide d'une bombe à retardement. Ils se répandirent sur une surface de mille mètres sur quatre cents mètres. Ils ne poussèrent pas. Tous les germes furent emportés par le vent. Seconde expérience : une lessive de sciure de bois et de cellulose fut lâchée à l'aide d'une bombe à retardement (dispersion deux cent trente mètres sur cinquante mètres). Dans la troisième série, quatre bombes à fragmentation remplies de paille de deux à dix centimètres de longueur, éclatèrent à une altitude de cent cinquante mètres : la surface couverte fut de quatre-vingts mètres à cent quatre-vingts-mètres.

*
* *

Le chimiste Heinrich Schmitt proposa à son Führer le moyen infaillible d'écraser la Russie :

— Il suffit d'infecter tous les prisonniers russes en leur inoculant avant leur libération une maladie grave qui ne se déclarerait que deux semaines plus tard.

Kliewe répondit :

— Il n'existe pas d'agent connu remplissant ces conditions. Le retrait subit de plusieurs millions de travailleurs atteindrait durement notre production.

Si Hitler avait déclenché la guerre bactérienne, voici la liste impressionnante des fléaux qui nous menaçaient :

« L'attaque se portera sur la ligne du front dans le seul cas où nos troupes seront suffisamment protégées par la vaccination. La guerre bactérienne peut être utilisée le long de ce front lorsque certaines régions sont abandonnées. Dans ce cas des rongeurs infectés avec la peste ou de la tularémie peuvent être lâchés. Les puits peuvent être pollués avec des agents du choléra, de la typhoïde ou de la dysenterie ; la nourriture avec des bacilles paratyphoïques ou botuliniques ; le fourrage des chevaux avec des bacilles de l'anthrax ou de la morve. Les forteresses isolées, les centres de production militaire, les ports fournissent d'excellentes occasions aux attaques bactériennes. Mais il ne faut pas oublier que ce genre de guerre est d'abord destiné aux civils et à toutes les troupes stationnées dans les zones de l'arrière.

« Tout ce matériel sera expédié par avion : suspensions, nébulisations, constitutions de nuages artificiels et évidemment bombardements et parachutages de containers. Pour la peste, par exemple, les cages parachutées qui contiennent les rats infectés, s'ouvrent automatiquement au contact du sol. »

Continuons la lecture des études du comité « Paratonnerre » :

« En général, les saboteurs travaillent avec de petites quantités de matériel infectieux. Dans des circonstances favorables et en collaboration avec des personnes habitant en pays ennemi, des infections massives peuvent être produites, particulièrement dans les parties mal gardées des villes et sur des populations fragiles. En pays ennemi, l'utilisation d'agents et de saboteurs est prévue comme suit :

1° Jeter des ampoules contenant des pulvérisations d'organes d'animaux infectés (anthrax, fièvre de Malte, tularémie, peste) dans les tunnels de métro, les gares, les toilettes publiques ou, pendant la nuit, dans les rues, sous les porches, etc.

2° Utiliser de la même manière toutes les poudres bactériennes ou les suspensions. Ces germes, comme les agents de la typhoïde, de la dysenterie, du choléra, peuvent être déposés au moyen de compte-gouttes sur les boutons de portes, les serviettes-éponges, les oreillers, les sièges arrière des voitures de première classe et de deuxième classe ou bien sur la nourriture, particulièrement la bière, le lait, la poudre de pudding et dans l'eau destinée aux bains.

3° Les conduites d'eau [1], les puits dans les villes, les villages, les usines de guerre, peuvent être infestés avec des préparations contenues dans des ampoules ou des containers réfrigérés.

4° Des poux infectés par le typhus peuvent être lâchés dans des lieux publics : cafés, cinémas, théâtres.

5° Des excréments de poux typhiques peuvent être mélangés à de la poudre ou à des cendres de cigares pour être dispersés dans les W.-C., les théâtres, les restaurants, les salles de réunion, les salles de séchage, les blanchisseries, etc.

6° Le virus de la fièvre aphteuse trouvé sur des particules épithéliales et desséché sur de la paille hachée sera transporté dans les pâturages ou les étables. Des éclats de verre, des particules métalliques peuvent être ajoutés à la nourriture.

7° On peut enduire les naseaux, la bouche et les yeux des chevaux et des ânes avec des suspensions de bacilles de la morve. On peut enduire avec ces suspensions les auges, les seaux, les peignes, les brosses des écuries.

8° On peut délivrer gratuitement aux soldats des bonbons et des cigarettes infectés.

9° Injection de la toxine botulinique dans les boîtes de conserves, des saucisses, de la viande fumée, du lard, du fromage, de la marmelade.

10° Infecter la pâte dentifrice en tubes et les brosses à dents avec des bacilles de la typhoïde. »

On n'en finirait pas d'énumérer les trouvailles pour traiter les sucres, les matériaux de construction, les vêtements, les cigarettes. Bien souvent, dans les rapports découverts par les Alliés dans l'appartement du professeur Kliewe, on peut lire des phrases comme celle-ci :

« Un usage [2] massif de l'arme bactérienne ne s'est pas encore produit mais l'activité des agents s'est accrue considérablement avec des bactéries et du poison. Nous en avons des exemples. »

Faut-il en conclure que des expériences furent tentées en France, en Grande-Bretagne, à l'Est ? Les tribunaux médicaux ont glissé sur ce délicat problème, chaque pays ayant mis au point pendant la guerre un programme « bactérien [3] ». Il est même possible qu'à Paris, au mois de

1. Un plan spécial avait été préparé pour Gibraltar. Des « espions » avaient relevé le tracé de toutes les conduites.

2. Rapport du 21 septembre 1943 destiné au service de Santé des forces armées.

3. Aux États-Unis, à la demande de leur gouvernement, les docteurs Théodore Rosebury et Elvin Kabat rédigèrent un rapport sur les effets qui pourraient être obtenus par l'emploi d'armes bactériologiques. Tout d'abord les auteurs éliminent méthodiquement les maladies qui ne se prêtent pas aux attaques... leur rendement

décembre 1941, huit cents soldats allemands déjeunant dans le même mess, aient été frappés de fièvre typhoïde. L'épidémie eut réellement lieu et les services sanitaires de l'armée conclurent : « Sabotage avec des cultures bactériennes ».

— À Posen [1] et à Lublin, dans des restaurants allemands, les garçons recevaient des seringues remplies d'une culture bactérienne liquide et les mélangeaient aux repas de midi ou à la bière. Les seringues étaient fournies par un mouvement de résistance polonais. Plusieurs officiers allemands, ainsi infectés, moururent. La question fut tout à fait tirée au clair. Les inculpés avouèrent et la cour prononça le verdict nécessaire. J'ai découvert moi-même des bouteilles étiquetées « Nécessaire à polir » et qui contenaient en réalité, je l'ai constaté, des cultures de typhoïde et de choléra.

Mais le grand mystère de cette guerre spéciale restera l'affaire des « ballons japonais »... L'armée américaine ne dévoilera ce secret que douze ans après Hiroshima et se gardera bien d'aborder le problème bactérien. Le général Wilbur, ancien chef d'état-major pour la défense de l'Ouest américain, révéla en 1957 :

— En bombardant Tokyo le 18 avril 1942, le général Doolittle blessa cruellement l'amour-propre japonais. Cherchant à venger cet affront, les Japonais imaginèrent de lâcher dans les airs des ballons libres destinés à traverser le Pacifique d'ouest en est. Ces ballons emportaient un chargement de bombes incendiaires et explosives qu'un mécanisme spécial devait larguer sur les forêts, les fermes et les villes américaines.

étant faible et incertain : la lèpre (période d'incubation trop longue), la petite vérole (trop de gens sont vaccinés), la tuberculose (pas assez contagieuse et trop lente), la peste bubonique (la puce qui la répand est trop fragile), la gangrène gazeuse, etc. Par contre sont retenues comme armes susceptibles d'une application pratique les bactéries ou toxines de certaines maladies moins répandues ou moins connues : le botulisme, la maladie de Weil, l'anthrax, la peste pneumonique, etc. La toxine botulique, par exemple, est de loin le plus puissant des poisons gastro-intestinaux. Elle tue en quelques jours 60 à 70 % de ses victimes. Introduite dans les sources d'eau potable, elle permettrait d'anéantir des populations entières avant qu'aucune mesure de protection pût être prise. Selon le professeur canadien Carter, cinquante grammes de toxine botulinique suffiraient pour exterminer tous les habitants d'un hémisphère et cinquante grammes de toxine tétanique pour provoquer la mort de cent millions d'individus. L'anthrax pulmonaire, presque infailliblement fatal, ne peut prendre pied que sur des muqueuses déjà irritées. Son germe pourrait donc « avantageusement » être utilisé conjointement à l'ypérite. Comme forme d'emploi des bactéries et virus proposés, on suggère des suspensions liquides ou des préparations sèches placées dans des ampoules de verre contenant un générateur de gaz susceptible de disperser les germes pathogènes dans un certain rayon autour du point de chute. Quoique se cantonnant sur un terrain purement « scientifique » les docteurs Rosebury et Kabat reconnaissent les « conséquences morales monstrueuses » qu'entraînerait l'emploi des armes bactériologiques.

1. Déclaration du professeur Mrugowsky à Nuremberg.

Les préparatifs durèrent deux ans. En six mois, de novembre 1944 à avril 1945, le Japon lâcha neuf mille de ces aérostats.

Les engins mesuraient dix mètres de diamètre. Ils étaient prévus pour se maintenir entre dix mille et onze mille cinq cents mètres. Bien que l'ennemi n'exerçât aucun contrôle sur ces ballons — même par radio — on estime qu'un millier environ atteignirent le continent américain. On en repéra de l'Alaska jusqu'au Mexique. Dans les régions nord-ouest des États-Unis et dans l'ouest du Canada, on en trouva près de deux cents, plus ou moins intacts. Des débris provenant de soixante-quinze autres ballons furent ramassés en d'autres endroits ou repêchés au large des côtes du Pacifique. Enfin, une centaine au moins de ces engins explosèrent en l'air, si l'on en juge par les éclairs aperçus dans le ciel.

Il est à peu près certain, aujourd'hui, que plusieurs de ces ballons transportaient des cultures microbiennes. En effet, à cette époque, des centaines de vétérinaires, de médecins, de directeurs et professeurs d'instituts agronomiques furent mobilisés sur place. Les paysans devaient signaler toute maladie de leurs animaux.

Les Américains gardèrent le secret sur ces « bombardements » et les Japonais n'eurent confirmation que d'un seul atterrissage. Un pour neuf mille, l'opération était un échec ; ils la stoppèrent en avril 1945. La description de ces ballons intrigua fort, douze ans après, des techniciens militaires de tous les pays :

— Le lest comprenait près de trente sacs de sable de trois kilos. Si le ballon venait à descendre au-dessous de dix mille mètres, un système de bascule solidaire d'un baromètre libérait un sac. Une autre commande automatique ouvrait une soupape pour laisser fuir un peu d'hydrogène quand l'aérostat dépassait onze mille cinq cents mètres.

Pourquoi une telle recherche de précision dans la constante d'altitude (on peut larguer les bombes de n'importe quelle hauteur), sinon pour assurer le succès d'une pulvérisation ou d'une nébulisation bactérienne ? La question reste posée [1].

---

1. Comme reste sans réponse la question posée à propos des kamikaze, ces avions-suicide japonais. Les pilotes étaient-ils drogués avant qu'on leur demande de se porter volontaires pour aller s'écraser sur les porte-avions américains avec leur chasseur « zéro » équipé d'une bombe de deux cent cinquante kilos ? L'amiral Ohnishi, inventeur de « cette arme humaine » et sélectionneur des « sauveteurs de la patrie » était toujours accompagné de plusieurs médecins. Le 15 août 1945, il se plongea dans le ventre son sabre de samouraï et agonisa vingt-quatre heures. Il avait expédié au suicide deux mille cinq cent dix-neuf officiers et pilotes japonais.

XV

R.17 ET POUDRE DE PERLIMPINPIN

Sa casquette frappée de la tête de mort glissait toujours en avant et la visière glacée cachait les petits yeux secs, acides. Moustaches fines, lèvres pincées, oreilles collées, le docteur Grawitz, général SS, régna pendant huit ans sur le service de santé de la SS et la Croix-Rouge allemande. Brusque, violent, méfiant — il ouvrait lui-même son courrier, — ne tolérant aucune contradiction — lorsqu'il recevait un subordonné il ne lui laissait jamais prononcer une parole — cet ancien professeur de clinique médicale vivait un drame effroyable : Himmler ne l'aimait pas. L'indispensable Grawitz désirait retrouver la confiance de son Reichsführer et comme il savait que ce dernier se passionnait pour les recherches pseudo-médicales, il cultiva avec zèle cette folie expérimentale. S'il n'était pas aimé du moins était-il accepté. Ne contrôlait-il pas jalousement les recherches scientifiques secrètes ?

Le 30 septembre 1943, il adressa à Himmler une note sur une nouvelle pommade contre les brûlures provoquées par le phosphore. Les bombes incendiaires frappaient régulièrement le territoire national et le nombre croissant des blessés civils rendait nécessaire la découverte d'une nouvelle méthode de traitement. La solution au sulfate de cuivre habituellement utilisée était jugée insuffisante. La firme du docteur Madaus rechercha un dissolvant et produisit le R.17 dont l'efficacité fut démontrée sur des lapins. Il était facile d'appliquer ce médicament sur quelques-uns des milliers de brûlés civils ou militaires allemands. Grawitz préféra demander l'expérimentation dans un camp de concentration :

« Je considère que l'essai de cette pommade sur des civils allemands brûlés au cours de raids de terreur prendrait trop de temps et ne s'appliquerait pas aux méthodes d'essai. De plus, en raison de l'importance du problème, je ne crois pas que les expériences animales produisent des preuves suffisantes ; c'est pourquoi je vous demande respectueusement, Reichsführer, d'accorder l'autorisation d'expérimenter à l'hôpital du camp de concentration de Sachsenhausen sur des prisonniers inaptes au travail pour raisons de maladie. »

Himmler inscrivit dans la marge : « Accordé ».

* * *

En définitive, le choix de l'expérience se porta sur Buchenwald où exerçait le docteur Ding :

— Ding [1] était un homme doué, un téméraire sans aucun principe moral, sans convictions religieuses, sans aucune croyance métaphysique. À ma connaissance, il avait rallié les SS par ambition et pour suivre une carrière rapide. Ses connaissances médicales étaient relativement faibles, mais il avait une certaine aptitude à résoudre les problèmes médicaux, lorsqu'il pensait en retirer des avantages personnels. Il désirait se faire connaître dans le monde médical, se faire rattacher à une université et il utilisait tous les moyens d'agrandir sa réputation personnelle. Pendant qu'il était médecin de camp, il commit des actions horribles mais il améliora les conditions d'hygiène et il se montra parfois très bienveillant et agréable avec les prisonniers, mais, par contre, je suis sûr que Ding aurait sacrifié n'importe qui si sa carrière avait été en jeu... Il aimait sa famille, sa femme et ses deux enfants ; il s'occupait d'eux du mieux possible, mais, à mon avis, il aurait été parfaitement capable de laisser sa famille derrière lui s'il avait eu la possibilité de commencer une nouvelle existence à l'étranger, après la fin de la guerre. Son caractère était plein de contradictions.

C'est encore à Eugène Kogon que nous emprunterons la description de l'expérience sur cinq déportés allemands :

— J'avais l'impression que l'idée provenait de Ding et qu'il avait obtenu l'autorisation d'effectuer ces expériences. Le docteur Koch de la firme Madaus avait découvert le R.17 qui fut, plus tard, utilisé par la population lors des attaques par les bombes incendiaires. Par les soins de Koch et du chef de la police de Dresde, le contenu d'une bombe au phosphore fut envoyé à Buchenwald. Des déportés du Block 46 qui avaient survécu à d'autres expériences (typhus) se virent appliquer ce phosphore liquide sur les avant-bras... Il en résulta des brûlures sérieuses.

Ding devait dicter son rapport à Kogon. Ce texte a été retrouvé :

« Une mixture de caoutchouc phosphoré est appliquée sur une surface

---

1. Portrait objectif brossé à Nuremberg par son secrétaire déporté, Eugène Kogon.

cutanée de sept centimètres sur trois et immédiatement enflammée. Après une ignition de vingt minutes, le feu fut éteint avec de l'eau...

Il est inutile de poursuivre... Les blessures traitées au R.17, au sulfate de cuivre, à l'huile de foie de morue ou tout simplement à l'eau furent supportées par les « cobayes » près de deux mois dans des souffrances que l'on peut imaginer, et cela alors que des milliers de civils et même des déportés avaient été brûlés au cours de bombardements.

* * *

Himmler, si l'on en croit Gebhardt, « était hostile à la médecine classique et très accessible à tout ce qui allait des sciences naturelles à la biochimie. »

Grawitz suggéra à son Reichsführer d'essayer des traitements biochimiques et homéopathiques pour guérir les phlegmons. Un biochimiste SS, Theodor Lauer, venait justement de découvrir les vertus miracles du potassium phosphorium et les phlegmons pullulaient dans tous les camps de concentration. Himmler ordonna donc que l'on provoque des phlegmons sur des détenus sains. Il aurait été trop facile d'essayer les poudres du docteur Lauer sur des déportés déjà malades.

Heinrich Wilhelm Stoer, infirmier au Block 1 de l'hôpital de Dachau, suivit toute l'expérience.

— Une dizaine de déportés allemands furent infectés avec du pus. Certains étaient traités par les sulfamides ou chirurgicalement, la plupart biochimiquement. Ces derniers moururent tous à l'exception d'un seul.

Le résultat n'était-il pas concluant ?

Non ! Il fallait essayer encore.

— Le deuxième groupe était constitué par quarante prêtres de toutes nationalités et des frères des Écoles chrétiennes. Ils avaient été sélectionnés par le médecin-chef Walda et conduits à la salle d'opération où les docteurs Schuetz et Kiesswetter les opérèrent. Ils étaient bien portants et vigoureux. J'ai vu injecter le pus. Douze devaient mourir.

Grawitz vint sur place constater l'échec de la poudre de perlimpinpin du grand biochimiste SS Theodor Lauer [1].

---

1. Tous les responsables de ces expériences qui firent près de trente morts se sont suicidés ou ont disparu. Grawitz soumit son rapport à Himmler. On apprend, dans ce texte, que les mêmes essais furent tentés à Auschwitz sur trois déportés qui moururent. À Dachau, Grawitz reconnaît dix morts sur un groupe de trente-cinq cobayes. Les phlegmons purulents, septicémies, furoncles, avaient été traités par le potassium phosphorium, le ferrum phosphorium et le silicea (compte rendu du 29 août 1944). Malgré cela, les expériences se poursuivirent. Les résultats en sont inconnus.

XVI

UN MARTEAU-PILON POUR TESTER UN CASQUE DE FOOTBALL

— Allons ! Asseyez-vous sur ces chaises.

Les cobayes du Block 46 de Buchenwald attendaient depuis une heure cet ordre. Exténués, tremblants de peur, ils fixaient ces étranges petites boîtes de bois posées sur une table. Ils ne comprenaient pas. Tous étaient nus et leur maigreur les faisait ressembler à un groupe d'écorchés vifs. Pourquoi eux ? L'anonyme haut-parleur les avait convoqués à la porte du camp. Ainsi ils ne découvriraient qu'au dernier moment leur véritable destination. Ils pourraient imaginer... le bruit des chaînes les réveilla.

Le Block 46 était isolé, entouré de fils de fer barbelés, portes et fenêtres bouclées. Cette construction en pierre, véritable « clinique de luxe », abritait en permanence quatre cents déportés. Le personnel infirmier était nombreux, soumis à une discipline stricte et au mutisme ; l'alimentation très riche et variée, la lecture des volumes de la bibliothèque d'Iéna « gracieusement prêtés, recommandée [1] ».

Les occupants-cobayes « sélectionnés » par les bureaux du département politique portaient, en principe, le triangle vert des criminels. Mais le Kapo, certains infirmiers, les médecins même, modifiaient la liste et remplaçaient les noms des victimes désignées par ceux que leur soufflaient leurs amis, leurs protégés, d'autres Kapos, les membres influents du comité clandestin des déportés. Ainsi, dans ce vaste champ clos où chacun luttait pour survivre, les clans opposés se débarrassaient de leurs adversaires. Tout le monde pouvait être frappé.

Le Kapo Arthur Dietzsch lança :

— Enchaînez-les.

---

1. D'après les docteurs Waitz, Ciepielowsky et plusieurs déportés.

Les infirmiers entortillèrent les déportés dans de lourdes chaînes bloquées par des cadenas.

Un spécimen diabolique, ce Kapo Dietzsch. Il ne se déplaçait jamais sans un immense gourdin et avait toujours à sa disposition des armes et des grenades pour mater toute rébellion.

— Je [1] suis né à Plauen le 2 octobre 1901. Je suis citoyen allemand. Le 1er avril 1920, je suis entré comme volontaire dans la Reischwehr et le 1er octobre 1923 j'ai été promu sous-lieutenant. En raison de mes sympathies socialistes et des renseignements que j'avais donnés aux Syndicats des travailleurs sur le Casque d'Acier, je fus arrêté le 4 décembre 1923 et condamné à quatorze ans de prison pour trahison. Je subis cette peine dans plusieurs prisons et camps de concentration. Pendant l'été de 1937, j'ai été transféré à Buchenwald où je suis resté jusqu'à la Libération. En 1938, j'étais employé à l'infirmerie comme secrétaire et en janvier 1942, j'ai été désigné comme assistant du docteur Ding.

Ainsi donc, cet opposant de toujours au national-socialisme allait devenir l'instrument des crimes de ses pires ennemis. Car, en fait, l'expérimentation sur le typhus reposait sur sa tête « aussi peu scientifique que possible ». Alfred Balachowsky, chef de laboratoire à l'Institut Pasteur, déporté en 1943 et « employé » à la fabrication des vaccins typhiques du camp a brossé un portrait sans complaisance, mais objectif, de ce « presque médecin maudit » :

— Alors que la direction scientifique du Block 46 était confiée au docteur Ding, l'exécution pratique tout entière des expériences reposait sur le Kapo Arthur Dietzsch. Quand il quitta le camp, il épousa une prostituée de l'établissement de Buchenwald. Dietzsch personnifie la brute au moral et au physique et il a tué de ses mains plusieurs milliers d'internés de différentes nationalités.

En octobre 1941, Ding, après une mission à l'Institut Pasteur de Paris où il étudia dans le service du docteur Giroud les nouvelles méthodes de fabrication de vaccins contre le typhus exanthématique en partant de poumons de lapin, prit la direction du block expérimental. Il demanda des volontaires pour l'aider. Personne ne se présenta. Enfin, Ding s'adressa directement à Dietzsch qui accepta. Cette nouvelle situation lui donna immédiatement des avantages considérables dans le camp. S'il n'avait pas pratiquement le droit de vie ou de mort sur les internés, il avait au moins les moyens de recruter qui il voulait comme sujet d'expérience... Brutal, stupide, cruel, sadique et ivrogne, il recevait en récompense de son abjecte activité des avantages matériels

1. Interrogatoire du 26 décembre 1946 à Staumühlen.

considérables, supérieurs à ceux des SS. Il exerçait dans le camp une autorité absolue et il se permettait d'être grossier vis-à-vis des sous-officiers SS... [1].

Le Kapo s'approcha des déportés enchaînés à leur chaise :

— Voilà ! Sages maintenant. On vous a bien nourris ces dernières semaines, à vous de vous montrer généreux avec ces aimables bestioles.

Il éclata de rire et tendit la première cage à un infirmier :

— Allons-y ! sur les jambes et les cuisses...

Les boîtes furent placées contre les mollets, l'intérieur des cuisses et fixées par des caoutchoucs. Les infirmiers enlevèrent le couvercle-trappe et les poux typhiques affamés se précipitèrent sur la chair. Leur repas se prolongea vingt minutes.

*
* *

Le début de la campagne de Russie surprit les services médicaux allemands :

« Ils [2] n'eurent pas le temps d'effectuer les opérations d'épouillage dans la région du front. Il y eut tout de suite plus de dix mille cas de typhus dont treize cents morts. Or, en décembre 1941, nous étions limités dans la production des vaccins à trente-cinq mille doses par mois. »

La situation est tragique [3]. Des rapports venus du front annoncent que des remous agitent les troupes, des régiments refusent de marcher s'ils ne sont pas vaccinés efficacement. Et il est impossible de protéger

1. Le docteur François Bayle l'a rencontré dans la prison de Landsberg :

— Seuls dans les couloirs de la prison nous nous rendîmes à la grande salle de conférences du colonel où je pratiquais examens et interrogatoires. Déjà pendant le trajet Dietzsch marqua qu'il ne serait point bavard car, dit-il, il n'aimait pas les Français dont plusieurs l'avaient dépeint dans des livres ou des affidavits (David Rousset, docteur Balachowsky) comme un criminel. Paraissant une cinquantaine d'années. Dietzsch est enfermé depuis 1925 et il lui reste une dizaine d'années (en 1949) à accomplir sur la peine qui lui fut infligée par le tribunal militaire américain de Buchenwald. Il a une énorme tête en forme de toupie, des yeux bleus et un regard fixe impressionnant. Je ne pus rien en tirer, pas une ligne d'écriture, pas une empreinte, pas une mensuration. Il s'obstina à me démontrer pourquoi les Français l'avaient rebuté par leur noire ingratitude lui qui, avec cet autre bienfaiteur de l'humanité, Ding, avait sauvé trois d'entre eux d'une mort certaine en leur donnant une fausse identité.

2. Déposition du général Handloser.

3. Le typhus exanthématique est encore appelé typhus historique parce qu'on trouve sa trace dans tous les événements importants de l'Histoire. La première épidémie, dont la description n'est pas douteuse, fut signalée en 1489 au siège de Grenade où dix-sept mille hommes périrent dans les armées de Ferdinand et d'Isabelle la Catholique. Ensuite on retrouve le typhus dans les campagnes d'Italie en 1505 et 1550, en Hongrie en 1553 et, en général, dans toutes les guerres et tous les sièges chez les assiégeants comme chez les assiégés. La campagne de Napoléon en Russie connut des épidémies effroyables. À

l'ensemble de l'armée. Seuls les officiers, les médecins seront traités au vaccin Weigl dont les laboratoires connaissent depuis longtemps l'efficacité... à moins qu'un autre vaccin moins onéreux soit rapidement découvert et testé. Des conférences réunissent les responsables médicaux du Reich, les directeurs de laboratoires, des industriels et enfin la conférence au sommet du 29 décembre 1941 décide l'expérimentation d'un nouveau vaccin :

— Les participants [1] sont tombés d'accord sur le besoin de tester l'efficacité du sérum typhique extrait du jaune d'œuf et la résistance de ce sérum. Les expériences animales n'ayant pas de valeur suffisante, des expériences humaines doivent être faites.

Ces professeurs, ces médecins, venaient de condamner à mort au moins trois cents déportés. Pour la première fois, semble-t-il, Himmler n'avait joué aucun rôle directeur dans la préparation et la création du « département du typhus et des virus de Buchenwald rattaché à l'Institut d'hygiène des Waffen SS », autrement dit le Block 46. Mais il était

---

Vilna, sur trente mille prisonniers, vingt-cinq mille moururent. Pendant la retraite le typhus fit de nouveaux ravages et les soldats de la Grande Armée le rapportèrent en France.

Pendant la guerre de 14-18, les épidémies de Serbie, de Pologne, d'Autriche, de Russie et de Roumanie ont souvent fait plus de victimes que les armes à feu.

Après une incubation silencieuse de douze jours, la maladie débute brusquement comme une grippe, par de la fièvre, des maux de tête et des courbatures généralisées. La température persiste en plateau à 40° tandis qu'apparaissent les deux symptômes majeurs, l'éruption le cinquième jour, et ensuite le tuphos.

L'éruption ressemble à celle de la rougeole mais, au contraire de celle-ci, respecte la face et le cou.

Le tuphos, d'un mot grec qui veut dire prostration, donne au malade un aspect très caractéristique ; inerte, indifférent à ce qui l'entoure, somnolent, il semble vivre un rêve profond ; la surdité l'isole encore plus du monde extérieur ; on arrive difficilement à obtenir une réponse, à lui faire tirer la langue hors de la bouche. Souvent, il ébauche des mouvements incertains et, vers le soir, commence à délirer ; c'est un délire parfois calme, d'autres fois violent, accompagné d'hallucinations. Le typhique cherche à se lever, pourrait même se suicider, ce qui oblige à le veiller constamment.

Dans 30 % des cas environ, l'évolution se fait vers la mort qui est généralement due à la défaillance cardiaque. Dans les cas qui guérissent, la température commence à tomber progressivement à partir du quatorzième jour ; le malade se réveille de sa torpeur et revient lentement à la vie. (D'après L.C. Brumpt.)

1. Ces participants sont, d'après le journal du docteur Ding : l'inspecteur général du Service de santé de l'armée, le professeur Handloser ; le secrétaire d'État à la Santé publique, le Gruppenführer SS docteur Conti ; le président du département de la Santé, le professeur Reiter ; le directeur de l'Institut Robert Koch, le professeur Gildemeister et le Standartenführer SS professeur Mrugowsky. Conférence tenue à l'Institut d'hygiène des Waffen SS de Berlin.

tenu au courant, approuvait et demanda même à son secrétaire « d'avertir l'Ahnenerbe de son rôle » :

— On pourrait dire aussi que le Reichsführer SS a encouragé les expériences.

Personne ne lui reprocherait ainsi, pour une fois, d'avoir pris le train en marche.

Le 5 janvier 1942, Ding injectait à ses cinq premiers cobayes une dose de un centimètre cube d'une souche de Rickettsias-Prouazecki, provenant de l'Institut Robert Koch. Jusqu'à la libération du camp mille déportés allaient être traités.

— Il [1] y avait avec moi environ cent internés dans la salle du Block 46 ; des Tchèques, des Polonais, des Juifs, des Allemands. On nous avait appelés par le haut-parleur. Quelques jours avant, soixante autres internés y avaient été envoyés de la même façon. Pendant trois semaines environ, nous eûmes double ration et au bout de ce temps nous fûmes infectés. Au bout d'une semaine, des crampes légères se manifestèrent, puis des nausées, des maux de tête violents et nous perdîmes l'appétit. Les douleurs devinrent si fortes qu'on avait l'impression que la tête allait éclater. Le moindre mouvement nous faisait mal.

— Les [2] personnes infectées souffraient terriblement et avaient 40 à 41° de fièvre durant trois à quatre semaines. Plus de la moitié mouraient au cours de la période fébrile. Ceux qui restaient étaient si émaciés qu'ils semblaient être des squelettes. Après la récupération ils étaient désignés pour une colonne de travail pénible et y périssaient.

— Chacun [3] savait que le Block 46 était un endroit terrifiant, mais peu de gens avaient une idée exacte de ce qui s'y passait. Tous ceux qui avaient des rapports avec ce block étaient frappés d'une horreur mortelle. Les sujets sélectionnés savaient qu'il y allait de leur vie. De plus, on savait généralement dans le camp que le Kapo Arthur Dietzsch exerçait au Block 46 une discipline de fer. C'était vraiment le règne absolu du chat à neuf queues. Toute personne désignée pour le block s'attendait à la mort ; une mort très longue et très effrayante qu'elle imaginait sans cesse ainsi que les tortures et la privation du dernier reste de liberté personnelle. C'est dans ces conditions psychologiques que les sujets attendaient leur tour, c'est-à-dire le jour ou la nuit où on leur ferait quelque chose qu'ils ignoraient mais qu'ils savaient être une forme de mort particulièrement horrible. L'infection était tellement forte (si forte dira au tribunal l'expert Leo Alexander qu'on employait

1. Témoignage du déporté Heinz Rotheigener.
2. Témoignage du déporté Victor Holbert.
3. Témoignage du secrétaire déporté de Ding, Eugène Kogon.

un marteau-pilon pour tester un casque de football) que le typhus se développait toujours sous une forme très grave. Il survenait souvent des scènes terribles avec le Kapo Dietzsch. Les malades avaient toujours peur qu'on ne leur fasse une injection mortelle. Après un certain temps, lorsque la maladie s'était installée, les symptômes habituels du typhus apparaissaient et chacun sait que c'est une maladie effrayante. Surtout pendant les deux dernières années de l'Institut, les symptômes prenaient un caractère terrible. Dans certains cas les malades déliraient, refusaient de manger et un fort pourcentage mourait. Ceux qui survivaient en raison de la robustesse de leur constitution et de l'efficacité du vaccin étaient obligés d'assister à la lutte de leurs camarades contre la mort. Ils vivaient dans une atmosphère extrêmement difficile à imaginer. Les survivants ne savaient pas ce qui leur arriverait, si on ne les utiliserait pas au Block 46 à d'autres fins. Ou bien n'auraient-ils pas à craindre la mort justement parce qu'ils avaient survécu et avaient été témoins de ces expériences ?

Voilà pour l'« ambiance », la « couleur ». Et le travail scientifique ? Les études portèrent sur l'efficacité des vaccins de différentes origines : vaccin des usines Behring préparé avec des cultures de membranes vitellines d'œufs de poule (procédé Cox, Gildemeister, Haagen) ; vaccin Durand-Giroud fabriqué à l'aide de poumons de lapin par l'Institut Pasteur de Paris, vaccin tiré des poumons de chien (Bucarest) ; vaccin provenant de foie de souris (Danemark). Il est étrange de noter que ces deux derniers vaccins furent expédiés à Buchenwald par le professeur Rose, chef de la section pour l'étude des maladies tropicales de l'Institut berlinois Robert Koch. Le professeur avait eu le courage, au cours d'un congrès médical militaire, de s'élever avec indignation contre les expériences humaines du Block 46 en affirmant qu'elles étaient contraires à l'éthique et que les résultats obtenus étaient semblables à ceux fournis par l'expérimentation animale. Moins d'un an plus tard, Rose changeait d'opinion (peut-être se sentait-il menacé) et expédiait ses vaccins à Ding. Le Block 46, de plus, expérimenta une dizaine de thérapeutiques contre le typhus exanthématique à la demande de laboratoires militaires et aussi privés. Eugène Kogon estime que :

— L'intérêt scientifique de ces essais était nul, ou très faible, car le mode de contamination était tout simplement insensé : logiquement il fallait découvrir la valeur limite de la dose d'infection et du mode d'infection qui se rapprochent le plus de la réalité, c'est-à-dire de la transmission par le pou et qui fut cependant insuffisante pour rendre peu à peu inefficace la vaccination à laquelle on avait procédé auparavant ou éventuellement pour exercer une action quelconque sur elle. Mais cela était trop fatigant et trop difficile pour ces messieurs. Aussi, lorsque dans le premier trimestre 1943, les souches livrées par l'Institut Robert Koch perdirent toute virulence et que l'inoculation intramusculaire, sous-cutanée ou cutanée pratiquée par la scarification ou avec des lancettes ne donna plus aucun résultat, on fit tout simplement une injection intraveineuse de deux centimètres cubes de sang frais de malade, à haute virulence. Le résultat dépassa naturellement toutes les espérances, et il fut, dans la plupart des cas, catastrophique. Dès que ce mode de contamination eut été introduit, le taux de mortalité s'éleva au-dessus de cinquante pour cent, et nous passerons sous silence le cas de ceux qu'on appelait « les témoins », c'est-à-dire de ces personnes qui n'avaient pas été vaccinées au préalable, afin que l'on pût suivre sur elles la marche normale de la maladie. Ces derniers périrent presque tous. Par la suite, on réduisit la dose d'inoculation jusqu'à un dixième de centimètre cube, sans qu'elle perdît pour cela son effet mortel, car la haute virulence des souches pathogènes humaines avait encore été accrue par les « transmissions ». Dans une seule série d'expériences on put constater la réelle efficacité du vaccin contre le typhus exanthématique préparé à Buchenwald même : sur vingt personnes vaccinées préventivement, pas une seule ne mourut et l'évolution de la maladie fut beaucoup moins grave que même chez les patients vaccinés avec le meilleur vaccin, celui de Weigl, préparé avec des intestins de poux, tandis que sur les vingt « témoins », inoculés en même temps, dix-neuf périrent de cette perfide contamination.

Les médecins déportés qui travaillaient à la production du vaccin destiné aux troupes allemandes vécurent dans l'angoisse jusqu'à la libération du camp, car le produit qu'ils fabriquaient n'immunisait pas contre le typhus :

— Ding nous avait dit, à la première réunion générale que, si quelque acte de sabotage se produisait, nous serions tous collés au mur... Nous décidâmes avec les bactériologistes et le directeur de la production, Marian Ciepielowsky, de produire du vaccin léger inoffensif... Ding nous réclamait de grandes quantités de vaccin. Nous en fabriquions deux : un en grande quantité, parfaitement inefficace qui partait au front, un deuxième type en très petites quantités qui était efficace et utilisé dans des cas spéciaux, par exemple pour nous et nos camarades qui travaillaient dans les endroits dangereux du camp. Ding n'entendit jamais parler de ces arrangements. Comme il n'avait pas de connaissances bactériologiques réelles, il ne pénétra pas le secret de la production. Il dépendait entièrement des rapports que les experts (déportés) lui donnaient. Quand il voyait trente ou quarante litres de vaccin à envoyer à Berlin, il était heureux. Cependant, il restait préoccupé par la vaccination des troupes SS et la possibilité pour ces gens de tomber malades en Russie et de mourir. L'inefficacité de notre vaccin aurait pu se révéler et des experts de l'extérieur — les SS en possédaient — auraient pu enquêter et découvrir que le véritable vaccin était à peine produit. Rien de tel ne se passa et l'aventure se poursuivit jusqu'en mars 1944.

Lorsque Mrugowsky apprit ce sabotage dans la salle du tribunal de Nuremberg, il s'adressa au président :

— Cela représente une attitude qui n'a rien de commun avec les concepts d'humanité exprimés par ces messieurs aujourd'hui.

*
* *

— Regardez ça, Kogon, vous trouverez bien ce qu'il faut répondre. C'est quelque veuve qui cherche une consolation.

Ding, de plus en plus, se reposait sur Kogon. Son secrétaire déporté rédigeait avec l'aide d'autres détenus les communications médicales du médecin et ses lettres d'amour. Personnage trouble, marqué par une enfance douloureuse, il manquait surtout d'affection. Enfant naturel, il prit le nom de son père adoptif et l'abandonna quelques semaines avant la libération du camp, lorsqu'il comprit que les Alliés le rechercheraient pour crimes de guerre. Il devint alors le docteur Schuler. En 1936, âgé de vingt-quatre ans, il tente de s'engager dans l'armée, mais sans succès à cause de sa naissance illégitime. Les SS, eux, l'acceptent et il sert au service de Santé de l'unité « Têtes de Mort »... Nous connaissons la suite.

Dans les derniers jours de Buchenwald, il change non seulement de nom mais d'attitude. Il se laisse convaincre par son secrétaire de fermer les yeux sur certaines opérations de sauvetage déclenchées par le comité clandestin du camp. Le Block qui cachait au milieu des malades contagieux des condamnés à mort bien portants fut baptisé par Ding-Schuler : Ultimum Refigium Judoerum. Dernier refuge des Juifs. Le médecin, qui sentait la fin proche, brûla, aidé de Dietzsch, tous les documents compromettants. Kogon cacha dans un carton le journal de marche des expériences :

— Je dis à Ding, le jour suivant, que le journal n'avait pas été brûlé. Il s'en montra très surpris et me demanda si je ne pensais pas que cela constituerait une arme terrible contre lui. Je lui répondis que s'il pouvait prouver devant une cour qu'il avait sauvé ce journal, cela démontrerait amplement que ses intentions étaient honnêtes. Il accepta.

Ding, capturé par les Alliés, envisagea la menace que pourrait représenter pour lui un procès. Le 25 juin 1945, dans la prison de

Freising, il se suicida... et se réveilla le lendemain dans un lit d'hôpital. Il a décrit sa tentative malheureuse :

— À deux heures du matin j'ai essayé de me suicider à cause de ce qui s'est passé au cours des années précédentes et du caractère insupportable de ma situation. J'ai contracté une sorte de « tension nerveuse ». Aux dernières nouvelles, les villes de Leipzig et Weimar, où je pense que se trouvent les miens, sont tombées entre les mains des Russes. Il y a peu de chances pour que je puisse contacter ma famille. Le changement survenu dans ma situation m'oblige à croire que je serai inclu dans le procès de Buchenwald et incapable de décider de mon avenir, ou tout au moins pas avant de nombreuses années. Ma femme reste seule avec deux enfants, sans recours après la perte de tous mes biens. Un troisième enfant aurait du naître au début de mai, mais l'état de ma femme m'est inconnu... J'ai utilisé, en plus d'une lame de rasoir, cinq comprimés de morphine, cinq de codéine et onze de la préparation américaine APC. Le manque de tranchant de la lame m'a empêché de couper les tendons situés au-dessus de l'artère. Avec une incision parallèle je suis allé plus profondément et j'ai essayé de couper l'artère avec des petits ciseaux, mais j'ai été dérangé par des gens qui cherchaient les cabinets. Je me suis recouché, j'ai attaché une serviette autour de mon bras... J'ai dû m'évanouir. J'ai repris connaissance dans un autre lit. J'étais pansé.

Deux mois plus tard, le médecin capitaine Ding-Schuler réussissait son suicide.

* * *

Le docteur Waldemar Hoven avait été son suppléant au Block 46. Si Ding disparaissait pour une semaine ou deux, « Bellegueule » le remplaçait. Il méritait ce surnom : toutes les femmes tombaient à ses pieds et dans ses bras. C'est d'ailleurs du lit d'une riche héritière qu'il se propulsa vers Hollywood. Ce Rudolphe Valentino aux petits pieds, play-boy gominé, dents blanches en bataille, cultiva bien plus ses admiratrices riches et âgées que ses apparitions devant la caméra. Véritable « cocotte » il collectionnait les bijoux masculins, briquets et porte-cigarettes en or rehaussés de diamants.

« Bellegueule » poursuit ses frasques à Paris, des mauvaises langues affirment qu'il s'intéressait à l'époque aux riches héritiers... passons. Nous le retrouvons signant son engagement à la SS. Cet autodidacte nourri dans le sérail passe son baccalauréat à trente-deux ans « avec beaucoup d'aide et de facilités », puis embraye sur la médecine, et accélère tant et tant que deux ans après son examen, il se retrouve adjoint au médecin-chef de tous les camps de concentration. Là, les déportés travaillèrent pour lui. Les détenus Sitte et Wegerer rédigèrent avec brio sa thèse de doctorat sur le traitement de la tuberculose pulmonaire provoquée par le poussier de charbon. « Bellegueule » apprit par cœur le texte et fut reçu avec mention à l'université de Fribourg en Brisgau. La « Kommandeuse » de Buchenwald ne put résister à son « charme cosmique » et Hoven admira sa collection d'estampes humaines. Le commandant l'apprit mais pour le punir se contenta de le faire pénétrer dans son club de récupération : trafic et vol d'or, de devises, de bijoux, d'alcools, de médicaments, de conserves. Ces excès les firent d'ailleurs arrêter par l'« Inspection SS des camps ». Le commandant et l'ami de la famille se retrouvèrent penauds dans la même cellule. « Bellegueule » se transforma en pomme ridée. Qu'il était loin le temps de sa splendeur humaine et médicale ! Ses diplômes ne lui avaient servi qu'à liquider dans les dortoirs des infirmeries des malades dont on voulait récupérer les lits. Après chaque opération, « lorsqu'il [1] avait viré » une ou deux douzaines de détenus par des piqûres au sodium d'Évipan, il sortait nonchalant, une cigarette aux doigts, en sifflant joyeusement l'air : *Et de nouveau un beau jour a passé.*

Mengele lui au moins connaissait la *Tosca*.

Les charges s'accumulèrent contre eux. Plus de dix milles pages d'acte d'accusation. Koch fut fusillé et Hoven... relâché une semaine avant la libération du camp. Le juge d'instruction allemand n'avait retenu contre lui que sa « stupidité » mais il conclut tout de même :

— Par ses connaissances et ses capacités, il mérite difficilement le titre de médecin.

Et « Bellegueule » s'évanouit dans la campagne... Deux jours plus tard, il repassa la porte barbelée encadré par deux G.I. mâchant du chewing-gum.

* * *

Face aux juges du tribunal de Nuremberg, il retrouva son assurance. Il s'était persuadé que les vingt mois de prison que l'Inspection SS lui avait imposés avant son acquittement le blanchissaient aux yeux des Alliés. Il se présenta comme le saboteur numéro un des expériences de Ding sur le typhus.

— Un jour des prisonniers vinrent me dire qu'un envoi de poux typhiques venait d'arriver. Ding était absent. Je me rendis au Block 46. Il y avait cinquante cages avec six cents poux dans chacune. Je fis obturer

1. *L'Enfer organisé,* ouvrage déjà cité.

les cages à la cire et, avec l'aide de Dietzsch, les jetai dans le fourneau. Je fis un rapport disant qu'en tant que médecin du camp, je ne pouvais prendre la responsabilité d'une épidémie. La deuxième fois, les poux furent apportés par un officier de la Wehrmacht en uniforme. Ils provenaient d'un institut de Lemberg. Lorsque j'arrivai, les cages étaient déjà attachées aux cuisses des prisonniers. Ces poux furent détruits et aucun des sujets ne présenta de typhus à ma connaissance.

— Mais, demanda le président, vous étiez bien le remplaçant de Ding ?

— Bien sûr, mais je ne prenais aucune responsabilité. Quand Ding s'absentait, les expériences s'arrêtaient.

Sa justification des exécutions médicales est bien plus étrange encore.

— Il existait au camp un grand nombre de prisonniers jaloux des situations occupées par d'autres détenus. Quelques « politiques » avaient des positions clefs et vivaient mieux que les autres. Plusieurs prisonniers s'efforcèrent de discréditer ces hommes. Lorsque cela fut connu, les « mieux placés » les firent immédiatement exécuter. J'en ai toujours été averti afin de fournir les preuves médicales de la mort. Il s'agissait d'inscrire qu'ils étaient morts naturellement. Dans quelques cas c'est moi-même qui ai tué ces hommes avec des injections de phénol mais à la demande de leurs co-détenus. Une fois Ding se trouvait à l'hôpital et déclara que je ne m'y prenais pas bien. Il pratiqua quelques injections lui-même. Trois détenus furent ainsi tués ce jour-là et ils moururent en moins d'une minute. Le nombre total des traîtres tués s'élève environ à cent cinquante...

À Buchenwald, vous le savez, la « Kommandeuse » collectionnait les tatouages et certains médecins les « têtes réduites ». Un déporté, Joseph Ackermann affirma :

— Le docteur Hoven se tenait un jour à côté de moi à la fenêtre du service des autopsies. Il me montra un prisonnier qui travaillait dans la cour et me dit : « Je désire avoir le crâne de celui-ci sur mon bureau d'ici demain matin. » Le prisonnier eut l'ordre de se présenter au service de médecine. On inscrivit son numéro et le cadavre fut apporté le jour même à la salle de dissection. L'examen *post mortem* montra que l'homme avait été tué par une injection. Le crâne fut préparé et remis au docteur Hoven.

Le médecin s'empourpra et en bégayant répondit :

— C'est le plus grand mensonge que j'aie entendu dans ma vie. Je ne me suis jamais intéressé aux autopsies, ni aux crânes.

Waldemar Hoven, condamné à mort, fut exécuté dans la cour de la prison de Landsberg. Il respira profondément une dernière fois, ferma les yeux, baissa la tête en murmurant :

— Mon pauvre Hoven...

* * *

Le professeur Haagen eut plus de chance que Ding et Hoven. Nous allons étudier son rôle dans d'autres expériences sur le typhus pratiquées à Natzweiler ; il fut condamné aux travaux forcés à perpétuité par le tribunal militaire de Metz. Les juges de Lyon transformèrent cette peine déjà considérée à l'époque « comme clémente » en vingt ans de détention. Entre-temps, Haagen s'était marié en prison et déclarait à qui voulait l'entendre :

— Sans ces Français qui me tiennent enfermé, je serais Prix Nobel.

Il est vrai que Haagen, dans le domaine scientifique, représentait une « valeur sûre » si on le compare aux autres « galopins » qui expérimentaient à Buchenwald.

— Je [1] m'appelle Eugen Haagen, je suis né le 17 juin 1898 à Berlin. Je suis docteur en médecine depuis 1924. Je suis devenu ensuite assistant de la clinique de la Charité. En 1926, je devins assistant scientifique au service de Bactériologie du bureau de la Santé publique de Berlin où je fondai le département des virus et des recherches sur les tumeurs. En 1928, j'ai été nommé assistant, pendant un an, à l'Institut Rockefeller de New York. En 1929, je suis resté à Berlin et en 1930, j'ai été nommé membre de la Fondation Rockefeller à New York, avec mission de travailler au laboratoire du typhus de cet institut. Je réussis à entretenir le germe de la fièvre jaune, à faire des cultures artificielles pures de cet agent, ce qui rendit possible un vaccin contre la fièvre jaune, utilisé aujourd'hui dans le monde entier. Après ces trois années d'interruption de mon travail je rentrai à Berlin où je dirigeai le département des virus et des tumeurs. En raison de l'incorporation de la Prusse au Reich, la section bactériologique fut dissoute et j'entrai à l'Institut Robert Koch où je devins chef de service et professeur le 1er mars 1936. Le 1er octobre 1941, nommé professeur de bactériologie et d'hygiène à l'université de Strasbourg, je devins en même temps directeur de l'Institut d'hygiène. Je restai là jusqu'à la prise de Strasbourg.

Nous voyons donc que les « services passés » du professeur Haagen sont dignes d'admiration. Les agents secrets des différents camps vainqueurs qui se lancent au lendemain de la victoire à la poursuite des « cerveaux » en liberté et qui pratiquent allègrement le kidnapping, l'ont couché sur leur liste.

— C'est à Saafed sur la Saale en Thuringe où j'avais transporté une

1. Curriculum recueilli le 17 janvier 1947 par les Américains.

partie de mon institut que je fus capturé en avril 1945 par les Américains. Au mois de juin, j'étais relâché. Je reçus alors l'invitation du gouvernement militaire russe de diriger un institut nouvellement fondé pour les recherches sur les virus et les tumeurs. J'acceptai et je travaillai à cet institut de Berlin jusqu'au 16 novembre 1946. Ce jour-là, à l'occasion d'une visite à Zehlendorf dans le secteur américain, je fus brusquement arrêté par un policier militaire anglais, sans mandat ni document. Je fus emmené de force et caché pendant deux mois et demi, dans la prison anglaise de Minden. Ce fut de toute évidence un cas de kidnapping. En janvier 1947 je fus remis aux autorités françaises et amené à Strasbourg.

Nous ne connaîtrons sans doute jamais les dessous de cette guerre que se livrèrent surtout Américains, Anglais et Soviétiques pour s'approprier les savants de l'ex-Reich. Les Français se réveillèrent trop tard. Par exemple, les atomistes d'Hitler avaient replié leurs piles et leurs dossiers dans une caverne, sous une église. Les Français arrivent, regardent et repartent. Deux jours plus tard, les Américains, qui savent que la bombe A « aurait pu être prête dans les huit mois », déménagent matériel et personnel. Joliot-Curie ne retrouvera sur place que quelques débris de coke :

— C'était pour la pile ?

— Non pour se chauffer.

Etc., etc. Enfin les Français récupèrent Haagen. Ce qui est naturel puisqu'il a exercé sur le territoire national pendant la guerre.

Les charges s'accumulent. D'abord des lettres étonnantes découvertes à Strasbourg. Haagen venait de prendre livraison d'un convoi « expédié » d'Auschwitz :

« Le 13 décembre, on a procédé à une inspection des prisonniers en vue de déterminer leur aptitude aux expériences des vaccins typhiques. Sur les cent prisonniers choisis, dix-huit sont morts au cours du transport, douze seulement sont susceptibles d'être utilisés pour ces expériences pourvu qu'on puisse les remettre en état. Cela prendra environ deux à trois mois. Les autres sont dans un tel état qu'ils ne peuvent être utilisés à ces fins. Les expériences sont destinées à tester un vaccin nouveau ; elles ne peuvent amener de résultats fructueux qu'avec des sujets normalement nourris dont la force physique est comparable à celle des soldats. Je vous demande donc de m'envoyer cent prisonniers, de vingt à quarante ans, bien portants et constitués physiquement de façon à fournir un matériel de comparaison. »

Lettre éloquente, s'il en est, sur les conditions physiques des déportés d'Auschwitz et le déroulement de leur transport. Haagen avait pourtant demandé des hommes solides ! S'il désirait des déportés « normaux », il n'avait qu'à puiser dans le camp de Natzweiler. Stupide administration ! L'infirmier déporté Hendrick Nales reçut Haagen pour sa première visite à la station Ahnenerbe de Natzweiler-Struthof :

— C'était fin 1943. Peu de temps après l'arrivée d'un transport de Tziganes de Birkenau près d'Auschwitz, pour les expériences du typhus. Haagen examina ces gens et les fit passer aux rayons X. Il trouva qu'il ne pouvait pas les utiliser. Il protestera à Berlin en réclamant des sujets plus vigoureux... Les survivants firent partie d'un Himmelfahrtstransport...

Himmelfahrtstransport : ascension au ciel ; euphémisme habituel au camp pour désigner le crématoire. Haagen réclamait des « clients » de condition physique comparable à celle des membres des forces armées ; qu'à cela ne tienne, la Wehrmacht et la SS devaient bien avoir des combattants tziganes dans leurs rangs. Aussitôt dit, aussitôt...

— Environ [1] quatre-vingt-dix nouveaux sujets arrivèrent. Ils furent examinés et trouvés convenables. Le professeur Haagen les divisa en deux groupes. Ceux du premier reçurent une vaccination contre le typhus. Les seconds rien. Je pense que dix à quatorze jours plus tard tous les sujets furent infectés artificiellement avec le typhus. Je ne puis vous dire comment, je ne suis pas médecin, mais j'étais là quand ils le firent. Au cours de cette affaire, trente Tziganes moururent. J'en ai la preuve. J'ai conservé les fiches des morts de Natzweiler.

L'assistante et la secrétaire de Haagen se plaignirent au docteur Graefe, l'adjoint de Haagen :

— Mais c'est un crime d'expérimenter sur des hommes !

— Tenez-vous tranquilles. Ce sont des Polonais, ce ne sont pas des hommes.

Georges Hirtz, docteur ès sciences naturelles et pharmacien, assista sans doute, le 20 mai 1943, à la toute première expérience du professeur.

— Vers le 20 mai 1943, un transport de vingt à vingt-trois Polonais arriva. Ils furent enfermés dans une baraque qu'ils durent laver avec une solution de lysol.

Plusieurs jours se passent. Haagen arrive et vaccine le personnel médical, le chef de camp et son adjoint à l'aide des ampoules habituelles de l'Institut Robert Koch puis :

— Les Polonais reçurent dans le pectoral une injection d'un liquide gris-jaune, que les médecins avaient apporté avec eux. Ils n'avaient pas été examinés et toutes les injections furent faites avec la même aiguille sans désinfection, d'une personne à l'autre. Les Polonais furent renvoyés

1. Témoignage du déporté infirmier de l'Ahnenerbe, Hendrick Nales.

à leur baraque. J'étais seul à pouvoir y entrer pour apporter leur nourriture et prendre leur température.

Question du tribunal : Ce liquide gris-jaune était-il un virus virulent du typhus ou une injection de vaccin ?

— Je ne puis pas le dire. Mais deux faits montrent que le vaccin était virulent. Ceux qui prenaient soin d'eux avaient été vaccinés et, d'autre part, les Polonais, à leur arrivée, avaient dû laver leur Block avec une solution de lysol ; c'était pour tuer les mouches, les puces et les punaises. Je devais prendre leur température trois fois par jour. Après trente-six à quarante-huit heures environ, celle-ci commença à monter jusqu'à 40° et même plus haut. Les deuxième et troisième jours, je trouvai déjà deux cadavres dans leurs couchettes. La fièvre dura pendant six à huit jours et à la fin de cette période, des signes d'excitation, de choc, de peur et d'autres symptômes apparurent. À ce moment, je ne pus suivre les expériences car je fus envoyé en compagnie disciplinaire.

Question : Avez-vous vu les cadavres des deux Polonais ?

Réponse : C'est moi qui ai mis les corps dans des sacs en papier. Ils ont été brûlés au crématoire de Natzweiler.

Voici donc les pièces principales de l'accusation contre le professeur Eugen Haagen. Comment va-t-il se justifier ?

* * *

Très simplement : en niant l'évidence. Les expériences ! Quelles expériences ? Il s'agissait de vaccinations car les camps de Schirmeck et Natzweiler étaient menacés d'une épidémie de typhus. Bon ! Avouez tout de même que c'est un paradoxe : vacciner vingt personnes pour lutter contre une épidémie. J'avais très peu de vaccin ! Bon ! L'épidémie se déclare et vous disparaissez. Illogique ? J'avais à ce moment-là des obligations militaires à remplir. Bon ! Et ces convois d'Auschwitz ? Je n'ai rien demandé. Bon ! Et les morts ? Quels morts ? Il n'y a jamais eu de morts. Bon ! Croyez-vous qu'il était nécessaire de demander à Himmler l'autorisation de vacciner dans un camp ? Le professeur Hirt ne voulait pas que les non-SS pénètrent dans le camp. Bon ! Et la station Ahnenerbe ? Je n'ai jamais levé la tête pour voir ce qu'il y avait marqué au-dessus de la porte. Bon ! Mlle Édith Schmitt, votre assistante, a déclaré que vous aviez vacciné cent cinquante personnes à Natzweiler et que cinquante personnes du groupe de contrôle étaient mortes. Elle se trompe, elle confond avec la période de l'épidémie. Bon ! Le témoin Hirtz a parlé de deux morts qu'il a lui-même enveloppés dans des sacs en papier et que trouvons-nous sur le livre de contrôle de l'assistante technique à la date du 6 juillet, l'époque dont parle le témoin ? Nous trouvons cette petite phrase : « Deux autres ne sont plus là ». Alors ? Alors ! Je n'en sais rien. Cela veut dire que les prisonniers avaient dû partir. Il n'y eut pas de morts. Bon ! Vous ne pouvez nier, docteur, la présence au camp de cobayes, véritables réservoirs de virus ; n'étaient-ils pas là pour faciliter l'infection des déportés ? Il s'agissait de gentils et sains cochons d'Inde que nous apportions aux prisonniers. Ils avaient grand plaisir à les élever. Bon ! Bon ! Bon !

D'après ce « raccourci » des mille pages de confession d'Eugen Haagen, je vous laisse le soin de conclure. J'ajouterai simplement ceci : Haagen poursuivit ses recherches en dehors du cours habituel des expérimentations humaines dans les camps de concentration. Personne ne lui avait demandé de tester sa découverte d'un nouveau « virus-vaccin vivant ». Il a succombé à la tentation de ce camp de déportés si proche de ses laboratoires strasbourgeois. Ce camp où le secret serait bien gardé. Pourquoi pas ? Mais son « virus-vaccin vivant » était sans doute insuffisamment atténué. Toujours le fameux marteau-pilon pour tester un casque de football.

*
* *

Les services de santé allemands s'adressèrent bien souvent à différents instituts dans le monde pour obtenir du vaccin. Ils envoyèrent même des « agents secrets » en Amérique du Sud et aux États-Unis pour « acheter » des grandes quantités de sérums. À Paris, l'Institut Pasteur refusa toute collaboration. Ce n'était pas toujours facile. Le docteur Tréfouël, directeur de l'Institut, devint en fait le pharmacien en chef de la Résistance et des maquis :

— Pharmacie reconnue par les autorités françaises de Londres puisque dès 1942 les produits militaires indispensables ont été parachutés sur notre sol, dirigés sur Pasteur où ils étaient « conditionnés », et de là redistribués sur des hôpitaux de province où ils étaient stockés clandestinement à la disposition des maquisards.

Naturellement, les produits étaient soigneusement démarqués par les expéditeurs. Le dagénan, par exemple, portait des étiquettes Rhône-Poulenc parfaitement imitées. Un jour pourtant, de l'insuline arriva avec ses étiquettes américaines Eli-Lily and Co et une date qui ne laissait aucun doute. En hâte, on gratta les dangereuses étiquettes pour leur en substituer de plus anodines.

Les produits étaient parachutés dans les containers classiques : cylindres d'environ 1,20 m sur 60 cm.

— L'iode, l'huile camphrée, la morphine, la caféine arrivaient en grosses quantités, le merchurochrome par flacons de dix litres, les sulfamides par cinquante kilos ! À qui s'étonnait par hasard de ces proportions, on répondait que c'était pour les chevaux : « Un cheval n'est pas une souris ! »

La présence des instruments, des trousses, du coton, des bandes plâtrées, pouvait aussi ne pas passer inaperçue, malgré l'étendue de nos sous-sols, véritable ligne Maginot ! On ne pouvait pas trop élargir le cercle des confidents. Alors la défense passive avait bon dos. En cas d'un gros bombardement de Paris, fallait-il, n'est-ce pas, compter sur les Allemands pour organiser les secours ?

Au contraire, c'étaient les officiers du service de santé allemand qui venaient souvent à l'Institut Pasteur solliciter des produits. Solliciter d'abord, supplier même, souvent menacer. Ils manquaient, par exemple, de sérum antitétanique. Ils en arrachèrent péniblement quelques ampoules, alors qu'il en partait des centaines de milliers pour le maquis...

Un jour, ils demandent du sérum antidiphtérique. M. Tréfouël explique qu'il en a très peu, tout juste pour la population française. Ils insistent.

— Vous êtes en contact avec la population. Si une épidémie se déclare vous serez les premiers en danger.

— On est reçu aimablement, constate le chef de la délégation, mais on part toujours les mains vides !

L'un des trois officiers, un Autrichien, prend par derrière la main du docteur Tréfouël et lui dit à voix basse : « Continuez. »

— Ça m'a fait plaisir. Je l'ai revu quelquefois, mais il n'a plus jamais osé un pareil geste.

Un autre jour, en 1943, l'affaire s'annonçait mal. Pour avoir du sérum, les Allemands avaient obtenu un ordre du ministère français de la Santé publique.

— Obéissez ou nous prenons l'Institut Pasteur.

— Je veux bien vous en faire mais je n'ai pas de chevaux.

— Nous allons vous en donner.

— Vous savez que la mortalité est très grande...

— Vous aurez ce qu'il faudra, mais les cadavres seront la propriété de l'armée allemande.

Alors le docteur Noël Bernard, sous-directeur de l'Institut Pasteur, intervient pour demander :

— Est-ce qu'il faudra vous les conserver dans l'alcool ?

Les Allemands ne purent s'empêcher de rire. Ils accordèrent cent neuf chevaux qui furent dirigés sur le laboratoire de Garche. Mais tous, comme par hasard, moururent successivement. En six mois, ils étaient liquidés.

Et ce fut encore le docteur Tréfouël qui se fâcha ! Il prétendit que les chevaux étaient impropres à l'immunisation, que désormais il n'accepterait que des bêtes choisies par ses vétérinaires.

Là-dessus, les Allemands signalent qu'ils ont soixante chevaux. Les vétérinaires envoyés sur place en retiennent cinq. M. Tréfouël proteste qu'on les dérange pour rien... Et ainsi de suite.

La direction de l'Institut Pasteur profita de l'incident pour se plaindre du manque de personnel. Non seulement elle sut éviter les réquisitions, mais elle fit même revenir des prisonniers, à commencer par le jardinier.

On voulut lui prendre le concierge. Elle soutint qu'il était irremplaçable. Lui seul connaissait tous les employés. Si un inconnu (un « terroriste » peut-être !) venait dérober une souche contagieuse... Les occupants eux-mêmes avaient intérêt à ce que l'Institut Pasteur fût bien gardé !

* * *

Le docteur Nitti, le premier en France, « fabrique » de la pénicilline.

— Nitti disposait de deux souches. Il en obtint une par un coup de chance, en exposant à l'air une boîte de Pétri. Souche médiocre qui permit de commencer l'étude, mais ne pouvait conduire à des résultats pratiques. L'autre fut retrouvée dans nos collections et se révéla active. Celle-ci fut sauvée par celle-là.

« Les Allemands avaient eu vent de la chose. Ils réclamèrent leur part. Nitti répondit qu'il n'avait pas eu de résultats intéressants, qu'il avait laissé périr la souche.

« Un mois après, nouvel assaut. Ils savaient que la souche existait encore. Ils l'exigeaient : c'était un ordre. ''Bien, leur dit Nitti, je vais essayer de la faire démarrer.'' Il leur prépara un repiquage de la souche stérile. Ils en furent ravis, saluèrent jusqu'à terre. ''Ils en ont bien pour trois mois'', me dit Nitti.

« Pendant ce temps, les travaux continuaient en secret sur la bonne souche. Un peu avant la Libération, on put obtenir quelque peu de pénicilline. »

Au cours de l'occupation de l'Allemagne, des souches de *Penicillium notatum* ont été retrouvées dans quelques laboratoires. Essayées, elles étaient toutes stériles. Il serait amusant de penser qu'elles provenaient de l'Institut Pasteur de Paris !

XVII

LE DOYEN DES MÉDECINS MAUDITS

— Mais voyons, il travaille sur le paludisme depuis plus de quarante ans, vous n'allez pas imaginer qu'il va trouver la solution à plus de soixante-dix ans. De toute manière une vaccination protectrice est impossible.

Le professeur Rose condamnait les travaux de son prédécesseur à la direction des maladies tropicales de l'Institut Robert Koch. Le secrétariat de Himmler classa la lettre dans le dossier des « sans réponse ».

Le « vieux » saurait montrer de quoi il était capable à Dachau ; justement parce qu'il cherchait depuis plus de quarante ans, il trouverait.

— Je [1] m'appelle Klaus Schilling, je suis né le 24 juillet 1871. J'ai dirigé le département des maladies tropicales à l'Institut Robert Koch depuis 1905. J'ai pris ma retraite en 1936. C'est le ministre de la Santé publique du Troisième Reich, le docteur Conti, qui me rappela à l'activité et me fit comparaître devant Himmler en 1941 ou janvier 1942. À ce moment je venais d'Italie où j'avais entrepris des recherches sur un vaccin contre le paludisme et il me demanda de continuer ces recherches à Dachau... Il n'était pas possible de refuser d'exécuter l'ordre de Himmler. Je commençai mes expériences sur les prisonniers du camp en février 1942 et je continuai jusqu'au 13 mars 1945... Je pense avoir expérimenté sur neuf cents à mille sujets... si j'avais refusé j'aurais peut-être été envoyé moi aussi dans un camp de concentration. J'essayais de découvrir une méthode qui aurait sauvé des millions d'hommes.

---

1. Interrogatoire du 7 mai 1945 à Dachau par la capitaine de l'armée américaine Clayn L. Walker.

Un seul Allemand s'opposa par la suite aux travaux du « grand-père tranquille » de Dachau, l'inspecteur des camps de concentration :

— Schilling demandait constamment des prisonniers. Je protestai contre la fourniture de ces hommes car cela les empêchait de travailler.

Cette réclamation provoqua une intervention personnelle de Himmler qui ordonna de « donner » des prisonniers à Schilling. Il devait en recevoir plus de mille. D'après le jugement du procès de Dachau, où Schilling fut condamné à mort, ces expériences entraînèrent la mort « directement de trente personnes » et « indirectement » de trois ou quatre cents.

Parmi les cobayes, de nombreux ecclésiastiques :

— Il[1] y avait plus de mille prêtres catholiques à Dachau à mon arrivée. J'ai été soumis trois fois à des morsures de moustiques du paludisme[2] et une fois on m'a injecté du sang de paludéen. Cent prêtres furent contraints de subir ces expériences. Je protestai seulement à la fin de l'année 1943, car avant cette date, élever la voix aurait signifié ma condamnation à mort. Je présentai bientôt tous les signes de la maladie ainsi que mon frère, lui aussi prêtre. Le professeur

1. Témoignage du prêtre polonais, Marion Dabrowsky.

2. Comme pour le typhus, les assistants attachaient des cages aux jambes des cobayes ou bien on les « persuadait » de poser leur main sur la boîte qui contenait les moustiques. La « malaria » baptisée ainsi autrefois (mauvais air) car l'on pensait qu'elle provenait des eaux stagnantes des marais, conserva ce nom lorsqu'un médecin français Charles Laveran (ses travaux lui valurent le Prix Nobel en 1907) découvrit en 1880 qu'elle était due à des parasites du sang humain. Peu avant 1900, le médecin militaire anglais Ronald Ross décela, aux Indes, le parasite dans l'estomac des moustiques, et le cycle de croissance commença d'être connu.

C'est la femelle du moustique anophèle qui répand le paludisme. Pour se procurer le sang qui lui servira à nourrir ses œufs, elle s'attaque à l'homme. Si elle pique un paludéen, les parasites mâles et femelles contenus dans le sang qu'elle a aspiré s'unissent dans son estomac, se multiplient et vont se loger au bout d'une douzaine de jours dans ses glandes salivaires. La voici maintenant porteuse de mort.

Sa prochaine piqûre va transmettre à un autre être humain ces hématozoaires, qui se multiplient alors rapidement. Au bout de douze jours en général, le sang du nouveau malade grouille de parasites, et le terrible accès palustre éclate : de violents frissons surviennent, vite suivis d'une montée de fièvre à plus de 40°. Après l'état de prostration initial, des sueurs profuses se manifestent jusqu'au retour des accès. Les parasites du paludisme meurent d'eux-mêmes au bout de trois ans dans l'organisme humain, à moins de réinfestations successives par de nouvelles piqûres. La mortalité annuelle atteint à peu près 1 % des 250 millions de paludéens que compte l'humanité. Mais c'est surtout son caractère débilitant qui rend le fléau si redoutable. Pendant des semaines et des mois, en général, les malades sont trop affaiblis pour travailler. Dans les zones très infestées, comme les plaines du Mexique, l'Amérique centrale, certaines régions du Brésil et de l'Inde, près de la moitié des travailleurs restent inactifs pendant une bonne partie de l'année.

Schilling nous traitait comme des chiens. Lorsque je m'insurgeai enfin, il m'arrêta :

— Dans ce camp, on parle allemand.

« J'avais essayé de m'adresser à lui en français car je savais qu'il comprenait cette langue. J'enchaînai en allemand, il me coupa la parole :

— Vous n'avez pas le droit de vous plaindre, je vous signalerai au commandant du camp, et vous savez ce qui en résultera pour vous. »

Fernandus Antonius Tijhuis, carmélite néerlandais assista à un sabotage de l'expérience. Malheureusement cette altération des résultats devait confirmer Schilling dans son erreur :

— Nous souffrions d'une façon insupportable. Au bout de quinze jours, l'un d'entre nous présenta une température élevée. Plus tard la mienne atteignit 40 à 41° et mon pouls 150 pulsations à la minute. Malgré six couvertures je frissonnais et transpirais terriblement. La fièvre revint tous les trois jours. Je devais avaler jusqu'à deux cents comprimés par jour, une invention du docteur Schilling. Je souffrais de maux de tête effroyables. Je ne pouvais plus dormir, même quand ma température tombait. Les Polonais de ma chambre qui avaient aussi été infectés avec le paludisme écrivirent chez eux. On leur envoya en secret de la quinine. Ils la prirent à l'insu des médecins. La fièvre tomba et Schilling conclut à l'efficacité de son traitement. J'entendis dire plus tard qu'en raison des excellents résultats qu'il croyait avoir obtenus avec sa drogue, il la fit breveter et l'envoya aux troupes en Afrique où paraît-il elle provoqua de nombreux décès.

*
* *

De la longue cohorte des témoignages et des dépositions qui accusèrent Schilling, retenons en conclusion les observations d'un déporté. Étudiant en médecine luxembourgeois, Eugène Ost devint secrétaire à la station Malaria :

— L'idée dominante des travaux de Schilling était la création dans le corps humain d'une immunité suffisante pour le rendre inattaquable par le *plasmodium vivax*[1], le seul employé à Dachau. Il conduisit deux grands groupes d'expériences. Dans la première série, il désirait démontrer l'existence d'anticorps spécifiques dans le sérum des malades ; dans la seconde, obtenir l'immunité.

1. Le professeur tirait cet « agent » de trois souches : une Russe d'Ilmensee, une provenant de Crète, la dernière de Madagascar.

Peut-être Schilling était-il simplement fou... Ne déclara-t-il pas à ses juges :

— Nous avons eu près de cent pour cent de guérisons.

Avant son exécution, il réclama vainement :

— Laissez-moi en vie quelques semaines encore. Je trouverai, je trouverai, je trouverai, je suis si près du but.

XVIII

LES ENFANTS DE NEUENGAMME

Des dizaines, sûrement des centaines d'autres expériences se déroulèrent dans les camps de concentration. Ceux qui auraient pu témoigner ont été sacrifiés avant la Libération. Si l'on sait par exemple que Himmler ordonna des recherches sur l'ictère infectieux et offrit au docteur Dohmen « huit Juifs polonais » pour débuter... Il est impossible de prouver que d'autres recherches furent entreprises dans ce domaine et en particulier par Haagen à Natzweiler. À Buchenwald, des vaccins contre la fièvre jaune furent essayés... Des archives en partie détruites mentionnent également des « essais » sur la grippe, les typhoïdes, la variole, le choléra, la tuberculose...

Sans doute d'autres souffrances, d'autres morts. Schilling ne reconnut-il pas avoir essayé ses « mixtures » sur des paralytiques d'un asile d'aliénés avant de prendre le chemin de Dachau ? Alors, dans le secret de ces hospices, avant les opérations d'euthanasie, combien de « médecins maudits » ont-ils opéré ? Je voudrais prendre un dernier exemple « mystérieux ». Pour le résoudre, j'ai fait appel à tous les médecins et infirmiers survivants du camp de Neuengamme. J'ai reçu une vingtaine de réponses. Les faits d'abord :

« ''Section spéciale [1]''. C'était une baraque de bois semblable aux autres, située à côté de l'infirmerie. Les détenus ignoraient absolument ce qui s'y passait. Moi-même, avant de rentrer au laboratoire, je n'avais jamais prêté plus d'attention à cette baraque qu'à ses voisines. Or, chaque matin, un infirmier hollandais apportait dix échantillons d'urine à analyser et, chaque semaine, vingt prises de sang passaient également

1. Henri Joannon, *Remember,* Imprimerie moderne, Aurillac. Texte confirmé par lettre en mars 1967.

au laboratoire. Intrigué, j'y fus conduit par le professeur Florence, malgré l'isolement absolu qui pesait sur ce service, isolement qui devait être maintenu par les consignes les plus sévères. Et voici ce que je vis.

« Il y avait là une vingtaine d'enfants, garçons et filles, de nationalités différentes mais tous de race juive, âgés de quatre à quatorze ans. On les laissait libres de jouer toute la journée, mais ils ne sortaient jamais, sauf dans la petite cour qui se trouvait devant leur porte. Il était défendu de leur apprendre à lire, à écrire. Mais, par contre, ils étaient logés très convenablement et fort bien nourris. Ceci de façon qu'on ne puisse pas imputer un affaiblissement à de mauvaises conditions d'existence. Car ces enfants qu'on mesurait, qu'on pesait régulièrement, pour lesquels le laboratoire travaillait chaque jour, ces enfants servaient de cobayes. Ce qu'on leur faisait, je n'en sais rien. Je n'avais pas à le savoir. Et au surplus, je n'aurais pas accepté de participer à n'importe quoi. Mais ce que je sais c'est qu'à intervalles réguliers, un professeur du nom de Esmayer, venait de Berlin. Les enfants étaient alors examinés par lui. Certains subissaient des prélèvements chirurgicaux que le professeur emmenait à Berlin aux fins d'analyse. Ce que je sais aussi, c'est que le professeur Florence m'a dit avoir senti au paroxysme la haine qu'il portait à l'Allemagne lorsqu'il avait vu insuffler des bacilles tuberculeux dans les poumons de certaines fillettes, ou encore au spectacle de garçonnets auxquels on avait fait avaler des doses massives de médicaments sulfamidés pour en étudier les effets à loisir. »

*
* *

Tous les autres déportés que j'ai interrogés n'ont pu m'en dire plus. Bien sûr j'ai appris que certains enfants « portaient en permanence des tubages qui sortaient du nez et de la bouche », que les deux médecins français Florence et Quenouille, chargés de surveiller le Block, sabotaient les expériences en « tuant les bacilles avant de les injecter ». J'ai appris également que « furent essayés » des vaccins antidiphtériques et qu'une expérience à grande échelle fut montée pour « tester l'eau empoisonnée par des gaz ou des maladies » ; mais qui ordonna ces recherches ? Qui les conduisait ? Rien !

Florence et Quenouille gardèrent le secret pour ne pas compromettre les chances de survie des enfants ; à quelques jours de la Libération, tous les « cobayes » furent massacrés... Florence, Quenouille et leurs infirmiers néerlandais furent retrouvés pendus à des crocs de boucher.

XIX

DES ENVELOPPES HUMAINES VIDES

Hitler fit asseoir Conti et Lammers [1] :

— Cette fois je suis décidé. J'envisage d'interrompre l'existence des aliénés gravement atteints. Je ne peux envisager que des êtres humains qui mangent leurs excréments continuent à vivre sans s'en rendre compte. De plus leur disparition nous rendra des hôpitaux, des médecins, du personnel infirmier. Conti ?

Le docteur Conti déclara qu'il approuvait du point de vue médical l'extermination de ces « inaptes à l'existence » et qu'il examinerait la question en détail. Hitler se tourna vers Lammers.

— Vous allez me préparer une loi ?

— D'innombrables problèmes de politique intérieure, extérieure, religieuse et éthique vont surgir...

— Examinez, examinez ; faites-moi un rapport et préparez un projet de loi.

Nous étions à la fin de l'été 1939.

* * *

Dans cette conversation Hitler a repris à son compte des phrases prononcées par le docteur Wagner en 1934 au cours d'un congrès du parti national-socialiste. Hitler depuis 1923 (*Mein Kampf*) songeait à l'euthanasie, cette conférence sut le persuader :

— Le [2] fardeau économique constitué par les personnes souffrant de maladies héréditaires constitue un danger pour l'État et pour la société.

---

1. Réunion décrite par le ministre d'État Lammers, chef de la Chancellerie du Reich.
2. Cité par le docteur Kurt Blome.

En tout il est nécessaire de dépenser trois cent un millions de Reichsmarks pour les soins à leur donner non compris les dépenses de deux cent mille ivrognes et d'environ quatre cent mille psychopathes. Nous sommes convaincus que bientôt chaque pays se rendra compte que sa force se trouve dans la pureté de son esprit et de son sang. La seule garantie d'une vie tranquille se trouve dans la différenciation entre sang et sang. Nous considérons dépourvu de sens que des aliénés dangereux pour leur existence et pour celle des autres, des idiots qui ne peuvent se tenir propres ni manger eux-mêmes soient élevés et maintenus en vie, au prix de grands efforts et de grandes dépenses ; dans la libre nature, ces créatures ne pourraient exister et seraient exterminées selon la loi divine.

Hitler rencontra le docteur Wagner, alors ministre de la Santé publique, et tous deux, au mois de janvier 1935, préparèrent les bases de l'euthanasie « légale ». Deux mois avant le début de la guerre, Hitler reçut une lettre troublante :

— Un père [1] demandait la mort pour son enfant difforme, aveugle et idiot auquel il manquait une jambe et une partie d'un bras. Hitler me confia l'affaire, me dit de me rendre à Leipzig immédiatement et de dire au médecin qui s'occupait de l'enfant qu'il permettait d'effectuer l'euthanasie, ce que je fis.

Ce premier cas « suivi pas à pas » par Hitler déclenche l'opération. Le Führer dicte le décret qui impose l'euthanasie :

« Le Reichsleiter Bouhler et le docteur en médecine Brandt sont, sous leur responsabilité, chargés d'étendre l'autorité de certains médecins. Ces médecins devront accorder la délivrance, par la mort, aux personnes qui, dans les limites du jugement humain, et à la suite d'un examen médical approfondi, auront été déclarées incurables. »

Le décret fut antidaté. Il porta la date du 1er septembre 1939, jour de l'invasion de la Pologne :

— Ainsi, dit-il, ce sera un décret de guerre et le problème sera résolu plus facilement... l'opposition de l'Église ne jouera pas.

* * *

Ludwig Lehner préparait une licence de psychologie. Il désirait visiter un asile d'aliénés, il écrivit au directeur d'Eglfing Haar :

— Pendant [2] la visite, le directeur Pfannmueller me conduisit dans une salle propre et bien entretenue où se trouvaient une vingtaine d'enfants de un à cinq ans. Pfannmueller m'exposa ses vues en détail :

1. Déposition de Karl Brandt, le 4 février 1947.
2. Témoignage recueilli à Saint-Wolfgand, le 30 mars 1947.

— Ces créatures ne représentent, bien entendu pour moi, national-socialiste, qu'un fardeau sur le corps sain de notre pays. Nous ne nous en débarrassons pas au moyen de poison ou d'injections car cela fournirait à la presse étrangère et à un certain nombre de personnes en Suisse matière à propagande haineuse. Non, notre méthode est beaucoup plus simple et plus naturelle comme vous pouvez le voir.

« À ces mots il tira, avec l'aide de l'infirmière, un enfant de son lit. Pendant qu'il le brandissait comme s'il s'agissait d'un lièvre tué, il dit :

— Cela prendra encore deux ou trois jours.

« Je me rappelle nettement cet homme grimaçant et gras, tenant entre ses grosses mains ce petit squelette respirant au milieu d'autres enfants mourant de faim. Il précisa encore :

— On ne supprime pas brusquement la nourriture mais on diminue graduellement les rations. »

Pfannmueller, directeur de l'asile, s'occupait lui-même de ce service des enfants. Le chef en titre, le docteur Hölzl avait « déserté » comme beaucoup de médecins qui refusèrent, avec courage, d'appliquer le décret d'euthanasie :

« Il [1] me répugne de m'appliquer à cette pratique systématique, après une froide délibération et d'après les principes scientifiques objectifs, alors que l'opération ne comporte pas vis-à-vis du malade de pensées de nature médicale. Ce qui m'a amené à travailler au service des enfants n'a pas été seulement l'intérêt scientifique, mais dans notre labeur souvent stérile le besoin du médecin d'aider et au moins d'améliorer. Je me sens lié sentimentalement aux enfants, comme à leur sauvegarde médicale et je pense que ce contact sentimental n'est pas nécessairement une faiblesse du point de vue d'un médecin national-socialiste. »

Malheur au docteur Hölzl et à ses « frères-fillettes » qui s'indignèrent... Le front ou un camp de concentration tempérèrent leurs ardeurs humanitaires.

« Les enveloppes humaines vides [2] » représentaient, en 1939, près de cinq cent mille personnes. Les incurables à « soulager » trente pour cent. Les médecins se surpassèrent. En moins d'un mois tous les asiles, hospices, hôpitaux, reçurent un formulaire. Pour chaque cas, plus de cinquante questions, dont la plupart n'avaient que de lointains rapports avec la médecine : le ministère de l'Intérieur se souciait surtout de savoir si les malades avaient de la famille, qui venait les voir et quand ? Les fiches collationnées étaient transmises aux différents experts. Parmi

---

1. Lettre du docteur Hölzl à son directeur Pfannmueller.

2. Ainsi les appelait le professeur Heyde, l'un des responsables du programme. Il s'est suicidé en 1964 à Limbourg avant l'ouverture de son procès.

eux notre bon docteur Hermann Pfannmueller qui « tuait par la faim » les enfants confiés à ses soins.

— Ce n'est pas vrai, je ne me souviens de rien, déclara-t-il au cours de ses interrogatoires.

— Docteur, vous étiez expert ; du 12 novembre au 1er décembre 1940, les documents que nous possédons indiquent que vous avez expertisé deux mille cinquante-huit questionnaires. En travaillant dix heures par jour, vous n'auriez consacré que cinq minutes à chaque dossier et en fait vous ne vous penchiez sur ces fiches qu'à vos moments de loisir.

— Je ne comprends rien à vos mathématiques.

— Vous souvenez-vous de la lettre du docteur Hölzl qui refusa de pratiquer l'euthanasie ?

— Non [1] !

* * *

Les experts « expédiaient le plus rapidement possible » leur travail. Une fois leur décision prise, elle était considérée sans appel possible. Le ministère de l'Intérieur, pour camoufler l'opération, avait créé trois organisations chargées de l'extermination [2]. Mais pour arrêter les indiscrétions, il fallait absolument changer les aliénés d'asiles. Rien de plus simple, la Corporation du transport envoyait ses autobus dans les hospices. Les malades étaient transférés dans deux, parfois trois hôpitaux de triage et enfin dirigés sur le centre d'euthanasie choisi dans la région. Comment expliquer aux parents, aux amis ces transferts ?

— Les obligations de la guerre ! Les risques de bombardements.

Comment surtout avouer la disparition, la mort d'un aliéné à sa famille ? Dans chaque centre d'extermination un comité de médecins était en place pour « inventer » les causes de décès plausibles.

Quinze jours après le début de l'action, les asiles, les bureaux de police, les ministères, la moindre sacristie d'église ou de cathédrale recevaient des dizaines et des dizaines de plaintes, de demandes d'explication. Il n'y a qu'aujourd'hui, plus de vingt-cinq ans après, que le monde est persuadé que l'Allemagne d'Hitler ignorait les camps de déportation et les opérations d'assainissement de la race.

1. Le docteur Pfannmueller était très malade pendant la période des procès. Il fut en définitive condamné à six ans de détention. Un journal allemand conclut par cette phrase : « son état de santé inspira à ses juges la pitié qu'il refusa toujours à ses malades ».

2. Association charitable de soins, Corporation des transports de malades, Service communautaire du travail.

« La [1] mort inattendue de mes deux sœurs dans l'espace de deux jours me paraît très peu probable... Personne ne peut me convaincre qu'il s'agit d'une coïncidence. »

« J'ai [2] un fils atteint de schizophrénie. Depuis quelques semaines, les malades de l'esprit sont enlevés des établissements où ils se trouvent, soi-disant en raison d'une évacuation militaire... Peu après les parents apprennent que leur malade est mort d'encéphalite. On peut obtenir les cendres si on le désire. Il s'agit là de meurtres, exactement comme dans les camps de concentration... »

« J'ai reçu deux urnes pour un seul mort ! »

« Un avis de décès m'indique que mon fils est mort de l'appendicite. L'appendicite lui avait été enlevée il y a dix ans. »

« J'ai reçu avant-hier une lettre m'annonçant la mort de ma fille... Je suis allée aussitôt à l'asile. Elle est en parfaite santé. »

Partout en Allemagne l'indignation laisse place à la colère. L'évêque de Limburg écrit au ministère de l'Intérieur :

« À huit kilomètres environ de Limburg il y a dans la petite ville de Hadamar... un établissement où l'on pratique systématiquement l'euthanasie depuis des mois. Plusieurs fois par semaine, un autocar amène un nombre important de victimes à Hadamar. Les enfants de l'école connaissent bien le véhicule et disent : ''Tiens voilà la bagnole des macchabés.'' Quand ils s'insultent ils se lancent à la tête : ''T'es fou, on t'enverra rôtir dans les fours de Hadamar.'' Ceux qui ne veulent pas se marier répondent : ''Nous marier, jamais ! Mettre des enfants au monde pour qu'ils finissent dans la chaudière !'' Les vieillards vous disent : « Ne nous envoyez pas dans un hôpital. Quand ils en auront fini avec les simples d'esprit, les premières bouches inutiles à liquider, ce sera nous, les vieux... »

Le pasteur Braune exige des explications :

« Au cours des derniers mois on a observé, dans plusieurs parties du Reich, le transfert d'un grand nombre de malades d'asiles pour des raisons d'économie dirigée ; puis les parents reçoivent l'avis de la mort... L'éthique de tout un pays ne sera-t-elle pas mise en danger si la vie humaine vaut si peu ? Les autorités compétentes sont priées d'arrêter ces mesures désastreuses... »

L'archevêque de Munich, le cardinal Faulhaber :

« Que peuvent croire ces hommes de la science médicale qui ont choisi cette profession remarquable, vouée à la sauvegarde et au maintien des vies malades et qui détournent la profession médicale de son

1. Lettre de Mme Maria Kehr à l'établissement pour malades mentaux de Sonnenstein.
2. Lettre anonyme reçue par le ministère de la Justice.

véritable sens pour aboutir à l'extermination des malades ? Il est encore plus difficile de croire que l'administration de la justice abandonne aux médecins le droit de condamner à mort. »

Des amis de Himmler, des hauts personnages du parti eux aussi s'interrogent :

« Les[1] gens s'accrochent encore à l'espoir que le Führer ne connaît pas ces choses. Je suis convaincue que nous payerons chèrement cette atteinte aux sentiments. Sans le sentiment du droit et de la justice, un peuple s'égare inévitablement. Il doit y avoir un moyen de faire parvenir la voix du peuple allemand aux oreilles de son Führer. »

Enfin, les directeurs d'asiles, les responsables administratifs de l'opération, les fonctionnaires écrivent :

« Nous courons à la catastrophe, à la révolution... »

Le coup de grâce est donné en chaire par Monseigneur Von Galen, évêque de Munster, son prêche fut par la suite diffusé dans tous les diocèses, la moindre église :

— Ces malheureux malades doivent donc mourir parce qu'ils sont devenus indignes de vivre d'après le jugement de quelque médecin ou l'expertise de quelque commission et parce que d'après cette expertise, ils appartiennent à la catégorie des citoyens ''improductifs''.

« Qui donc pourrait dès lors avoir encore confiance dans le médecin ? Comment ne pas imaginer le déchaînement féroce des mœurs, la méfiance de chacun envers tous qui s'étendra jusque dans les familles, lorsque cette idéologie terrifiante sera admise, et exécutée. Malheur aux hommes, malheur au peuple allemand si on transgresse impunément le commandement de Dieu : ''Tu ne dois pas tuer.'' Cet ordre que le Seigneur a jeté du mont Sinaï dans le tonnerre et les éclairs et que Dieu votre créateur inscrivit à l'origine dans la conscience des hommes. »

Monseigneur Graf Von Galen fut arrêté, mais le peuple se souleva. Sa libération apaisa les esprits. Pour la première fois en Allemagne « l'Aigle baissait la tête »... Hitler ordonna d'arrêter l'euthanasie sur tout le territoire. Deux cent soixante quinze mille personnes avaient été « assassinées[2] ». Normalement les juristes, les administrateurs, les médecins auraient dû être jugés car le Code pénal en vigueur condamnait : « La destruction des vies sans valeur, cas mentaux sérieux et cas d'idiotie totale. »

1. Lettre de Else Von Loewis, fille d'un ancien ministre de la Justice. Himmler répondra personnellement.

2. Jugement du tribunal militaire international. L'euthanasie des enfants se poursuivit (page 16916).

Plusieurs dizaines de procès nous ont familiarisés avec la pensée et la dialectique des adeptes du crime médical :

— C'était un ordre.

— Nous soulagions... La délivrance par la mort est un acte de charité.

Je sais qu'aujourd'hui [1] de nombreuses personnes, en leur âme et conscience, sont favorables à l'euthanasie « dans des circonstances très particulières ». Les cours d'assises ont rendu des sentences indulgentes ces dernières années (en particulier procès de la Thalidomide à Liège). Mais n'oublions pas que le programme allemand frappait n'importe qui : curables et incurables, enfants attardés et vieillards, anciens combattants, tous les malades juifs, tous les malades étrangers. Un seul expert « expédiait » les dossiers. Les familles des « retenus » n'étaient jamais prévenues, ni les médecins traitants. N'oublions pas non plus que les médecins des camps, se retranchant derrière le décret d'Hitler, « vidaient » les infirmeries et « sélectionnaient » sur les rampes d'accès aux places d'appel.

Un médecin français, le docteur Poitrot, fut chargé à la fin de la guerre d'enquêter sur ce sujet. Voici la conclusion du rapport qu'il adressa à la direction de la Santé publique de la zone française d'occupation [2].

« Il faut voir dans cette réalisation l'aboutissement logique de la doctrine national-socialiste qui, par une démonstration cruciale, illustre ici même sa nature et ses tendances. Les observateurs les moins suspects : le clergé et certains psychiatres allemands, ont eu l'impression que ces mesures ne constituaient qu'un prélude à de plus vastes entreprises d'extermination auxquelles il eût été donné d'assister avec la victoire totale du régime. En fait, il semblait bien que la pratique massive du meurtre scientifique dont la technique était mise au point et poursuivie par des expériences corollaires dans les camps de concentration, fût assurée de la plus large extension dans l'avenir et prît la valeur d'une institution d'État. »

---

1. Voir la condamnation de l'euthanasie par l'Académie des sciences morales et politiques de France, Annexe IV.

2. *Destinée de l'Assistance psychiatrique en Allemagne du Sud-Ouest pendant le régime national-socialiste.* Imprimerie nationale, Tübingen, 1949.

XX

AUJOURD'HUI

Il est inutile de conclure longuement après cette lecture du dossier accablant de l'expérimentation humaine dans les camps de concentration : les faits suffisent et ont suffi à condamner les médecins maudits.

Il est généralement admis que toutes ces expériences sur les détenus n'ont apporté aucune découverte. Rascher, le plus démoniaque des bourreaux en blouse blanche, a mis au point une ceinture de sauvetage dont les principes ont été reconnus par plusieurs armées et par l'ensemble des compagnies aériennes ; c'est un piètre résultat si l'on considère l'étendue des recherches entreprises et le nombre considérable de cobayes et de victimes.

Aujourd'hui, dans le monde, des dizaines de chercheurs « rêvent » de « travailler sur le vivant », les résultats de l'expérimentation animale étant bien souvent limités. Ces savants rencontrent dans les pénitenciers des volontaires « conditionnés ». Mais peut-on être pleinement volontaire en prison ?

Bien sûr, ces « essais sur le vivant » n'ont rien de comparable aux atrocités nazies ; aujourd'hui on respecte les dix règles de Nuremberg. Mais...

Aujourd'hui, dans le monde, il existe plus de dix mille associations pour lutter contre les expérimentations animales, mais pas une seule, pas une seule pour réclamer l'interdiction des expérimentations humaines.

Paris, août 1967.

ANNEXE I

Serment d'Hippocrate

— Je jure par Apollon, médecin, par Esculape, par Hygie et Panacée, par tous les dieux et déesses et les prends à témoin que j'accomplirai, selon toutes mes forces et mes capacités, ce serment tel qu'il est écrit.

— Je regarderai comme mon père celui qui m'a enseigné la médecine et je partagerai avec lui tout ce dont il aura besoin pour vivre. Je regarderai ses enfants comme mes frères.

— Je prescrirai aux malades le régime qui leur convient avec autant de savoir et de jugement que je pourrai, et je m'abstiendrai, à leur égard de toute intervention malfaisante ou inutile.

— Je ne conseillerai jamais à personne d'avoir recours au poison et j'en refuserai à ceux qui m'en demanderont. Je ne donnerai à aucune femme des remèdes abortifs.

— Je conserverai ma vie pure et saine aussi bien que mon art.

— Je ne pratiquerai pas d'opérations dont je n'aurai pas l'habitude, mais je les laisserai à ceux qui s'en occupent spécialement.

— Lorsque j'irai visiter un malade je ne penserai qu'à lui être utile, me préservant bien de tout méfait volontaire et de toute corruption avec les hommes et les femmes.

— Tout ce que je verrai ou entendrai dans la société pendant l'exercice ou même hors de l'exercice de ma profession, et qui ne devra pas être divulgué, je le tiendrai secret, le regardant comme une chose sacrée.

— Si je garde ce serment sans l'enfreindre en quoi que ce soit, qu'il me soit accordé de jouir heureusement de la vie de mon art, et d'être honoré à jamais parmi les hommes. Si j'y manque et me parjure, qu'il m'arrive tout le contraire [1].

1. Tiré de Gardeil I. *Œuvres d'Hippocrate*, deux volumes, Delahaye. Littre IV — *Œuvres complètes*, 10 volumes Baillère. Bayle : *Croix gammée contre caducée*, ouvrage déjà cité. (Hippocrate est né en 460 av. J.-C. dans l'île de Cos en Asie Mineure.)

ANNEXE II

Les dix commandements du soldat allemand
(Imprimés dans chaque livret militaire)

1) En combattant pour la victoire le soldat allemand observera les règles de la guerre chevaleresque. Les cruautés et les destructions inconsidérées sont indignes de lui.

2) Les combattants seront en uniforme et porteront des insignes spécialement établis et faciles à distinguer. Il est interdit de combattre en civil et sans insigne.

3) Aucun ennemi, y compris les partisans et les espions ne sera tué après qu'il se sera rendu. Les tribunaux auront à connaître, dans les formes, de leur cas.

4) Les prisonniers de guerre ne seront ni maltraités, ni insultés. S'il faut leur prendre leurs armes, cartes et papiers, il ne faut en revanche pas toucher à leurs objets personnels.

5) Les balles dum-dum sont interdites. Il est également interdit de transformer des balles ordinaires en dum-dum.

6) Les institutions de la Croix-Rouge sont sacrées. Les ennemis blessés doivent être traités avec humanité. Il ne faut pas gêner les membres du corps médical ni les aumôniers de l'armée dans l'exercice de leur profession ou de leur ministère.

7) La population civile est sacrée. Le soldat ne peut se livrer au

pillage, ni faire de destructions inutiles. Il doit respecter en particulier les ouvrages ayant une valeur historique, ou les édifices utilisés à des fins religieuses, artistiques, scientifiques ou charitables. On ne peut demander à la population des livraisons en nature ou des services que sur ordre des supérieurs et seulement contre rémunération.

8) Les avions ne doivent jamais pénétrer dans un territoire neutre, le survoler ou le mitrailler ; il ne peut être le théâtre d'aucune opération de guerre quelle qu'elle soit.

9) Si un soldat allemand est fait prisonnier, il donnera son nom, et son grade, si on le lui demande. En aucun cas il ne révélera l'unité à laquelle il appartient et ne fournira de renseignements sur la situation militaire, politique et économique de l'Allemagne. Il ne le fera ni sous la promesse ni sous la menace.

10) Les infractions aux règles mentionnées ci-dessus seront punies. Les crimes perpétrés par l'ennemi contre les principes énoncés sous 1 et 8 seront signalés. Des représailles ne peuvent être exercées que sur ordre des chefs suprêmes.

ANNEXE III

Règles de Nuremberg sur l'expérimentation humaine [1]

1) Le consentement volontaire du sujet qui sert aux expériences est absolument essentiel. Cela veut dire que la personne intéressée doit jouir de sa capacité légale totale pour consentir : qu'elle doit être laissée libre de décider, à l'exclusion de toute intervention étrangère telle que la force, la fraude, la contrainte, la supercherie, la duperie ou d'autres procédés de contrainte ou de coercition. Il faut aussi que la personne utilisée soit suffisamment renseignée et connaisse toute la portée de l'expérience pratiquée sur elle, afin d'être capable de mesurer l'effet de sa décision. Avant que le sujet accepte, il faut donc le renseigner exactement sur la nature, la durée et le but de l'expérience ainsi que sur les méthodes et moyens employés, les dangers et les risques encourus, et les conséquences pour sa participation à cette expérience. L'obligation et la responsabilité d'apprécier les conditions dans lesquelles le sujet donne son consentement incombent à la personne qui prend l'initiative et la direction de ces expériences ou qui y travaille. Cette obligation et cette responsabilité s'attachent à cette personne qui ne peut les transmettre à nulle autre, sans être poursuivie.

2) L'expérience doit avoir des résultats pratiques pour l'humanité, impossibles à obtenir par d'autres moyens ; elle doit être pratiquée avec une méthode définie, et être imposée par la nécessité.

---

1. Jugement prononcé les 19 et 20 août 1947 à Nuremberg. Les dix principes énoncés ne sont pas admis par l'ensemble du corps médical (voir la préface au début de ce livre) certains trouvent ces règles trop « libérales » et d'autres trop « restrictives ».

3) Les fondements de l'expérience doivent résider dans les résultats d'expériences antérieures faites sur des animaux, et dans la connaissance de la genèse de la maladie ou des questions à l'étude, de façon à justifier par les résultats attendus l'exécution de l'expérience.

4) L'expérience doit être pratiquée de façon à éviter toute souffrance et tout dommage physique ou mental non nécessaires.

5) L'expérience ne doit pas être tentée lorsqu'il y a une raison *a priori* de croire qu'elle entraînera la mort ou l'invalidité du sujet, à l'exception des cas où les médecins qui font les recherches servent eux-mêmes de sujets à l'expérience.

6) Les risques encourus ne devront jamais excéder la valeur positive pour l'humanité du problème que doit résoudre l'expérience envisagée.

7) On doit faire en sorte d'écarter du sujet qui sert à l'expérience toute éventualité, si mince soit-elle, susceptible de provoquer des blessures, l'invalidité ou la mort.

8) Les expériences ne doivent être pratiquées que par des personnes qualifiées. La plus grande aptitude et une extrême attention sont exigées tout au long de l'expérience de tous ceux qui la dirigent ou qui y participent.

9) Le sujet doit être libre de faire interrompre l'expérience, s'il estime avoir atteint le seuil de résistance, mentale ou physique, au-delà duquel il ne peut aller.

10) L'homme de science chargé de l'expérience doit être prêt à l'interrompre à tout moment, s'il a une raison de croire que sa continuation pourrait entraîner des blessures, l'invalidité ou la mort pour le sujet.

Des innombrables preuves fournies ici (au cours des débats du procès des médecins), il se dégage que ces dix principes furent plus souvent violés que respectés. Un grand nombre des détenus des camps de concentration victimes de ces atrocités étaient citoyens de pays autres que le Reich allemand. C'étaient des nationaux non allemands, des Juifs et des personnes « associales », prisonniers de guerre et civils, qui avaient été emprisonnés et contraints de subir ces tortures et cette barbarie, sans même un semblant de procès.

À chaque instant, il apparaît dans le procès-verbal que les sujets utilisés n'avaient pas donné leur consentement.

Pour certaines expériences, les accusés eux-mêmes reconnurent que les sujets ne furent pas volontaires. En aucun cas, le sujet d'expérience n'eut la liberté de faire cesser l'expérience. Dans de nombreux cas, les expériences furent pratiquées par des personnes non qualifiées ou furent faites sans méthode et sans raison scientifique définie et dans des conditions effroyables, et seulement très peu — si même il y en eut — de précautions furent prises pour éviter aux sujets des blessures, l'invalidité ou la mort.

Au cours de toutes ces expériences, les sujets endurèrent des souffrances extrêmes, furent torturés et, dans la plupart des cas, ils furent blessés ou mutilés ; beaucoup moururent directement des expériences ou indirectement du manque de soins nécessaires.

De toute évidence, des expériences furent pratiquées avec le plus grand mépris des conventions internationales, des lois et coutumes de la guerre, et des principes généraux du droit criminel de toutes les nations civilisées et de la loi numéro 10 du Conseil de Contrôle. Ces expériences furent réalisées dans des conditions contraires aux principes juridiques des nations, tels qu'ils résultent chez les peuples civilisés, des usages établis du droit des gens et des commandements de la conscience publique.

ANNEXE IV

Condamnation de l'euthanasie par l'Académie des sciences morales et politiques de France

— Paris, 14 novembre 1949, l'Académie :

1) Rejette formellement toutes les méthodes ayant pour dessein de provoquer la mort de sujets estimés monstrueux, mal formés, déficients ou incurables, parce que, entre autres raisons, toute doctrine médicale ou sociale qui ne respecte pas de façon systématique les principes mêmes de la vie aboutit fatalement, comme le prouvent des expériences récentes, à des abus criminels et même au sacrifice d'individus qui, malgré leurs infirmités physiques, peuvent comme le montre l'Histoire, contribuer magnifiquement à l'édification permanente de notre civilisation.

2) Considère que l'euthanasie et d'une façon générale toutes les méthodes qui ont pour effet de provoquer par compassion, chez les moribonds, une mort « douce et tranquille » doivent également être écartées. Il est assurément du devoir du médecin d'atténuer dans toute la mesure de ses possibilités techniques les angoisses et les affres de l'agonie quand elles existent. Dans ces circonstances, la crainte de voir la mort intervenir au cours de ses soins ne doit pas inhiber ses initiatives thérapeutiques mais il ne peut cependant considérer comme licite le fait de la provoquer délibérément.

Cette opinion catégorique repose, entre autres raisons, sur le fait que l'incurabilité de ces sujets ne peut être toujours établie médicalement avec une certitude absolue et que, même dans l'hypothèse où cette incurabilité serait certaine, la mise en œuvre de telles méthodes aurait pour effet d'octroyer au médecin une sorte de souveraineté contraire à son rôle réel qui est de guérir, contraire à ses traditions professionnelles, à l'ordre public et aux principes mêmes d'une morale millénaire qui reconnaît l'espérance pour un de ses fondements.

3) Considère que, dans ces conditions, l'état actuel de la législation française ne semble pas, sur ce point, devoir être modifié.

BIBLIOGRAPHIE

J'ai contacté, pour ce livre, toutes les associations françaises d'anciens déportés ou résistants. Par ce canal, j'ai pu retrouver une centaine de « cobayes survivants » et recueillir une trentaine de témoignages. Il faut comprendre le drame vécu par ces hommes et ces femmes. Beaucoup ne veulent plus en entendre parler, les femmes stérilisées surtout :

— Monsieur. Oui j'ai été stérilisée. Depuis ce jour horrible, je me réveille chaque nuit en pleurant. Je vous en prie, ne m'écrivez pas. Laissez-moi avec ma peine et mes souffrances. Je vous en prie... (Lettre reçue en mars 1967).

Que tous ceux qui ont accepté de me recevoir ou de me répondre trouvent ici mes remerciements sincères. Ce livre leur doit tout.

En rencontrant des médecins français qui avaient « travaillé sous les ordres » des expérimentateurs allemands, j'ai pu découvrir des faits inconnus jusqu'à ce jour et prendre contact avec des déportés belges, luxembourgeois, néerlandais et allemands qui avaient subi des expériences.

L'ambassade de la République populaire de Pologne m'a fourni de précieuses indications sur les « petits lapins de Ravensbrück ». Le Comité d'Histoire de la Deuxième Guerre mondiale et le Centre de documentation juive m'ont ouvert leurs archives.

Marie-Madeleine Fourcade pour le camp de Natzweiler-Struthof m'a communiqué ses notes, ses enquêtes.

Mme Aubry pour Neuengamme a contacté tous les médecins, les infirmiers du camp.

Il m'est impossible de remercier tous ceux (plus de trois cents personnes) qui m'ont apporté leur témoignage ou des éclaircissements sur des points précis.

* * *

En dehors de trois livres essentiels sur ce sujet : *Croix gammée contre caducée* du docteur François Bayle ; *Doctors of Infamy* de Mitscherlich et *L'Enfer organisé*, d'Eugène Kogon (tous ces livres ont paru au lendemain de la Libération), il n'existe pas d'ouvrage traitant l'ensemble du problème à la lumière des derniers procès et d'interviews de survivants. Je dois beaucoup au livre du docteur François Bayle, son travail sur le procès des médecins à Nuremberg ne sera jamais égalé.

En dehors des témoignages recueillis, des archives consultées et des livres ou articles médicaux cités dans cette bibliographie, j'ai eu accès aux collections de *La Voix de la Résistance,* de *La Voix du Maquis,* de *L'Echo de la Résistance,* de *L'Agent de liaison* et du *Patriote Résistant. Le Monde, Le Figaro* et les dépêches de l'A.F.P. sur les derniers procès sont une source importante d'informations.

Enfin, le docteur Marc Dworzecki a accepté au cours de plusieurs entretiens de me guider dans ce « labyrinthe encore mystérieux en 1967 ».

* * *

ALEXANDER, commandant Léo. *Neuropathologie dans l'Allemagne en guerre.* Publication du gouvernement américain.

ALEXANDER. *La Structure socio-psychologique du SS.* Rapport psychiatrique des procès de Nuremberg pour crimes de guerre (Archives of Neurology and Psychiatry, 5 mai 1948).

BARUK, professeur Henry. *La Psychopathologie expérimentale.* P.U.F.

BAUM B. *Widerstand in Auschwitz.* Berlin, 1957.

BAYLE, docteur François. *Croix gammée contre caducée*, Imprimerie nationale. *Neustadt-Palatinat 1951 — Psychologie et éthique du national-socialisme,* P.U.F. Paris, 1953.

BENASSY J. Deux nouveaux cas d'atrocités scientifiques allemandes. Masculinisation expérimentale. (*Les Échos de la médecine* n° 17, 1er septembre 1945.)

BESNARD. Cinq observations de gynécomastie chez les déportés (Thèse de Paris, 23 mai 1946).

Bibliographie zur Zeitgeschichte und zum 2 Weltkrieg pour les années 1945-1950 éditée à Munich par l'Institut d'Histoire contemporaine, 1955.

Bibliographie zur Zeitgeschichte. 1951 et années suivantes, en annexe aux cahiers trimestriels *Vierteljahrshefte für Zeitgeschichte*, Stuttgart, Deutsche Verlagsanstalt, 1955 et années suivantes.

BILIG. *L'Allemagne et le Génocide.* Paris, 1950.

BONNETTE. Une légion d'intoxiqués par l'héroïne rapatriés d'Allemagne. (*Les Échos de la médecine*, n° 19, 1er octobre 1945.)

BOULARD Michel de. Mauthausen. *Revue d'Histoire de la Deuxième Guerre mondiale*, juillet-septembre 1954.

BREUILLARD. Service médical dans un camp de déportés. (Thèse de médecine de Paris, 20 mars 1946.)

BUCHEIM Hans. Die SS in der Verfassung des Dritten Reiches, *Vierteljahreshefte für Zeitgeschichte.* 3 Jahrgang 1955.

CAHEN J. Chirurgie expérimentale dans un camp allemand. Présentation de trois cas. *Acta chirurgica Belgica*, n° 1 de janvier 1946.

CALIC Édouard. *Himmler et son empire.* Stock, Paris, 1966.

CHAMPY Christian. Expérimentation sur l'Homme. *Le Médecin français*, n° 41 du 25 mai 1945.

CHAMPY C. Risler. Sur une série de préparations histologiques trouvées dans le laboratoire d'un professeur allemand. Expériences faites sur l'homme au camp de Struthof (*Bulletin de l'Académie de médecine*, n° 16, 17, 18, séance du 1er mai 1945 ; in *Presse Médicale* n° 20 du 19 mai 1945. *Les Échos de la médecine* n° 9 du 1er mai 1945).

CHAUMERLIAC J. Recherches hématologiques au camp de Dachau. (*Gazette médicale de France* n° 22, novembre 1946.)

CHRÉTIEN Henri. Extermination « scientifique ». *Le Médecin français* n° 41, 25 mai 1945.

COURRIER et POUMEAU-DELILLE. Présentation d'un jeune déporté castré dans le camp d'Auschwitz en 1943. (Académie de médecine, 19 juin 1945. T. 129, n° 22, 23, 24 ; in *La Presse médicale* n° 26 du 30 juin 1945.)

CULLUMBINE H. Expériences chimiques de guerre sur des sujets humains (*British Medical Journal*, 4476 du 19 octobre 1946, in *La Semaine des Hôpitaux de Paris*, n° 19 du 21 mai 1947).

DEBRISE Gilbert. *Les Grands Cimetières sans tombeaux* (Bibliothèque française).

DESOILLE H. Les médecins nazis (*Le Médecin français* n° 24 du 25 décembre 1946).

DESOILLE H. Assassinat systématique (*La Presse médicale*, 13 octobre 1945, Typhus exanthématique à Buchenwald, 19 mai 1945).

DIAMANT BERGER. Malade ayant subi des expériences chirurgicales en Allemagne (*Bull. et Mem. de la Société des Chirurgiens de Paris,* t. XXXVII n° 12, 1947).

DWORZECKI Marc. *L'Europe sans enfants*. Ouvrage en hébreu publié à Tel-Aviv.

Expériences faites sur l'homme au camp de Struthof. *Le Concours médical* n° 36 et 37, 10 septembre 1945.

FRANQUEVILLE Robert. *Rien à signaler* (Attinger).

FREJAFON. *Bergen-Belsen-Bagne sanatorium*.

FUNCK-BRENTANO P. La stérilisation féminine au camp d'Auschwitz. *Les Échos de la médecine* n° 15, 1er août 1946). Mémoires de l'Académie de chirurgie, séance du 20 mars 1946. *Le Médecin français* n° 17-18, 10-25 septembre 1946. Le médecin allemand (*Le Médecin français*, juin 1946).

German Crimes in Poland (Crimes allemands en Pologne) édité par la Commission centrale d'enquête pour les crimes allemands en Pologne, Varsovie, 1947.

HALDER, général Franz. *Hitler als Feldherr*, traduction française : *Hitler seigneur de la guerre*, Payot, Paris, 1950.

HEIDEN Conrad. *Histoire du national-socialisme allemand*. Stock, Paris.

HELLUY. Typhus exanthématique (revue *Médecine*. Nancy, août-septembre 1946 et 1947).

HENDRICKW Christine, DUCHAINE, PARISEL F., LECLERCQ. Prélèvement forcé d'une greffe osseuse à des prisonniers d'un camp de concentration allemand (*Bruxelles Médical*, n° 20, 28 octobre 1945).

HENOCQUE Abbé. *Dans les antres de la bête* (Durassié).

HITLER Adolphe. *Mein Kampf*. Publication du N.S.D.A.P. Munich, 1934. La traduction française intégrale et la plus exacte est celle publiée en 1939 par la Librairie critique, Paris.

HOESS Rudolf. *Kommandant in Auschwitz*. Stuttgart, 1961. Traduction française publiée chez Julliard.

I.M.T. Tribunal international de Nuremberg. 42 volumes en éditions allemande, anglaise et française.

INBONA Jean-Marie. Le procès des médecins allemands ; leur responsabilité dans la technique du génocide (*La Presse médicale* n° 21, 12 avril 1947).

Institut Historique Juif de Varsovie. Faschimus, Ghetto, Massenmord, Berlin, 1960.

IVY A.C., Crimes de guerre nazis de nature médicale (*The Journal of the American Medical Association*. Janvier 1949).

JASPERS Karl. *La Culpabilité allemande*. Édition de Minuit, 1948.

JOANNON Henri. *Remember*. Imprimerie Moderne, Aurillac, 1947.

JUILLIARD Émile. *Atrocités nazies*.

KOGON Eugène. *Der SS Staat und das System der deutschen Konzentrationslager*. Traduction française : *L'Enfer organisé*. La jeune Parque, Paris, 1947.

KRAUSNIC, HELMUT et BUCHHEIM, HANS, BROSZAT, MARTIN, JACOBSEN, HANS ADOLF. Anatomie des SS Staates, Band 1 und 2, Freiburg, 1965.

KUEHNRICH HEINZ. *Der KZ Staat*. Berlin, 1960.

LACROIX P. Les opérations du professeur Clauberg au camp d'Auschwitz (stérilisations féminines). (*Le Concours médical* n° 42, 19 octobre 1946.)

Le Système concentrationnaire nazi. Publication de l'U.N.A.D.I.F., Imprimerie alençonnaise, 1965.

LEWINSKA Blagia. *Vingt mois à Auschwitz* (Nagel).

LOHÉAC Paul. *Un médecin français en déportation* (Bonne Presse) Paris, 1949.

MAU H. et KRAUSNICK H. *Le National-socialisme*. Casterman, Éditions originales, Cologne, 1956.

MAUREL Micheline. *Un camp très ordinaire* (Éditions de Minuit).

MITSCHERLICH A. MIELKE. *Doctors of Infamy*. New York, Heidelberg, 1949.

Numéro spécial consacré au Martyrologue de la Médecine française. Atrocités allemandes devant le corps médical. (*Gazette médicale de France*, n° 19, octobre 1946.)

NYISZLI Miklos. *SS. Obersturmführer, Docteur Mengele*, 1953. (Traduction française *Médecin à Auschwitz*, Julliard.)

ODIC Ch. La colline froide (Buchenwald). (*Le Médecin français*.)

POITROT docteur A. *Destinée de l'assistance psychiatrique en Allemagne du Sud-Ouest pendant le régime national-socialiste*. Imprimerie Nationale. Tubingen, 1949.

POLIAKOV L. et WULF J. *Le IIIe Reich et les Juifs*. Gallimard, 1959.

POLIAKOV Léon. *Auschwitz*. Julliard, Paris, 1964.

POLONIA PUBLISHING HOUSE. *Poland under nazi Occupation*, Warshau, 1961. *We have not forgotten*, Warshau, 1961.

RAVINA A. Le procès des médecins allemands à Nuremberg. Son influence sur la législation médicale internationale du temps de guerre. (*Union fédérative des Médecins de Réserve* n° 2, avril 1948.)

La fin du procès des médecins allemands criminels de guerre (*La Presse médicale* n° 61, 18 octobre 1947).

RICHET Charles et MANS A. La pathologie des déportés F.I.L.D.I.R. (juillet-août 1954). Publié également par le ministère des Anciens combattants et victimes de guerre.

RICHET Charles. La médecine au bagne de Buchenwald (janvier 1944-avril 1945) *Médecine et Hygiène* n° 64, 15 décembre 1945.

Notes sur le typhus exanthématique observé à Buchenwald (*Bulletin et Mém. de la Société médicale des Hôpitaux de Paris,* n° 15, 16, 1945 séance du 4 mai 1945 et *La Presse médicale,* n° 20, 19 mai 1945.

La médecine aux camps de Buchenwald, Ravensbrück et Dora (*La Presse médicale* n° 28, 14 juillet 1945).

RIGAUD Marcel, J.E. Études gynécologiques des deux rescapées des camps allemands. (Le Xe congrès français de gynécologie, Lyon, 27-29 mai 1946, in. *La Presse médicale* n° 39, 24 août 1946).

ROUSSET David. *L'Univers concentrationnaire*. Paris, 1946.

RUSSEL OF LIVERPOOL (Lord). *Sous le signe de la croix gammée*. Les Amis du Livre-Genève. *The Scourge of the Swastika*. London, 1954.

SAINT-CLAIR Simone. *Ravensbrück, l'enfer des femmes* (Tallandier).

SANIN V.I. *Dans le camp de Sachsenhausen*. Moscou, 1961.

SILLEVAERTS C. Expériences faites aux hautes altitudes, au camp de concentration de Dachau. (C.R. du second procès de Nuremberg, in *Bruxelles Médical* n° 1, 5 janvier 1947). Le second procès de Nuremberg (*Bruxelles Médical,* 1946 et 1947).

SPITZ Aimé. *Struthof, bagne nazi en Alsace*.

Témoignages sur Auschwitz (F.N.D.I.R.P.).

Témoignages strasbourgeois : de l'université aux camps de concentration (Éditions Belles-Lettres).

TORAUBAYLE W. Les méthodes empiriques et scientifiques de réanimation et les expériences des médecins criminels de guerre nazis (VI° Congrès de l'Association française pour l'avancement des sciences, 18-23 septembre, in. *La Presse médicale* n° 10, 14 février 1948.

WAITZ R. Les Instituts de médecine expérimentale SS dans les camps de concentration en Allemagne (*Le Progrès médical* n° 9-10, 10-24 mai 1945).

Le centre d'expérimentation humaine sur le typhus exanthématique au camp de Buchenwald (Société médicale des Hôpitaux, 11 mai 1945, in *La Presse médicale* n° 21, 26 mai 1945).

WAITZ R. et CIEPIELOWSKI M. Le typhus expérimental au camp de Buchenwald (*La Presse médicale* n° 23, 18 mai 1946).

WIESENTHAL, docteur Simon. *Les Assassins sont parmi nous*. Mac Graw Hill. Londres, avril 1967.

WORMSER Olga, MICHEL Henri. *Tragédie de la déportation* (Hachette).

WULF Joseph. *Heinrich Himmler*, Berlin, 1960. *Bormann,* Gütersloh, 1962.
ZYWULSKA Christine. *J'ai survécu à Auschwitz* (Amicale d'Auschwitz, 10, rue Leroux, Paris).

TABLE DES MATIÈRES

Les Médecins de l'impossible

Ce livre est dédié aux médecins déportés.

POURQUOI ?

Au cours de la Seconde Guerre mondiale, d'innombrables demandes de renseignements sur les conditions d'existence des déportés aboutirent dans les différents centres de la Croix-Rouge, nationale ou internationale. Jusqu'à la libération des camps, les familles reçurent une réponse :

« À l'arrivée [1], les intéressés sont soumis à une visite médicale et débarrassés de tous leurs vêtements qui sont passés à l'étuve. Ils sont rasés des pieds à la tête et douchés dans des installations sanitaires modèles. Ils sont employés à des travaux de force : empierrement des routes, terrassement, déboisement, débardage, etc. Ils sont groupés par nationalités. Le matin, on reçoit un demi-litre de café, quatre cents grammes de pain, un peu de graisse, un gros morceau de saucisson ou quelque chose d'analogue. À midi, au moment de l'interruption de travail est distribué un demi-litre de café ; enfin, au retour du travail, vers 17 h 30, on perçoit une bonne soupe épaisse. Le contenu des colis sert à corser le repas du soir. Huit heures de sommeil ; douze heures de travail. Le réveil est à 4 heures, mais on ne part au travail qu'à six. L'état sanitaire est très bon. Chaque jour, visite médicale. Il y a de nombreux médecins, un hôpital ; en somme, c'est comme au régiment. »

Des casernes idylliques où périront des millions d'hommes, de femmes, d'enfants. Sur les 293 000 déportés français, 42 000 seulement connaîtront la joie d'accueillir leurs libérateurs. Ce petit groupe, miné par les épreuves physiques, l'encombrement, la sous-alimentation, la maladie, fondra très rapidement. Aujourd'hui, vingt-trois ans plus tard : moins de 15 000 survivants... Demain...

Par rapport à l'ensemble des déportés, les médecins ont connu un régime de « faveur ». Cette amélioration relative des conditions

1. Réponse reçue par une Française qui, le 15 mars 1945, réclamait des renseignements sur la vie de son mari (matricule 38 820), déporté à Buchenwald.

d'internement éclate dans les statistiques : un médecin sur deux a retrouvé les siens au printemps 1945. Après avoir partagé le sort commun, la plupart avaient réussi à franchir les portes des infirmeries (Revier). Là, à l'abri des intempéries, ils recevaient un lit, une nourriture régulière et moins de coups que leurs camarades. Dans ces Blocks, ils sont devenus les « médecins de l'impossible ». Ils ont arraché à la mort, — je pense qu'aucun déporté ne me contredira — au moins la moitié de ceux qui sont revenus. Ils n'avaient que leurs mains et ces mains ont façonné de véritables « miracles ». Alors que le manque de médicaments, leur position médicale subalterne (ils devaient obéir aux médecins SS, aux Kapos, aux infirmiers, parfois aux garçons de salle) les condamnait à une thérapeutique contemplative, leur volonté, leur dévouement, mais aussi leur compétence, leur attachement aux règles sacrées de la profession, leur courage, leur union ont provoqué des résultats stupéfiants. Dans les derniers mois de l'expérience concentrationnaire, ces mois horribles marqués par l'affolement généralisé des SS, les évacuations, l'engorgement des centres de repli, les épidémies, les médecins déportés ont éliminé des Reviers ces « soignants approximatifs » maintenus en place par l'ancienneté, le crime, la collaboration, la servitude aveugle, les coalitions nationales ou simplement les intrigues. Dans cette période, le fait est reconnu par toutes les nations, les médecins français « occupèrent » huit infirmeries sur dix.

L'action des médecins a été « facilitée » par une modification profonde de « l'esprit » de la déportation voulue par les Allemands. De 1933 à 1942, les camps, véritables « séminaires » voués à la rééducation ou à l'extermination des opposants, se passent fort bien d'infirmeries. Ceux qui disposent d'assez de ressources en eux-mêmes pour se plier aux exigences de la discipline et des Kommandos de travail ne sont « autorisés », en aucun cas, à tomber malades ou à se blesser. S'ils enfreignent le règlement, ils sont éliminés par piqûre d'essence. Geste d'humanité ! Le Führer n'a-t-il pas signé un décret instituant l'euthanasie des inutiles le jour où ses troupes franchissaient la frontière polonaise ? En 1942, la guerre évoluant, les notions de rendement, de productivité réapparaissent dans les rapports de l'Inspection générale des camps ; la « vocation » de sauvetage des détenus par la rééducation dans le travail est rangée dans le magasin des utopies. Le 30 avril 1942, Oswald Pohl, chef de l'Office central économique et administratif des SS écrivait à Himmler :

« La guerre a manifestement changé la structure des camps de concentration et modifié fondamentalement leur tâche à l'égard de l'utilisation des détenus. La garde des détenus pour les seules raisons de sûreté, de redressement ou de prévention, n'est plus au premier plan.

Le centre de gravité s'est maintenant déplacé vers le côté économique. Il faut mobiliser la main d'œuvre détenue pour les tâches de guerre. Le commandant du camp est seul responsable du travail effectué par les travailleurs. Ce travail doit être, au vrai sens du mot, épuisant pour qu'on puisse atteindre le maximum de rendement... Le temps de travail n'est pas limité, la durée dépend de l'organisation du travail dans le camp et est déterminée par le commandant du camp seul. Tout ce qui pourrait abréger la durée de travail (temps de repas, appels, etc.) doit être réduit au strict minimum. Les déplacements et les pauses de midi, de quelque durée que ce soit, ayant pour seul but les repas, sont interdits. »

Ces instructions seront suivies à la lettre et bien souvent dépassées par excès de zèle ou simple cruauté. Pour maintenir en état de marche les bataillons d'esclaves, les commandants de camps découvrent qu'ils disposent sur leurs chantiers de travailleurs-médecins. Pourquoi ne pas les utiliser ?

Après avoir présenté dans *Les Médecins maudits* l'aventure criminelle des chercheurs nazis qui pratiquèrent sur plusieurs milliers de cobayes humains différentes expériences médicales, j'ai voulu publier un dossier consacré aux médecins déportés et à leur action dans les camps de concentration. Il n'était pas question pour moi d'étudier la pathologie particulière des camps, de nombreuses thèses ont été consacrées à ce sujet et je ne suis pas médecin. Je me suis intéressé aux hommes pour essayer de comprendre comment ils sont devenus ces « médecins de l'impossible ». J'ai travaillé en journaliste, recherchant et retrouvant cent cinquante médecins ayant exercé dans les Reviers, près de cent infirmiers, trois cents déportés protégés, cachés, guéris ou amputés par leurs camarades. Au cours de cette enquête j'ai reçu ou consulté soixante manuscrits inédits, écrits spécialement pour la réalisation de cet ouvrage. De plus, de nombreux médecins ont publié des récits de déportation dans les mois de convalescence qui ont suivi leur libération et déposé devant les tribunaux chargés de juger les criminels de guerre. J'ai tenu à respecter scrupuleusement ces témoignages, utilisant de préférence les « inédits », m'effaçant toujours devant les citations de ceux qui, dans cet univers de douleur et de violence, ont introduit la bonté et l'espoir. Je pense que chaque survivant de chaque camp a son « médecin de l'impossible ».

C.B.

On ne demande pas à un malheureux de quel pays ou de quelle religion es-tu ? On lui dit : Tu souffres ! Cela suffit. Tu m'appartiens et je te soulagerai.

PASTEUR (1886)

Dans un camp, il n'y a que des valides ou des morts. Les malades n'existent pas.

HIMMLER (1941) [1]

1. Cette phrase, prononcée par Himmler à Oranienburg, a été reprise par la plupart des commandants de camps, des médecins SS, des Kapos...

I

NUIT ET BROUILLARD SUR NATZWEILER

Il a voulu donner un dernier coup de pioche.

Le manche a vibré au creux de ses mains. La gauche a glissé ; le coude, l'épaule ont suivi. La tête rasée, brûlée par le soleil a battu l'air trois fois. La bouche s'est refermée. Alors la main droite a lâché prise et le corps entier a basculé, sans hésiter. Dans un dernier sursaut, l'homme a eu la force de se tasser sur le sol, genoux au menton, pour offrir moins de surface aux coups qui n'allaient pas manquer de suivre cette tentative de « sabotage ». Enfin, il a roulé. Autour de lui, faciès ahuri, hébétés, les autres n'ont pas bronché. Un Toulousain a murmuré :

— Le prochain c'est moi !

Deux jours avaient suffi pour qu'ils assimilent la petite phrase du hobereau aux serres velues :

— Enfoncez-vous bien dans le crâne que vous passerez par la cheminée un jour ou l'autre...

Pour lui, là-bas, un jour ou l'autre c'est aujourd'hui. Le rythme fou du camp, l'abrutissement, les coups, les morsures de chien, la faim, la peur, le désespoir l'ont anéanti en quarante-huit heures. Le SS Ehrmanntraut larde le corps de coups de pied en hurlant. Soudain, il se retourne :

— Il y a un médecin parmi vous ?

Deux déportés posent leur pelle.

— Examinez-le.

Ils se penchent sur leur camarade.

— Alors ? Résultat ?

Henri Chrétien se redresse.

— Collapsus.

— Vous pouvez le remettre au travail ?

— Non.

— Alors vous ne servez à rien. Allez, au travail. Vite.

Le Kapo traîne le « collapsus » vers le coin du chantier réservé aux malades. À Natzweiler, les déportés n'ont pas droit à l'infirmerie. On les allonge, au soleil, sur des cailloux, torse nu. Les valides, le soir, se les passent de dos en dos pour les ramener aux Blocks. On les traîne ainsi d'appel en chantier, jusqu'à ce qu'ils meurent. Des jours, rarement des semaines.

— Les NN ont le cuir solide, mais ils crèveront tous.

* * *

— Voyons, je ne suis pas Alberich pour disparaître dans la nuit et le brouillard ! Je n'ai pas de poison.

Visiblement le colonel Michaël Murphy ne comprend pas. Himmler ajoute :

— Oublions Wagner voulez-vous ? Je veux voir le maréchal Montgomery...

Il bombe le torse.

— J'ai préparé une lettre pour lui. Je suis toujours le chef des SS.

Himmler, ridicule dans son accoutrement anti-évasion, maxi-caleçon de l'intendance britannique, chaussettes accordéon, chemise à pans géants, se suicidera quelques heures plus tard. Mais l'allusion au nain Alberich permettra de traduire, avec certitude, les lettres NN plaquées sur les cuisses et le dos des déportés jugés les plus dangereux par le Reich... les Nuit et Brouillard, ces hommes condamnés à mourir d'épuisement dans les camps, isolés des autres détenus, privés de soins, de courrier, de colis. Le Reichsführer, qui avait choisi lui-même le site alsacien de Natzweiler-Struthof pour regrouper tous les NN, trouva sans doute cette appellation de NN en assistant à une représentation de *L'Or du Rhin*, de Richard Wagner. Le nain Alberich dérobe le trésor que protègent les ondines du fleuve et forge un anneau doué de pouvoirs magiques. Ce talisman anéantira ses ennemis. Le nain prononce :

— *Nacht und Nebel gleich !* Nuit et Brouillard de suite !

Aussitôt l'ennemi s'évapore. À sa place un nuage de fumée s'étire, se disperse.

* * *

Les fenêtres de Natzweiler découvrent l'un des plus beaux paysages d'Alsace. Sur cette pente nord du rocher Louise, face au Donon, les Strasbourgeois, en d'autres temps, s'initiaient aux joies du ski. Les baraques de bois s'étagent sur la pente. Marches de géants taillées au début de 1941, par trois cents déportés allemands, tous criminels. Pendant six mois, le Kapo Roschach dirige l'infirmerie, le Revier : gourdin d'une main, seringue remplie d'essence de l'autre. Il frappe et pique. Parfois, pour s'amuser, il conduit au travail ses « protégés » et leur offre deux heures pour guérir ou mourir.

— À toi de choisir ! Mais choisis vite.

À cette époque de l'aménagement des locaux, les plaies aux mains sont nombreuses et souvent graves. Qu'importe ! On attache les brouettes aux bras des blessés. Quant à ceux qui agonisent, Roschach les allonge encore vivants dans un cercueil au pied de leur lit.

— Dépêchez-vous de faire dodo.

Un matin, les SS découvrirent Roschach pendu dans les lavabos. L'enquête conclura au suicide.

Friedrich Leo, « l'ami Fritz », s'installe à l'infirmerie. Il est le 695ᵉ détenu du camp. Petit, nerveux, sévère, profondément marqué par de longues années d'internement, il est chargé du service de chirurgie, mais ne peut opérer. Le médecin SS Krieger, 70 ans, moustachu, boitillant, se réserve « les cas ». Fritz intervient de nuit et cache ses convalescents. Leif Poulsson, déporté norvégien, lui sera adjoint par la suite. Natzweiler poursuit, jour après jour, sa vie de camp « très ordinaire », mais au mois de juillet 1943, tout change : les premiers NN français arrivent. Ils sont 167, répartis en trois convois. Les SS et les Kapos s'acharnent sur ce matériel voué à l'extermination. Dès le premier jour, deux médecins, Lavoué et Planchais, s'effondrent sous la schlague :

« Le régime [1] que le commandant Kramer nous imposa était d'une extrême dureté et sa prolongation intégrale au-delà des deux premiers mois n'eut laissé survivre aucun d'entre nous : travail exténuant sous les coups, en plein air, à 900 mètres, par tous les temps même le dimanche ; stations debout prolongées sur la place d'appel ; brutalités et brimades au Block ; nourriture insuffisante... Nombreux étaient les blessés par les coups, les morsures de chiens, les accidents dans un travail de terrassiers mené à une cadence folle. Mais nous n'avions pas droit aux soins à l'infirmerie, encore moins à l'arrêt de travail en cas de maladie. Les malades livrés systématiquement aux coups et aux brimades des Kapos et des SS, privés d'une partie de leur nourriture, agonisaient sous la pluie ou brûlés par le soleil, sur les chantiers. Les déportés infirmiers, avec la complicité du docteur Fritz Leo, nous apportèrent alors une aide appréciable. Tous les soirs, l'Allemand Ferdinand Holl nous donnait en cachette quelques médicaments et des pansements en

1. Manuscrit inédit du docteur Henry Chrétien (24 janvier 1968).

papier. Après notre journée de travail et l'appel, le docteur Boutbien et moi-même soignions nos camarades.

— Nous[1] étions obligés de faire de la médecine moyenâgeuse. Les malades inertes, semi-comateux, exposés au soleil et aux coups — les Kapos, par pur sadisme, frappaient sur les blessures — n'avaient pas la force d'écarter les mouches. Elles festoyaient dans les plaies. La nuit, j'incisais avec un couteau de cuisine sans anesthésie. Je ramassais de trois à cinq verres d'asticots après l'opération. Nous avons vu ainsi se développer une véritable pathologie de la charogne. En l'espace de trois semaines le Kommando NN était décimé.

Fritz Leo et Poulsson supplient le médecin SS d'admettre les Français au Revier. Krieger refuse. Alors, pour la première fois peut-être, Leo le solitaire, le taciturne, le timide, s'énerve :

— C'est un crime !

— Que voulez-vous que j'y fasse ? Voyez Kramer.

— Je vous signale qu'ils ont brisé les attelles des synovites[2]...

Voilà la faille dans la carcasse d'indifférence de Krieger. Ces jambes, ces bras qui ne peuvent plus s'étendre le hantent. Le Kapo du Revier, Roger Kauthen, l'a surpris un soir penché sur un jeune Russe :

« Il[3] ne pouvait plus allonger la jambe. Les yeux de Krieger se sont illuminés. Il a anesthésié « son » malade puis il a appuyé avec les mains sur le genou... La jambe a gagné quelques centimètres. Alors il a accentué sa pression, il a forcé, s'aidant du poids de son corps, et tout a craqué... "Quel dommage !" a dit simplement Krieger en sortant du Revier. Le Russe est mort trois jours plus tard. »

Fritz Leo lui a expliqué... et aujourd'hui des Kapos osent briser les attelles des malades que lui, chirurgien SS, va guérir. Des malades allemands, du matériel allemand... Leo a gagné : Krieger autorise deux Français à se reposer trois jours. Et puis, un beau matin, sans crier gare, Plazza arrive : capitaine SS, fringant, souriant. Un homme, un médecin. Il interroge le Kapo :

— Racontez-moi ?

— Nous manquons de places pour les malades. Près de quatre cents exemptés de travail tournent en rond dans le camp au lieu de récupérer. Nous manquons également d'infirmiers. Le commandant nous avait promis un demi-Block mais rien n'est arrivé.

1. Interview du docteur Léon Boutbien (février 1968).

2. Par suite du travail excessif, le liquide lubrifiant des articulations et des gaines des gros tendons disparaît. Le membre se bloque. À Natzweiler, Fritz Leo immobilisait bras ou jambes dans des appareils de fortune.

3. Manuscrit inédit de Roger Kauthen, décembre 1967.

— Demain, ce n'est pas un Block que vous aurez, mais deux. Préparez-moi le plan de répartition.

Kauthen pense un instant que ce Plazza est fou. Jamais personne n'a rien obtenu de Kramer, le commandant du camp. Plazza poursuit son rêve :

— Je tiens à ce que chaque médecin demeure indépendant. Ah ! vous me signalerez chaque opération, je veux y assister.

Le lendemain, le Revier s'agrandissait de deux Blocks. Le rêveur ne rêvait peut-être pas.

Depuis quelques jours, un jeune déporté belge, le chirurgien Georges Bogaerts, était entré en fonction au Revier. L'office central des camps s'était aperçu avec stupeur que Fritz Leo n'était pas chirurgien, mais orthopédiste. Bogaerts, en surnombre à Oranienburg, ferait l'affaire. Petit et frêle, l'œil noir, il avait été victime en France d'une « certaine Résistance ». Il voulait franchir la frontière espagnole ; son passeur l'abandonna dans la montagne au-dessus de Tarascon-sur-Ariège.

— Les Plazza [1] ont été rares dans les camps de concentration. Lui, bien que SS, n'avait pas oublié qu'il était médecin. Il donna tout de suite de l'extension au Revier, malgré Kramer, malgré Berlin. Nous avions les mains libres pour travailler et, peu à peu, les médecins français furent autorisés à soigner les malades. Plazza accepta même notre plan de classer les déportés en quatre catégories : 1) les travailleurs de force ; 2) ceux qui étaient capables de travailler mais un peu moins que les premiers ; 3) ceux qui pouvaient être utilisés à l'intérieur du camp et enfin, 4) les malades. Tout cela ne se fit pas en un jour mais en quatre mois.

Lavoué, Planchais, Chrétien, Bohn, Laffitte, Suire, Ragot pourront alors s'organiser, protéger les chefs de la Résistance comme le général Delestraint...

« Très malade [2], il a fait une arthrite de la hanche gauche avec suppuration périarticulaire. Maintenant il va mieux, l'articulation reste raide. Les massages ont non seulement le but d'améliorer cet état, mais aussi l'office de prolonger son séjour au Revier et d'éviter son départ à Breslau. Le général, comme nous, est NN ; son affaire n'est pas terminée. À deux reprises déjà, l'ordre de son départ pour le jugement a été donné. À deux reprises, grâce à quelques médecins français, ce départ fut ajourné, sous prétexte médical. Il est capital de l'éviter à tout prix, car, à Breslau, le général serait indiscutablement condamné à

1. Interview Georges Bogaerts (février 1968).
2. Pierre Suire, *Il fut un temps*, Soulisse et Martin, Niort, 1946.

mort et exécuté. Il faut gagner du temps. Le général connaît la situation, mais rien n'entame sa confiance. »

Lorsqu'un jeune garçon débordant de santé est à son tour convoqué pour Breslau, Bogaerts et Laffitte décident de l'opérer de l'appendicite. Le médecin SS insiste pour assister à l'intervention. Les deux chirurgiens pâlissent. Le SS va découvrir la supercherie... Bogaerts et Laffitte se regardent :

— L'éther !

— Oui, on va frotter.

Il trempe ses doigts dans l'éther, pince avec force l'appendice, le fait rouler longuement entre le pouce et l'index... le SS se penche :

— Ça semble être une appendicite.

— Oui, gros et rouge.

Un dernier pincement, deux aller et retour, l'appendice gonfle encore, rougit :

— Très bien, messieurs, vous aviez raison, il fallait opérer.

De lourdes gouttes de sueur roulent sur les tempes des chirurgiens. Bogaerts sourit à Laffitte :

— J'étais pas fier !

— Moi non plus.

* * *

L'importance des médecins déportés grandit. L'ensemble des détenus accepte de leur confier chaque jour une « bouchée » de pain. Ces miettes réunies sont offertes aux plus déficients. Chaque semaine les médecins examinent les candidats à la solidarité. Expertise difficile, mais acceptée par tous. Il faut aussi choisir ceux qui peuvent bénéficier des rares médicaments :

« Fritz Leo [1] me remit quelques comprimés de sulfamides. Il me recommanda de ne les utiliser que dans des cas vraiment graves, et seulement chez les ''meilleurs'' parmi les déportés. Or, les cas « vraiment graves » étaient très nombreux. Par exemple, les pneumonies, dans lesquelles les sulfamides faisaient merveille, étaient innombrables. Quel cas de conscience posait le choix des ''meilleurs'' qui auraient le privilège de bénéficier de ces rares médicaments ! J'en ai discuté quelques mois plus tard avec mon confrère Jacques Planchais, qui mourut ultérieurement du typhus à Dachau. Il était catholique et estimait que tous les hommes se valaient devant Dieu ; il me déclara que lui n'aurait pas essayé de sélectionner les meilleurs, les plus précieux pour la Résistance et leur

1. Témoignage du docteur Henri Chrétien. (Manuscrit déjà cité.)

pays ; il aurait épuisé ces quelques médicaments avec tous les premiers cas vraiment graves qu'il aurait diagnostiqués.

« Encore heureux quand on pouvait sauver quelques camarades parmi les meilleurs. Un étudiant en médecine de Rennes, le jeune Normand, me montrait un soir, dans le block, ses jambes gonflées par l'œdème et, faisant état des troubles nerveux qu'il commençait à ressentir, me dit : ''Au fond, ce que j'ai, c'est le fameux Béri-Béri que nous ne connaissions à la Faculté que par les livres.'' Le lendemain il était admis comme malade à l'infirmerie. Quelques jours après, il était mort. Pour le sauver, il aurait fallu des protéines, une nourriture suffisante et équilibrée. Combien de déportés mouraient ainsi sous nos yeux qui, pour être sauvés, avaient besoin non de médicaments mais de nourriture. »

La déontologie particulière de la médecine concentrationnaire s'accommoda aussi des « règlements de comptes ».

— Je vois [1] entrer au Revier un déporté avec un énorme pansement à l'épaule. Je lui demande ce qu'il a. Le médecin qui le soigne arrive et l'autre ne répond pas. Le médecin m'entraîne et me dit : « C'est un de mes compatriotes qui a travaillé de son plein gré pour la Gestapo. Il est venu à la consultation pour que je soigne ses furoncles. Alors, j'ai prélevé du pus de ses furoncles que j'ai injecté dans la masse musculaire de l'épaule ; dans deux jours il sera mort. »

Deux jours plus tard, le « collaborateur » entrait à la morgue.

Le docteur Ragot avait échappé à la mort par miracle dans le Kommando de Kochem. Il avait été affecté comme médecin à ce chantier ; en arrivant, le Kapo Zauer lui avait lancé :

— C'est toi le seigneur de la médecine, bête comme la nuit.

Ragot, sans comprendre, s'était retrouvé couché sur le sol, matraqué par Zauer.

— Prends ça et encore ça... Ici c'est moi le médecin. Allez, au travail.

En quelques semaines, Zauer avait liquidé le tiers du Kommando... et voilà qu'aujourd'hui Zauer se présente au Revier, qu'il ose se présenter à Ragot avec un phlegmon de la cuisse. Comme on se retrouve...

— Tu reconnais le seigneur de la médecine, bête comme la nuit ? Je t'ai vu tuer deux camarades devant moi avec leur pioche. De combien de morts es-tu responsable, au juste ?

— Seulement six.

— Sais-tu ce qui t'attend ?

— Oui, le crématoire.

1. Témoignage du docteur André Bohn, arrêté le 20 juin 1943. Les Allemands trouvèrent chez lui deux aviateurs américains. « Je ne suis pas au courant », répondit André Bohn à tous ses interrogatoires.

Ragot rassemble les douze surveillants russes du Revier. Il leur explique comment Zauer a tué deux de leurs compatriotes.

« En [1] se relayant, ils battirent Zauer trois jours et trois nuits avec un seul arrêt d'une nuit où ils lui donnèrent une ceinture pour se pendre. Mais le lendemain, Zauer était encore vivant, ils recommencèrent. Zauer prit le parti de mourir enfin d'un éclatement du foie. Détail comique dans cette tragédie : ''Staline'', le Russe tant battu à Kochem, se trouvait dans un lit à côté de Zauer, séparé de lui par l'espace d'un couloir, mais il ne pouvait bouger car il était arrimé par un drain qui partait de son genou (à cause d'une arthrite purulente) jusqu'à un bocal fixé au pied de son lit. Il rugissait et faisait mine de vouloir l'étrangler ; il fut aux premières loges pour savourer sa vengeance. J'estime que, dans ce cas qui peut paraître excessif à ceux qui n'ont pas connu la sévère ambiance des camps, ce ne fut pas une vengeance mais réellement une justice qui fut d'ailleurs approuvée par tous. »

* * *

Natzweiler étouffe. Les convois affluent. Les Blocks débordent. Le Revier n'a plus de médicaments.

— Préparez cent vingt lits. Un convoi a été bombardé en gare de Karlsruhe. Quatre-vingts morts et on nous apporte ce soir les blessés.

— À 19 heures, nous avons vu arriver un cortège effrayant de grands blessés couverts de pansements des pieds à la tête... Mais décidément, il est à croire que malgré quatre ans d'expérience de chirurgie de guerre, les Allemands n'y connaissaient rien : quatre amputés de cuisse présentaient un moignon avec sutures musculaires, suture complète de la peau et pas de drainage. Il fallut faire sauter tous les crins car tous présentaient une gangrène. De même pour un autre dont un projectile avait été extrait du cerveau qui présentait également une suture de la dure-mère et suture de la peau, encore sans drainage. Des blessés graves moururent rapidement ; je me souviens de l'un d'eux qui avait à la fois une fracture du crâne, une fracture de l'humérus et un trou au thorax, tout cela évidemment par éclats de bombe. Nous avons travaillé la nuit entière. Kauthen nous fit préparer, à trois heures du matin, une soupe faite avec pâtes et morceaux de graisse, le tout provenant de colis de détenus décédés.

* * *

— Le camp va être évacué !

1. Docteur André Ragot, *NN,* Éditions Cooped, 1948.

Au mois d'août 1944 Natzweiler, qui avait été prévu pour abriter 1 500 détenus, en compte 8 000... Il faut se battre pour occuper un tiers de lit, pour obtenir une gamelle.

« Le jour[1] et la nuit qui ont précédé notre évacuation, les camions des SS faisaient continuellement la navette entre la vallée de Schirmeck et le camp, déversant près de la prison des hommes et des femmes. Au fur et à mesure que ces convois arrivaient, les gens étaient assassinés d'un coup de feu dans la nuque puis passés de suite au four crématoire. La cheminée était rouge et cette vision avait quelque chose de lugubre dans la nuit...

« Le 31 août 1944, vers 22 heures, le premier convoi d'évacuation se mit en route. J'étais du nombre ; nous étions deux mille détenus. Encadrés d'une bonne escorte de SS et de soldats de la Wehrmacht accompagnés de nombreux chiens policiers, nous descendîmes à pied la montagne. La majeure partie n'avait pas de chaussures. Moi-même j'étais en sabots. Lorsque nous sommes arrivés presque au bas de la montagne, une auto vint vers nous et stoppa. Le commandant du camp en sortit et ordonna au convoi de faire demi-tour, le train était en gare de Rothau mais il manquait une locomotive. On remonta vers le camp où nous arrivâmes à une heure du matin. On alla se coucher dans la baraque. Subitement, à cinq heures du matin, un coup de sifflet ; il fallait se remettre en route et ainsi la longue file de détenus descendit la montagne pour gagner la gare de Rothau. Des wagons à bestiaux nous attendaient. On nous entassa à soixante-cinq hommes par wagon, nous n'avions pas de paille ni d'eau.

« Destination Dachau ! »

1. Aimé Spitz, *Struthof, bagne nazi en Alsace.*

II

DU « CONVOI DE LA MORT » AUX CAMPS DU NECKAR

Quarante hommes. Huit chevaux.

Tous les déportés ont connu l'entassement méprisable et désordonné des wagons de transport.

Quarante hommes. Huit chevaux.

Ce jour-là, ils n'étaient que cent dans chaque cercueil roulant. Vingt-cinq cercueils soudés ; deux mille cinq cents partants.

— Allons pressons !

Le 2 juillet 1944. Compiègne.

— Hier au camp, vous avez été fouillés. Malgré cela, certains d'entre vous ont peut-être réussi à camoufler des couteaux ou des objets de fer. Remettez-les immédiatement. C'est une dernière chance qu'on vous donne. Vous ne serez pas punis. Jetez par terre tout ce que vous pouvez avoir. Allons, faites vite.

Quelques couteaux tombent aux pieds de l'interprète. Des sous-officiers hurlent, bousculent les déportés, s'acharnent sur ceux qui sont à portée de crosse et vérifient les fils de fer barbelés qui barrent les quatre lucarnes.

— Attention ! une tentative d'évasion : dix fusillés. Attention ! une évasion : vingt fusillés et on vous mettra deux cents par wagon... deux cents à poil...

Des cris ; d'autres cris furieux, indignés.

« Un [1] de nos camarades avait jeté sur le quai une carte postale ainsi

---

1. L'ensemble de ce chapitre a pu être réalisé grâce à trois témoignages. D'abord, le récit inédit du docteur Raymond Solladie, reçu le 22 janvier 1968. Ce jeune médecin avait été arrêté avec son beau-père, le docteur Philippe Bent, pour résistance. Le docteur Bent a publié en 1957 *L'Attente de la mort dans les camps du Neckar* (chez l'auteur : Montclar de Quercy, Tarn-et-Garonne). Dernier témoignage, celui de Robert Masset,

libellée : "Je pars pour l'Allemagne. Vive la Résistance." Les SS recherchent l'auteur de cette carte. Ils menacent de fusiller un otage par wagon s'ils ne trouvent pas le coupable. Un jeune Français en revendique l'honneur. Les gardes se précipitent dans son wagon, le saisissent et le catapultent dehors. »

Lorsque le train quittera Compiègne, le jeune détenu, la tête écrasée à coup de bottes, sera mort.

À qui le tour ?

« Et le train part. Nous sommes serrés les uns contre les autres. Le temps est lourd, orageux. Nous manquons d'air. Nous avons la sensation d'être dans une fournaise. Jusqu'à Soissons, tout va à peu près bien. Mais le soleil darde ses rayons de plus en plus brûlants sur nos cages de bois. Et les premiers incidents éclatent dans les wagons. On a chaud, on a soif, on veut boire, on se bouscule autour d'une barrique contenant de l'eau et quelques bagarres éclatent. Des détenus s'évanouissent, d'autres commencent à délirer. Dans certains wagons, il y a déjà des morts, victimes d'un coup de chaleur. »

Près de Masset quatre prisonniers s'affaissent. Quelqu'un se redresse :

— Docteur, venez vite.

Masset pense : « Un docteur parmi nous, c'est une chance. »

« Un homme de haute taille, âgé d'une cinquantaine d'années et portant une grande barbe, s'empresse auprès des malades, les étend par terre après que nous nous sommes bien serrés pour laisser un petit espace libre. Il dégrafe leurs effets, leur fait du vent avec un mouchoir, leur tapote les joues. Il est aidé par un homme de trente ans environ... »

Les docteurs Bent et Solladie, beau-père et gendre, commencent leur collaboration médicale et concentrationnaire en quittant Compiègne. Exemple unique, je pense, qui devait se poursuivre jusqu'à l'heure de leur libération.

À Reims, le docteur Bent saute sur le quai en disant *Arzt*, médecin :

« Ma barbe blanche paraît en imposer à ces brutes qui, suffoquées de mon audace, ne réagissent pas. Une infirmière de la Croix-Rouge me remet un flacon d'éther et quelques morceaux de sucre... Le train repart. La chaleur devient intolérable. Nous ruisselons de sueur, nous avons la langue collée au palais et, au-dessus de nous, flotte un nuage de vapeur. Quelques camarades se trouvent mal, d'autres délirent. Allons-nous mourir dans ce wagon ? Pendant un arrêt du train en rase

---

résistant lui aussi arrêté en mai 1944 et envoyé en Allemagne par le « convoi de la mort ». Robert Masset a publié, en 1967, un récit de sa déportation, *À l'ombre de la croix gammée* (Promotion et Édition).

campagne, nous essayons d'attirer l'attention des gardiens qui circulent sur la voie. Nous cognons contre les parois du wagon :

— Il y a des malades, des gens qui vont mourir.

— Égal !

— Il y a un homme qui vient de mourir.

— Faites-en de la saucisse. »

Et le train du 2 juillet devient le « convoi de la mort ».

« Sans cesse, raconte Masset, nos deux docteurs prodiguent leurs soins. Dans un coin, un prisonnier s'agite, les yeux hagards, la bouche écumante : il distribue coups de pied, coups de poing. »

Le docteur Bent le calme... le wagon des deux médecins de Montclar de Querey sera le seul où tous lutteront contre la mort, humectant leurs tempes d'urine, buvant cette urine. Tous arriveront en vie à Dachau. Ce ne fut pas le cas dans les autres cages roulantes.

« On voyait soudain un camarade s'effondrer, les yeux révulsés. Il portait les mains à son cou, poussait un cri guttural, était agité de quelques soubresauts, un peu d'écume rosée coulait de la commissure de ses lèvres. Il était mort. Chez d'autres, surtout chez les personnes âgées, la mort était moins rapide. Ils déliraient quelque temps, paisiblement, appelaient leurs femmes et leurs enfants, puis ils se mettaient à râler et, à ce moment, la mort survenait rapidement. »

La nuit du 2 au 3 juillet fut terrible. Il y eut dans presque tous les wagons des cas de folie furieuse collective.

« Les occupants du wagon s'entretuaient. Dans celui de Mommon, de Castres, un Toulousain, bâti en Hercule, devient subitement furieux ; il se lève, piétine tout le monde, se précipite en hurlant sur un autre camarade et l'étrangle de ses mains puissantes. Dans son délire, il tue de la sorte quelques malheureux incapables de réagir et de se défendre. Les plus valides s'interposent et, finalement, le fou est ceinturé, jeté à terre, maîtrisé et saigné comme un poulet avec un couteau de poche. La lutte et la vue du sang surexcitent, par contagion, tout le reste du wagon. Bagarre générale : on s'entretue, on se mord, on s'étrangle, on hurle et les gardiens tirent des coups de fusil à travers les parois. Quand on ouvrit ce wagon, sur les cent camarades partis de Compiègne, trois seulement étaient en vie, dont Mommon. Dans le wagon où se trouvait Sirvent, de Châteauroux, un malheureux camarade porteur d'un pneumothorax, défaille. Un docteur se trouvait dans le wagon. On l'appelle pour porter secours au malade. Il se lève comme un automate, les yeux hagards. Arrivé près du malade, il éclate d'un rire méphistophélique. Comme thérapeutique, il entreprend de tordre les bras du moribond qui hurle de douleur. Ses cris déclenchent la bataille générale. Certains occupants du wagon deviennent fous furieux. Ils se jettent les uns contre les autres, se mordent, se roulent à terre, s'entrégorgent, piétinent ceux qui sont trop malades, presque moribonds, incapables de se lever et qui mourront étouffés.

« Dans un autre wagon, un fou furieux se précipite sur ses camarades. Il tient dans sa main, par le goulot, une bouteille cassée sortie on ne sait d'où. Pour sauver leur vie, ses camarades doivent l'abattre et lui briser le crâne à coups de souliers... »

Un autre médecin « sauva » les occupants de son wagon par ses conseils, le docteur Ringuet, de Lexos, mais il s'écroulera à son tour. Âgé, il avait été soumis à une trop rude épreuve. Avant de quitter la France, neuf cent quarante-cinq détenus du convoi étaient déjà morts. En arrivant à Dachau, le sinistre convoyeur du train, Friedrich Dietrich, remet sa cargaison au commandant du camp en disant :

— Je vous amène mille six cent trente Français qui puent la peste. Je suis au regret de ne pas vous livrer plus de cadavres.

* * *

Quelques survivants du « convoi de la mort » quitteront rapidement Dachau pour les différents petits camps du Neckar. Parmi eux, le docteur Bent et son gendre. Ces camps dépendaient de Natzweiler. Implantés dans cette poche formée par le Danube, le Rhin, le Main, ils avaient été préparés en mars 1944 pour cinq cents déportés du bagne alsacien. Dirigés par l'Oberfeldwebel Michel, les travailleurs devaient aménager une ancienne mine de gypse pour qu'elle puisse abriter une usine de construction aéronautique. Travail en galerie, bétonnage, minage, devaient transformer ce « trou de renard » en usine moderne. La firme Olbricht, de Fribourg, adjudicataire des travaux, avait « acheté » les muscles des déportés. Le fils de l'entrepreneur savait se faire craindre des Kapos et maniait avec élégance le manche de pioche... sur les épaules de ses esclaves. N'avait-il pas promis à Gœring que l'usine serait « parfaite » ?

Notre « équipe médicale familiale » goûte au travail de Kommando avant d'exercer dans les Reviers. Pour Raymond Solladie :

« Le film de cette époque de ma vie débute toujours par la même vision : celle des déportés du camp II, celle de ces cinquante à quatre-vingts ''morts ambulants'' qui se bousculaient chaque soir pour entrer dans notre baraque en bois. Je retrouve [1], sinon les visages, surtout les silhouettes, les attitudes ; en effet, si ces corps avaient encore la force de se tenir debout, ils n'avaient plus celle d'être droits. Ils étaient

1. Document inédit.

presque toujours penchés en avant, et c'est peut-être pour cela que je revois d'abord ces figures décharnées avec des yeux qui paraissaient énormes parce qu'enfoncés, ces mâchoires d'autant plus proéminentes que les muscles du visage avaient fondu et ces nez dont les ailes étaient souvent pincées ! Si j'ajoute à ce tableau la description de leurs haillons, de leurs "pyjamas rayés" en loques, pleins de boue et de ciment, et surtout de crasse et de poux, j'ai l'impression de décrire des mendiants, ces mendiants des siècles précédents ; mais ceux du camp II : Français, Russes, Polonais, Belges, Hollandais et Yougoslaves en criant (pour la plupart) en allemand petit nègre : *"Krank, schoming"* mendiaient leur propre vie !

« Cette description serait cependant incomplète si je n'y ajoutais ce que mes yeux de médecin découvraient lorsque ces déportés étaient déshabillés : je me rends compte maintenant que je les voyais plus grands qu'ils ne l'étaient en réalité car l'absence de graisse et la fonte des muscles donne à un membre supérieur ou inférieur, ou même à un cou, une fausse impression de longueur. Mais ce dont je me souviens surtout, c'est du sternum proéminent et presque dénudé, de ces côtes très apparentes parce que à peu près sous-cutanées, du ventre toujours un peu gros (ascite), de ces cuisses en fuseau, de l'articulation du genou où la rotule semblait faire une saillie et enfin de ces jambes inattendues (je peux presque dire ridicules) parce que grosses, parce qu'œdématiées !

« Le camp II de Neckareltz, situé un peu en dehors du village, avait la réputation d'être le camp le plus dur de la région. Il était assez petit, tout en longueur, à peine une cinquantaine de mètres de profondeur. De partout, on apercevait les barbelés et les miradors. Les baraques en bois, sans étage, étaient rapprochées les unes des autres. Le sanitaire se réduisait à de simples prises d'eau, dans la cour, et à des feuillées à découvert. La cour d'appel, rectangulaire, était toujours pleine de neige ou de boue. C'était un camp étroit, mais c'était un camp sale et surtout un camp triste. Cette impression de tristesse se retrouvait dans les autres camps, mais, dans les autres, il y avait à certains moments des éclairs de vie, des discussions, les hurlements des chefs de chambre et les cris de douleur des déportés battus ; il y avait aussi quelquefois des éclats de rire. Là, il n'y avait rien. Il n'y avait qu'une foule docile composée de malades et de dénutris, il n'y avait que des êtres silencieux ayant peur de faire du bruit, presque des fantômes se hâtant après l'appel, vers leur baraque et leur paillasse. »

Le camp I, « l'école », peut-être un peu moins triste, se débarrassait sur le « II » de ses indésirables.

Le I était dirigée par l'Oberfeldwebel Michel. Le docteur Bent le pratiqua longuement :

« Un jour on annonce à Michel que le cheval de service s'est déboulоté. Un seul traitement s'impose : abattre la bête le plus tôt possible avant qu'elle ne maigrisse et que cette viande que nous voyions déjà dans notre goulash ne devienne inconsommable. Michel décide de soigner la bête. Malgré différents traitements, le cheval continuera à boiter et commence à maigrir. Michel a alors une idée lumineuse : ''Quand quelqu'un se casse un membre, pense-t-il, on le met dans le plâtre.'' Je reçus l'ordre d'aller dans l'écurie d'une maison voisine et de plâtrer le pied et la jambe du cheval. J'exécute. Tous les matins, sous la conduite d'une sentinelle, j'allais vérifier le résultat de cette thérapeutique et constater que, dans le purin, le plâtre se ramollissait. Le cheval devint squelettique et finalement, Michel le fit abattre à coups de revolver.

« Un détenu letton, de près de deux mètres meurt. À ce moment, on mettait encore les corps dans un ersatz de caisse et on enterrait dans des tombes individuelles. On rend compte à Michel que la caisse n'est pas assez longue pour contenir le corps et que, les pieds dépassant, on ne peut pas fermer le couvercle. Qu'à cela ne tienne, on l'enterrera dans un sac. Michel réfléchit et soudain trouva la solution du problème : ''S'il est trop long, raccourcissez-le et coupez-lui les jambes.'' Un ordre est un ordre. Ainsi fut fait. L'opération posthume réussit à merveille et l'opéré n'a pas souffert. »

Le camp II « fourre-tout » était abandonné par les SS au commandement d'un détenu allemand, Walter Haufe, qui arborait triomphalement le triangle rose des homosexuels. Les détenus le surnommaient « Fillette ». Le docteur Solladie avait affaire à lui quotidiennement.

« Lorsque je suis arrivé au camp II, fin novembre 1944, en compagnie du docteur Andreis, il n'y avait pas d'infirmerie et nous étions obligés, le soir, d'aller ''passer la visite'' dans chaque baraque. Je nous revois, Andreis et moi, partir après l'appel, avec nos crânes rasés, nos rayés, des souliers qui prenaient l'eau et surtout portant, suspendue autour du cou (comme des colporteurs ou des marchands ambulants) notre boîte à pharmacie remplie de pansements et de quelques trop rares médicaments. À 10 heures moins le quart, nous apportions au bureau la liste des *''Schonung''* des exemptés de travail pour le lendemain. Sans nous consulter, la ''fillette'' effaçait des numéros, ramenant notre liste à 8 ou 10 selon les besoins en travailleurs pour le lendemain ; si par hasard dans la nuit il y avait un ou deux décès dans les baraques, on puisait le lendemain dans les exemptés au hasard pour que le nombre des travailleurs reste le même ! Après pas mal de discussions avec lui, nous avons obtenu à cause de son orgueil — il voulait que le camp dont il était le Lagerältester soit le plus grand de tous les camps — et aussi peut-être à cause d'un abcès froid qu'il avait et que nous devions lui ponctionner de temps en temps, la création d'une infirmerie. Il affecta à cet effet une vieille baraque en bois, face à son bureau. Elle contenait, en plus d'une petite entrée destinée à la consultation, quatorze paillasses y compris celle du docteur Andreis, celle de l'infirmier et la mienne. Quand nous lui avons demandé un infirmier, il nous dit : ''Voulez-vous un Français ? J'en étais sûr. Choisissez-le vous-même et amenez-le.'' Nous proposâmes la place à Panis, un instituteur des Vosges dont les poumons nous donnaient des inquiétudes. Panis accepta, heureux de ne plus partir en Kommando et je le présentai au Lagerältester. Celui-ci lui précisa son travail, insistant sur la propreté de la baraque mais quand Panis lui demanda du charbon pour le poêle, il répondit en hurlant : ''Tu oses me réclamer du charbon, alors que je t'ai donné un poêle. Fiche le camp.''

« Le premier soir, Panis ''organisa'' du charbon. Le deuxième soir, il fut surpris par les Kapos et par le Lagerältester. Quand je réussis à récupérer Panis, je le trouvai dans le coma avec trois fractures (crâne, côtes et omoplate). Je pus l'évacuer le lendemain sur le camp I, mais il y mourut deux jours plus tard ! »

Ainsi jouait « fillette », ainsi jouaient ces autres petits seigneurs aux pouvoirs illimités. Abrutis par la faim, la peur, dix-huit heures de travail, six heures de demi-sommeil — la diarrhée —, les 2 500 habitants forcés des rives du Neckar s'acheminaient lentement vers la « musulmanisation », dernière étape avant la mort. Quant aux toubibs, qu'ils se débrouillent ! Solladie ouvre les abcès et les anthrax avec une simple paire de ciseaux.

« Il faut dire que l'infirmier les aiguisait et qu'il les faisait bouillir dans une casserole sur le poêle. Lorsque c'était trop profond, nous recouvrions de pommade à l'ichtyol, une légère couche de cellulose et une bande en papier. Nous disions au malade de revenir le lendemain en sachant bien qu'après une heure de travail la bande en papier craquait. Le lendemain, on ouvrait aux ciseaux et, bien entendu, sans anesthésie. »

Une opération conduite par le docteur Bent allait provoquer l'admiration de tous les camps du Neckar.

« Un jour on mena à l'infirmerie, venant d'un Kommando extérieur, un Polonais, dont la jambe avait été broyée deux jours auparavant par la chute d'un wagonnet. Il était resté sans soins et faute de moyens de transport on n'avait pu nous le conduire plus vite. »

Un professeur de Strasbourg s'approche du docteur Bent :

— Si tu ne l'amputes pas, la gangrène va monter et ce sera la mort. Il faut l'amputer.

Le docteur Bent le sait bien, mais avec quels instruments ?

« Nous avions bien deux ampoules d'Évipan, une pince à forcipressure, une paire de vieux ciseaux et un petit bistouri. C'était peu. Je fais aiguiser le couteau de boucherie que me prête la cuisine. L'électricien du camp me prête des fils électriques qui serviront de garrot ; le tailleur une grosse aiguille, de la ficelle et du fil à coudre. »

Et la table ? Et la scie ? La table ! C'est vrai, le camp ne dispose d'aucune table. Les déportés avalent leur soupe assis par terre ou debout dans la cour. Le menuisier promet d'en fabriquer une très rapidement. Deux traiteaux recouverts de planches à lambris.

— Des rainures tous les cinq centimètres ?

— Je n'ai pas autre chose.

Va pour les lambris. Les rainures malgré les lavages garderont un peu de pus pour le prochain opéré.

La scie ! Discussion. Quelle scie ? Le docteur Solladie pense qu'une scie à métaux se rapproche des scies à amputation.

— Le magasin nous prête ?...

— Le magasin vous prête.

Le docteur Bent a cinquante-six ans, il n'est pas chirurgien, mais il appartient à cette catégorie de médecins de campagne d'autrefois « bons à tout faire »... de la poussière dans l'œil à la cure radicale de hernie sur un coin de buffet...

Le blessé est installé sur un palier d'escalier entre deux chambres.

— Je suis prêt.

Tous les instruments bouent dans une poissonnière subtilisée par le cuisinier des SS, Plicque de La Châtre. Le docteur Bent se penche sur le déporté.

« À Dieu va ! Un infirmier place le garrot à la racine de la cuisse ; il doit le surveiller et le desserrer à mon commandement. Le docteur Solladie m'assiste. Le professeur Rohmer injecte lentement l'Évipan dans une veine du bras. Le malade s'endort. Je saisis mon couteau de cuisine, coupe en saucisson jusqu'à l'os : rien ne saigne. Maintenant, au tour du fémur. Mais les dents de la scie à métaux sont trop fines et trop rapprochées. Dans cette bouillie, elles ne scient plus. L'infirmier Villier galope à la menuiserie et revient avec une scie à main, à bois. La lame est désinfectée au sepso (ersatz de teinture d'iode). Je puis, enfin, scier l'os. Je repère les deux grosses artères, les ligature avec de la ficelle fine. Prudemment, je fais desserrer le garrot. J'essaye de recouvrir le moignon et, avec la grosse aiguille, je couds muscles et peau en un plan. L'opéré est recouché sur sa paillasse. Le blessé ne mourut pas. Trois mois après, à Osterburken, il fut libéré et pris immédiatement en charge par les chirurgiens américains. Le chirurgien américain qui aura retouché le moignon a dû être bien loin de se douter des conditions dans lesquelles nous avions travaillé [1]. »

*
* *

L'action morale des médecins du Neckar a été comme partout prépondérante, peut-être plus importante que les soins médicaux ou les interventions chirurgicales. Un exemple nous est fourni par le docteur Bent.

« Je me souviens des encouragements que j'ai donnés à un excellent camarade. Depuis quelque temps, cet ami se laissait aller. Il vient un jour à l'infirmerie ; il se traînait sans courage. Il était sale, ne s'était pas lavé depuis plusieurs jours. Il était morveux. C'était une vraie loque. S'il ne réagissait pas immédiatement, il était irrémédiablement perdu. Quels arguments employer ? C'était un homme instruit, intelligent, de bonne éducation, marié à une femme distinguée et excellent père de famille. ''Tiens, lui dis-je, prends cette gamelle de 'nachellague' [2], mange. Demain, tu iras au Shonung te reposer. Cochon, tu vas te laver, tu pues, tu me dégoûtes. Demain tu reviendras chercher à manger. Si tu ne réagis pas, tu es foutu. Tiens fous-moi le camp en vitesse.'' Et je l'accompagnai pour sortir d'un coup de pied au derrière... Le lendemain mon ami revint propre, gai, souriant : ''Merci, me dit-il, mon cher docteur, vous m'avez sauvé la vie avec votre coup de pied au cul. J'ai mesuré combien j'étais tombé bas pour que moi, chef de division à la préfecture de..., j'accepte sans réagir un tel affront.'' »

D'autres, par contre, étaient incapables de la moindre réaction. Ils avaient renoncé à toute espérance en franchissant la porte du camp. Le docteur Solladie a bien connu ces Vosgiens emprisonnés en octobre 1944 lorsque les Allemands avaient décidé d'établir une « ligne d'arrêt » sur

1. Dans un autre Kommando de Natzweiler, le docteur Léon Boutbien réussit une opération particulièrement délicate.

« Au mois de mars 1944, j'ai eu à intervenir sur un déporté polonais qui avait une péritonite aiguë avec un plastron. Je l'ai opéré à l'aide d'un gros couteau ordinaire avec l'aide d'un détenu qui était d'ailleurs boucher. J'ai pratiqué l'appendicectomie et j'ai drainé comme j'ai pu avec un morceau de chiffon. J'ai réussi à tout ligaturer avec du fil à coudre... Le Polonais a survécu. »

Dans le Kommando d'Erzingen, Léon Boutbien réalisa un exploit d'un tout autre genre. Grâce à la complicité d'un gardien incorporé de force dans les SS, il réussit à tenir un meeting dans l'arrière boutique de la boulangerie du village proche du camp. Il expliqua qui étaient en réalité ces « criminels » NN. Les villageois organisèrent une collecte pour Noël et firent livrer au docteur Boutbien cent kilos de pommes de terre et de viande. En un an, ce Kommando de quatre cents déportés n'enregistra que quatre morts.

2. Rabiot.

les Vosges. Tous les hommes valides de 16 à 60 ans, expédiés sur les camps, avaient été rapidement redistribués dans les Kommandos de travail. Deux cents arrivèrent à la mine de gypse de Neckar.

« Deux cents... et à la libération, quelques mois plus tard, il ne restait que cinq survivants. J'en ai vu et soigné beaucoup au camp II. Ils étaient arrêtés depuis beaucoup moins de temps que nous et cependant leur état de santé s'est détérioré beaucoup plus rapidement que le nôtre... mais aucun d'entre eux n'avait le « moral ». En janvier 1945, un de ces Vosgiens se présente en larmes à la consultation en me disant : ''Je suis fichu.'' L'infirmier Marius, le successeur de Panis, lui a pris la température sous le bras : 36°5. Mon examen a été sommaire ; il avait certainement une tension artérielle très basse mais, bien entendu, nous n'avions pas d'appareil de tension. Son pouls était petit et lent, le ventre souple et l'auscultation pulmonaire et cardiaque à travers un torchon assez sale qui nous protégeait des poux, n'avait pas révélé d'anomalie. Il était passé le dernier. Il restait une paillasse libre et bien qu'il n'ait pas de fièvre, je lui ai dit : ''Tu vas rentrer au Revier. Demain matin, si Victor le Kapo passe, je lui dirai que tu avais 40.'' Il m'a remercié bien gentiment mais en pleurant et en répétant : ''Faites ce que vous voudrez, je suis foutu, mes sept enfants vont être orphelins.'' Il nous restait un peu de soupe. Marius lui a tendu une gamelle. Il a mangé. Je lui ai reparlé à 10 heures moins 10 en faisant le tour de ma baraque. Le lendemain matin, à 5 h 30, l'infirmier est venu m'annoncer que le Vosgien était mort. Ses voisins de paillasse n'avaient rien entendu, ni rien vu [1]. »

1. Les camps du Neckar seront évacués sur Dachau. Les valides à pied, les malades par train. Mais le convoi sera stoppé par des bombardements. Les SS disparaissent, reviennent le jour suivant accompagnés d'un prêtre, du bourgmestre d'Osterbucken et d'une infirmière de la Croix-Rouge allemande. « Les SS expliquent à ces personnalités que nous sommes un convoi composé de détenus dangereux, des « *Banditen* ». Ils ajoutent que beaucoup de nous sont des malades éminemment contagieux, atteints du typhus exanthématique et qu'ils ont reçu l'ordre formel de nous liquider au lance-flammes. Tout le matériel nécessaire est là, à pied d'œuvre. Mais le curé et le bourgmestre s'opposent formellement à ce que cet ordre soit exécuté. Ils font ressortir que, dans la conjoncture actuelle, un tel acte de barbarie était absolument inutile, que cette sauvagerie risquerait d'attirer sur la population civile d'Osterbucken d'effroyables représailles de la part des Américains. » (Docteur Bent.)

III

LE ROYAUME DE HIMMLER : ORANIENBURG

Il semble qu'un coup de baguette magique les ait figés. Ce sont de véritables statues que les brancardiers transportent au Revier d'Oranienburg-Sachsenhausen. Ils ont été « gelés » au cours de leur transport sur des wagons plateaux. Les médecins se précipitent... Derrière le docteur Marcel Leboucher [1] un jeune garçon soutient un enfant plus âgé que lui. Il a entendu le médecin parler français.

— Monsieur le docteur, faites quelque chose pour mon camarade, il est bien mal.

Marcel Leboucher s'avance ; le « camarade » est mort.

— Moi, je suis Français. J'habite Paris... Le 18ᵉ... Vous connaissez docteur ?

L'enfant a quatorze ans. Cheveux tondus, amaigri, pâle, on lui donnerait dix ans.

— Qu'as-tu mon petit ?

— Pas grand-chose. Un SS a tiré dans le wagon où j'étais ; sa balle de mitraillette m'a atteint au bout du pied, mais j'ai déjà reçu un pansement... Voyez.

---

1. Le docteur Marcel Leboucher a aujourd'hui 76 ans. Arrêté le 4 novembre 1942 pour résistance, il a été déporté à Oranienburg le 24 janvier 1943. Sa femme connaîtra Ravensbrück. Le docteur Marcel Leboucher a publié, en 1950, *Souvenirs de bagne d'un grand-père : de Caen à Oranienburg* (Imprimerie Ozanne, Caen). Ce récit a servi de base à ce chapitre. Pour évoquer l'infirmier Alfred Bertin, j'ai utilisé des manuscrits inédits d'Antoine Faure, Georges Odou, Robert Bernadac. Mᵐᵉ Vᵛᵉ Bertin m'a également communiqué plusieurs témoignages dont celui de Louis Challier consacré « aux petits pots de pommade ». D'autre part, deux livres ont été consacrés à Oranienburg : *Himmler et son empire*, d'Édouard Calic (Éditions Stock) et *Rien à signaler* de Robert Franqueville (Éditions Victor Attinger).

Le médecin enlève la bande de papier et, « crime absolu », utilise de la gaze pour couvrir la plaie insignifiante. Une grosse boule de papier autour du pied fait illusion. « Pauvre gosse, penseront les autres malades en voyant le pansement énorme, il a sûrement le pied arraché. » Le docteur Leboucher prend Serge dans ses bras et le dépose sur un lit.

— Je reviendrai demain matin.

— Peut-être, docteur, pourrez-vous savoir si mon père et mon frère sont déjà dans le camp. Oh ! et puis non. Ne cherchez pas à savoir, nous sommes Juifs. Alors eux, ils sont déjà tués.

Le lendemain Serge est habillé comme les autres déportés. On a trouvé dans les magasins un « rayé » à ses mesures. Il sourit :

— Docteur, je repars en transport. Je regrette bien. Les infirmiers de la salle IV ont compris que j'étais votre ami. Ils ont été très gentils pour moi.

Dehors, douze détenus sont attelés à une longue plate-forme posée sur des roues de camion. Les statues gelées vont pouvoir se réchauffer dans les flammes du crématoire... Serge s'est accroupi ; en voyant à la fenêtre du Revier le docteur Leboucher il se dresse, porte la main droite à ses lèvres et envoie un baiser.

De grosses larmes coulent sur les joues du médecin.

* * *

Oranienburg partage avec Dachau le privilège d'être « le premier camp de concentration de l'histoire du Reich ». Tous deux ont vu le jour en 1933. Mais Oranienburg c'est autre chose qu'un camp. Situé à dix minutes de Berlin, il devient dès 1936 le camp modèle, le camp directeur des autres camps, le camp archives centrales, le camp « Empire d'Himmler ». En huit ans surgira du néant une ville de 75 000 âmes. Une capitale secrète à la dévotion du Reichsführer. Derrière les barbelés s'installent les planches à billets manœuvrées par les plus grands faussaires de tous les temps. Des millions de dollars, de livres, inonderont les marchés officiels ou parallèles du monde. Ici, on trie les bijoux récupérés, les œuvres d'art pillées. Ici, on réunit les savants enlevés qui mettent au point les armes terrifiantes de la « dernière chance ». Ici, sans doute, débutent les premières expériences médicales sur des cobayes humains. Ici, Himmler fait exécuter ses idées les plus folles : par exemple, dresser des milliers de chiens à porter sur le dos une charge de 15 kilos de dynamite et à courir droit devant eux malgré le sifflement des balles... Plus tard, on lancera ces chiens ainsi équipés sur les divisions ennemies. Ici, on traite le minerai d'uranium pour la première bombe atomique allemande. Ici, s'échafaudent tous les plans de victoires, toutes les illusions. Mais la masse des déportés s'échine dans les Kommandos de terrassement, dans les usines d'armement, dans les ateliers de réparation et ignore les mystères de l'« Empire ». Cette masse est traitée comme partout ailleurs : abandonnée au bon plaisir des gardiens. Dans les premières années du camp, un ancien pêcheur de chalutier remplira les fonctions de chirurgien, puis il disparaîtra...

Oranienburg, camp-laboratoire, camp-vedette, est aussi le camp-trompe-l'œil pour les enquêteurs, les commissions, les envoyés spéciaux des différents gouvernements alliés d'Hitler. Édouard Calic, déporté à Oranienburg, a assisté à plusieurs visites de ces « dignitaires de l'Axe ».

« Les commandants [1] faisaient rassembler à l'entrée du camp un échantillonnage de leurs "pensionnaires" des phénomènes, dignes du cirque : des nains, des géants, des gâteux et des spécimens de chacune des catégories de détenus caractérisés par les couleurs différentes de leurs "triangles". Puis les chefs nazis commençaient en notre présence, à l'intention des visiteurs, leur laïus :

— Voyez, messieurs, d'après ces créatures, cette gamme de couleurs, vous pouvez constater l'existence, ici, d'une concentration d'êtres dangereux, dangereux non seulement pour le Reich, mais pour le Monde. Que peut-on tirer de ces communistes, de ces apatrides inquiétants, de ces Juifs, de ces bandits, de ces homosexuels, de ces idiots, je vous le demande ?

« Et si quelqu'un parmi les visiteurs semblait douter, le commandant montrait du doigt quelques-uns de ces hommes :

— Vous, le bossu, pourquoi êtes-vous ici ?

« Le nain au garde-à-vous répondait :

— Monsieur le commandant, je me suis excité sur une fillette de cinq ans.

— Et vous, la girafe ? Les raisons de votre internement ?

— J'ai violé la femme d'un soldat parti au front, répond le géant (2, 12 m), lui aussi au garde-à-vous.

— Et vous ? fait le commandant s'adressant au Juif tiré du Block 19 :

— J'ai fait de la fausse monnaie.

« Le commandant passe très vite à un autre.

— Je suis ici pour « proxénétisme ». Je tenais un bar et exploitais de belles filles.

— Et vous ? lance le commandant à un « triangle rouge ».

— J'ai blessé un SS dans une bagarre.

— Vous êtes à la solde de Moscou, vous avez traîtreusement pendant la nuit poignardé nos soldats.

---

1. *Himmler et son empire*, ouvrage cité.

« Et l'on montrait encore un médecin avorteur, un gitan voleur de poulets, un témoin de Jéhovah qui avait refusé de porter le fusil de ''Satan'', puis, pour faire contraste, le commandant invitait une ''amazone'' à cheveux blonds, la plus belle du détachement féminin SS, à indiquer les consignes données aux SS par le Reichsführer.

— Défense de tutoyer les prisonniers et punition sévère pour un SS qui oserait frapper les détenus.

« Murmures sympathiques dans le groupe des étrangers. Regards de dégoût pour les spécimens présents.

— Vous visiterez, tout à l'heure, nos installations sanitaires, et vous constaterez la magnanimité et l'humanité du Reichsführer à l'égard de ces larves.

— Nous recevons la même ration que ces gens, terminait la jeune femme SS. »

Et Édouard Calic conclut :

« Les visiteurs sont enthousiasmés.

— Nous conseillerons à nos gouvernements d'appliquer ces mêmes méthodes. »

*
* *

Marcel Leboucher, après de nombreuses brimades, est agréé par le chef du Revier. Il sera « l'oculiste » du camp. On l'installe dans un petit réduit qu'une couverture de lit sépare de la vaste salle où sont rassemblés les malades, les blessés, les agonisants. Tout de suite, il doit enrayer une épidémie de conjonctivite purulente.

« J'obtins un assez rapide résultat pour qu'il fût remarqué et on me prévint que je recevrais l'inspection d'un ''grand'' (*sic*) professeur de Berlin. À cette occasion, je reçus l'ordre de convoquer tous mes patients. Cela ne me fut pas aisé car les fiches des malades étaient toutes réunies dans l'énorme fichier du secrétariat. J'avais pu en convoquer vingt-trois à 6 h 30. Ledit professeur arriva à 11 heures après avoir téléphoné qu'il examinerait seulement les cas d'abcès des paupières et une demi-douzaine de conjonctivites. Avec un camarade interprète, je lui présentai mes malades, parmi lesquels deux magnifiques abcès de paupières. À mon étonnement, il diagnostiqua un de ces deux cas conjonctivite purulente, me laissant supposer qu'il était peut-être grand professeur, mais probablement pas ophtalmologiste.

« C'était un homme plutôt petit, jeune, assez rebondi et qui arborait à la boutonnière de son veston un insigne de haut rang du parti national-socialiste. Il avait apporté avec lui un litre d'une solution jaune d'or qui sentait le ''bonbon anglais'' ; et il me fit comprendre de traiter avec son produit les conjonctivites purulentes et les phlegmons de paupières. J'eus l'idée de lui demander de désigner parmi les malades ceux avec lesquels je devais tenter l'expérience [1]. Son choix s'arrêta sur un Polonais, V... Mais pendant ce même temps, je me "choisissais" un "témoin" lui aussi atteint de conjonctivite purulente de même gravité. Or, six jours après le début des traitements, j'avais pratiquement guéri mon patient, tandis que l'état des yeux de V... s'était aggravé au point de devenir très inquiétant. »

Marcel Leboucher prend sur lui d'arrêter le traitement miracle du « grand » professeur. Baumkœtter, le médecin-chef SS du camp accourt, voit le malade « témoin », compare et, s'en allant, jette au responsable du Revier :

— Il n'est pas douteux qu'il connaît son métier : laissez-le faire.

Un peu plus tard, « l'oculiste » français deviendra même « professeur ». Il avait, seul contre tous, diagnostiqué une « tumeur cérébrale à localisation gauche », le déporté mourut, on l'autopsia :

— Vous aviez raison.

Les médecins SS du camp décidèrent alors de suivre des cours du soir d'ophtalmoscopie. Cette considération soudaine devait permettre au médecin français de sauver de nombreux camarades. Personne n'osait attaquer ses diagnostics ; les « réactions méningées » et les « méningites en évolution » fleurirent soudainement.

Les leçons n'eurent qu'un temps :

« Voici comment je procédais pour « enseigner » (?). Je m'asseyais en face du patient à examiner ; la source lumineuse — ampoule électrique porcelainée — placée à la hauteur de l'oreille droite du patient et un peu en arrière, distante seulement de six à huit centimètres. Je captais le faisceau lumineux avec la glace de l'ophtalmoscope, tenu dans la main droite, le dirigeant sur la cornée de l'œil à examiner ; puis je mettais au point avec une loupe de treize dioptries que je tenais de la main gauche. L'élève SS prenait alors ma place. Je l'obligeais le plus simplement du monde à tenir l'ophtalmoscope de la main gauche et la loupe de la main droite, insistant pour faire examiner l'œil gauche.

« Aucun des "apprentis" ne découvre la supercherie du changement de main. Comme ils n'étaient pas gauchers, ils se ridiculisaient en contorsions variées et abandonnaient la séance :

— C'est trop spécial. »

---

1. Je n'ai connu cette expérience médicale qu'après la publication des *Médecins maudits* ; elle rejoint le dossier des nouveaux médicaments essayés par des laboratoires ou des charlatans sur les déportés, dans pratiquement tous les camps. On ne saura jamais combien d'essais semblables furent tentés et combien ils firent de victimes.

Le « sorcier » revenait à ses malades. Michael l'inquiétait particulièrement. Ce jeune Russe de dix-neuf ans, blessé d'une balle et rageusement « passé à tabac » après une tentative d'évasion, avait été transporté au Revier dans un piteux état. Sous le choc d'un talon de botte, son globe oculaire gauche avait éclaté. Au bout de dix jours, le médecin SS se décida enfin :

— L'ambulance possède un détenu oculiste, faites-lui voir le blessé et qu'il donne son avis.

Marcel Leboucher est convoqué :

« J'examinai donc le garçon : le pansement était malodorant, ce qui restait de son œil pendait en lambeaux, baignant dans le pus. J'insistai pour qu'une énucléation soit immédiatement pratiquée, de peur d'une méningite purulente et d'une ophtalmie sympathique. »

Le diagnostic est transmis au médecin SS.

— D'accord, dites-lui d'opérer.

Marcel Leboucher refuse :

— Le médecin SS est chirurgien, il peut opérer beaucoup mieux que je ne puis le faire dans les conditions où je suis. Regardez [1] mes doigts. D'autre part, il s'agit probablement de m'attribuer la mort du blessé, si cette intervention, beaucoup trop tardive, n'empêche pas la méningite purulente d'évoluer vers une issue fatale.

Le médecin chef fit répondre :

— Cette opération me dégoûte (*sic*). Je ne désire nullement y assister ; mettez « ma » salle d'opération et mes instruments à sa disposition.

Marcel Leboucher sauva Michael ; mais maintenant il fallait le protéger car les évadés repris terminaient en général leur carrière au bout d'une corde. Sa convalescence, truffée de rechutes imaginaires, se prolongea. Michael devint célèbre : il était le déporté opéré par un déporté dans la salle réservée aux SS. On oublia Michael.

* * *

— Encore cette main ! Je n'ai vraiment pas de chance.

— C'est la main gauche. Va voir Bertin.

— Je l'ai déjà vu quand j'avais eu un phlegmon.

— Et alors il t'a soigné ?

— Non ! Il m'a dit que ce n'était pas grave et que je n'avais qu'à me faire ouvrir le phlegmon par un camarade. Aucun n'a accepté ;

1. Les médecins détenus étaient également chargés de l'entretien du Revier. Après la consultation, ils passaient une serpillière imbibée de détergent sur le sol.

alors j'ai ramassé un gros clou de charpentier par terre, à la forge je l'ai fait rougir et je l'ai martelé en forme de fer de lance et hop !

Mais aujourd'hui pas question pour Robert de « charcuter » seul sa blessure. La main est écrasée... aplatie.

— Mon pauvre vieux. C'est arrivé comment ?

— Oh ! c'est simple ! On était une vingtaine à placer des citernes sur des châssis de camion... Ceux qui tenaient la citerne ont lâché trop vite. J'ai hurlé... en plus le Kapo m'a tabassé pour avoir osé interrompre le travail. Alors je me suis présenté au garde-à-vous devant le SS. Il a regardé ma main. Et il m'a envoyé dormir dans une carcasse de voiture. Je ne comprends pas encore ce qui a bien pu se passer dans sa tête.

Alfred Bertin, l'infirmier français du Revier, ne peut rien pour le moment.

— Écoute, prends ce rouleau de papier et entoure ta main. Reviens dans trois jours. Il y aura de la place.

Et il regarde vers la cheminée du crématoire.

Trois jours plus tard, le chirurgien français Émile-Louis Couderc intervient.

— C'est sérieux ! Il faut ouvrir là, là et là.

— Vous m'endormez ?

— Vous rêvez, je n'ai rien.

Un infirmier géant s'empare du bras, l'immobilise sur la table.

— Allons, tranquille !

Le bistouri est ébréché.

— Ça va tirer un peu.

Ça tire en effet. Sept fois. Sept fois pour trois incisions de trois centimètres. Aussitôt, la main se vide, se dégonfle, comme une baudruche percée.

— Tu as de la veine. Rien n'est cassé.

Au revoir. Au suivant.

Deux mois plus tard, la blessure est cicatrisée par « enchantement » mais le sort s'acharne sur cette main. Robert porte le bouteillon de « Kaffee » avec un autre déporté allemand : soixante kilos au pas de course. L'Allemand trébuche. L'eau teintée bouillante déborde, coule...

Alfred Bertin examine cette plaie énorme qui ronge la main et une partie de l'avant-bras.

— Cette fois c'est sérieux. Je vais te faire une application de graisse de baleine. Voilà un papier pour le block des convalescents.

Alfred Bertin s'occupera pendant cinquante jours de la brûlure du déporté français. Il ira jusqu'à voler le crayon de nitrate d'argent du médecin chef SS pour que « son ami » ne soit pas amputé. Il effacera son nom de la liste des « grands malades » et lui évitera un « transport vers le ciel ».

Alfred Bertin[1] restera l'une des figures d'Oranienburg. Infirmier de l'Assistance publique, il avait été arrêté sur dénonciation. Cet agent de renseignement d'un réseau de Résistance ne pouvait s'empêcher de faire des blagues au téléphone.

— Allô, les pompiers ? Un train d'essence allemand brûle à Paris Pajol...

— Allô, l'hôpital Lariboisière ? Une bombe va exploser dans l'aile réservée à la Wehrmacht.

— Allô, le commissariat...

— Allô, la Kommandantur...

Chaque fois les « alertes » portaient ; à Lariboisière, par exemple, on évacuera deux fois tous les blessés et malades allemands.

À Oranienburg, sa bonne humeur, ses plaisanteries redonnèrent du courage à de nombreux déportés. On l'aimait, on l'adorait jusqu'au jour...

— Tu as vu, Alfred porte des petits pots aux gardiennes SS.

— Tu t'es trompé.

— Non, je t'assure... Je l'ai déjà vu il y a deux jours... On va lui demander.

Alfred s'arrête près du groupe.

— On collabore maintenant ?

— Quoi ?

— On t'a vu. Tu portes des pommades aux femmes SS.

— Et alors ?

— Et alors ? T'as pas le droit. C'est quoi ? Des médicaments ?

Silence.

— Réponds.

— Donnez-moi huit jours. Je vous assure que je ne « collabore » pas. Dans huit jours, c'est promis, vous allez bien rigoler.

Ses amis le surveillèrent. Le soir Alfred Bertin se transformait en alchimiste. Il sortait de son placard des petits pots de porcelaine, les alignait, les soupesait, ajoutait à l'un un peu de pommade rouge ou verte, de l'oxyde de zinc.

— Dis donc, Alfred, c'est quoi tes pots ?

— C'est pour le commandant ?

— Pour sa petite amie ?

Chaque soir, il travailla ainsi à son « grand œuvre ». Puis, un beau

1. Mort en France après son retour de déportation.

matin, souriante la grosse gardienne chef SS emporta une quinzaine de pots.

— Alors Fredo ?

Et Fredo raconta :

— Le mois dernier, cette gardienne m'a demandé de l'accompagner aux douches. J'ai hésité. Et puis... Ne riez pas. J'étais bien embêté. Elle s'est déshabillée... ça débordait de partout. J'ai dû lui frotter le dos. J'ai fait semblant de ne pas comprendre ce qu'elle désirait. Furieuse ! elle était furieuse. Alors, pour la calmer, je lui ai dit qu'elle avait les lèvres gercées et la peau des joues un peu rêche ; qu'elle avait absolument besoin de se mettre des crèmes de beauté.

— Tu parles d'un compliment...

— Enfin quoi, je lui ai proposé de lui fabriquer des crèmes de beauté d'après des recettes parisiennes. J'avais juste besoin d'un peu de parfum. Elle a éclaté de joie. Le lendemain j'avais un flacon de « sent-bon » aux roses.

— Et alors, c'est pas drôle.

— Non, c'est pas drôle. Parce que vous l'avez vue tout à l'heure. Elle a la peau douce... pas un seul bouton.

— Des boutons ?

— Oui. Je vais vous montrer comment je fais mes crèmes. Un cocktail de corps gras et un peu d'extrait de roses et je désépaissis le tout avec...

— Avec ?

— Avec de la merde, de la merde que je prends dans les tinettes des dysentériques.

Tous les mois, ces « dames » apportèrent des médicaments en échange des merveilleux petits pots. Alfred eut beau modifier sa recette en augmentant la dose du « liant », jamais une seule n'attrapa un bouton.

— C'est trop injuste.

*
* *

Dans les jours qui suivirent l'attentat contre Hitler, des conjurés blessés furent conduits à Oranienburg. Le docteur Leboucher en examina un :

« C'était le type du ''hobereau magnifique'' qui portait ses armoiries brodées sur la doublure du pardessus à la hauteur de la poche intérieure droite. Une balle de mitraillette entrée dans la région temporale gauche était ressortie à la tête du sourcil : le nerf optique était lésé ; la musculature du globe oculaire demeurait intacte, mais la paupière supérieure fonctionnait mal ! Le blessé ne sut jamais me poser d'autre question que : ''Pourrai-je quand même porter monocle ?'' »

Aussitôt guéri ; aussitôt exécuté.

*
* *

Et le vendredi 20 avril 1945 arriva...

— Évacuation générale.

— Seuls resteront à l'intérieur du Revier les grands malades, les blessés intransportables ; les médecins et les infirmiers prendront leur place dans les colonnes.

Le chirurgien français Émile-Louis Couderc se précipite chez son « collègue » SS.

— Je reste avec Leboucher. Nous ne pouvons abandonner tous ces gens sans soins.

Le chirurgien SS répond :

— Naturellement.

Couderc et Leboucher font leurs adieux à leurs confrères et reprennent leur travail. Au début de l'après-midi, le chirurgien SS pénètre dans l'infirmerie.

— Docteur Leboucher, où se trouve votre ami Couderc ?

— Il fait les pansements au Revier des femmes blessées au cours du bombardement des Kommandos Auer et Siemens.

— Dites-lui qu'il doit absolument partir. Vous aussi.

Leboucher retrouve Couderc. Les autres médecins vont sur la place, prêts au départ.

— Je m'en fous... Tu t'en vas, toi ?

— Bien sûr que non.

— Alors ça va.

Un ancien opéré de Leboucher, un droit commun allemand, arrive essoufflé.

— J'ai entendu que vous vouliez rester avec les malades intransportables ?

— Bien sûr, c'est mon devoir.

— Il faut absolument que vous partiez. Vos amis et les Français sont encore devant le Block 7. Rejoignez-les, vous avez le temps. C'est un bon conseil que je vous donne.

— Mais vous savez quelque chose ?

— Oui ! Quarante SS et l'Untersturmführer R... doivent faire sauter le Revier, le Revier et tous ses malades. Personne ne doit en réchapper.

Couderc et Leboucher se replongent dans les pansements.

Au milieu de la nuit, dernière tentative des SS :

— Allons, partez. Vous êtes au camp depuis assez longtemps pour savoir qu'on ne s'embarrasse pas d'un témoin gênant, comme vous pouvez l'être. On le supprime. La seule chance que vous ayez, c'est de vous en aller immédiatement.

Au lever du jour, le camp est désert, comme abandonné, la grande grille bouclée.

Pendant vingt-quatre heures, ils ne verront aucun Allemand [1]. Enfin, le dimanche :

« Il est un peu plus de 5 heures, la cloche du camp tinte avec à-coups. Je sors du Revier où je suis venu voir un malade hollandais. Dans la cour c'est une ruée vers la grille. Un jeune soldat russe, au faciès mongol, est entré qui tient entre les bras sa mitraillette comme une femme porte un enfant. On l'embrasse, on l'embrasse encore. Il est tout rouge et sourit en découvrant ses dents. Les malades les plus faibles, les moins ingambes se sont précipités. Ils se traînent par tous les moyens. On en voit qui semblent de vrais spectres sortis des tombeaux... Les larmes coulent sur toutes les joues. »

1. En dehors des docteurs Couderc et Leboucher, sont restés au camp trois médecins belges, deux hollandais, un italien, un tchécoslovaque.

IV

FALKENSEE PASSE DU VERT AU ROUGE

Il est toujours difficile et délicat pour celui qui n'a pas connu les camps de concentration de découvrir son chemin dans le maquis des luttes d'influences qui dévorèrent les déportés. Je pense qu'en prenant l'exemple de Falkensee, Kommando d'Oranienburg relativement important avec ses 2 500 hommes chargés d'abord de construire une usine d'armement dans la banlieue de Spandau, puis de mener la production, il sera possible de comprendre le mécanisme de la prise de pouvoir, à l'intérieur même des barbelés, par certains groupes ethniques ou politiques. Il faut préciser que ces directions occultes n'avaient que des moyens de pression limités sur les SS, « laissant faire », en général, pour avoir la paix. Lorsqu'ils interviendront, jugeant que les comités « dépassent les bornes », il sera, en général, trop tard. L'organisation secrète de certains camps disposait même d'armes à la veille de la libération.

Ainsi Falkensee passa-t-il un beau jour des mains « vertes » aux têtes « rouges »[1]. L'infirmerie aussi.

Dès leur arrivée, les politiques « rouges » avaient constitué un comité clandestin animé par des communistes allemands. Certains étaient déportés depuis 1933. Ce comité sera renforcé sans arrêt par les nouveaux arrivants. Comme dans la plupart des Kommandos où les SS fournissaient du matériel humain aux directeurs d'usines ou aux chefs de chantiers,

---

1. Les triangles verts étaient portés par les détenus de droit commun, les triangles rouges par les déportés politiques. Deux manuscrits inédits m'ont permis de traiter ce chapitre. Je dois le premier à Roland Picard qui prépare, avec d'anciens déportés du Kommando, le livre mémorial de Falkensee ; le second témoignage inédit m'a été communiqué par un ancien infirmier, Georges Septépé (manuscrits rédigés en décembre 1967 et janvier 1968).

les gardiens devaient se plier aux désirs des employeurs civils qui payaient pour chaque « tête ». Jusqu'à la fin de la construction et de l'installation de l'usine d'armement Demag, les manœuvres pouvaient être utilisés jusqu'à leur complet épuisement... les bras ne manquaient pas ! Quand il faudra recruter du personnel qualifié pour les fabrications de guerre, il deviendra nécessaire de relever le niveau professionnel des bêtes de somme. Ainsi, les 180 survivants des trois cents premiers Français arrivés en mai 1943 subiront-ils des tests pour déterminer leur orientation et des cours professionnels accélérés. Les tourneurs, fraiseurs, ajusteurs, pourront très rapidement s'incorporer dans les chaînes de production... et saboter. Ce bouleversement ne pouvait être efficace que si le Revier le devenait aussi. Le déporté, désormais « producteur », n'est toujours pas un homme mais il rend des services. On doit le maintenir en état de fonctionner.

Pendant le règne des criminels « verts », le Revier dépendait du SS Gunther qui déléguera une partie de ses pouvoirs à l'Allemand Hann, condamné pour meurtre et à un médecin polonais, Franck. Ces hommes ne se considéraient nullement au service de leurs camarades ; ils étaient auxiliaires des SS, collaborateurs du Reich et rabattaient les Juifs, les inaptes au travail à l'arrivée des convois. On sait ce que cela veut dire ; ces « tarés » disparaissent sans laisser de traces, comme s'évaporeront les « trop » malades ou les pas « assez » en forme.

* * *

Les « verts » du Revier ont une étrange attirance pour les couleurs. Peu importe la blessure du consultant.

Premier jour : pommade verte.

— *Weg !* au suivant.

Deuxième jour : pommade jaune.

— *Weg !* au suivant.

Et ainsi de suite. Rouge, noire, *Weg ! Weg !* Ceux qui réclament la visite avant le départ du matin se rangent devant le Block 5 et attendent l'arrivée du responsable SS. Gunther débouche, matraque en main. La danse peut commencer.

« Une rafale. Un tourbillon. Tout marchait à la fois, les pieds, le poing, la cravache. En moins d'une minute, la place était nette. Seuls restaient étendus les assommés. Ils allaient pouvoir se présenter et ne seraient admis qu'à la condition d'avoir plus de 40° de température. Ceux qui avaient fui les rangs pendant la tourmente étaient poursuivis par les chefs de Block. Acculés, matraqués, les tâches les plus dures leur étaient confiées. S'ils surmontaient cette journée, ils reprenaient le lendemain leur place au chantier.

« Jamais je n'oublierai ces retours du travail avec les morts portés par quatre compagnons qui tenaient chacun un membre. Tous sont exténués par les épreuves de la journée et la route est longue du chantier au camp, plus de trois kilomètres. Convoi de cauchemar où l'on se passe de main en main les corps disloqués. Et si, fatigué, l'un de nous lâchait prise, si le corps basculait et déséquilibrait les rangs, les coups pleuvaient. Même les morts étaient frappés. La procession entrait au camp, il fallait alors, selon la fantaisie des SS, soit placer le mort sur les rangs à la place qu'il aurait occupée vivant, soit le maintenir debout. Les morts étaient comptés avec les vivants ! »

Les cadavres marqués au crayon d'aniline étaient ensuite déposés dans les W.-C. Pour l'administration ils n'étaient pas morts. Ils ne le seraient réellement que lorsqu'ils franchiraient les barbelés du camp mère d'Oranienburg. À Falkensee, au cours des alertes aériennes, les déportés emportaient les morts dans les abris. Puis le corps était « admis » au Revier en attendant le camion qui viendrait le chercher, le lendemain ou dans deux jours. Il touchait sa ration que, bien sûr, les Kapos se partageaient.

Le comité clandestin et international de Résistance grandit, s'organise. Presque tous les détenus affichent le triangle rouge. Les SS et les civils qui vont avoir à rendre productive l'usine décident de sacrifier les droit-commun. Les « rouges » triomphent et occupent toutes les places importantes de Falkensee. Le Revier ne leur échappe pas et Gustave Butgereit, communiste allemand arrêté en 1933, en prend la direction. Il se débarrasse rapidement des « verts » en place. Le personnel compte maintenant deux médecins soviétiques, un Danois, un Français — le docteur Breitman —, un étudiant en médecine Bernard Dutasta, également français et Georges Septépé.

À dater de ce jour, le Revier s'humanise dans les limites fixées par les SS. Trois admissions par jour (il y a 2 500 détenus) et 10 exemptions de travail. Les médecins arriveront à franchir rapidement ces barrières. Cependant, sur le plan médical, les possibilités restent comme partout limitées :

« Les produits pharmaceutiques se réduisaient à leur plus simple expression, à savoir : aspirine, charbon et prontosil (variante de sulfamide). Dans ces conditions, nos médecins trouvaient dans chaque cas à soigner des problèmes difficiles à résoudre. Il leur fallait quotidiennement faire appel à des thérapeutiques où la science le disputait aux remèdes de nos grand-mères. Je pense en particulier à ce camarade atteint de pneumonie. Les sulfamides n'avaient apporté aucune amélioration à son état. Il s'affaiblissait et nous nous attendions, au bout d'une semaine, à le voir expirer. Le docteur Breitman eut l'idée de tenter un procédé ancien : ''l'enveloppement''. Après avoir étalé dans la neige et par — 20° une couverture, et dévêtu notre malade avec 40° de fièvre, il le roula dans cette couverture glacée. Il est inutile de décrire les réactions du malade. Mais le plus spectaculaire fut de voir le mourant sortir du coma quelques heures après cette séance, pour revenir miraculeusement à la vie. Un autre jour, à la visite, un détenu présenta une blessure à la main qui s'était infectée. Une inflammation importante se traduisait par une lymphangite le long du bras et une adénite de l'aisselle. Après nettoyage de la plaie et une bonne dose de sulfamides, nous n'avions d'autre solution qu'un pansement humide pour tenter de résorber le pus. Le lendemain, notre malade, fou de douleur, nous présentait un bras que l'enflure rendait uniforme des doigts au coude. C'était un phlegmon. La septicémie le guettait. Il fallait absolument drainer tout ce pus vers l'extérieur. Nous n'avions pas de drains. Après une heure de recherches dans tout le camp, un tube de caoutchouc de faible calibre était découvert. Après l'avoir sectionné en plusieurs morceaux et pratiqué le plus grand nombre de trous possible sur chaque longueur, il ne nous restait qu'à faire bouillir ces drains improvisés. La stérilisation terminée, nous étions prêts. Le docteur Breitman, après avoir incisé le bras à plusieurs endroits bien précis, devait littéralement le truffer de morceaux de caoutchouc. Ils entraient par une incision et sortaient 10 à 15 centimètres plus loin par une autre. Un énorme pansement recouvrait le tout. Trois jours après le bras était redevenu normal et notre malade sauvé.

« Au fur et à mesure que nous approchions du dénouement, la lassitude et les privations posaient un cas de conscience aux responsables du Revier : comment, avec un maximum de 90 malades et 60 exemptés de travail, pouvait-on arriver à soigner environ 1 500 hommes au bord de l'épuisement ? Une seule solution pouvait être apportée à ce problème par une rapide rotation des séjours au Revier. La durée moyenne de ces répits était d'une semaine. Solution de la dernière chance pour ceux qui se ''sentaient partir'' : la blessure volontaire. Le ''classique'' du genre : se laisser tomber, dans les ateliers de fabrication d'armes, un lourd culot d'obus sur le gros orteil. Les SS étaient bien obligés d'abandonner quinze jours de repos à ces spécialistes rendus moins attentifs par le surmenage et l'épuisement. »

* * *

Au mois de mars 1945, en recevant leur livraison de médicaments, les médecins découvrent dans la caisse réservée aux SS des ampoules de Cebion, vitamine C à forte dose. Les ampoules disparaissent dans les poches de l'inventeur de la découverte. Georges Septépé, quelques jours plus tard, se rend compte que l'un de ses anciens camarades de la prison de Marseille est à toute extrémité :

« Il était dans un état lamentable. Je connaissais son courage et je savais qu'il avait attendu d'avoir épuisé ses dernières forces avant de venir me trouver. Mais il n'avait ni blessure ni 40° de fièvre. Après une courte discussion avec le docteur Breitman et Bernard Dutasta, nous décidons de lui faire la première piqûre de Cebion. Il était 8 heures du matin, il rentrait d'un Kommando de nuit. Pas question pour lui de Revier ou d'exemption de travail. Nous ne pouvions que lui conseiller d'aller se coucher en attendant de repartir. À 10 heures, nous sommes alertés que notre ami est gravement malade à son Block. Nous nous rendons à son chevet tous les trois. Nous le trouvons dans un état comateux et claquant des dents. La température dépasse 40°. Nous le transportons immédiatement au Revier, inquiets sur les conséquences de cette piqûre. Le médicament n'était-il pas trop fort pour son organisme affaibli ? Quelques heures après son admission, notre camarade revenait à lui. Quinze jours plus tard, ragaillardi, il reprenait sa place à l'usine. Avec ce petit stock d'ampoules volées nous devions sauver douze déportés. »

Le 19 avril, à l'appel du soir, le camp apprend qu'il sera évacué le lendemain matin. Départ 8 heures. Sans exceptions. Le docteur Breitman refuse de laisser partir sur les routes ses moribonds. Le comité clandestin « par la voie hiérarchique » contacte le commandant SS. Le matin sur la place d'appel contrordre :

— Évacuation ce soir à 17 heures, sans le Revier.

Breitman ne s'estime pas satisfait.

— Et les éclopés, les exempts qui sont dans les Blocks ?

À nouveau, contacts, palabres, voie hiérarchique... À 17 heures le commandant cède :

— Évacuation demain matin, sans le Revier, sans les exemptés.

Par son action, le médecin français venait de sauver plusieurs centaines de vies humaines ; non seulement ses malades, mais de nombreux valides des Kommandos car dans la nuit les troupes soviétiques, Joukow au nord et Koniev au sud, refermaient les branches infranchissables de leur tenaille entre Brandebourg et Postdam, à l'ouest de Berlin. Le camp était encerclé et, le 26 avril, les barbelés arrachés laissaient passer les premiers soldats soviétiques.

Mais les hommes qui arrivent ne sont que des « sections d'assaut », sans véhicules, sans service sanitaire. Les Allemands repliés ajustent leur tir d'artillerie. Les libérateurs ordonnent aux déportés de s'enfuir :

— Partez !

— Comment ?

— Débrouillez-vous !

Le personnel du Revier s'échappe. Ne restent auprès des malades que Gustave, le docteur Breitman et ses deux assistants français. Ils n'ont que deux brancards. Ils chargent deux mourants. Étrange cortège, longue marche de ces hommes libres qui se traînent, s'arrêtent tous les cinquante mètres, se relaient, s'écroulent, s'endorment enfin le soir dans une maison abandonnée. Les deux malades transportés sur les brancards toute cette longue journée meurent le lendemain.

« Le 3 mai, n'ayant toujours pas obtenu d'être pris en charge par un service sanitaire, nous décidions d'avancer par petites étapes à la rencontre des troupes américaines. Pour y parvenir, la chance devait nous servir sous la forme d'un vieux fiacre, trouvé dans une cour et d'un cheval (boiteux, comme nous), récupéré dans un pré. En quinze jours, nous devions parcourir ainsi 180 km et atteindre l'Elbe près de Stendal. À chaque étape, il nous fallait, par nos propres moyens, assurer la nourriture et l'hébergement de ce petit Revier. Si les forces de nos malades revenaient au fil des jours, l'un d'eux, Morachini, ne vivait plus que de lait.

« Le 27 mai 1945, nous étions échangés comme du bétail, au cours d'une scène qui devait beaucoup nous surprendre. Nous étions deux mille ressortissants de l'Ouest — Français, Belges, Espagnols et Italiens — à attendre le long d'un petit cours d'eau, près de Dessau. De l'autre côté, un nombre équivalent de ressortissants de l'Est, Russes, Polonais, Hongrois, etc. Entre nous, un petit pont sur lequel se trouvaient des officiers russes et américains discutant par le canal d'un interprète. À un moment donné, les ressortissants de l'Est ont passé le pont, deux par deux, puis ce fut notre tour. »

V

THELKA

L'infirmerie du Kommando de l'usine Thelka [1] ne connut que deux journées exceptionnelles. Les malades russes décidèrent un jour d'honorer leurs amis français. Ils étudièrent *Le Malade imaginaire* et le jouèrent dans un coin de l'infirmerie. À leur façon, bien entendu, et en russe. Cette adaptation libre comportait une scène inattendue. Le malade, ventre béant, était couché par terre et le chirurgien retirait du champ opératoire plusieurs kilos de rutabagas...

Le 15 avril, le jour de l'évacuation du camp, les SS cernèrent l'infirmerie. Par les fenêtres ouvertes ils lancèrent des grenades. Après la dernière explosion ils nettoyèrent les restes des deux cents malades au lance-flammes. Un médecin était resté avec les siens.

1. Kommando d'Oranienburg fabriquant à l'usine Thelka de Leipzig des ailes d'avions Messerschmidt.

VI

MAUTHAUSEN

Sur les bords du beau Danube bleu : Mauthausen.

Mauthausen et les 186 marches de sa célèbre carrière.

Mauthausen et ses 155 000 morts.

— Il faut que je rejoigne Auguste, lui me dira...

Dans la longue file des 1 700 nouveaux arrivants, Gilbert-Dreyfus [1] s'impatiente. Sa soif est à peine calmée. Tout à l'heure, les « autres », tous les autres assoiffés de son convoi, l'ont pris pour un fou. Il a jeté sa montre à un gardien en criant :

— J'ai soif ! À boire !

Les « autres » ont haussé les épaules.

— Il n'a pas compris où il se trouve. S'il croit que la brute va revenir ! Naïf !

La brute est revenue avec un fond tiède de café-chaussette clair et acide. Cinq ou six « autres » ont bu avec Gilbert-Dreyfus.

— Tiens, laisse-moi ta place dans le rang, prends la mienne. Il faut que je retrouve Auguste.

Oui, il doit absolument. Le vieux syndicaliste communiste s'est montré depuis Compiègne courageux et audacieux ; organisateur né, il a l'âme d'un chef [2].

— Tiens, prends ma place. Il faut que j'avance d'un rang.

---

1. Le professeur Gilbert-Dreyfus, médecin des hôpitaux de Paris, a organisé la résistance médicale dans le Sud-Est. Arrêté en novembre 1943, sous le nom de Gilbert Debrise « homme de lettres » (voir note 1, chapitre sur Ebensee).

2. Il le montrera à Ebensee en devenant président du mouvement de résistance du Kommando. Auguste Hayez, mineur au moment de son arrestation, sera après son retour exclu du parti communiste pour « travail fractionnel ».

Il le voit. Encore une quinzaine de sauts de puce et il pourra lui demander :

— Que dois-je faire ?

Depuis qu'il a appris, en arrivant, qu'on mettait les médecins de côté, Gilbert-Dreyfus se pose la question et ne trouve aucune réponse. Il a été arrêté comme homme de lettres sous le nom de Gilbert Debrise ; s'il dit au secrétaire qui interroge les déportés : « Je suis médecin », l'administration ne comprendra plus et une nouvelle enquête sera ouverte. De plus, s'il avoue : « Je suis médecin », on va le prendre pour un lâche, l'accuser de prendre la tangente et d'abandonner ses camarades au pourrissement. Auguste... Encore un rang.

— Tu peux... Pardon !

Il touche Auguste. Lui explique. Auguste tranche :

— Si vous laissez supposer votre identité, que votre dossier remonte à Berlin et que vous finissiez par être pendu, tant pis pour vous. Nous n'y pouvons rien. Si votre petit tour de passe-passe réussit et qu'on vous embauche à l'infirmerie, tant mieux pour vous. Vous serez planqué mais qui diable vous en tiendrait rigueur ? Une seule chose compte pour nous : avoir un toubib français à bord de cette galère où nos compatriotes n'ont pas l'air d'être en particulière odeur de sainteté : un médecin qui les comprenne, qui les soutienne, qui les aide, voilà du bon travail. Le reste c'est du coupage de cheveux en quatre. Que tu te jettes dans la gueule du loup ou que tu tires ton épingle du jeu, que ta précieuse personne en pâtisse ou en réchappe, mets-toi bien dans la tête que cela nous est complètement égal. Quant au risque, à toi d'en peser le pour et le contre. Je n'ai aucun ordre à te donner.

Tirade-sermon prononcée d'un seul souffle. Sans appel.

— Alors avance ! Toi, ton nom ?

— Debrise.

— Profession.

— Médecin.

Le secrétaire classe la fiche :

— Tu as de la chance !

* * *

Le docteur Chaplinsky trônait au-dessus des huit bâtiments du Revier. Pendant un an il avait souffert aux côtés de la piétaille dans la carrière. Chacune des 186 marches du grand escalier avait été « souillée » de son sang. Plus grand, plus fort que les autres, il avait tenu plus longtemps tout en recevant plus de coups. Il s'accrochait à la vie, le diable... Puis il gravit les autres marches qui devaient le conduire à la tête des privilégiés. Il le méritait. Mais il oublia très vite, M. Chaplinsky, il oublia les 186 marches, les milliers de Russes que l'on avait parqués à l'emplacement du Revier avant sa construction et qui, abandonnés de tous, étaient morts de faim, de froid... fous qui se tuaient entre eux, qui se dévoraient ; il oublia ce petit Juif minable, affreux, qui réussit à porter tout au long de deux kilomètres une pierre de 142 kilos. On pesa la pierre avant de la déposer au musée. Le petit Juif mourut une heure après l'exploit, jamais égalé à Mauthausen ni dans d'autres camps. M. Chaplinsky avait décidé de survivre par n'importe quel moyen. Il était en train de réussir, ignorant volontairement les drames quotidiens, se méfiant surtout et avant tout des médecins français qui auraient pu comme lui s'élever dans la hiérarchie. Il les aimait bien, mais il préférait les sentir loin de son repaire. Dès qu'il en voyait un surgir d'un convoi il se dépêchait de le tenir « au chaud » dans un Block de malades, pour le ventiler ensuite sur les Kommandos extérieurs. Consciencieux, il essayait ce confrère quelque temps. En attendant une affectation, le futur promis à l'éloignement devait apporter la preuve de ses connaissances. Gilbert-Dreyfus fut nommé adjoint du Block 7. Deux jours plus tard le médecin en titre rejoignait un Kommando. Gilbert-Dreyfus devenait médecin de Block. Dans toute l'aventure de Mauthausen, le fait ne s'était jamais produit.

« C'était [1] un Block très particulier que le Block 7. Il réunissait tous les malades appartenant aux Kommandos secrets et aux usines de guerre où se fabriquaient ces armes nouvelles destinées à assurer la victoire définitive du Grand Reich. Ce Block s'appelait officiellement Isolierblock. Isolement motivé non pas par le caractère médical des affections qu'on était censé y soigner, mais par mesure de sécurité nationale. Les hôtes du Block 7 n'avaient ni le droit ni la possibilité de communiquer avec ceux des Blocks voisins. On les conduisait au lavoir, comme des pestiférés, après le couvre-feu. »

Ainsi, contrairement aux autres services, le Block 7 hébergeait côte à côte des individus porteurs des maladies les plus diverses et les plus hétéroclites. D'autre part, rien de ce qui s'y passait en « vase clos » ne transpirait à l'extérieur.

« Ce qu'il y avait de plus frappant, lorsqu'on pénétrait dans le Block 7, c'était son odeur. Une odeur composite, indéfinissable, qui imprégnait les cloisons, le linge, la peau, l'air lui-même et vous saisissait à la gorge. Cette odeur n'était pas uniforme, et des zones de fétidité discrète alternaient avec des zones de fétidité maximale aux effluves d'essence variées.

1. *Cimetières sans tombeaux*, ouvrage cité (note sur Ebensee).

« Royaume de la puanteur et de la crasse, le Block 7 avait été prévu pour donner asile à deux cents malades. Il en hébergeait habituellement quatre à cinq cents, répartis sur trois étages de matelas. Quatre ou cinq cents têtes sans cheveux, posées de guingois. Des bras, des jambes entrecroisés dans tous les sens. Quatre ou cinq cents échantillons des principales tribus européennes. Un remue-ménage de fourmilière. Certains se trouvaient groupés selon la maladie dont ils étaient atteints. Il y avait la rangée de phlegmons et de gangrènes que révélaient des exhalaisons de pourriture. Le coin des galeux qui fleurait le rance. Le coin des chiasseux, où l'on suffoquait littéralement. Le coin des phtisiques, qui sentait déjà la chair en décomposition. La plupart des autres patients couchaient pêle-mêle, les innombrables œdémateux, gonflés des pieds à la tête comme des ballons ; la masse immense des faibles, ceux que le travail avait crevés et qu'à titre de consolation sans doute on désignait sous le terme d'*Allgemeinekörperschwäche* [1]. Tantôt, pour leur faire plaisir, on réunissait des individus de même nationalité ou de mêmes affinités électives. Tantôt, pour les brimer, on séparait les meilleurs camarades, les amis moralement inséparables. Tout cela était régi par le hasard, le favoritisme, les marchandages. Quelques-uns étaient seuls dans leur lit, principalement les Polonais et des "droit commun" allemands qui avaient l'oreille du Blockältester. À l'inverse, les Français, les Italiens, les Grecs, parents pauvres des camps de concentration, étaient relégués dans les travées les plus délabrées, sur les paillasses les plus étiques. Le même hasard, le même favoritisme, les mêmes marchandages avaient sans doute présidé à l'établissement des listes d'hospitalisation dans les différents Kommandos. Car, à côté de très grands malades dont l'organisme était à bout de course, la santé de beaucoup de nos clients ne semblait ni plus ni moins ébranlée que celle des travailleurs étiquetés sains. L'ensemble ne donnait guère l'impression d'une salle d'hôpital. On passait la journée à bavarder, à se bagarrer, à échafauder des combines, à grappiller des résidus de tabac qu'enroulés dans un papier journal on irait fumer en cachette. La passion du tabac est le grand vice international. J'ai vu des hommes à la dernière extrémité troquer leur ration de margarine contre un mégot et mourir le soir même d'épuisement et d'inanition. »

« Même hasard, même favoritisme, mêmes marchandages réglaient la durée de séjour au Block. Dans les camps, comme dans les casernes, l'infirmerie c'est la planque. Par tous les moyens possibles, on essayait de s'y cramponner. Les uns ne parvenaient pas à y rester plus de quelques jours et s'en voyaient chassés avec les paupières encore toutes

1. Faiblesse corporelle généralisée.

bouffies ou deux litres de liquide dans la plèvre. D'autres, qui se portaient comme le Pont-Neuf, s'incrustaient au Block des semaines et des mois. Il n'était pas sorcier de déceler par quelles manœuvres savantes quelques "embusqués" étaient parvenus à leurs fins, distribuant généreusement le contenu de leurs paquets au personnel, n'hésitant pas à payer de leur personne en se prostituant. Mais, dans nombre de cas, le mystère demeurait indéchiffrable : un compatriote influent, une bouille sympathique, un tatouage obscène et récréatif, ou bien tout simplement du culot et de la suite dans les idées... »

Dans cette « cellule » le professeur Gilbert-Dreyfus allait souffrir deux mois. Sa tête ne revenait pas au beau Vincent, le tout-puissant chef du Block. Vincent, grand amateur d'alcool, d'accordéon, de billard russe et de petits jeunots bien grassouillets aimait être maître chez lui et ce stupide Français qui se « disait » médecin venait troubler la parfaite ordonnance des habitudes « séculaires ». Pourtant Vincent l'avait bien « doublé » au cours de la première sélection de malades pour le château d'Harteim [1]. Devant ses yeux, sous son nez, à sa barbe, lui Vincent et un médecin caucasien avaient réussi en moins de deux minutes à désigner trente victimes pour le « château » et parmi eux sept Français. Gilbert-Dreyfus ne comprit que lorsque le secrétaire lui dit :

— Tu es un bleu ici. C'est comme ça tous les lundis. Il faut bien faire de la place. Tu t'habitueras.

Le lundi suivant Gilbert-Dreyfus accueillit le comité de sélection.

— C'est à moi de décider.

— Nous fais pas rigoler.

Sept Français avaient été déjà descendus de leur lit.

— Remontez !

— Ta gueule !

— Remontez.

Gilbert-Dreyfus en attrape un par le bras.

— Le premier sera celui-là.

Vincent ne peut s'empêcher d'applaudir :

— Ah ! si tu choisis un Français en premier... Vas-y, on t'écoute.

Ce premier Français, le médecin le savait condamné. Il serait mort dans la journée.

— Celui-là.

— Celui-là.

Trente condamnations à mort. Trente sentences en trois minutes. Trente meurtres... mais, maigre consolation, deux Français seulement sur la liste. Gilbert-Dreyfus s'effondre, une nausée le prend, il songe à

1. Les SS pratiquaient l'euthanasie au château d'Harteim.

se suicider... c'est ça, plonger dans les barbelés. Il sort du Block en courant... s'arrête devant le service d'oto-rhino-laryngologie où le docteur C..., un ancien, saura le conseiller.

— Voilà ce qui s'est passé. Voilà ce que j'ai fait. Qu'ils m'envoient crever à la carrière, je m'en fous. Je n'en peux plus. Je ne veux plus rester médecin.

— Calme-toi. Combien de Français dans le transport ?

— Deux.

— Deux sur combien ?

— Sur trente.

— C'est la première fois que la proportion des Français désignés est aussi faible à Mauthausen. Grâce à toi. Bravo. Comment as-tu fait ? Ça c'est du travail efficace. Fiche-nous la paix avec tes remords.

Toute la soirée, la colonie française défila pour féliciter Gilbert-Dreyfus. Dans son coin, Vincent ruminait.

*
* *

Avant d'être envoyé en Kommando, François Wetterwald [1] lui aussi est « essayé ».

« Une salle aux murs blancs, au sol carrelé, silence troublé seulement par quelques mots hâtivement jetés et par une respiration un peu haletante. Une lumière crue qui baigne une zone précise. Le calme, l'ordre. Autour de la table, cinq hommes revêtus de blouses et de casaques blanches, coiffés de blanc, masqués de blanc. Sommes-nous à Paris, à Prague, à Belgrade ?

« Le chef, c'est-à-dire l'opérateur, est Tchèque, professeur et chirurgien à Brno. Le premier assistant est Français, interne des hôpitaux de Paris, le second assistant est Russe, chirurgien à l'hôpital de Kazan. Le premier instrumentateur est Autrichien et SS, coiffeur à Linz. Le deuxième instrumentateur est Yougoslave. L'anesthésiste est Allemand. Quant au patient, il est Polonais.

« L'intervention se déroule. Mains qui se croisent, s'aident, s'étaient, conjuguent leurs efforts sur les champs à peine maculés de sang, tendent des éclairs nickelés vers une plaie nette, régulière, linéaire, semblent se parler, se répondre, se comprendre en un mot. Gestes à l'unisson si les pensées ne le sont.

« Les temps finaux de l'opération se précisent selon un rythme attendu. La plaie est suturée, pansée... Et mes yeux tombent alors sur

---

1. Le docteur François Wetterwald, chirurgien français, fondateur des corps-francs « Vengeance » arrêté le 15 janvier 1944, déporté le 6 avril 1944 à Mauthausen. Voir la note 1, chapitre sur Ebensee. Extraits des *Morts Inutiles*, ouvrage cité.

mon pantalon effrangé, déchiré sur un côté, presque tout du long, sur mes pieds nus dans des souliers cyclistes, éculés et rapiécés. Je vois mon confrère russe, subitement au garde-à-vous devant le SS qui, tout à l'heure, lui passait au commandement les instruments nécessaires. Le professeur Potlara enfile sa veste rayée... Nous avons joué un jeu ; oui c'est cela. Demain, peut-être, notre patient sera porté à la chambre à gaz.

« Nous avons joué aux chirurgiens. »

*
* *

Deux fois par semaine, pour Gilbert-Dreyfus et ses camarades, séance de pansements. Véritable vision de léproserie. Cour des miracles où s'étalait un choix monstrueux de plaies, inconnues depuis le Moyen Âge. Les médecins cherchaient à y porter remède par tous les moyens de fortune imaginables, cependant que, derrière leur dos, les malades s'efforçaient d'entretenir la suppuration pour prolonger leur séjour à l'hôpital.

« Nous disposions d'une gamme d'onguents multicolores aux patronymes savoureux et de bandes de papier que les nappes de pus figé transformaient en carcans ou en coquilles d'huître. Ainsi appliquions-nous deux cents à trois cents pansements, soignés et soignants demeurant debout dans un nuage de poussière à couper au couteau, un chaos et un brouhaha indescriptibles. En même temps que les pansements, nous pratiquions de menues interventions chirurgicales, sous la direction d'un chirurgien de Posen qui ne manquait pas d'entregent, mais que les hurlements effroyables de ceux à qui il ouvrait un phlegmon à l'aide d'un scalpel ébréché, à peine essuyé entre deux incisions, n'avaient pas le don d'émouvoir. Il disposait d'une quantité extrêmement limitée de chlorure d'éthyle qu'avec un soin jaloux il réservait à ses compatriotes. Et il souriait placidement lorsqu'un malheureux étranger, opéré sans anesthésie, laissait échapper quelque plainte. »

Jean Laffitte [1], comme des centaines d'autres déportés, s'est retrouvé un jour attendant au milieu de l'« antichambre » de la mort.

« Je suis ici grâce à un médecin français du camp pour m'y faire opérer d'une sorte de phlegmon à la main gauche. Le spectacle offert à mes yeux n'est pas fait pour donner du cœur aux autres. À côté de moi, un docteur enfonce sa sonde dans la cuisse percée d'un pauvre vieil homme. Ce dernier se cramponne des deux mains à un pilier et geint comme une bête blessée. Un peu plus loin, un homme dont la

1. Auteur de *Ceux qui vivent.* Voir note 1, chapitre sur Ebensee.

blouse blanche est maculée de sang, arrache à pleines mains quelque chose qui saigne de l'anus d'un squelette accroupi et hurlant de douleur. Sur une table, un chirurgien tranche et gratte dans le mollet d'un patient, qui pousse des cris effrayants. Çà et là, on procède à un pansement, on met au jour une plaie hideuse, on ausculte un malade. Près de la fenêtre, assis sur un pot, un jeune garçon qui n'a plus que la peau et les os s'efforce de faire ses besoins.

« Dans un seau, des débris humains se mélangent au sang et à la pourriture. Une nouvelle fournée de dix hommes entre derrière nous alors que d'autres s'en vont. Deux d'entre eux marchent à cloche-pied. Une douzaine de docteurs, chirurgiens ou infirmiers s'affairent à travers l'entassement des malades et des estropiés... J'ai l'impression, en ce lieu, de voir subitement s'animer le musée Dupuytren... Heureusement, l'attente n'y dure pas. L'homme qui m'a précédé à la table d'opération, un Yougoslave auquel on a ouvert l'avant-bras, se débattait et criait tellement que le chirurgien, agacé, a donné l'ordre de lui appliquer un masque d'éther. Voici mon tour. Je m'étends sur la table, faisant tous mes efforts pour paraître calme... ''Français ?'' me demande l'assistant du chirurgien. ''Français''. Sans demander l'autorisation il prend un tampon de gaze et me l'applique sous le nez. J'ai à peine le temps de sentir le premier coup de bistouri, déjà me voilà endormi sous l'effet de l'éther. »

Quand Jean Laffitte se réveillera, la main enveloppée d'une volumineuse poupée de papier, le médecin lui dira :

— Tu as de la veine, c'est la première fois depuis quinze jours qu'on peut endormir un Français.

Parfois, dans cette salle de pansements, déserte le dimanche, le docteur Chaplinsky réunit un grand « concilium ». Tous les médecins en poste doivent absolument « participer » à cette séance de travail. Le concilium, c'est le repos de Chaplinsky, sa drogue. François Wetterwald, ce dimanche-là, « participe » :

« Deux cas sont présentés : celui d'un Français atteint d'une tumeur inflammatoire de la face latérale gauche du cou, d'origine osseuse, entraînant une paralysie par compression du plexus brachial ; et celui d'un Russe, présentant une laryngite ulcéreuse non tuberculeuse. Les exposés sont faits par des confrères russes et polonais, à grand renfort d'expressions latines qui nous étonnent, nous les Latins, et nous font penser — ce n'est pas charitable — que Diafoirus a émigré en Europe Centrale après ses démêlés avec Molière. Un grand débat fait suite auquel nous ne comprenons goutte, et pour cause, en dehors de quelques phrases qui jalonnent le cours tumultueux de ces flots de paroles : *tumor inflammatoria, laryngites, pseudo-tuberculosis*. Le médecin-chef, polyglotte et courtois, somptueusement vêtu de tweed roux, pansu, joufflu, fessu, prend la parole et je vous jure qu'il ne laisserait pas sa place pour... un kilo de margarine. Au bout d'une heure, on se tourne vers la brochette dépenaillée que nous formons et l'essentiel nous est traduit en français. Puis des radios circulent de main en main... Et tout le monde se congratule. Pourquoi être méchant ? Dans quelques mois nous en ferons peut-être autant pour nous distraire.

« La *tumor inflammatoria,* sans se douter du grand intérêt qu'elle a provoqué chez son médecin-chef, finira par disparaître dans la salle de vivisection du château d'Harteim. »

* * *

Vincent s'acharne sur Gilbert-Dreyfus. Alors que tous les autres médecins et leurs assistants ont reçu des vêtements civils et même des blouses, le Français conserve sa « toile » de déporté. Crasseux, déchiré, il a été privé de ses galoches vétustes. Elles nuisaient à la belle ordonnance de la chambre et Vincent a conseillé à son ami le blanchisseur d'égarer l'unique paire de chaussettes du trublion.

« Je passais ma visite pieds nus... Encouragés par l'attitude de leurs maîtres, les sanitaires, les surveillants, certains malades eux-mêmes ne me ménageaient pas leurs quolibets et ricanaient sur mon passage. Ce qui ne facilitait pas les choses, c'est que nous cohabitions. Une petite pièce très « gemütlich » aux murs tapissés d'étoffes multicolores et ornée d'une lampe de chevet voilée de soie rose, qu'on était allé dénicher dans je ne sais quel lupanar et qui restait allumée toute la nuit. Nous couchions là, le chef de Block, le secrétaire, l'un des médecins assistants et moi. Et c'est là que ces messieurs se livraient à des agapes auxquelles on oubliait de me convier et à d'innocentes plaisanteries, telles que m'introduire pendant que je sommeillais des papillottes de papier enflammé entre les orteils.

« Ils m'interdisaient sous menace de dénonciation de m'étendre aux heures creuses, entre midi et deux heures, pendant lesquelles tous les autres faisaient la sieste. Ils me volaient mon crayon, ils déchiraient, comme par mégarde, mes feuilles de notes. Chaque fois que je voulais procéder à un brin de toilette, ils me claquaient la porte au nez pour pouvoir m'accuser, en public, de ne pas me laver correctement, chose qui "de la part d'un Français" n'avait rien d'étonnant, mais qui les écœurait de la part d'un médecin...

« Ma colère finit tout de même par éclater un après-midi qu'on avait contraint à sortir, pour l'appel, un petit bonhomme que je savais tuberculeux, tout en le niant, et que la fièvre minait. Je pris sur moi de le faire sortir des rangs et regagner le Block avant que l'appel n'eût pris fin. Vincent, fou de rage, profita de mon absence pour mesurer lui-même la température du petit. Il n'avait que 37°7 et, une fois de plus, je fus tourné en ridicule... Mais, le soir, le gosse me confiait en pleurant qu'avant de lui mettre le thermomètre sous le bras, le chef du Block lui avait appliqué pendant cinq minutes une compresse d'eau glacée dans l'aisselle.

« À la suite de quoi ce fut, entre Vincent et moi, la guerre déclarée, la guerre du pot de terre contre le pot de fer. Il tenta — ce qui aurait pu avoir pour moi des conséquences désastreuses étant donné la teneur de mon dossier — de persuader le chef du camp que je n'étais pas un médecin, mais un imposteur... Le médecin-chef polonais, au courant bien entendu de tous ces incidents tragi-comiques, aurait pu, d'un seul mot, y mettre un terme ; mais j'avais rapidement acquis la conviction qu'il n'était pas le dernier à s'en réjouir. »

Voilà... Gilbert-Dreyfus était fin prêt, rodé pour un Kommando. Comme lui, une vingtaine de médecins français ont connu le dressage de Mauthausen avant l'éloignement. Ceux-là ont tout de même eu de la chance... Ils ont vécu. Plus de deux cents de leurs confrères sont morts sur l'une des marches du Grand Escalier.

VII

LE « CENTRE AÉRÉ » D'EBENSEE !

Le caporal infirmier avance la seringue.

— Allez, docteur, poussez l'injection !

René Quenouille recule d'un pas :

— Que contient votre seringue ?

— De la benzine... tout simplement.

— Pour quoi faire ?

— Pour empêcher un malheureux de souffrir et pour l'endormir définitivement.

Le médecin français se redresse, fixe le SS dans les yeux.

— Non ! En tant que médecin je n'y peux consentir : ce serait une violation du serment d'Hippocrate !

L'autre fait semblant de comprendre. Hippocrate ? Serment ? Il n'a retenu que le « non ».

— Ce n'est pas une prière. C'est un ordre.

Quenouille, imperturbable :

— Et de ma part, c'est un refus.

— Tu es bien sûr. Tu refuses ?

— Oui.

— Une fois.

— Oui.

— Deux fois. Trois fois. Eh bien, tu verras !

Quenouille avance vers le SS. Il refait en avant le petit pas qui l'avait éloigné de la figure du « bourreau par personnes interposées » :

— Si c'est un ordre, exécutez-le vous-même.

Cette fois, il sent bien qu'il est allé trop loin. L'uniforme tremble, les bottes râclent le sol. Les muscles se gonflent, s'effondrent... La mâchoire se décloue :

— Mais je ne sais pas piquer !

Et honteux d'avoir écouté, de ne pas avoir tué, d'avouer son incapacité, l'infirmier, caporal des SS, s'enfuit... sans claquer la porte.

Quenouille s'assied. Il vient, sans le savoir, de gagner la plus grande victoire sans doute enregistrée à Ebensee. Jamais, jamais plus ici on ne liquidera les malades [1] par injection intraveineuse. Après « l'incident » le médecin-capitaine SS interdira ces pratiques « barbares ». Seront ravalés également au rang de souvenirs les « amusements » du petit cercle de famille. Dommage ! C'était pourtant bien drôle de distribuer des lavements bouillants aux enfants ou d'introduire une souris vivante dans un speculum pour lui faire dévorer la matrice d'une détenue ligotée sur une table. Une fois cependant, le caporal-infirmier, Rotenführer SS Schilling oubliera les consignes en recommençant le chantage à l'euthanasie devant le chirurgien François Wetterwald :

« On vient d'amener cet homme à l'hôpital. Il a été pris sous un éboulement, dans un tunnel en voie de percée. Les deux jambes broyées complètement, jusqu'aux genoux, la cuisse droite écrasée. On l'a laissé près de trois heures sous un hangar, à tous les vents, avec deux garrots qui maintenant sont à peine visibles sous la chair boursouflée. Il est cireux et ses lèvres pâlies laissent passer un tout petit souffle de vie. En notre jargon, nous dirions que le pouls est misérable... Il n'y a rien à faire d'autre qu'à attendre, après lui avoir injecté morphine — rare faveur — et huile camphrée. Schilling, comme une mouche, tourne autour du malheureux. Il le regarde, fait la moue et brusquement me dit : "Fais-lui donc une piqûre !" Et comme je le regarde sans avoir l'air de comprendre, il me précise sa pensée en faisant, du pouce et de l'index, un geste évocateur au-devant de son cœur. Il m'a fallu discuter : je lui ai démontré que l'homme maintenant n'en avait plus que pour quelques minutes à vivre. Il est parti alors, et s'en est revenu un quart d'heure après ; le blessé vivait toujours. Il m'a réitéré son injonction. J'ai refusé, alléguant mon manque d'expérience en pareil cas. Il m'a

1. Le professeur Gilbert-Dreyfus rapporte cette scène dans un manuscrit inédit *Pile ou Face* qu'il a bien voulu me confier. Cet inédit, un entretien, les ouvrages qu'il a publiés sous le nom de Gilbert Debrise (*Cimetières sans tombeaux* — Préface d'Aragon — La Bibliothèque française, 1946, et *Week-End à Dachau* édité par la F.N.D.I.R.P.) constituent pour le camp d'Ebensee une documentation irremplaçable. Elle ne saurait être complète sans le livre du docteur François Wetterwald, chirurgien du Revier (*Les Morts inutiles* — Les Éditions de Minuit, 1946) et sans le livre de Jean Laffitte, l'un des fondateurs du comité clandestin du Kommando (*Ceux qui vivent* — Les Éditeurs français réunis, 1958). Tous ces livres, d'une qualité littéraire peu commune, se complètent. François Wetterwald a de plus publié une étude « technique » sur la « médecine et les camps de concentration » dans les numéros 41, 42 et 43 de la revue médicale suisse *Praxis* (octobre 1947).

rétorqué que c'était une occasion unique pour apprendre quelque chose de nouveau. J'ai fait alors appel au serment d'Hippocrate... Il m'a demandé si avec mon beau diplôme j'étais capable de ranimer cet homme... Puis il s'est absenté à nouveau, promettant de revenir dans une demi-heure.

« J'ai fait un peu de sérum intraveineux au patient. Je lui ai, à nouveau, injecté de l'huile camphrée, à haute dose ; et, quand le pouls a été à nouveau perceptible, je l'ai fait porter à la salle d'opération.

« Alors quand il a été endormi, je lui ai amputé la cuisse gauche...

« Et puis je lui ai désarticulé la hanche droite...

« Et puis, il est mort. »

* * *

Ebensee ! Un village suisse qui pousse la tyrolienne. Des chalets, du gazon, des balustrades rustiques, du vert tendre partout, un lac, des falaises, une couronne de sapins... une colonie... de vacances. Oui, c'est ça, un centre aéré aux allées bien tracées. Et la piscine, vous avez vu la piscine ? Une vraie ! En dur ! En ciment ! De l'eau propre !

Dans les falaises des gueules béantes ouvertes sur ce décor d'« Auberge du Cheval blanc ». Les tunnels ? Pic. Pioche. Barre à mine. Wagonnet. Sueur. Poussière. Sang.

Et vous savez, c'est un secret ! Un secret, vous comprenez ? Là-haut secret ! On creuse les futures usines secrètes pour les armes secrètes. Ici, ils seront un jour... Oh ! les chiffres ! Ici ils seront un jour 18 000. Sur ces 18 000, 9 626 mourront en six mois dans les tunnels et près de 8 000 iront à l'infirmerie. Mais 9 000 et 8 000... il n'y a plus que 1 000 survivants. Non 18 000. Ils ont comblé les vides.

Gilbert-Dreyfus chassé par la coalition de ses « confrères » de Mauthausen arrive à sa nouvelle affectation. Dans une chambre du Revier, René Quenouille l'accueille :

— Vous avez dîné ?

— Non !

Il se retourne vers un placard : bol de lait, du sucre, une tranche de pain, un cube de margarine.

Gilbert-Dreyfus n'avait pas connu pareil festin depuis son arrestation. Et longuement, patiemment, Quenouille explique Ebensee. Le rôle de la médecine concentrationnaire, la genèse du Kommando dont il fut l'un des pauvres pionniers, le rôle des personnages principaux. Il oublia de parler du sien, de sa dignité, de son courage tranquille, de sa fierté qui faisaient de lui une manière de symbole invulnérable.

« Quenouille ne me laissa pas deviner davantage combien mon arrivée l'inquiétait. Il semblait tout à la joie de me recevoir et de voir se développer entre nous une véritable camaraderie. L'amitié est une chose rare dans les camps et je sentais combien la sienne allait m'être précieuse... Tout au plus avouait-il un certain étonnement : dans ce Kommando officiaient déjà deux médecins français, le chirurgien François Wetterwald et lui ; deux compatriotes appelés à travailler de concert ce n'était guère dans les principes nazis, la désignation d'un troisième Français résultait-elle d'une négligence ou d'une erreur d'aiguillage ? Ne signifiait-elle pas plutôt pour Quenouille un départ prochain, une nouvelle affectation ? Et cette affectation ne se résumait-elle pas, par le truchement de la potence, en une affectation à l'au-delà ? »

Les activités de Quenouille, inculpé de haute trahison, lui avaient valu d'être condamné à mort. Il avait obtenu du tribunal l'autorisation d'être fusillé en uniforme. Puis, Dieu sait pourquoi, au lieu de l'exécuter on l'avait déporté ; et un beau soir, on vit débarquer sur le quai de la gare de Mauthausen, en grande tenue, un médecin commandant de l'armée française.

« Nous passâmes les jours suivants, François Wetterwald et moi, dans l'attente. Une attente anxieuse : sans cesse nous pensions au couperet de Berlin suspendu sur la tête de notre ami et nous savions que lui aussi y pensait sans cesse. Mais pas un mot ne fut jamais prononcé par aucun de nous à ce sujet. C'est le 10 juillet que l'ordre arriva, fixant le départ de Quenouille au 15 à l'aube. Destination Mauthausen. »

Cette fois Quenouille sent qu'il n'échappera pas à la mort. Il continue ses visites, les soins aux malades, réconforte ses amis.

— Vous avez François et Gilbert, vous n'êtes pas à plaindre.

Le 14 juillet il va saluer les membres du comité clandestin de Résistance. Il dit au père Henri :

— Je n'ai pas le courage de revoir tout le monde. Embrasse-les pour moi.

En rentrant au Revier il attire dans un coin les deux médecins français :

— Mes enfants, vous pouvez me remercier. Le médecin capitaine SS m'a convoqué pour me dire adieu. Il m'a remercié des services que j'avais rendus au camp, m'a souhaité bonne chance et m'a tendu la main. À cause de vous je n'ai pas voulu lui refuser la mienne ; vous eussiez payé trop cher ce refus. Mais j'en suis encore tout remué...

Et Quenouille partit. Fusillé ? Personne ne savait. Le silence. L'oubli. Gilbert et François devaient apprendre à la veille de leur libération, par un détenu évacué, que Quenouille avait obtenu un « sursis ». Un sous-officier SS, étudiant en médecine de passage à Ebensee dans les premiers jours du Kommando, avait demandé des conseils à Quenouille. Ce dernier lui avait enseigné les rudiments de la pathologie et la technique de la ponction lombaire. Nommé médecin à Neuengamme, l'ex-étudiant avait dû réclamer son ex-professeur à l'administration de Mauthausen dont dépendait Ebensee.

Un sursis [1] !

*
* *

La vie et la mort continuent.

François opère. Gilbert consulte.

François opérera 682 « cas ». À mains nues, dans des installations rudimentaires, sans valves, sans trépan, sans broches de Kirchner, sans aucun instrument à os, sans aiguilles de Reverdin. Lorsque le matériel de suture manque, le père Henri, cordonnier chef, fournit du fil de chanvre et, puisqu'il n'y a pas d'autoclaves, on fait bouillir...

François opère :

— J'ignore tout de toi : ton nom, ta ville, ton Dieu, ton métier.

— Tout à l'heure, penché sur tes entrailles comme un haruspice, je supputais tes chances de vie.

— Tu reposes maintenant, assommé par l'anesthésie, et je sens, sous la pulpe de mes doigts, ta vie qui s'écoule au rythme de ton cœur. Car la vie, je te l'ai donnée. Qu'en feras-tu ? Seras-tu un frère pour les autres hommes, ou un bourreau ? Serai-je béni ou maudit de t'avoir permis de reprendre le cours de ton existence ?

— Pourquoi ces questions de vie normale... Tu n'es pas maître de toi-même et d'ici quelque temps, sans doute aucun, la faim, le froid ou la fatigue t'épargneront, à toi, le choix du chemin à suivre et réduiront singulièrement dans le temps les conséquences de mon acte.

François opère.

Il y a ces phlegmons, ces phlegmons gigantesques, ceux des fesses provoqués par les vingt-cinq ou soixante-quinze coups de matraque... Il y a ces fractures... coups de poing... coups de pied ou accident. Il y a Paul Tillard, l'ancien infirmier de Quenouille. Dans un tunnel il a reçu sur le sommet du crâne une pierre détachée de la voûte. Il ne perd pas connaissance mais présente après l'accident une plaie du cuir chevelu de 5 cm environ, linéaire. Au Revier, la plaie est suturée par un jeune médecin tchèque. Quelques jours après, la plaie suppure et il est nécessaire d'enlever les fils. La suppuration, qui est minime, dure trois

1. On sait que René Quenouille fut assassiné avant la libération au camp de Neuengamme. Il avait été affecté avec le professeur Florence dans un Block où les SS pratiquaient des expériences médicales sur les enfants. Le Block entier fut « liquidé ». (Voir *Les Médecins maudits*.)

semaines environ et se tarit. Un mois à peu près après l'accident, Paul Tillard est admis au Revier pour de la fièvre qui dure depuis trois jours. François Wetterwald l'examine. La plaie semble fermée. La cicatrice est un peu douloureuse à la pression. Le reste de l'examen est négatif à part quelques râles de bronchite aux deux bases. On met la fièvre sur le compte de cette bronchite. Et tout se complique... La température grimpe à 40. Agitation intense, troubles mentaux graves. Il délire. Nouveau traitement, surveillance de tous les instants. Et voilà un érysipèle qui éclate sur la face du malade. Changement de décor : Block des contagieux. Quinze jours d'attente. Tillard guérit, mais la plaie du crâne suppure. Wetterwald attend huit jours et il découvre une fracture du crâne siégeant sous le vertex.

— Ciseau ?

Suture partielle, mèche. Cicatrisation totale en trois semaines. Paul Tillard retrouvera Paris.

Il y a P. J. qui a glissé, s'est cramponné pour ne pas tomber dans le vide, a lâché prise et s'est empalé sur un piquet de fer... Il y a... il y a... 682 interventions. Il y a tous les autres.

Gilbert consulte.

« Le SS Rotenführer Schilling s'est planté devant moi, solide et massif ; et de ses petits yeux porcins dont il fait sourdre un regard en vrille, il s'efforce de me terrifier. Je n'ai qu'à me tenir sur mes gardes. Les camarades du camp m'ont d'ailleurs prévenu qu'à nouveau les Polonais racontent à qui veut l'entendre qu'ils ont décidé d'avoir ma peau. Tout ça parce que l'autre jour, sur 37 Français qui se sont présentés à la consultation, j'ai réussi à en hospitaliser 14 et à accorder deux ou trois jours de repos aux 23 autres. Sur le moment, les Schreiber [1] ne s'en étaient pas aperçu. Mais de chuchotements en déclarations et de délations en chuchotements, tout dans les camps finit par se savoir. Et voilà pourquoi le Rotenführer Schilling me regarde aujourd'hui avec cette indiscrète insistance. Il épie chacun de mes gestes, cherche à saisir chacun de mes monosyllabes — attention ! Cet animal comprend le français mieux qu'il n'en a l'air — ne décolle pas d'une semelle.

« Joury, le médecin de Dniepropetrovsk est aux prises avec un vieux Russe qui pleure en silence, une goutte de chassie dans le coin de l'œil, une larme solitaire roulant sur la joue. Joury et le vieux échangent des propos confidentiels où je perçois confusément qu'il est question de cigarettes. Schilling pivote sur les talons et tout de go interrompt leur conciliabule : ''Qu'est-ce qu'il y a ?... Peux-tu lui donner un cœur neuf, Joury ? Non, n'est-ce pas ? Eh bien, qu'il tâche au moins de se

1. Secrétaires.

rendre utile jusqu'à ce qu'il crève... Et toi, ajoute-t-il en s'adressant au vieux, bientôt tu vas te reposer. Te reposer définitivement. Dormir de ton dernier sommeil. Et maintenant, oust, au tunnel...'' De la gorge du vieux fuse un gémissement pathétique auquel coupe court un splendide coup de pied, un coup de pied maison, bien appliqué sur les fesses. Le vieux s'étale de tout son long sur le plancher de bois, impeccablement propre il y a dix minutes et que constellent déjà quelques étoiles de sang. Deux Kapos se hâtent de traîner au-dehors le corps inerte et mou qui s'étire en raclant le sol, semblable au corps d'un taureau mort à la fin d'une corrida.

« Schilling revient vers moi, le visage hilare. Interrogation à la fois triomphale et condescendante : ''Tu as vu, qu'est-ce que tu en penses ?'' À son rire, je réponds par un rire. Mes paupières rient, mes lèvres rient, mes joues rient. A B C de la diplomatie concentrationnaire. J'ai toute l'apparence du rire. Et pourtant je vous jure que je ne ris pas. Durant cet intermède on a introduit une deuxième fournée d'éclopés. Cinq hommes entièrement nus, personnages d'une danse macabre ou d'une planche d'anatomie dans le *Larousse*. Le plus costaud n'atteint pas ses 40 kilos. Depuis l'aube, ils attendent debout, immobiles sous la neige, devant l'entrée du Revier. Chaque fois que, pour se dégeler, l'un d'eux tape du pied ou se frotte le ventre, le portier Gustave lui assène un coup de Gummi sur la nuque... Le ballet des hommes nus se déplace en éventail et chacun des figurants vient se mettre en arrêt devant un médecin.

« Nous sommes au milieu de l'Ambulanz, piqués comme des filles de joie, dans l'attente du client. En l'absence de nos surveillants, les clients ont la latitude de fixer leur choix ; sinon il leur est imposé avec un raffinement de sadisme qui accouple le blessé yougoslave avec le phtisiologue luxembourgeois, confie le Grec tuberculeux à l'étudiant tchèque et livre le malheureux Français — qui ne parle aucune langue que la sienne — au redoutable gynécologue de Kazan. Schilling s'éloigne de quelques pas. Un squelette en profite pour se glisser jusqu'à moi, court de souffle, traqué, serpentin comme un conspirateur. Il halète : ''Debrise [1], sauve-moi.'' Il me tend son carton. Berthier Jean. Seigneur ! Je ne l'aurais jamais reconnu ! Et pourtant nous avons fait la quarantaine ensemble, à Mauthausen, il y a huit mois à peine. ''Voyons, Bébert, calme-toi. Qu'est-ce qui ne va pas ? D'où souffres-tu ?''

« ''Je n'ai rien, je n'en peux plus, je suis fini, sauve-moi.'' Et il me

1. Le professeur Gilbert-Dreyfus a conservé au camp le nom d'écrivain qu'il portait pendant la Résistance.

souffle au visage son haleine puante. Une odeur acide, pénétrante, une odeur de décomposition. L'odeur de la famine et de l'agonie.

« Schilling est de nouveau là, implacable. Lui aussi pue. Un mélange de graisse de bottes et d'uniforme dont la laine est imprégnée d'une sueur trop riche. Il vient d'ingurgiter son café au lait et des saucisses grillées. Il est surnourri et digère mal. D'ailleurs ici, tout le monde pue. Les coliquards incontinents, quand il leur coule sur les cuisses une liqueur roussâtre et grumeleuse qui permet de les suivre à la trace. Et puis tous ceux qui ont peur. Car la peur aussi dégage une odeur. La pire de toutes. J'en sais quelque chose. J'ai pué de peur plus souvent qu'à mon tour. Sans me soucier du retour de Schilling, j'examine Bébert. Bébert n'a rien. Il va mourir tout simplement. Schilling entre en scène : "Franzose ? — Jawohl. — Qu'est-ce qu'il a ce vieux ?" Ce "vieux" n'est certainement pas quadragénaire mais, passé la trentaine, on est un vieillard dans les camps de concentration. "Le cœur fatigué !" — Peux-tu lui donner un cœur neuf ? C'est la question favorite de Schilling et il n'est pas peu fier d'avoir trouvé ça. — Non, mais il a le coffre solide. Quelques jours de repos, une petite cure de Cardiazol, on en a justement reçu mercredi, et il pourra faire encore du bon travail. — Tu crois ça ? » me répond Schilling... Ce qui signifie : espèce de gogo gros naïf qui te laisses attendrir ! "Soit. Prends-le pour trois jours, mais pas davantage. Compris ?" Et il grommelle entre les dents : "Toujours ces Français !" J'ai gagné la manche. Bébert sanglote de joie. »

Gilbert-Dreyfus a pu garder « Bébert » neuf jours au Revier. Il en est sorti regonflé. Il n'est mort que six semaines plus tard.

« Il y a bien deux heures que nous officions. Toujours debout. Toujours aux aguets. Hébétés, titubants et les nerfs crispés. De temps à autre Schilling s'éloigne. Histoire d'aller roter à l'écart. Histoire d'arracher des mains du « Fletcher » le bistouri ébréché pour s'offrir le luxe d'inciser lui-même un phlegmon. Et il jouit quand le bonhomme hurle. Et il jouit quand gicle la purulence. Et il jouit quand l'un de nous lui déclare sans sourciller : "Quel chirurgien vous eussiez fait, monsieur le Rotenführer !"

« Pendant une de ces éclipses, un petit brun que je crois n'avoir jamais vu et qui semble encore en assez bonne forme s'est approché subrepticement de moi : "Vous êtes bien Debrise. C'est le père Henri qui m'envoie. Je suis du dernier transport de l'autre mardi. On m'a collé au tunnel dans le pire des Kommandos. Douze heures de matraquages par jour. Drahomir va s'occuper de me changer de business. Mais il faut pour ça que je passe par le Revier et qu'on me sorte du Block 10." Je murmure : "Entendu, on va essayer, si ça ne marche pas ce matin, tu reviendras demain soir. Tu t'adresseras au toubib belge Royer. Il sera prévenu. Tu lui diras simplement Debrise m'a soigné pour l'estomac. Alors... » Schilling, qui rôde à nouveau, fonce sur nous comme un oiseau de proie : ''Qu'est-ce que tu lui racontes, à celui-là ? — Je lui explique qu'il n'y a pas lieu de l'interrompre. Avec trois tablettes de charbon il sera tout de suite retapé.'' J'écris sur ma fiche : gastrite, apte au travail. Et comme le petit brun, néophyte ignorant des lois de la jungle, met quelque lenteur à sortir, je beugle : ''*Weg ! Weg !* Fous-moi le camp !'' et je le menace d'une gifle avec un clignement d'œil complice... Schilling est satisfait de moi. Je sais me montrer énergique quand il le faut. Mes actions ont monté d'un point. Cela va permettre, dans les deux minutes qui suivent, d'octroyer sans peine quatre jours de repos à Dieudroit et de signer l'hospitalisation de Junit.

« Depuis le début de la séance, il a défilé plus de 200 déportés. Et Schilling me colle toujours aux pattes. La salle regorge d'une cohue polyglotte. Derrière leur banc, trois infirmiers pansent, coupent, cautérisent, repansent sans lever le nez. Dans l'angle de la porte, piétinés par la cohue et face au public, ceux qui se plaignent d'entérite sont tenus d'en fournir la preuve dans une mandoline que notre ami Petit-Louis, préposé à l'Abort, vide et nettoie inlassablement.

« Je souffle une seconde, adossé aux tuyaux du chauffage central, qui s'obstine à demeurer glacial. ''Déjà fatigué ?'' me lance Schilling au comble de la fureur. L'usage veut qu'ainsi rappelé à l'ordre, je me redresse et me raidisse dans un garde-à-vous réglementaire. Mais, après tout, zut ! Il commence à m'importuner, le Schilling ; et, sans bouger de ma place, je lui réponds simplement : ''Oui. — Tu te crois dans un sanatorium ? Et moi, je ne suis pas fatigué ? — Puisque vous êtes fatigué, lui répliquai-je, vous n'avez qu'à vous asseoir.'' Suffoqué de mon audace et de mon manquement à la discipline, Schilling préfère me classer définitivement parmi les simples d'esprit. Je ne l'amuse plus. Il hausse les épaules et change de victime. Je l'aperçois qui bourdonne autour de François Wetterwald. François, calme et effacé comme il l'est toujours, abat sa besogne en silence, une besogne courageuse et efficace. Me voyant libre, Pierrot le Basque jette son dévolu sur moi. Il a reçu un madrier sur le pied. ''Ça doit être cassé, là-dedans !'' Cassé ? Ça serait trop de chance. Je ne décèle, hélas ! ni la moindre fracture ni la moindre entorse. Si Nikolaï était là, l'incorruptible Nikolaï au masque d'Asiate, je me garderais bien d'attirer l'attention des SS sur le caractère chirurgical du cas. Mais, avec François, ça va marcher tout seul. J'entraîne Pierrot vers François qu'assiège Schilling. Je me jette délibérément dans la gueule du loup. Je claironne : ''Un cas délicat. Je crois que les os du pied sont écrasés, mais je n'en suis pas sûr. J'aimerais bien l'avis du spécialiste. — Regarde, toi'', ordonne Schilling à François. François se penche et palpe soigneusement, longuement, gravement. Puis, me fixant dans le blanc des yeux : ''Debrise a raison : il faudrait le plâtrer.'' — Eh bien, plâtre-le'', dit Schilling. Pas une minute ne l'effleure l'hypothèse que deux médecins, sans s'être concertés, puissent ensemble se tromper... Pierrot sera plâtré pour une simple contusion. Il restera plus d'une semaine couché. Couché, vous vous rendez compte ? Et vive la vie... »

*
* *

Schilling, Otto Niedrig. Les deux font la paire. Mais Otto n'est pas infirmier SS, il n'est que Kapo du Revier. Le juge suprême, en somme. Maigre, sec, l'œil cruel, élégant comme un lord, grand amateur de beaux habits, tel est notre maître. Sa réputation de tueur est dûment établie. Sa voix est tout éraillée et son patois berlinois presque incompréhensible. C'est un chef et un des hommes les plus écoutés du camp. Seuls les petits Russes et les jeunes Polonais trouvent grâce auprès de lui ; il en raffole.

Son terrain de chasse est le bâtiment des douches où il a ses entrées en tant que responsable du service sanitaire du camp ; il passe en revue les nudités offertes et fait son choix. L'élu du jour reçoit l'ordre de se présenter le lendemain à la visite. Otto est là qui l'attend. Il signe lui-même le bulletin d'admission avec un diagnostic de circonstance, « *pleuritis sicca* » ou « *bronchitis febrilis* » cela dépend des moments.

« Il va ensuite voir son protégé dans la salle des malades et lui fait apporter des suppléments de nourriture. Il fait ainsi sa cour deux ou trois jours. Puis on s'aperçoit que le mignon a une belle chemise civile. Le lendemain il est promu au rang de Stubendienst, c'est-à-dire de valet de chambre ou de garçon de salle. Enfin, un jour, il a une belle casquette et fait partie désormais du harem ; craintif les premiers temps, on s'aperçoit qu'il prend de plus en plus d'assurance et le jour où il nous insulte et menace de tout raconter au Kapo, alors c'est qu'il est devenu un favori. Si par hasard il sait gratter une mandoline, sa fortune est faite car Otto est mélomane. Le pauvre Kyril, maîtresse officielle d'Otto, prend des allures de femme délaissée... et conte quelquefois ses malheurs conjugaux. »

Mais Otto sait se montrer homme et quel homme !

Gilbert-Dreyfus est appelé d'urgence :

— L'Italien fait du scandale !

L'Italien a une pneumonie et ce soir une fièvre très élevée. Il délire.

Se dresse, frappe ceux qui approchent sa paillasse. Il frappe Gilbert-Dreyfus, l'infirmier. Il crie, hurle, pleure.

Le médecin arrive tout de même à lui injecter un calmant : du Skophédal.

— Faites-le taire ! hurle Otto.

— Mais voyons, avec la piqûre, dans moins de dix minutes il va dormir.

— Trop long. Vous, là, portez-le aux lavabos.

Un Kapo et un malade le traînent. Alors, souriant, Otto s'est approché de l'Italien couché sur le sol. Il a demandé au Kapo de bien tenir les jambes du malade et lui, Otto, s'est accroupi. Il a saisi le cou. Il a serré.

— Voilà. Nous pourrons dormir.

* * *

Reste Jobst. Le joli, le merveilleux, l'étrange, le paradoxal Willy Jobst : médecin capitaine par la grâce de Dieu Himmler.

« C'est un Janus à double face avec ses élans humanitaires déconcertants, plaqués en surimpression sur un fond de dureté pierreuse. Un garçon magnifique, de cette blondeur musclée — lèvres charnues, masseters de carnivore — qui, chez les professeurs de ski, fait se pâmer d'aise les amatrices de sports d'hiver. Parfois le dimanche Jobst arpentait le camp en culotte de cuir, plumet multicolore au chapeau, vivante affiche de chemin de fer : "Joyeuses vacances dans le Tyrol." »

La première rencontre de Jobst et de Gilbert-Dreyfus aurait dû se terminer par la condamnation à mort du déporté. « Il » arrive. Chacun se prépare. La salle est nette. Tout en place. À vos rangs. Garde à vous. « Il » entre. « Il » est là. Impérial, suivi d'une nuée d'irremplaçables collaborateurs. « Il » passe. Gilbert-Dreyfus se glisse dans le groupe. Il suit le grand patron. « Il » s'arrête au pied d'un lit et en sifflotant inspecte la pancarte où sont portés le diagnostic, la courbe de fièvre, la médication. Soudain « il » s'étrangle. « Il » lit. Relit. S'étrangle à nouveau, s'esclaffe :

— Botulisme. Un cas de botulisme dans un camp.

Gilbert-Dreyfus se tient à trois mètres de Jobst.

— L'auteur ! Quel est le fantaisiste ?

— C'est moi.

Jobst, en haussant les épaules :

— Expliquez-vous ?

Dans un baragouin latino germanique, le médecin français explique :

— Le malade, un Polonais, a été pris la semaine dernière de douleurs atroces dans le ventre et de vomissement incœrcibles. On lui a aussitôt extirpé l'appendice. Dans les suites opératoires, il se met à voir double, s'étrangle et l'eau qu'il veut boire lui ressort par le nez. Ses membres n'ont plus aucune force.

— Et alors, tranche Jobst, opéré mardi, aujourd'hui paralysé, c'est tout bonnement une embolie cérébrale

« Il » a tranché. Mettre en doute « sa » compétence « le » ridiculiser devant « ses » admirateurs, « son » personnel, « ses » malades, il ne faut pas y songer et pourtant Gilbert-Dreyfus lance :

— Une embolie ? Comment expliquez-vous qu'il soit paralysé des deux côtés ?

Un silence. Comment un numéro ose-t-il se faire entendre ? Douter ? Interroger ? Il est fou, ce médecin d'opérette ; il va voir. Jobst vire au cramoisi, ses yeux s'injectent, les veines de son cou se gonflent, elles sont grosses comme des pouces. Va-t-il éclater ? Eh bien non ; le regard se ternit, les jugulaires s'affaissent, Jobst sourit. « Il » sourit pâle, mais sourit.

— Vous avez raison. Comment vous appelez-vous ?

Stupeur générale. « Il » a cédé. Il a gagné.

Otto et tous les autres pensent que ce Debrise est fou et que la mansuétude de leur chef est indigne d'un officier SS. Mais ils ne peuvent s'empêcher d'admirer ce moucheron qui, par son courage, a su sortir du néant et devenir autre chose qu'un numéro matricule : Debrise, Debrise, Debrise...

— Vous avez vu ! Il a un sacré culot. Quel type !

— Son nom ?

Et aujourd'hui le professeur Gilbert-Dreyfus n'ose imaginer ce qui serait arrivé si Jobst ce jour-là avait agi en SS.

« Depuis lors, Jobst n'a cessé de me témoigner de la considération. Considération purement professionnelle, s'entend. Comme tant de Germains, il éprouve à l'égard des Français des sentiments ambivalents empreints à la fois de supériorité — nous appartenons à une race de dégénérés — et d'infériorité — nous possédons une agilité d'esprit qui leur échappe et qu'ils nous jalousent ; le lion et le moucheron. Avec François et moi il garde ses distances, nous témoigne une froideur qui contraste avec sa cordialité vis-à-vis de nos collègues polonais, tchèques et soviétiques. Il les appelle par leur prénom, plaisante avec eux, évoque devant le carabin de Prague le charme des bistrots de la place Saint-Venceslas. Avec moi, jamais un mot qui n'ait trait au service. Mais il argue de sa spécialisation chirurgicale et de son ignorance en médecine interne pour donner ordre aux infirmiers d'entériner mes diagnostics et de suivre à la lettre mes instructions. J'en profite pour inventer à longueur de journée des souffles cardiaques, de grosses rates et des névrites caractérielles. »

Un jour qu'appréhendé pour vol de pain un Kapo autrichien avait été pendu par les bras, Jobst s'irrite :

— Avant de châtier un malade vous devriez demander l'autorisation à Debrise. Le cœur de cet homme est-il en état de supporter notre traitement ?

On va chercher Debrise. Il donne un coup d'oreille au supplicié et... le fait dépendre. Jobst sort en marmonnant [1].

Le capitaine SS prend l'habitude de discuter « confraternellement » avec François Wetterwald. Et Jobst, comme devant Gilbert-Dreyfus, sait avouer ses erreurs. Ils n'avaient pas prononcé le même diagnostic en examinant un déporté italien qui prétendait souffrir de l'os iliaque et boitait bas. Après anesthésie, Jobst se retourne vers Wetterwald :

— Vous aviez raison.

Quelques jours plus tard, le médecin SS croise l'Italien, boitillant dans le Revier :

— Tiens ! Je le reconnais, celui-là ; c'est « mon » erreur.

Étrange homme.

Un soir, alors que Gilbert-Dreyfus se plaignait de ne pas avoir de sérum antidiphtérique pour sauver un déporté, Jobst se rendit à la pharmacie du village acheter à ses frais une ampoule qu'il rapporta tout essoufflé.

Médecin encore, Jobst, le jour où Paul Tillard hésite entre la vie et la mort : aveugle, délirant, semi-comateux, incontinent. L'infirmier allemand en regardant la paillasse et le plancher souillés avait conclu :

— Celui-là, il ne passera pas la nuit.

François Wetterwald et Gilbert-Dreyfus ont compris.

— Il va...

— Oui.

Et Gilbert-Dreyfus se précipite vers le bureau de Jobst :

— Je n'ai jamais rien demandé. Paul est mon ami...

Le médecin capitaine SS « conseilla » à l'infirmier de veiller tout spécialement sur le malade. Et au lieu d'exécuter Paul, l'infirmier exécuta le conseil — ordre de son Hauptsturmführer.

Médecin, Jobst ? Oui, médecin. Mais pas seulement médecin. Médecin SS. Combien de fois n'a-t-il pas brutalisé, au point de leur casser un bras ou une jambe, des grands malades que leur faiblesse empêchait de se tenir correctement au garde-à-vous. Et pourquoi, ce matin-là au moment de l'appel devant le camp rassemblé, voulut-il prouver qu'il

1. Exemple unique, je pense, dans toute l'histoire de la déportation.

était capable d'abattre un homme de sang-froid sans ciller ? Le pauvre bougre avait eu un malaise et s'était évanoui derrière les marches de son Block.

— Un manquant à l'appel !

Jobst et le chef de camp suivent la chasse. On trouve le Polonais. Le chef de camp dégaine :

— Non, tu exagères, dit Jobst, en lui donnant une tape sur l'épaule. Sois juste, chacun son tour. C'est toi qui as descendu le dernier. Laisse-moi, cette fois, faire le carton.

Il tira.

Pourquoi [1] ?

* * *

Un jour. Un autre. Le Revier craque. Le camp craque. Plusieurs centaines de têtes du jeu de massacre roulent dans la poussière. Les médecins « sauvent » à tour de bras. Ils n'ont pas assez de bras.

Là-haut, à l'entrée du tunnel, des SS bourrent le foyer d'une locomotive d'explosifs :

— Quand ils seront tous rassemblés là-dedans...

— On a bien étudié la charge ?

— Il y en a quatre fois trop.

En bas, Otto bondit sur Gilbert-Dreyfus :

— Toi, tu es volontaire.

— Volontaire pour quoi ?

— Je te désigne comme volontaire. Viens voir le chef de camp.

— Non.

On l'arrache du lit.

Et le médecin qui ne comprend pas se retrouve devant Gams, le chef de camp.

— Messieurs, je vous remercie...

Gilbert-Dreyfus aperçoit trois confrères : deux Belges et un Slovaque.

— Messieurs, oui, je vous dois des remerciements, plus encore, je vous félicite.

Gilbert-Dreyfus a l'impression de n'être plus qu'une oreille, une énorme oreille collée aux lèvres de l'Allemand. Il entend, les sons se mêlent, se croisent. Il déchiffre. Il devine. Il comprend.

— Messieurs. La guerre n'est pas terminée. Son dernier acte va se jouer dont l'issue ne fait pas de doute. Nous disposons d'armes secrètes

---

1. Ce « carton » fut la pièce maîtresse du dossier d'accusation constitué par la commission américaine des crimes de guerre. Willy Jobst fut exécuté.

qui assureront la victoire définitive du Droit et de la Justice sur la fourberie du capitalisme, de la juiverie et du bolchevisme coalisés... Nos troupes sont prêtes à se retrancher dans les montagnes du Salzkammergut. Je manque de médecins. Vous avez répondu à mon appel. En assumant l'honneur de soigner nos blessés, vous avez eu à cœur de vous réhabiliter... Je vous dis merci, mais vous devrez, vous aussi, me remercier puisque je passe l'éponge sur vos crimes passés.

Gams s'avance et d'un geste spectaculaire arrache les matricules et les triangles des déportés.

— Je vous accepte comme combattants du Grand Reich. Vous voilà désormais des hommes libres. On va vous apporter des uniformes.

Gilbert-Dreyfus tourne la tête en trois saccades. Les trois confrères baissent les paupières. Alors il parle, lentement, en articulant soigneusement :

— Moi, je ne suis pas insensible à l'honneur que vous nous faites, monsieur le Lagerführer, mais je ne me crois pas à la hauteur de cette mission...

Réaction attendue. Cris, hurlements, les bras se balancent, prennent de l'élan...

— Et que vont devenir mes camarades ?

Camarades. C'en est trop. Les bras s'immobilisent. Glapissements. Postillons.

— Tes camarades ? Demain ils seront tous crevés, tes camarades... Dis plutôt que tu as peur.

Puis il se calme.

— Qu'on reconduise ce sale Français au Revier et qu'on me ramène au plus vite un médecin capable. Quant à toi...

* * *

— L'appel ! L'appel !

— Que se passe-t-il ? Ils traînent.

Ils traînent, les déportés. Ils osent traîner. Les comités clandestins ont donné l'ordre. Ils traînent de 5 heures et demie à 7 heures. À 7 heures, sept déportés serrent dans leur poche un revolver. Miracle communiste !

Gilbert-Dreyfus ne mourra pas. Cette « lambinerie » de tout le camp, le premier retard de l'histoire du Kommando, inquiète Gams. À 8 heures, tous les hommes sont rassemblés sur la place.

— Vous allez vous rendre dans le tunnel 5, car les Américains vont bombarder le camp.

Et des rangs de cette masse soudée, de ce nouveau monde uni et retrouvé, s'élève un même cri :

— Non !

Gams a perdu. Il partira tout à l'heure avec sa légion pour les montagnes... sans ses médecins. Dans les miradors des vieux soldats de la Wehrmacht occupent les places encore chaudes.

Drapeau blanc hissé :

— Otto saigné ; le Kapo du Revier a été lynché.

— Vous avez vu, ils l'ont scalpé. Il est lardé de coups de couteau.

François Wetterwald opère Otto. Otto meurt sur la table blanche.

Peut-être bien que quelqu'un a changé l'anesthésique contre un toxique. De l'essence. Qui sait ? Qui saura ?

Là-bas on éventre la boulangerie. Des affamés meurent étouffés par la farine blanche, blanche, blanche.

La « femme » d'Otto sanglote.

— Les voilà. Ils arrivent !

Le père Henri, drapeau en main, défile à la tête des Français en rangs par quatre. Ils chantent *La Marseillaise*.

— Vous voulez voir de la misère, de la vraie misère, regardez-moi, monsieur l'Américain ; vous ne pourrez pas trouver mieux, actuellement sur la place d'Ebensee. Nous avons plusieurs prix, adaptés aux diverse spécialités. Pour me photographier en pied, vêtu de ma chemise sale ; une cigarette. Ce n'est pas cher. Maintenant, pour un bout de chocolat, je peux prendre une gamelle vide à la main. Je fournis tous les accessoires et celle-ci fera un effet très décoratif. Elle est toute crevée et bossuée. Préférez-vous une boîte de conserve, avec quelques miettes de ce pain noir horrible que nous mangeons ?

— Maintenant pour cinq cigarettes, je dis bien cinq cigarettes, j'enlève ma chemise...

Les civils allemands du petit village d'Ebensee enterrent les 800 derniers « morts inutiles » que le crématoire n'a pas eu le temps de digérer. Ceux-là au moins ont de la chance, ils n'ont pas pourri dans les « cimetières sans tombeaux ».

VIII

MELK

Muller va mourir. Et Muller, ce jeune déporté lorrain, sera le premier mort du Kommando de Melk. Frisson solennel, point de côté intense, température à 40, sulfamides inefficaces... Muller délire. Muller meurt dans les bras du docteur Guy Lemordant. Aussitôt, un déporté grec se précipite sur la ceinture de Muller :

— Il n'en a plus besoin !

Lemordant s'insurge, chasse le Grec.

« Et puis [1], je réfléchis un peu. Cette ceinture que je tenais dans mes mains, le seul objet personnel qu'avait pu garder mon malade, son seul souvenir, que devais-je en faire ? Elle irait finalement à un quelconque magasin d'habillement de Mauthausen avec les effets rayés du mort. Ne valait-il pas mieux qu'un prisonnier en profite, puisque nous n'en avions pas ? J'aurais bien voulu rappeler mon jeune Grec mais il était allé je ne sais où, cherchant à résoudre une autre difficulté, celle de la cuillère ou d'une gamelle supplémentaire de rutabagas, ou d'une pointe pour ses galoches de bois et de toile ou simplement celle de se faire raser. Je n'avais pas de ceinture, j'ai gardé cette ceinture, regrettant

---

1. Extrait d'une thèse du docteur Guy Lemordant publiée à Strasbourg en 1946 sous le titre *Pathologie concentrationnaire*. Cette thèse, une conférence inédite (1952) m'ont apporté les éléments de ce chapitre. Je dois y ajouter le témoignage du docteur Jean Papin (inédit) qui a pu exercer à Melk durant les derniers mois du Kommando. Guy Lemordant, commissaire à la jeunesse de Bretagne, a été arrêté le 12 juillet 1943. Déporté le 6 avril 1944 à Mauthausen, il sera libéré le 5 mai 1945 à Ebensee. Jean Papin, médecin à Mamers, arrêté le 28 avril 1944, arrive à Neuengamme le 7 juin. Admis à l'infirmerie pour pneumonie il est sauvé de la sélection par un infirmier belge qui raye son nom sur la liste d'un transport vers le « camp de convalescence ». Il connaît ensuite Auschwitz, Mauthausen et Melk.

d'en avoir privé mon camarade grec. Et, par la suite, j'ai veillé à ce que rien ne se perde. Il m'est arrivé de suivre de près l'agonie de ceux qui portaient des bandages herniaires pour en doter quelque ami. J'ai été heureux d'arriver à temps pour enlever à un mort une précieuse paire de chaussettes promise à un camarade aux pieds martyrisés. Il m'est même arrivé de m'emparer de quelques dents d'or ou de platine, lorsque nous projetions une évasion et ce avec d'autant moins de scrupules que c'était toujours cela que les SS n'auraient pas. Je n'ai plus, par la suite, fermé les yeux aux morts. Il n'y avait que trop de gestes utiles à faire pour sa propre vie et pour celle des autres, et là, nous n'avions pas besoin de nous attacher à une forme quelconque de respect des morts et de la mort. Il me semble enfin n'avoir jamais ressenti aussi cruellement que dans ce monde de Melk la mort d'un ami. »

Muller le premier !

Comment s'appelait le dernier ? Deux morts. Entre le premier et le dernier — le six millième en un an — toute l'aventure du Kommando. Le dernier d'ailleurs n'était pas « parti » seul. Musikant, l'infirmier SS, s'était chargé de liquider les intransportables avant l'évacuation du camp. Le dernier ? Un Juif hongrois atteint d'érysipèle. Le dernier. En une semaine il aurait été sur pied. Une piqûre d'essence, voilà ! Une piqûre précédée de badigeonnage antiseptique. Musikant n'était-il pas un bon infirmier soucieux des règles d'hygiène élémentaires ? Une piqûre ratée car, lorsque Guy Lemordant emportera le corps au crématoire, il apercevra au niveau du cou le sillon profond de la cordelette qui avait « aidé » l'injection défaillante.

Le premier, le dernier, qu'importe ! Chacun des six mille aurait pu faire un bon premier, un bon dernier...

* * *

Les défricheurs de Melk, huit cents Français et quatre cents Grecs, quittèrent Mauthausen par une belle nuit de mai 1944. Leur nouveau camp : une caserne de Pionniers à une centaine de kilomètres à l'ouest de Vienne. Leur nouveau travail : creuser dans la montagne des galeries et des salles assez vastes pour abriter une usine de roulements à billes.

L'infirmerie, les premières semaines, pouvait paraître agréable, confortable. Une longue baraque claire, nette, propre, dont les doubles fenêtres s'ouvraient sur un bras du Danube, une petite île, des croupes boisées où se recroquevillaient de charmants villages. De l'autre côté évidemment les fenêtres embrassaient le camp. Un Revier modèle pour vingt malades, mais très vite les vingt devinrent cent, puis cinq cents, mille et enfin mille sept cents. Oui, mille sept cents malades sur les dix mille travailleurs du Kommando. Il suffira de découvrir le service des diarrhéiques pour comprendre Melk :

« L'horreur de ce lieu était telle que je ne voulais jamais y envoyer un Français et que je préférais voir mourir mes compatriotes dysentériques partout ailleurs, et même au travail. Dans cette petite pièce de dimensions convenables pour trois personnes grouillaient au moins une cinquantaine d'hommes, décharnés, geignants, délirants qui ne se comprenaient pas, se disputaient en pleurant, cherchaient chacun à améliorer sa position au détriment d'un camarade plus faible, et souffraient abominablement. Ils étaient nus, à trois sur les planches mal jointes, avec une seule couverture commune, souillés de matières, d'urine, de sang, de soupe. Ceux des étages supérieurs n'avaient souvent ni la force ni le temps de descendre pour faire leurs besoins. Le plancher, les planches, les couvertures, les corps, tout était souillé. L'odeur âcre des diarrhées était intenable pour ceux qui, comme moi, y pénétraient. Très peu de malades en sortaient vivants. Cela, tous le savaient. Il n'est pas possible de mourir plus abandonné, d'être plus souillé d'ordures, de souffrir autant dans tout son corps, par tous les points de contact, par les escarres, les abcès, continuellement tenaillé par de douloureuses coliques, hanté par la faim, ou plutôt de savoir que chaque jour sans manger est une étape vers la mort. Ne plus avoir la force de se lever, de remuer un membre, de repousser le pied qui s'enfonce et pèse si lourd sur la poitrine ; à chaque étape, lente, vers la mort, trouver de nouvelles souffrances. Le plus horrible, c'est que la mort était lente à venir, des jours, parfois des semaines. Il est peut-être des martyres plus spectaculaires, il n'en est pas de plus atroces. Telle fut la mort de centaines de mes camarades. »

Mais le Revier, pour le déporté, c'est l'espoir de survivre en échappant, ne serait-ce qu'un jour, à l'anéantissement du travail, au froid de l'appel, aux brutalités du Kapo. Chacun veut sa place, profite des amitiés ou bien simplement se blesse volontairement, agrandit les plaies, les entretient lorsqu'elles sont soignées en grattant les antiseptiques et la blessure à l'aide d'une lame ou des ongles. D'autres préfèrent le suicide. Celui-ci, Juif hongrois, simule une évasion ; les miradors le fauchent dans sa course. Sur la table d'opération il explique à Guy Lemordant.

— Je ne pouvais échapper à la mort. À mon âge et Juif, j'étais certain de finir dans cette infirmerie misérable, douloureuse, analysant longuement, heure après heure, ma lente déchéance, dans l'ordure et l'indifférence, en butte aux railleries des SS et des Kapos. J'ai préféré, alors que je suis encore un homme à peu près intact physiquement, lucide, trouver une mort qui est un peu un défi à mes gardiens.

D'autres enfin tentent « la belle ». Ce jeune Russe saute du train qui l'emmène au travail. Il heurte le marchepied, et la roue du wagon sectionne sa jambe, trois centimètres au-dessus de la cheville. Le pied ne reste attaché que par un lambeau de peau. Julius Ludolf, le commandant de Melk, l'interroge dans le Revier. Le Russe est étendu sur la table d'opération ; lorsqu'il s'évanouit un SS le réveille en éteignant des cigarettes sur sa poitrine.

— Le nom de tes complices ?

Le jeune homme ne desserre pas les lèvres. Tout à l'heure il se lèvera pour se rendre aux W.-C. Il traînera son pied coupé, s'appuyant sur le tronçon de jambe sans un mot, sans un cri, sans une larme. Il avait vingt ans ! Il finira nu, enfermé dans la morgue. Guy Lemordant réussira à forcer la porte du réduit et à lui apporter du café et de la nourriture :

« Il était glacé, assis sur son tas de cadavres. Il me regarda fixement, avec des yeux acérés de lucidité, sans un mot, sans une plainte. La journée suivante, je cherchai vainement ce que je devais, ce que je pourrais faire pour lui. Je n'ai pas voulu le tuer d'une injection libératrice qu'il m'était d'ailleurs à peu près impossible d'obtenir. Je crois que je le regrette. J'ai essayé de l'oublier. Quatre jours après, mon ami l'arracheur des dents d'or des cadavres m'apprit sa mort. Je sais parfaitement ce que peut être le courage.

Un autre jour, Guy Lemordant et Jean Papin s'affairent au milieu d'un groupe de nouveaux arrivants blessés. Ce sont des Tchèques ramassés sur le terrain après un furieux engagement entre SS et partisans. Le commandant de Melk pénètre en hurlant dans l'infirmerie.

— Arrachez ces pansements. Je vous interdis de soigner ces hommes.

Les quinze partisans sont enfermés dans une petite pièce, nus, sans soins, sans nourriture, sans eau, sans paillasses et sans couvertures. Nous sommes en février et la fenêtre a été démontée. Ils reçoivent régulièrement la visite d'un SS qui s'acharne sur eux à coups de nerf de bœuf. Dans le Revier, les minces cloisons laissent passer les cris. Le troisième jour le SS enlève les premiers morts. Le sixième, Lemordant et un déporté alsacien collent leur oreille au mur. Ils entendent des cris ; des cris, mais aussi la voix d'un Tchèque :

— Tais-toi. Ne crie pas. Pourquoi te plains-tu ? Qu'attends-tu donc de cet homme ? Ne comprends-tu pas pourquoi nous nous sommes battus ? Ne sais-tu pas maintenant combien nous avions raison de lutter et que nous n'avons rien à attendre de l'Allemand que ce que nous souffrons maintenant.

Ce partisan mourut le dernier, au soir du treizième jour.

*
* *

Les visites [1] à l'infirmerie étaient rigoureusement interdites. Les détenus devaient faire assaut d'ingéniosité pour réussir à y pénétrer quand même. La salle des dentistes se trouvant à l'extrémité du Block, un des trucs les plus employés consistait à répéter bien fort au cerbère qui en commandait l'entrée :

— *Zahnarzt ! Zahnarzt !*

Alors qu'un Français s'évertuait ainsi à persuader le surveillant de service qu'il souffrait terriblement d'une « grosse dent du fond », un SS le surprit :

— Nous allons bien voir si tu es réellement malade.

En l'empoignant par le bras, il l'entraîna chez le dentiste, le fit asseoir dans le fauteuil et commanda :

— Qu'on lui arrache la dent !

Le dentiste, bien ennuyé — il connaissait d'ailleurs le patient — choisit celle qui lui parut en plus mauvais état. Et quand celle-ci fut arrachée il constata qu'elle masquait un abcès qui dans les vingt-quatre heures eût certainement entraîné un érysipèle.

*
* *

— Celui-là, il faut absolument que nous le sauvions. Par n'importe quel moyen. De sa vie dépend la vie de dizaines de déportés.

Sauver un Kapo ? Oui, je pense que la question ne devait se poser que très rarement dans un camp de concentration. Les Kapos, en général, si on ne les aidait pas à mourir, on les abandonnait à leur destin de malades. Henri Rosen-Blanchard, jeune Kapo d'un chantier de Melk, admiré de tous, était l'un de ces personnages « révélés » à eux-mêmes par la déportation. Il protégeait ceux qu'il devait frapper et chacun trouvait toujours auprès de lui aide et amitié. Sa vie était trop précieuse pour tous. Les médecins devaient tenter l'impossible et opérer sa mastoïdite. Le Revier justement venait de « toucher » le docteur Sutch, spécialiste des oreilles. Il accepta la responsabilité de l'intervention. Lemordant et son équipe s'occupèrent tout d'abord de « l'outillage ».

« Nous fîmes façonner par un vieil artisan français très habile différents instruments dont deux burins. Nous fîmes bouillir à l'étuve ces burins,

1. Témoignage de Georges Bernard (Mauthausen, 1948). Le dentiste, René Perrier, était Français.

un marteau emprunté au menuisier, trois paires de pinces, des ciseaux, deux bistouris, quelques compresses et serviettes. Pour éclairer le champ opératoire nous ne disposions que d'une ampoule de 100 bougies tenue au bout d'un fil par un infirmier. Je donnais l'anesthésie à l'éther sur compresses. La table d'opération était une simple table légère en métal. L'incision faite, une petite artère saignait très abondamment. Le sang inondait mes compresses et le docteur Sutch n'arrivait pas à la lier. La lampe éclata à ce moment. Nous dûmes la faire remplacer par une misérable petite ampoule. L'effondrement de la mastoïde fut très laborieux, par suite du mauvais état de nos burins. L'opération dura deux heures.

« Les jours suivants, nous donnâmes à notre patient de fortes doses de sulfamides, par voie orale et en injections intraveineuses. Huit jours après, notre précieux malade reprenait sa vie de charité et de dévouement. Nous étions d'autant plus heureux que dans son enfance, Henri Rosen-Blanchard avait été opéré d'une mastoïdite, du côté opposé, dans les meilleures conditions, par un excellent spécialiste de Paris, et qu'il lui en était resté une certaine paralysie faciale tandis qu'il n'eut aucune suite de ce genre, après notre opération. »

IX

LA DERNIÈRE NUIT DES MALADES DE MÖDLING

Un petit Kommando, près de Vienne : Mödling. Un Kommando sans histoire, dépendant de Mauthausen. La vie, la mort. Un Kommando où un médecin français lutte avec acharnement pour soulager, sauver ses amis. Le Revier qu'il dirige abrite 120 malades. Ce soir-là, il est 7 heures, les SS font irruption dans la salle où il nettoie des plaies [1] :

— Donnez-nous la liste des malades qui ne peuvent pas marcher.

Le médecin français hésite :

— Je vais voir, revenez dans une heure.

Nous sommes le 31 mars 1945, veille de Pâques. Les blindés soviétiques sont à vingt kilomètres du camp. Les SS sont aux abois. Le travail [2] a été interrompu dans l'après-midi. Plus de production donc plus de ravitaillement.

« Je pense que l'évacuation du camp est imminente. Du point de vue médical, 80 de mes 120 malades sont inaptes à la marche. À 20 heures, le Kapo du Revier me transmet un ordre du Rapportführer d'avoir à ramener l'effectif de 120 à 40 en faisant disparaître les 80 invalides. Je refuse, en accord avec mes deux assistants : un médecin russe et un médecin polonais. »

Les SS n'ont pas le temps de discuter. Ils se rabattent sur un infirmier allemand, déporté de droit commun :

---

1. Le docteur H... J..., compagnon de réseau du docteur Guy Lemordant (voir chapitre Melk) a tenu dès son retour de déportation à ce que le récit de cette nuit hallucinante soit publié. Il savait que Lemordant préparait une thèse. Il lui a adressé son texte, mais la thèse était déjà imprimée. Pour respecter la volonté du docteur H... J... : « La publicité de ces faits me semble nécessaire », Guy Lemordant m'a communiqué ce manuscrit inédit. H... J... devait mourir des séquelles de sa déportation.

2. Le Kommando participe à la fabrication des avions Heinkel.

— Toi, tu vas le faire.

Il accepte.

« Nous, médecins, après une nouvelle violente discussion avec les SS, sommes mis dans l'obligation d'assister aux exécutions, relever les numéros, constater les décès et transporter les cadavres dans une fosse commune qu'on commence déjà à creuser. L'exécution devait être faite individuellement par injection intracardiaque d'essence. »

À 21 heures, la séance commence. Le docteur H... J... pour éviter que le Kapo désigne arbitrairement ses victimes se résigne à choisir ceux qui, manifestement, sont à l'agonie. Les SS se montreront plus conciliants si leur ordre reçoit un début d'exécution. Ils ont bien laissé entendre que le personnel de l'infirmerie et tous les malades, tous les malades sans exception, les 120, seraient exécutés si l'infirmier allemand « n'arrivait pas » à ses fins.

« Le premier est porté dans la salle de pansements. Dépouillé de sa chemise il est allongé sur la table. Puis l'infirmier remplit une seringue avec 10 cm^3 d'essence, y adapte une longue aiguille et injecte, dans la région de projection cardiaque. La première piqûre est manifestement intrapulmonaire. Le sang ne vient pas dans la seringue. Le malade est très agité, anxieux, mais la piqûre elle-même semble peu douloureuse.

« À la troisième tentative, un peu de sang vient dans la seringue ; l'infirmier pousse alors l'injection. Le malade présente aussitôt des symptômes d'asphyxie aiguë. Il se débat violemment. Le Kapo lui recouvre la tête d'un tablier de caoutchouc. Après cinq minutes environ les symptômes de mort apparente se manifestent. Lorsque la résolution musculaire semble totale, le cadavre est jeté sur une civière et je dois le porter avec mes assistants vers la fosse commune. Les malades suivants sont alors amenés un par un. Certains réalisent d'emblée ce qui va arriver, ils poussent des cris, se débattent. Maintenus sur la table, ils sont étranglés par le Kapo. D'autres, qui eux aussi ont deviné, sont calmes et résignés. Beaucoup, inconscients, supposent qu'il s'agit de soins avant le départ ou d'un tri qui leur permettra d'être évacués par camions.

« Vers la quatrième ou cinquième exécution, jusqu'alors résolu à ne participer en aucune façon, sinon par ma présence obligatoire à ces exécutions, je prends le parti d'indiquer à l'infirmier à quel endroit et sous quel angle il convient de faire l'injection pour obtenir qu'elle soit réellement intracardiaque, abrégeant ainsi les abominables souffrances du malade. Cette initiative est approuvée par le Kapo, mais d'un tout autre point de vue. En effet, chaque exécution ayant duré au total cinq à six minutes en moyenne, et l'ensemble des exécutions devant être terminé à minuit, il était impossible, pensait-il, de continuer à perdre pour chaque supplicié un temps aussi précieux. »

Le débat était assez difficile à résoudre pour le docteur H... J..., qui hésitait entre le refus de participer au meurtre, et le souci d'abréger les souffrances de ses malades dont la mort était inévitable de toute façon.

« En moyenne, une fois sur trois, l'injection fut intracardiaque. On observait alors une grande inspiration suivie d'une syncope immédiate avec perte de toute sensibilité, mais le contrôle des battements cardiaques et du pouls montrait que ceux-ci persistaient quatre ou cinq minutes. Bien plus, on vint un moment prévenir qu'un des premiers suppliciés, considéré comme mort et jeté dans la fosse, s'était relevé et déambulait nu dans la nuit. Il fut achevé d'une rafale. On décida alors d'augmenter la dose d'essence et de la porter à 20 cm^3 malgré les protestations du Kapo qui ne disposait que de cinq litres d'essence au total [1]. »

Vers 23 heures, une vingtaine de malades avaient été exécutés. On apporta une bouteille de schnaps et des cigarettes. Tous les assistants burent de larges rasades. Peu après, un SS pénétra dans la salle ; en apprenant qu'il restait encore soixante « condamnés », il se rua sur le groupe, hurlant de colère :

— Le camp doit être évacué à quatre heures du matin. Si tout n'est pas fini, vous serez tous fusillés.

Le docteur H... J... s'avança vers les SS.

— Une erreur a été commise dans le relevé du nombre des invalides. Certains tuberculeux, des blessés des membres supérieurs peuvent facilement marcher.

Le marchandage et les palabres se prolongèrent de longues, interminables minutes. Excédés, les gardiens proposèrent de limiter l'assassinat à cinquante malades. Le médecin français venait de sauver trente déportés.

— Mais attention, ajouta le Rapportführer en claquant la porte du Revier, si à quatre heures vous n'avez pas terminé...

La sélection se poursuivit.

« Jusque vers la quarantième exécution le choix des suppliciés fut relativement facile : cachectiques, tuberculeux avérés, phlegmons de la cuisse, œdèmes importants des membres inférieurs, dysenterie aiguë, etc, mais il fallut en arriver à des moins malades. La discussion s'engagea alors entre les médecins. Chacun d'entre nous voulait épargner ceux de

1. Dans l'ensemble, la durée qui s'écoulait entre l'injection et la mort a semblé extrêmement variable et indépendante de la résistance physique apparente du malade. Pour une dose égale d'essence intrapulmonaire, les réactions individuelles et la durée de l'agonie étaient imprévisibles. Aussi, très souvent, le Kapo achevait le malade par strangulation, à la main.

sa nationalité. On s'accorda pour prélever parmi les tuberculeux valides un pourcentage de Russes, Polonais, Français, proportionnel au total de l'effectif. Cette nuit-là, trois Français sur les cinquante « retenus » furent piqués : deux tuberculeux et un phlegmon de la cuisse. Pour le premier d'entre eux, je décidai de faire moi-même une injection intraveineuse d'une ampoule d'Évipan. Ainsi fut obtenue une syncope immédiate qui entraîna peut-être la mort, étant donné la rapidité avec laquelle fut poussé le liquide. L'infirmier y ajouta cependant l'injection d'essence habituelle. »

L'un des deux tuberculeux mourut avec un courage qui fit l'admiration de tous, criant dans un dernier souffle :

— Vengez-moi. Vive la France !

H... J... éclata en sanglots et s'effondra. Il n'assista pas à l'exécution du troisième Français.

« C'était un jeune tuberculeux de 18 ans pour lequel je ne disposais malheureusement plus d'Évipan... Je prévoyais pour lui de terribles réactions. Le dernier qui s'allongea sur la table de pansements était lui aussi très jeune. Italien, il avait eu la malchance de se fracturer la cheville quelques heures auparavant. En dehors de sa cheville il était parfaitement sain. Il fut le quarante-neuvième et dernier car nous pûmes faire compter pour cinquantième le cadavre d'un détenu abattu d'une balle par le Rapportführer, dans l'après-midi. »

À quatre heures du matin, le personnel sanitaire épuisé, halluciné — et quelque peu ivre — essaya en vain de trouver le sommeil. Une heure après le camp était évacué.

Les déportés partirent alors en longues colonnes sur les routes pour une marche forcée de sept jours. Tout au long de ces 210 kilomètres, les gardiens s'acharnèrent sur les traînards épuisés. Vingt pour cent de l'effectif roula dans le fossé.

Maurice Billotte[1] et plusieurs de ses camarades étaient équipés de pelles et pioches. Ils devaient retirer les morts des bas-côtés et les enterrer. Évidemment les premiers « éliminés » seront les survivants de l'infirmerie. Au matin de la seconde étape :

« Neuf tombent épuisés. À la sortie du village, un SS leur dit : ''Rangez-vous dans ce petit chemin et une voiture viendra vous prendre.'' Un autre détenu, jeune Tzigane, entend ces paroles. Bien qu'encore

1. Maurice Billotte, déporté à Mödling, a publié ses *Souvenirs du Bagne* dans le journal de l'Amicale de Mauthausen en février 1948. Il a creusé les fosses communes avant la « sélection » du Revier et il a vu les cadavres nus jetés dans les fosses. Il décrit l'incident de la « résurrection » et ajoute qu'un SS ayant refusé d'abattre cet homme a été tué par un autre SS et poussé dans la tranchée sur les corps des malades assassinés.

suffisamment vigoureux pour continuer la marche, il s'arrête et se joint aux autres pour profiter lui aussi du moyen de transport annoncé. Cependant le SS nous appelle et nous commande de faire un trou... ''assez grand, dit-il, pour dix personnes''. Et nous sommes contraints d'accomplir notre funèbre besogne sous les yeux épouvantés de ces dix malheureux qui comprennent que leur dernière heure a sonné, irrémédiablement.

« Effrayés et résignés à la fois, ils attendent la mort, les uns fumant une ultime cigarette, d'autres se signent et prient... Et le SS commence le massacre. Le jeune Tzigane qui croyait continuer l'étape en voiture se rend compte du terrible danger qui le menace. Aussi, quand arrive son tour d'être tué, il se déclare capable de marcher et insiste pour rejoindre la colonne. Le SS hésite, réfléchit et finalement le laisse aller. Mais un autre SS surgit, tel un fauve et lui dit : ''Tu es venu avec les autres, tu mourras avec eux.'' Le détenu implore sa grâce, supplie, demande pitié. Mais la brute, sans même l'écouter, lui tire à bout portant un coup de fusil en plein visage. C'est fini. »

* * *

Les sept derniers survivants du Revier sont morts ce matin-là.

X

GUSEN : LA GARE DU PARADIS

Enfants de Mauthausen, Gusen I et II naquirent en 1940 sur les lèvres d'une carrière. Les déportés polonais, premiers esclaves des lieux, se partagèrent l'extraction des pierres, l'aménagement du camp et le creusement de tunnels. Puis arrivèrent les Espagnols de la République défunte, les Belges et les Français, la cohorte des représentants de toutes les nations vaincues. Si les conditions sanitaires et les thérapeutiques ressemblaient à celles proposées à Mauthausen, l'élimination par piqûres suivait, à Gusen I, un rite immuable, dans l'ombre du Block 31 réservé aux contagieux et incurables, appelé « gare du Paradis ».

« Les séances[1] avaient lieu presque journellement. Nous savions qu'il y avait ''séance'' parce que, contrairement à l'ordinaire, les distributions ne se faisaient qu'après l'appel ; de cette façon, les rations de nos malheureux camarades étaient perçues par le Block et ''organisées'' par celui-ci. Une séance m'a plus particulièrement frappé. Un après-midi, le chef de Block, accompagné d'un infirmier espagnol, Luis, entre dans la Stube pour désigner les victimes du soir : dix sont prévues et parmi elles un de mes camarades belges, François, qui était là pour pleurésie. Ce camarade m'avait fait part de son pressentiment qui devait devenir une réalité. »

L'appel fini :

---

1. Témoignage de Georges Parouty. L'un des premiers Français arrivés à Mauthausen (avril 1943) et sauvé dès la visite médicale de sélection par le docteur Joseph Podlaha. Inédit recueilli le 4 novembre 1967. « Je lui déclarai être atteint de tuberculose. Je croyais ainsi bénéficier d'un régime particulier, comme cela avait été le cas en prison en France. Le docteur Podlaha me répondit que s'il inscrivait ''tuberculose'' en face de mon nom, je devrais rejoindre un groupe de détenus qui avaient tous une croix tracée sur la poitrine et qui le soir même disparaîtraient dans les flammes du crématoire. »

— Toi.

— Toi.

— Toi.

Le Belge est désigné.

« Mon malheureux camarade proteste, affirmant que sa santé s'améliore, qu'il a une femme, des enfants, qu'il ne veut pas mourir. Tout en discutant, ils arrivent à la porte du Capouf. François se retourne et me cherche des yeux. Il hurle : ''Georges, Georges !'' Je suis tellement ému devant mon impuissance que pas un son ne sort de ma gorge. L'infirmier entrouvre la porte pour faire passer François ; celle-ci se referme brusquement. L'infirmier attend quelques secondes et ressort... avec François. La séance est terminée. »

François quittera l'infirmerie quelques jours plus tard sans demander par quel oubli ou par quel miracle la petite porte de la gare du Paradis ne s'était pas refermée définitivement sur lui.

« En ce qui me concerne, j'étais rentré dans ce Block pour dysenterie, avec un autre camarade français de Fontenay-sous-Bois, Bonnet. Notre cas s'aggravant (une vingtaine de courses par nuit) le surveillant de la ''garde robe'' qui pointait les entrées nous signala et on nous relégua dans la ''chaiseraie''. Cette pièce d'environ vingt-cinq mètres carrés avait ceci de particulier qu'elle ne disposait pas de lits... Simplement des fibres de bois à même le sol, très vite transformées en ''fumier'' car dans la ''chaiseraie'' s'entassaient en permanence de trente à quarante malades, tous atteints de dysenterie. N'ayant plus la force de se lever, ils s'abandonnaient sous eux. Il y avait bien au milieu de la pièce un récipient, mais rares étaient ceux qui pouvaient parvenir jusqu'à lui. Ils ne réussissaient qu'à répandre leurs excréments sur leurs camarades. Nous ne recevions aucune nourriture, aucun médicament. Pour nous couvrir, car nous étions entièrement nus, une dizaine de loques, toutes souillées et dans un pitoyable état d'infection. En dehors des deux infirmiers qui le matin venaient compter les morts et jetaient les corps par la fenêtre, nous ne voyions personne. »

Une fois par mois, les garçons de salle raclaient le « fumier ». Pour compléter le nettoyage, le chef de Block piquait tous les occupants vivants. Une fournée nouvelle pouvait alors s'installer. Georges Parouty et son ami Bonnet attendaient dans l'angoisse cette toilette de la « chaiseraie ».

« Ce jour-là, il eut l'idée, pour se distraire, de distribuer à ceux qui pouvaient se lever un récipient et il annonça que ceux qui ''feraient des matières solides'' ne seraient pas piqués. Avec Bonnet, nous décidâmes de nous retenir coûte que coûte. Sur ces entrefaites, le chef de Block fut appelé. Nous restions avec un infirmier russe, Polska. Je m'approchai de celui-ci et discutai. Je réussis à le convaincre. Il nous fit mettre à part et, lorsque le chef de Block revint, il demanda si nous avions satisfait à l'épreuve. Devant l'affirmative, nous fûmes remis dans la chambre du Revier. Mon ami Bonnet devait mourir peu après. Moi, je réussis à m'en tirer. Je pense être certainement un des seuls rescapés de tous nos infortunés camarades qui sont passés dans cette fameuse "gare du Paradis". »

* * *

Le responsable de ces « liquidations » était bien entendu le médecin SS, Hauptsturmführer Vetter. Tous ceux qui encombraient les lits, qui « avalaient » trop de médicaments étaient expédiés en gare du Paradis. Parfois Vetter préférait préparer un grand convoi :

« Les malades [1], complètement nus, défilaient devant lui. Il décidait sur l'aspect général, sans regarder les feuilles de température et sans interroger les médecins traitants sur le diagnostic sinon d'une façon exceptionnelle. Qu'on ne vienne pas me dire que seuls étaient désignés pour la mort des malades à pronostic désespéré, dont on abrégeait ainsi les souffrances. Il est insoutenable médicalement qu'un simple coup d'œil puisse toujours suffire, sans aucun autre examen, pour établir un pronostic. J'ai tenu à préciser le temps consacré à "l'examen" de chaque malade. Avec l'aide d'un confrère, j'ai trouvé une moyenne de trois secondes [2]. De plus, il est arrivé, un certain retard ayant été apporté au départ, que l'état de quelques malades se soit amélioré avant ce départ. Cela prouve bien que le pronostic n'était pas désespéré. Les malades ainsi choisis étaient emmenés en camion ou en autocar. "Destination inconnue..."

« Non seulement ces mises à mort étaient, par elles-mêmes, affreuses, mais elles ont en quelque sorte paralysé mon action médicale. Que répondre au camarade qui m'abordait dans le camp et me disait : "Il y a quelques années, j'ai fait un séjour en sanatorium ; ces jours-ci, j'ai craché du sang, j'ai envie d'aller à la visite pour entrer à l'infirmerie ; qu'en penses-tu ?" Je pensais : "S'il entre au Revier, ils vont me le tuer, mieux vaut laisser la tuberculose évoluer, peut-être aura-t-il du moins la consolation de mourir chez lui..." et je parlais de congestion, d'efforts, de toux sans gravité... la mort dans l'âme. Plus tard, à

1. Docteur Henri Desoille, « En marge de la psychologie du Bagne », *Archives de médecine sociale*, Paris, n° 8. Professeur à la faculté de médecine de Paris, arrêté le 29 avril 1942, déporté au mois de novembre 1943.

2. À défaut de chronomètre, on apprécie très aisément la seconde en comptant à mi-voix, aussi vite que possible, jusqu'à six (note du professeur Desoille).

Gusen II, alors qu'il n'y avait pas encore d'infirmerie dans ce camp, j'ai eu la responsabilité de désigner les malades qui devaient aller à Gusen I subir la visite du médecin SS pour être éventuellement admis au Revier. Mes angoisses s'accrurent. Inscrire pour la visite les suspects de tuberculose, les vieux, les faibles ? N'était-ce pas les envoyer à la mort ? Quand les Israélites hongrois sont arrivés à Gusen II, et Dieu sait dans quel état étaient ces malheureux [1], la situation fut pire encore ; lorsqu'on inscrivait trop de malades, les transports se multipliaient. Comment rendre service aux gens ? Il arrivait qu'un camarade me dise : "Tu ne veux pas me reconnaître malade. Je t'assure que je ne tiens plus debout et comme je n'ai plus la force de travailler, je suis battu sans arrêt. Un de ces jours, je serai frappé jusqu'à la mort. Je te jure que je n'en peux plus." Je finissais par l'inscrire pour la visite ; comment espérer que s'il était achevé, il souffrirait après tout moins d'une injection intracardiaque ou gazé que d'être martyrisé journellement jusqu'à ce qu'il succombe sous les coups ! Mais que de tortures morales pour moi qui ne pouvais me confier à personne et qui traitais de légende l'histoire des piqûres quand on m'en parlait car je ne voulais pas affoler mes camarades. Fin 44 on ouvrit à Gusen II un Block, le Block 13, pour les malades. Quelque temps plus tard, le Rapportführer, autre SS, estima qu'on ne mourait pas assez dans ce Block et donna l'ordre — on était en hiver — "d'ouvrir les fenêtres et d'éteindre les feux." Le chef de Block comprit ce que désirait le SS. Il existait au Block 13 un Bahnhof. Dès lors, chaque soir, les malheureux qui y avaient été placés dans la journée étaient massacrés ; autant que j'ai pu le savoir principalement en leur maintenant la tête dans un tonneau d'eau. Il n'y avait au préalable aucune visite médicale, c'était le chef de Block ou ses aides qui désignaient à peu près au hasard les malades que l'on mettait au Bahnhof. Le docteur Vetter, qui avait également la charge de Gusen II, venait d'ailleurs rarement à ce camp. Dès que j'eus vérifié qu'on achevait ainsi régulièrement les malades au Bahnhof, je m'astreignis à y passer chaque soir et à en faire sortir de ma propre autorité au moins ceux qui n'avaient pas de diarrhée. (J'y ai vu un malade atteint de simple panaris). Cela ne dura que quelques jours : le chef de Block me frappa pour être entré au Bahnhof et me signifia que, d'ordre supérieur, lui seul avait le droit de pénétrer en ce lieu. Il

1. J'ai vu des enfants de treize ans travailler comme des forçats, sans repos le dimanche, en proie au scorbut, présentant aux pieds des ulcérations que ne pouvaient améliorer nos pansements de papier. Ceux-ci duraient à peine un quart d'heure, car ces enfants n'avaient pas de souliers ou ne possédaient que des débris de chaussures (note du professeur Desoille).

me fut désormais impossible de rien tenter pour sauver mes camarades. On sut rapidement dans le camp ce qui se passait au Block 13. Les malades en avaient la terreur. Beaucoup n'osaient pas se faire porter malades ; puis un nouveau Block fut réservé aux malades, le Block 16, c'était en 1945 et les tueries se multiplièrent... J'étais de plus en plus confiné dans la salle de pansements. Je puis, du moins, affirmer que les tueries ont bien eu lieu pour avoir moi-même vu de nombreux cadavres... Les malades, les faibles, étaient massacrés, assommés à coups de bâton, étranglés, pendus, noyés, abattus à coups de hache... Les massacres de 1945 étaient à Gusen II de l'ordre de la centaine par nuit. »

XI

DACHAU

Avec son château flamboyant, ses vieilles maisons ridées, blotties sous des cyprès géants, ses marais parcourus de rivières paisibles, ses fêtes champêtres, Dachau en Bavière devint à la fin du XIXᵉ siècle le Barbizon de Munich. Poètes, écrivains, peintres, hommes politiques, bourgeois de la bière aimaient se retrouver dès le printemps dans cette campagne-jardin.

En 1933 les rêves et les souvenirs de ce Dachau du sourire sont oubliés, Himmler décide de bâtir une nouvelle cité à l'ombre du village ; les ennemis du régime la construiront.

Camp modèle, comme Oranienburg, Dachau ne connaîtra de « grandes destinées » qu'avec la guerre. Bâti patiemment, planche à planche, il n'est à ses débuts qu'un centre de rééducation où la discipline, l'ordre, les coups modèlent de nouveaux cerveaux. Pour ces étudiants retrouvés, pas question de soins médicaux : marche ou crève. Le Revier est cependant exemplaire :

« Pour [1] y pénétrer, nous passons une barrière champêtre, une allée ratissée entre deux parterres fleuris. Nous sommes aussitôt saisis par la propreté extraordinaire du lieu. Dans le premier block, nous parcourons successivement les salles de consultation : d'ophtalmologie, d'oto-rhino-laryngologie, la ''Lichstation'' avec cerceaux chauffants, air chaud, appareils à rayons ultraviolets et infrarouges et même un appareil à électrocardiogrammes. Puis une grande salle de pansements, l'''Ambulanz'', et nous restons confondus devant deux magnifiques salles d'opération pourvues d'un groupe de stérilisation. Suit la salle de radioscopie et de radiographie ; enfin, la salle de consultation dentaire.

1. Docteur Henri Rosencher, *La Pathologie du déporté*, Librairie Le François, 1946.

Dans toutes ces salles de spécialités se trouve le matériel indispensable. Au fond, la salle de désinfection du Revier.

« Passons au deuxième bâtiment, le Block 1 ; voici, à gauche, le laboratoire, assez bien monté ; à droite, la pharmacie, paraissant également bien achalandée, et les bureaux de l'administration sanitaire. Un long couloir — où l'on croise des fontaines arrondies en vasques et d'où l'on voit les sièges des W.-C., le tout en simili-porphyre — dessert les salles d'hospitalisation qui présentent la même propreté : les parquets brillent, quelques fenêtres sont même coquettement ornées de plantes. Comment les hypothétiques visiteurs de la Croix-Rouge ne seraient-ils pas favorablement impressionnés par l'ordre, la propreté, l'abondance apparente du matériel sanitaire ? Leur conquête serait achevée grâce à l'obséquieux pilotage des médecins SS dont le chef, si sémillant et si courtois, leur aurait exposé le fonctionnement sanitaire du camp. Dès l'entrée au camp, pour prévenir les épidémies, on retire aux nouveaux arrivants tout ce qu'ils ont apporté. Ils sont alors conduits aux douches et reçoivent ensuite des vêtements désinfectés. On établit pour chacun d'eux une fiche médicale où sont inscrits : le poids, la taille, les antécédents, le résultat des examens clinique, radioscopique et dentaire. »

Ajoutez à cela l'hygiène scrupuleuse des Blocks, les visites médicales avant les départs en Kommando, les douches, les désinfections, la cuisine soignée...

La réalité est tout autre. Jusqu'en 1941, aucun déporté ne sera soigné par un médecin allemand. Les grands malades, les blessés graves sont simplement achevés par piqûre. Les Kapos, les infirmiers se réservent les « petits bobos » ; si l'on est leur ami, on peut même se faire amputer en cachette. Le résultat n'est jamais garanti car les spécialistes internés sont, entre autres, conducteur de tramway, horticulteur, cafetier. Les premiers médecins déportés seront choisis par les SS pour devenir les auxiliaires des « médecins maudits ».

Dachau, capitale des expérimentations sur des cobayes humains, s'aperçut que ces éminentes personnalités médicales déchues pouvaient rendre d'inappréciables services : Frantz Blaha, directeur de l'hôpital de Jihlava en Moravie, avait été arrêté en 1939.

— En[1] avril 1941, je fus transféré au camp de concentration de Dachau. Jusqu'en juillet 1941, je fus affecté à une compagnie disciplinaire puis on m'envoya à l'hôpital où je participai à des expériences sur la typhoïde effectuées par le docteur Muermelstadt. On voulut ensuite

1. Témoignage du docteur Blaha recueilli sous foi du serment par une commission d'enquête le 9 janvier 1946.

me soumettre à une opération d'essai et je n'y échappai qu'en déclarant que j'étais médecin. Si j'avais fait connaître plus tôt ma qualité, j'aurais eu beaucoup à souffrir parce qu'on traitait les intellectuels avec une sévérité particulière dans les compagnies disciplinaires. En octobre 1941, je fus affecté aux plantations d'épices, puis passai au laboratoire pour travailler sur ces épices. En juin 1942, je fus pris comme chirurgien à l'hôpital. Peu après, je reçus l'ordre d'effectuer des opérations stomacales sur vingt prisonniers sains.

Blaha refuse. Il est alors dirigé sur le service des autopsies où il découvre que « quelqu'un » a tout de même accepté de pratiquer ces interventions, puisque les corps arrivent sur sa table :

— Environ 500 opérations ont été pratiquées sur des prisonniers sains entre le milieu de 1941 et la fin de 1942. Elles furent faites pour l'instruction des étudiants et des médecins SS et comportèrent des opérations à l'estomac, à la vésicule biliaire et au cou. Bien que dangereuses et difficiles, elles furent effectuées par des étudiants n'ayant que deux ans d'études. Normalement, elles ne sont pratiquées que par des chirurgiens ayant au moins quatre ans de pratique. Beaucoup de prisonniers moururent tout de suite ou plus tard, des conséquences. J'ai autopsié tous ces corps. Ces opérations furent dirigées par les médecins Lang, Muermelstadt, Wolter, Ramsauer et Kahr. Le docteur Lolling, Standartenführer, en fut souvent le témoin.

Eugène Ost, jeune étudiant en médecine, Luxembourgeois, découvre, un mois après son arrivée à Dachau, le centre expérimental du paludisme :

« J'entrai [1] au Revier en qualité de secrétaire de la Malaria-Station. Le professeur Schilling, chef de cette station, dépendait pour tout ce qui concernait ses travaux expérimentaux sur le paludisme directement d'Himmler. Son futur secrétaire n'était qu'au début de sa carrière médicale. Ainsi s'explique que j'ai pu avoir un poste au Revier à une époque où les médecins détenus n'avaient pas le droit d'y exercer leur profession. Le jour de mon entrée au Revier je fis la connaissance du docteur Adam Cyrkowicz de Cracovie, qui travaillait également chez Schilling. Sa mission était d'examiner au microscope les frottis de sang des camarades soumis aux expériences sur le paludisme. Il était venu d'Auschwitz, gravement atteint de tuberculose, et fut hospitalisé au Block des tuberculeux. C'est là que le docteur Brachtel, médecin SS du camp et assistant de Schilling, l'avait rencontré. Convaincu que ce médecin détenu pourrait faire une part du travail que le professeur avait réservé à son assistant qui ne s'y intéressait nullement et qu'en

1. Manuscrit inédit du docteur Eugène Ost (28 octobre 1967).

même temps cette occupation pourrait relever le moral du malade, Brachtel le fit entrer à la Malaria-Station. »

Ces premiers « assistants subalternes » des SS ne peuvent rester indifférents à la grande détresse de leurs amis. Ils ont accès au Revier, ils en profitent pour subtiliser des médicaments qu'ils réservent aux déportés hospitalisés mais abandonnés à l'insuffisance des infirmiers, à tous ceux qui sont refusés par les Kapos du Revier et agonisent dans les Blocks ou sur les chantiers.

« Un [1] jour, l'infirmier du Block des maladies internes vient m'annoncer qu'un de mes compatriotes est hospitalisé dans son service pour atteinte pulmonaire et qu'à son avis c'est une question de quelques heures. Vers midi, le travail de la matinée terminé, je me rends au lit du malade. Il est en effet gravement atteint, le pouls est filant, la respiration haletante et superficielle et son visage semble plus émacié que d'habitude. Les chances de survie me paraissent également très minimes. Je prie mon ami Adam de l'examiner et de fixer la conduite à tenir. Après l'avoir ausculté, il avoue qu'il s'agit d'une pneumonie bilatérale. La radiographie, que l'infirmier vient d'apporter, montre deux champs pulmonaires uniformément noirs. Peut-il y avoir le moindre espoir ? ''Essayons toujours, dit l'ami médecin. Nous avons à la Malaria-Station une solution de quinine, destinée au traitement de certains de nos paludéens. Tu vas faire à ton copain des injections intramusculaires de cette solution. N'en parlons pas et personne ne s'en apercevra.'' Le temps presse et j'ai vite fait de remplir une seringue et de revenir. Le malade a sombré dans un état de torpeur et ne répond plus aux paroles que je lui adresse. J'arrive à le tourner un peu pour lui faire une piqûre. Le soir son état n'a pas changé. Le lendemain matin même tableau : torpeur, mais respiration suffisante. Je continue donc mes injections. Je poursuis le traitement et le matin du quatrième jour j'ai l'impression que les traits sont moins tirés et que la respiration est devenue plus calme. Mais le pauvre dort toujours. À midi, enfin, je le trouve sorti de sa torpeur. Il vient de manger et me demande pourquoi il se trouve au lit et ce qui s'est passé. Je veux d'abord savoir si je ne lui ai pas fait trop mal avec mes injections. ''Tu m'as fait des injections, mais où donc ? — Là, dans les fesses, des deux côtés. — Je n'en sais rien, je n'ai rien senti.'' »

***

Edmond Michelet découvre Dachau en 1943. Il est l'un des premiers

1. Manuscrit inédit du docteur Eugène Ost (28 octobre 1967).

résistants français déportés dans ce camp. À cette date, ses compatriotes n'ont guère d'amis :

« C'est [1] un fait qu'en septembre 1943, nous étions à Dachau méprisés au-delà de tout ce qu'on peut imaginer. Dans la hiérarchie des nationalités, non seulement nous arrivions très loin derrière tous les Poldèves imaginables, mais encore les verts eux-mêmes, les droit commun allemands, jouissaient auprès des anciens d'une cote supérieure à celle des Français — lesquels étaient, tous sans exception, considérés comme détenteurs abusifs du triangle rouge, celui des ''politiques''.

« Cette situation qui nous parut intolérable avait plusieurs causes. Les Tchèques, même les plus ignorants, nous reprochaient Munich ; les Polonais nous attribuaient, à nous seuls, leur effondrement de septembre 1939 ; les Allemands eux-mêmes — tout ennemis du régime qu'on pût les supposer puisqu'ils étaient là — conservaient à notre égard une supériorité de vainqueurs. Personne ne semblait avoir entendu parler d'une résistance française. Notre humiliation était totale. En dehors de cette indignité qui s'attachait à nous pour des motifs dont tous n'étaient pas également justifiés, il y avait le mépris dont nous étions l'objet pour des raisons d'un autre ordre. Nos compatriotes avaient d'abord la réputation de ne pas savoir se laver, de manquer complètement d'hygiène. Et puis, on leur reprochait de ne pas accepter en silence non seulement les injustices dont ils étaient les victimes, ce qu'on aurait à la rigueur admis, mais non plus celles dont ils étaient les témoins. Aux yeux des vétérans du camp, une telle attitude relevait de l'insanité pure et n'aurait pu leur inspirer que la plus dédaigneuse pitié, si la pitié avait eu un sens dans cet univers dépourvu de la moindre trace de sensiblerie. »

Peu à peu Michelet et ses amis redressent la situation. Par la suite, le dévouement, le sacrifice des médecins français feront l'admiration du camp. Le premier de ces médecins arrive de Buchenwald où un de ses confrères déporté, Tchèque et bien en place dans le service d'ophtalmologie, s'est arrangé pour obtenir sa mutation. Dans le fond, cette mutation sera la grande chance de tous les Français. Michel Roche entrevoit les possibilités qui lui seront offertes dès sa première entrevue avec le médecin Stanosky, détenu lui aussi :

---

1. *Rue de la Liberté*, Éditions du Seuil, 1955. Edmond Michelet est né en 1899 à Paris. Études à Vaujours, puis à Pau. Engagé volontaire en 1918. Président de la jeunesse catholique du Béarn et de la Corrèze. Lance à Brive une Équipe sociale avec Robert Garrie et participe en 1938 à la fondation des Nouvelles équipes avec Georges Bidault, Maurice Schumann et Francisque Gay. Diffuse, dès le mois de juin 1940, le premier tract de la Résistance métropolitaine. Participe aux mouvements « Liberté » et « Combat ». Responsable régional de « Témoignage chrétien ». Arrêté en janvier 1943.

— Surtout tu ne dois pas te laisser faire. Ici, ta situation est tout à fait particulière.

— Particulière ?

— Ce n'est pas compliqué. Quand on transfère un médecin d'un grand camp à un autre grand camp il est tout simplement fiché à Berlin... il figure à l'organigramme de la direction des camps et si quelqu'un veut te changer de poste, il doit en aviser Berlin. Intermayer, le médecin-chef qui est planqué ici depuis longtemps et qui, depuis longtemps, devrait être sur le front, n'a pas l'intention de se signaler à Berlin en demandant quelque chose. Tu as donc les coudées assez franches.

Stanosky avait raison. Roche le presque inamovible allait, dans les mois à venir, enregistrer victoire sur victoire.

— J'ai [1] reçu la visite du commandant du camp. Il m'a demandé d'exempter de travail le moins possible d'hommes... J'ai réussi à ouvrir ma consultation trois fois par jour. Les maladies des yeux n'étaient qu'un prétexte. Les déportés venaient me voir pour toutes sortes de choses. En dehors de ma nomination qui faisait de moi un privilégié, un fait est venu encore affermir ma position : je soignais régulièrement le commandant du camp. Si le médecin SS Intermayer avait refusé d'admettre un médecin au Revier je disais au commandant : « Il faut absolument que je vous soigne samedi ou dimanche. » Le commandant acceptait et Intermayer ne pouvait s'absenter pendant le week-end... Il m'en voulait, mais lorsque je lui demandais un nouveau service, c'est-à-dire en général une place au Revier pour un médecin, il n'osait refuser. Il pensait à ses sorties à Munich. En fait, j'ai fait beaucoup plus d'organisation générale que de médecine.

Une organisation générale efficace puisque Roche fera nommer 37 médecins au Revier. C'est certainement la plus grande victoire, jamais remportée dans un camp, par un simple déporté.

*
* *

Les convois quittent Natzweiler pour Dachau. Le docteur Pierre Hallot-Boyer est chargé d'accompagner les évacués de l'infirmerie :

« J'ai [2] été affecté, en tant que médecin, à un des wagons à bestiaux transportant à la fois des malades et des blessés. Parmi ces derniers un certain nombre étaient porteurs de plaies gravement infectées, sous des pansements faits de bandes de papier. J'avais une petite réserve de ces

1. Interview du docteur Roche. Janvier 1968.
2. Manuscrit inédit reçu le 12 février 1968.

bandes, mais aucun antiseptique. Je ne disposais, pour le nettoyage des plaies, que du tonneau d'eau, d'ailleurs rapidement souillée, qui représentait notre seule boisson pour toute la durée du voyage et pour la trentaine d'hommes que nous étions. J'ai été autorisé par les SS à descendre pendant certaines haltes pour aller panser des blessés dans des wagons voisins car, bien entendu, chaque wagon n'avait pu être pourvu d'un médecin. Je m'étais confectionné un brassard portant une croix rouge et la mention ''Arzt''. Bien qu'il ne fût pas officiel, ce brassard me permit une relative autonomie de mouvements.

« Après deux jours et demi de voyage, entrecoupés de nombreuses haltes, soit en rase campagne, soit dans les gares de grandes villes, mitraillés à plusieurs reprises par l'aviation alliée — qui faute d'indications ignorait le contenu des convois et poursuivait son action — nous sommes arrivés à Dachau vers 10 heures du soir. Le déchargement de ce convoi de malades et de blessés se fit, comme toujours, dans la brutalité, le vacarme et les vociférations des gardiens. C'était le 2 ou 3 septembre 1944. Ce convoi de malades et de leurs médecins fut immédiatement parqué en plein air, juste en arrière de la place d'appel et cerné d'un cordon sanitaire. Il ne faut pas oublier qu'il s'agissait de malades provenant d'un camp où sévissait une épidémie de typhus [1]. Nous passâmes toute la nuit sur ce terre-plein. Les plus malades avaient pu être installés sur des paillasses venues là je ne sais comment. Pour tous les autres, il fallut dormir sur la terre nue. Et cette nuit de fin d'été sur ce plateau fut particulièrement froide.

« Parmi les grabataires de ce convoi se trouvaient le général Delestraint et Mgr Piguet, évêque de Clermont-Ferrand. Tous deux, déjà âgés, avaient particulièrement souffert de ce voyage. Sans doute cette épreuve fut-elle fatale à quelques-uns de nos grands malades déjà épuisés par ce transfert. Au petit matin je vis arriver le docteur Roche. En quelques mots rapides il put nous expliquer en gros la vie du camp et nous donner quelques conseils et indications qui plus tard nous furent précieux. Après les cérémonies habituelles de douche, épouillage, désinfection, nous fûmes conduits dans un Block de quarantaine, cerné de barbelés. Au cours de ce séjour sinistre, nous pûmes faire admettre au Revier nos camarades les plus gravement atteints. Le temps de quarantaine écoulé, nous fûmes dispersés dans divers Blocks. Dans le courant de décembre, mon ami le docteur Bohn, qui était médecin au Block 29, fut nommé au Revier et je dus prendre sa succession. Terrible

1. Il est aujourd'hui généralement admis que ce typhus de Natzweiler avait été provoqué par des médecins SS qui pratiquaient des expériences et n'avaient pas réussi à le contrôler.

succession car, outre une chambre (Stube) normale, il fallait assurer les soins à la Straf-Compagnie (section disciplinaire). On peut imaginer ce que peut être une telle section dans un univers déjà si redoutable en lui-même. L'état sanitaire y était particulièrement sinistre et chaque jour on y comptait plusieurs morts. Mon action, à vrai dire, y fut plus morale que proprement médicale, étant donné la pauvreté des moyens thérapeutiques dont je disposais.

« Dans la salle voisine où je logeais, et où, oh ! merveille, je disposais d'une paillasse pour moi seul, je vis un beau matin arriver un convoi d'Israélites qui venaient d'un autre camp et qui avaient effectué un long trajet à pied. Leur état de fatigue était extrême, ils portaient des plaies des membres inférieurs, infectées. Certaines de ces plaies semblaient résulter des marches forcées auxquelles on les avait soumis. Pour les autres, elles me semblaient dues à des morsures de chiens. J'ai passé des journées entières à débrider, à nettoyer, à essayer de désinfecter ces plaies et à les panser au moyen de bandes de papier, seul matériel dont nous disposions. Leur fin fut tragique. À la libération du camp, les Américains les découvrirent entassés dans des wagons en gare de Dachau — tous morts. »

Dès l'arrivée du convoi de Natzweiler, Edmond Michelet transmet au général Delestraint le titre de responsable des Français. Delestraint est « abrité » quelques semaines au Revier, mais la coalition des Kapos le chasse rapidement ; il se retrouve dans un Block fermé. Un jour, le camp reçoit la visite d'un inspecteur SS, les détenus de ce Block doivent s'aligner dans la cour. Le général est au premier rang. Le SS s'arrête devant lui :

— Qui es-tu ?

— Général de l'Armée française et sous le commandement du général de Gaulle après qu'il ait été sous le mien [1].

Le SS fait part de sa découverte à Berlin. Le général, malgré ses refus obstinés, doit gagner le Bunker d'Honneur réservé aux hautes personnalités. Penchenat, le masseur de Natzweiler, exerce maintenant à Dachau et le général se rendra sous la conduite d'un SS dans son « cabinet » tous les jours. Cette petite pièce devient le poste de commandement des Français. Pendant que le masseur fait ronfler son appareil à air chaud, le général reçoit des informations, transmet ses directives. Le 19 avril, un Français aperçoit le général, une valise à la main, quittant le Bunker.

1. Voir *Il fut un temps* de Pierre Suire. Le colonel de Gaulle a servi en 1939 à Metz sous les ordres du général Delestraint. Après l'appel du 18 juin 1940, le général se rendit à Londres pour se mettre à la disposition de son ancien colonel.

— Où allez-vous, mon général ?

— Il paraît que je serais libéré.

Le général et son gardien sortent du camp, ils longent le ruisseau, pénètrent dans les jardins du crématoire. Le SS Trankle se rue sur le chef des Français, l'assomme de plusieurs coups de poing. Le général, cinq dents brisées, tombe sur le sol. On le secoue. Entre la butte de tir et le crématoire, une petite baraque. Sur le carrelage sont assis douze déportés, nus. Le général sera abattu le dernier, d'une balle dans la nuque.

* * *

L'enfant terrible de Dachau, André Marsault, a 57 ans. Il est probablement le seul déporté volontaire du camp. Arrêté pour résistance en 1941, il a installé l'infirmerie du centre de triage de Villeneuve-Saint-Georges et refusé une première fois de s'évader pour ne pas nuire à son fils arrêté lui aussi par la Gestapo. Puis il devient médecin-chef du grand camp de Compiègne où il rend d'innombrables services à d'innombrables détenus. Au mois d'avril 1944, il refuse de laisser embarquer quatre hommes pour l'Allemagne.

— Ils sont malades, intransportables.

Le commandant du camp s'énerve :

— Le médecin allemand les a vus ?

— Non.

— L'infirmier allemand ?

— Non plus.

— Très bien. Vous maintenez que ces hommes sont malades. Eh bien ! vous n'avez qu'à partir à leur place.

— Ils sont malades. Je pars à leur place.

Et André Marsault, tête de pioche rasée, débarque à Dachau. Roche lui souhaite la bienvenue.

— Marsault, veux-tu faire de la dermatologie ?

— Mais je ne suis pas...

— Tu es dermatologue.

— Non.

— Ah ! ça suffit. Je te dis que tu es dermatologue. Il nous manque cette spécialité. C'est la seule chance pour toi d'entrer au Revier.

— Dans ce cas...

André Marsault donne des frissons à tous ses camarades. Il est « chez lui » dans l'infirmerie, fume pendant les visites du médecin-chef allemand, mains dans les poches. Un jour où Intermayer était particulièrement énervé, Roche s'approche de Marsault :

— Ta cigarette, tes mains !
— Il m'emmerde !
— Intermayer est à côté, tu le vois...
— Que veux-tu qu'il me fasse ? Tout de même pas un enfant dans le dos, à mon âge ?
Intermayer tourne la tête, sourit, sort.
Un autre jour, Marsault abordera le SS en lui affirmant :
— Vous êtes malade !
— Qui ? Moi ?
— Oui, vous, et je vais vous soigner.
— Mais je n'ai rien !
— Si, la gale...
— La gale ?
— La gale des gens propres. Vous savez, ça existe, Vous ne sentez pas parfois des démangeaisons ?
— Si !
Roche ce soir-là ne dormit pas car Marsault consciencieusement avait massé à la graisse de baleine le corps du médecin-chef SS de Dachau.
— Il vous faudra encore une séance.
Intermeyer revint. La plaisanterie se terminait bien.

*
* *

André Ragot, dès son arrivée, est affecté aux soins chirurgicaux :

« Le Block chirurgical [1] était tenu par Ali Kutci, un Polonais dont la fatuité était à l'inverse de la compétence opératoire qui était dérisoire. Il était assisté d'un Yougoslave, Harko, bien plus sympathique que lui. Très soutenu, Ali Kutci éliminait successivement tous ceux qui pouvaient lui porter ombrage. Avant Laffitte, un professeur de la faculté de Moscou fut envoyé en transport et bien d'autres sans doute. Le radiologue était un Autrichien, serrurier de son métier, ce qui explique que jamais ni mes confrères ni moi ne franchissions le seuil de la pièce pour y suivre nos malades. Une figure curieuse et sympathique était celle d'un autre Polonais, médecin au 9/4. Il soignait tout par les herbes et prétendait trouver les maladies en examinant les yeux des malades au travers d'un miroir spécial. C'était un véritable sorcier, adoré de ses congénères à la façon des peuplades sauvages. Ceux-ci lui apportaient une foule de menus cadeaux et il s'était aménagé une petite chambre qui tenait à la fois d'un bric-à-brac et d'un boudoir oriental, avec tapis, fourrures, produits de rapines effectuées dans les magasins où étaient

1. Docteur André Ragot, *NN* (Cooped, 1948).

entreposés les habits et les valises dont on dépouillait les détenus à leur arrivée. »

André Ragot, après un mois de pansements, inaugure un nouveau Block, le 15, réservé aux dysentériques :

« La masse des entrants nous était jetée d'un seul coup dans la salle. Dépistés dans les Blocks, ils avaient déjà dû se dévêtir puis se rendre nus aux douches de l'infirmerie. Tout cela avait déjà demandé au minimum une heure. Il leur avait fallu encore stationner nus devant le Block pour se grouper, traverser la SS Strasse, attendre à l'entrée de l'infirmerie leur dénombrement, trouver la galerie couverte, passer aux douches nus sous les brutalités du personnel dirigé par un Polonais que j'exécrais pour sa fourberie. Un bon tiers des malades arrivaient dans la salle évanouis, portés sur des brancards. Il fallait trouver de la place et ce n'était pas facile, surtout dans les lits du bas où l'on s'entassait à quatre et même six sur deux paillasses. Les moribonds, incapables de se mouvoir, couchés tête-bêche, mélangeaient leurs plaintes, leurs supplications et leurs excréments. Presque toujours les Stubedienst arrivaient trop tard pour leur passer les bassins qui, en nombre insuffisant, n'étaient pas fournis par l'infirmerie. Nous devions acheter, comme toujours, soit avec la nourriture des morts soit avec nos cigarettes personnelles que nous touchions en primes, des sortes d'écuelles fabriquées par les détenus travaillant à la chaudronnerie... Les plus valides montaient au dernier étage mais s'affaiblissaient très vite ; il arrivait souvent qu'ils inondent leurs paillasses d'urine et de selles liquides et le malade du dessous hurlait sans avoir la force de se mouvoir pour ne pas recevoir l'averse.

« Les dysentériques se vidaient littéralement. J'ai vu des gens encore solides présenter cinquante selles par jour, pas moins, et décliner rapidement sans que l'on puisse arriver à stopper cette diarrhée profuse. Beaucoup prenaient froid en se rendant à l'"Abort" (W.-C.) et ne pouvaient guérir. On voyait de pauvres corps agiter frénétiquement les deux baguettes qui leur servaient de jambes, sortant d'un semblant de chemise qui leur arrivait souvent à peine au nombril ; un doigt dans le derrière, ils laissaient échapper, avec des bruits significatifs, de longues traînées sur le plancher. Bien des Stubedients, furieux d'avoir à laver, à relaver encore et toujours, ne tarissaient pas d'imprécations ; car celui qui faisait dans son lit souillait son voisin et cela faisait deux corps à laver qu'ils rinçaient à l'eau fraîche, faute de chaude, au balai, faute d'éponge. J'ai vu un malade laver les excréments qui avaient coulé sur ses jambes en pissant dessus ! Vision dantesque qu'aucun mot ne peut dépeindre pour ceux qui, n'ayant pas vécu là, ne pourront jamais l'imaginer. En venant du dehors, on croyait tomber asphyxié tant l'odeur était nauséabonde... »

Intermayer visita le Block d'André Ragot trois fois seulement alors que chaque jour il aurait dû consulter les fiches des malades.

— Que voulez-vous, dit-il un jour à un médecin polonais, je ne m'habituerai jamais à la pourriture. Question d'éducation.

Il sera pourtant obligé de vivre avec elle, lorsque le typhus montera à l'assaut de Dachau et s'emparera du moindre recoin... Il semble bien que tout ait commencé au Block 30 où l'on jetait les déchets des convois, des Kommandos, des Reviers ; un baraquement isolé par des barbelés pour que les occupants ne s'enfuient pas :

« Pourquoi [1] des gens qui ne font rien mangeraient-ils autant que des gens qui travaillent ? Il n'avait jamais, pour eux, été question de casse-croûte ; mais ils touchaient comme tout le monde un litre de soupe, leur morceau de pain et leur bout de margarine. C'était trop : un demi-litre de soupe devait suffire. Et même on pouvait leur faire une soupe spéciale, moins épaisse, plus digeste. Un jour il manqua des pardessus pour un transport. Les invalides, presque tous, avaient réussi à s'en procurer. On les prit. La semaine suivante, ce furent les chandails. Puis les couvertures : ils étaient cinq pour deux lits ; ils se tenaient assez chaud comme cela. Au début de décembre, un SS entrant dans une chambrée en trouva l'atmosphère irrespirable. Ces cochons n'aéraient pas ? Il fit emporter les fenêtres. Dehors, c'étaient la neige et la glace. Dedans, ce furent la neige et la glace, et les courants d'air. Dans l'état de faiblesse et de sous-alimentation où se trouvaient les invalides, le résultat fut rapide : bronchites, broncho-pneumonies, pleurésies. Il y avait peu de places à l'hôpital. Pourquoi ne pas les réserver aux travailleurs ? Les invalides du Block 30 n'étaient admis qu'à la dernière minute, souvent trop tard : dans la semaine de Noël, ils commencèrent à mourir au Block même, huit dans la nuit de Noël.

« Comme si les maladies pulmonaires, la carence alimentaire, les brutalités ne suffisaient pas, une épidémie de typhus exanthématique se déclara dans le Block. La vermine y sévissait, alors que les Blocks de travailleurs étaient relativement propres. Comment résister au typhus, dans l'état de faiblesse de ces abandonnés ? La mortalité s'accrut. Et on ne désinfectait pas. L'épidémie gagna. Par des malades admis à l'hôpital, elle atteignit le personnel du Revier. L'infirmier chef de l'ambulance, un communiste allemand, mourut parmi les premiers, puis le Kapo du bain. Le chef de la désinfection du Revier — c'était Michelet — fut

1. Jean Lassus, *Témoignages strasbourgeois*. Professeur à la faculté des lettres de Strasbourg replié à Clermont-Ferrand. Arrêté le 5 juin 1944.

atteint à son tour. La typhoïde, elle aussi, voulait des victimes. On nomma un nouveau Kapo, chargé de l'hygiène du camp, l'Autrichien Bertl, qui quitta pour ce poste celui de Lagerältester. Et on décida de désinfecter les invalides. L'opération eut lieu de nuit. À 8 heures du soir, le 15 janvier, les chambres 3 et 4 partirent pour les douches, à huit cents mètres du Block. Lavage, rasage, épouillage, désinfection. Vêtements et linge avaient été emportés à l'étuve. On les attendit longtemps dans la grande salle surchauffée. Vers 2 heures du matin, le linge revint encore humide. Et sans plus attendre, vêtus seulement d'une chemise et d'un caleçon moites, on renvoya nos vieillards, dont tant étaient malades, à travers la nuit glacée vers leur Block où on avait soigneusement respecté les poux cachés dans les paillasses. L'opération avait coûté, en cours d'exécution, une quarantaine de morts. Et les jours suivants virent la liste funèbre s'allonger encore et toujours. »

Dans les premiers jours de l'épidémie, Intermayer ne décolère pas :

— Ces médecins sont fous.

— Ce n'est pas le typhus.

— C'est de la grippe... mettez grippe sur les fiches.

Et la grippe d'Intermayer allait emporter dans les deux mois de janvier et février la moitié de l'effectif des détenus : 10 800 ; la moitié de l'effectif français : 1 800 ; la moitié de l'effectif des médecins français : 14. Hallot-Boyer est l'un des premiers frappés :

« Depuis plus d'un mois déjà l'épidémie avait explosé au camp et la maladie, de Block en Block, faisait tache d'huile. L'infirmerie était, de loin, incapable de les admettre tous. Dans les Blocks, chaque nuit, des déportés mouraient, et je garderai toujours le souvenir de ces cadavres nus que l'on entassait à l'extrémité de chaque baraque. Souvent, au petit matin, une couche de neige les recouvrait. C'est alors qu'une charrette, tirée par des déportés, venait faire sa triste collecte. Les ramasseurs, gantés, armés de pinces, ramassaient les corps et les jetaient dans cette voiture avec comme destination le crématoire. Je fus donc, un certain jour de février, atteint moi-même par le typhus. L'élévation de ma température — dûment contrôlée (j'avais plus de 40°) — me permit d'être admis. Après une nouvelle séance de déshabillage, de douche, de désinfection, nous dûmes, avec quelques autres heureux élus, gagner le "Block d'hospitalisation", parcourir, nus des pieds à la tête, dans la neige, par un froid de moins 10°, un trajet qui me parut interminable. Lorsque j'arrivai au Block des typhiques, transi, au bord de la syncope, je fus reçu par le docteur Bohn, "vieil ami" déjà, puisque nous nous étions connus au Struthof. Il était passé de ce fameux Block 29 où je lui avait succédé au Block des typhiques où il accomplissait, avec les faibles moyens dont il disposait, un travail admirable. J'étais donc à ce moment le médecin malade. Malgré mon état de torpeur, j'avais conservé assez de facultés de jugement pour me rendre compte de l'atmosphère très particulière d'une salle de typhiques en camp de concentration. Par bonheur, les SS avaient une terreur de la contagion qui les tenait éloignés de nous. Seul le médecin SS passait quelquefois parmi nous. Un matin il s'arrêta près de moi ; le docteur Bohn lui signala que j'étais médecin. "Qu'il fasse lui-même son diagnostic", dit-il simplement et il s'éloigna. La thérapeutique était pratiquement inexistante. Pourtant, au plus fort de ma maladie et à un moment où sans doute le pronostic était pour moi des plus mauvais, un infirmier me prit un jour dans ses bras, me porta dans une pièce voisine où l'on me fit une transfusion de sang de convalescent de typhus. On pouvait penser que ce sang avait un certain pouvoir curateur — ce dont je doute — il est plus probable que c'était un apport énergétique et qu'il n'agissait qu'en tant que tel. Je dois préciser que les groupes sanguins étaient étudiés par les médecins déportés ayant accès au laboratoire et que, à ma connaissance, il n'y eut pas d'accident de transfusion.

« Dans ce Block de typhiques, le docteur Bohn se dépensa sans compter, dormant peu, méprisant les risques de contagion. Il était assisté d'un infirmier-chef, un déporté luxembourgeois, Alet, qui fut admirable. Quelques jeunes Français, dont un étudiant en médecine, assuraient aussi des soins infirmiers particulièrement ingrats — ils se relayaient jour et nuit. Même dans ces conditions privilégiées de séjour en infirmerie (par rapport au sort des typhiques qui mouraient dans les Blocks), la mortalité était élevée. Nous étions couchés entièrement nus sur de dures paillasses — terme impropre puisqu'il s'agissait de sacs remplis de fibres de bois qui se tassaient et se durcissaient rapidement — nous avions tous des escarres, favorisées par l'extrême amaigrissement. Un certain matin, au réveil, mon voisin de droite et mon voisin de gauche étaient morts. Ils s'étaient "éteints" l'un et l'autre dans la nuit. J'emploie à dessein ce terme d'"éteint", car il représente bien cette façon de mourir par épuisement progressif, continu et irréversible. L'un d'eux, mon voisin de gauche, républicain espagnol, livré aux Allemands par le gouvernement de Vichy, portait à la face externe du bras un tatouage représentant deux mains enchaînées. La chaîne entre les deux mains était rompue ; un mot sous cette image : *Libertad*... Des jours et des jours cette allégorie m'avait fasciné et, qui sait, peut-être soutenu.

« Dans cette salle, le règlement voulait que dès le matin — pour l'hygiène ! — les fenêtres fussent ouvertes. J'avais le malheur d'être juste contre une de ces ouvertures, et dehors le thermomètre en février 1945 avoisina – 20°. Ma température interne se tint en plateau vers 40°. Je ne pense pas que cette thérapeutique par hibernation, avant la lettre, fut ce qui me permit de survivre. Une autre mesure d'hygiène était le contrôle des poux, "Läuse Kontrolle". L'un de ces contrôles fut l'occasion de mon premier lever et je dus traverser toute la salle. Jamais je n'aurais imaginé auparavant qu'un corps à l'extrémité de l'épuisement pût encore exécuter une marche purement automatique et je ne puis encore aujourd'hui expliquer comment j'ai pu effectuer l'aller et le retour, de mon lit au "contrôleur", sans m'effondrer dans un état syncopal. Pour les survivants, dès que s'amorçait la défervescence, le départ était décidé (parfois même avant car il fallait faire de la place). Certains, dont je fus heureusement, avaient la chance d'être dirigés sur un Block de convalescents. Je me souviens d'y être arrivé un certain soir, dans un état d'épuisement total, incapable de gagner ma paillasse sur laquelle me porta un camarade, au dévouement duquel je me plais à rendre hommage : Henri Grandjean. Je fus long à récupérer un semblant de forces. Mon poids stagna longtemps à 43 kg et je pus craindre un moment que ma dénutrition ait atteint le stade irréversible. Une fois encore, d'admirables amis, dont le docteur Suire, organisèrent pour moi une nouvelle transfusion sanguine. Je reçus le sang d'un pasteur de Marseille. (J'ai honte aujourd'hui à avouer que j'ai oublié son nom.) »

Guéri, Hallot-Boyer s'occupera de cette salle. Pratiquement tous les médecins français furent touchés par le typhus... mais heureusement pas en même temps.

« Comment [1] ne pas dire à quel point nos médecins français nous remplirent de fierté quand vinrent les jours de la grande tribulation ? La plupart des étrangers qui avaient alors la haute main sur le Revier se défilèrent les uns après les autres, à quelques exceptions près. C'est alors que nos toubibs se montrèrent à la hauteur de la situation. Eux, qu'on avait jusque-là méprisés, les reléguant au rang subalterne de Pfleger de Block, ce qui ne leur procurait d'autre avantage que de subir le sort commun, avec cette aggravation qu'ils soignaient sans médicaments, sans thermomètres, sans la moindre possibilité de mesures préventives, ils prirent à bras-le-corps l'épidémie, faisant front de tous côtés, déterminés, infatigables, téméraires, jusqu'à l'imprudence. Quatorze d'entre eux furent enlevés en quelques jours. »

Le dimanche 29 avril les premiers Américains découvraient le camp modèle, le Barbizon bavarois... Les malades, les prêtres, les médecins restèrent dans le camp. Le 3 mai, Edmond Michelet recevait ce petit mot du docteur Bohn. Bohn, comme tous les médecins, ne tenait plus debout :

---

1. Edmond Michelet, ouvrage cité.

« Les malades atteints de typhus exanthématique doivent, dit-on, être transférés dès demain dans le camp SS pour y être soignés par des médecins américains, mais il y aura sans doute besoin de quelques médecins pris parmi les déportés. Je demande expressément à être l'un de ces médecins et à continuer à soigner les malades du camp, même si cela doit retarder pour moi l'heure du retour jusqu'au départ du dernier malade français. »

XII

LE PETIT CHIEN DE SCHÖRZINGEN

La réception pouvait surprendre un médecin.

L'homme était allongé dans la boue. Autour de lui les six cents déportés du camp, au garde-à-vous, pour l'appel. Le malade, dans le coma, avait été ramené du travail sur les épaules de ses camarades. C'était une tradition du Kommando, maintenue par le chef de camp : les morts, les malades, devaient être transportés matin et soir sur la place d'appel et abandonnés dans la neige ou les flaques d'eau.

Cette première vision de Schörzingen, le docteur Robert Morel[1] ne pourra jamais l'oublier. Il arrivait et, devant le camp rassemblé, les autorités jouaient une « leçon » à leur manière :

— Toi, le médecin, examine le malade.

Robert Morel se penche, s'agenouille :

— Il va mourir.

— Mais non, il ne va pas mourir. C'est un fainéant et un saboteur...

L'adjudant-chef SS Olher, commandant du camp, et le droit commun Walter Telchow, responsable des détenus, s'acharnent alors sur le « simulateur » et l'achèvent à coups de gourdin. Essoufflé, le visage baigné de sueur, Telchow se retourne vers Robert Morel :

— Voilà comment nous faisons la médecine ici. Tâche de t'en souvenir ou tu auras affaire à nous.

*
* *

1. Le docteur Robert Morel, d'Arles, avait été arrêté pour résistance. Il a connu d'autres camps avant de devenir médecin de ce Kommando. À ma connaissance, rien n'a été écrit sur Schörzingen. Je dois au docteur Robert Morel un long témoignage manuscrit. Cet inédit m'a permis de traiter ce chapitre (février 1968).

Le camp de Schörzingen en Wurtemberg dépendait de Dachau. Situé à 70 kilomètres au sud de Stuttgart, il avait été construit en février 1944 près d'une usine qui traitait le schiste pour en extraire de l'huile à moteur. Robert Morel n'arriva qu'en novembre. Pendant les neuf premiers mois d'existence du Kommando, le service sanitaire avait été confié au chef des détenus, Telchow. Il est facile d'imaginer les thérapeutiques de cet ancien menuisier. D'ailleurs personne n'osait se présenter au Revier et les six lits étaient occupés par les protégés du tueur.

Robert Morel s'installe :

« La visite se passait le soir, à l'arrivée des Kommandos. Je disposais d'un quart d'heure pour soigner trente à quarante malades ce qui était impossible, de plus je n'avais pratiquement pas de médicaments à leur donner : un quart d'aspirine et, pour les dysentériques, un peu de poudre de bois que je faisais brûler dans la journée. Je pouvais marquer trois ''exemptés de travail'', mais le choix était difficile parmi tous ces malheureux, et je faisais beaucoup de mécontents. Dès que je dépassais le nombre, Telchow renvoyait tout le monde au travail à grands coups de bâton et moi, le saboteur, je n'échappais pas au ''Gummi''... »

Pour sauver les malades, il suffit de ruser... se débrouiller.

« En janvier, j'ai opéré un déporté vosgien, Robert Égly. Il souffrait d'un abcès rétro-oculaire. Son état était grave : forte température, céphalée atroce et menace de diffusion vers le cerveau. Comme je n'avais pas de bistouri, je fis aiguiser un long clou à la forge de la mine ; grâce à cet instrument improvisé, je réussis à atteindre l'abcès en rasant le bord inférieur de l'orbite et j'effectuai durant quelques jours un drainage avec des morceaux de gaze. Par miracle, Robert Égly guérit [1]. »

Un autre jour, Robert Morel se penche sur un déporté qui avait eu le bras déchiqueté par une balle explosive. Il est obligé de racler l'os et d'arracher les esquilles avec une tenaille qu'il a empruntée au cordonnier et fait bouillir dans une gamelle.

La situation médicale du Kommando s'améliora sensiblement à la suite d'une opération capitale pour le médecin français. L'adjudant SS avait offert à Telchow un chiot de trente jours et « Bouboule » respirait avec difficulté.

— Hypertrophie d'un lobe de la thyroïde.

Telchow accueillit le diagnostic avec colère.

— Il va mourir ?

— Non, si on l'opère.

— Tu vas opérer.

1. Il est aujourd'hui (1968) toujours vivant.

— Mais je n'ai pas d'instruments !

— Tu en auras. Fais ta commande.

Le lendemain matin, Telchow offrit à Robert Morel une pleine valise d'instruments chirurgicaux, et d'anesthésiques.

— Si le chien meurt, tu mourras avec lui.

Le médecin français opéra « Bouboule » avec succès, sans grandes difficultés.

« Mais cependant chaque matin j'arrivais en tremblant dans la chambre de Telchow, pensant trouver le chien mort. Je refaisais le pansement. Il resta trois jours dans sa caisse, couché sur le flanc, mangeant et buvant à peine. Le quatrième matin, il sortit de sa caisse en aboyant... Je reçus un grand morceau de pain et de la margarine.

La santé de « Bouboule » s'améliorait. Robert Morel, « hautement considéré » par les deux maîtres du camp, eut le droit de conserver le contenu de la valise et surtout de s'occuper mieux, et plus longuement, de ses malades. Le petit chien de Telchow venait de sauver des dizaines de déportés [1]. Il en mourut tout de même cinq cents en un peu plus d'un an. Ce qui est énorme si l'on se souvient que l'effectif moyen du Kommando n'était que de cinq cents. Mais Dachau remplissait les vides, sans se faire prier.

1. Robert Morel, atteint de typhus, fut évacué sur Allach avec les autres malades. Il apprit la veille de son départ que « Bouboule », le second lobe de la thyroïde pris, était mort. Il apprit aussi que pour impressionner les « libérateurs » qui ne manqueraient pas de photographier le camp abandonné, les SS avaient rempli une armoire de médicaments, d'instruments chirurgicaux et placé sur chaque lit une paire de draps blancs.

XIII

ALLACH

Le Kapo autrichien s'approche d'Henri Laffitte :

— Dis donc, veux-tu rendre visite à tes amis qui sont restés à Dachau ?

— Ça dépend. Je veux bien les voir, mais je n'ai nullement l'intention de disparaître... pendant le voyage.

— Tu es fou. Il te faudra simplement accompagner un convoi. Des cas de typhus ont été signalés parmi les Juifs de Kaufering. Le médecin-chef de Dachau a demandé que l'on apporte des cadavres au médecin légiste Blaha. Viens voir Garoli.

Le commandant du camp d'Allach accepte la proposition du Kapo. Devant la porte barbelée, un âne efflanqué fouille de ses dents noires une touffe d'herbe. Il est attelé à une charrette légère.

— Monte.

— Mais il n'y a pas de place pour moi.

— Monte ! Installe-toi sur les cercueils.

Le médecin, à califourchon sur une caisse, pousse du pied une planche pour fermer une autre « boîte ». Les corps, encastrés les uns dans les autres, remplissent trois cercueils. Peut-être huit corps, peut-être plus. Ils sont si maigres...

— Allons-y !

Le SS, mitraillette braquée, suit à pied la charrette. Clopin-clopant, l'équipage flâne tout au long des neuf kilomètres de route. Un air de vacances, de liberté. Narines dilatées, yeux ivres du monde retrouvé. L'oubli. Neuf kilomètres d'oubli.

Le Kapo du Revier de Dachau hurle :

— Ne bouge pas. Surtout ne bouge pas d'ici.

Il attend. Tous ses amis, le plus discrètement possible, viennent l'embrasser, l'interroger.

— Alors raconte ?

Il attend. L'appel du soir se termine. Le Kapo accourt, essoufflé.

— Il y a une drôle d'histoire. Tu vas grimper chez les SS. Là-haut.

— Pourquoi ?

— Ils t'ont cherché toute la soirée à Allach. Ils avaient oublié qu'ils t'avaient envoyé ici. Notre médecin-chef, le commandant Intermayer, veut te voir.

Garde-à-vous. Intermayer entre dans son bureau.

— Qui vous a désigné pour venir ici ?

— Le Kapo du Revier.

— Et d'où tenait-il cet ordre ?

— Probablement du commandant en chef du camp.

— Mais l'avez-vous vu, le commandant ?

— Oui ! Je l'ai vu ce matin.

— Il est donc au courant que vous êtes venu ?

— Oui, bien sûr.

Intermayer sort. Il réapparaît cinq minutes plus tard.

— Mais dites-moi, vous êtes infirmier là-bas. À quel titre ?

— Je suis médecin.

— Ah ! Vous êtes médecin. Quelle spécialité ?

— Chirurgien.

— Ah ! Vous êtes chirurgien. Où avez-vous fait vos études ?

— À Paris.

Il hésite, se lève, tourne autour du déporté :

— Au fond, pourquoi êtes-vous dans un camp ?

— La Gestapo m'a envoyé ici.

— Ce n'est pas ça que je vous demande. Pourquoi la Gestapo vous a-t-elle arrêté ?

— Parce que je n'ai pas dénoncé des gens que j'opérais.

Nouveau silence, puis Intermayer rugit :

— Foutez-moi le camp !

* * *

Allach, réservé en principe aux « éléments particulièrement dangereux » ne devait abriter que 3 500 déportés... Ils seront 14 000 au mois de mars 1945.

« On vivait [1] et l'on mourait là comme partout ailleurs. De faim, de froid, d'épuisement, de désespérance pour les moins moralement forts... Parfois aussi, le défi aux lèvres, pendu à la potence, face à l'ensemble des détenus figés au garde-à-vous, sous les sarcasmes des SS et de leur chef, un certain Muller qui, ricanant, secouait la cendre de son cigare sur les pieds nus du supplicié. Comme ailleurs, on était, à Allach, un mort civil. Retranché du monde. Sans nouvelles des siens. Sans lettre, sans colis. Un matricule. »

Les premiers Français arrivèrent en juin 1944. Jusqu'à cette date, la majorité des détenus était constituée de déportés soviétiques, allemands et polonais. Laffitte, écarté de la salle d'opération de Dachau par le chirurgien polonais en place, devient médecin-chef du Kommando. D'autres praticiens français, Chrétien, Jacques, Prat, franchissent la porte du Revier. Le groupe médical allait jouer un rôle capital dans la transformation du régime intérieur du camp :

« Après [2] le succès du débarquement en France, malgré le sursaut des Ardennes, au rythme des avances massives des Russes par bonds de trois cents kilomètres, la défaite apparaissait inéluctable au plus borné des SS et leurs chefs manœuvraient déjà pour trouver une issue personnelle. C'est ainsi que, pour la première fois, au début de 1945 des colis transmis par la Croix-Rouge aux déportés français et belges furent reçus en Allemagne. Munich était assez proche de la frontière suisse. Dachau et Allach près de Munich ; ces colis envoyés à tous les camps d'Allemagne s'accumulèrent à Munich et commencèrent à être distribués à Dachau et Allach. Ils contenaient, outre des aliments directement consommables — biscuits, fromages, chocolat, sardines — des aliments à cuire (pâtes, haricots). Or, les déportés n'avaient aucune possibilité de faire la cuisine. L'organisation clandestine des Français du camp décida d'en faire bénéficier l'ensemble des déportés, de toutes nationalités, mais à condition que des mesures très strictes soient prises pour empêcher le moindre ''coulage'', le moindre vol au profit de Kapos ou d'autres ''proéminents''. Il fut décidé de proposer à la direction du camp de réaliser, sous la surveillance d'hommes de confiance désignés par les déportés, dans chaque Block, la collecte des aliments à cuire ; les hommes de confiance devant ensuite, en un circuit ininterrompu et sans failles, surveiller le stockage, la cuisson et la répartition des soupes supplémentaires ainsi préparées. Ce système détruisait toute l'organisa-

1. Témoignage et enquête de Marcel G. Rivière (ancien déporté d'Allach), publiés par le *Progrès de Lyon* au mois de mars 1965 pour le 20e anniversaire de la libération des camps.
2. Manuscrit inédit du docteur Henri Chrétien.

tion interne du camp de concentration, basée sur le ''Führer prinzip'', l'autorité venant d'en haut, alors que l'autorité des ''hommes de confiance'' venait ''démocratiquement'' d'en bas. Mais il fallait faire accepter ces propositions ''révolutionnaires'' aux autorités du camp. Les chirurgiens Laffitte et Jacques, à qui l'art du bistouri avait valu l'estime des SS furent choisis comme négociateurs. En 1943, on les aurait pendus. Leurs propositions furent acceptées par les autorités intérieures du camp et les SS. Ainsi se créa à Allach une situation exceptionnelle, l'atmosphère du camp se trouvant entièrement transformée. Et cela contribua sans doute aux conditions particulières que prit la libération : deux garnisons successives de SS ayant déserté fin avril, nous étions déjà libres quand arrivèrent les Américains. »

* * *

Malgré la « solidarité » des centaines de déportés meurent chaque semaine. Tout arrive trop tard ; ils ont trop espéré, trop attendu... Le travail également s'est transformé : les aviateurs bouleversant avec leurs bombes le paysage, les villes, créent de nouvelles charges.

« Dans [1] la première quinzaine de mars, j'étais employé au ''Katastrophe Kommando''... Inlassablement nous devions reconstituer, rail à rail, les voies de chemin de fer détruites. Nous devions pénétrer dans la neige jusqu'à mi-ventre et fouiller autour de nous, à mains nues, pour repérer les rails enfouis. Que d'accidents ! Pieds écrasés, mains coupées... Une nuit, je ressentis une douleur étrange dans mon pied gauche, c'était comme si on me chatouillait avec des aiguilles. J'avais hâte d'entendre siffler le réveil. Debout, je me rendis compte que je ne pouvais plus poser le pied par terre, il était dur comme fer. On me porta au Revier. Henri Laffitte m'examina et demanda à son infirmier de me passer les sangles. Je refusai. Le chirurgien me regarda : ''On va t'arranger ça au poil.'' Je me cramponnai. Il m'arracha un ongle. Je n'ai rien senti. Je vis le docteur sourire : ''Tu as de la veine, le sang coule.'' Il me renvoya au travail après m'avoir pansé, m'expliquant que le Revier était dangereux pour les ''inutiles'' et qu'il valait mieux pour moi me faire soigner en cachette après le retour des Kommandos. C'est ce qu'il fit. Pendant huit jours, il s'occupa de moi comme si j'étais son fils. Je lui dois la vie. Il m'a guéri mais aussi donné le courage de continuer à lutter... il m'a donc sauvé deux fois. »

* * *

1. Manuscrit inédit de Jean Kerjean (décembre 1967).

Le front se rapproche. Au loin le canon gronde. Les SS décident d'évacuer tous les déportés de l'Est capables d'effectuer une marche quotidienne de trente kilomètres. Les médecins sont chargés de la sélection... Ils ne trouvent que quarante Soviétiques, aptes à la marche. Ces déportés sont tous volontaires. Les médecins ne peuvent les retenir de force. Fureur des SS.

— Nous allons nous-mêmes pratiquer la sélection. Seuls les malades contrôlés resteront.

Qu'à cela ne tienne : Laffitte, Prat, Jacques et Chrétien décident de provoquer des poussées de fièvre, « contrôlables » chez les valides :

« L'infirmier SS responsable de la surveillance du Revier devait signer les papiers exemptant de l'évacuation les déportés malades. Il était nouveau dans le camp, et s'était montré dès le début très amical avec les médecins et infirmiers déportés. Retournement de dernière heure ou bonne volonté ? Il accepta de signer ces papiers pour tous ceux que nous lui présenterions. Toutefois, il fallait se prémunir — lui et nous — contre un contrôle éventuel du médecin SS du camp. Nous décidâmes d'injecter aux déportés de l'Est déclarés malades sur les feuilles signées par l'infirmier SS, des médicaments qui leur donneraient une poussée fébrile contrôlable deux ou trois heures après, au moment du départ. Ce fut un spectacle étonnant que cette salle de consultation de l'infirmerie d'Allach où un SS signait sur une table des papiers attestant qu'un déporté avait plus de 38° de fièvre tandis que les médecins injectaient à chacun des intéressés de l'huile soufrée, du lait, du Propidon, afin qu'en cas de contrôle, trois heures plus tard, le déporté ait effectivement de la fièvre. »

La dernière nuit.

Les blindés américains ne sont qu'à cinq kilomètres. Des batteries allemandes proches d'Allach « pour le panache » ouvrent le feu. Les Américains répondent et des obus tombent au milieu des Blocks occupés par les Juifs. Laffitte, aidé de tous les médecins, opère. Léon Boutbien, nouvel arrivé à Allach, prépare des écarteurs avec du fil de fer. Sur la table, un blessé truffé d'éclats. Nouvelle salve. Laffitte, sans relever la tête :

— S'ils décalent de cent mètres au nord, c'est pour nous.

Et, tranquillement, il incise autour de la plaie de pénétration d'un éclat.

XIV

L'ENFER DES FEMMES : RAVENSBRÜCK

— Vous prenez un peu de margarine...

— Mais vous êtes folle ! Il ne faut pas gâcher ce peu de matière grasse.

— Je sais ce que je fais. Tout à l'heure, ils vont passer. Mes cheveux blancs me feront désigner pour le « camp de jeunesse » et là on me tuera. De là-bas, personne ne revient. Donc vous mélangez un peu de suie à une noisette de margarine. Vous obtenez une très belle teinture pour les cheveux. S'il vous reste encore une petite boule de graisse, vous ajoutez de la poussière de brique. Ce fond de teint vous redonne un peu de couleur aux joues.

Ainsi, avant les « sélections », ces séances de maquillage réunissaient dans les Blocks de Ravensbrück les femmes âgées, malades un peu pâles, les « musulmanes ». Il fallait trouver de la place... dans le Revier d'abord, et, si ce n'était pas suffisant, dans tout le camp.

« Un après-midi [1] d'hiver, un appel eut lieu. On fit sortir tout le monde des Blocks ; les chiens SS dénichèrent celles qui étaient cachées sous leurs paillasses ou sous leurs lits. On nous fit enlever nos bas ou les bouts de papier tenus avec des ficelles et protégeant les jambes couvertes de plaies. Ainsi, les robes relevées jusqu'au pubis, nous dûmes subir la ''sélection'' par les médecins SS, accompagnés du sergent Pflaum, chef du bureau de travail et préposé à la préparation des listes de transport. Le docteur Treite, médecin-capitaine depuis deux ans au Revier de Ravensbrück, homme d'une cruauté froide toujours

1. Docteur Paulette Don Zimmet Gazel : *Les Conditions d'existence et l'état sanitaire dans les camps de concentration de femmes déportées en Allemagne. Matricule 37 878.* Imprimerie franco-suisse Ambilly, Annemasse (janvier 1947).

imperturbablement placide, et l'infirmière-chef Elisabeth Marshall ne faisaient pas les sélections dans les Blocks, mais seulement dans les Blocks-infirmeries. Les jambes œdématiées, les cheveux blancs, les visages trop émaciés furent groupés à droite, les autres à gauche, donnant l'image d'un tri de bestiaux. Puis le soir, la colonne de droite, par rangs de cinq, fut conduite sous bonne garde au « Jugendlager ».

« On leur avait promis une vie plus calme, exempte d'appel du matin, de corvées de terrassement, ou de déchargement ; on leur avait parlé de l'installation d'une infirmerie dirigée par une Française, le docteur Dora Rivière de Saint-Étienne, aimée de toutes pour sa bienveillante douceur, et les pauvres vieilles, les impotentes, les malades ambulatoires, les tricoteuses y étaient parties presque joyeuses. Mais dès leur arrivée au Jugendlager on commence à leur enlever à chacune leur manteau (c'était au début de février, la température était en moyenne de – 5 à – 10°) pour le donner, dit-on, aux réfugiés allemands nationaux-socialistes évacués des régions occupées par les Russes. Puis elles se couchèrent sans couvertures ni paillasses, par terre ou à même les planches. Ensuite, ces pauvres femmes eurent, ''pour leur faire prendre l'air'', six à sept heures d'appel consécutives, debout, au garde-à-vous, dehors. Le pain de 1 200 grammes fut partagé en dix, puis en douze, ce qui représentait une tranche d'un centimètre d'épaisseur pour vingt-quatre heures. Elles recevaient comme nous un demi-litre de soupe de rutabagas par jour. Mais le samedi on oubliait de leur donner la tranche de saucisse et le petit morceau de margarine... La mortalité fut effroyable. Le crématoire flambait jour et nuit. Pneumonie, dysenterie emportaient les vieilles ; le typhus exanthématique fit son apparition. Tous les trois ou quatre jours, on en désignait un chargement pour la chambre à gaz. Celles qui ne se décidaient pas à mourir spontanément furent toutes gazées vers le 10 avril. Douze Françaises seulement échappèrent à la mort dans ce camp. »

Et sur ces douze, cinq devaient mourir dans le mois qui suivit leur libération. On estime à quinze mille le nombre de « disparues » dans le camp de jeunesse. Il portait ce nom tout simplement parce que dix-sept Blocks accueillirent de 1940 à 1943 les membres des Jeunesses hitlériennes qui devaient subir un stage de rééducation et un profitable lavage de cerveau. Le docteur Dora Rivière accompagna le transport inaugural :

« Avec [1] le docteur Rivière partent une femme médecin, polonaise, et

1. Témoignages rassemblés par l'Amicale de Ravensbrück et l'Association des Déportés et Internés de la Résistance. Ces témoignages ont été publiés dans *Les Françaises à Ravensbrück*. Gallimard, 1965.

deux infirmières. En arrivant au Jugendlager, elles constatent toutes les quatre qu'elles ont été trompées. Le Revier est une baraque vide, sans même une paillasse. Elles essaient de récupérer du matériel dans les autres Blocks, installent tout comme elles le peuvent. À côté de ce soi-disant camp de repos, Ravensbrück semble un paradis. Les pauvres femmes sont dépouillées de tous leurs vêtements chauds, de leurs tricots. Elles sont seulement en chemise et en robe de coton et, pieds nus, vont deux fois par jour à l'appel. Le ravitaillement, y compris celui du Revier, est exactement la moitié de ce qu'il est dans le grand camp. »

Mais le commandant du camp estime que :

— La mortalité n'est pas tellement élevée !

Première mesure prise : enlever au docteur Rivière et aux adjointes du Revier tous les médicaments qu'elles ont pu emporter de Ravensbrück.

— On ne meurt toujours pas assez vite...

Deuxième mesure : rapatrier sur le grand camp le docteur Rivière et toutes les employées du Revier [1].

Troisième mesure : trouver « un instrument » pour se débarrasser de ces bouches inutiles. L'instrument, ce sera Vera Salvequart, Schwester Vera, l'infirmière Vera... Oui, une infirmière déportée : 24 ans, douce, belle, intelligente. Née en Tchécoslovaquie de mère tchèque et de père allemand, elle a fait ses études d'infirmière à Leipzig. Arrêtée en 1941 parce qu'elle est fiancée à un Juif que la Gestapo recherche, elle reste dix mois enfermée dans le camp de concentration de Flossenberg. Après sa libération, elle fréquente à nouveau des Juifs et se voit condamnée à deux ans de prison pour « avoir eu des relations avec des sous-hommes ». Après un nouveau procès, son fiancé est exécuté et Vera Salvequart arrive à Ravensbrück où on la jette sous la « tente de cochons » où croupissent deux mille Juives. Comment Vera arrive-t-elle à travailler en Kommando, à faire reconnaître son diplôme d'infirmière, à obtenir la responsabilité médicale du camp de jeunesse ? Nous ne le saurons jamais. Le premier jour de sa présence au Revier, Vera accepte de préparer trois cents certificats de décès « en blanc ». Le soir, trois cents femmes sont brûlées au crématoire.

Dans les jours qui suivent, Vera « s'installe » à son compte... Irène Ottelard sera l'une des seules rescapées françaises :

— Je vis mourir dans le Block où j'étais au moins vingt-cinq de mes compagnes dans des conditions horribles. Épuisées par la dysenterie, elles ne pouvaient plus bouger et faisaient sous elles, tout au moins celles qui n'avaient pas la force de se soulager dans leur gamelle.

---

1. Ce séjour au camp de jeunesse provoqua un tel choc sur le docteur Rivière qu'elle dut s'aliter. Elle restera malade jusqu'à l'évacuation de Ravensbrück.

L'atmosphère était pestilentielle, car on n'ouvrait jamais les fenêtres à cause du froid (– 20°). Mais je devais voir encore pire au Block où je fus envoyée ensuite avec cinq ou six cents autres femmes. Dans la salle où la vermine régnait (vêtements et paillasses grouillaient de poux), il y avait un coin où on laissait mourir les prisonnières qui ne pouvaient plus se mouvoir ; elles finissaient là sans que personne s'en occupât et, matin et soir, la « colonne des mortes » venait enlever les cadavres. Un jour, une gardienne, lasse de voir certaines femmes qui ne pouvaient pas marcher demeurer sur le grabat ordonna qu'on les envoie au Revier. Je faisais partie de ces impotentes. Une de mes camarades vint me dire de faire l'impossible pour ne point aller dans ce Revier où l'on achevait les malades au moyen de piqûres...

« Dans ce Revier, je voyais passer la Schwester Vera, une seringue et un garrot à la main ; j'entendais des cris. Quelques instants plus tard, me rendant aux lavabos, j'y trouvai nues, agonisant sur le carreau, quatre ou cinq femmes qui avaient reçu la "piqûre de Schwester Vera". Ces femmes venaient d'une chambre au bout du couloir. Cette chambre s'appelait le "Tagesraum". Quand on était désignée pour cette chambre, on nous faisait abandonner toutes nos affaires. La Schwester me dit de garder mes affaires et elle expliqua aux autres qui avaient été délestées des leurs que je ne partais pas le lendemain en transport. À la vingtaine de femmes réunies dans cette chambre, elle tint ce langage : "Demain vous devez partir en transport. Je vais vous donner un médicament afin que vous ayez des forces pour faire le voyage" et, à mon grand étonnement, elle me dit : "Non, vous n'êtes pas sur la liste." À chacune des autres, elle fit prendre une cuillerée de poudre blanche. Ces femmes étaient des Juives, des Polonaises, des Russes, des Roumaines et des Yougoslaves et quelques Allemandes. Le lendemain, quand je m'éveillai, toutes celles qui avaient pris de la poudre ronflaient. Elles ronflèrent toute la journée. Vers le soir, les ronflements cessèrent et les corps devinrent rigides, et moi qui n'avais pas pris la poudre, je regardais ces corps rigides d'un air hébété. La "colonne des mortes" vint enlever les cadavres efflanqués, en riant et avec une sinistre et déconcertante désinvolture. »

Vera Salvequart, après la libération du camp, fut arrêtée et condamnée à mort. Au cours de son procès, elle avait réclamé le témoignage d'une déportée viennoise : Lotte Sontag.

— Elle vous dira que j'ai sauvé des centaines de vies en falsifiant la liste des décès et en y faisant figurer les mêmes noms trois ou quatre fois... Elle vous dira que je n'ai jamais empoisonné personne.

Lotte Sontag avait été épargnée par Vera. Comme la Française Irène Ottelard, elle ne savait pas pourquoi.

— Vous souvenez-vous, demanda l'avocat général, que Salvequart vous a fourni des bottes ?

— Oui, répondit Lotte, je me souviens, mais je dois dire aussi que ces bottes appartenaient aux malades que Vera avait empoisonnées.

— Est-ce bien cela qu'a dit le témoin ? demanda l'avocat général.

— Oui, répondit l'interprète.

Indigné, l'avocat de Vera lança :

— Mais comment, vous n'avez eu aucun scrupule à porter ces bottes prises sur une morte ?

— Nous avions beaucoup de peine pour les victimes, mais c'étaient des chaussures et nous n'en avions pas d'autres. Alors nous les avons portées.

— Et la fameuse poudre blanche ?

— Vera Salvequart m'a raconté qu'elle la distribuait elle-même parce que les prisonnières se seraient méfiées si les SS avaient fait la distribution. Elle, Vera, était détenue... Elle avait une voix douce, elle semblait gentille. Les déportées croyaient que c'était un médicament.

Dans le box, Vera baissa la tête et murmura :

— Elle pouvait me sauver comme je l'ai sauvée. Je suis abandonnée, c'est fini...

* * *

Oranienburg-Sachsenhausen, camp modèle pour les hommes, devait avoir son pendant réservé aux femmes. Himmler possédait un terrain près de Fürstenberg en Mecklenburg.

— C'est ma petite Sibérie...

Sable blanc, un petit lac, des marais coiffés d'îlots de bouleaux.

En décembre 1938, cinq cents détenus quittèrent Oranienburg pour Ravensbrück. Ils allaient bâtir sur cette « si jolie petite plage », le plus important camp de femmes de toute notre histoire. Le 13 mai 1939, les Blocks accueillaient les 867 premières déportées : propreté, ordre, confort...

Ce beau programme sera bousculé et abandonné lorsque le Reich découvrira que la rééducation des prisonniers coûte cher et que, dans le fond, le meilleur moyen pour une femme comme pour un homme de se racheter c'est de participer à l'effort de guerre : le travail rend libre...

Infirmerie en « trompe-l'œil ». Moderne, bien équipée, réservée en principe aux visites... des commissions d'enquête.

« Le fait [1] paradoxal le plus immonde fut certes ce semblant d'organisation sanitaire parfaite, destiné à duper un éventuel contrôle international. Alors que, derrière cette façade d'ordre méthodique et d'hygiène, se cachait une misérable cour des Miracles où tant des nôtres périrent faute de soins, arrivées à la dernière limite de dégradation de la personne humaine, physique et morale. »

Les Revier I et II, réservés aux grandes malades et aux contagieuses, séparés par des parterres de fleurs, constituaient cette façade : on aurait pu se croire dans un hôpital de province, fin de siècle, un peu dépassé par le progrès. Mais derrière se cachaient les Blocks des malades ; ces pièces immondes réservées à celles qui espéraient l'admission dans le « temple ». Ces salles d'attente occuperont jusqu'à sept baraques.

Le médecin SS Schidlausky, responsable de toutes les installations sanitaires du camp jusqu'en décembre 1943 se signala par sa brutalité et ses « envies » d'expérimentation sur les cobayes déportées [2]. Il fut remplacé par Percy Treite ; né d'une mère britannique, son atavisme se limitait à l'absorption régulière de thé. Pour le reste... il était SS avant tout et ce fils de famille timide et effacé, cultivé et sentimental, se complaisait dans la bestialité et la brutalité. Il aimait particulièrement humilier les déportées qu'il avait retenues comme médecin ou infirmière. La scène de réception se jouait dans son bureau :

— Entrez !

La femme est nue. Elle attend parfois depuis plusieurs heures dans le couloir.

Silence.

Il est installé confortablement, enfoui dans son fauteuil, les pieds posés sur le bureau, les yeux fixés sur la fenêtre.

— Nom ?

— Âge ?

— Thèse ?

— Externe ?

— Retournez à votre Block.

Il n'a pas jeté un seul regard à la postulante. Demain, elle sera affectée à un Block [3].

1. Thèse de Suzanne Weinstein soutenue publiquement le 3 juillet 1946 (Paris). *Aperçu sur les conditions de vie et l'état sanitaire du camp de concentration de Ravensbrück.*

2. Un chapitre est consacré aux « expérimentations » de Ravensbrück dans *Les Médecins maudits.*

3. Témoignage inédit du docteur Suzanne Mengin (20 février 1968). Arrêtée pour résistance une première fois en juillet 1943, puis le 31 mai 1944. Déportée à Ravensbrück par le convoi du 15 août.

Le second personnage du Revier est une femme, SS cela va de soi : l'infirmière en chef, Elisabeth Marshall. Pour les « examens de passage » elle a dû recevoir des leçons particulières de Percy Treite :

— Qu'avez-vous fait jusqu'ici [1] ?

— J'étais infirmière à la poudrerie de Torgau ; partie en transport avec les cinq cents Françaises qui y travaillaient.

— Êtes-vous diplômée ?

— Parlez-vous allemand ?

— Où avez-vous travaillé en France ?

Cécile Goldet découvre au cours de cet interrogatoire l'« Éminence grise » du Revier :

« Énorme femme, taillée comme un gendarme, grasse et lourde, à cheveux blancs, elle me dévisage rapidement. Son regard précis voit tout, et, malgré l'effort que j'ai fait d'être bien vêtue grâce à un ensemble de choses prêtées par des camarades, je crains de lui déplaire et dissimule ma joie lorsqu'elle me convoque pour l'après-midi. »

Treite est là aux côtés de la grosse Elisabeth.

— Je n'aime pas les Françaises, dit-il. Elles sont sales, paresseuses, menteuses. Ce peuple est dégénéré, ne sait pas travailler.

— Pourquoi voulez-vous rentrer à l'infirmerie ?

— ...

— Ne croyez pas que la vie y est douce ; si vous ne marchez pas droit vous le payerez cher.

Cécile Goldet commence son service au Block de chirurgie :

— C'est le royaume du pus. Nous sommes trois infirmières pour cent cinquante malades. Elles sont deux par paillasse, souffrantes, gémissantes. Je me mets vite au travail... Vision d'horreur... Toutes ces plaies suppurent, les pansements en papier ne tiennent pas, et le pus coule partout... sur les couvertures, sur les voisines.

Et tout de suite, Cécile doit tricher : changer en cachette les bandages, car Elisabeth Marshall a bien recommandé :

— Il est formellement interdit de faire les pansements plus de deux fois par semaine, dans quelque état que soit la malade.

Et toutes sont dans un « état » grave.

« La plupart de mes malades ont les membres gelés. Les Juives hongroises sont très nombreuses, revenues en partie à pied de Francfort où elles travaillaient à des terrassements de défenses. Elles sont épuisées et gémissent beaucoup. Je constate avec émotion que nombreuses sont

1. Cécile Goldet, *Lest we forget*, plaquette publiée aux États-Unis en 1948. Cécile Goldet a tenu son journal à Ravensbrück. Elle avait été arrêtée le 27 juillet 1944 par les Allemands dans la grotte de la Luire où était installé l'hôpital du maquis du Vercors.

celles que l'on n'opère pas. Les deux pieds noirs jusqu'aux chevilles, une jeune fille de vingt ans a mis dix jours à mourir en suppliant à chaque visite la doctoresse Élisa de la soigner... Nombreuses sont celles dont les moignons suppurent après l'opération. Elles souffrent atrocement jusqu'à la mort, et je me demande, malgré ma sourde révolte devant l'attitude d'indifférence de la doctoresse Élisa, si elle n'a pas raison. Pourquoi opérer puisque le résultat est le même ? »

Pour aider les autres malades, celles qui ont une petite chance de survivre, Cécile Goldet doit « améliorer » l'ordinaire.

« Ma grosse source de revenus, ce sont les mourantes. Savoir tirer de sous leur oreiller le pain de celles qui ne le mangent plus sans que l'entourage s'en aperçoive, est tout un art. Donner deux soupes à la même malade, au moment de la distribution, demande une habitude de la resquille. »

Et puis, il faut échanger le pain contre des pommes de terre ou une carotte ; marchander des heures pour offrir un poireau... il faut aussi s'occuper de celles qui ne sont pas suffisamment malades pour être admises au Revier.

« Le soir, après le retour de toutes les colonnes de travail, j'ai ma clientèle privée. À travers la fenêtre, seule issue clandestine par où je puisse communiquer avec celles qui ont besoin de moi, je passe quelques cachets d'aspirine volés à la pharmacie et telle une aveugle, armée d'un long bâtonnet garni d'un tampon de Tripaflavine, je badigeonne, dans la nuit, les gorges douloureuses qui s'ouvrent devant moi, de toutes celles qui, pendant la journée de travail, gardent les vêtements mouillés par la neige ou la pluie des longues heures d'appel. »

Mais les jours de « cauchemar » ce sont les mardis et vendredis : les jours de pansements.

« Ils sont tous faits devant le docteur, sur la table de la salle d'opérations. Rares sont celles qui peuvent marcher jusque-là. Nous devons les porter, les traîner à deux infirmières, et c'est pour moi un calvaire chaque fois. Ces corps épuisés, gémissants, qu'on ne sait par quel endroit saisir, dont les plaies coulent, qui ont si souvent de telles diarrhées qu'il faut porter le bassin d'une main, en les soutenant de l'autre. Ces pansements faits en série, à l'appel du numéro, sans contrôle préliminaire, sur des êtres qui mourront une heure après. Il m'est arrivé de porter péniblement, à travers les rangées de châlits trop serrés, des malheureuses n'ayant même pas la force de gémir, et de me demander si elles arriveraient vivantes sur la table de pansements. Les malades que nous transportons sont parfois nues. Nous n'avons pas assez de linge, et les chemises sont si souillées que nous ne pouvons pas les leur laisser. Pour aller du dortoir jusqu'à la table d'opération, nous devons traverser le Tagesraum [1]. Là, bavarde, rigole, mange le personnel indifférent du Block, Stubova et ses acolytes, les Zimmerdienst [2], entourées de leurs amies préférées. Là, aussi, écroulées ou assises par terre, attendent patiemment, pendant notre lamentable défilé, les "entrantes" qui doivent prendre place au dortoir, quand les pansements seront terminés. Triste vision pour celles qui ne sont pas aveugles d'épuisement et qui sont destinées à être opérées le lendemain.

« Il m'est arrivé d'être appelée pour assister le docteur. Toutes les anesthésies sont très courtes et, lorsque l'opérée n'a rien aux membres, elle est secouée, réveillée brutalement, mise debout et poussée hors de la pièce. Là, titubant comme une femme ivre, elle doit regagner son grabat. Les amputées sont transportées par une infirmière qui, souvent, elle-même épuisée, porte péniblement son fardeau.

« J'apprends que je suis changée de service et dois passer aux infectieux. Je quitte sans regret ce Block où le travail est épuisant et les résultats si peu encourageants... mais considère avec stupéfaction mon nouveau service : la scarlatine. Un long corridor d'un mètre soixante-dix de large. Des grabats par terre et des femmes couchées comme des sardines dans une boîte, serrées les unes contre les autres, toutes de côté sur une hanche, dans l'impossibilité totale de bouger. Je ne peux pas entrer sans enjamber des corps et mettre mes pieds de travers, entre une fesse et un ventre emboîtés. Je ne peux que difficilement ouvrir la porte et confie aux premières malades le soin de transmettre le thermomètre aux suivantes. Une petite fenêtre éclaire, au bout du corridor, cette série de malheureuses qui manquent d'air et ne peuvent bouger. Une grande Hollandaise de vingt ans n'a jamais pu s'allonger complètement ; elle mesurait un mètre quatre-vingts et devait vivre les jambes repliées, constamment rabrouée par ses voisines, parce qu'elle rentrait ses genoux dans leurs reins. Les soins sont réduits au minimum : quelques cachets distribués sans discernement par le docteur qui répugne à entrer parmi les malades et donne au hasard des demandes...

« Désirant réduire les risques d'épidémie, les autorités exigent que soit respecté le délai de quarante jours, et c'est dans ce réduit immonde, jamais nettoyé, où mangent, dorment, souffrent toutes ces scarlatineuses, que doivent se passer les longues heures de celles qui, depuis longtemps convalescentes, attendent que leur soit indiqué leur jour de sortie. Et tant est atroce la vie du camp, ce terrible appel du matin, que j'ai vu certaines femmes tricher en prenant leur température, faire monter leur

1. Endroit du Block réservé au personnel.
2. Filles de service.

fièvre, pour ne pas quitter "la boîte à sardines" et, ainsi, retarder le jour où elles devront reprendre le collier de misère du travail.

« Je dois également soigner les diphtériques. Chambre carrée de quatre mètres sur quatre. Les châlits sont à deux étages comme toujours, et deux malades par paillasse. Dans la pièce voisine sont les typhiques, et je m'aperçois avec étonnement que nous devons nous servir des mêmes thermomètres. Je dois les remettre matin et soir à ma collègue. Elle me les rend après usage. Lorsque les malades viennent de notre camp et que les diagnostics ont été rapidements faits, la guérison est possible, car le sérum est injecté. Mais nombreuses sont celles qui arrivent, après plusieurs jours de transport, d'une fabrique lointaine qui ne possède aucun médicament et renvoie consciencieusement à Ravensbrück, en wagons à bestiaux, des malheureuses qui étouffent déjà au départ et viennent mourir sur une paillasse de l'infirmerie. La chambre doit être fermée à clé et dans le noir toute la nuit. Celles qui étouffent et râlent empêchent les autres de dormir. Celles qui meurent tombent de leur lit, font des efforts pour atteindre la fenêtre, espérant y trouver l'air qu'elles cherchent en vain, et butent en mourant sur le lit de leurs camarades. Telles je les trouve le matin, mortes en travers de la pièce, dans l'indifférence des unes et la terreur des autres. »

*
* *

Dans tous ces Blocks des médecins déportées, des infirmières comme Cécile Goldet, des religieuses comme sœur Marie-Grégoire luttent avec acharnement pour arracher à la mort leurs compagnes. Parfois, le hasard leur vient en aide. Un jour, le docteur Paulette Don Zimmet qui travaille au Kommando des « débardeuses » découvre dans les wagons chargés de produits du pillage de la ville polonaise de Pruskow une caisse de médicaments :

« Immédiatement [1], cette caisse fut cachée et, par les soins de mes camarades, les médicaments furent triés et enterrés dans le sable, dans de grands pots de grès. Cette trouvaille, inespérée, nous apportait 2 000 ampoules de Cardiazol de 2 cm^3, de l'acide acétylsalicylique, quelques boîtes de Phosphotonine (médicament injectable contenant de l'acide phosphorique et un sel de strychnine) et quelques boîtes d'ampoules d'extrait hépatique. Ces médicaments étaient chaque soir rapportés aux Blocks par quelques camarades. Nous les dissimulions dans le revers de nos chaussettes, spécialement aménagées en petits compartiments pour le transport des ampoules, car nous étions fouillées presque nues sur la

1. Docteur Don Zimmet, thèse citée.

place, tous les soirs : les SS recherchant si nous volions des lainages, que d'ailleurs nous volions toutes quotidiennement avec une régularité parfaite, pour les rapporter à nos camarades qui, en plein hiver, n'étaient habillées que de leurs robes. J'avais même eu la chance de trouver un phonendoscope que j'avais rapporté au camp et que je dissimulais dans ma paillasse, de même qu'un appareil de Recklinghausen, qui me permit d'étudier la pression mais qu'en raison de sa taille je n'avais pas pu rapporter et que j'avais laissé dans le hall où je travaillais. Les ampoules de Cardiazol que j'administrais à mes camarades œdémateuses par la voie buccale — une ampoule de 2 cm^3 pour tenir à l'appel du matin — firent merveille. Combien de nos camarades œdémateuses, pneumoniques, convalescentes de typhoïde, et même dysentériques durent de ''tenir'' les derniers mois grâce à cette miraculeuse trouvaille des ampoules de Cardiazol, que nous allions distribuer à nos camarades malades ou à nos camarades médecins, absolument démunies de médicaments tonicardiaques.

« Notre organisme si carencé en tout était d'une extrême sensibilité au moindre petit apport exogène d'aliments dynamiques ou de très faibles doses de médicaments. Nous avons vu revenir à la vie des mourantes, pneumoniques, par exemple, avec quatre ou cinq morceaux de sucre (échangés par les Polonaises contre une ou deux rations journalières de pain), deux ou trois ampoules de Cardiazol et quelques cuillerées d'une huile dont nous avions, toujours dans ma colonne de wagons, trouvé un tonneau. Cette huile provenait vraisemblablement du pillage d'un atelier de peinture. Elle était constituée, à mon avis, et d'après mon analyse visuelle et gustative, d'huile de lin, d'huile de phoque ou de baleine et d'huile minérale. »

Si Paulette Don Zimmet avait été prise à « organiser » ainsi des médicaments, elle n'aurait pas échappé à la « colonne de vidange ». L'un des Kommandos disciplinaires de Ravensbrück. Le docteur Yvonne R..., déportée française, qui avait subtilisé quatre cachets d'aspirine dans un colis de la Croix-Rouge suisse est l'une des rares survivantes de ce « service » particulier :

« Il [1] n'y avait dans cette colonne que des prisonnières allemandes de droit commun ; aucune politique en dehors de moi. Nous partons le matin hors du camp, dans un lieu isolé où un système de pompes amène cette ''précieuse marchandise'' brassée et mélangée à souhait dans un immense bassin. Nous devons alors descendre pieds nus dans cette bouillie et faire de nos mains des ''boulettes'' en y mélangeant la cendre chaude encore du crématoire : celle-ci est apportée dans des

1. *Les Françaises à Ravensbrück*, ouvrage cité.

brouettes par des colonnes de punition (en principe des petites Russes). Ces ''boulettes'' sont ensuite ramassées par d'autres prisonnières puis mises à sécher. Elles doivent servir d'engrais pour les Allemands. Je fais pendant deux mois ce travail horrible, tant par l'impression que ces cendres sont celles de mes camarades mortes les jours précédents, que par l'odeur de ce mélange à faire en plein été (juillet et août 1944). Les prisonnières de droit commun sont féroces pour moi et me battent lorsqu'elles trouvent que je n'ai pas un rendement suffisant. Nous sommes gardées par des chiens policiers et il ne s'agit pas de glisser ou de tomber... Ce qui, hélas ! arrive quelquefois... et j'ai vu alors une prisonnière attaquée par ces chiens, le ventre déchiré. Elle est morte sur place. Je transporte sur ma robe tachée et sur moi-même cette atroce odeur, que mes pauvres compagnes du Block 3 supportent avec douceur et fraternité, en riant gentiment de mes épreuves afin de me remonter le moral. Cette punition est très éprouvante. »

Très éprouvante, mais préférable à l'exécution pure et simple. Un médecin tchèque est fusillée parce qu'elle a caché des condamnées à mort dans un coin du Block. Les médecins continuent cependant à donner les matricules des mortes aux condamnées. Lorsque les SS viennent chercher les déportées pour l'exécution, le docteur montre l'acte de décès. Certaines de ces « seconde identité » portent tatoué sur l'avant-bras un matricule. Les médecins pratiquent deux incisions, découpent le numéro et recousent le tout.

— Tu diras que tu as eu un phlegmon de l'avant-bras.

*
* *

— Croix-Rouge, fais quelque chose pour moi.

— Croix-Rouge, et moi ?

Ses compagnes de Ravensbrück avaient surnommé Denise Leboucher [1] Croix-Rouge... elle était partout à la fois, organisant les mouvements de solidarité, se sacrifiant sans cesse. Elle « travaillait » à la morgue :

« Un abri sous terre, en ciment armé, quelques marches pour y descendre et la porte ouverte : une odeur de désinfectant mêlée à celle des cadavres amoncelés. Une vision de cauchemar... un charnier sans voix, des corps nus ou plutôt des squelettes, de véritables momies sans bandelettes, jaunes, parcheminées ou violettes et bleues, souvent déjà tachetées de vert... des ventres tuméfiés, les os du bassin si apparents

---

1. Arrêtée avec son mari, le docteur Marcel Leboucher, le 4 novembre 1942 (voir chapitre sur Oranienburg). Les passages cités sont extraits de son carnet de Ravensbrück. Voir également annexe 2 *Ravensbrück, l'Enfer des Femmes,* Simone Saint-Clair, Tallandier.

qu'ils avaient percé les hanches... un bras coupé, une jambe sanguinolente, comme une viande de boucherie.

« Sur la table d'autopsie, un cadavre ouvert... ne saignant même pas... une doctoresse, si cela pouvait s'appeler ainsi, coupant, déchiquetant et extirpant, à bout de bras, foie, estomac, poumons, cœur, toute cette affreuse tripaille sortie au grand air, pour voir ce qu'il y avait dans le macchabée ; puis, l'inspection terminée, rejetant tout cela dans le pauvre ventre béant et recousant en vitesse ce morceau de ''viande'' humaine. Les rictus affreux, les yeux grands ouverts, les expressions crispées de visages, les dents découvertes qui semblaient mordre la terre, car les corps étaient jetés pêle-mêle n'importe comment. Des femmes mortes en couches, avec le bébé encore attaché à elles par le cordon ombilical, le petit cadavre entre les jambes, assis comme une poupée et les yeux ouverts aussi. »

Souvent la morgue est « saturée ». Les corps s'empilent dehors :

« Il m'est arrivé souvent d'être obligée, à l'aide d'une pioche, de décoller les mortes qui avaient pris trop fortement contact avec la neige, celle-ci les ayant recouvertes pendant la nuit du seul linceul blanc qu'il leur soit permis d'avoir. La glace les avait congelées. Le triste craquement produit par l'arrachement du cadavre était une chose très pénible. Il me semblait qu'on leur faisait encore mal. Quand les agonisantes ne mouraient pas assez vite dans les Reviers, on n'attendait pas toujours qu'elles rendent le dernier soupir et, souvent, hélas ! quelques-unes terminaient leur agonie dans le groupe des cadavres entassés dans le Waschraum. Il arriva un jour une horrible histoire. Un matin, quand les croque-morts officiels y pénétrèrent pour y faire entrer de nouvelles ''clientes'', une femme hurlante, folle et nue, s'échappa de cet antre et s'effondra sur la neige. Elle avait passé la nuit sous le tas de cadavres, parmi les autres mortes, encore vivante elle-même. Elle s'était réveillée parmi ces corps glacés, glacée elle-même d'horreur et de froid. L'atroce peur la saisit et, folle de terreur, elle était venue s'écrouler devant la porte. À peine sortie, elle tomba anéantie. On la porta en hâte au Revier... Cette malheureuse vécut encore trois jours puis, cette fois, mourut vraiment. »

XV

LA « MIRACULÉE » DE ZWODAU

Ne cherchez pas Zwodau sur une carte...

Ce Kommando de Ravensbrück, perché sur une colline des Sudètes, à trente kilomètres de Karlsbad, ne dressa ses barbelés électrifiés qu'au printemps 1944. Les 3 000 déportées du camp étaient louées à l'usine Siemens et le Revier, dans ses débuts, ne comptait que trois lits. C'est à Zwodau qu'aurait dû mourir une jeune Française, Brigitte Friang...

*
* *

« J'ai[1] été grièvement blessée au moment de mon arrestation, le 21 mars 1944. Une balle de 9 mm m'a traversée de la hanche au ventre.

« Aucun chirurgien ne pourrait reproduire le tracé de cette balle sans léser un organe essentiel, constatera le professeur Henri Mondor, à mon retour. Et tous mes amis médecins me demanderont de les laisser étudier aux rayons X les traces de cette peu ordinaire blessure. Il paraît que je suis bénéficiaire d'un vrai miracle. Il était nécessaire. À l'hôpital de la Pitié, pavillon Charles-Quentin, réservé aux ''terroristes'', où la Gestapo m'a aussitôt transportée après mon arrestation, je n'ai même pas eu droit à un cachet d'aspirine.

— Pas d'aspirine pour les terroristes, m'a répondu l'infirmier, lorsque j'ai émergé de mon délire.

« Déjà, tandis que les médecins sondaient la plaie, sur la table d'opération où l'on m'avait jetée, les hommes de la Gestapo avaient commencé à m'interroger. C'est-à-dire à m'assommer de gifles et de coups de poing. Horrifiés, médecins et infirmiers avaient quitté la salle

1. Témoignage inédit de Brigitte Friang (avril 1968).

en protestant. Une radiographie de contrôle mise à part, là s'étaient arrêtés tous les soins auxquels j'avais eu droit, outre deux pansements, et deux visites dans ma cellule d'un médecin militaire, qui avait examiné ma... langue...

« Trois semaines d'hôpital, puis un mois de "secret" à la prison de Fresnes, coupé d'interrogatoires rue des Saussaies. Monter et descendre les escaliers de la prison n'était pas pour aider à la cicatrisation de ma blessure. En cellule, je devais rester debout de 6 heures du matin à 8 heures du soir, ou bien assise sur le tabouret de bois. Positions peu confortables pour quelqu'un dans ma situation.

— Vous n'avez pas le droit de vous allonger sur votre couchette sans autorisation spéciale du médecin, m'avait prévenue la gardienne allemande à mon arrivée à la prison.

— Conduisez-moi au médecin.

— J'ai ordre de ne pas vous amener à lui.

« Mon réseau négociait avec la Gestapo mon envoi en camp de concentration. Coût : un million de francs et un tableau de maître. Londres et mes camarades voulaient m'éviter le peloton d'exécution. ("Pardonnez-moi, mais nous ne pouvions pas savoir...", me demanda mon patron à mon retour.)

« Rajoutée à un convoi pour l'Allemagne, je quittai Paris le 13 mai.

« Les cinq jours de wagon, entre la gare de Pantin et Ravensbrück, je les ai passés debout, sur un pied, dans l'impossibilité où je me trouvais de m'appuyer sur la jambe gauche. »

*
* *

— De toute façon, tu crèveras la bouche ouverte avant d'avoir eu le temps de faire ouf !

« Et la "doctoresse" du Revier m'avait poussée dehors. La peau de mon abdomen tournait au noir. Mes amies me ramenaient de l'usine, tous les soirs, en me traînant par les aisselles. Deux jours auparavant, je m'étais écroulée, terrassée par une syncope, au bout de la troisième heure d'appel, debout comme mes compagnes, mais tout le poids de mon corps sur une seule jambe. J'avais commencé à voir le soleil torride d'un après-midi du mois de juillet entamer une course folle. Puis cela avait été la nuit. Mes camarades avaient dû me laisser sur le sol. À la fin de l'appel, deux heures plus tard, elles m'avaient transportée au Revier. C'était au sortir de quarante-huit heures d'inconscience totale que la "doctoresse" m'avait expulsée avec ces paroles encourageantes.

« Je n'ai pas "crevé". Et l'infection s'est résorbée par la "grâce de Satan". Quant à la "doctoresse", une espèce de bouchère française, qui n'avait pas une année d'études de médecine à se reprocher, elle reprit sa place à la cuisine (une planque presque aussi fructueuse que l'infirmerie). Si mes renseignements sont exacts, il lui advint, quelques mois plus tard, un petit malheur. Par un mouvement d'inadvertance, elle s'est pendue, dans le dortoir, un soir qu'un branle-bas nocturne avait mis le camp sens dessus dessous. C'est tout au moins ainsi que sa mort fut présentée aux autorités qui n'y regardèrent pas de plus près.

« Bientôt, le block 4 — la moitié d'un baraquement de bois type — était attribué au Revier. Cette fois, le camp dispose d'une vingtaine de lits. Ce n'est pas de trop pour trois mille prisonnières dont l'état de santé ne s'améliore guère dans les conditions de travail et d'hygiène qu'elles subissent. Un médecin vient de l'extérieur, plusieurs fois par semaine, pour passer la visite, après le travail. En son absence, l'infirmerie demeure aux mains des prisonnières allemandes, russes et ukrainiennes, promues au rang d'infirmières.

« Grâce à ma blessure, j'ai vite le privilège de retenir l'attention du médecin SS. C'est un Belge olivâtre et gominé qui parle fort bien le français. Pourtant, notre premier contact se révèle curieux, médicalement parlant.

« Peu après sa prise en charge du Revier, je me présente à l'infirmerie, un soir, au retour de l'usine. Un vrai médecin ne pourra pas ne pas essayer de soigner ma blessure qui me fait atrocement souffrir. C'est son jour de consultation. Il n'est pas venu. L'une de ces dames tire deux cachets de chacun des deux bocaux des médecines dont elle dispose : cachets blancs d'abord, cachets jaunes ensuite. Ce sont des sulfamides. Ma première réaction, vite réprimée, a été de refuser les sulfamides. D'expérience, je sais y être allergique. Ces médicaments provoquent chez moi des réactions violentes, et d'abord des œdèmes faciaux monstrueux qui présentent toutes les caractéristiques de l'érésipèle. J'avale en ricanant la drogue, certaine du résultat. Le médecin diagnostiquera un érésipèle et j'obtiendrai une bonne semaine de lit à l'infirmerie. Un coup de froid sur un érésipèle peut provoquer la mort. Et il fait un temps de chien en ce moment dans ces montagnes sudètes : pluie et froid. Impossible de rêver mieux pour la cicatrisation de ma plaie.

« Le lendemain, le visage mongolien doublé de volume, la peau "d'orange" boursouflée et cartonnée, très fière de moi, bien que n'y voyant qu'à peine à travers la petite fente qui demeure entre mes paupières, je me présente à la visite du Revier. Le médecin est là.

— Érésipèle de la face, édicte-t-il aussitôt.

« L'infirmière consigne le diagnostic sur son livre. On ne badine pas avec les règles d'une bonne administration, au camp.

— À renvoyer au travail, fait alors ajouter le médecin en face de mon numéro : 39 059.

« C'est peu après ce premier échec et une nouvelle tentative, que le SS belge s'intéresse à mon sort. J'ai l'heur de lui plaire. Que m'importent les œillades assassines dont il me gratifie ? Et je suis bien trop accoutumée, en quelques mois de camp, à l'état de nudité pour prêter attention à l'acharnement de ce cher docteur à m'ausculter le cœur — puisque ses marques d'intérêt dans ce domaine ne vont pas au-delà. L'examen de mon cœur et de mes poumons l'encourage à faire radiographier ma blessure. C'est l'important. Et c'est, pour une Française, une immense faveur. Il n'y a pas plus d'appareils de radiographie ou de radioscopie au camp qu'il n'y a de bloc opératoire. Je suis envoyée à Falkenau, la petite ville la plus proche, à cinq kilomètres de là, dont l'hôpital sert de base arrière à notre infirmerie. Manque de chance, je fais dix kilomètres à pied pour rien. Le médecin de Falkenau n'a rien voulu entendre et a tenu à observer mes poumons... qui se portent encore fort bien.

« En attendant les résultats de l'examen, mon protecteur entend me faire demeurer à l'infirmerie. Puisque j'ai fait mon année de PCB préparatoire à la médecine, je servirai d'aide aux infirmières en place. Mais dès que le SS a tourné les talons, les infirmières s'arrangent pour me faire renvoyer au travail. De toute façon, je n'avais aucune intention de m'intégrer dans leur groupe qui pratique un immonde trafic sur les soupes des prisonnières malades ni de m'efforcer de me faire affecter définitivement à une ''planque''. Il n'y a aucune raison pour que je ne subisse pas le même sort que mes camarades. En revanche, quelques jours de repos m'auraient redonné des chances de me tirer d'affaire. Lorsque à sa visite suivante, le médecin me réclame et s'aperçoit de mon absence, ça fait du bruit dans Landernau-Zwodau. Jusqu'au chef de camp qui s'en mêle, alerté par le médecin ! Résultat, je me retrouve dans un lit, à l'infirmerie. Mais comme je refuse une nouvelle fois au médecin d'y être affectée je retourne à l'usine. Ce court repos me permettra cependant d'entamer ma guérison.

« À l'usine, à force de me faire renvoyer de tous les ateliers pour sabotage du travail, j'atterris dans un ''Betrieb'' éloigné. L'hiver est venu dès le mois de septembre et bientôt la boue et la neige. Les quelques centaines de mètres supplémentaires que m'impose cette dernière affectation se transforment en torture, le soir, lorsqu'il faut remonter au camp, après treize heures de travail. Je commence une série de dysenteries à répétition. Je deviens d'une maigreur effrayante. Hormis mes jambes, gonflées d'eau. C'est mon cœur qui lâche. Il s'emballe au moindre effort. Je marche sur un coussinet d'eau et j'ai toutes les difficultés à faire entrer dans mes chaussures de bois mes doigts de pieds raidis et écartés, comme de petites saucisses piquées sur un support métallique. Côté poumons, ce n'est pas plus brillant. J'ai des douleurs atroces. Je respire avec de plus en plus de difficultés. Parfois je mets plusieurs minutes à me relever d'une position courbée, pétrifiée de douleur.

« Au début janvier, j'en suis à ma troisième dysenterie qui achève de dévorer les quelques parcelles de chair qui recouvrent encore mes os. Mes jambes ne me portent plus qu'à grand-peine. Elles sont enflées jusqu'au ventre. Le soir, leur peau violette est si distendue qu'elle en devient transparente. Impossible de plier les genoux. Grimper au troisième étage de mon châlit devient un grave problème à résoudre. Une de mes camarades parle de mon cas à la nouvelle doctoresse. C'est une prisonnière Polono-allemande. Elle m'amène à mon ex-protecteur. Celui-ci ne me reconnaît pas tant j'ai changé. Grâce à ces deux protections, je suis acceptée à l'infirmerie. Cette fois, en m'auscultant le cœur et les poumons, le médecin a fait une bien vilaine grimace. Rien d'étonnant à cela : respirer est devenu une torture et je ne parviens plus à faire entrer dans mes poumons que de dérisoires goulées d'air. Les quintes de toux me déchirent et je commence à vomir du sang.

« Une nouvelle fois, toujours grâce à la protection du médecin SS, je suis envoyée à la radiographie à Falkenau. Mais où est l'agréable petite promenade d'été ? Cette fois, le thermomètre de l'infirmerie indique – 30°. Et trois des prisonnières ingambes, dont moi, sommes obligées de tirer sur un traîneau trois autres qui agonisent. Toutes mes compagnes sont Allemandes. Celles d'attelage n'arrêtent pas de se plaindre de moi aux SS qui nous accompagnent. Il paraît que je ne tire pas, que je tire de travers. Comme si c'était facile de tirer un traîneau dans la neige, les pieds transformés en ballons dans des savates à semelles de bois, les jambes si raides d'eau que je ne puis les plier, le ventre déchiré par une blessure qui ne veut pas se cicatriser, les poumons en morceaux, le cœur affolé, sans compter les mains bleues de froid. Les coups de poing et de bottes ne pourront rien y changer.

« Après trois heures d'attente dans l'hôpital de Falkenau, que je dois passer debout pour m'apprendre à être Française alors que les SS autorisent mes compagnes à s'asseoir, le radiologue n'est pas plus encourageant que le médecin du camp. Deux jours plus tard, celui-ci me confirmera : tuberculose ! Et il m'ajoute : "Vous en avez pour huit jours à vivre..."

« Mais le vent de la défaite souffle sur l'Allemagne. Devant l'avance des troupes soviétiques, les camps de concentration de Silésie sont évacués vers l'ouest. Des convois de Juives qui arrivent au camp en wagons à bestiaux, on arrive à retirer quelques centaines de vivantes, parmi les mortes. Ces vivantes sont atteintes de typhus, pour la plupart. Elles sont séquestrées dans un Block qui a été déménagé. Tous les matins, la jolie doctoresse polono-allemande se rend au Block des typhiques. Elle aussi m'a prise sous sa protection et vient de me faire une série de six piqûres de calcium dérobé aux SS. Elles me sauveront la vie. Que va-t-elle faire dans ce Block ? Elle pique les femmes à l'essence. Il paraît que c'est souverain. Il faut dire que nous ne disposons pas de chambre à gaz à Zwodau. Force est de pallier ce manque regrettable. Nous ne disposons pas non plus de four crématoire et comme nous n'avons plus le droit d'aller enterrer nos mortes à l'extérieur du camp, eh bien on les entasse, les mortes, le long des fils de fer barbelés. Nul besoin de chambre froide. Le temps pourvoit à la conservation.

« Toutes les semaines, une commission vient de Flossenburg. Nous dépendons administrativement désormais de ce camp depuis que se lézarde le bel édifice du IIIe Reich sous les coups de boutoir alliés. La commission vient embarquer son quota pour la chambre à gaz. Elle passe une inspection à l'infirmerie. Toutes les malades irrécupérables sont embarquées.

« Le médecin SS a disparu dans les prémices de la tourmente. La jeune doctoresse prisonnière a pris la direction du Revier. Elle a décidé de sauver quelques-unes de ses protégées : une Autrichienne, une Polonaise, deux Allemandes et moi. Elle nous a cachées dans une toute petite chambre du Revier. Je ne sais ce qu'elle raconte sur la maladie bizarre et extrêmement contagieuse qui nous terrasse. Le fait est que jamais une commission n'osera se risquer chez nous. Nous profitons d'un régime alimentaire spécial. J'ai même le droit de me promener dans le camp, une heure le matin, depuis que, grâce aux piqûres de calcium et au repos, je renais.

« Malheureusement cette belle résurrection sera entravée. Le 16 avril 1945, mon numéro est appelé. Je dois me joindre à un convoi qui part pour Dachau. Il se passe quelque chose d'anormal. Aucune prisonnière de l'infirmerie ne doit figurer sur les listes. Mon amie autrichienne, qui est liée avec la hiérarchie prisonnière du camp, saute par la fenêtre pour aller s'entremettre. Elle revient désolée. Le chef de camp ne peut rien pour moi. Mon numéro a été spécialement désigné par "la direction clandestine du camp" pour remplacer celui de l'une de leurs amies politiques.

« "Ça" se terminera par trois semaines de marche à pied, en convoi, entre les troupes américaines et les troupes soviétiques qui resserrent la nasse. Le résultat, pour les prisonnières, ne sera guère différent. Sur les

1 500 femmes du convoi, il en restera une centaine de vivantes le jour où je réussirai enfin une évasion. Un drôle de jour : le 8 mai 1945. Mais je ne pouvais deviner que c'était l'Armistice. »

*
* *

Brigitte Friang, « évacuée » de force du Revier, aurait été massacrée comme ses camarades de l'infirmerie si le « destin » n'avait pas une nouvelle fois joué pour elle, malgré elle...

Quelques heures avant l'arrivée des troupes américaines, les malades de Zwodau, rassemblées dans une carrière proche du camp, furent « liquidées » à la grenade par les SS [1].

1. D'après plusieurs témoignages de déportées maintenues à Zwodau pour préparer le camp avant sa libération.

XVI

LES ENFANTS DE RAVENSBRÜCK

Tous trois se ressemblent. Étrange coïncidence. Le même sourire un peu pincé, un sourire entre parenthèses ; les mêmes yeux profonds et doux. Tous trois sont Français. Tous trois portent sur leur fiche d'état civil : « Né à Ravensbrück. » Plusieurs centaines d'enfants ont vu le jour... là-bas : Guy Poirot, Sylvie Aylmer et Jean-Claude Passerat sont les seuls survivants.

Dès [1] la fondation de Ravensbrück, les Blocks accueillent des femmes enceintes. Aucun régime préférentiel pour elles : appel, travail, promiscuité, sous-alimentation ! Après l'accouchement, le nouveau-né est arraché à sa mère et confié à un orphelinat du parti national-socialiste. Il sera « amalgamé » aux pupilles de la nation et deviendra, s'il est de type aryen pur, un « produit » de l'État, adopté comme des milliers d'orphelins par « Grand-Papa » Himmler. Lorsqu'en 1942 Ravensbrück abandonne son rôle de centre de redressement pour devenir « enfin » productif, il n'est plus question d'accouchements. Un médecin SS, Rosenthal, est nommé pour diriger et provoquer les avortements. Expert en la matière, il intervient même dans le huitième mois de grossesse. Gerda Quernheim, sa maîtresse, brûle les fœtus dans la chaudière du chauffage central. Avec l'arrivée de Percy Treite, les avortements cessent, mais les nouveau-nés sont étranglés, écrasés contre un mur, ou noyés, toujours en présence de leur mère. Certaines deviennent folles... Les

1. Ce chapitre a pu être réalisé grâce à l'enquête de Geneviève de Gaulle : La Condition des enfants au camp de Ravensbrück, *Revue d'Histoire de la Deuxième Guerre mondiale.* P.U.F., 1961-1962. Grâce également aux témoignages réunis dans *Les Françaises à Ravensbrück* et aux interviews des trois survivants publiées dans plusieurs quotidiens français et dans *La Voix de la Résistance* (enquêtes d'Isora Seby et de l'auteur).

nouveau-nés plongés dans un seau d'eau sont étonnamment résistants à l'asphyxie. Ils se débattent vingt à trente minutes avant de mourir. Parfois, l'accouchement est « interdit » : la déportée, jetée dans un coin du block de punition, les deux jambes étroitement liées, meurt dans d'effroyables souffrances.

Au mois de décembre 1943, changement de programme, le chef de camp annonce :

— Les nouveau-nés vivront.

Une sage-femme, Terza, détenue allemande, et des infirmières s'occuperont des mères et des enfants.

« Quatre ou cinq femmes accouchaient dans une petite pièce, sans eau, sans proximité des W.-C... Chacune d'elles était installée sur une paillasse recouverte d'une sorte de drap. »

La sage-femme allemande recommande toujours aux femmes de ne pas crier pour éviter d'alerter le personnel allemand qui pourrait oublier les recommandations du commandant.

« La sage-femme [1] ne disposait que d'un matériel réduit : des ciseaux, du coton à repriser pour les ligatures, de la ouate de cellulose et à peine de désinfectant. Pas d'eau non plus pour laver le bébé des impuretés : il restait collant et gluant jusqu'à ce que la maman le lave le lendemain dans sa gamelle, avec son café. Il existait pourtant une salle de gynécologie parfaitement aménagée mais elle n'a guère servi qu'aux expériences de stérilisation. Lorsqu'une complication se présentait, la sage-femme essayait d'opérer, par ses propres moyens. Pénétrant dans cette salle, qui lui était interdite en l'absence de Treite, elle allait chercher le forceps, l'anesthésique qui permettraient de sauver la mère. Elle tentait l'impossible. Certaines femmes moururent d'infection ou d'hémorragie à la suite de leur accouchement après avoir été transportées le lendemain dans un autre Block. Ainsi, une jeune Bretonne, couchée après la naissance de son bébé dans le Block des malades, mourut d'infection en cinq jours. Je revois une de nos compagnes mourir devant nous toutes en quelques minutes d'une hémorragie ; elle s'était levée, et très vite le sang a giclé entre ses jambes... Nous ne pouvions tenter quoi que ce soit pour la sauver. Elle est morte debout, à moitié fléchie sur son lit... Une autre femme que Terza avait tenté de sauver en lui faisant une césarienne est restée sans soins et mourut devant nous au bout de plusieurs jours. L'odeur qui se dégageait de la couture était pestilentielle... Une compagne dévouée du Revier venait chaque jour remplacer la ouate de cellulose qu'elle avait sur le ventre. »

Et les enfants mouraient de faim, car les mères n'avaient pas de lait.

1. *Les Françaises à Ravensbrück*, ouvrage cité.

Le docteur Treite adressa une demande au commandant du camp. Suhren refusa. En huit mois, sur cent naissances, le plus résistant, un Polonais, vécut soixante-dix jours. Au mois de septembre 1944, une petite pièce d'un Block de malades fut « abandonnée » aux nouveau-nés et à leurs mères : la « Kinderzimmer ». Sur deux châlits, les infirmières déportées devaient coucher jusqu'à cinquante enfants. Une Française, Marie-José Chombart de Lauwe, découvre cette pauvre crèche :

« Quelle misère, ils n'ont plus rien d'enfantin ; leur figure fripée, minuscule, fait mal à voir. Dans les corbeilles, c'est pire : la Hollandaise a couché là les grands malades, d'invraisemblables petits vieux. Je suis atterrée... Elle m'explique qu'il y a un travail matériellement impossible à faire et que la situation empire à vue d'œil. Il y a une autre infirmière, la Yougoslave, pour aider, mais elle est tombée malade. Nous commençons à préparer une tétée : "Change seulement les très sales, il n'y a pas assez de couches", me conseille la Hollandaise. Notre travail est un travail à la chaîne, tant nous devons soigner vite chaque enfant... Je n'ai jamais touché de pareils petits êtres... Ils sont à peine couverts, nous les roulons dans un châle pour les porter aux mères qui frappent à la porte. Elles vont les nourrir elles-mêmes dans la salle où elles prendront, à tour de rôle, une bouteille avec un peu de lait [1]. Les enfants boivent lentement. Dès qu'un flacon est vide, il faudra le remplir pour un autre bébé. Les nouvelles accouchées sont au lit, parmi les malades, diversement atteintes. Nous leur portons leurs bébés. Quand une tétée est finie, il ne reste qu'une demi-heure avant la suivante. Malgré les difficultés, nous portons les tétées de cinq (ce qui était insuffisant) à six ; nous commençons la première avant l'appel du matin, la dernière vers 10, 11 heures du soir. Nous dormons quatre ou cinq heures et sommes brisées physiquement et moralement. Malgré nos efforts, presque chaque matin il y a des morts ; des mères désespérées dont certaines ont tout perdu, mari fusillé, parents tués dans les bombardements... »

Les infirmières luttent avec acharnement, alertent leurs amies qui volent des morceaux de tissu dans les ateliers pour confectionner des chemises, des couches ; une infirmière s'empare des gants en caoutchouc du chirurgien SS, découpe les doigts et improvise ainsi dix merveilleuses tétines. Quelques enfants atteignent deux mois... les mères sont alors désignées pour un camp de repos. Elles partent avec leurs enfants, arrachés seconde après seconde à la mort, s'évanouissent dans le crématoire de Bergen-Belsen. Un jour cependant — un jour, un seul —

1. Depuis l'installation de la Kinderzimmer, le Revier distribue un pot de lait en poudre mélangé à une sorte de gruau. Pas de biberons, simplement deux flacons.

les mères désignées pour un « transport noir » devaient se retrouver dans une scierie. Jean-Claude Passerat avait un mois à peine. Né le 13 décembre 1944, il a connu le « miracle » le plus long ; Sylvie et Guy naîtront quatre mois plus tard.

Ce « transport » vers l'inconnu inquiète Mme Passerat et les quatre autres déportées choisies. Un médecin tchèque leur conseille de partir :

— Ici, de toute façon, les bébés sont en train de mourir de faim.

Le médecin SS examine le groupe.

— Pas celle-là, elle est à moitié crevée.

« Celle-là », c'est Mme Passerat. Le médecin tchèque insiste, supplie :

— D'accord, lâche le SS.

À la porte du camp attend un prisonnier de guerre français, avec une charrette. Les femmes montent :

— Attendez, ne partez pas. Et nos enfants ?

Elles redescendent. Attendent.

— Nous ne partons pas sans nos enfants ou alors tuez-nous sur place.

Il neige. Trente minutes passent. On amène les enfants enroulés dans un morceau de couverture. Ils sont vêtus d'une brassière de shirting et d'une couche.

Les mères, employées dans une scierie proche de Ravensbrück, travaillaient aux côtés de prisonniers de guerre français. Ils adoptèrent les cinq enfants.

— Ils[1] firent une collecte parmi eux ; chacun donna trois cuillerées à café de lait en poudre reçu dans leurs colis... Celui qui travaillait chez un meunier nous apporta un jour de la farine, cela nous permettrait de faire des bouillies aux bébés... Ces camarades nous passaient de vieilles chemises, caleçons, pour que nous puissions confectionner des langes et des chemises...

Jean-Claude survécut.

Dans la Kinderzimmer, la lutte se poursuit. Un matin, les infirmières découvrent plusieurs bébés griffés, lacérés par des rats. L'infirmière allemande éclate de rire.

Le 11 mars 1945, naît Guy Poirot.

Son père, Raymond Poirot, prisonnier de guerre, s'était évadé d'un Stalag en janvier 1944. Il était revenu « à la maison », cette grande ferme isolée à Ménil-la-Tour près de Toul. En juillet, les Allemands le retrouvent. Un mois plus tard, Pierrette, sa femme, est arrêtée. Depuis deux ans, elle appartient au réseau de résistance « Lorraine ». Les Allemands incendient la ferme.

À la prison de Nancy, une amie la conseille :

---

1. Témoignage de Mme Passerat.

— Ne dis surtout pas que tu es enceinte, si tu veux garder ton enfant.

— Tu as raison. La guerre sera peut-être finie lorsqu'il viendra au monde.

À Ravensbrück, Terza l'accouche :

— Le bébé est resté six semaines sur la couchette supérieure. Il n'a jamais pleuré. Et pourtant il devait avoir souvent faim. Je le nourrissais avec du jus de rutabaga et du jus d'orge bouilli. Et puis toutes les déportées qui avaient perdu récemment un enfant venaient à tour de rôle lui donner le sein : des Françaises, des Polonaises, des Allemandes.

Dix jours plus tard, sur une paillasse sale, naissait Sylvie Aylmer ; Madeleine, sa mère, venait d'avoir vingt ans. Elle s'était mariée trois mois avant son arrestation. Équipière de son mari dans la Résistance, elle avait transmis des messages, caché des parachutistes, convoyé et ravitaillé des évadés. Après un spectaculaire vol d'armes à l'intendance de Versailles, tous deux avaient fui dans les bois. Le 3 août, la Gestapo les retrouvait :

— Nous ne devions jamais nous revoir. Mon mari est mort en déportation. Je ne savais pas que j'étais enceinte d'un mois. C'est la même sage-femme qui s'était occupée de Mme Poirot qui m'a accouchée. Dès lors, je n'ai plus eu qu'un désir : faire vivre ma fille. On ne lui avait donné qu'une chemise et deux couches. Je volais celles des bébés morts. Dans un tas de linge, un jour, je m'emparai d'une brassière à laquelle était encore accrochée la main coupée d'un nouveau-né.

« Quand les autorités du camp surent que Sylvie restait en vie malgré le froid et les privations, elles me cherchèrent partout pour me faire passer à la chambre à gaz avec elle. Une amie, Micky, me prévint à temps qu'au prochain appel je serais emmenée vers les couloirs de la mort. Alors je réussis à me servir du numéro d'immatriculation d'une prisonnière qui venait de mourir et répondis à l'appel à sa place.

« J'allais chercher des épluchures de betteraves rouges sur les tas d'ordures, devant les cuisines. Je les mâchais avant de les faire glisser dans la bouche de ma fille. Pas de feu la nuit, le poêle n'étant allumé qu'à 10 heures et n'étant pas rechargé ensuite. Le petit jour était témoin de scènes atroces. Chaque matin, dans le noir et sans bruit, les mamans se glissaient pour venir chercher leur petit qui pleurait, pour le réchauffer et lui donner le sein, un sein vide, un peu comme s'il s'agissait d'une tétine. Dans toutes les langues, on entendait compter à voix basse en partant du pied du lit : "Un, deux, trois, quatre, cinq c'est le mien", et dans toutes les langues aussi la douleur s'exprimait et de la même façon : le désespoir n'avait qu'un visage car chaque matin des mères posaient la main sur leur enfant mort pendant la nuit. Je me souviens m'être trompée et avoir pris dans le noir un bébé mort. Le contact du visage glacé sur lequel je me penchais, c'est une sensation que je n'oublierai jamais. J'ai vacillé ; en même temps pourtant, au toucher des vêtements, j'ai réalisé que ce n'était pas ma fille... mais j'ai été prise de sanglots convulsifs, et j'ai dû pour surmonter cette surexcitation faire un tel effort que je ne pouvais plus arriver à desserrer les mâchoires. »

Le 8 avril 1945, un premier convoi de femmes quitte Ravensbrück pour la Suisse. Les déportées doivent être échangées contre des Allemandes détenues en France depuis la Libération. Pour le départ du 22 avril, Mme Poirot et Mme Aylmer sont retenues.

— Dix autocars blancs de la Croix-Rouge suédoise attendaient à l'entrée du camp. Il pleuvait... Presque toute la nuit les Françaises ont été rassemblées, comptées et recomptées. Les deux petits furent cachés, de jupe en jupe, au fur et à mesure que les SS circulaient dans les rangs. Nous craignions que les enfants ne pleurent, mais je ne pense pas qu'ils en aient eu la force. Enfin, au petit jour, en tremblant, nous avons franchi, sans du reste le réaliser, la porte du camp...

Un jeune bébé italien, caché dans une étoffe rouge, passe aussi de « jupe en jupe » mais Guy est encore de l'autre côté des barbelés. Une infirmière allemande, déportée, prend l'enfant enveloppé dans sa couverture, franchit la porte en criant :

— Attendez, vous avez oublié ça.

Elle remet le paquet au convoyeur du dernier autobus :

— Voici un paquet à remettre à Mme Poirot.

Guy et Sylvie seront sauvés en Suède, par un spécialiste d'Upsala. Mais Mme Aylmer n'oubliera jamais ce qu'elle a dû faire pendant trois jours : l'Italienne, voyant que son bébé mourait, lui demanda de chanter pour lui :

— Il avait les yeux dilatés, le nez pincé, de légers cernes bleutés autour des yeux. Pendant trois jours, j'ai chantonné des berceuses pour le petit « bambino » qui est mort comme on s'endort, dans les bras de sa mère et dans les miens.

* * *

Depuis la création de Ravensbrück, des enfants de tous âges séjournèrent au camp. Enfants déportés avec leurs parents, séparés, perdus, oubliés. Une Française les dénombra avant Noël : ils étaient cinq cents. Ils vivaient la vie du camp, se trouvaient des mères adoptives... on vit même une Soviétique s'occuper d'une vingtaine d'entre eux. Tous l'appelaient « maman ». La solidarité des femmes du camp et en particulier du personnel des Revier permit à plusieurs de « se prolonger » plusieurs mois. On les voyait rire, jouer avec des poupées en chiffons fabriquées par les déportées des ateliers, échanger leurs rations, proposer des services, jouer au métro, au chef de gare, mais surtout — c'étaient des enfants — jouer au SS, promettre des coups, des punitions, fouiller... Une adulte demanda un jour à un jeune garçon de sept ans qui fouillait ses camarades alignés au garde-à-vous :

— Comment se fait-il que tu ne les battes pas ?

— Je ne suis pas un Allemand moi !

Georgette, une Française, adopte un de ces « chiots perdus » :

« Je [1] vis tout près de moi un jeune garçon qui nous regardait avec de grands yeux brillants et un joli sourire... Ce jeune garçon m'attira dès que je le vis, il me rappelait par l'âge et la silhouette mon fils que j'avais pu, avant mon arrestation, mettre à l'abri de la Gestapo. Je bavarde avec lui et lui demande ce qu'il fait ici, où sont ses parents. Il me répond tristement qu'il est seul, que ses parents sont partis en transport. Je vis à l'étoile qui était accrochée à ses vêtements qu'il était Juif. Je compris pourquoi cet enfant se trouvait dans ce camp maudit. Je compris aussi où étaient partis ses parents. Transport voulait dire néant, chambre à gaz ou four crématoire. Les larmes me vinrent aux yeux en pensant que jamais ce pauvre petit ne reverrait ses parents. Nous avons parlé ensemble de la France, il me dit qu'il habitait Paris, près de la gare de l'Est. Pendant plusieurs jours, je revis mon fils adoptif ; chaque fois que nous le pouvions, nous passions quelques instants ensemble, même nous avons fait quelques "repas" : une rondelle de saucisson et un peu de margarine prise sur notre pauvre ration. J'avais un peu honte de ne pouvoir lui offrir davantage.

« Cela dura une quinzaine de jours. Peut-être plus. Le temps au camp était tellement long qu'il est difficile de se rappeler. Les semaines paraissaient aussi longues que des mois ; semaine et dimanche, tout se ressemblait. Puis, je ne vis plus mon petit ami. Le premier jour, je ne fus pas trop inquiète car je pensais qu'il avait pu être empêché de sortir ; après quelques jours, je me renseignai pour savoir ce qui se passait. »

Et Georgette découvre avec horreur que le Block des enfants a été « liquidé ».

Sur les petites filles tziganes — certaines ont huit ans — les médecins SS pratiquent des expériences médicales. Une déportée tchèque, le docteur Tauferova, qui estime que cent quarante fillettes ont été

1. Témoignage : *Les Françaises à Ravensbrück,* ouvrage cité.

stérilisées, installe l'appareil radiologique en position horizontale, puis elle voit une à une les « cobayes » entrer dans la salle d'opération :

— On entendait les pleurs et les cris des enfants et on les voyait transporter, sanglantes, dans une autre pièce de l'infirmerie, où on les posait sur le plancher.

Au Block 9 on amena un jour une petite fille de douze ans. Elle portait au ventre une énorme plaie ouverte qui ne cessa de suppurer. Les médecins SS, pour « observer » n'avaient pas recousu l'incision... Pendant ses quatre jours d'agonie, aucun des « observateurs » SS ne vint examiner la petite Tzigane.

À la libération du camp, tous les enfants avaient disparu. Tous sauf une petite fille maigrichonne, Stella. Elle était « l'enfant de la solidarité des femmes de Ravensbrück »... l'enfant du miracle, peut-être plus encore que Sylvie, Guy ou Jean-Claude.

Claire Van Den Boom, déportée belge, assiste en « curieuse », fin 1943, à l'arrivée d'un convoi. Peut-être reconnaîtra-t-elle une amie belge :

— Je vis [1] une femme tenant une petite fille par la main. Elle avait l'air épuisé, une tristesse infinie dans les yeux. J'essayai de la réconforter ; j'appris qu'elle s'appelait Griez-Kugelman, de nationalité espagnole. Stella était le nom de la petite fille, née à Anvers le 29 juillet 1939 ; ses parents habitaient Anvers depuis de nombreuses années. Mme Kugelman était malade et son état empira. Mon amie, la doctoresse tchèque Zdenka l'examina et constata qu'elle était atteinte d'une tuberculose avancée. Nous dûmes la conduire à l'infirmerie où elle mourut dans le courant du mois de juillet 1944. Elle revit son enfant quelques jours avant sa mort ; j'avais emmené Stella à un moment où la surveillance des SS s'était un peu relâchée. Le souvenir de ces instants est resté fixé dans sa mémoire. Dans une de ses lettres, elle écrit : "J'ai revu maman une fois ; une femme me portait dans ses bras. Comme nous arrivions à la baraque-infirmerie, le soleil se couchait déjà. Cette image restera gravée dans mon cœur pour toute ma vie. Je vois maman comme si c'était aujourd'hui ; elle était couchée devant la fenêtre éclairée par le soleil. Elle avait de beaux cheveux très abondants. Elle m'a souri. Les cheveux de maman entouraient sa tête comme de la fumée. C'est plus tard que j'ai compris la réalité dans toute son horreur. Lorsque tous les autres enfants étaient joyeux, je me rappelais que maman n'était plus et je pleurais... Ma peine augmente avec le temps.

1. Témoignage de Mme Claire Van Den Boom, présidente de l'Amicale belge de Ravensbrück (*Patriote Résistant*, novembre 1967).

Comment retrouver quelqu'un de ma famille, je ne connais même pas mon vrai nom...''

« Je me suis occupée de Stella jusqu'au moment où j'ai été envoyée dans un Kommando punitif. Mes amies belges veillaient sur elle. Dans la journée, au moment où les prisonnières étaient au travail, Stella est sortie du Block. Ne retrouvant pas probablement le Block qu'elle avait quitté, elle échoua chez les prisonnières françaises qui l'adoptèrent et récoltèrent pour elle un peu de vivres. À cette époque, il y avait un va-et-vient considérable dans le camp. Les SS sélectionnaient les femmes et les enfants en vue de les envoyer à la chambre à gaz. C'est ainsi que, pour la sauver, on fit passer Stella des prisonnières françaises chez les Tchèques, puis chez les Allemandes, pour arriver au Block des Russes. Les femmes soviétiques la cachèrent tout en ignorant qui elle était, d'où elle venait. »

Stella avait un peu plus de cinq ans lorsque les armées soviétiques libérèrent le camp (mai 1945). Elle partit pour l'Union soviétique où elle fut placée avec d'autres orphelins de guerre dans un institut. Les prisonnières belges et françaises avaient été évacuées en Suède au mois d'avril 1945.

« À mon retour en Belgique, le père de Stella — libéré du camp de Buchenwald — avait eu connaissance de ce que j'avais connu son épouse et son enfant à Ravensbrück. Les anciennes prisonnières belges n'avaient aucune certitude sur ce qu'était devenue Stella. Nous avons commencé à faire des recherches un peu partout, sans aucun résultat. À chaque rencontre avec d'anciennes détenues, je demandais si quelqu'un savait quelque chose de Stella. J'alertai aussi des compagnes qui allaient en Union soviétique. C'est ainsi que je reçus, en 1962, d'Erika Buchman — une femme allemande admirable — des nouvelles disant qu'au cours d'une commémoration organisée en URSS, où il y avait de nombreuses ex-prisonnières, elle aperçut une jeune fille qui demandait à l'une et l'autre si elle avait connu sa maman. Elle donna son nom : Stella. Celle-ci me demanda de lui écrire tout ce que je savais de sa mère. Je lui demandai à mon tour de m'envoyer sa photo et mon émotion fut grande lorsque je reconnus, dans les traits de la jeune fille, l'enfant que j'avais connue dans l'enfer de Ravensbrück. Entre-temps, son père avait quitté la Belgique. Après de nombreuses démarches, j'ai su qu'il était au Brésil. Stella revit son père, elle est restée sept mois au Brésil. Elle retourna en URSS où elle se maria avec le fils de la doctoresse Antonina, également ancienne de Ravensbrück.

« Stella a retrouvé une famille, mais elle avait un impérieux désir de revoir le pays où elle est née et surtout de rencontrer des personnes qui avaient connu sa maman. C'est alors que l'Amicale décida de l'inviter.

Elle a revu sa ville natale, la maison où elle naquit. Elle a été étreinte d'une vive émotion lorsqu'une amie de sa maman lui remit un ouvrage, fait par elle, en lui disant : ''Pensez que c'est votre maman qui vous l'offre !''

« La jeune femme se leva et avec une profonde émotion elle récita le poème qu'elle avait composé au nom des enfants sauvés par les femmes de Ravensbrück. »

***

Stella, Sylvie, Guy, Jean-Claude...

XVII

LA « PETITE MÈRE » DES ENFANTS DE SALASPILS

Le camp de Salaspils, en Lettonie, près de Riga ; Casimir Laougalaitis, un vieux paysan, ancien détenu du camp, témoigne devant la commission d'enquête soviétique :

— Nous venions de toutes les régions d'URSS. Rien qu'au mois de mars 1943, on a amené dans un seul convoi vingt mille personnes ; après nous avoir pillés, les Allemands nous ont séparés de nos enfants, ont dit que désormais il faudrait travailler. Pour que les enfants ne nous gênent pas on nous avait séparés. Des scènes infernales eurent lieu, car les mères ne voulaient pas abandonner leurs enfants. Des Allemands, aidés dans cette zone par des policiers lettons, furent obligés de les arracher de force des bras de leur mère. Les enfants hurlaient, les mères furieuses s'arrachaient les cheveux ; plusieurs parmi elles sont devenues folles. Les nourrissons et les enfants jusqu'à l'âge de cinq ans furent mis dans un baraquement spécial.

Ce témoignage est complété par le récit d'Eugène Gerling :

— Ils les séparaient de leurs parents sous différents prétextes et dans diverses circonstances. Ils les prenaient soi-disant pour les amener au bain, mais les enfants ne revenaient jamais. On enlevait les enfants la nuit lorsque les parents dormaient, on les prenait de jour également. On expédiait ensuite les mères aux travaux forcés.

Eugène Gerling a vu la « femme Kroukoua » perdre ainsi ses six enfants.

Jusque-là, rien d'extraordinaire. Les sélections sur les rampes d'accès aux chambres à gaz des hauts lieux de l'extermination étaient menées avec « autant » de ménagements. Mais une phrase prononcée par

Antoinette Piroulis dirigea les enquêteurs soviétiques sur une piste toute différente[1] :

— Il y avait au baraquement n° 8 un groupe spécial d'enfants isolés. C'est là que les Allemands prélevaient le sang...

Ainsi donc, ce chapitre pouvait s'inscrire dans le volumineux dossier des crimes médicaux pratiqués par les « médecins maudits » d'Hitler. J'ai préféré rapporter ces faits dans ce dossier des actes « impossibles », car une infirmière soviétique a payé de sa vie les sauvetages réussis dans ce fameux block n° 8.

D'abord les faits :

« Au camp[2] de concentration de Salaspils fut organisée par les barbares fascistes allemands une usine de prise de sang des enfants. Le sang prélevé sur les enfants était destiné aux hôpitaux militaires des Allemands. Même les nourrissons fournissaient 150 ou 200 grammes de sang au cours d'une seule prise. Plusieurs de ces nourrissons ne survivaient pas à la prise de sang. Les enfants en bas âge fournissaient du sang à plusieurs reprises : cinq fois et davantage avec de sept à quatorze jours d'intervalle. À ces procédés fut soumise l'écrasante majorité des enfants. En prenant pour base de calcul les données établies par l'expertise médico-légale selon laquelle chaque enfant fournissait en moyenne cinq cents grammes de sang, il faut considérer comme établi que les Allemands ont prélevé aux enfants soviétiques trois mille cinq cents litres de sang au moins. Les enfants qui ont survécu à ce crime inouï montrent comment les Allemands prenaient leur sang. »

Ils ne sont pas très nombreux ; une vingtaine. La plupart d'entre eux ont été sauvés par une détenue employée comme infirmière. Que sait-on d'elle ? Peu de choses. On l'appelait « Petite Mère », c'est banal. Personne ne se souvient de son visage, de sa taille. Peut-être quarante ans. Toujours pressée, toujours fuyante. Le soir, certains soirs particulièrement sombres, elle pénétrait dans le Block 8, les bras chargés de couvertures. Elle s'approchait d'un berceau et enlevait un bébé. Elle le roulait dans deux ou trois couvertures en laissant une petite lucarne pour le visage. La grosse boule ficelée, elle sortait et jetait le bébé par-dessus les barbelés électrifiés. Peut-être endormait-elle les enfants pour qu'ils ne pleurent pas. Toutes les nuits, deux paysans du village voisin venaient rôder près des barbelés. Parfois ils repartaient avec le colis de « Petite Mère ». Une

---

1. Ces témoignages sont extraits d'un livre blanc des crimes et atrocités allemands commis sur le territoire de l'Union soviétique. Ils ont été publiés par le *Patriote Résistant*.

2. Conclusion de la commission médico-légale d'enquête.

nuit les paysans entendirent des coups de feu. Ils ne trouvèrent plus jamais de bébés.

Le chef de camp Krauze et son médecin-chef Meissner ont eux aussi disparu en Union soviétique. Les enfants sauvés par « Petite Mère » étaient trop jeunes pour se souvenir. Les paysans ne purent dire que :

— On allait voir toutes les nuits...

Alors, personne ne saura jamais qui était « Petite Mère ».

Une autre détenue réussit, elle, à faire sortir par la grande porte, cachés dans des sacs de pommes de terre, plusieurs enfants. Des enfants qui parlaient, qui savaient voir et retenir. Eux, aujourd'hui, témoignent. Anne Yakouboska, née à Vitebsk, avait onze ans. Elle a été sauvée avec sa sœur Lydia, sept ans.

— Nous fûmes moi, Lydia et mes frères Constantin, Bronislav et Guy, amenés de force dans un baraquement. Il y avait là un grand nombre d'enfants. La ration journalière était d'un petit bout de pain, de la soupe avec une sorte de feuille. Pas de viande, pas de graisse. On nous poussait dans une chambre spéciale où les Allemands prélevaient du sang sur tous les enfants détenus au camp. On en prenait beaucoup. À travers une aiguille, ils remplissaient un tube de verre long et épais comme ça (elle montre les dimensions). Ils prélevaient le sang une fois par semaine. Trois fois en tout chez moi, ma sœur et mes frères. Après chaque prise, notre tête tournait. On voyait des cercles noirs devant nos yeux. Chaque jour, de nombreux enfants mouraient dans notre Block après la prise de sang.

Natalia Lemechonok, qui avait dix ans, devait porter sa sœur dans ses bras pour chaque « séance » :

— Un médecin allemand, grand et sévère, et un autre Allemand sont arrivés. Ils ont dit qu'ils voulaient nous examiner. Je ne pouvais voir ce qui se passait devant moi, mais tout à coup une fillette a commencé à pleurer et à hurler. Le médecin a tapé des pieds. Lorsque je me suis approchée, j'ai aperçu qu'il piquait au coude les petits garçons et les fillettes avec une longue aiguille et le sang qui en sortait coulait dans le tube de verre épais. Le médecin prélevait sur chaque enfant un plein tube de sang. En voyant cela, je me suis mise à pleurer et à crier moi aussi. Lorsque mon tour est arrivé, le médecin a arraché de mes bras ma petite sœur et il l'a allongée sur la table. Ensuite, il m'a enfoncé une aiguille dans le bras. Ayant rempli le tube de sang, il me relâcha et commença à prendre le sang de ma petite sœur Annette. J'ai crié tant que j'ai pu. Boria, Genia et Choura également. Nous avions pitié de notre petite sœur. L'Allemand nous a regardés ensuite. Il a murmuré quelques paroles. Nous n'avons rien compris. Alors le soldat qui se trouvait à ses côtés a dit en russe, en riant : « Monsieur le docteur, dites aux enfants de ne pas pleurer, la fillette mourra de toute façon, autant que sa mort serve à quelque chose. » Le lendemain, on nous a amenés chez le médecin et on nous a, de nouveau, pris du sang. Je me souviens que l'on a prélevé notre sang quatre fois au cours d'une seule semaine. Annette est morte peu de temps après. Nos bras portaient des traces de nombreuses piqûres. Nous fûmes tous malades. La tête nous tournait. Chaque jour mouraient des petits garçons et des petites filles.

***

La commission d'enquête soviétique a fait ouvrir les fosses communes du camp de Salaspils. Les experts ont exhumé sept mille cadavres d'enfants. Sept mille enfants tués par les « médecins maudits » de la première « usine de sang » de notre histoire.

XVIII

NEUENGAMME

Les autres sont partis, tête haute, allure décidée. Il aurait dû les suivre dans ce Kommando-suicide chargé de désamorcer les bombes enterrées dans les usines de Hambourg :

— Existe-t-il quelqu'un capable d'opérer un estomac ?

Sa longue main blanche et fine de chirurgien s'est levée.

— Tu vas rester au Block, on viendra te chercher.

Les autres sont partis et Pierre Veyssière attend[1]. Les anciens le réconfortent :

— Tu n'as rien à craindre. Le chirurgien en titre est un déporté de droit commun allemand... mais tout le monde sait qu'il était avant son internement chauffeur de taxi.

— Chauffeur de taxi ?

— Oui. À Luisbourg. Il est arrivé ici en 1937. Il a créé l'infirmerie. Il l'a construite de ses mains puis il a bûché l'anatomie et s'est dégrossi sur près de mille Russes. Mais lorsque les SS tiennent à quelqu'un, ils préfèrent se passer de ses services. On les comprend !

Le lendemain matin, un gardien SS conduit Pierre Veyssière à la salle d'opération : une pièce propre, largement éclairée, linoléum terne, une table très simple à inclinaisons limitées, une étuve pour les stérilisations :

« Le Revier était assez pauvre en instruments. Le malade était une personnalité très importante de Hambourg. Je lui ai enlevé la moitié de l'estomac pratiquement avec les doigts...

1. Le docteur Pierre Veyssière a été arrêté le 10 juin 1944 à Royan pour résistance. Il est arrivé à Neuengamme en juillet 1944. Il avait quarante-quatre ans. (Témoignage inédit recueilli le 10 janvier 1968.) L'opération de la « nuit de Noël » a été racontée dans *Le Déporté* de décembre 1955.

« Je fis la connaissance de Mathis, le chauffeur de taxi-chirurgien. Grand, svelte, 45 ans. Situation délicate pour moi car, après l'opération de l'estomac, on me donnait allègrement du ''Professeur''. En aucun cas je ne devais, pour survivre, provoquer sa jalousie. C'était parfois difficile. Un jour par exemple, on vient me chercher dans mon Block. Enfermé, je n'avais le droit de sortir qu'accompagné d'un SS. Mathis m'accueille : ''Écoute, Peter, c'est un colonel russe, il a des calculs dans la vésicule. Il faut lui enlever la vésicule. Je vais t'aider.'' »

Pierre Veyssière opère le colonel. La vésicule n'a rien. Par contre, le rein droit...

— Tu vois, Mathis, ton diagnostic était juste. Ce sont bien des calculs mais pas dans la vésicule, dans le rein.

* * *

Mathis, comprenant que le chirurgien français ne désire pas le remplacer à la tête du Block chirurgical, fait plus souvent appel à lui. Il a même la « délicatesse » d'oublier près du lavabo un bouteillon. Veyssière plonge la tête dans le récipient et aspire quatre à cinq litres de soupe avant d'opérer [1]. Sa « délicatesse » se transforme même en « inquiétude » le jour où le chirurgien se blesse avec un bistouri qui venait de servir à débrider un phlegmon gangreneux :

« J'opérais un déporté français. Il se débattit tellement que le bistouri se ficha dans ma main. Je fis une septicémie. Pendant dix à douze jours, ma température ne descendit pas en dessous de 40. Il n'était pas question d'entrer au Revier. Un confrère français, Parisot, s'occupa de moi et un soir Mathis me fit passer dix comprimés de Dagenan. Ces sulfamides enrayèrent le mal. »

Puis Mathis disparut de Neuengamme. Pour acheter sa liberté, il contracta un engagement dans les Waffen SS. Il vint cependant quelques heures avant son départ réclamer au chirurgien une dernière faveur :

— J'ai un ami qui veut s'engager comme moi, mais il est pédéraste. Il pourra signer s'il est castré. Viens avec moi, on va lui « couper le zizi ».

Veyssière persuada le chauffeur de taxi de l'inutilité d'une telle intervention :

1. Pierre Veyssière estime qu'il doit la vie à ces suppléments de nourriture accordés avant les opérations. Le chef cuisinier du camp accumula une immense fortune en trafiquant la nourriture. Il fut pendu, car il avait l'habitude de remplacer la viande de bœuf par de la chair humaine. Un soir, un dentiste de Royan, Henri Simon, trouva dans sa gamelle un orteil :

— Regarde Peter !

— Alors, lui répondit Veyssière, on ne reconnaît plus un orteil ?

« C'était la première fois que je fournissais un soldat à l'armée allemande. Je me contentai de ligaturer le canal spermatique. Les effets de mon intervention ne pouvaient se prolonger au-delà de quinze jours... Mathis me remercia. Il partit. Je l'avais vu réussir quelques appendicites. Il était très fier de ses cicatrices. Il me disait souvent : ''Regarde, Peter, mes cicatrices sont plus belles, plus propres, plus esthétiques que les tiennes'' [1]. »

*
* *

Fritz, le Kapo du Revier, maudissait la lourde bosse qui collait à son dos. Les SS lui avaient refusé l'honneur de servir, comme Mathis, dans les Waffen SS.

— Un bossu est un mauvais soldat.

Fritz cherchait un chirurgien, un vrai, pour remplacer le chauffeur de taxi.

— Docteur Veyssière, voulez-vous ?

— Non ! Mieux vaut continuer comme par le passé. Je reste au Block ; lorsque vous avez besoin de mes services, vous venez me chercher.

Fritz accepta.

« Les nouvelles étaient stupéfiantes : l'avance victorieuse des Alliés était stoppée à l'ouest et la contre-offensive de Von Rundstedt mettait en péril une partie des divisions anglo-américaines, dont nous attendions, dans un espoir fou, une délivrance imminente. À l'est, les Russes regroupaient leurs forces. Les camarades qui espéraient depuis de longues semaines, qui croyaient être chez eux pour l'an nouveau, se laissaient aller à une colère pleine de rage ou s'abandonnaient à une résignation désespérée [2]. Rares étaient ceux qui conservaient leur sang-froid et leurs espoirs intacts, et pourtant...

« C'est alors que vint Noël.

---

1. Il réussit à réduire la fracture d'un déporté russe en fixant sur l'os une plaque de métal à l'aide de lacets de chaussures. Après cicatrisation, la plaque se déplaçait... Louis-Martin Chauffier qui a connu Mathis écrit dans *L'Homme et la Bête* : « Il aimait les grandes coulées de sang, les chairs ouvertes, le crissement délicieux de la scie mordant l'os, l'instant où le membre détaché s'offrait à lui comme un trophée conquis. Pour satisfaire ce goût, il tranchait à tour de bras, sans la moindre nécessité. Mon compagnon de paillasse avait perdu la jambe pour un vilain phlegmon que l'autre ne savait traiter : trouvant plus opportun, plus facile, plus friand de couper que de soigner.

2. Les suicides devinrent plus nombreux à cette époque dans la plupart des camps (témoignage docteur Fric — Buchenwald). Mais contrairement à ce qui a été souvent affirmé dans de nombreux témoignages de déportés, les camps n'ont jamais connu de grandes vagues de suicides. Le docteur Paul Citrome a consacré une thèse à ce problème. Il écrit : « Il semble que l'on puisse considérer le suicide comme un phénomène

« Ce jour-là, le SS habituel vint me chercher dans ma baraque vers 8 heures, pour me conduire au Revier où je devais pratiquer quelques opérations. Silencieux, glissant à chaque pas dans la neige, je longeais l'interminable Appellplatz, dans la grisaille et le brouillard, et j'aperçus les lumières falotes et comme irréelles du sapin illuminé que les SS avaient érigé la veille sur la place d'appel. J'éprouvai un choc violent à la vue du sapin qui éveillait en moi tant de souvenirs d'enfant ; mes yeux s'embuèrent et je me raidis pour ne pas laisser échapper mes larmes devant un tel blasphème, une pareille offense, une aussi dégradante pitrerie. Le SS marmonna quelque chose en allemand et accéléra le pas ; je le suivis et, derrière lui, j'entrai au Revier.

« Dans la salle d'opération pour laquelle, après de longs palabres, j'avais obtenu quelques aménagements, je retrouvai les médecins habituels qui m'attendaient : le docteur André Barreaud, mon camarade bordelais qui avait préparé l'internat avec moi et qui, le premier de tout le camp, m'avait serré dans ses bras quand nous étions descendus des wagons après le voyage habituel de trois jours et trois nuits ; Gottlieb Doslick, le Tchèque, qui fut un ami loyal et courageux, et jusqu'à Gerhardt, le Polonais, qui était l'infirmier de la salle. Ils étaient tous là, graves et silencieux, mais il y avait aussi tout l'état-major du camp : le commandant Thumann, son adjoint, deux médecins SS, le Rapportführer et quelques autres SS de choix car la séance opératoire promettait d'être spectaculaire. Quelques jours auparavant, Barreaud m'avait demandé d'examiner l'un des nôtres, un bougre de Belge devenu aveugle depuis quelque temps à la suite de coups de Gummi qu'il avait reçus sur le crâne. Le malheureux portait le fatidique brassard des "Tor Sperre", ce qui voulait dire que son dossier était en instance au tribunal militaire de Berlin et qu'il ne devait, sous aucun prétexte, partir en Kommando. Il venait de recevoir la sentence qui le condamnait à mort par pendaison et il vivait avec la perpétuelle menace d'être conduit sans avis préalable, d'une minute à l'autre, à la salle de pendaisons qui se trouvait au bout du Revier. Combien de fois, à travers une lucarne, avais-je ainsi assisté à l'attente angoissée de mes malheureux camarades, au garde-à-vous devant la porte sinistre, derrière laquelle ils allaient mourir ignominieusement.

« Barreaud m'avait expliqué que le Belge — à qui les SS avaient dit en ricanant que la mort serait pour lui une délivrance puisqu'il était

---

relativement rare dans les camps, cette appréciation ne prenant toute sa signification que par rapport aux circonstances qui, à première vue, sembleraient avoir dû être particulièrement génératrices de suicides. » (Voir *Cahiers internationaux de Sociologie*, volume XII, 1952, Édition du Seuil.)

aveugle — avait réussi à attendrir ses bourreaux. Le Rapportführer — qui fut pendu après le procès de Hambourg — lui avait laissé espérer que s'il pouvait se rendre utile en travaillant il obtiendrait un sursis et, qui sait, peut-être... Et l'aveugle s'était accroché à ce chimérique espoir. Il avait réclamé Barreaud, l'avait supplié de tenter quelque chose pour lui rendre la vue et c'est ainsi que j'avais examiné notre camarade. Perdu pour perdu ! J'envisageai les hypothèses les plus favorables : hématome enkysté ou œdème cérébral : s'il en était ainsi, une décompression large du cerveau ou l'évacuation d'un foyer sanguin pouvait peut-être réussir. Mais je n'avais aucun élément sérieux pour étayer un diagnostic. L'affaire se tirait à pile ou face : telles furent les conditions dans lesquelles je dus prendre ma décision. Sur le plan pratique, l'opération (il y avait juste, au Revier, de quoi opérer une hernie ou une appendicite) ne s'avérait pas tellement facile. Pas question, naturellement, de trépan à moteur ni même à manivelle ; mais j'avais obtenu, grâce à la complicité de camarades, un marteau ordinaire et un ciseau à froid pris je ne sais où. La boîte habituelle d'appendicite me fournirait le reste.

« L'opération commença ; elle fut effroyablement longue. Le malheureux avait été calé sur une sorte de fauteuil de bois. Les téguments insensibilisés, j'attaquai le plan osseux. Avec mon ciseau à froid sur lequel je frappais avec le marteau, j'entamai peu à peu l'os temporal, mais la main qui tenait le marteau était comme retenue à l'instant même où celui-ci allait percuter sur la tête du ciseau. Chaque coup arrachait un gémissement au blessé ; de temps à autre, je m'arrêtais, exténué par l'effort que je devais fournir. J'avais honte de martyriser ainsi, peut-être inutilement, un être qui était lié à moi par un monstrueux contrat et je lui demandai aussi doucement que possible s'il pouvait tenir encore. De son côté, il sentait mes hésitations et cette sorte de pudeur instinctive qui semblait arrêter mon bras au moment de frapper. Barreaud me relaya quelque temps puis il s'arrêta : il ne pouvait plus continuer. Je repris alors le marteau. À demi-inconscient, le blessé fit un geste et il me supplia : "Continue, Pierre, continue, sans cela ils vont me pendre."

« Les SS avaient entendu et tous ricanaient sauf, je crois, le commandant. Une sorte de fureur me saisit alors ; en mon for intérieur, je demandai pardon du mal que j'allais faire. J'accentuai impitoyablement la force de mes coups et en accélérai le rythme. Il y avait plus d'une heure que j'étais là. Je ne voulais pas m'arrêter, sachant que tout serait perdu devant les SS aux aguets. Et alors je redoublai ; je n'écoutais plus les gémissements de plus en plus faibles et, dans un dernier effort, je fis sauter la paroi osseuse.

« Dès lors, je retrouvai tout mon calme. Posément, j'explorai le cerveau qui faisait issue à travers la brèche ; j'aperçus alors, venant de la périphérie de celle-ci, du sang noir qui s'écoula lentement. Barreaud et Gottlieb jubilaient. J'évacuai de nombreux caillots et, tout à coup, le blessé fit un effort pour se lever ; il poussa un cri et déclara qu'il distinguait une lueur. Un SS lui demanda en allemand s'il voyait les doigts qu'il lui présentait : il répondit affirmativement. Le SS mit alors trois doigts en l'air et répéta la question en ajoutant : ''*Wieviel ?* (Combien ?).''

« Il redressa la tête, la ramena légèrement sur le côté et, après une courte hésitation, il énonça : ''Trois.''

« Alors, le commandant et les SS sortirent. Je n'ai jamais revu mon malheureux opéré. J'appris par Barreaud qu'il était resté quelque temps au Revier, distinguant toujours une vague lueur. Que devint-il par la suite ?... Un jour, il retourna dans son Block et puis... Mais comme son étreinte fut fraternelle quand j'eus terminé son pansement ! Et comme je te demande encore pardon aujourd'hui, mon camarade, du mal que je te fis et comme je te remercie de ta confiance et de ta fidélité dans la douleur ! »

« Tard dans la soirée (la nuit arrivait dès 4 heures, dans ces régions de la Baltique), je m'apprêtais à rejoindre mes camarades. J'errais dans les couloirs du Revier, à peine éclairés, guettant l'occasion pour franchir la porte et la barrière qui me séparaient de l'Appellplatz. J'étais exténué et l'aspect lugubre du Revier n'était pas fait pour m'inciter à une détente morale. En cet instant, le signal de Voralarm auquel nous étions habitués par d'innombrables alertes se fit entendre et, par la porte du fond, je vis entrer un détenu. Je reconnus aussitôt le docteur Quenouille à qui j'étais lié par une profonde amitié et qui, comme moi, était né dans le Périgord noir. En tant que médecin du Revier, Quenouille avait toute facilité pour circuler dans le camp. Il vint à moi ; nous nous mîmes à causer à voix basse et, presque aussitôt, nous perçûmes le mugissement des sirènes annonçant la Gross Alarm. Tout s'éteignit dans le camp. Quenouille me prit la main en me demandant de le suivre aussi silencieusement que possible. À tâtons nous gagnâmes la porte en retrait par laquelle mon ami s'était introduit quelques instants auparavant, et nous nous trouvâmes dehors parmi les baraques du Revier. Il faisait un froid atroce, la neige fouettait nos visages ; les projecteurs fouillaient le ciel, entrecroisaient leurs feux au-dessus du camp. Parfois, l'un d'eux balayait le sol d'un coup de pinceau lumineux, alors nous nous accroupissions ou nous nous mettions à plat ventre, serrés l'un contre l'autre. Nous parcourûmes ainsi une cinquantaine de mètres, puis nous arrivâmes au bout de l'enceinte qui enserrait les différents Blocks constituant le Revier, devant une porte de bois. Quenouille prit une clé, ouvrit la porte et nous entrâmes. Mon compagnon me dit alors, avec gravité :

''Je t'ai conduit ici où personne n'a pénétré en dehors de toi, car il est nécessaire que tu saches ce qu'il se passe ici. J'ai confiance en toi, mais ne révèle rien de ce que tu vas voir.''

« Je franchis alors, sans mot dire, une sorte de minuscule couloir et suivis mon compagnon qui avait ouvert une porte latérale. J'entrai dans une pièce assez vaste, éclairée et chauffée, et je vis des enfants, les uns couchés, les autres assis sur leurs châlits à trois étages. J'aperçus un arbre de Noël illuminé au milieu de la pièce avec de minuscules jouets de bois dans ses branches. Les enfants, au nombre d'une vingtaine environ, avaient d'ailleurs déjà chacun un jouet entre les mains. Après un léger instant de stupeur, je réalisai l'énormité du spectacle qui s'offrait à moi : ces enfants dont personne dans le camp, en dehors des SS, ne connaissait l'existence, à quelle misérable entreprise, dans ce camp maudit, pouvaient-ils servir ?

« Ils étaient la propriété du docteur Heissmeyer qui venait de Berlin, de temps à autre, pour leur faire des piqûres et les soumettait ainsi à des expériences dont je n'ai malheureusement pu savoir en quoi elles consistaient. J'appris seulement qu'ils étaient mieux traités que l'ensemble des détenus, et qu'ils bénéficiaient d'un complément de nourriture, tel que purée ou margarine. J'essayai d'obtenir de Quenouille qu'il me dise ce qu'il savait. Il me regarda et déclara :

''Rien ! Je ne peux rien te dire maintenant, car si on se doutait seulement que tu sais on ne te reverrait plus. Plus tard, je t'expliquerai. La seule chose que j'ai voulue, en te conduisant ici, c'est te montrer les enfants, afin qu'un jour tu puisses affirmer leur existence et qu'ils sont soumis à des expériences. Si je ne reviens pas, il faut tout de même que quelqu'un le sache pour le dire et témoigner quand le moment sera venu.''

« Pendant ce court dialogue, quelques enfants étaient descendus de leur lit et m'entouraient. J'adressai la parole à quelques-uns d'entre eux en allemand. Plusieurs me répondirent. Il y avait là en proportion à peu près égale des garçons et des filles dont le plus jeune pouvait avoir quatre ans et le plus âgé onze ou douze ans. J'essayai de les regarder tous afin de graver leurs traits dans ma mémoire. Hélas ! Tous ces visages d'enfants se confondirent bien vite en moi, sauf celui de l'un d'entre eux, un petit garçon brun, vif, gracieux, qui me dit ''bonjour'' en français. Je crois qu'il était d'origine belge. Les autres étaient des enfants de Polonais ou de Juifs ukrainiens. J'embrassai rapidement le gamin. Quenouille me pressa vers la porte en me disant :

''Maintenant, file vite et gagne le Revier avant la fin de l'alerte.''

« Le cœur serré, je me détournai à demi pour jeter un dernier regard sur cette scène à la fois si monstrueuse et si pathétique. Je serrai la main de Quenouille et m'enfonçai dans la nuit... [1] »

* * *

Les premiers Français débarqués à Neuengamme en mai 1944 devront attendre juillet pour pouvoir être soignés par un médecin de « chez eux ». Veyssière, en opérant à mains nues un « civil » que les SS refusaient d'abandonner à Mathis, avait ouvert une brèche :

— Ces Français sont d'excellents praticiens. Nous n'avons pas d'oto-rhino...

Barreaud, assistant du professeur Portmann de Bordeaux, est agréé. D'autres vont suivre, Raymond, Morin, etc. Les Français peuvent prétendre franchir la porte interdite, être soignés, sauvés, oubliés quelque temps. Évidemment, ils doivent compter sur les Kapos, les surveillants, les secrétaires qui, comme partout, dressent des barrages infranchissables pour les moins « débrouillards ». Le docteur Georges Salan conseille à l'un de ses amis, souffrant d'une otite en voie de sécrétion, de se présenter à la consultation de Barreaud. Le surveillant polonais demande à voir le « pus ». Il s'approche, tire l'oreille et crache dedans. Terminé. Suivant.

* * *

Henri Joannon [2] franchit les premiers mètres du plan incliné. Sur son épaule le lourd tuyau de la conduite forcée. Il faut grimper là-haut, tout là-haut... Une planche bascule. Le déporté glisse, perd l'équilibre. Le tuyau écrase sa main. Un médecin polonais, Yarrouch, décide d'amputer la première phalange de l'auriculaire. La plaie s'infecte. Deuxième phalange. Nouvelle suppuration. L'infection gagne le bras. Il faut continuer à travailler ; charger à la pelle une bétonneuse qui ronronne sans arrêt. Le Kapo hurle. Un soldat allemand s'approche.

— Pourquoi ne travaillez-vous pas plus vite ?

---

1. À rapprocher du témoignage d'Henri Joannon publié dans *Les Médecins maudits*. (Voir également le chapitre consacré à Ebensee.)

2. Henri Joannon, pharmacien à Murat, arrêté le 24 juin 1944 avec 132 habitants de la ville, après l'assassinat de Gesler, chef de la Gestapo de la zone sud. Henri Joannon, auteur de *Remember*, Imprimerie moderne, Aurillac, 1947, m'a adressé un manuscrit inédit le 7 octobre 1967.

Henri Joannon montre sa main, son bras. Le soldat allemand, fou de rage... insulte de Kapo :

— Il est honteux de faire travailler un homme dans cet état.

Le Kapo, béret à la main, au garde-à-vous, ne comprenant pas apparemment la colère de ce « soldat exceptionnel », présente ses excuses. Joannon rejoint le Revier. Yarrouch n'est guère optimiste :

— Je pense qu'il va falloir couper le bras.

— Je préfère l'amputation à ce travail de terrasse. Là-bas, je ne tiendrai pas une semaine.

— Attendons. Je vais désarticuler tout le doigt et drainer la main.

Yarrouch désarticule le doigt et, pour drainer le phlegmon, perce de part en part la main et le poignet. Dans les trous, il fait passer un morceau de gaze roulée. Joannon est ensuite expédié au Revier central de Neuengamme.

« Au moment de rentrer dans la baraque, le sang se mit à gicler par saccades de la plaie que j'avais au poignet. Je vis de suite que l'artère radiale venait de sauter. Un médecin yougoslave me plaça une agrafe. D'où venait-elle ? Je n'en sais rien. Je peux affirmer qu'il n'y avait pas une agrafe dans le camp. Je le constaterai lorsque je deviendrai « pharmacien » du Revier. Mystère ! »

Joannon découvre le Revier III, le Block le plus agréable de l'infirmerie. Les déportés ne portent qu'une chemise, certains ont cependant pu « organiser » des caleçons et des culottes de femmes avec dentelles et broderies. Royaume des bistouris, tenus par quatre infirmiers du type « Mathis » ; le plus expérimenté a servi de garde du corps à « Al Capone ». Le bon temps !

Le Revier des dysentériques ressemble évidemment à tous ses frères d'Allemagne, mais ici les Kapos et les infirmiers ont inventé une thérapeutique « exemplaire » que le docteur Combeau a vu infliger aux malades pendant trois semaines.

« Dépouillés [1] de leurs vêtements de clochards, ils attendaient nus devant la porte. Déshydratés, amaigris, reconnaissables aux traînées de matières fécales liquides qui leur tombaient le long des cuisses, ils étaient enfin introduits à l'intérieur du Block, puis dans les chambres dont les parquets peints et cirés, particulièrement glissants, étaient l'orgueil de Hans et de ses sbires orientaux. Dès le malade introduit, deux Russes saisissaient le client par un savant plaquage aux jambes, digne des meilleurs joueurs de rugby, et le mettaient la tête en bas, solidement tenu. Un troisième larron arrivait, armé d'un bock avec une canule en caoutchouc de 25 à 30 cm. Ce bock contenait du kaolin en

1. Manuscrit inédit (5 février 1968).

suspension dans l'eau froide et on introduisait dans l'anus, le rectum, puis le sigmoïde, enfin le colon du malheureux la totalité de la canule. En avant pour l'injection des deux litres ! Une fois l'opération terminée, on lâchait le malade, qui poussait des cris de douleur et qui devait aller restituer le surplus du lavement dans une latrine située dans le fond du Block. C'était une gageure car l'atonie sphynctérienne ne permettait pas au malade débilité de garder son lavement. Le beau parquet de Hans était souillé, ce qui valait au « patient » une raclée monumentale administrée par les « injecteurs ». Naturellement, jeûne absolu et, à la première selle normale, retour au Block. Si la selle était liquide, on remettait et lavement et jeûne absolu. Au bout de quatre jours, les rescapés demandaient le retour au Block. Je l'ai vu. Je n'aurais jamais pu l'inventer. »

***

Grâce à une « conjuration de l'amitié », Louis-Martin Chauffier est rétabli : il doit partir. Il doit laisser sa place à un plus faible que lui. S'il reste couché sur sa paillasse, il condamne à mort un camarade qui attend derrière la porte du Revier. Ce remords l'obsède. Il doit parler, se « confesser » au docteur Barreaud :

« Ses[1] actes d'abnégation et d'audace ne se comptaient plus. Il profitait de sa connaissance de l'allemand, des soins qu'il avait donnés aux Kapos, de son intelligence de ces gens-là, de sa ruse bordelaise pour prendre des risques où d'autres se fussent cassé les reins. Mais sa science et son habileté lui valaient une sorte d'immunité, et même de considération. Il croyait à sa chance ; et, pour le reste, sa confiance dynamique emportait tout. C'eût été assez pour se faire chérir des malades à qui il annonçait prochainement non seulement la guérison, mais la victoire. Cependant, il retirait un crédit et un prestige plus grands encore du fait que, seul parmi les Français, lui, vivait et agissait en tant que tel et était comme tel reconnu par les autorités. Il échappait seul à cet univers renversé ; et sa présence rafraîchissait : il était comme le témoin d'un monde perdu qui n'a pas cessé d'exister. C'est à lui que j'exposai mon scrupule, qui était en même temps une question à son adresse ; car, si nous profitions de cette prolongation indue de séjour, d'autres en pâtissaient, par sa faute. Je n'oublierai jamais le texte de sa réponse, ni le ton dont il la prononça. Lui, que j'avais toujours connu répandant la joie autour de lui, semant parfois de bonnes nouvelles, plus souvent de bonnes raisons d'espérer, prit un air

1. Louis-Martin Chauffier, *L'Homme et la Bête,* Gallimard.

sombre et buté, où je vis avec surprise se peindre à la fois la souffrance et la haine :

— Il y a actuellement, dans le camp, me dit-il, trois fois plus de malades que je n'en puis accueillir. La guerre sera finie dans cinq ou six mois au plus tard. Il s'agit pour moi de faire tenir le coup jusque-là au plus grand nombre possible. J'ai choisi. Vous et d'autres vous vous remettez lentement. Si je vous renvoie au camp, dans cet état et dans cette saison (on était à la fin de décembre), vous serez morts en trois semaines. Je vous garde. Et — écoutez-moi bien — je fais entrer ceux qui ne sont pas très gravement atteints, qu'un séjour au Revier peut sauver. Ceux qui sont perdus, je les refuse. Je ne peux pas m'offrir le luxe de les accueillir pour leur offrir une mort paisible. Ce que j'assure, c'est la garde des vivants. Les autres mourront huit jours plus tôt ; de toute façon, ils seraient morts trop tôt. Tant pis, je ne fais pas de sentiment, je fais de l'efficacité. C'est mon rôle.

« Il ajouta, d'une voix tremblante de colère :

— Tous mes confrères sont d'accord avec moi, c'est la voie juste. Mais nous ne pardonnerons jamais aux Allemands d'avoir contraint des médecins à faire un tel choix pour respecter leur vocation. Chaque fois que je refuse l'entrée à un moribond et qu'il me regarde avec stupeur, avec effroi, avec reproche, j'ai l'impression de commettre un assassinat. Je voudrais lui expliquer que j'échange sa vie perdue contre une vie peut-être sauvée. Il ne comprendrait pas. Et je sais bien que mon impression est fausse. Mais il est vrai aussi que ces hommes sont assassinés. Ils le sont par d'autres, à qui j'arrache plus de victimes que je ne leur en laisse.

« Sur quoi il se tourna vers la paillasse voisine et commença à plaisanter en allemand avec un petit bossu qui avait, avant d'être arrêté, pour métier poétique d'élever des souris blanches. Ce nabot présentait la caractéristique singulière, étant tout à la fois allemand et communiste, en outre détenu depuis plus de dix ans, de déployer en toute occasion un sens de l'humour et un esprit inépuisables. Il avait manqué périr d'une pneumonie aggravée par son infirmité. Le médecin l'avait sauvé en se levant quatre ou cinq fois par nuit, en surveillant les soins qu'on lui donnait, en luttant pied à pied contre la maladie. L'autre lui avait voué une adoration fétichiste. Lui-même éprouvait pour ce joyeux rescapé du tombeau une sorte de tendresse. Dans la tension morale où il vivait, le bossu était sa consolation, sa revanche. Sa preuve. »

XIX

LES KOMMANDOS

Sur les 100 000 déportés de Neuengamme, plus de la moitié ne devaient jamais revoir leur pays.

Dès 1942, le camp mère, principal fournisseur des chantiers de Hanovre, Hambourg, Brême, Minden, se perdait dans les dossiers de ses 103 Kommandos. Il est impossible de retracer l'aventure médicale de tous ces chantiers qui, bien souvent, se ressemblaient.

Le docteur Clément Marot [1] commence sa vie de déporté en jouant les artificiers sur des bombes américaines de 500 kilos, non éclatées :

« Après avoir creusé un large trou, ce n'est pas sans un petit frémissement que nous arrivait alors le bruit métallique de la pioche sur le corps de la bombe. Nous l'isolions de la terre qui l'entourait et avec précaution il fallait enlever la fusée. »

En un mois, la moitié du Kommando explose avec « ses bombes ». Puis Clément Marot ouvre des tranchées... le médecin du Revier, Paul « le Danois » lui donne de temps en temps un supplément de soupe et lui demande s'il peut, le soir après le travail, l'aider aux pansements. Marot accepte, il est sauvé.

Patatras ! Le Kommando est dissous. Les loqueteux épuisés iront finir ici et là. Marot a plus de chance ; il est nommé médecin d'un nouveau groupe de 2 000 déportés.

Patatras ! Le premier jour, alors que le Kapo lui avait recommandé de garder dix malades, il en accepte soixante. Schlagage en règle et : « Allez donc creuser des tranchées. » Un mois plus tard, le Kapo s'engage dans les SS et le nouveau « surveillant », un politique tchécoslovaque,

---

1. *Arrêté pour résistance* (manuscrit inédit complété par interviews, février 1968).

réinstalle Marot dans le Revier. Très vite il réinvente la déontologie particulière des camps.

« Nous hospitalisions au Revier des ''récupérables''. Il nous arrivait ainsi de garder un étranger qui avait des chances de se remonter et de renvoyer un Français condamné à mort dans les jours à venir. C'était dur, pénible, angoissant ce tri, mais nous avons pu par ce système éviter tout contrôle à l'infirmerie et ''planquer'' dans une baraque désaffectée des Français, des Belges, des Hollandais. Certains ont vécu trois mois en marge du camp et de l'infirmerie. »

« Tête de mort », Kapo d'une colonie de manœuvres, tuait certainement plus de prisonniers à coups de pioche que l'épuisement ou la faim. Un beau jour, la bête noire des déportés se transforma en doux agneau. « Tête de mort » était malade...

« Atteint d'une lésion tuberculeuse grave de l'amygdale, suppurant, je me demandais comment débarrasser les copains de ce dégénéré. J'obtins une seringue avec une longue aiguille rouillée et épointée. C'est le commandant du camp, le SS Griem, qui m'avait procuré la seringue et quelques ampoules. Je ne devais jamais savoir ce que contenaient ces ampoules. Mais le commandant, qui tenait à son tueur, avait sans doute bien choisi. Après la deuxième piqûre, « Tête de mort » refuse de continuer le traitement. Se sentant à ma merci, il a peur. Je fais chercher Griem, je lui explique que le traitement doit être poursuivi, car le malade est contagieux. « Tête de mort » ouvre la bouche... malheureusement ma main tremblait, mon aiguille tremblait, je le piquai profondément et, en retirant l'aiguille, je crois avoir déchiré une artère... »

« Tête de mort » mort et bien mort, le camp respire... mais faiblement, sans grands cris de joie car le travail acharné, l'épuisement, la faim, le manque de médicaments ont transformé peu à peu l'ensemble du Kommando en Revier. Les hommes se traînent par terre. Les SS ne peuvent les abattre tous. Himmler en personne décide de venir toucher du doigt ces « fainéants ».

« C'était la mi-décembre 1944. Je dus lui présenter les malades un par un, au pas de gymnastique. J'inventais des diagnostic, ne pouvant savoir quelle était la maladie de chacun. »

Himmler ne prononça pas une parole. La semaine suivante, les plus grands malades étaient dirigés sur Neuengamme, les autres sur Husum et Meppen. À Meppen, le médecin SS avait inventé un moyen infaillible de contrôle pour découvrir les faux malades. Au-dessus d'une large et profonde mare, il avait fait installer une planche étroite. Les malades devaient traverser en jouant les équilibristes. Ceux qui tombaient étaient les « vrais » malades. Tout le monde tombait. Il riait. Tout le monde riait.

— On recommence demain matin.

*
* *

Braunschweig aura également son camp de concentration. Il faut bien fournir des travailleurs aux usines automobiles Büssing et, ce camp, pourquoi ne pas le construire au centre, au cœur même de la ville ? Les aviateurs, qui se sont déjà acharnés sur les immeubles, y regarderont à deux fois avant de recommencer s'ils voient qu'un camp s'installe place de la Libération, entre la gare et la Kommandantur. Et ils le sauront. C'est inévitable ! Ils savent tout !

Aussitôt dit, aussitôt fait. Le docteur Georges Salan [1] est médecin de ce nouveau Kommando dépendant de Neuengamme :

« L'état sanitaire du Kommando est à nouveau aussi mauvais qu'à la fin de l'année dernière. Ceux de nos camarades qui ne sont pas atteints d'œdème sont l'exception et les infections cutanées font d'épouvantables ravages. Les poux sont devenus des maîtres incontestés qu'on ne cherche même plus à chasser. Dans mon infirmerie, viennent mourir des dysentériques et phlegmoneux à qui je ne puis même plus donner le change, car nous n'avons plus ni médicaments ni objets de pansement. J'ai quelques malheureux Juifs, porteurs d'énormes collections purulentes, que rien ne peut arriver à tarir. De vraies éponges de pus. Ils meurent lentement, jour après jour, morceau par morceau. Une véritable pourriture dont notre petite pièce surencombrée est tout empuantie. Il faut avoir vécu dans cette atmosphère, pour comprendre que la mort de certains d'entre eux était attendue par nous tous, comme une délivrance.

« J'ai assisté, ce matin, à un événement extraordinaire ; quelque chose à quoi je ne croirais pas si je n'en avais été témoin. J'avais, parmi mes malades, un pope russe connu dans tout le Kommando. Complètement inanitié, il est mort aujourd'hui de bonne heure. J'en fus informé par Pasternak [2], qui s'occupait plus particulièrement de lui. Il fut extrait de sa couchette, allongé à terre au milieu de l'infirmerie où je constatai qu'il était effectivement mort. C'est alors que Pasternak me dit : ''J'ai envie de lui faire une injection intracardiaque de Cardizol.'' Je répondis : ''Si cela vous amuse...'' »

La piqûre est faite.

« Nous eûmes alors la stupéfaction de voir le pope revenir à la vie et de l'entendre nous adresser la parole. Dans un allemand coupé

1. Georges Salan, chef départemental des Mouvements unis de la Résistance pour le Gard, arrêté le 10 février 1944 par la milice. Auteur de *Prisons de France et bagnes allemands*. Éditions de la Capitelle, Uzès (Gard), 1946.

2. Médecin hongrois.

d'hésitations et de silences, mais parfaitement intelligible, il nous dit qu'il allait mourir, nous parla de sa femme et de sa fille, seules quelque part dans l'immense Russie et, dans un langage hermétique, nous prédit : ''La fin prochaine du chaos.'' Il était resté étendu à terre, son long corps décharné barrait la pièce dans toute sa largeur, dans son visage émacié son regard se voilait au fond des orbites effroyablement creuses ; ses paroles étaient lentes, graves, solennelles. Nous tous qui l'écoutions étions terriblement émus. Je le replaçai dans sa couchette où, sans avoir dit un mot de plus, il mourut une deuxième fois, quelques heures plus tard. Pasternak n'eut pas le courage de lui faire une nouvelle piqûre. À quoi bon ? puisqu'aussi bien il faut quand même mourir...

* * *

— Combien d'enfants avez-vous ?

— Huit, monsieur.

— C'est dommage mais tant pis pour vous.

L'officier allemand du service de sécurité montra le camion bâché en stationnement devant la clinique. Paul Lohéac, chirurgien à Gourin, ne se doutait pas, ce matin du 24 mai 1944, qu'il s'embarquait pour un très long voyage. Paul Lohéac, au début du mois, avait opéré « Job la Mitraille », le chef du maquis des Montagnes noires, blessé par une patrouille allemande...

Jour après jour, mois après mois, il n'est qu'un « matricule-manœuvre » à Neuengamme, s'épuisant dans différents Kommandos, devenant enfin un presque-musulman à la prison centrale de Hambourg, où sont entassés les déportés chargés de déblayer la ville après les bombardements alliés. Paul Lohéac sera nommé second médecin de la prison alors qu'il pensait n'avoir plus que quelques jours à vivre.

Le Kapo du Revier, Fritz Meincke, est un ancien boucher condamné à dix-huit mois de prison pour abattage clandestin. Ses juges lui ont donné à choisir entre le costume de détenu et l'uniforme SS. Il a préféré le camp de concentration où il peut exercer ses anciens talents, avec impunité. Il ne doit rendre compte qu'à Fritz, le Rapportführer moustachu :

« Le soir [1], il plaque sur le bel ornement de sa lèvre supérieure, pour ne pas en déranger l'ordonnance pendant la nuit, une bande de cuir maintenue derrière les oreilles par deux lacets en forme d'anse. Nous

1. Extrait de *Un médecin français en déportation*, témoignage du docteur Paul Lohéac sur sa vie à Neuengamme et ses Kommandos. Éditions Bonne Presse, Imprimerie de l'Orphelinat Saint-Michel, Priziac.

l'avons plusieurs fois aperçu ainsi accoutré et ce souci de coquetterie chez un tel personnage, par ailleurs plus que grisonnant, paraît du plus haut comique. Sa femme vient l'après-midi tricoter près de lui dans son bureau et ce dernier trait, malgré notre connaissance de l'âme allemande alliant la petite fleur bleue aux pires cruautés, achève de nous convaincre du caractère bonasse de ce gros bougon. C'est d'ailleurs un sergent de la Wehrmacht, que ses fonctions au camp de concentration obligent à supporter la livrée des SS ; il n'en avait pas l'âme s'il en portait l'uniforme. »

Mais avant d'aménager leur domaine, les deux médecins français, Casse et Lohéac, doivent éliminer leur principal adversaire : l'infirmier russe Grégori.

« Il met en doute notre compétence, prétend nous donner des ordres et contrôler nos diagnostics, examine après nous les cadavres et, niant notre verdict, annonce publiquement que le malade n'est pas mort. Il attaque notre dévouement et notre conscience professionnelle par des mensonges éhontés, nous accusant devant les SS d'avoir laissé mourir des hommes sans avoir soigné leurs plaies. Il a beau jeu de prétendre, devant les pansements de papier souillés et traversés en quelques heures par les sécrétions abondantes des phlegmons, que ces pansements n'ont pas été refaits depuis plusieurs jours. Les Allemands inspectent avec méfiance nos fiches, tenues à jour avec un soin méticuleux... Pendant ce temps, Grégori, se croyant tout permis, fait la grasse matinée, vole du pain, se goberge avec les Kapos au point d'être ivre tous les soirs. Il dévalise la pharmacie des rares médicaments qu'elle contient, pour les troquer contre du pain, de l'alcool ou des cigarettes. Casse peut emporter et garder jalousement sur lui les clés de l'armoire où nous croyons à l'abri, près des toxiques sacro-saints, les précieuses vitamines et le "dextrapur[1]" ; Grégori trouve un passe-partout et continue à voler ostensiblement devant moi, avec un air de défi : le manque de mesure va le perdre et nous l'attendons là. Un jour il arrive dans la grande salle où Casse fait sa visite accompagné du Kapo et, devant Fritz stupéfait, annonce que désormais son collègue Wassili, injustement affecté aux humbles tâches d'infirmier-panseur, malgré ses hautes connaissances médicales, examinera les malades au même titre que nous et par roulement, un jour sur trois.

1. Sucre médicamenteux reconstituant, destiné aux grands malades, mais que nous possédions en très petite quantité et dont les SS surveillaient jalousement l'emploi, de peur que nous en fassions bénéficier nos compatriotes au détriment des autres nationalités. Les Kapos en étaient très friands et, devant notre intransigeance, s'adressaient à Grégori pour en obtenir, s'inquiétant peu, bien au contraire, de nous mettre ainsi dans une situation difficile. (Note du docteur Paul Lohéac.)

Fritz ne tolère pas cet empiètement sur son autorité. Une rapide enquête de ''Moustache'' permet la découverte du passe-partout. Grégori s'occupera désormais du déshabillage des cadavres, avant leur entrée à la morgue. »

*
* *

Le Revier de la prison ressemble à tous les hôpitaux-infirmeries des camps de déportation avec son entassement, sa saleté repoussante, ses bonnes volontés, ses sélections. Sur mille deux cents détenus : trois cents malades ou mourants... le travail des Kommandos use rapidement.

« Je note tout d'abord la fréquence des maladies de la peau et du tissu cellulaire sous-cutané. Il ne peut en être autrement, étant donné les conditions d'hygiène où vivent les prisonniers. »

Le linge évidemment n'est jamais changé ; les cellules n'ont pas d'éclairage et l'on imagine facilement la bousculade au seul robinet, lorsque de temps en temps l'eau coule. Le savon est inconnu. Un jour, cependant, les SS décident de « rendre » propres ces « sales » malades :

« Tous les hospitalisés du Revier doivent passer à la douche, même les grands malades, et ceux qui font mine de résister ou tardent trop sont sévèrement matraqués. Nous obtenons à grand-peine que les mourants n'y soient pas portés. Quant aux autres, ils doivent se déshabiller dans leur cellule, parcourir les couloirs dans une nudité complète, stationner longtemps à la porte, dans la rotonde non chauffée et remonter se rhabiller, grelottant de froid, le corps ruisselant. Chaque fois il y avait des morts au ''Waschraum'', à la rotonde ou dans les escaliers, et d'autres mouraient le soir ou le lendemain. Il était trop tard pour s'occuper de la propreté et il eût mieux valu laisser les malheureux mourir dans leur crasse plutôt que de leur infliger ce dernier supplice. Mais qu'importe ! Les Allemands étaient très fiers de cette parodie d'hygiène. »

La journée des médecins est toujours bien remplie, dès le lever :

« Il faut ouvrir la salle de pansements pour y recevoir de grands malades ou de petits blessés. Puis, quand on appelle les premiers groupes pour le départ au travail, nous descendons à la rotonde [1], au rez-de-chaussée, pour examiner éventuellement ceux qui se disent malades, incapables de travailler et décider, s'il y a lieu, leur admission

---

1. La prison centrale de Hambourg se compose de quatre ailes, chacune ayant un rez-de-chaussée et trois étages d'une trentaine de cellules. Ces quatre bâtiments sont disposés en éventail et aboutissent à la même rotonde qui les commande tous. Là, sur un balcon, veille une sentinelle dont la mitraillette peut prendre en enfilade tous les couloirs de tous les étages des quatre ailes. (Paul Lohéac, ouvrage cité.)

à l'infirmerie. Quand tout le monde est parti, commence la visite des hospitalisés. Casse s'occupe de la grande salle, d'un groupe de cellules, des soins aux Kapos et aux Allemands. Je suis chargé de la salle de pansements où la matinée se passe, aidé de Wassili, au soin des plaies et au débridement des phlegmons. Dans l'après-midi, je vais voir tous les malades en cellule. Vers 17 heures, on sert la soupe puis le casse-croûte, seul moment de détente. Aussitôt, c'est le retour des Kommandos et nous sommes là pour accueillir les morts et les mourants. Enfin, quand le repas a été servi aux travailleurs, s'ouvre la consultation externe : réfection des pansements, examen des malades, admission au Revier. Elle dure au moins jusqu'à 21 heures et nous pouvons alors regagner notre paillasse pour la nuit. »

Mais Paul Lohéac est avant tout chirurgien :

« Mon outillage chirurgical est réduit à un bistouri, des ciseaux et quelques pinces. Quand une opération est jugée nécessaire, il faut avoir recours à la Spaldingstrasse [1] où Couineau a emporté les quelques instruments dont il disposait. Une fois, il vient lui-même pratiquer l'intervention ; ensuite il me fait parvenir le matériel, qui lui est renvoyé après usage. La stérilisation se fait uniquement par ébullition dans une gamelle. Il n'y a pas de gants, pas de champs opératoires et quelques rares compresses que l'on fait bouillir aussi ; la salle d'opération est le local même où, à longueur de journée, nous soignons anthrax et phlegmons. On voit ainsi combien pouvait être limitée mon activité chirurgicale. J'ai néanmoins opéré quelques péritonites, me contentant d'ailleurs de drainer le douglas, car l'expérience m'avait rapidement montré l'absence de toute lésion viscérale. Il s'agissait de péritonites pures, aboutissement ou épiphénomène des suppurations multiples observées chez nos malades. Aucun n'a guéri et pourtant j'ai cru, pendant un certain temps, pouvoir sauver un jeune Belge nommé Drapier, dont la péritonite évoluant lentement, avait petit à petit constitué un volumineux abcès du douglas que j'ouvris finalement par voie rectale. Ressuscité, si l'on peut dire, par cette intervention, mon opéré se met à manger aussitôt avec voracité et le Kapo Fritz, pris de pitié, lui apporte des suppléments pour le remonter ; erreur fatale, car en quelques jours cette réalimentation brusque provoque une reprise brutale de la péritonite, entraînant rapidement la mort.

« Chaque fois que je devais faire une opération, les autorités de la prison venaient y assister, en particulier le SS Lorenz, les Kapos August et Fritz. Celui-ci s'intéressait beaucoup à la chirurgie. Il y avait, je crois, dans cet intérêt, un peu de curiosité malsaine. »

1. Autre Kommando de Hambourg.

*
* *

Paul Lohéac, nous l'avons vu, a reçu ses instruments chirurgicaux des mains du docteur Couineau, ancien sous-secrétaire d'État à la Santé publique. Relégué dans un groupe de terrassiers, il entendit un soir deux SS crier :

— Nous avons besoin d'un bon chirurgien.

— Moi, bon chirurgien — oui.

— Suivez-nous.

Les deux SS accompagnent le chirurgien au Revier, le font manger, le douchent, lui apportent des vêtements neufs et de confortables souliers.

— Venez, maintenant.

Tous trois montent en voiture. Ils franchissent les barbelés d'un petit camp.

— C'est une femme qui a été blessée. Ici c'est un camp de femmes.

La blessée est une Kapo. Sa main, coincée dans un engrenage, est horriblement broyée.

— Il faudra amputer trois doigts.

— Vous pouvez opérer ?

— Oui.

— Très bien, on vous a préparé tous les instruments.

Le docteur Couineau eut l'impression que la gardienne était la maîtresse de l'un des deux SS. Pour lui, cette intervention était facile... mais il savait que sa vie dépendait du résultat de l'opération.

— Nous avons même de la cocaïne.

Tout se passa bien. Elle se réveilla en remerciant le chirurgien :

— Je n'ai rien senti.

Les SS, enthousiasmés, jurent alors que le « professeur » ne peut pas continuer à travailler comme les autres déportés. Ils vont s'occuper de lui.

Ils tinrent parole. La semaine suivante, Couineau devenait effectivement chirurgien de plusieurs Kommandos.

*
* *

Paul Lohéac se retrouve à Spaldingstrasse dans l'immeuble détruit qui « abrite » le Kommando central et principal de Hambourg.

« Les déportés sont répartis en six Blocks de trois cents en moyenne, vastes salles où les prisonniers, partis le matin au travail ne rentrent que le soir... Le Revier compte six cents malades, soit plus d'un tiers de l'effectif total. Le nombre des morts est énorme et a dépassé trois cents en décembre. »

Décor sinistre habituel, dont s'évadent parfois les médecins pour soigner des déportés dans d'autres chantiers de la ville ou bien dans la rue, sur les lieux d'un accident :

« Premier mars 1945... Une violente tempête sévit ce jour-là et, par malheur, un énorme pan de mur de six étages, ruine banale dans la ville de Hambourg, s'écroule sur un tramway et sa remorque, remplis de déportées revenant du travail. »

Les premiers sauveteurs retirent des véhicules « aplatis » et « laminés » seize cadavres et soixante-quatorze blessées. Dans le Revier du camp des femmes se retrouvent tous les médecins du détachement de Paul Lohéac.

« Les blessures se divisent en deux groupes : les lésions de la tête et les fractures multiples. Les tôles du tramway ont provoqué un grand nombre de scalps et de plaies de la face, parfois très étendues, partant de la tempe, sectionnant le nez, les lèvres et aboutissant au cou. Les blessures sont très impressionnantes à voir et, devant ces malheureuses ainsi défigurées, les SS hommes et femmes paraissent émus d'une certaine pitié. Après nettoyage, je couds les plaies avec une aiguille de couturière et du fil à coudre. Les Allemands, devant le résultat esthétique immédiat très brillant, s'extasient et louent béatement l'excellence de la chirurgie française... »

Les résultats définitifs, comparables à ceux obtenus de nos jours dans les « cliniques de beauté », sont étonnants si l'on considère les « circonstances » des opérations et le « matériel » employé pour les sutures.

« Les lésions osseuses posent d'autres problèmes : l'absence de plâtre oblige à se contenter d'appareillages provisoires, d'attelles de fortune. »

Les jours suivants les médecins obtiennent du plâtre, mais une quinzaine de déportées, trop sévèrement touchées, succombent... toutes les autres sont sauvées.

« On me donne du « Herr Professor » long comme le bras... »

Et Paul Lohéac retrouve le Revier de son Kommando de la Spaldingstrasse :

« Il me faut faire de la grande chirurgie le jour où un Russe affamé, sorti du rang pour ramasser un rutabaga, reçut du gardien discipliné un coup de fusil vengeur. On me l'amène alors tout sanglant. La balle, à bout portant, entrée par la fesse et sortie par le ventre, a causé des dégâts énormes aux organes abdominaux. L'intestin, qui sort par la plaie béante, présente de multiples déchirures et l'inventaire de la cavité péritonéale réserve d'autres surprises. »

Pendant des heures, patiemment, méticuleusement, Paul Lohéac réparera les dégâts, à mains nues, avec une simple aiguille de couturière et du fil à coudre. Le déporté succombera sur la table, de « Schock » et non de péritonite.

* * *

Avec l'hiver apparaissent de bien étranges malades, les « refroidis ». Ils ne peuvent ni se réchauffer, ni se réveiller. Ils sont en hibernation :

« Des camarades les portent jusqu'à la salle de pansements... Sur le banc où ils sont assis, ils ne s'effondrent pas mais se tiennent raides et compassés, immobiles et absents. Pas un mouvement ne venant révéler l'existence de la vie chez ces êtres statufiés. Les mains reposent, inertes et figées, sur les cuisses. Le visage est calme et sculptural, sans le moindre jeu de physionomie, sans la plus petite contraction musculaire dans une région habituellement si changeante ; pas un clignement des paupières ne vient recouvrir des yeux fixes, qui paraissent exorbités... On peut les observer cinq, ou même dix minutes, sans voir un mouvement, une seule manifestation de la vie ; et pourtant ils sont vivants, car de temps en temps, une lente, très lente contraction des paupières, un très léger mouvement des doigts indiquent un reste de vie dans ces statues humaines. Nous voyons parfois certains d'entre eux, après une demi-heure de séjour dans notre salle chauffée, se ranimer légèrement, chercher dans leur poche, avec des gestes d'une lenteur excessive, d'abord une cigarette, puis des allumettes, et y mettre le feu avec beaucoup de difficulté. La tête reste fixe et le regard figé. L'ensemble de l'action, au lieu de quelques secondes, demande cinq minutes au moins. Ils tirent une ou deux bouffées au plus, car la cigarette se consume presque entièrement dans les longs intervalles, et pour finir ils se brûlent les doigts sans paraître s'en apercevoir. L'observation attentive de ces malades révèle, avec un refroidissement accentué et généralisé du corps, une respiration extrêmement ralentie et de faible amplitude. Le pouls est calme et assez bien frappé, mais d'une lenteur impressionnante...

« Quand nous interrogeons ces malades, leur demandant les renseignements nécessaires pour leur entrée au Revier, leur nom, âge, nationalité, numéro matricule : aucune de ces questions ne reçoit de réponse. Si nous avons la patience de persister dans notre observation, nous les entendons soudain, d'une voix basse et monotone, énoncer lentement leur nom, réponse à la première question. À cinq ou dix minutes d'intervalle arriveront ainsi toutes les réponses à nos demandes dans l'ordre même où elles ont été posées. Ils ont donc entendu et compris ; l'intelligence est intacte ; la pensée chemine seulement avec la même lenteur que l'influx dans leurs nerfs et le sang dans leurs vaisseaux, mais sans interférences et sans brouillage.

« Le déporté qui présente ce syndrome est irrémédiablement perdu, et succombe dans la nuit même ou le lendemain après une phase de coma complet. »

* * *

Les derniers jours... Les forteresses volantes s'acharnent sur Hambourg. Les ruines coulent dans les égouts. L'espoir. La peur aussi. Les SS éparpillent leurs archives dans des foyers qu'ils allument eux-mêmes. Les flammes dévorent les dossiers des infirmeries, tandis que le personnel « supérieur » sous les yeux des déportés et des malades affamés, se bourre, se gonfle, se gave des colis de la Croix-Rouge danoise. Avec les réfugiés des camps de l'Est : Auschwitz et Sachsenhausen, arrive le typhus. Il frappe sans distinction, s'acharnant tout particulièrement sur ces « trompe-la-mort » que sont les médecins et les infirmiers. Lohéac n'y échappe pas ; il subira l'évacuation du camp abruti de fièvre : 40°6 avant de découvrir les barbelés de Sand-Bostel.

XX

PROTECTION « SPÉCIALE »

Von Eiken releva la tête :

— Oui, j'ai bien connu votre père.

Jacques Sourdille avait entrepris ce voyage de Stockholm uniquement pour rencontrer le célèbre professeur allemand, pour le remercier surtout ; et, en ce jour, trois ans après la fin de la Seconde Guerre mondiale, il sentait que son « protecteur » refusait les remerciements. C'était la première fois, depuis l'écrasement du Reich, que Von Eiken quittait Berlin pour assister à un congrès international d'oto-rhino-laryngologie.

— Je suis venu spécialement à cette réunion pour vous remercier. Sans votre intervention, je serais mort...

Le professeur ne le laissa pas terminer :

— Ce n'est rien. Ce n'était rien. N'en parlons plus

— Mais je voudrais...

— N'en parlons plus, s'il vous plaît. Vous m'excusez. À tout à l'heure, j'espère.

Jacques Sourdille ne devait jamais revoir l'ancien médecin d'Hitler, le médecin d'avant la guerre, celui qui, en 1935, avait opéré le futur « maître du monde » d'une tumeur à la gorge [1].

* * *

Jacques Sourdille avait été arrêté au mois de mai 1944 pour résistance. Étudiant en médecine, il venait d'avoir 21 ans. Dans ce Kommando de

---

1. Au procès de Nuremberg plusieurs accusés ont affirmé qu'après cette opération, Hitler avait conçu le projet des expérimentations humaines (voir *Les Médecins maudits*). Le témoignage de Jacques Sourdille, recueilli le 20 février 1968, est inédit.

Hambourg, dont la moitié de l'effectif mourait chaque mois, combien de temps tiendrait-il ? À moins... Oui, c'était ça ! Il devait faire parvenir une lettre à la faculté de médecine de Berlin. Le professeur Von Eiken, qui avait bien connu son père, pourrait sans doute intervenir. Il termina sa lettre en demandant au destinataire de prévenir la Croix-Rouge internationale. Un STO, qu'il rencontrait parfois sur le chantier, accepta de poster l'enveloppe. Six semaines passèrent. L'étudiant en médecine reprit la plume :

« Dépêchez-vous, il n'y en a plus pour longtemps, car nous mourons tous... »

Un matin il est appelé :

— La Gestapo vient vous interroger.

Le civil est antipathique, mais il se force à sourire.

— Vous êtes bien le fils de Maurice Sourdille...

Long interrogatoire, minutieux mais « correct » : l'enquêteur donne du « Monsieur — s'il vous plaît — merci. » Il tourne dans ses doigts la première lettre écrite par le déporté. Jacques Sourdille comprend soudain que la Gestapo a cédé, qu'elle acceptera peut-être un échange... Ce fonctionnaire, ce militant, ce maître à penser, au cours de l'interrogatoire s'est peu à peu transformé en brave commissaire de police. C'est lui qui a parlé de l'intervention suédoise... Un échange ? Non, ce n'est pas possible ! Une certaine tradition familiale, le dégoût et la sensation d'une sorte d'impunité provisoire, le pousseront à répondre, lorsque l'agent de la Gestapo lui demandera enfin :

— Monsieur Sourdille, que voulez-vous de nous ?

— Je ne vous réclame pas la liberté, alors que je crois comprendre que vous avez le pouvoir de me la donner. Ici, beaucoup d'hommes meurent parce qu'il n'y a pas assez de personnel pour les soigner. Je suis étudiant en médecine. Je voudrais travailler au Revier.

— Mais bien sûr, monsieur.

L'Allemand ne manqua certainement pas de penser : « Pauvre idiot. »

Et Jacques Sourdille devint infirmier au Revier du Kommando... « Mousse » de l'infirmerie, chargé de nettoyer à longueur de journée les revêtements de sol. Il subtilisa d'abord des médicaments qu'il fit passer aux déportés occidentaux « privés » de soins et réussit enfin à entrouvrir les portes du Revier à ces déportés méprisés par les seigneurs du camp. C'était sa seconde grande victoire. La première, est-il nécessaire de le souligner, il l'avait remportée sur lui-même... à 21 ans.

XXI

MUTILATION VOLONTAIRE

— Regardez, l'usine flambe !

— Au but !

Le dimanche 14 janvier 1945, les usines Hermann Gœring de Wattenstedt sont rasées par l'aviation britannique.

— Ils ont bien choisi leur jour : un dimanche, personne ne travaillait.

— La belle vie pour nous. Plus d'obus à fabriquer.

Les déportés s'embrassent, rient, se félicitent. Un sujet de Sa Gracieuse Majesté est porté en triomphe.

Tous ces hommes, soumis jusqu'alors au régime traditionnel du travail concentrationnaire, malgré la fatigue, la faim, les exactions, étaient privilégiés. Ils avaient la chance de s'échiner dans des ateliers chauffés et, aujourd'hui, tout changeait, les SS voulaient déblayer et reconstruire l'usine :

« Debout [1] entre 3 et 4 heures du matin, chassés des baraquements et réunis sur la place d'appel, nous attendions sous la pluie et la neige que les SS nous prennent en charge pour nous conduire au travail, vers 6 heures environ. Agglutinés l'un à l'autre afin d'avoir un peu de chaleur, dos à dos, tête baissée, la pluie coulait le long de nos échines, se divisait à la ceinture pour ressortir au bas de l'une ou l'autre jambe. Ensuite, jusqu'à la nuit, c'était le travail sous les coups, dans la boue glacée, avec une interruption d'une demi-heure pour avaler une soupe d'eau et de rutabagas. À ce régime, la dysenterie fit des ravages considérables ; en général c'était la mort, faute de soins.

« Aussi quelle ne fut pas ma terreur lorsque, un matin, je me rendis compte que l'eau dégoulinant au bas de mon pantalon était accompagnée

1. Manuscrit inédit de René Gaffuri.

de mes excréments. Un camarade me dit que j'avais des chances de m'en tirer si j'étais admis au Revier à condition d'être blessé, car les "chiasseux" étaient trop nombreux. Je pris la détermination de me faire sauter le gros orteil gauche. Le soir même, presque à la fin du travail, je pris une tôle épaisse, je visai, et la laissai retomber de tout son poids sur mon orteil. Malheureusement, il ne s'est pas détaché et tenait par des lambeaux de chair. Je fis une ligature à la cheville avec du fil téléphonique, et, soutenu par des camarades, je rentrai au camp à pied avec le convoi. Dès mon arrivée, je me présentai au Revier où une queue interminable de malades attendait. Lorsque vint mon tour, je me présentai au SS qui remplissait les fonctions "d'hôtesse d'accueil". À la simple vue de ma blessure, d'une gifle et d'un coup de pied au derrière, je fus mis à la porte. Je repartis au travail le lendemain et me représentai au Revier le soir avec la jambe considérablement enflée. J'avais énormément souffert de ma blessure, mon orteil se coinçant dans ma claquette. Après m'avoir examiné, le SS m'applique une nouvelle gifle en gueulant : "sabotage !" ; j'ai appris par la suite que je n'étais pas le premier se présentant avec une blessure similaire. J'encaissai en silence et je fus admis. Je me souviens d'une pièce avec une table, et dans un coin une jambe fraîchement coupée. Un détenu chirurgien [1], portant un tablier en caoutchouc rouge, me fit allonger sur la table, disparut un moment, ce que mit à profit un infirmier espagnol pour me tendre un mégot. J'aspirai quelques bouffées ce qui, dans mon état de faiblesse, eut la propriété de me mettre dans un état d'euphorie, si je puis dire ! J'ai vu le chirurgien s'approcher, j'étais sans doute inconscient, car lorsque je revins à moi, j'étais au côté d'autres camarades, mon moignon recouvert d'une pommade noire et d'une bande de papier. Les infirmiers ont stoppé ma dysenterie avec quelques pastilles. De l'extérieur des camarades m'ont passé du charbon de bois que je mâchais à longueur de journée. »

1. Il s'agit du déporté polonais Moritz, médecin-chef du Revier.

XXII

SAND-BOSTEL

Himmler, après avoir visité les chantiers des Kommandos de Neuengamme, décide de libérer des places dans les différents Reviers. Les « musulmans » et grands blessés sont ramenés vers le camp-mère qui ne peut tous les accueillir. Que faire ? Le 8 avril 1945, quatre mille malades sont choisis pour être évacués sur le « sanatorium » de Bergen-Belsen.

Le professeur Florence rencontre le pharmacien Henri Joannon :

— C'est la mort certaine avant la fin du voyage. Rappelez-vous ce que je vous ai dit des camps de repos. Je ne donne pas cher de votre vie.

Un autre déporté s'approche :

— L'ordre a été donné de détruire les papiers des partants : nous sommes tous condamnés à mort.

Fortier, un Breton, se laisse tomber à genoux :

— Je sais, je sais mon Dieu que tu ne vas pas permettre. Notre croix a été déjà trop lourde...

— Embarquement !

Cent par wagon. Enchevêtrement indescriptible de corps torturés... les plaintes, les cris, les aboiements d'agonie.

Dimanche : on roule.

Lundi : plus d'eau. Dans la nuit, le train stoppe à quelques kilomètres de Bergen. Un SS crie :

— Les Anglais ont libéré Bergen !

Un sous-officier lui ordonne de se taire.

Mardi : Henri Joannon s'approche d'un wagon :

« Il y a de nombreux morts. Parmi eux, plusieurs ''Geschossene'', des fusillés. Sous quel prétexte ? Je ne sais. Mais ils ont été tués à bout portant. Tous ont la tête éclatée, car c'est toujours elle qui est visée. Tous aussi ont une main, quelquefois les deux, complètement déchiquetée : réaction instinctive de tous ces malheureux qui, au moment de mourir, mettent la main devant la figure comme si ce geste pouvait les protéger contre la balle. Ils sont là, morts de maladie ou fusillés, au milieu de leurs camarades. Ces derniers sont insensibles au sang ou aux déjections qui souillent le wagon. Ils ne songent qu'à boire. Les plus solides d'entre eux se sont disputé le morceau de pain, de margarine, les menus objets et jusqu'aux habits des morts. »

Mercredi : attente. Cornu, Marot, Joannon, un Hollandais, deux Belges, peuvent remplir quelques gamelles à la locomotive. Le mécanicien arrête l'écoulement dès qu'un récipient est pein. Et il attend l'arrivée d'un autre médecin pour poursuivre la vidange. Lui, ce mécanicien inconnu, oublié, comprend la détresse des mourants. Dans l'après-midi, au milieu des pins, un détachement allemand creuse une fosse. Deux cents cadavres. Morts perdus à jamais, enfouis quelque part le long de la voie de chemin de fer.

Jeudi matin : en route pour Oranienburg. Le train fou roule jusqu'à midi. Arrêt.

— Oranienburg est menacé. Demi-tour !

Des morts. Des morts, des morts.

Vendredi : huitième jour de jeûne. Nouvelle fosse commune.

Samedi : départ. Un soldat dit :

— C'est à Sand-Bostel que vous allez et là vous attendrez les Américains.

Personne ne le croit. Personne ne sourit. Des morts. Des morts, des morts.

Dans le wagon du docteur Garrigou, d'Aurillac, deux Russes arrachent des planches, sautent du train, disparaissent. Un gardien demande :

— Baissez-vous que je voie où est le trou.

Ils se baissent.

— Relevez-vous !

Ils se relèvent.

Le SS tire en direction du trou. Recharge. Tire... Cinq morts, deux blessés. Le Belge est le plus sérieusement atteint : le bras droit déchiqueté au-dessus du coude. Henri Joannon le soigne :

« Nous lui avons fait une attelle avec des morceaux de bois ramassés le long de la voie et un pansement avec du papier.

« Vers[1] 2 heures du soir, le train s'arrêta à proximité d'une petite gare de campagne. Je suis averti, toujours par les soldats de mon wagon,

1. Henri Joannon, *Remember*. Le docteur Clément Marot m'a fait le même récit (manuscrit inédit).

que Sand-Bostel est un camp de prisonniers de guerre, situé à environ huit kilomètres. Il y a toute une partie de ce camp qui est inoccupée. C'est là que nous allons échouer. Comme seuls quelques-uns d'entre nous sont capables de faire le chemin à pied, les autres y seront amenés dans les wagonnets d'un Decauville conduit par les prisonniers. Et alors se déroule la scène la plus atroce et aussi la plus inattendue de toute notre captivité, pourtant fertile en émotions. On a ouvert les wagons pour faire descendre nos camarades. Et c'est un effrayant spectacle de gens à demi nus, maculés de sang et d'immondices de toutes sortes, un défilé de spectres aux yeux hagards, qui se présente à nos gardiens. Tous ces gens marchent avec peine. Quelques civils qui sont là se détournent. Et pourtant ceci n'est encore rien. Il y a dans les wagons ceux qui ne peuvent plus marcher du tout et que nous descendons. Et surtout il y a les morts. Il y en a à peu près sept cents que des équipes, commandées à cet effet, jettent pêle-mêle sur le ballast. Tous ces corps sont nus. Et je ne suis pas prêt d'oublier ces amoncellements de cadavres, de corps décharnés, restés figés dans les poses invraisemblables de leurs dernières convulsions. Tous abominablement maculés. Toutes ces figures aux yeux et à la bouche grands ouverts et figés dans un rictus d'épouvante. Non, je ne peux oublier les tombereaux qui passent et dans lesquels des Slaves, sous l'étroite surveillance des SS, jettent tous ces cadavres qu'on mène à la fosse commune. Tous ces cadavres ? Pas rien que cela. Avec mon ami Brickman — mort du typhus un mois après — un médecin hollandais, nous suivions tous ces morts, pour tâcher de reconnaître quelqu'un. Et voici que de ces charrettes lugubres nous retirons un, puis deux, puis trois et quatre malheureux qui n'ont pas fini de mourir. On allait les enterrer vivants. Tout ce que nous pouvons faire, c'est les porter au milieu de la cour de la gare, sur un peu de paille où, dans cette soirée finissante, où tout renaît, où nous-mêmes revenons à l'espérance, ils vont terminer leur agonie.

« Quant aux autres, à ceux qui tiennent encore, à tous ces blessés, à tous ces malades, à tous ces moribonds, leur sort a été fixé. *''Los''*, vite, dans les wagonnets Decauville. Ces wagonnets, faits pour contenir du sable, sont de forme triangulaire, la forme d'une tente renversée, de façon à pouvoir être basculés plus facilement. C'est là qu'on va entasser tous ces rescapés dont la mort n'a pas voulu. Les premiers qu'on y jette, incapables de se tenir debout, glissent au fond. *''Egal''*. On charge les autres par-dessus, sans faire attention aux blessures. Je me souviens d'un homme qui avait une jambe cassée ; nous l'avions arrangée comme nous avions pu. Les SS passent après nous : le wagon peut encore tenir du monde. Et sur ce malheureux qui glisse, on charge, on empile sans souci de la douleur. De telle sorte qu'une fois complets, ces wagons donnent le spectacle d'un amoncellement de corps d'où émergent çà et là des pieds, des bras, une tête. C'est dans cet appareil que le train va rouler jusqu'au camp ! Là, pour le décharger, on basculera les wagonnets et, sur le sable où ils seront jetés, des hommes incapables de bouger attendront que nous venions les relever, des hommes mourront. »

Le docteur Clément Marot est ainsi « débarqué » sans ménagement. Les médecins se regroupent :

Là, cette baraque ?

— Elle est vide.

— Faisons le tour du camp pour voir si on peut trouver des lits, des bancs.

Le long des barbelés, les prisonniers de guerre qui occupent une partie isolée de Sand-Bostel s'agglutinent.

— Vous venez d'où ?

— Les salauds ! Tous ces morts. Dans quel état vous êtes !

— On leur fera payer.

— Les Toulousains, vous voulez du lait concentré ?

— Les Parisiens, par ici.

— Les Marseillais...

Chacun se retrouve. Pleure. Attrape au vol des conserves, du pain, du chocolat.

— Les médecins ? Allez chercher les toubibs, on a quelques remèdes.

Bagarres pour les « friandises », bagarres pour les médicaments. Toutes les nationalités se lancent à l'assaut des « trésors » français. Certains tuent pour dépouiller.

Marot, Cornu, assistés du pharmacien Joannon et du professeur Prenant opèrent sur un banc leur premier client : le Belge au bras déchiqueté.

« Il s'appelait Gilboux. Il avait fait l'admiration de tous, SS compris. Jamais il ne s'était plaint. On m'avait bien donné quelques médicaments, un peu de désinfectant, mais rien pour tailler, pour scier... et je devais obligatoirement l'amputer afin d'éviter une infection ascendante. »

Clément Marot sort de sa poche une vieille lame de rasoir, un peu ébréchée. Il la fixe sur une planchette :

— C'est une Gillette. Elle tiendra le coup. Ça va faire mal. On n'a pas d'anesthésique.

— Allez-y, docteur. J'ai confiance en vous.

— Prêt ?

La lame pénètre dans la chair... Pour ligaturer, des bouts de ficelle, trouvés dans un coin du Block et trempés dans le Rivanol.

Quatre jours plus tard, les prisonniers de guerre lançaient par-dessus les barbelés une scie à amputation. Clément Marot régularisa le « travail ». Gilboux était sauvé. L'équipe chirurgicale française devait réussir vingt-quatre amputations à Sand-Bostel et des centaines de « sauvetages » difficiles.

D'autres convois arrivaient. D'autres morts, d'autres malades, d'autres « exécutés », d'autres médecins aussi, comme Paul Lohéac.

« Cette nuit du 18 au 19 avril 1945 restera dans ma mémoire comme une nuit d'épouvante, à laquelle je ne puis songer sans un frisson d'horreur, et je me demande encore par quel miracle nous ne sommes pas morts de la main des Russes dans ce Block des étrangleurs.

« Un Kapo nous pousse vers une porte entrouverte. Les coups de matraque précipitent dans l'étroite ouverture le flot tumultueux des impétrants, qui jouent du coude avec vigueur. Déjà meurtris dans la bagarre, nous progressons avec peine le long du couloir, où l'obscurité totale ne permet pas de deviner ses voisins. Pas à pas nous avançons, avec l'idée simpliste de trouver des paillasses pour étendre un peu nos membres rompus et nos corps courbaturés. Par-derrière, la poussée s'accentue. La compression devient extrême, car il est impossible d'aller plus loin. Les portes se referment avec un bruit de verrou qui supprime toute idée de fuite. D'ailleurs, l'entassement est si grand que tout mouvement en avant ou en arrière est interdit par la force des choses. Nos yeux, maintenant habitués à l'obscurité, commencent à distinguer vaguement l'architecture intérieure de la baraque. Du couloir où nous sommes, une porte ouverte donne accès à une grande salle, où de nombreux occupants, assis par terre, serrés les uns contre les autres en rangs compacts, ont pris leurs dispositions pour la nuit. Il faut se résigner à l'évidence ; le Block est nu et ne comporte aucun lit. Le surpeuplement est si complet qu'il est impossible de s'étendre sur le plancher. Il n'est même pas question d'entrer dans la grande salle où toutes les places disponibles sont déjà prises. Dans le couloir où l'équilibre en position verticale est compromis par le minime espace réservé aux pieds, on ne peut même pas songer à s'asseoir. La tête me tourne, de fatigue et de fièvre, et je tomberais si mes épaules n'étaient calées par celles de mes voisins... »

« Bientôt des remous se produisent, des conversations s'engagent à droite et à gauche et les compères se rejoignent en nous bousculant brutalement. Interpelés en russe, nous ne pouvons répondre dans la même langue... Il faut bien finir par l'aveu fatal : « Franzouse. » Alors, c'est la ruée. Bousculés, renversés, sans même pouvoir tomber à terre où il n'y a pas de place disponible, nous sommes aux mains de deux ou trois forts gaillards qui maintiennent nos bras et nous recouvrent la tête d'un veston pour étouffer les cris. Mon bagage est arraché sans peine à mes mains crispées mais sans force et déjà les voleurs se battent pour la possession du pain mis en réserve par la diète forcée imposée par la fièvre. Des mains fureteuses tâtent mon corps avec une hâte fébrile et dérobent en un instant le contenu des poches, y compris le chapelet, laissant simplement le thermomètre dont la valeur marchande au camp, pour les Russes, doit être nulle. Mais le morceau de pain qui reste encore dans mon veston est l'enjeu d'une lutte sévère, et les deux mains concurrentes, pour arriver premières à la conquête du précieux butin, déchirent la poche en un éclair. Ils m'abandonnent alors pantelant, haletant, hagard, mais heureux d'être encore vivant. »

Cette nuit hallucinante ne fait que commencer pour Lohéac et ses amis.

« Des cris étouffés, des appels au secours amortis sous les bâillons laissent deviner, de tous côtés, des scènes semblables où les agresseurs sont toujours des Russes et les victimes des Français. Bientôt la bagarre change de ton, et des exclamations s'élèvent en Slave cette fois, répondant aux coups sourds martelés. Les voleurs se battent entre eux désormais avec une rage décuplée par la convoitise et, dans la nuit profonde, des râles se prolongent, sinistres, avec des respirations de plus en plus difficiles, sous la main des étrangleurs. Un remous violent me fait tomber. Je me trouve non point à terre, mais sur les jambes étendues d'un groupe qui a réussi à s'asseoir, le dos à la cloison. Impossible de me relever, car deux ou trois autres sont tombés sur moi, m'écrasant de leur poids. »

Les Russes s'énervent, hurlent, repoussent Lohéac en le bourrant de coups de poing :

« Jamais de ma vie je n'ai reçu une telle rossée. Le moindre geste de défense me serait fatal. La voix plaintive de Moreau s'élève soudain, m'appelant à l'aide, et un rayon de lune me permet de l'apercevoir un instant, encore sous quelques Russes assis sur lui. Comment pourrais-je aller à son secours quand je suis moi-même en si mauvaise posture ? Mes bourreaux frappent toujours, plus mollement semble-t-il, car ils se fatiguent. Je cherche en vain le moyen de fuir et ma main gauche libérée à grand-peine tâte les alentours : un corps étendu contre moi, du côté opposé aux boxeurs, me paraît froid et immobile. Je repère sa main dont le pouls est absent ; aucun doute, c'est un mort. Le malheureux m'accueillera plus volontiers que les vivants et, par des mouvements lents de reptation, j'arrive à me dégager petit à petit. Quand je m'assieds sur la poitrine du mort, mon poids vide son thorax en un râle prolongé, dont la résonance sinistre me fait frissonner. Je m'étends sur lui, certain désormais qu'il ne dira plus rien. En ce moment d'accalmie, l'assoupissement me gagne car je suis au septième jour d'évolution du typhus. Le besoin normal de sommeil, après la fatigue des vingt-quatre heures précédentes, est accru de la symptomatologie propre à la maladie, dont la somnolence est la caractéristique. À aucun prix pourtant je ne veux dormir pour parer aux dangers d'une nouvelle attaque...

« L'accalmie est de courte durée ; de nouveaux remous m'obligent petit à petit à quitter le mort dont l'hospitalité fraternelle m'a reposé un instant. J'arrive alors sur un autre groupe ; ceux-là sont mourants, et leur respiration difficile est encore aggravée par mon poids. Leurs râles étouffés montent vers moi comme un reproche et pourtant je ne puis bouger dans cet enchevêtrement de corps où l'obscurité ne permet pas de se reconnaître. Qu'ils me pardonnent cette bien involontaire aggravation de leurs souffrances ! Une main s'abat soudain sur moi et m'étouffe à mon tour. Un examen rapide à tâtons me permet de reconnaître un mort qui vient de perdre l'équilibre. Pour me dégager, rassemblant mes dernières forces, je relance le cadavre d'un autre côté, sans m'inquiéter de savoir s'il sera mieux accueilli ailleurs. Mes jambes, immobilisées par deux hommes étendus sur elles, deviennent douloureuses. Les heures s'écoulent avec une lenteur interminable, mais les Russes s'agitent toujours et marchent sans aucune précaution sur nos corps. D'une main je protège mon visage contre leurs gros souliers ; l'autre sur mon ventre m'aide à supporter leur poids brutal. Des cris, des bagarres, des râles marquent jusqu'à la fin l'angoissante atmosphère de cette nuit d'horreur et je salue comme une victoire les premières lueurs de l'aube qui annoncent la fin prochaine du combat et me permettent de contrôler l'exactitude de toutes les déductions faites dans l'obscurité.

« Quand la porte s'ouvre enfin, permettant l'évacuation de la baraque, je me dirige vers la sortie, hagard et titubant. L'équipe de nettoyage est déjà au travail et le ''Tod Kommando'' ne chôme pas. Deux hommes saisissent les morts par les poignets, les traînent à toute vitesse dans le couloir et les entassent au-dehors... Des cadavres au nombre d'une trentaine s'accumulent progressivement, bilan de la nuit tragique, mais j'ai la joie de retrouver vivants de bons camarades dont le sort m'inquiétait au plus haut point. Leurs mines sont terreuses ; chacun a eu sa part d'angoisse et a cru sa dernière heure arrivée. Qu'importe désormais, puisque tout le monde est là. »

* * *

Oui, qu'importent les jours qui vont passer dans ce « charnier de

Sand-Bostel » ! La fièvre anéantit les réflexes, la volonté et, pour Paul Lohéac et ses amis typhiques, les heures vont couler dans une dernière inconscience alors que tout à côté, là-dehors, devant la porte, si loin... des déportés affamés s'acharnent sur les cadavres de la nuit, couteau au poing, dévorant à pleines dents : foie, cœur, reins et empochent un petit « rab » de fesse qu'ils revendront ou mastiqueront le soir. Salive et sang. Mort pour vie.

D'autres, poitrine nue, bouche sèche, tremblants mais déterminés, donnent l'assaut aux réserves de vivres des SS. Les mitrailleuses s'époumonent. Trois cents morts. D'autres foies, d'autres cœurs, d'autres reins...

Enfin, ils sont partis. Les SS sont partis. Partis. Enfin ! La Wehrmacht laisse les prisonniers de guerre du Stalag voisin s'occuper des déportés. C'est à eux que Paul Lohéac et les déportés de Sand-Bostel devront la guérison, la vie, la liberté.

XXIII

LA PARENTHÈSE DE WITTLICH

Le long de la route de Trêves, un mur blanc, sinueux, haut, n'arrive pas à dissimuler les lourds bâtiments de la prison de Wittlich.

Les différentes divisions pénitentiaires accueillaient pendant la Seconde Guerre mondiale les détenus venus d'autres maisons d'arrêt ou de camps de concentration pour être jugés et condamnés. En principe, ils ne devaient attendre que quelques jours... avant de connaître le couperet ou la chambre à gaz. Mais les dossiers s'empilaient dans les greffes des tribunaux et les « affaires » patientaient plusieurs mois, parfois deux ans.

Wittlich, où les docteurs Normand et Chauvenet exercèrent [1] longuement, reste pour les rares survivants une parenthèse agréable dans leur vie de bagnard. Les hommes qui avaient la responsabilité de la prison surent se montrer, assez souvent, humains. Pour le docteur Normand, les choses pourtant se présentèrent assez mal. Un des gardiens découvrit dans ses vêtements un billet de 500 francs [2]. Cachot ! au pain sec et à l'eau sur le ciment, sans couverture. Normand sortit affaibli de cette épreuve et réclama la visite du docteur de la prison. Ce fut un médecin détenu, français, qui se présenta. Mais le docteur A... ne songeait qu'à protéger sa place de privilégié. Il voyait en Normand un remplaçant possible. Il refusa les soins et le présenta comme un simulateur au médecin-chef allemand, Hans de Saint-Paul [3].

---

1. Pour le docteur Jacques Normand, voir en particulier le chapitre sur Nordhausen ; pour André Chauvenet, celui consacré à Hinzert.

2. Novembre 1942. Il était arrivé en juillet et devait rester à Wittlich quatorze mois.

3. En général, peu de médecins français déportés adoptèrent l'attitude du docteur A... Dans cette longue enquête sur les *Médecins de l'impossible*, on ne m'a cité que sept cas.

Pour Normand, c'est d'abord la vie cellulaire, le désœuvrement, ces tiraillements d'estomac qui peuvent mettre fin aux amitiés fragiles.

La soupe est distribuée. Une louche pour chacun. Les trois détenus de la cellule mangent en silence et soudain Normand voit le plus ancien de ses camarades le fixer, l'air menaçant :

— Qu'avez-vous ?

— Il y a des injustices dans cette prison. Ainsi, on vous a donné plus de soupe qu'à moi.

— Voyons, nous avons eu une louche semblable.

— Ce n'est pas vrai, vous avez porté la cuillère trente-deux fois à la bouche, tandis que je ne l'ai portée que vingt-huit fois.

Un jour, enfin, le docteur Hans de Saint-Paul annonce au médecin français qu'il est nommé chef du Lazaret des « Nuit et Brouillard ». Le docteur Chauvenet le retrouvera quelques semaines plus tard.

— Le docteur Hans de Saint-Paul pouvait avoir cinquante-cinq ans. Son front large et haut sous des cheveux gris, longs, légèrement ondulés et rejetés en arrière, son nez un peu fort, les lèvres bien dessinées et un peu minces, le menton énergique, lui donnaient un magnifique aspect d'intellectuel nordique, plein de caractère. Les yeux verts derrière les lunettes avaient une expression un peu égrillarde que renforçait le léger empâtement des joues. De temps à autre apparaissait sur ce visage une ombre de dureté. En réalité, le docteur Hans de Saint-Paul était un homme intelligent et à l'esprit critique assez développé pour qu'il fût anti-nazi et qu'il n'eût aucune illusion sur le sort de son pays. De longues années passées en Suisse, il avait gardé des amitiés dans divers milieux et, si j'ai bien compris, particulièrement chez des Juifs intellectuels auxquels il gardait sa sympathie. C'était un admirateur des cultures française et anglaise qu'il connaissait parfaitement. Peut-être fut-il un peu timoré et son jugement ne fut-il pas toujours absolument serein. Mais, dans l'ensemble, je dois dire qu'il fit beaucoup pour les malades durant les deux mois et demi que j'ai passés à Wittlich.

Normand, lui, se transforma en voleur de médicaments pour ses malades. Il réussit plusieurs fois à se faire ouvrir l'armoire à pharmacie par un gardien ivre. Sa réserve « noire » était impressionnante, et les malades français ne manquaient jamais de rien alors que souvent il ne restait plus de médicaments pour les Allemands. Mais Normand réussit mieux encore :

— Je m'arrangeais pour convoquer ensemble les camarades de la même affaire. Nous traduisions les actes d'accusation envoyés par le procureur général du Volksgericht et souvent nous aidions les camarades à préparer leur défense. Il nous fallait quelquefois accorder les témoins entre eux et aplanir les différends. Cela n'allait pas toujours sans peine, car la détention n'améliorait pas le système nerveux de nos camarades.

Les malades trouvèrent un allié en la personne de l'aumônier catholique, l'abbé Anton Barz. Jacques Normand n'a pas oublié ce prêtre anti-nazi.

— Il était bon pour tout le monde, mais son affection était encore plus grande pour les Français dont le sort malheureux, sans nouvelles ni colis, le touchait. Il venait souvent les voir, usait de sa grande influence sur le directeur et les gardiens pour arranger les histoires. Combien de camarades ont évité le cachot grâce à lui. Il visitait régulièrement les malades, leur donnait la totalité du pain qu'il recevait. À la belle saison, il apportait tous les jours des fruits frais, au moins deux fruits (poires ou pommes) pour chaque malade. Il se méfiait des gardiens et, lorsqu'il y avait danger, il cachait le tout sous ma couverture. Avec moi, il fut pendant les premières visites réservé. Puis, petit à petit, sa langue se délia. Je sus ainsi qu'il ne disait jamais la messe « pro tempore belli ». Il ne voulait pas demander à Dieu la destruction des ennemis de l'Allemagne. Un jour je lui dis : « Trois ans d'occupation, c'est pénible. » Il me répondit avec un sourire malin : « Que devrions-nous dire, nous qui les subissons depuis dix ans. »

« Grâce à lui, nos pauvres camarades qui mouraient eurent une sépulture convenable dans le cimetière de Wittlich. Il obtint du directeur[1] que chaque convoi fût accompagné par une délégation de dix prisonniers français. Au cimetière, son père, sa mère, de braves gens, représentaient la famille du mort. À la fin, beaucoup de personnes se joignirent à eux et n'hésitèrent pas à asperger publiquement d'eau bénite le cercueil. Je vis même, à plusieurs reprises, des larmes couler. »

* * *

Chaque vendredi était un grand jour pour le docteur Chauvenet. Hans de Saint-Paul l'emmenait en consultation dans un petit camp de femmes dépendant de la prison :

— Il m'était enjoint de me raser soigneusement ; le médecin me prêtait une paire de ses propres souliers pour remplacer mes sabots ! Je brossais mon beau costume de prisonnier (drap noir avec de larges bandes bleues, petit calot rouge en toile). Je faisais un paquet de choses nécessaires (ouate de cellulose, désinfectant, seringues, aiguilles, bistouris, sans oublier la grande boîte aux daviers et autres appareils

1. Le directeur trop libéral fut emprisonné dans sa prison l'année suivante.

destinés aux extractions dentaires) et, une blouse blanche sur le bras, j'attendais l'heure du départ.

« Nous sortions vers quinze heures. Le médecin m'accompagnait hors de la prison et nous montions dans l'auto du Herr Direktor, parfois accompagné de son épouse. Inutile de dire que tout cela était peu réglementaire, surtout si on se rappelle ma qualité de NN, et que ces choses ont été un bref accident, un peu de clarté dans beaucoup d'ombre. En cours de route, j'étais parfois mêlé à la conversation générale qui se faisait en allemand, en français, et souvent aussi avec beaucoup de citations anglaises. Dès notre arrivée au camp (à neuf kilomètres de Wittlich), je devais mettre ma blouse, prendre mon matériel, et suivre le médecin dans sa visite. Deux gardiennes allemandes nous accompagnaient. Les Françaises travaillaient dans les baraques, en ateliers, à des ouvrages de couture. Il y avait trois ou quatre ateliers en deux baraques. C'est là que nous allions les voir tout d'abord, puis celles qui avaient besoin d'un examen plus complet étaient vues dans une salle spéciale où venaient aussi les autres détenues allemandes et quelques Belges considérées comme Allemandes. Partout où nous entrions, le médecin me présentait : ''Voici un chirurgien français, je ne vous dis pas son nom car il est NN mais c'est un grand savant. Que les malades se désignent. Il peut aussi arracher les dents cariées. Profitez-en !''

« Cela se passait gentiment. Les prisonnières étaient dans de relativement bonnes conditions de logement et de nourriture. Leur aspect, meilleur que celui de mes camarades hommes. Les gardiennes n'avaient pas l'air trop féroce... J'ai souvent pensé depuis à tous les Ravensbrück, Buchenwald et autres lieux où ces pauvres femmes ont été jetées ultérieurement... Sachant désormais ma qualité de Français, lorsqu'elles nous voyaient arriver vers leurs baraques, ou bien au moment de mon départ, elles chantaient des chansons patriotiques. Le médecin allemand les connaissait bien et il se contentait de me regarder en souriant. Plus d'une fois, je me sentis bien ému.

« Les prisonnières semblaient appartenir à tous les milieux. Parmi elles, il y avait quelques religieuses reconnaissables à un je ne sais quoi de spécial qui les distinguait sous la livrée commune. Par recoupement, j'ai pu les identifier comme étant de la Meurthe-et-Moselle. Il y avait des femmes de tous les âges. Une (sans doute morte rapidement), d'origine landaise, avait soixante-treize ans. L'état sanitaire était assez bon. Mais ces pauvres camarades, nourries comme nous aux rutabagas, se plaignaient de flatulences, de gaz intestinaux et avouaient cela avec des mines un peu confuses. Et mon maître, le docteur allemand Hans de Saint-Paul, leur disait avec bonhomie : ''C'est la nourriture, mesdames, nous sommes tous comme cela en Allemagne. Faites comme nous, pétez, mesdames, pétez.'' Et les pauvres de sourire en rougissant... »

XXIV

UN PETIT CAMP INCONNU : RADEBERG

Une cour carrée de trente mètres de côté, deux baraques basses assez vastes pour recevoir chacune soixante-dix détenus et où s'engouffrent chaque soir près de mille hommes : Radeberg. Après Wittlich, quel changement pour le docteur André Chauvenet. Ici, c'est le combat au couteau pour survivre. Une seule seconde d'inattention et tout est fini. On ne sait qui, du SS ou du camarade de chaîne, est le plus dangereux. Le camp est tenu par de véritables gangs qui dépouillent les isolés avec brutalité :

« Le problème [1] de la place pour se reposer dans le jour ou pour s'étendre ou s'accroupir la nuit était insoluble pour ceux qui étaient trop fatigués, ou qui n'étaient pas Polonais ou Russes. On n'avait de place que si « ces camarades » le voulaient bien. Et ils ne le voulaient jamais, surtout lorsqu'on était Français. Arrivait-on à se caser sur le sol affreusement souillé, crevant de froid, tourmenté par la vermine, cela ne voulait pas dire que l'on pouvait dormir. Dans l'obscurité, ce n'étaient que cris et hurlements. Ces cris bestiaux, à peine articulés, cette sauvagerie qui n'avait pas de fin déchiraient l'âme autant que les oreilles.

« Parfois des rixes éclataient et le bruit des coups et des gémissements se prolongeait indéfiniment. Ceux qui passaient ne prenaient aucune précaution pour ne pas déranger les gisants. C'était à tout instant de lourdes bottes et des galoches qui meurtrissaient votre corps. Parfois un Russe ou un Polonais énorme, jaloux de votre place, vous soulevait et vous jetait à quelques mètres de là. Au bout de la baraque, des cabinets débordaient et pour y accéder on devait marcher dans sept ou huit

---

1. *Une expérience de l'esclavage*, ouvrage déjà cité.

centimètres de liquide souillé qui, bien entendu, était transporté sur le sol où nous couchions... Je n'ai jamais vu autant de poux qu'à Radeberg. Quelque effort que l'on fît, on en avait du bout des pieds jusqu'au sommet de la tête. Parfois on les voyait marcher comme une onde moirée sur les vêtements. En parlant à un camarade, il n'était pas rare que machinalement il vous enlevât les poux qui erraient sur votre sourcil ou votre béret. Et au milieu de cette cohue, de ce vacarme, de cette pouillerie, il y avait des malades, des malades à qui rien n'était épargné, que personne n'aidait et qui presque tous étaient appelés à mourir. Ils étaient là une quinzaine sur des châlits doubles superposés, couchés le plus souvent sans la moindre paillasse, sur des planches à claire-voie, sans couverture, harcelés par ceux qui, encore valides, venaient à deux ou trois, parfois plus, s'imposer pour trouver à côté d'eux ou même sur eux, quelquefois, un espace pour s'allonger et dormir, avec l'espoir à peine celé de s'emparer de leur soupe, de leur morceau de pain ou de leurs vêtements s'ils mouraient dans la nuit. Certains épiaient le dernier souffle des mourants pour pouvoir faire ce dépouillement. Chaque matin, on cherchait les morts dans la baraque, on les jetait sur le sol, on les mettait à nu et on allait, en attendant leur transport au charnier, les jeter pêle-mêle dans la souillure des cabinets... »

Le médecin-chef était un déporté tchèque, le docteur Raidmann ; il s'occupa avec amour de « ses » compatriotes et négligea un peu les autres. Il fut envoyé en Kommando avec cent déportés, pour dégager les ruines de Dresde. Les membres du Kommando avaient été choisis pour leur « bonne » condition physique. Les quinze kilomètres de marche tuèrent plus de cinquante pour cent de l'effectif.

Chauvenet remplaça Raidmann.

« Je me trouvais devant la pire situation qu'un médecin puisse envisager. Mis à part quelques dizaines de comprimés d'aspirine rapidement épuisés, un tout petit stock insuffisant de bandes de papier, de leucoplaste, deux ou trois pots de pommade à l'Ichtyol, deux ou trois pinces et deux bistouris ébréchés, je n'avais absolument rien pour soigner mes clients. On ne pouvait arrêter dans leur travail et faire coucher que les malades absolument impotents et encore cela ne les mettait pas à l'abri d'être arrachés de leur lit et envoyés aux plus dures corvées. Tel ce Polonais, atteint de dysenterie grave et qui fut conduit à Baustelle [1] à coups de pied et à coups de gourdin et qui en mourut dans les heures suivantes. Mis à part ceux qui, dans la petite infirmerie [2],

1. Kommando de terrassement où l'on travaillait « les pieds dans l'eau ».

2. Il existait une petite infirmerie dans le fond de la baraque, dix châlits réservés aux Allemands et à quelques privilégiés. Quatre de ces châlits étaient occupés par le personnel sanitaire.

avaient un peu de chaleur et de calme relatif, les conditions dans lesquelles se trouvaient les autres malades sont littéralement indescriptibles. La mortalité était effroyable. Je revois encore ce Bulgare mourant que j'avais inscrit sur la liste des intransportables qu'on m'avait demandé d'établir. C'était à un moment où il y avait de l'évacuation dans l'air et, n'ayant aucun doute sur le sort des plus malades, je donnais une dernière chance de survie à ceux qui pouvaient encore se tenir debout, en les déclarant aptes au transport. Je ne le faisais que d'accord avec eux. Ce Bulgare me jeta un regard plein d'une angoisse affreuse et je discutai longtemps avec quelques-uns de ses compatriotes qui, quelques jours après, sur le chemin de Buchenwald, me remerciaient d'avoir peut-être adouci la mort de ce pauvre garçon. »

Le Kapo Alex, véritable tyran de l'infirmerie, sans qui rien ne pouvait se faire ou se défaire, s'engraissait sur le dos de la communauté :

« Dans cet endroit où nous mourions authentiquement de faim, il volait les détenus et particulièrement les malades à un point absolument inimaginable. Chargé de distribuer la viande, il donnait symboliquement à chacun un morceau de la surface et de l'épaisseur de l'ongle de l'index, ce qui lui permettait d'ingurgiter à lui tout seul, et avec une vitesse effarante, de trois cent cinquante à quatre cents rations. Pour si petites qu'elles fussent, cela représentait en fin de compte beaucoup pour un seul homme. »

On pouvait croiser aussi dans cette infirmerie un infirmier détestable à souhait, charcutier français, admirateur passionné du nazisme et de ses méthodes. Il avait été l'un des premiers à s'engager pour le service du Travail obligatoire :

« Il purgeait une peine de quelques semaines pour infraction aux règles du travail. Sa suffisance, sa vanité ridicule se manifestaient surtout par la violence et le visage dur avec lequel il s'ouvrait un chemin à coups de Gummi dans la cohue des autres détenus en criant : ''*Platz, Platz !* (place, place)''.

« Un jour, un officier SS, un Obersturmführer plein d'élégance cinématographique et de dignité, entra à l'infirmerie et me déclara que je devais bien soigner les malades, demander tout ce dont j'avais besoin et en établir une liste immédiatement. Cela n'eut pas d'autre suite que de voir arriver, tous les jours, un sous-officier SS sanitaire et qui voulut bien contrôler et approuver mes diagnostics et m'indiquer quelques traitements sans me donner évidemment de quoi les mettre en œuvre, ce qui valait sans doute mieux pour les malades. Je dus lui montrer un jour un pauvre bougre atteint de diphtérie certaine. Le SS mit mon diagnostic en doute. Après avoir regardé non sans brutalité la gorge du patient, il lui fit ouvrir la bouche, mit littéralement son nez dedans, renifla fortement à diverses reprises et se tourna vers moi en me disant : ''Pas de diphtérie ! Tuberculose !'' Je me bornai à le regarder avec l'air respectueux et... dubitatif, cela l'émut un peu et il recommença la manœuvre. Il enfonça son nez encore davantage et renifla plus fort, puis il me regarda avec l'air bienveillant et admiratif et me dit : ''Correct, diphtérie !'' Ce sont des approbations qui vous honorent et des leçons qu'on n'oublie pas, car j'avoue avoir jusque-là ignoré ce moyen de diagnostic par l'odorat. »

XXV

BUCHENWALD

La hache des premiers défricheurs de la forêt de l'Estterberg n'épargna qu'un seul arbre : ce tronc, à peine noueux, portant sept fortes branches tourmentées, avait abrité, la tradition l'affirmait, quelques méditations de Gœthe. Autour du chêne, en 1937, s'éleva le camp de Buchenwald. L'infirmerie fut inaugurée un an plus tard.

« En supposant [1] qu'il ait reçu l'autorisation de s'absenter de son Kommando de travail, le malade se traînait dans une boue qui lui montait jusqu'aux genoux, devait franchir des troncs abattus et des amas de racines pour atteindre les baraques de l'infirmerie. Le seul chemin couvert de gravier qui y menait était réservé aux médecins SS et au personnel SS. Quand le malade était enfin arrivé, il lui fallait d'abord faire la queue dehors, par n'importe quel temps et avec des chaussures nettoyées. Comme il n'était pas possible d'examiner tous les malades, et comme il se trouvait d'ailleurs parmi eux toujours des détenus qui n'avaient que le désir, compréhensible en soi, de fuir le travail, un robuste portier détenu procédait à la première sélection radicale des malades. Si le médecin SS daignait paraître dans le courant de l'après-midi pour se livrer à cette « infecte » et méprisable besogne de soigner les détenus, il procédait à une deuxième sélection en distribuant à droite et à gauche des gifles et des coups de pied. Seul celui qui ne s'était pas enfui de lui-même ou n'avait pas été chassé était alors autorisé à entrer comme étant sans doute réellement malade. »

Jour après jour, le Revier s'étoffera. Les déportés allemands, s'appuyant sur l'organisation communiste toute-puissante et la bienveillante indifférence d'un médecin SS, Blies, préparèrent et réussirent le vol le plus

1. Eugène Kogon, *L'Enfer organisé*. La jeune Parque.

spectaculaire sans doute jamais commis à l'intérieur d'une enceinte de barbelés. Les SS avaient chargé Kurt Leeser, un détenu allemand, d'emballer dans quatorze grandes caisses l'équipement complet d'une salle d'opération. Elle venait d'arriver de Berlin, mais était en réalité destinée à Mauthausen. La salle d'opération de l'hôpital SS de Buchenwald, reçue la semaine précédente, était interdite aux déportés. Leeser décida de garder pour le Revier des détenus les quatorze caisses. Il venait de purger une peine de six mois de Bunker pour une affaire déjà stupéfiante. Désigné pour désinfecter les couloirs et les W.-C. des SS, il s'empara d'une blouse de médecin et pénétra en hurlant dans la salle où attendaient des nouvelles recrues :

— Il me faut trois hommes pour aller chercher des colis au nom de Leeser à la poste restante de Weimar.

Ces paquets de médicaments, expédiés par des amis politiques, l'attendaient depuis deux mois. Leeser, prévenu la veille par un employé civil de l'hôpital, jouait son va-tout en s'adressant aux futurs SS. Si un seul posait une question... Trois hommes s'avancèrent vers la porte :

— À vos ordres...

Lorsque le commandant du camp découvrit l'affaire, les médicaments avaient été distribués. Leeser, bastonné sauvagement, fut enfermé au secret. Les coups de « Gummi » auraient dû le tuer... En trois semaines, Leeser récupéra. Il devait par la suite survivre à 249 coups de bâton. Record absolu pour tous les camps de concentration.

La salle d'opération « mise en boîte », Leeser demande aux menuisiers de fabriquer des caisses semblables. Procéder à la substitution n'est plus qu'un jeu d'enfant. Eugène Kogon, secrétaire du médecin SS, a pu consulter le volumineux dossier de la « disparition » :

« Pendant trois ans, la SS procéda à un échange de lettres entre Mauthausen, Buchenwald, le service de la Technique sanitaire, l'Institut d'hygiène de la Waffen SS à Berlin, le Dépôt central sanitaire et l'Office de gestion économique SS, sans parvenir à élucider l'affaire (à vrai dire, les détenus avertis et habiles aidaient à maintenir l'obscurité, en détournant des lettres, en tronquant des télégrammes et en faisant d'autres plaisanteries semblables). Cela prouve le degré d'hypertrophie de l'organisation SS, l'empiètement des responsabilités dans ses rangs ; sinon de tels exploits de détenus n'auraient jamais été possibles. On dit au médecin-chef SS dans le camp de Buchenwald "que les instruments et appareils commandés étaient bien arrivés". Dans l'infirmerie des détenus, personne ne se soucia de vérifier l'exactitude de cette affirmation. »

Le premier médecin français intégré dans le groupe du Revier était dermatologue. Arrêté en 1942, pour résistance, Jean Rousset, professeur à la faculté de médecine de Lyon, allait remplir à Buchenwald un rôle identique à celui tenu par le docteur Roche à Dachau :

« Les soins [1] aux malades étaient très inégalement répartis entre les Kapos des deux Reviers : le grand et le petit. Le premier, de beaucoup le plus important, était sous la direction d'Ernst Busse, ancien ouvrier coutelier à Solingen et ancien député communiste au Reichstag, assisté du sous-Kapo Otto Kipp, ancien journaliste communiste. Le second dépendait d'Hermann, ancien ouvrier cordonnier. Ces trois personnages étaient les vrais maîtres de la médecine du camp. Leur puissance était beaucoup plus grande qu'on ne pensait et on peut nous en croire sur parole car nous les avons vus à l'œuvre pendant dix-huit mois. On peut dire que, pratiquement, tout ce que les médecins du cadre de direction SS surent de ce qui se passait dans le Revier et dans le camp, ce fut ce que le Kapo Busse voulut bien leur dire et ils n'eurent jamais de plus implacable ennemi.

« Le médecin-chef SS se nommait Schiedlausky. Il était de Francfort-sur-l'Oder. Son histoire est révélatrice de la beauté d'un régime totalitaire. Il était médecin dans un petit poste de campagne lors de la révolution nationale-socialiste. Il vit de suite tout ce qu'il pouvait en tirer en s'inscrivant au parti. Celui-ci lui offrit immédiatement un stage à Berlin, dans le service de Sauerbruck, où il se spécialisa dans la chirurgie. Son absence de conscience lui permit de se distinguer comme médecin d'un camp de détenues femmes en devenant un spécialiste de la fécondation artificielle. On sait que les femmes désignées pour ce genre d'expériences étaient exécutées après qu'on les avait fait avorter au troisième ou quatrième mois pour étudier le produit de la conception. À Buchenwald, il ne laissait à nul autre le soin de pratiquer les stérilisations. Nous dirons que c'était un spécialiste de l'appareil génital. Un seul fait donnera une idée de son humanité : ayant découvert un enfant polonais de trois ans et quatre mois que les détenus, pris de pitié, avaient embusqué à l'Effekt-Kammer comme garçon de courses, il exigea, en novembre 1944, par − 27° de froid, qu'il soit immédiatement affecté au Holzof, donc au travail en plein air et logé sous une des tentes à simple paroi du Zelt Lager. Il donna comme raison qu'il ne devait pas y avoir de Juif dans un bon Kommando. Cette décision ne prendra vraiment toute sa valeur que lorsque nous aurons dit qu'il était lui-même père de six enfants en bas âge.

« Le médecin en second s'appelait Rogue. Étant donné son extrême jeunesse, sa présence dans un camp de prisonniers plutôt qu'au front ne pouvait s'expliquer que par l'existence d'une famille solidement

---

1. Jean Rousset, *Chez les barbares*, Lyon, 1945.

établie dans le régime. Rien ne pouvait le signaler à l'attention, en dehors du goût très vif pour les gravures pornographiques. Le jour d'une visite de transport, il avait remarqué un tatouage plus que grivois. Il avait immédiatement réclamé un dessinateur pour le relever. Un artiste peintre français se trouvait là pour son malheur. L'exécution du dessin demandé lui plut, celui qui l'avait fait devint l'un des plus malheureux travailleurs de force du camp : muni d'un billet de Schonung permanent, de papier et de crayons par son tortionnaire, il dut dessiner à longueur de journée, dans un genre pour lequel il était peu fait. On ne pouvait pas le rencontrer sans qu'il mendie une soupe. Son persécuteur, descendant un jour en bicyclette au Revier, tourna la tête pour examiner quelques nouvelles pensionnaires de la maison de prostitution, il fit une chute et se fractura les deux os de l'avant-bras droit. Des détenus ramassèrent pistolet, bicyclette et blessé. Celui-ci, arrivé dans l'Ope I, fit mander les médecins français et il s'oublia devant nous tous à pleurer et à appeler « maman ». Spectacle que nous n'étions pas prêts d'oublier nous qui avions connu les tortures de la Gestapo sans dire un mot.

« Le sous-officier infirmier Wilhelm avait une histoire très simple qu'il racontait volontiers : âgé et fainéant, il était entré dans les SS pour ne rien faire. Depuis longtemps, les détenus dirigeant le Revier avaient acheté ses complaisances avec de l'alcool et de la nourriture. Il nous quitta le dernier jour de la libération, au commandement des haut-parleurs : "Tous les SS hors du camp !" Il avait l'air sincèrement malheureux. Pour lui le beau temps était fini. »

D'autres médecins SS ne firent qu'un stage de quelques semaines. L'un d'eux, le capitaine SS Hofer, décidé à oublier qu'il était SS, bouleversera les règlements du Revier dès son arrivée. Trois jours plus tard, le colonel Lolling, médecin-chef de tous les camps de concentration, débarquait à Buchenwald. Hofer l'accueillit au garde-à-vous par ces mots :

— Je suis prêt à assumer les fonctions de premier médecin du camp et je vous donne l'assurance que le nombre de décès tombera à un minimum, ce qui a déjà commencé.

Le colonel rugit :

— C'est bien pour cette raison que vous ne deviendrez pas premier médecin de camp.

— Dans ce cas, je vous demande de me faire affecter à une unité de campagne.

Hofer, le lendemain même, rangeait son paquetage pour le front russe. Un autre médecin SS, Binder, osa afficher des « réactions humaines ». Le docteur Guy Fric[1] se tenait à ses côtés le jour du « déchargement » d'un convoi de Juifs affamés. Des squelettes se précipitèrent pour lécher le sol... Ils venaient d'apercevoir deux déportés transportant un bouteillon de soupe. À chaque pas, des gouttes tombaient. Les Juifs suivirent à la trace, langue terreuse, la fine traînée de jus de rutabagas.

— Les malheureux garçons, murmura Binder.

Guy Fric, affecté comme infirmier au Revier chirurgical, ne fut jamais autorisé à opérer. Il était obligé d'assister impassible aux « débordements » chirurgicaux du jeune Russe Souslov dont les SS disaient :

— Il coupe bien !

Le docteur Fric était chargé parfois de la désinfection des vêtements du Revier. Le déporté allemand Karl Bondorf, maître des étuves, s'exprimait parfaitement en argot :

— Ben quoi ! C'est normal. J'étais à la Légion.

— Moi aussi.

À la veille de la libération, Karl s'approcha de Fric avec un petit paquet sous le bras :

— Tiens, cache ça.

— C'est quoi ?

— Un bleu de chauffe.

— Pour quoi faire ?

— Pour un ancien légionnaire, tu n'es pas malin. Le camp va être évacué. Tu vas mettre le bleu sous ton rayé et à la première occasion...

— Pourquoi fais-tu cela ? Tu es Allemand et je suis Français. Tu es communiste, je ne le suis pas.

— Nous sommes tous les deux légionnaires.

* * *

— Vous êtes médecin français. Tous les Français aiment le désordre. Nous, Allemands, nous aimons l'ordre, les statistiques... Vous allez nous aider à tenir ces statistiques sur les causes de décès.

Henri Lignerat[2], affecté au Block des autopsies, rompt le garde-à-vous, persuadé que son diplôme de médecine légale sera utilisé au

1. Arrêté le 18 février 1944 à Clermont-Ferrand. Déporté à Buchenwald par le dernier convoi de Compiègne. Témoignage inédit recueilli le 12 janvier 1968.

2. Arrêté pour résistance en 1943, Henri Lignerat arrive à Buchenwald en janvier 1944. Témoignage inédit recueilli le 14 janvier 1968. Henri Lignerat est aujourd'hui maire de Saint-Nectaire.

mieux par les seigneurs pragmatiques. Dès le premier matin de présence au « laboratoire très primaire » du Block 2, il comprend :

— Il fallait ici une science limitée dans le temps et dans le moment. Nous n'étions là que pour tendre une immense couverture sur les activités criminelles des SS. Certaines « morts » étaient permises, d'autres pas. Chez nous, il n'était jamais question de pendu, d'asphyxie, de mort toxique ou par balle... L'autopsie ne devait que confirmer la fiche établie par le Revier.

Auparavant, la salle de dissection avait été dirigée par un ancien... boulanger : Stöckel. Souteneur homosexuel, il avait été expédié à Buchenwald pour avoir, entre deux fournées de croissants, corrompu le fils d'un célèbre constructeur automobile. Stöckel, dans les débuts du camp, s'occupait également de la désinfection des nouveaux arrivants. Son jeu favori consistait à baigner les déportés dans une cuve d'acide phénique. Ses crimes le firent condamner à mort par un tribunal clandestin de détenus. Après son exécution, un charpentier assurera l'intérim des autopsies.

Lignerat travaille aux côtés d'un autre médecin déporté : Hamburger de Rotterdam. Ils ont pour assistants trois professeurs (sciences, histoire naturelle... musique !) et un prêtre tchèque. Les deux garçons de salle sont yougoslaves. Pour toute l'équipe, l'impossible c'est de réussir tout de même, dans ce lieu en permanence surveillé par les SS, à établir de véritables constatations sur les causes de la mort des déportés. Il faut donc remplir la « fausse » fiche que réclame l'administration du camp et préparer en cachette la « vraie » qui apportera la preuve, le jour de la libération, des crimes commis.

Lignerat et ses amis réussissent cet exploit, jour après jour. Leurs « doubles corrigés » s'entassent sous le plancher du Block. Tous sont conscients que la découverte de cette bombe, au-dessus de laquelle ils pratiquent quotidiennement de dix à cinquante autopsies, provoquerait leur condamnation à mort immédiate. Le 11 avril 1945, l'adjudant SS Wilhelm, chargé de la surveillance du Block 2, fait aligner devant lui les médecins légistes et le personnel du laboratoire. Nous sommes à quelques heures de la libération et le camp ne vit plus que dans cette immense espérance. Il s'adresse à Lignerat :

— Connaissez-vous le moyen de tuer un homme sans laisser de traces ?

Lignerat hésite... bien sûr il sait, mais...

— Non. Je ne vois pas.

L'adjudant interroge les autres déportés.

— Non.

— Non.

Wilhelm sourit :

— Eh bien moi, je sais et je vais vous le dire. Il suffit d'injecter un tout petit peu d'air dans le bulbe rachidien.

Puis il s'énerve, crie :

— C'est ce que l'on va pratiquer sur vous si vous ne me donnez pas les doubles des rapports d'autopsie...

Lignerat et ses amis ne bronchent pas.

— Alors ?

Toujours aucune réaction.

— Bon ! Enfermez-les. De toute façon, je sais où les trouver.

L'équipe de la salle d'autopsie fut « oubliée » dans une petite pièce barricadée jusqu'à la libération du camp, mais les doubles exacts ne furent jamais retrouvés.

*
* *

Le « grand » personnel médical de Buchenwald recruté dans les tout premiers temps de l'existence du Revier n'avait évidemment suivi aucune étude de médecine. Helmuth, chirurgien-chef... était maçon ; son assistant avait été arrêté à l'âge de 17 ans ; d'autres « médecins » ne cachaient pas leur ancienne profession : Victor, marin ; Muller, ouvrier métallurgiste ; Heinrich, journaliste ; Nicolas, camelot, etc.

« Certains [1], assez rares hélas ! savaient ce qu'ils ignoraient et ne demandaient qu'à suivre les avis autorisés ; c'était le cas, par exemple, de notre chef de l'Aussere Ambulanz, Robert Muller, qui s'efforçait en tout d'être juste et qui ne s'élevait jamais contre une décision médicale. On ne pouvait lui reprocher que de trop aimer prendre le bistouri et d'enlever trop facilement les ongles. Hélas ! tous n'avaient pas sa valeur technique et morale. Nous étions encombrés de sectaires idiots : sans parler du cuisinier qui se prétendait inspiré par l'esprit divin dans ses décisions médicales, du jockey qui s'était découvert une vocation chirurgicale, que de sinistres imbéciles ! Le chef de la salle 11, qui voulait donner à tous ses malades le même médicament par esprit de justice, qui refusait de respecter le réveil tardif du jour de Pâques, le seul de l'année, par anticléricalisme. Celui de la salle 24, qui refusait les médicaments chimiques et qui voulait tout soigner par les plantes. Il est probable que rarement la bêtise humaine a pu se donner libre cours comme dans le Revier de Buchenwald... et d'ailleurs, puisque tous les camps se ressemblaient. »

Avec de tels cadres, en jouant sur les amitiés, il était relativement

1. Jean Rousset, ouvrage cité.

facile pour les imposteurs de franchir la porte du Revier. Tel ce Yougoslave qu'a bien connu Jean Rousset :

« À son arrivée à l'Innere Ambulanz, il demanda à nos amis les frères Penez, de Montfermeil, qui faisaient un diagnostic de diphtérie : — Comment fera-t-on le diagnostic ? A la réponse : — Par un examen microscopique, il rétorqua : — Alors on va lui mettre un microscope dans la bouche ? Le lendemain, il demanda : — Le foie est bien à droite ? Cette histoire est, bien entendu, une entre mille. Ces faits ne retenaient pas notre attention, à nous les vrais médecins, plus de temps que ne dure un sourire.

« Il faut dire que le cadre allemand de maîtrise recrutait lui-même les nouveaux infirmiers et les nouveaux médecins, la direction SS s'en désintéressait ou y renonçait en se rendant compte que, dans ce cas encore, elle ne ferait pas ce qu'elle voudrait. Évidemment, des gens qui ne sont pas des techniciens et qui pourtant en tiennent l'emploi ont la tentation de se donner des admirateurs plutôt que des censeurs. Aussi, ils préféraient recruter n'importe qui plutôt qu'un véritable médecin. Le Kapo du Revier, parlant à nous-même, un jour que nous cherchions à lui faire nommer un compatriote, nous déclara : ''Je ne te demande pas s'il est médecin, je m'en moque. Il suffit que tu me dises qu'il a besoin d'être nommé pour sauver sa peau. Il apprendra le métier ensuite.'' Avec un tel état d'esprit, il est surprenant que de véritables médecins aient exercé leur profession au Revier. L'opinion politique est une plus solide garantie que le savoir, pour recevoir le *dignus intrare*. C'est ce qui permit à certains imposteurs français, vite démasqués et congédiés, de se glisser un instant parmi nous. Même découverts, il n'était pas toujours facile de les expulser, nos maîtres ayant immédiatement un faible pour eux. Ils prétendaient qu'ils se formeraient techniquement. Aussi était-il inutile de les empêcher de désigner, pour les postes qu'ils ne pouvaient tenir, des gens d'autres nations. Nous avons connu un sous-officier russe, Léonide..., âgé de 23 ans, qui devint le grand maître de l'Ope II. Les dirigeants détenus allemands le considéraient comme l'homme le plus intelligent qu'ils avaient rencontré : nous lui avons vu faire un drainage de la plèvre avec costectomie à une pleurésie séro-fibreuse et ceci après ponction exploratrice. Quant à ses moignons d'amputation, ils nous faisaient frémir, nous dermatologiste, nous avions envie de lui arracher le couteau des mains. On ne peut d'ailleurs pas reprocher cela à un homme que nous avons vu lire sa propre langue comme un enfant de chez nous épèle son syllabaire. À l'Aussere Ambulanz, nous vîmes la rapide ascension d'un jeune Russe de 16 ans, charmant d'ailleurs, Ivan... chargé d'abord de vider le contenu des seaux à pansements, qui devint infirmier puis finalement chirurgien d'une colonne d'infirmiers chargés d'opérer au petit camp. Il est inutile de multiplier les exemples de cet ordre, ils n'ajouteraient rien.

« Ce qui nous étonne, avec le recul du temps, c'est que de véritables médecins aient pu exercer leur activité au Revier du camp alors qu'un tel esprit y régnait. À vrai dire, nous y étions plus tolérés que désirés. Et il a fallu à ceux qui, comme nous-même, s'y maintinrent jusqu'à la fin, des trésors de patience et des prodiges de diplomatie pour supporter les avanies et louvoyer entre les écueils de toutes sortes. Nous n'étions soutenus que par l'idée que nous étions utiles à nos camarades. Tous ceux qui obtinrent leur affectation n'eurent pas notre chance ; en particulier, vers la fin de la guerre, depuis septembre 1944 jusqu'à la libération, les médecins allemands arrêtés, des Rhénans surtout, ne firent qu'une courte apparition dans les services. Aucun ne trouva grâce aux yeux de nos maîtres ; ils leur reprochaient, avec assez de vraisemblance, reconnaissons-le, d'avoir trop longtemps donné des gages au régime. À notre arrivée dans le camp, un chirurgien tchèque de Prague, le docteur Horn, dirigeait avec autorité et compétence l'Ope I et la consultation externe de l'Ope II. Un autre médecin, de Prague également, un gynécologue, le docteur Matoutchek, tenait le poste de médecin-chef des salles d'hospitalisation. Deux autres spécialistes, leurs compatriotes, assuraient les services d'ophtalmologie et d'oto-rhino-laryngologie. Nous fûmes reconnus et classés comme spécialistes de dermato-vénérologie. Lorsque le médecin-chef SS faisait appeler les ''spécialistes'' pour une quelconque communication nous nous rendions tous les cinq dans son bureau. Il ne nous a jamais donné que des ordres concernant la paperasserie administrative ; nous ne nous souvenons pas avoir reçu une seule indication d'ordre purement médical... et à plus forte raison humanitaire. Ces médecins tchèques étaient tous des hommes d'instruction supérieure. Internés depuis sept ans déjà, ils supportaient allègrement les rigueurs de leur sort. Ardents patriotes, ils avaient une haine farouche de l'Allemand que nos camarades français ont eu le tort de ne pas découvrir, sous une apparente soumission... »

*
* *

Jean Rousset n'est plus seul Français au Revier, le docteur Brau, de La Ferté-sous-Jouarre, vient de recevoir la direction du service de radiographie. Tous deux vont « propulser » les nouveaux arrivants français dans les différents services sanitaires ; parmi ces nouveaux promus, le professeur Charles Richet :

« Au bout [1] de cinq semaines, alors que je déclinais chaque jour, je pus, grâce au professeur agrégé Rousset, qui fut la providence de tant de Français, grâce aussi au docteur Horn, de Prague, être envoyé comme médecin dans l'hôpital du petit camp. Pourtant, mes ''débuts en médecine'' avaient été peu encourageants. Dans mon Block, une quinzaine de jours après mon arrivée, un de mes confrères me signala qu'un malade qu'on ne pouvait hospitaliser, faute de place, était en train de mourir (œdème subaigu du poumon). Je le saignai. Faute grave. Le fait qu'il ne succombât pas à cet œdème du poumon n'offrait pas d'intérêt. En effet, le lendemain arriva dans le Block un médecin détenu, de race et de nationalité imprécises, se disant professeur d'une très célèbre université d'un très grand pays et chargé de la surveillance médicale de certains Blocks. Ce médecin qui, d'ailleurs, était ce qu'en psychiatrie on nomme un cyclothymique, féru de son autorité et de sa fonction, me fit comparaître devant une juridiction spéciale — ce qui, je l'avoue, me donna quelques minutes d'émotion. J'ajoute, pour être franc, que cet homme, en très bons termes avec les autorités SS, utilisait son pouvoir tantôt pour le bien tantôt pour le mal, suivant son humeur. Dans mon nouveau service, je fus relativement heureux. Le Kapo de cet hôpital, Hermann, était un communiste allemand, intègre, loyal, intelligent, actif et bon, malgré qu'il fût bourré de menus défauts. Il sauva la vie à de nombreux Français ainsi que son secrétaire, Alfred Ott, un homme parfait. Un petit service d'une centaine de malades me fut confié (scarlatine et érysipèle) puis, quand je me fus rétabli tout à fait, j'en eus un plus important. Somme toute, j'exerçai mon métier...

« Mais pouvions-nous soigner les malades ? Avions-nous des médicaments ? Au début, leur quantité était suffisante. Notre service de pharmacie, dirigé par un des nôtres, ''empruntait'' bon nombre de ces médicaments à l'hôpital SS mieux achalandé que le nôtre, et qui, d'ailleurs, ignora toujours ce fait. Plus tard, nous en eûmes beaucoup moins. Alors nous ne pûmes traiter par les sulfamides ou la digitale que les cas « moyens ». Ni les hommes qui devaient mourir, ni ceux qui devaient guérir ne recevaient de ces drogues à cause de leur rareté. C'était une nécessité. L'ordre nous avait été donné de ne pas en fournir aux Juifs. Nous nous contentions de ne pas les marquer sur leur feuille de température et d'observation. Tout le monde ainsi était satisfait. Le grand et le petit hôpital étaient insuffisants. De très nombreux malades, faute de place, restaient dans les Blocks. Les médecins de ces Blocks étaient beaucoup moins bien approvisionnés que nous. Ils avaient

---

1. Professeur Charles Richet de l'académie de médecine : *Trois bagnes*, Ferenczi, en collaboration avec Jacqueline et Olivier Richet.

tout juste quatre médicaments : aspirine, tanin, kaolin et charbon. Naturellement, beaucoup de malades mouraient. Il ne pouvait en être autrement. Plus tard, on ouvrit d'autres infirmeries. Une aile du Block 48, le Block 61. Le Block 61 était sinistre... »

Ce fameux 61 avait été créé fin 1944... le camp comptait 80 000 déportés. Il fallait bien entasser quelque part les mourants, les invalides :

« Une baraque [1] de bois, long rectangle, dont chacun des grands côtés est garni de bat-flanc superposés ; quatre étages de couchettes ; à peine cinquante centimètres entre chaque étage ; des clapiers à lapins où l'on ne peut tenir qu'étendus, où l'on ne pénètre qu'en se glissant, en se poussant, pieds et tête en avant. Sur le seuil du Block 61 attend le grand chef, un condamné politique allemand qui vient d'être promu infirmier, Sanitär. C'est Willy... Willy est un fou.

« Ils sont là devant la porte, pieds nus, avec leurs guenilles, le dos rond sous la pluie fine et froide. Ils ont la fièvre. Ils tremblent. Ils voudraient bien entrer dans cette baraque, s'y réfugier. Willy barre la porte. ''Déshabillez-vous dehors.'' Les voilà nus. La pluie glisse sur leur peau flasque et pâle. Willy les fait approcher un à un. Il n'accepte dans son Block que des gens propres. Aussi procède-t-il à une inspection soignée : ''Baisse-toi, écarte les fesses, dégage le gland. Laisse tes habits par terre.'' Au lavabo, ils doivent s'asperger d'eau froide des pieds à la tête ou encore, trempés, passer une chemise de nuit dont les pans ont été coupés par un précédent propriétaire ; cela s'arrête en général au milieu du ventre. Ainsi vêtus, Willy les aligne, leur assigne des places dans les clapiers. Ils s'y entassent vite, très vite, car Willy les active. Une aiguille à injection dans la main droite, une canne dans la main gauche, il pique ou cingle selon sa fantaisie. Un seul coup d'aiguille ou un seul coup de canne par retardataire. Willy n'est pas une brute ; c'est un fou. Mais à côté de ce fou, sous les ordres de ce fou, il y a... un médecin, et ce médecin qui est Français est un saint. Il ruse avec le fou, parvient le plus souvent à le convaincre, à l'amadouer. Sans prendre un instant de repos, il voit un à un tous les prisonniers du Block. Entre les plus malades, il partage les rares remèdes qu'il a pu, Dieu sait comment, se procurer. Il rassure les autres. Son seul regard si pur, si clair, est un réconfort. Parce qu'il est là, on se trouve à l'abri ; une oasis. »

Ce médecin français, c'est Daniel Bouchet ; maire de Saint-Loup-sur-

1. Léon Mazeaud, *Visages dans la tourmente*, Albin Michel, Paris, 1946. Professeur à la faculté de droit de Paris. Arrêté le 7 juillet 1944 pour résistance. Déporté le 15 août 1944 à Buchenwald.

Thouet, il est entré dans la Résistance au début de 1941. Surveillé particulièrement par les Allemands pour avoir envoyé sa démission de maire au gouvernement de Vichy, il arrivera à « tenir » sans trop d'ennuis jusqu'au mois de décembre 1943. Arrêté alors qu'il revenait d'un parachutage, il sera condamné à mort et « seulement » envoyé à Buchenwald [1].

Les dysentériques du Block 61 sont extraits de leur clapier et rejoignent une autre baraque, la 43. La direction du camp estime que les « chiasseux » sont récupérables. Daniel Bouchet suit ses malades dans leur nouvel « hôpital ».

« Quand passe le médecin SS pour sa visite dans la matinée, tous se tiennent immobiles sur leur couchette de grands malades. Seulement, presque tous sont depuis longtemps guéris ; la raréfaction de la nourriture a tari les intestins les plus libres. La journée se passe aux échecs, aux dames, au bridge ; les cartes dessinées par les joueurs à peine dissimulées, malgré la sanction qui est de vingt coups de trique. De petites conférences auxquelles assiste le médecin s'organisent. Deux professeurs au Collège de France parlent d'orientalisme et de socialisme. Des professeurs à la Sorbonne et à Normale supérieure traitent des sujets scientifiques et littéraires. Il y a aussi des causeries artistiques. C'est, autour du conférencier, sur les couchettes voisines, des alignements de cuisses décharnées, si décharnées que, quelquefois, le matin, leurs propriétaires ne se réveillent pas. Alentour, les autres continuent à vivre et mourir en forçats. Un soir, pendant l'appel, sur la grand-place, un bagnard polonais est pendu ; les dysentériques demeurent silencieux. Ils ne voient point le drame. Mais de leurs couchettes ils voient par les fenêtres ceux qui voient. Ceux-là, alignés, immobiles, regardent par ordre droit devant eux la potence, le condamné, le pendu. Lourd silence que rompt brusquement avec un air de valse la musique du camp ; c'est la fin de l'appel, le retour lassé dans les Blocks. »

Mais le médecin SS pense que ce Block 43 ressemble beaucoup trop à un sanatorium... Les malades semblent heureux d'être malades. Il se venge sur Daniel Bouchet en le chassant sans ménagements.

---

1. Ses camarades du camp ont tenu, dès leur retour, à lui rendre hommage dans le journal *La Chaîne*. « Il a atteint le summum des limites humanitaires par son constant attachement à sauver même les moribonds. Aucune peine ne le rebutait. Toujours sur la brèche, il se frayait un passage à travers la mort qu'il pourchassait avec une fermeté sans relâche. Aucun cas ne le faisait reculer : au contraire, plus la tâche était ardue, plus son désir de vaincre, de sauver son frère était grand. Toujours, malgré son écrasante fatigue, il fut d'une égalité d'humeur inimaginable. C'était parmi nous un surhomme, un Dieu. »

« La nouvelle [1] aussitôt connue, les dysentériques signent une adresse de reconnaissance à leur médecin, à leur ange gardien. Ce soir-là, il n'y a pas de conférence. Mais l'un des professeurs au Collège de France, modestement vêtu de sa chemise interrompue au nombril, pauvre corps décharné, lit au médecin l'adresse, lui dit l'unanime reconnaissance. À Buchenwald, tout est grotesque et sublime à la fois. »

Le nouveau médecin, un Tchèque, est tenu de contrôler. Les dysentériques, tour à tour, devant lui, s'exécutent. À chaque examen, il s'écrie : *« Normal ! Ganz normal ! »* Tout à fait normal. En une demi-heure, le médecin SS vide les dysentériques qui retournent au petit camp, au 61, transformé en Block d'invalides et de convalescents. L'oasis s'est évanouie.

Et le 61 devient l'enfer de Buchenwald. Pas un seul « invalide » ne doit survivre. Les nouveaux déportés responsables ont été choisis en conséquence :

« J'eus [2] la chance d'être mis dans un coin réservé de ce Block qu'on nommait officiellement et pompeusement Vorzugskojen (cabines privilégiées). Dans ce box, nous avions effectivement le privilège d'avoir deux couvertures et plus de nourriture, mais pour le reste notre vie était identique à celle des autres qui gisaient, plus tassés que nous, dans les box voisins. Les "hospitalisés" du Block 61 se recrutaient presque exclusivement parmi les nouveaux arrivés de Haute-Silésie, qu'on classait sommairement en dysentériques, tuberculeux, affaiblis. Le personnel de ce Block me semble avoir été constitué, sauf rares exceptions, par des personnages brutaux, de peu de scrupules, en un mot des criminels. Tous les matins avait lieu une sinistre parodie d'ambulance chirurgicale. Un détenu, garçon boucher, m'a-t-on dit, celui que Crémieux et moi avons surnommé "l'infirmier aux yeux de faïence", s'était érigé en chirurgien. Il se livrait sur les détenus aux actes les plus inhumains, comme par exemple l'ablation, sans aucune anesthésie, des membres gelés, l'excision de grandes plaies sans aucune connaissance de la technique. Malgré tout, les pauvres malheureux faisaient queue pour se faire opérer par cet énergumène qui exerçait sa "profession" sur une table d'examen au beau milieu du Block. »

* * *

1. Léon Mazeaud, ouvrage cité.

2. Marc Klein, *Témoignages strasbourgeois,* professeur à la faculté de médecine de Strasbourg. Arrêté à Saint-Étienne le 5 mai 1944, transféré à Drancy et déporté à Auschwitz le 2 juin 1944, évacué le 18 janvier 1945 à Gross-Rosen et à Buchenwald. Libéré le 11 avril 1945.

Des hommes comme Rousset, Brau, Bouchet, Richet... Buchenwald en connut beaucoup. Les médecins, les vrais médecins, étaient soixante-seize le jour de la libération. La plupart furent admirables. Ceux qui ont connu Félix Escudier [1], par exemple, dans différents Kommandos du camp, ne l'oublieront jamais. Il lutta tant et tant pour faire admettre ses blessés au Revier (le chirurgien Elmelick chargé de certaines admissions était son complice), pour leur procurer des médicaments, des soupes supplémentaires que les SS, excédés par « cet envoyé de la Providence », ce « sauveteur malgré tout » le renvoyèrent au travail. Qu'importait à Escudier, les médecins en place lui donnaient des médicaments, il allait visiter ses « clients » à domicile. Un autre Saint-Bernard, David Gomez, ancien médecin de l'état-major central du général Rojo, réfugié à Saint-Girons après le triomphe de Franco, arrêté pour résistance. À Buchenwald, il ne fut jamais admis comme médecin, mais de nombreux déportés qu'il soignait en cachette lui doivent la vie.

Et combien d'autres !

1. Arrêté en octobre 1943 en Ariège, alors qu'il tentait de franchir la frontière d'Andorre.

XXVI

ERREUR DE DIAGNOSTIC

Un Kommando à Grafenberg, dans les faubourgs de Düsseldorf : le Kommando Berta. Comme quatre-vingt-six autres, il dépend du camp mère de Buchenwald. Le docteur Georges Schœngrun, médecin français, est affecté au Revier en décembre 1943 [1] :

« Lorsque nous y étions arrivés, l'Oberscharführer Sichardt, le sous-officier, qu'on qualifiait pompeusement de ''Kommandant'', m'avait reçu avec dédain, prétendant qu'on n'avait pas besoin de médecins ni d'infirmiers. ''Ici, affirmait-il, on travaille ou on crève.''

« Ce Sichardt était un affreux bonhomme, petit, sec, mal fringué et foncièrement méchant. Son teint jaune et bilieux perpétuellement agité par des tics en faisait une parfaite réplique de l'adjudant Flik. Il était secondé par trois déportés, prisonniers allemands de droit commun au triangle vert : les Kapos. L'un d'entre eux se prénommait Zep. Cet individu était une ignoble brute au faciès d'alcoolique, qui menait les hommes à la matraque.

« Le chef des détenus, Max, une épave de Moabit, était une sorte d'avorton sans lèvres, au rictus cruel, qui s'entendait comme larron en foire avec le ''Kommandant''. Par contre, Max et Zep étaient à couteaux tirés pour une obscure histoire de colis volés. Dans les premiers jours du Revier, Zep vint me trouver et me demanda de l'hospitaliser pendant quelques jours.

« Les déportés couchaient dans une immense halle et le Revier n'était qu'une longue salle séparée du dortoir par un petit mur en brique de

1. Le docteur Georges Schœngrun, arrêté le 3 mars 1943 pour résistance, sera dirigé sur le Kommando Berta en décembre, un mois après son arrivée à Buchenwald. Ce témoignage inédit est extrait d'un manuscrit qu'il vient de terminer (décembre 1967).

deux mètres de hauteur et dont le toit, commun avec la halle, planait à trente pieds au-dessus de l'ensemble. Il suffisait d'escalader cette séparation pour passer du dortoir à l'infirmerie.

« À vrai dire, Zep n'était pas malade, mais il avait ingurgité un demi-litre d'alcool à brûler, dérobé à l'usine. Comme il ne tenait plus debout, force me fut de l'admettre et de le coucher.

« Sichardt s'inquiéta de l'origine de cette défaillance.

— Le cœur, répondis-je, comme j'aurais annoncé le foie ou la rate, si j'avais su exprimer en allemand le nom des viscères.

— Soigne-le vite et bien, me recommanda l'Oberscharführer, c'est mon meilleur auxiliaire.

« Personne n'en doutait, attendu que la valeur d'un Kapo était directement proportionnelle avec le nombre de coups qu'il distribuait autour de lui.

« Un peu plus tard, Max pointa son nez de fouine afin de s'enquérir de la santé du malade, mais dans un style tout différent.

— Zep est un Schweinhund ! éructa-t-il, tâche de me débarrasser de cette ordure d'ici la fin de la semaine et n'oublie pas que si tu ne le fais pas crever, c'est toi que je ferai liquider.

« Jamais dilemme ne me parut plus insoluble ! Le SS réclamait une rapide guérison du Kapo et Max, le doyen, m'enjoignait de l'exécuter froidement. Au surplus, chacun des deux forbans pouvait me faire liquider, sans encourir la moindre responsabilité personnelle. Je résolus de temporiser. Youp et Frantz, mes deux infirmiers, complètement atterrés, me demandèrent comment je comptais m'en tirer.

— Très mal, avouai-je. L'affaire me paraît sans issue.

« Néanmoins, je plaçai près de mon lit un lourd tisonnier et mes adjoints me promirent d'ouvrir l'œil. Le lendemain, Max m'apporta un flacon de collodion qu'il prenait pour un violent poison. Je le détrompai sur le pouvoir toxique du liquide.

— C'est bon ! promit-il, je vais chercher autre chose.

« Sur ces entrefaites, l'Oberscharführer, très impatient de le voir guéri, vint visiter son cher Kapo. Puis, le soir, après l'appel, Max réapparut et me remit quatre ampoules de morphine, m'ordonnant de les injecter en une seule fois. Il fut très dépité d'apprendre que son remède serait inopérant.

« De son côté, l'affreux Zep, qui avait découvert la réserve d'alcool de l'infirmerie, ne manifestait pas la moindre envie de quitter sa planque et affectait la mine dolente de la Dame aux camélias. La situation s'éternisa ainsi plusieurs jours, puis elle s'envenima brusquement lorsque Max me lança un ultimatum.

— Je t'accorde jusqu'à demain, sinon...

« Ce sinon, dans sa bouche, prenait une intonation d'autant plus lugubre que Sichardt, pour sa part, vint m'intimer l'ordre de signer l'*exeat* de Zep dans le même délai.

« L'inquiétude me gagna, obsédante.

« Le soir, on me vola ma lampe électrique de poche. Je n'attachai aucune importance à ce larcin, j'avais tort. Cette même nuit, il y eut deux alertes. L'ordre était de laisser les malades dans leur lit et de faire descendre les valides dans l'abri. À l'aube du 14 février, Frantz me réveilla en m'annonçant qu'un de nos clients était mort. C'était le Kapo ! Je criai au miracle, persuadé que Zep qui, la veille, se portait comme un charme s'était éteint pour avoir surestimé la tolérance de son organisme à éponger l'alcool dénaturé. Max serait satisfait et Sichardt obligé d'admettre que la maladie de cœur de son Kapo était plus grave qu'on ne le soupçonnait. J'examinai alors le défunt. Catastrophe ! Il portait sur le cou les traces violacées de quatre doigts et sa langue qui pendait hors de ses lèvres semblait un défi à toute mort naturelle. Encore que ce décès ne m'attristât nullement, car il allait nous épargner tous les soirs les pansements de quelques pauvres bougres que le Kapo cognait comme plâtre, il devenait urgent d'aviser et surtout de maquiller le cadavre. Frantz venait à peine de réussir à rentrer la langue dans la bouche du mort et de lui remonter sa veste jusqu'au menton, lorsque Max apparut, frétillant de joie. Il constata que le ''Schweinhund'' était crevé et il se mit à ricaner.

— N'oublie pas, Arzt, que Zep est mort d'une syncope cardiaque sinon tu pourrais, toi aussi, craindre un arrêt du cœur.

« Sichardt entra sur les talons de Max.

— De quoi est-il mort ?

— Son cœur a lâché, affirmai-je impavide.

« Malheureusement, l'Oberscharführer ne se contenta pas de ma parole et voulut vérifier mon diagnostic. Il ordonna à Frantz de déshabiller le défunt. Naturellement, les traces de doigts lui sautèrent aux yeux. Pointant son index sur le cou du mort, il me toisa, sévère.

« Il fallait trouver une explication, n'importe laquelle, mais sur-le-champ. Je me souvins de la publicité d'un sérum antiasthmatique qui représentait un homme, ses doigts agrippés au cou, afin d'exprimer la sensation d'asphyxie.

— Il étouffait, dis-je en mimant le geste. La crispation des mains est un réflexe d'angoisse, fréquent chez les individus qui suffoquent.

« Le SS fronça les sourcils, l'œil mauvais, paraissant peu convaincu par ma démonstration.

— Possible, grogna-t-il, mais je veux une certitude ; j'enverrai le corps à Cologne pour y être autopsié.

« Sur ces paroles menaçantes, il me tourna le dos et quitta la pièce.

« Les Ukrainiens, exécuteurs des hautes œuvres de Max, s'étaient distingués. Sautant par-dessus le mur qui séparait leur dortoir de mon infirmerie, ils avaient mis à profit le black-out de l'alerte nocturne pour étrangler Zep, ainsi que je l'appris plus tard de la bouche d'un des tueurs. Le soir même, ma lampe électrique retrouva sa place habituelle. Sa soustraction momentanée devait garantir aux exécuteurs du Kapo une obscurité totale au cours de leur exploit. À mon corps défendant, je rédigeai le certificat de décès. Diagnostic : embolie. Les déportés s'emparèrent de la caisse contenant la dépouille de leur ancien tortionnaire et la secouèrent autant qu'ils le purent en la chargeant sur le camion, avec le sentiment d'assouvir une vengeance posthume.

« Je vécus quatre jours angoissants, me demandant comment le ''Kommandant'' allait avaler la pilule. Mes deux infirmiers paraissaient consternés. Le cinquième jour, Sichardt me fit appeler à son bureau. Je me sentais très mal embarqué. J'entrai après avoir frappé à la porte de l'antre de l'Oberscharführer sur un *''Herein''* tonitruant. Sichardt, plus jaune que jamais, m'attendait debout derrière sa table, en manipulant un pistolet Mauser. Il avait l'air de vouloir me dévorer tout cru et ses yeux mauvais me foudroyaient haineusement.

— *Ach ! Idiot Franzose,* éructa-t-il avant de se lancer dans un chapelet de qualificatifs, heureusement intraduisibles, mais faciles à interpréter.

« Je laissai éclater l'orage, aussi impassible que ma nervosité le permettait. Je supposais que l'autopsie avait révélé une fracture caractéristique des cartilages laryngés, sans rapport avec une cardiopathie, même carabinée. J'attendais la suite qui ne promettait rien de bon. Comme il me fallait tenir jusqu'au bout, sur une question précise, je soutins mordicus mon diagnostic de fantaisie.

« Sichardt s'approcha de moi et me souffla dans le nez :

— Zep est mort d'une maladie contagieuse.

« (À la réflexion, je pris cette contagion pour une menace personnelle.) Et brusquement, j'entendis cette énormité :

— Le Kapo est mort d'une méningite, le rapport est formel. Si tu n'étais pas un incapable, tu l'aurais isolé. Tu as failli laisser contaminer tout le Kommando.

« Et, brandissant son pistolet dans ma direction, il ajouta :

— Encore une erreur de ce genre et je t'expédie au gibet de Buchenwald. *Raus,* idiot !

« Mon sang ne fit qu'un tour, je m'en tirais sans dommage. Jamais erreur de diagnostic ne me procura une joie si pure. Je baissai la tête et m'en fus, l'air faussement contrit.

« Le médecin légiste s'était trompé de cadavre ou bien, ayant bâclé son travail, contenté de consigner dans son rapport la première ânerie qui lui était venue à l'esprit. Quel qu'il soit, que ce confrère soit béni !

« Lorsque je racontai aux infirmiers mon entrevue avec le SS et leur expliquai que le Kapo était mort d'une méningite, je vis à leurs mines qu'ils pensaient que c'était moi le malade du cerveau. »

*
* *

« Quelques mois plus tard, lorsque Sichardt fut remplacé par l'Oberscharführer Knauf, les conditions matérielles s'améliorèrent. Je disposais d'une véritable infirmerie construite en dur et de trente lits. Knauf, coiffeur de son état et boxeur à ses heures, avait des sautes d'humeur incompréhensibles et parfois dangereuses. Il fallait ruser avec lui et on ne savait jamais comment il réagirait. J'avais pu me procurer, chez un dentiste de Düsseldorf, un davier universel, une seringue et des ampoules de novocaïne. Cela me permettait d'insensibiliser mes patients lorsque je devais leur extraire des dents. Un matin, je m'apprêtais à anesthésier la gencive d'un vieux Russe pour lui arracher une molaire ; Knauf entra en coup de vent au Revier et prétendit m'empêcher d'effectuer une piqûre, sous le prétexte que la douleur serait plus aiguë après l'avulsion que si j'opérais à vif.

« Le malade m'implorait pour que je lui fasse une injection. Le SS partit d'un énorme éclat de rire et dit au Russe, qui d'ailleurs ne comprenait pas l'allemand :

— C'est moi qui vais t'endormir.

« Knauf m'arracha la seringue des mains et assena sur le menton de mon patient un uppercut qui le mit knock-out.

— Maintenant, vas-y, me dit-il hilare. Ton client ne sentira plus rien.

« C'est à peu près vers la même époque qu'on m'amena un matin un autre Russe qui présentait une mastoïdite en pleine évolution. Ne pouvant le laisser mourir, je décidai de l'opérer. Je passai ma journée à réunir les instruments les plus indispensables. J'obtins d'un médecin de la ville quelques pinces à os et une gouge qu'il consentit à me prêter. Je découvris un petit marteau dans l'atelier de l'usine et fis confectionner de grossiers écarteurs. L'infirmière civile de Borsig me donna un peu de chloroforme. Le soir, après l'appel, on installa le malade sur une table d'opération improvisée. J'avais fabriqué un masque en fil de fer et indiqué à mon infirmier comment il devait m'aider. Comme il n'y avait que des compresses en papier — ''le zeltoff'' — il était très difficile d'éponger le sang et le papier collait aux doigts comme du ruban d'attrape-mouches, ce qui rendait l'intervention interminable.

L'opération dura près de deux heures. Je n'avais pas de protecteur de Stacke et c'était un aide bénévole qui surveillait le facial. Malheureusement cet assistant improvisé et inexpérimenté était beaucoup plus intéressé à me regarder travailler qu'à épier les réflexes du patient. Je ne pus éviter de léser le nerf et il en résulta une paralysie de l'hémiface. Dans cette atmosphère grandguignolesque, je réussis néanmoins à terminer mon opération sans qu'elle ne se transforme en autopsie. Je souhaitais de n'avoir jamais plus à exécuter ce genre d'acrobatie chirurgicale.

« Des ampoules de Prontosil, tenues en réserve, me permirent de pallier aux risques d'infection, que l'absence d'aseptie rendait menaçante. L'opéré fit pendant deux jours une forte fièvre et guérit en raison de sa robuste constitution. Knauf, qui avait assisté à cette ''performance hors série'', me dit que pour la prochaine fois, il tâcherait d'obtenir des compresses de gaze.

« Heureusement pour tout le monde, il n'y eut pas de prochaine fois. »

XXVII

MULHAUSEN, LE CAMP SANS MORTS

— Que veut-il encore ce médecin ? Il devrait s'estimer heureux ; on lui a laissé un coin de l'atelier pour qu'il soigne ses malades... Il s'imagine que je vais lui abandonner la maison des concierges... Je sais, le médecin-chef SS de Buchenwald la lui a promise, mais c'était à Buchenwald, avant son affectation. Ici, c'est moi qui commande et j'ai besoin de cette petite maison pour prendre mes bains. Il n'y a pas une autre baignoire dans le camp et mon chien et moi nous devons prendre un bain une fois par semaine. Ici...

« Ici », c'est le camp de l'usine Martha près de Mulhausen, en Thuringe, à une centaine de kilomètres des miradors de Buchenwald. Ici, dans cette usine qui appartenait autrefois à une famille de soyeux lyonnais, six cents déportés « participent » à l'effort de guerre, en façonnant des ailes de Junker. Ici, peut-être plus qu'ailleurs, on se « hâte lentement ». Les Français, majoritaires, n'ont-ils pas le génie de la débrouillardise et la débrouillardise ne permet-elle pas de saboter sans se faire prendre ? Ici, une amitié rare — scellée entre deux hommes, entre deux « ennemis » — une amitié exceptionnelle dans un camp de concentration va permettre aux déportés de survivre. Le Kommando Martha de Mulhausen fonctionnera un an et, pendant cette longue année, malgré le travail anéantissant, les brutalités, le dénuement le plus complet, tous les déportés sans exception connaîtront, vivront leur libération.

Erling Hansen, le jeune médecin de Saint-Brieuc, est déjà un vieux déporté en arrivant à Mulhausen. Arrêté pour résistance et espionnage en 1943, il a subi les épreuves réservées aux « salauds » de son espèce : isolement, torture, déportation. Protestant, il a tenu parce que son

Nouveau Testament de poche, « oublié » par ses gardiens, s'est ouvert sur le psaume 70.

« Je ne suis plus seul, Dieu est avec moi et avec les miens ; je peux souffrir, la captivité peut être longue, je sais que j'en sortirai vivant, que je ne serai pas abandonné[1]... »

Il ne sera pas abandonné par ses amis médecins de Buchenwald. Ils lui trouveront une place au Revier alors qu'il s'épuisait à la carrière et le sauveront par la suite d'une pneumonie.

À Mulhausen, rien n'est facile. Le commandant du camp et le détenu chef des déportés ont « horreur » des Français en général et du médecin en particulier.

— Pour qui se prend-il ? S'il s'imagine qu'on va lui laisser la maison des concierges...

Le médecin ne décolère pas et lui le timide, l'effacé, le matricule, ose adresser, par l'intermédiaire de « Ferdinand », l'un des responsables communistes du Revier de Buchenwald, un rapport au médecin-chef SS.

Coup de téléphone : « Que se passe-t-il ? ». Le commandant de Mulhausen s'étrangle : « Je vais le faire pendre. » Mais il cède en ruminant sa vengeance :

— Je vous donne la maison des concierges, mais tu ne perds rien pour attendre, montre-moi ton livre des entrées.

Le soir même, un inspecteur SS débarque à Mulhausen :

— Il paraît, monsieur le médecin, que vous réservez vos soins aux seuls détenus français et que vous refusez d'admettre les autres...

Erling Hansen tend le double du « cahier des entrées » :

— Vous pouvez voir que les Français sont moins nombreux au Revier que les Russes ou les Polonais, alors que les Français sont majoritaires dans le camp...

Le médecin oubliait simplement d'avouer qu'il soignait « à domicile » les Français malades. L'inspecteur resta cinq jours. Le commandant, obligé de reconnaître qu'il s'était trompé, obtint une légère compensation : Buchenwald allait envoyer à Mulhausen un Sanitäter-Dientsgrad, un infirmier qualifié, pour contrôler le fonctionnement de l'infirmerie et de son personnel. En attendant, Hansen marqua un nouveau point. Le directeur de l'usine s'étant plaint du mauvais rendement des ouvriers, il le persuada d'offrir quelques marks au Revier :

— Avec cet argent, il me sera facile d'acheter des médicaments en ville, vous aurez moins de malades, d'handicapés, d'exemptés...

1. Manuscrit inédit, janvier 1968. J'ai rencontré longuement le docteur Hansen. Cet entretien et le manuscrit m'ont permis de traiter ce chapitre.

— Vous aurez vingt marks par mois.

* * *

Le SDG, l'infirmier qualifié réclamé par le commandant, porte un nom prédestiné : Friedrich Arzt et Arzt, en allemand, signifie médecin. Le premier contact semble favorable.

— Je n'avais jamais vu un camp de concentration. Je suis bouleversé, docteur.

Il a 44 ans, parle français. Instituteur et socialiste, il a subi en 1933 trois mois d'internement « préventif ».

— Il paraît, on me l'a dit, que vous vous occupez surtout des Français...

Mais très rapidement Arzt s'apercevra que le médecin et son infirmier Colle font leur possible pour sauver les déportés, tous les déportés.

— Je vais faire ce que je peux moi aussi pour vous aider.

Et lorsque Arzt pénètre dans l'infirmerie, il dépose des fruits sur la table du médecin :

— Ce sont des vitamines pour les plus faibles, tenez, j'ai aussi quelques cigarettes. Et puis vous savez... nous sommes seuls... (il chuchote) les Alliés ont débarqué... vous serez bientôt chez vous.

En attendant, le médecin et son ange gardien doivent rendre visite à un nouveau camp, de l'autre côté de la ville. Cinq cents Juives fabriquent des détonateurs à retardement pour les dernières bombes du Reich. Ce Kommando n'a pas de médecin et plusieurs déportées sont malades.

En route, ils rencontrent deux garçons qui mangent des glaces.

— Vous vous rendez compte, docteur, des glaces. J'en ai perdu le goût. Je vais leur demander où on peut en acheter.

Arzt le gourmand se précipite sur les jeunes gens, plantant là son prisonnier en pyjama rayé.

— Allons-y, je connais le restaurant.

Une vieille femme énergique surveille la queue devant la porte. Arzt rougit :

— Je peux passer devant... Je vous confie mon prisonnier.

L'Allemande, horrifiée :

— Il n'est pas dangereux ?

— Oh non ! C'est un gentil médecin.

Médecin... Tout le monde veut poser des questions.

— Vous venez d'où ?

— Pourquoi vous a-t-on envoyé ici ?

Enfin, triomphant, souriant, Arzt sort du restaurant, une glace « kolossale » dans chaque main.

— Venez vite, on va les manger ailleurs ; dans la rue c'est trop dangereux. On va dans la poissonnerie, vous pourrez en profiter pour acheter cette sauce forte de poisson qui fait passer le goût de la soupe du camp.

Dans l'arrière-boutique, ils dégustent les glaces. Arzt sort de sa poche une poire :

— Ceci est un cadeau de la dame du restaurant. Vous n'avez pas fait attention. Je lui ai parlé en sortant, je lui ai raconté rapidement votre histoire, elle m'a dit : « Donnez-lui cette poire de ma part. Il souffre tant à cause de nous. Injustement... »

Erling Hansen offrit la poire à Régine, l'infirmière du camp des femmes.

Quelques jours plus tard, Arzt demanda au médecin :

— Pourriez-vous venir soigner un jeune garçon en ville ?

— Bien sûr !

— Vous ne me demandez pas où ?

— Non ! Vous êtes très gentil pour mes camarades et je ne peux vous refuser un service.

— Vous savez que si vous êtes pris, vous serez fusillé, vous n'avez le droit de soigner que des détenus.

— Vous serez fusillé vous aussi... moi je risque ma vie ici tous les jours.

Ils partent.

— Toujours pas de questions, docteur ?

— Non, je devine que nous allons chez cette dame dont vous m'avez parlé, à qui vous donnez de la nourriture contre des cigarettes.

— Vous avez deviné.

Devant la porte, des femmes bavardent :

— Nous allons revenir. Si on nous voyait !

Deux minutes plus tard, ils s'engouffrent dans le couloir. L'Allemande est jolie. Une trentaine d'années :

— Merci d'être venu, docteur. C'est mon fils, il a quatre ans. J'ai peur de la scarlatine...

Ce n'était qu'une angine.

— Je vous dois combien, docteur ?

— Madame, en Allemagne, je fais de la médecine gratuite.

— Vous prendrez bien une tasse de café ?

Une table, une vraie table. Une nappe, une vraie nappe brodée, et des serviettes, et des tasses, et des soucoupes, et des fleurs sur la table, et du pain blanc, et du beurre, et du sucre... Erling Hansen chancelle devant ces merveilles oubliées. Et des tartines, et des petits gâteaux secs...

— Encore un gâteau, une tasse ?

— Merci, madame.

— Vous savez, docteur, M. Arzt m'a raconté ce qui se passait à Buchenwald et dans votre Kommando. Je n'aurais jamais imaginé. J'ai honte d'être Allemande en ce moment... J'ai honte. Mais je ne peux vous dire cela que parce que nous sommes seuls tous les trois. Si mon mari ou les enfants étaient là, je n'oserais pas, car sans s'en rendre compte, ils pourraient parler et je serais arrêtée... Et puis la Gestapo interroge les enfants dans les écoles pour savoir ce que disent les parents. Oui, j'ai honte...

Elle se lève, se dirige tête baissée, pâle, vers la cuisine. Elle revient radieuse :

— Ma fille est à l'école... J'avais préparé... Je ne peux faire qu'un gâteau par mois, un bon gâteau, aujourd'hui il est pour vous.

C'était un gâteau délicieux, fourré à la crème... Merveilleux. Un gâteau d'autrefois, débordant de rêves et de souvenirs.

— Vous emportez ce qui reste. Ce gâteau n'est rien. Je voudrais que vous sachiez que dans la misère où vous êtes, dans les épreuves que vous traversez, il existe des gens qui pensent à vous. Vous avez toute ma reconnaissance, merci d'avoir risqué votre vie pour mon petit garçon [1].

Arzt et Hansen offrirent la moitié du gâteau à l'infirmière du camp de femmes.

— Nous manquons tellement de tout ici. Mais ça, c'est le plus beau cadeau...

— Je reviendrai demain, avec des « cadeaux » plus ordinaires.

Le matin suivant, le docteur Hansen, les poches bourrées de vieilles chaussettes, de chocolat, de pain, de pruneaux, pénètre dans le Revier des femmes. Sous l'œil d'une gardienne SS, il panse le pied d'une déportée : l'infirmière tient la jambe blessée. Arzt pose une question à la gardienne ; elle recule. Hansen en profite.

— Vous allez venir avec moi, je vais me laver les mains, je cacherai des « trésors » dans le panier aux vieux papiers.

Il se lève et se dirige vers l'autre petite pièce où se trouve le lavabo. Il vide ses poches. Régine n'arrive pas à maîtriser sa joie et bondit sur le docteur Hansen pour l'embrasser... à la seconde même où la gardienne SS franchit la porte. Scandale. Hurlements. Menaces. Arzt sourit...

1. Tous les dialogues sont scrupuleusement authentiques. Le docteur Hansen a pu sauver les carnets sur lesquels il rapportait chaque soir les événements de sa journée, les conversations échangées. J'ai consulté ces carnets.

— Mais voyons, c'est ridicule, vous voyez bien que Régine a glissé sur le sol mouillé et le docteur l'a rattrapée.

En sortant du camp, Arzt demande :

— Que faisiez-vous tout à l'heure ?

— J'avais apporté quelques provisions et des chaussettes.

— Je m'en doutais. Mais vous êtes ridicule, vous avez risqué gros. Pourquoi ne m'avez-vous rien dit ? Vous me donnerez maintenant tout ce que vous voudrez apporter aux femmes. Je ferai vos commissions.

À chaque nouvelle visite, Arzt s'arrangera pour tromper la surveillance de la gardienne SS.

Mais les choses se gâtent. Le commandant convoque tous les SS et leur explique que certains gestes de sympathie — il fixe Arzt — envers les déportés sont inadmissibles ; ce sont tous des bandits. Arzt désormais marche dans la rue trois mètres derrière son « bandit » Le médecin avance dans le caniveau et son gardien sur le bord du trottoir.

— Je vous demande pardon, docteur, c'est moi qui devrais être dans le caniveau et vous sur le trottoir.

La semaine suivante, Arzt brandit une lettre de sa femme :

— Je lui ai parlé de cette histoire de caniveau. Eh bien ! elle pense comme moi, écoutez ce qu'elle écrit : « Celui qui marche sur sa misère s'élève. » Préparez-vous, nous allons au camp des femmes : une jeune doctoresse juive est arrivée. Elle est d'origine hongroise. Elle a beaucoup souffert ; elle a perdu ses parents et a été séparée de son mari. Elle a déjà tenté deux fois de se suicider. Vous allez lui remonter le moral.

Et la vie se poursuit dans le Kommando de Mulhausen. Erling Hansen se consacre totalement à ses malades. Il a obtenu du commandant — Arzt a appuyé sa demande — que les cas graves soient traités à l'hôpital civil de la petite ville. Arzt, ce jour-là, arrive en courant :

— Docteur, je viens d'un autre camp, Nieder Horschel, et savez-vous qui j'ai rencontré là-bas ? Le mari de la doctoresse du camp des femmes. Je vais le lui dire, mais j'ai voulu vous annoncer la bonne nouvelle avant. J'ai une lettre de son mari...

Jusqu'à la libération, Friedrich Arzt jouera le facteur-commissionnaire entre le mari et sa femme.

Un Russe porte à la face des blessures profondes. Il a été assommé à l'aide d'une pelle. Il faut recoudre. Hier, c'était un Polonais frappé par un surveillant de l'usine armé d'un marteau... Les saboteurs reçoivent cinquante coups de Schlague et toujours ces mains, ces doigts écrasés... Devant le Revier, le SS Dinter s'acharne sur un détenu. L'homme s'écroule. Hansen bondit :

— Arrêtez. Arrêtez. Je suis chic pour vous tous. Je vous soigne. Arrêtez pour moi.

— Laissez. Rentrez au Revier...

Le soir même le SS Dinter vient réclamer de la quinine.

— J'ai encore une crise de paludisme. J'ai fini mes comprimés.

— J'ai mieux que des comprimés.

Le médecin s'empare d'une vieille boîte d'ampoules italiennes (1938) et émousse la pointe de l'aiguille. Dinter hurle.

— Vous êtes fou !

Deux heures plus tard sa cuisse a doublé de volume.

— Vous avez voulu me tuer.

— Ce n'est pas de ma faute si votre sang est pourri.

Dinter s'alitera pour trois semaines. Les déportés respireront...

Enfin, le jour de Pâques, le 1er avril 1945. Le commandant rentre de Buchenwald. Il réunit les SS.

— Nous allons descendre tous ces messieurs. Je vous donnerai tout à l'heure vos instructions particulières. Vous, Friedrich Arzt, vous liquiderez les malades, les responsables médicaux... sans oublier le médecin.

Arzt se place au garde-à-vous, fixe son commandant et devant ses camarades, d'une voix ferme :

— Mon commandant, je ne pourrais jamais faire quoi que ce soit contre le docteur ou ses malades...

— C'est un ordre !

— Je ne pourrais pas.

Le commandant dégaine... Les autres SS murmurent.

— Bon, nous reparlerons de tout ça !

Il disparaît.

Le camp finalement sera évacué. Hansen et Arzt, une dernière fois, uniront leurs efforts pour sauver les malades, les plus faibles. Le commandant, à cheval, ferme la marche.

— Mon revolver n'est pas fait pour les chiens.

Après les cinq premiers kilomètres, Hansen se rend bien compte que plusieurs déportés ne suivent pas la cadence. Il s'approche d'Arzt.

— Le commandant va les abattre.

— Ce sont tous des malades. Ils sont restés trop longtemps couchés au Revier, ils n'ont aucune force et il nous reste au moins cent kilomètres.

— Il y a peut-être une solution.

— Si je peux...

— Oui, vous pouvez. Il faut réquisitionner une voiture.

Arzt hausse les épaules.

— Si ça ne tenait qu'à moi ; mais le commandant va refuser.

— Je ne crois pas. Il ne faut surtout pas lui dire que la voiture sera réservée aux faibles. Non ! Vous allez lui dire que tous vos camarades

SS commencent à trouver lourd leur paquetage et qu'ils ont peur que les prisonniers, voyant leurs gardiens essoufflés et embarrassés, n'en profitent pour bondir sur eux ou s'échapper. Vous n'avez qu'à ajouter que vous avez surpris des conversations.

Cent mètres plus loin, le commandant réquisitionne une charrette. Les SS déposent leurs sacs. Arzt se présente une nouvelle fois devant le commandant.

— On peut mettre encore quelques malades...

— D'accord.

Ainsi, de kilomètre en kilomètre, invoquant de « bonnes raisons », Arzt arrivera à faire réquisitionner deux autres voitures... avec leurs chevaux. Tous les déportés du Kommando arriveront en vie devant les barbelés de Buchenwald. Le docteur Hansen demande une dernière faveur à son ami :

— Arzt, je vous remercie pour tout ce que vous avez fait pour nous mais il faudrait éviter la douche à tous les malades. Vous pouvez les faire entrer au Revier sans douche et puis Colle et moi avons des papiers sur nous à protéger de la fouille...

— Bien sûr, docteur, votre journal, vos carnets.

Il donne quelques ordres, les malades prennent le chemin de l'infirmerie. Il saisit le docteur par le bras et, les yeux noyés de larmes :

— Vous venez de me demander une dernière chose et je me suis fait un plaisir de vous l'obtenir. Je crois avoir toujours été honnête avec vous et tous vos camarades détenus. J'ai fait le maximum pour atténuer vos souffrances à tous... J'estime cependant en faisant tout cela n'avoir rien fait contre l'Allemagne, contre mon pays que j'aime... Dieu fasse qu'à l'avenir la paix règne entre nos deux nations...

— Je souhaite vous revoir en France... Dieu vous garde...

Et les deux hommes s'embrassèrent en pleurant.

* * *

Le 22 septembre 1945, le docteur Erling Hansen, de retour à Saint-Brieuc depuis cinq mois, recevait une lettre postée le 16 à Dounoux, dans les Vosges. Elle était signée : « Votre Friedrich Arzt » et écrite en français.

Mon cher monsieur le Docteur,

C'est moi, votre ancien SDG de Mulhausen qui a le courage de vous écrire. Je vous ai toujours regardé comme mon ami. Autrefois, là-bas, si j'étais triste, si j'avais mauvais moral, si les progrès des Alliés me semblaient trop lents, si j'avais perdu l'espoir, je venais chez vous, je vous parlais et je repartais consolé. Peut-être ne l'avez-vous jamais remarqué. Mais c'était ainsi. Vous savez que j'ai préféré vivre dans l'infirmerie, chez vous, chez mes amis, au lieu d'être avec mes camarades allemands. Mais d'abord, j'espère que vous êtes bien arrivé à Saint-Brieuc, à la petite ville sur la mer, chez votre femme, chez vos enfants, et que vous-même allez bien et êtes aussi sain de corps et d'âme. C'est mon désir sincère ! Et moi ! Je suis en captivité depuis le 11 avril, cela veut dire que je me suis précipité dans la captivité à la fin de la guerre, je me suis enfui pour ne pas avoir à tirer. Je n'ai jamais frappé personne dans ma vie, comment aurais-je pu tuer ?

Mais cette captivité, je ne pourrais l'oublier. Presque quatre mois chez les Américains ! On m'a tout pris, ma montre, mon stylo... On ne m'a laissé ni mon manteau, ni une couverture ; il me fallait loger dehors, coucher sur la pleine terre et il a neigé, gelé, plu et le soleil a brûlé cruellement. Et rien à manger... J'ai pensé que j'allais mourir de faim. J'ai perdu vingt kilos. J'avais la figure comme un enfant et mes jambes étaient gonflées jusqu'au-dessus des genoux. Depuis le 6 juillet, les Américains nous ont donnés aux Français et je suis prisonnier des Français, près d'Épinal, et j'attends que l'on me rende la liberté, cette liberté pour laquelle je me suis battu toute ma vie.

Cher monsieur Hansen, vous connaissez mes opinions, nous en avons souvent parlé. Je n'ai jamais été national-socialiste ; ils m'ont fait perdre ma profession, j'ai connu le camp de concentration, j'ai beaucoup souffert, la femme et le fils de mon frère député du Reichstag sont morts, et lui où est-il ? On leur a tout dérobé. Toute notre famille a beaucoup beaucoup sacrifié pour les idées humaines, pour la liberté, fraternité, égalité, pour une entente de tous les peuples. Et moi, j'ai élevé mes élèves à l'école dans le sens chrétien et j'en ai vécu. Mais maintenant, pour combien de temps je suis prisonnier ? Prisonnier chez ce peuple dont j'ai tant aimé la langue, la culture, les hommes. C'est dur pour moi et je suis toujours très triste, souvent désespéré, plein de nostalgie. J'avais cru, la guerre finie, pouvoir retourner dans mon pays pour travailler à la nouvelle construction de notre état... Il a besoin d'hommes fidèles.

Cher monsieur Hansen, n'est-ce pas, vous ne m'avez pas oublié ? C'est impossible. Écrivez-moi. Si vous le pouvez — je suis dépourvu — envoyez-moi quelques cigarettes, un peu de tabac ou quelques francs. Vous avez, maintenant, par avance, ma plus grande reconnaissance et si un jour je suis de retour chez moi, je vous le rendrai cent fois. Aidez-moi dans ma solitude, aidez-moi dans ma détresse, je ne l'oublierai jamais. Depuis la fin de juillet, j'ai la chance de travailler chez un cultivateur, il s'appelle Henri François, à Dounoux, dans les Vosges.

Écrivez-lui, il me donnera tout. Excusez ma longue lettre mais elle était un cri de tout mon cœur... Nous sommes ici vingt camarades, nous couchons par terre sur un petit peu de paille, dans une pièce étroite, c'est pire qu'à Mulhausen ! Peut-être avez-vous une paire de vieux bas pour l'hiver ? Ou un peigne... Je n'ai pas de lames pour me raser. Si j'avais un peu d'argent, je pourrais m'acheter quelques fruits (vitamines). Aidez-moi, monsieur, si c'est possible, je vous redonnerai tout, comme je l'ai déjà dit, lorsque je serai chez moi. Ayez pitié de moi, écrivez-moi une fois, soyez fidèle comme je l'étais avec vous et avec tous les Français. J'ai aidé lorsque je le pouvais.

Votre Friedrich Arzt.

J'imagine, pour avoir vu Erling Hansen pleurer en me lisant cette première lettre d'Arzt, vingt-cinq ans après l'avoir reçue, j'imagine l'émotion et sans doute aussi l'indignation ressentie par l'ancien médecin déporté. Le jour même, des colis partaient pour la ferme des Vosges.

Dounoux, le 30 septembre 1945.

Mon cher monsieur Hansen,

Aujourd'hui, c'est une fête pour moi ! Mon cœur est tout rempli de joie et je ne trouve pas les mots pour exprimer ce que je ressens. J'ai reçu votre lettre. Comme elle m'a fait heureux. Il me faut pleurer, je suis allé dans un coin pour être tout seul, pour ne pas être dérangé, pour penser à vous, pour vous dire ma plus grande reconnaissance pour votre fidélité, pour votre bonté, pour vos remèdes du cœur. Vous êtes un vrai médecin. Depuis que j'ai reçu votre lettre, je suis un autre. Le médecin m'a aidé !

Pendant la semaine, je n'ai pas le temps de vous écrire ; il me faut travailler de six heures du matin à neuf heures du soir. Reste le dimanche, mais on n'a pas, même ce jour, beaucoup de repos. Le matin, même travail qu'en semaine et l'après-midi il faut garder les bêtes. Maintenant, par exemple, il est sept heures, peu de lumière dans la pièce, je suis assis sur le plancher, une boîte sur les genoux ; dans une telle position, comment écrire à un ami ? Mais « à quoi bon le nier », c'est la joie qui mène ma main pour écrire ? Excusez-moi ! Aujourd'hui, ce matin, j'ai reçu un colis de Saint-Brieuc, de M. Hansen. Il y avait du miel, du chocolat, des cigarettes, des conserves. Quelle joie ! Et qui pensez-vous est arrivé à midi ? Votre frère, le deuxième Erling. Quelle ressemblance avec vous ! Quel optimiste ! Il est la clef d'un bon moral. Et j'étais consolé quand il est parti. Il m'a donné l'espoir de retrouver ma liberté. J'ai la confiance d'être chez moi pour Noël. Et qui remercier, sinon vous, monsieur Hansen. Que je suis heureux d'avoir avec moi un tel homme, fidèle, un si fidèle ami français. Votre frère m'a donné des cigarettes, du chocolat et du tabac. C'était vraiment une fête pour moi ; comme si c'était Noël. Je n'oublierai jamais, de toute ma vie, ce 30 septembre. Je vous promets d'être fort, de ne pas désespérer, de porter mon destin jusqu'au jour où je regagnerai ma liberté, par vous. J'ai confiance en vous et en votre frère, parce que je crois que vous ferez tout pour me redonner la liberté. Je compte déjà les jours. Je veux travailler beaucoup, mais être libre. Le travail que je fais ne représente rien pour moi, il demande beaucoup de force puisqu'il est inhabituel, aussi je suis fatigué le soir, tant le corps me fait mal. Voyez, monsieur Hansen, vous avez eu le bonheur pendant votre captivité de travailler dans votre profession, c'était beau pour vous, vous avez été heureux d'aider vos camarades et les autres détenus. Et quels résultats avez-vous eu ! Vous pouvez être fier. Je vous ai quelquefois glorifié. Et moi aussi je voudrais travailler comme instituteur. Ne serait-il pas possible de le faire dans une ville ou un village d'une région occupée par les Français. Ne peut-on pas gagner la nationalité française. Je suis un ami de la France et de son peuple et je le resterai. Malgré tout...

Le docteur Hansen, aidé par de nombreux amis de Mulhausen, prépara des attestations, expédia des dossiers, frappa à toutes les portes ; enfin, le 28 février 1946, le général Buisson, directeur général des « Prisonniers de guerre de l'Axe », pouvait répondre au médecin de Saint-Brieuc :

« J'ai l'honneur de vous faire connaître que j'ai donné les instructions nécessaires pour la libération de l'intéressé... »

« L'intéressé » ne retrouvera les siens qu'au mois de juin 1946.

Mon cher, cher monsieur Hansen,

Je suis arrivé à la maison, j'ai eu la grande joie d'embrasser ma femme et mes enfants. Quel amour, quel bonheur, quelle joie en les revoyant en bonne santé. Ce moment du retour sera inoubliable. Comment imaginer que je peux être chez les miens, que je suis libre, que je peux travailler pour une meilleure Allemagne, que je peux éduquer la jeunesse dans la justice, l'amour des hommes... Cela, tout cela, c'est à vous que je le dois. Sans votre bonté, sans votre amitié, sans vos démarches, je serais encore en captivité.

D'autres lettres, d'autres preuves d'amitié et puis un jour, le silence, le long silence... Les enveloppes reviennent. Le 12 mars 1959, enfin :

Dresde.

Cher docteur Hansen,

Il y a longtemps que j'essaie de vous écrire. Déjà, en 1957, je vous ai adressé une lettre, elle me fut retournée avec la mention : « Ne peut être transmise. » À cette époque, aucune lettre ne pouvait parvenir en France...

Et maintenant, il me faut vous annoncer la triste nouvelle. Vous aussi, Docteur, vous en serez bouleversé. Mon mari est mort le 11 avril 1950, après une longue maladie. Il était atteint d'un cancer du rein. Depuis mars 1949, date de son opération, je l'ai soigné jusqu'à son dernier souffle. Vous qui êtes médecin, vous pouvez imaginer combien ses derniers moments furent malheureux. Et je me demande encore aujourd'hui s'il y a une justice sur la terre, puisqu'un homme aussi noble que le fut mon mari peut disparaître d'une manière si cruelle. Bien souvent encore, je pleure en y pensant.

Je n'eus pas de repos tant que je sus que je ne pouvais rien vous faire savoir et surtout en pensant que vous alliez croire mon mari infidèle. Cela il ne l'aurait pas mérité. Je peux vous assurer qu'il a souvent pensé à vous avec beaucoup de sympathie et aussi à cette période pénible vécue à Mulhausen. Son plus cher désir était d'aller vous voir en France. Afin que vous ajoutiez foi à ces paroles, je vais vous raconter quelque chose. Le soir de Noël 1949, peu de temps avant sa mort, j'avais trouvé pour mon mari une bonne bouteille de vin français. À cette époque c'était un don précieux. Quand je la mis près de lui et qu'il lut l'étiquette, il commença à sangloter. Il ne pouvait s'arrêter. Mes enfants s'étonnèrent en voyant qu'au lieu de se réjouir il pleurait tant. Mais moi je le comprenais puisque je savais ce qui se passait en lui et qu'il avait conscience qu'il ne vous reverrait plus, cher docteur Hansen...

Elisabeth Arzt et ses filles.

XXVIII

DORA

Tout au long de l'été 1943, les bombardiers britanniques s'acharnèrent sur les centres de fabrication des V1 et V2. La grande base de Peenemünde, cerveau des armes secrètes, disparut à jamais dans un feu d'artifice gigantesque. Le Reich décida alors d'enterrer ses nouvelles usines. Les collines du Harz, près de Nordhausen, furent choisies pour abriter la principale : Dora.

Cent sept déportés quittèrent Buchenwald pour commencer les travaux. De ce groupe, sept devaient survivre, parmi eux le docteur Grœneveld, premier « infirmier » de Dora.

« Oui [1] infirmier, car le Revier devait être dirigé par le Kapo. Ouvrier métallurgiste, il maniait le scalpel. Il était interné depuis dix ans. Il faut avouer que l'expérience et l'habileté ne lui manquaient pas, mais au prix de combien de victimes... Il nous traitait d'intellectuels capitalistes d'une manière très méchante. Les deux premiers mois, pas d'eau, pas moyen de se laver et de changer de vêtements, manque de sommeil et de nourriture. Presque tout le monde brutalisé par les SS.

En trois mois le camp compte déjà quatre mille habitants qui vivent, travaillent et meurent comme ils peuvent :

---

1. Manuscrit inédit du docteur Grœneveld (février 1968). Arrêté une première fois à Nimègue, aux Pays-Bas, en 1942, il s'évade et décide de gagner l'Espagne. Arrêté à Paris dans le métro et dirigé sur Buchenwald. Après un stage à la terrasse, devient infirmier, s'occupe de la morgue et travaille au « Musée » où les spécialistes préparaient des abat-jour et des portefeuilles en peau humaine (Ilse Koch choisissait elle-même les spécimens « humains » qui affichaient les plus beaux tatouages et les faisait exécuter par son Kapo préféré). Puis le docteur Grœneveld est désigné pour le premier transport de Dora.

« En [1] octobre 1943, je fus transféré à Dora comme ouvrier qualifié. Quelle horrible image ! Un camp sans baraquements ; pataugeant dans la boue jusqu'aux chevilles, nous entrâmes après neuf heures d'attente dans un tunnel. Rien qu'un terrible fracas, des sifflements, des cris perçants, des criaillements, des bruits de minage, d'explosions, de percements. Pas d'ampoule pour que l'on puisse voir, tout n'était qu'un nuage de poussière. Les détenus étaient blancs des pieds à la tête. Après une marche de trois quarts d'heure en file indienne, nous arrivâmes dans la fameuse galerie qui allait nous servir de dortoir. Nous fûmes logés dans des châlits de bois de quatre étages superposés. Les paillasses de papier étaient presque vides. Par contre, nous trouvâmes en abondance des puces, des poux, des mourants, des morts, des malades atteints de dysenterie, des typhiques, des hommes aux jambes malades, sans bandage, et des corps purulents.

« C'était une confusion complète dans l'atmosphère empestée du soufre... des explosions. Chacun étouffait par manque d'air car il n'y avait pas de ventilation. Nous devions vivre là pendant des semaines et des mois, sans voir la lumière du jour. Dans des passages semblables, galeries et halls, enchevêtrés, encore et toujours des morts et des mourants ; des hommes assommés, des cadavres le crâne fracassé. Des trains, chargés du ciment destiné à fabriquer le béton, roulaient, l'un après l'autre, dans les galeries, à un rythme infernal. Pour accélérer encore la cadence, les SS frappaient sans répit avec des gourdins, la crosse de leurs fusils, des barres de fer ; peu importait où tombaient les coups, sur la tête, les épaules, le dos, au hasard. »

Et le docteur Grœneveld, qui recevra par la suite l'aide de nombreux médecins déportés, se lance dans le terrible apprentissage de la médecine concentrationnaire :

« Chaque jour, devant ma baraque, le même spectacle. Un vrai combat. Je disposais de quarante places pour deux cents déportés sérieusement malades et qu'il fallait absolument hospitaliser. Tous ces hommes se pressaient, se bousculaient, jetant leurs dernières forces dans la bataille qu'ils livraient pour franchir la porte du Revier. Ils suppliaient, voix faible, yeux creux, pour être admis, sachant qu'un refus équivalait à la mort. Aujourd'hui, en écrivant vingt-quatre ans après ces quelques lignes, j'ai encore le cœur serré, des tremblements, car j'étais, moi, médecin, forcé de temps en temps devant l'insistance des malades de les frapper et de les mettre à la porte. Personne ne peut imaginer une telle situation. De moi, comme d'un petit dieu, dépendait le destin de tant de camarades. Au début, j'inscrivais les plus malades, par la suite

1. Témoignage présenté par *Le Patriote Résistant*.

ceux qui l'étaient moins. Ils avaient de la sorte une petite chance de survivre. Presque tous les autres allaient mourir. Dans l'époque la plus dure, je comptais tous les matins entre cent cinquante et deux cents morts, dans mon hôpital. Je dis ''mon'' car après quelques mois les SS me nommèrent médecin-chef. Ils m'avaient demandé de soigner des SS, j'avais refusé cet honneur. Je n'étais qu'infirmier. Alors ils m'appelèrent ''docteur'' et me nommèrent à la tête du Revier. »

Responsabilité délicate dans ce monde fermé, privé de tout, au cœur de la souffrance, des délires, de la mort.

« Quelle atmosphère dense, puante, terrifiante ! Quelle farce, pensera-t-on, de faire la visite deux fois par jour, alors que l'on ne dispose d'aucun médicament. Je ne crois pas que ce fut inutile. On m'a dit depuis la fin de la guerre de nombreuses fois que, au cours de ces visites, un bon mot ici, une gentillesse là donnaient aux malades l'impression d'être enfin considérés comme des hommes. Avant de pratiquer une incision très douloureuse, comme nous n'avions pas d'anesthésique, il nous fallait assommer le malade... Lorsqu'il était ''groggy'', j'opérais. Quelle horreur pour un médecin ! Une fois je devais amputer un collègue russe du bras droit. Ne disposant d'aucun instrument, j'utilisai une scie à bois. Quand je changeai après quelques jours les bandages de papier, les vers grouillaient dans le moignon. Quelle admiration j'avais pour d'autres médecins du Revier, toujours prêts à aider, toujours de bonne humeur. Je me souviens de ''papa'' Girard (Louis Girard, oto-rhino de l'hôpital Saint-Joseph), soixante ans bien comptés, tenace, d'humeur égale, efficace, un vrai sage ; et l'admirable Maurice Lemière qui sortait à quatre heures du matin en récitant Molière... J'arrête car, même après vingt-quatre ans, penser à la vie et au travail des ''médecins de l'impossible'' est trop émouvant pour moi. »

*
* *

La résistance intérieure s'organisa au Revier. La direction clandestine de Buchenwald avait chargé un médecin tchèque, Juan Cespiva, de faciliter et de diriger les actions de sabotage :

« Lorsque [1] je recevais une fiche de maladie ou un dossier de maladie sur lesquels était perforée la lettre A, je savais alors qu'il s'agissait d'un spécialiste. Afin qu'il soit incorporé dans le groupe où sa présence était nécessaire, je faisais signer par le médecin SS du camp, le docteur Kahr,

1. Témoignage du docteur Cespiva publié quelques mois avant sa mort, en 1964, à Prague. (Cité par *Le Patriote Résistant*.)

une feuille de maladie. J'étais donc un dispatching du sabotage. En raison de mon activité, j'avais la possibilité de mettre les spécialistes à la place de travail convenable. Ces camarades avaient été auparavant choisis par les dirigeants de leurs groupes nationaux. Grâce à cette coopération, nous savions aussi quels spécialistes étaient exigés dans les différents domaines. Afin d'accélérer ce processus, nous avons, en particulier vers la fin de l'année 1944, falsifié la signature du médecin SS du camp, le docteur Kahr. Le spécialiste de ce travail fut le camarade Pollak qui appartenait à notre groupe et travaillait au camp de Dora comme secrétaire de l'infirmerie. C'est ainsi que tous les ingénieurs électriciens et d'autres furent tout de suite recensés par la direction clandestine du camp, et placés au montage des systèmes de guidage à l'arrière des engins et à d'autres tâches aussi importantes pour le sabotage, en particulier des V2. Ils reçurent la tâche de ralentir la production par tous les moyens, de modifier la tension dans les relais des récepteurs de guidage. D'autres groupes endommagèrent les gicleurs incombustibles et d'autres pièces décisives dans le fonctionnement des missiles. Ainsi, une grande partie des engins ne purent être lancés, ne démarrèrent pas ou tombèrent en cours de route.

« Mais nous devions observer des règles de prudence très rigoureuses. Les nouveaux arrivants devaient être sévèrement observés. Certains prétendaient venir d'une prison ou d'un camp bien déterminés, mais, par des questions habilement posées, les membres du service de sécurité de l'organisation clandestine pouvaient parfois constater qu'il s'agissait d'affabulations et que ces gens étaient utilisés comme mouchards par les SS et cherchaient à s'infiltrer dans notre organisation. Notre groupe avait en outre la tâche de maintenir la liaison avec le camp de Buchenwald. J'avais un homme de confiance à Buchenwald, qui était le camarade Emil Hrsel ; tout comme moi, il possédait un ''Précis de médecine pratique'' qui renfermait un code. Je plaçais les nouvelles à l'avant-bras des cadavres avec l'aide d'une bande de papier (le crématoire de Dora n'ayant été terminé qu'à la fin de 1944, les transports se succédaient à destination de Buchenwald). Les détenus antifascistes travaillant au crématoire de Buchenwald étaient chargés de prévenir immédiatement le camarade Emil Hrsel dès qu'arrivait au crématoire un cadavre portant un pansement à l'avant-bras gauche. Aussitôt Hrsel s'emparait de l'information transmise sous le pansement, en prenait connaissance et la transmettait de suite au comité international de Buchenwald. Un deuxième moyen de communication fut établi de la façon suivante : nous recevions quelques médicaments de Buchenwald et nous utilisions les fioles de médicaments qui étaient transportées d'un endroit à l'autre pour cacher dans leurs bouchons des messages clandestins. Des infirmiers du Revier transmettaient ces messages aux camarades responsables du comité international de Buchenwald qui nous aidaient de leurs conseils... »

Jan Cespiva prépara également en compagnie du major soviétique Jelowoï, la révolte armée des détenus. Ils disposaient d'armes, de grenades, d'explosifs. Le médecin réussit pendant trois mois à donner double ration de nourriture aux membres du groupe qui devaient, dans la nuit de Noël 1944, attaquer les SS. Mais les Allemands, prévenus par un « mouton », décimèrent l'organisation clandestine. Cespiva, enfermé au secret, réussit à sortir quelques jours avant son exécution pour pratiquer aux côtés du médecin SS Kurzke une intervention chirurgicale urgente. Après l'opération Kurzke serra la main du médecin déporté :

— Maintenant débrouillez-vous. Je pense que vous saurez vous cacher.

Et Cespiva se terra dans un Block jusqu'à l'évacuation du camp.

Deux des médecins SS de Dora, Kahr et Kurzke, se comportèrent toujours en médecins. Ils sont tous deux vivants aujourd'hui et exercent l'un en Allemagne de l'Ouest, l'autre en Autriche. Le troisième, par contre, Konig, est toujours recherché pour crimes de guerre.

« Kahr [1] agissait d'abord en médecin. C'est à lui qu'on doit l'organisation médicale et administrative du Revier : création d'un service de consultation pour médecine interne et externe, pavillon de chirurgie, de maladies contagieuses. Il profitait de sa situation pour s'initier à la chirurgie sous la direction de détenus spécialistes (en particulier sous les ordres du docteur Poupault qui enseignait au "maître" SS comment traiter les ulcères d'estomac. La collaboration cessa avec l'arrestation de Poupault pour résistance et sabotage). Kahr, distant et hautain, paradait volontiers dans son uniforme. Il venait deux fois par jour à l'hôpital, le matin pour opérer, l'après-midi pour ses visites et pour travailler au laboratoire qu'il avait créé et dont il était fier. Bien sûr, il s'est fait la main sur les détenus, mais pour nous, déportés, c'était un immense progrès. Avant lui, les opérations étaient pratiquées par un maçon. Il a, de plus, défendu son Revier avec acharnement, si bien qu'il a été envoyé en disgrâce dans quelque camp de l'Est. J'étais à l'époque très allergique à l'uniforme SS, fût-il rempli par un médecin, et nos relations ne furent jamais que techniques. Je l'ai souvent roulé pour protéger des camarades. Le deuxième médecin, Kurzke, une tête de Prussien, mais homme de cœur, a sauvé la vie de nombreux détenus en leur accordant des repos (Schonung) d'une durée bien supérieure à celle prévue par le

1. Témoignage de Marcel Petit, ancien directeur de l'École vétérinaire de Toulouse. Arrêté en avril 1943 (manuscrit inédit, décembre 1967).

règlement. Son commandant le lui a souvent reproché ; il risquait sa place, mais il a tenu bon jusqu'au bout. J'ai passé douze mois au Revier de Dora, affecté au laboratoire dirigé par un autre détenu, J.-P. Ebel, ex-assistant de la faculté de pharmacie de Strasbourg. Alors que j'étais employé à la terrasse, je fus frappé de pneumonie. Un ami retrouvé, le docteur René Morel, me fit entrer au laboratoire. Le docteur Grœneveld m'a sauvé en me procurant ce qui était le plus rare, des sulfamides.

* * *

Ellrich, camp près de Dora, creusait également ses galeries :

« Pour jouir [1] de quelques jours de repos, il suffisait de se mutiler. La bonne blessure, que nombre de mes amis n'ont pas hésité à se faire ou à se faire faire, était de laisser traîner la main entre deux tampons, sur un rail, dans l'espoir de pouvoir être soigné par un médecin français dont je ne pourrais jamais faire assez d'éloges, tant il a sauvé de vies humaines avec ses mains et beaucoup de bonnes paroles. Je n'ai pas à taire son nom, c'est le docteur Pierre Segelle, décédé depuis. De cette blessure dépendait bien souvent de pouvoir rester en vie et on avait l'espoir aussi d'être envoyé à l'infirmerie de Dora où, paraît-il, la soupe était bien meilleure et la ration plus forte ! Beaucoup ne réussirent qu'à rester à Ellrich avec des plaies affreuses, purulentes, et le chirurgien-charcutier allemand, Heinz, fourreur de son métier, appliquait un beau morceau de papier dessus pour ne plus les voir. J'eus le plaisir d'être consultant à la visite, pour des furoncles qui, à Paris, m'auraient tenu au lit pendant des jours. En tel cas, il se lavait les mains — pas toujours car la file des patients était sans fin — ramassait un bistouri qui venait de servir pour un autre, et l'enfonçait jusqu'à temps qu'on gueule, pressait le pus et vous collait une belle bande de papier en disant : *"Fertig, Arbeit."* J'en eus en tout une cinquantaine, mais je m'arrangeai ensuite pour les soigner moi-même, tous plutôt mal placés, naturellement.

« L'infirmerie ? Figurez-vous un taudis sur la zone ou ailleurs, des lits à plusieurs étages, des morts dessus, dessous, partout. Des excréments aussi ! Un chacal ou une hyène s'y serait senti mal à l'aise. Nous étions nus. Nos vêtements étaient utilisés pour vêtir ceux qui allaient travailler et nous restions à deux par lit, pelotonnés sous une couverture, bien heureux d'être au repos jusqu'au jour de la sortie, ce qui ne tardait jamais, d'une façon comme de l'autre... »

---

1. Témoignage de Roger Le Dreux (*Patriote Résistant*, mars 1966).

L'exécuteur du Revier n'avait pas vingt ans. Rudi, Tzigane déporté à l'âge de onze ans, tua plusieurs agonisants de ses propres mains. Il accablait les malades de coups et de quolibets. Il aimait la musique et gardait un souvenir ému de sa mère. Pour elle, il sculptait à longueur de journée, dans la pierre tendre, des petits tombeaux ; puis il obligeait le médecin français à composer des épitaphes. Il écoutait le texte, approuvait en général et ordonnait au médecin de graver l'épitaphe sur ces monuments funéraires de poche...

XXIX

LES TROIS BONS LARRONS D'HINZERT

— Médecin ?
— Oui.
— Vous parlez allemand ?
— Oui.
— Vous serez employé à l'infirmerie à partir de demain. Vous avez le droit de garder votre montre et votre stylo.

Le docteur André Chauvenet [1] était sauvé en arrivant au camp d'Hinzert par ce simple interrogatoire du « Kommandeur » Spornberg. Le docteur Georges Jagello réussit également avec succès ce bref examen de passage. Le troisième médecin de ce convoi, parti de la gare de l'Est le 10 octobre 1942, le docteur Augustin Chabaud, devait rejoindre ses amis au Revier un peu plus tard « en plusieurs temps ».

Hinzert, ancien camp de travail obligatoire pour les jeunesses hitlériennes, baraques vert sombre dans un nid de sapins, était à l'époque le véritable centre de triage des déportés luxembourgeois. Ils étaient accueillis par le « Kommandeur », l'homme au chien.

« Les mains enfoncées dans les poches de son manteau, on le voyait souvent traverser la cour du camp, suivi d'un énorme berger dont la gueule était plutôt inquiétante. Spornberg allait la tête penchée, ses

1. André Chauvenet, chirurgien à Thouars, venait de « subir » neuf mois de Fresnes. Après Hinzert, il connaîtra d'autres prisons, d'autres camps. Nous le retrouverons dans la suite de ce livre. À son retour de déportation, il devait publier *Une expérience de l'esclavage* (Imprimerie nouvelle, 47, avenue Victor-Leclerc, Thouars). Livre « prodigieux », comme l'écrira Rémy, bâti sur les observations, les souffrances de trois ans et trois mois d'emprisonnement et de déportation. Si Chauvenet et Chabaud retrouveront la France, le troisième médecin français du camp d'Hinzert, Georges Jagello, sera décapité par les SS.

yeux bleus durs, aux conjonctives légèrement jaunes et injectées de sang, épiant autour de lui, le plus souvent flanqué d'un autre officier, le Untersturmführer Heinrich, appelé ''Napoléon''. Cette brute alcoolique à la voix énorme était une vague caricature de l'Empereur mais, pour ma part, je trouvais qu'il ressemblait davantage à un énorme crapaud. La silhouette de ces trois compères, se détachant sur le front sombre des baraques, suffisait à créer une atmosphère d'angoisse. Le mépris de Spornberg pour les Français était considérable. Il n'entrait jamais dans une chambrée sans s'écrier : ''Ça pue ici ! Cochonnerie !'' Je l'ai vu, moi-même, battre des camarades avec d'énormes pieux qu'il avait de la peine à mouvoir. »

Heinrich demanda un jour une consultation au docteur Chauvenet. Il souffrait d'une épaule. Le médecin l'examina, énonça son diagnostic et proposa un traitement. Heinrich ne prononça aucune parole. La consultation terminée, pour tout remerciement, il hurla :

— Fous-moi le camp !

Mais la « figure » d'Hinzert, la grande trogne, restera Josef Brendel, un ancien tailleur de pierre, adjudant par vocation, maître absolu du Revier dont il était le « médecin-chef ».

« Grand, gros, rose et blond, Brendel, que nous appelions aussi Eugène dans notre langage de sécurité, entretenait soigneusement son inestimable personne en buvant beaucoup, énormément même et en faisant jusqu'à neuf repas par vingt-quatre heures ! Il lui arrivait de rester plusieurs jours en état d'ivresse continue, ce qui ne l'empêchait pas de mener ses petites affaires et de ne pas perdre de vue ce qui se passait au Revier... Nous étions ses esclaves et il n'était pas peu fier de nos qualités : trois médecins, un ingénieur, deux professeurs, un dentiste, un coiffeur attachés à sa personne, un ''tampon'' capitaine des armées luxembourgeoises, et j'en passe... Notre maître se faisait des ''amis'' parmi les autres SS en leur prêtant ses esclaves. Chabaud était devenu masseur. Parfois Brendel gueulait : *''Die drei Ärzte !''* (Les trois médecins.) Nous arrivions et il fallait, à nous trois, soigner un tout petit bouton qu'il avait sur la nuque ou sur la joue. »

Lorsqu'un membre de la Gestapo ou un SS demandait à Brendel une consultation, ce dernier se précipitait sur un médecin :

— Lavez-vous les mains et examinez Monsieur l'Officier.

Aujourd'hui encore, le docteur Chauvenet se demande comment ces « séances » ne se sont jamais mal terminées car il ne pouvait réprimer son envie de rire. Un hôtelier de Reinsfeld, « Monsieur » Kühle, fut un patient qu'il fit un peu traîner en longueur. Brendel présidait chaque visite.

— Lave-toi les mains. Enlève et va suspendre le chapeau et le manteau de Monsieur Kühle. Fais son pansement.

Le travail fini :

— Aide Monsieur Kühle à remettre son manteau.

Et le bon Monsieur Kühle glissait dans la main du « bon docteur », un gros paquet de « bonnes » cigarettes.

— À bientôt Monsieur Kühle.

— Au revoir Monsieur Kühle.

Ces soirs-là, les médecins, les infirmiers et les malades grillaient les cigarettes de l'hôtelier.

Brendel ne se couchait jamais avant 2 heures du matin, ivre mort en général. Il passait la soirée à peaufiner ses trafics, à courir sur sa moto tavernes et maisons de rendez-vous. Lorsqu'il arrivait au Revier, il avait comme toujours oublié sa clé et l'infirmerie devait être bouclée de l'intérieur pour éviter les visites ou les entrées clandestines. En jurant, il s'acharnait sur la porte. Un médecin ou un infirmier allait ouvrir. Brendel l'accueillait en l'insultant ou en l'embrassant. Le « concierge » devait alors décharger la moto des rapines de la soirée. Une nuit, le professeur Biermann, « infirmier » luxembourgeois, dormait avec ses vingt malades.

— Je m'étais couché harassé et ne percevais ce tapage que dans un demi-sommeil ; j'entendis un camarade se lever dans la chambre à côté, pour ouvrir. Mais notre maître et seigneur se trouva fâché que je ne fusse pas moi-même venu. Je m'étais rendormi lorsqu'un violent coup de pied fit voler la porte. La lumière d'une lampe électrique brilla et au même moment un sifflet strident nous pénétra jusqu'à la moelle. Nous nous réveillâmes, certains en criant. Brendel se tenait dans l'ouverture de la porte.

Il s'adressa au professeur Biermann :

— L'infirmier responsable dort ? J'aimerais que l'on vînt au rapport lorsque j'arrive.

L'infirmier aveuglé, écrasé de sommeil se redresse sur son lit :

— Salle deux, vingt malades et un infirmier, rien à signaler.

Brendel s'étouffe de colère.

— Quoi ? Est-ce un rapport ? Hors du lit, au garde-à-vous ! Répétez !

— Salle deux, vingt malades et un infirmier, rien à signaler.

Brendel toujours hurlant, bouffi, prêt à éclater :

— Tout le monde au garde-à-vous.

Biermann, tout à fait éveillé cette fois, proteste courageusement :

— Il n'y a ici que des malades graves, quelques-uns sont paralysés et incapables de se lever.

— Comment ? Refus d'obéissance ? Vous allez voir.

Il arpente la pièce, réfléchit et ordonne :

— Au prochain coup de sifflet, tous hors du lit. Toi l'infirmier, au lit, pauvre chien ! Au deuxième coup de sifflet, tout le monde dans les couloirs. Au troisième, tous dans la salle de bains pour y prendre seaux et balais. Toute la nuit on nettoiera le plancher.

Biermann se précipite sur les moins malades.

— Il faut y aller.

Péniblement les hommes se lèvent et, s'appuyant les uns sur les autres, se dirigent vers les seaux, les balais.

Brendel ouvre la porte de sa chambre :

— Allez tous au lit.

Biermann est obligé de laver trois malades qui avaient, de peur, souillé leur lit. Lorsqu'il eut terminé, à 5 heures, la journée de travail commençait.

Une autre nuit, Josef Brendel décida de faire asseoir sur le poêle rouge un déporté. On imagine les hurlements « musicaux » de ce Français, chef de chœur à la Comédie-Française. Un SS à peu près lucide mit fin à la tragédie.

* * *

Un autre fantaisiste exerçait au Revier, le Kapo Georges Shaf. Ivan le Terrible pour ses amis et ses ennemis. Le docteur Chauvenet était bien obligé de le pratiquer quotidiennement :

« Chaque matin, un coup de sifflet appelait, devant la porte du Revier, les détenus qui s'étaient déclarés malades. Avec plus au moins de patience et de brutalité, ils étaient réunis, alignés, comptés, appelés par le SS de service. Les plus malades étaient parfois apportés par leurs compagnons. Après quoi ils entraient dans le vestibule très froid et souillé de boue ou de neige laissées par les chaussures. Là, ils devaient se mettre complètement nus. Exception faite pour ceux qui avaient une lésion limitée aux mains ou aux pieds. Mais il fallait toujours se déchausser dans le vestibule. Puis ils entraient dans le couloir, dont les deux fenêtres de bout étaient, en général, ouvertes "à cause de l'odeur". Et l'attente commençait. Elle était longue. D'abord parce qu'il en plaisait ainsi à Brendel, ensuite parce que la visite des détenus était précédée par celle des SS : occasion de parlotes, de discours, d'audition des nouvelles braillées par la TSF ; occasion hélas ! aussi de passage fréquent de spécimens de la race des seigneurs dont chaque entrée devait être saluée d'un "Achtung" et du garde-à-vous, et qui ne manquaient jamais de donner quelques bourrades pour la beauté de l'alignement à ces pauvres bougres, nus et gelés, qui n'avaient ni le droit de s'asseoir ni celui, quel que fût leur état, de s'appuyer contre les cloisons du couloir. C'est là que l'Oberscharführer Georges Shaf, dit "Ivan le Terrible", trouvait le plus d'orteils nus à écraser. Il regardait attentivement les pieds et soudain, à l'aspect de l'un d'entre eux qui semblait lui convenir particulièrement, son visage se durcissait encore davantage et, avec un rictus accentué qui tordait sa bouche, il posait son talon fortement ferré sur les orteils qu'il avait choisis. Il se dressait de tout son poids et faisait faire à sa lourde botte plusieurs mouvements de rotation tandis qu'avec un méchant sourire il regardait la victime. Si celle-ci manifestait sa douleur, il prolongeait le jeu. Si elle restait impassible, il n'insistait pas. Son autre occupation favorite était d'aller avec un autre de ses compères, soit l'épais et brutal Pammer, soit Lühngrün à la face de renard et aux jambes arquées, devant la porte des cabinets. Là, il jetait des seaux d'eau glacée sur les détenus qui occupaient les lieux. Il poussait des hurlements, faisait sortir les pauvres bougres où qu'ils en fussent, et leur tapait dessus parfois très durement. Cela, bien entendu, se passait en hiver et mes camarades n'avaient pas de vêtements de rechange pour se sécher, ni feu. »

Ivan le Terrible trouva cependant son maître en la personne d'un instituteur luxembourgeois. Le Kapo venait de le frapper. L'instituteur rassembla toutes ses forces dans un magistral coup de poing qui envoya Ivan dans la boue. La raclée qui suivit fut, elle aussi, magistrale. Comme le Luxembourgeois ne tombait pas assez vite, Ivan s'empara d'une hache et frappa deux fois...

Reprenons la consultation au Revier. Donc, Ivan le Terrible a écrasé sa ration d'orteils. Les médecins et les infirmiers arrivent à kidnapper les plus malades et à les faire asseoir dans une pièce fermée où ils attendront l'heure H :

« Mais nous ne pouvions pas le faire pour tous, et c'était navrant. Quelle collection de corps décharnés, d'yeux sans regard, de ventres ballonnés, de jambes et de pieds enflés et le plus souvent ulcérés, s'offrait à nos yeux. Nous allions (quand nous le pouvions) de l'un à l'autre et essayions de débrouiller chaque cas rapidement, "en vitesse", pour essayer de discerner les plus atteints et d'intervenir à temps auprès de Brendel. Comme nos camarades luxembourgeois A. Bœver, P. Biermann, Jenny Weyland, Jacoby, Waggener, Legrand, nous ont aidés et bien aidés dans ce travail préliminaire. Et puis, sur un rugissement de Brendel : "Der Erste" (Le premier) la consultation commençait. Après une perte de temps stupide, il fallait subitement que tout aille à un train d'enfer. Le maître avait demandé la présence de son Stab et de son Ständchen, son état major et sa baguette [1]. Dans la pièce voisine, la salle d'opération, la TSF allait ''plein gaz''. À côté de Brendel, des SS qu'attirait le spectacle parlaient entre eux et injuriaient les entrants ; dans le vacarme, le Kapo A... S... gueulait tant qu'il pouvait (il pouvait beaucoup) et exigeait que le numéro des prisonniers fût crié à haute et intelligible voix. Les malheureux n'en pouvaient plus, mais le Kapo les injuriait et, surtout s'il avait affaire à des Français, leur faisait honte de leur... paresse et les faisait recommencer vingt fois.

« Dans les premiers jours de notre séjour, nous, les médecins, nous faisions les pansements. Brendel, lui, examinait les malades, faisait les diagnostics, ordonnait les traitements, opérait quand cela lui chantait et ne manquait d'assaisonner le tout de cris, de gifles et de coups cinglants de baguette. Plus il avait de public SS et plus il s'excitait ! Un malade était-il constipé ? Le voici émoustillé et criant : *''Dentist, Einlauf''* (Dentiste, un lavement), et Roger Waggener de quitter son travail dentaire pour aller donner un lavement, ce qui se passait *coram populo*. À celui qui avait les pieds enflés, il administrait du Salyrgan, sous prétexte que cela lui venait des reins. Il prenait quelques enflures pour des phlegmons et incisait. Gare à ceux qui avaient mal à la gorge et qui avaient des réflexes nauséeux lorsqu'il enfonçait dans leur bouche, avec la douceur qu'on devine, la spatule abaisse-langue. Les gifles pleuvaient, les coups, et l'examen devenait plus brutal. »

Sur les sept à huit cents déportés du camp, les médecins français et leurs amis luxembourgeois arrivèrent à en garder hospitalisés jusqu'à deux cents.

Leur grande victoire, ce fut, peu à peu, d'éloigner Brendel des salles de pansements, de lui faire abandonner ses bistouris, de lui voler les médicaments précieux qu'il réservait aux seuls SS, de distribuer ces remèdes aux malheureux qui n'avaient pas été admis au Revier. Tous ceux qui ont connu Hinzert et qui sont aujourd'hui vivants ont conservé pour les « trois bons larrons » du Revier une admiration et une reconnaissance sans bornes.

* * *

Je ne prendrai qu'un seul exemple.

André Ribleur [2] est blessé à la jambe. Brendel décide d'amputer. Chauvenet et Chabaud le persuadent d'attendre deux ou trois jours. Et

1. Jeu de mots intraduisible en français, comme il est dit dans les traductions.
2. Arrêté pour résistance le 18 mai 1942 à Paris. Témoignage inédit reçu le 20 novembre 1967.

Brendel oublie la jambe de Ribleur. Après un mois de soins, Ribleur peut quitter le Revier, mais Chabaud lui conseille de se frotter la jambe avec de la paille pourrie. Résultat : plaques rouges, suspection de syphilis, 45 jours d'isolement.

— Un soir, juste après mon admission, j'avais 40° de fièvre. Je ne devais rien manger, mais j'avais trop faim. J'ai pu obtenir en cachette une gamelle et une tranche de pain. Le docteur Chabaud m'a vu finir le pain. Il devait être persuadé que j'allais mourir car, sans en avoir l'air, il m'a demandé où j'habitais, l'adresse de mes parents. Le lendemain matin, aussitôt le réveil, je sentis quelqu'un qui me prenait la température. C'était Chabaud. J'avais 37°. Je ne peux dire quelle joie extraordinaire j'ai vu apparaître sur son visage.

XXX

LE PARADIS BELGE D'ESTERWEGEN

— Eh oui ! messieurs. Ici c'est le Paradis si l'on compare aux camps d'extermination.

Et c'était presque vrai [1]... Un peu moins de travail qu'ailleurs... Une heure de sommeil supplémentaire, cela suffisait pour transformer le bagne. Mais le Revier lui, restait le Revier. Le maître des lieux, un ancien mineur, baptisé « Le Fou », qui avait l'habitude de réconforter ses malades en leur murmurant :

— Vous devez tout de même tous crever, alors un peu plus tôt, un peu plus tard, c'est égal.

Ce n'était pas l'avis d'un détenu de Nivelles, le docteur Castellin, qui sut se battre avec acharnement contre « les folies du Fou ».

« Une nuit, on amène à l'infirmerie un employé de la Caisse d'Épargne de Bruxelles. Diphtérie. Le ''Fou'' refuse d'ouvrir l'armoire à pharmacie. Pourtant la trachéotomie est indispensable. Le ''Fou'' refuse toujours : ''Demain on verra.'' Le médecin belge pratique l'opération avec une paire de ciseaux, en introduisant ses doigts au centre même du foyer infecté.

« Là-bas, le brave V..., 83 ans, le doyen d'âge du camp, termine ses jours dans une démence sénile qui fait peine à voir. Parfois, pourtant, ses voisins de lit, voire même toute la salle de quatre-vingts malades, lui en veulent pour ses cris, ses gémissements, ses interpellations, ses

1. Le camp d'Esterwegen, situé à 30 kilomètres de Papenburg, avait été ouvert le 22 mai 1943. En principe, réservé uniquement aux Belges, il accueillit des Allemands et quelques Français. 2 600 déportés y ont séjourné. Le 23 mai 1944, le camp fut liquidé... Témoignage du père Édouard Froidure qui a publié aux Éditions Pax, à Liège, *Le Calvaire des malades au bagne d'Esterwegen* (1945).

promenades intempestives qui, dix fois la nuit, vous réveillent. Et que faire ? Un beau jour, il s'est éteint, mais, durant des mois, quelle croix de plus pour son entourage.

« Le vieux Victor, incapable de se laver, était envahi plus qu'aucun autre par la vermine. On voyait courir sur son corps des plaques de poux agglomérés de la grandeur de deux mains. Au bout de trois ou quatre semaines, un camarade le lava entièrement dans la bassine à tout faire du Revier, mais le « Fou », étant survenu, renvoya le vieux Victor, tout humide, au lit et frappa violemment son ami.

« Au beau milieu de la pièce, est posé le ''tonneau'' garni de sa lunette monoculaire, permettant à chacun, trônant en public, de s'offrir en spectacle. Inutile de dire combien, au début, il est difficile de vaincre sa répugnance, mais il est plus extraordinaire encore de constater combien l'accoutumance prend vite le dessus même dans des circonstances inimaginables. Ici, d'ailleurs, les récalcitrants ne peuvent guère pratiquer l'abstention totale car il n'est pas question, en temps normal, d'accéder aux installations extérieures.

« Un Flamand, gendarme, affecté à la brigade spéciale du Palais, est peut-être le malade le plus repoussant ; sa jambe gauche n'avait d'abord été rongée que par un phlegmon. Puis, malgré tous les soins, la jambe gauche a littéralement quadruplé de volume. On dirait ni plus ni moins un éléphantiasis. Outre cette proportion phénoménale atteinte par le membre, il a fallu ouvrir les chairs sur plus de 15 cm de longueur avec des incisions de droite et de gauche en croix de Lorraine. Une plaie hideuse, loin de se refermer, s'étend de plus en plus en suppurant, prenant des teintes vertes ou violettes. Les bains Rivanol dans lesquels est plongée la jambe lui donnent une teinte jaunâtre, repoussante de laideur et dégageant une odeur nauséabonde. Ses voisins sont malades de le voir et de le sentir... Le visage boursouflé est dominé par des paupières démesurément gonflées qui lui permettent à peine d'y voir quelque peu d'un œil. Sans arrêt, du plus suinte de ses paupières pour les coller davantage et se répand sur l'oreiller... C'est abominable. Pourtant ce misérable souffre-douleur ne laisse échapper aucune plainte. Il est épuisé, exténué, dit à peine quelques mots, mais supporte avec un courage surhumain cet incomparable supplice jusqu'à ce que la mort vienne le délivrer.

« Il avait fait une sorte de confession publique avant de quitter sa baraque, demandant pardon à ceux à qui il aurait pu causer quelques peines. »

* * *

Et puis, la veille de Noël, c'est « le petit Ber », le voisin de lit du père Édouard Froidure qui meurt.

« La parole devient de plus en plus difficile. Il se rend compte de son état, il a demandé à se confesser ; il a insisté pour que l'on transmette à ses parents ses sentiments filiaux en leur disant quel puissant réconfort il puise dans sa piété de néophyte. Il demande avec insistance de voir quelques amis : avec mille précautions et en risquant gros, on les fait venir subrepticement. On donnerait tout pour lui obtenir un fruit, une gorgée d'alcool, une boisson qui ne soit enfin ni de l'eau, ni ce fameux ''thé''. On a essayé de disputer une goutte de lait aux services de la porcherie, mais en vain. Que ne ferait-on pas pour arracher à la mort, une veille de Noël, ce vaillant jeune homme de vingt ans, prisonnier politique depuis deux ans, qui supporte sans une plainte cette accumulation de souffrances. Il demande à prier. On récite le chapelet en flamand à côté de lui, car il est de la région malinoise. Les heures passent. Le médecin me fait part de son opinion : ''Il ne passera pas la nuit.'' Le ''Fou'' remarque son état avec ce sourire malsain et moqueur du blasé que la mort elle-même laisse indifférent. Une fois débarrassé de sa présence, le docteur Castellin décide de tenter l'impossible. Il va essayer la réaction d'une ampoule d'un sang immunisé contre la scarlatine, pour tenter de contre-attaquer le microbe qui semble définitivement avoir pris le dessus. Il a fait une scarlatine étant jeune : son sang peut faire office de sérum. Le plus simplement du monde, il s'étend sur la paillasse voisine et prie son adjoint de lui remplir la seringue à la veine du bras. Suprême tentative : il injecte son propre sang dans la veine du jeune moribond. D'un signe plein de douceur, il remercie. La parole se brouille de plus en plus. Quelque chose le préoccupe. Finalement, on a compris. Il sait être à la veille de Noël. Il a saisi assez confusément qu'un programme adapté devait se dérouler dans la salle : sa présence sera une gêne. Aussi, il demande à être transporté dans la chambre des isolés pour ne pas déranger son entourage. »

Le docteur Castellin le transporte dans sa chambre. Tout à côté, le père Froidure célèbre sa « pauvre » messe de minuit... sans autel, sans bougie, sans missel, sans hostie. Le chant simple de la messe.

Le « petit Ber » est mort. Des amis le veilleront jusqu'au matin pour le protéger contre l'attaque des rats. Esterwegen c'était avant tout le paradis des rats. Parfois, préparés en civet, ils amélioraient l'ordinaire :

« Deux malades s'affairent autour d'une trappe à rats, fabriquée à l'aide de trois maigres baguettes disposées pour soutenir une lourde planche. Au petit jour, sa chute fera bondir précipitamment les chasseurs hors du lit. Ils ont 38° et 39° de fièvre ; cela ne les empêchera pas de s'empoigner d'envergure pour revendiquer la propriété du rat. »

La peau s'enlève comme celle d'un lapin.
Dans la gamelle.
Une noix de margarine.
Ce jour-là, le cuisinier improvisé invita son médecin :
— On dirait... Attendez...
— Mais du lapin, voyons.
— Voyons, bien sûr.

XXXI

UN BRACONNIER DANS LA CHASSE GARDÉE DE GROSS-ROSEN

Le bon « père Fontaine[1] » parcourait sans arrêt le camp. Sa musette sale, rapiécée contenait des trésors. Personne ne savait d'où provenaient ces cachets d'aspirine, ces pommades, ces bandelettes si rares à l'infirmerie. Gross-Rosen était le fief polonais et qui n'était pas Polonais avait peu de chances de trouver une aide désintéressée... même au Revier.

Quant aux médecins en place, membres du clan, ils défendaient leur chasse gardée et savaient éloigner les praticiens des autres nationalités.

Jacques Normand ne resta que quelques jours au Revier. Il fut réintégré dans les Kommandos de travail sous le prétexte qu'il était NN. Il ne reviendra au Revier qu'à la veille de l'évacuation du camp.

Par quel miracle Fontaine arriva-t-il à se maintenir plus longtemps ? Il est vrai que « visiteur volant », il n'était pas dangereux pour ses confrères en place. Au bout de six mois, il sera tout de même écarté par la Mafia. Même les exceptions ne sauraient se prolonger indéfiniment.

Le docteur Nivolle, travailleur de force, s'épuise rapidement en charriant des pierres, au pas de course, sous une avalanche de coups :

— Un jour que j'en choisissais une conforme à mes moyens, un Kapo se précipite avec une sauvagerie inouïe, me frappe et m'envoie

---

1. J'ai changé volontairement le nom du médecin. On comprendra par la suite pourquoi. Mais je pense que son fils, qui exerce aujourd'hui dans le Midi, peut être fier de l'action de son père en déportation. Témoignage inédit de plusieurs anciens de Gross-Rosen et en particulier du docteur L. Nivolle (20 novembre 1967, Rennes). Le docteur Nivolle a connu Natzweiler, des Kommandos, des prisons, Gross-Doren et Dora. Il n'a jamais exercé dans un Revier mais s'est souvent débrouillé pour « emprunter » des médicaments et les donner à ses malades. De nombreux déportés lui doivent la vie.

rouler sur les pierres. Je suis couvert d'ecchymoses et, quelques jours plus tard, d'abcès.

Le « père Fontaine » réussit à faire admettre le docteur Nivolle au Revier chirurgical. Il vient le voir souvent et lui apporte des suppléments de pain et de saucisson.

— Mon état général, ma maigreur faisaient de moi un être déplorable que les Allemands ne pouvaient plus récupérer pour le moindre travail. Un jour, on me fit passer nu, mon numéro matricule peint sur la peau, devant un médecin polonais. Nous arrivions devant lui par sa droite et il faisait ranger à sa gauche les malades ne devant pas rester au Revier. Il était en train de me faire passer à sa gauche lorsqu'une voix se fit entendre derrière moi. C'était le docteur Fontaine qui disait au médecin sélectionneur : « Non ! C'est un confrère français. Pas suffisamment guéri. Gardez-le encore. » Je revins vers la droite, mais il est inutile de dire qu'on ne revit jamais les autres. Le soir, ils avaient pris le chemin du crématoire.

Dix fois, vingt fois, peut-être cent fois, Fontaine réussit de tels sauvetages.

* * *

En 1946, le docteur Nivolle décida de rendre visite à celui à qui il devait la vie. Il se rendit à B... et demanda à un chauffeur de taxi de le conduire chez le docteur Fontaine.

— Mais pourquoi donc aller chez lui. Il n'exerce plus. Il est interdit.

— Interdit ? Mais ce médecin m'a sauvé la vie en déportation. Je viens le remercier.

— C'est possible. Mais il est interdit. Au début de la guerre il était recherché pour une affaire d'avortement. Il a été cueilli par les Allemands en passant la ligne de démarcation.

Le docteur Nivolle retrouva son ami. Ils ne parlèrent que du camp. Quelques mois plus tard, le docteur Fontaine mourait.

XXXII

LES GARAGES DE NORDHAUSEN

— Les Russes ne sont plus qu'à vingt kilomètres.

— On évacue !

On évacue Gross-Rosen. Pour le docteur Jacques Normand, un voyage, un de plus [1], dont les scènes restent à jamais gravées dans sa mémoire.

« Destination Nordhausen. On nous fit monter dans des wagons découverts ; 75 à 80 par plateau. Nous n'avions pas le droit de rester debout, nous devions nous asseoir mais, comme la place manquait, nous devions nous maintenir accroupis dans une situation extrêmement inconfortable. Si quelqu'un se levait, une balle dans la tête l'asseyait définitivement. La nuit, évidemment, le manque de place nous empêchait de dormir. Il était même impensable de s'assoupir car un autre déporté, couteau à la main, venait vous dévaliser. Il m'a fallu à plusieurs reprises me défendre à coups de pied et à coups de poing. Pour comble de malheur, il neigeait. Nous fûmes ainsi quatre jours et quatre nuits sans toucher le moindre ravitaillement. »

Lorsque le train pénètre en gare de Nordhausen, les 2 500 déportés ont perdu trois cents de leurs camarades. Les projecteurs illuminent la gare. Le camp est là, à moins de cent mètres.

— Restez accroupis.

---

1. Jacques Normand, médecin capitaine, résistant de juin 1940, fut arrêté pour espionnage le 17 octobre 1941 à Vesoul. Après avoir connu une dizaine de prisons et camps, il est affecté au Revier de Gross-Rosen (voir ce chapitre) puis à celui de Nordhausen. Le docteur Jacques Normand qui exerce à Vesoul m'a confié un manuscrit inédit en novembre 1967. Ce chapitre emprunte beaucoup au récit du docteur Normand, il a été complété par plusieurs témoignages de déportés, en particulier celui de Jean-Pierre Couture, de Nancy (également inédit). Jean-Pierre Couture avait été évacué de Dora.

— Vous descendrez demain matin.

Une nuit de plus sous la neige. Enfin barbelés et miradors dans le brouillard de l'aube : le camp ! Un bien grand mot pour désigner ces deux garages isolés au milieu des bâtiments de la Bœlke Kaserne. Ils avaient abrité une unité blindée. Depuis longtemps, sans doute, les Panzers rouillaient sur quelque champ de bataille.

Dans ces halls abandonnés, des copeaux de bois jetés sur le ciment remplacent les châlits. Sur ce « tapis » mille hommes croupissent. Ils repoussent les morts dans les coins. Au premier étage, les « vieux » déportés, les chanceux, disposent, dans les galeries en combles, de lits à trois étages de couchettes.

Sur le ciment : Jacques Normand. Toute une longue journée sans soupe. Cela fait cinq jours que les déportés n'ont rien avalé.

— Distribution !

Un demi-litre d'eau et trois pommes de terre. Le lendemain, un litre. Le Kapo en souriant lance :

— On ne vous donne que ça parce qu'on prend soin de vous. Vous avez les intestins fatigués. Plus, c'est la « Scheiserei ».

Normand doit se présenter au Kapo du Revier.

« Otto Skodas, on l'appelait communément Otto, était un commissaire de police viennois emprisonné pour homosexualité. Il me fit rester de longues heures debout à attendre qu'il veuille bien s'occuper de moi. Il m'obligeait à venir à 7 heures du matin et à attendre debout jusqu'à midi. À midi, il déclarait qu'il ne pourrait s'occuper de moi que dans l'après-midi et ainsi de suite. Cela dura quatre jours. Le quatrième jour, il me fit passer un examen. Il exigeait que je parle couramment allemand et latin. Marquant mes phrases de *''Jawohl''*, j'affirmai avec le plus grand culot que je parlais la langue de Gœthe. Quant au latin, j'avais mon baccalauréat classique, cela devait lui suffire. Il n'insista pas pour le latin, mais il se mit à me parler allemand en augmentant de plus en plus la vitesse de ses phrases. Un Allemand aurait eu lui-même de la peine à comprendre. J'eus la chance exceptionnelle... de deviner. J'étais accepté. »

Le camp compte trois mille déportés ; cent meurent chaque jour au Revier et Otto réclame des listes de grands malades à envoyer en convalescence.

— Comment, hurlent les Français du Revier, vous ne nous mettez pas sur la liste !

— Salaud !

— Ordure !

— Pas de sana pour nous ? Pourquoi ?

Aucun des « convalescents » d'Otto ne devait revenir vivant.

Les jours passent. Les évacués de Dora arrivent. Cortège d'éclopés, de mourants.

« Le soir [1] vers 8 heures, on les fait tous déshabiller dans une salle et ils reviennent nus dans le garage aux portes ouvertes, aux fenêtres sans vitres ; pelotonnés, serrés les uns contre les autres, ils croient qu'ils vont mourir de froid. À minuit, on amène dans le garage la machine à désinfecter et, à tour de rôle, les malades reçoivent une douche glacée mélangée de pétrole. Vers 5 heures du matin, seulement, ils peuvent s'habiller pour être immédiatement jetés sur la place d'appel. Beaucoup s'effondrent. »

Lorsque « ceux de Dora » entreront dans les Blocks, soixante-dix cadavres resteront sur la place d'appel.

Le 3 avril, en fin d'après-midi, les bombardiers américains surgissent dans le ciel de Nordhausen et déverrouillent leurs soutes à bombes sur les casernes SS qui entourent les garages. Bombardement effroyable « en tapis » suivi de mitraillages « en éventail ». Les garages n'échappent pas aux éclaboussures : la cuisine des déportés, le Block 3, la chambre des infirmiers et le Block des tuberculeux s'effondrent, éventrés.

Un déporté, Jean-Pierre Couture, dès le premier impact, se précipite vers une fosse à graissage. Il arrache les poutres qui en ferment l'entrée, se glisse dans la tranchée suivi par d'autres détenus qui se bousculent, s'entassent sur lui, l'étouffent. Les gigantesques portes en fer du garage, soufflées par une explosion particulièrement violente, se trémoussent, vibrent, arrachent leurs gonds et d'un seul vol traversent le hall, rabotant les malades, les valides. Toute la nuit, aidé de volontaires, Jacques Normand panse les blessés avec du papier hygiénique. Couture, ce soir-là, peut partager une tranche de pain avec deux amis. Il a eu la chance de découvrir dans les gravats un mégot de cigare qu'il a réussi à échanger. Dehors, des coups de feu... Les barbelés doivent être percés. Tant bien que mal, il faut dormir. Couture s'allonge sur le ciment. Normand partage la paillasse d'un blessé. Un trou découpe dans le plafond un coin de ciel sans étoiles. Les armatures métalliques du béton s'entrecroisent en toile d'araignée. Dans ce piège, un déporté déchiqueté, pendu par les pieds.

Au petit matin, les Kapos se ruent sur les déportés, le gourdin nerveux. Les survivants se battent pour recevoir le pain qui les prolongera, si les bombes... Les bombes ! Les revoici.

— *Alarm ! Fliegeralarm !*

Couture se rue vers la fosse qui l'a sauvé la veille.

« Je subis alors l'assaut de deux Slaves qui prétendaient m'arracher

1. Livre mémorial de Dora-Ellrich.

ma ration que je venais de percevoir. Je roulai sur le dos et les expédiai d'un coup de pied sans lâcher mon pain. Je ne me relevai pas car, dans les instants qui suivirent, des chapelets de bombes s'abattirent dans le secteur. En rampant, je réintégrai ma tranchée ; la brutalité de l'attaque aérienne m'épargna des voisins envahissants. Recroquevillé, je tentai de manger mon pain pour tenir le coup "après"... en espérant qu'il y aurait un "après". Je disposai en oblique les poutres de la fosse à réparations afin de constituer une espèce d'angle de sécurité supplémentaire, au creux duquel je me blottis à l'abri des blocs de béton qui tombaient du plafond. »

Le bombardement surprend Jacques Normand au milieu des malades. En moins de cinq secondes tous les valides ont disparu du Revier.

« Les malades, complètement épouvantés, hurlaient et cherchaient à se traîner hors de leur lit. La colère me prit. Je traitai les fuyards de retentissants "*Schweinhunde*". Je rassurai les malades en leur disant qu'ils n'étaient pas abandonnés, qu'un médecin français, qu'un officier français restait avec eux. J'ordonnai alors immédiatement aux malades des lits supérieurs de se coucher avec les camarades des lits inférieurs et même, s'ils en étaient capables, de se plaquer sous les lits. »

Le Revier s'exécute. Les éclopés s'entraident. Chaque aveugle trouve son paralytique. Une grêle de briques, d'éclats, de béton, s'abat sur les couchettes supérieures. À côté, des bombes explosent, découpent les garages en tranches !

« Toutes les cloisons, tous les boxes, toutes les séparations avaient été renversés. Une file de morts, plus ou moins accroupis sur leur siège de faïence brune, indiquait de façon grotesque et lugubre l'emplacement des W.-C. Un dernier mitraillage complémentaire en rase-mottes me fit plonger à nouveau dans mon abri. »

Normand, aidé du père Bonaventure, un franciscain de Lyon, et d'un vieux mathématicien polonais, le professeur Stebodzinski de l'université de Poznam, entreprend avec méthode de soigner les blessés :

« Je n'avais ni antiseptiques, ni pansements. La salle d'ambulance était détruite. Je découpai immédiatement les draps et les housses bleues à couvertures des Kapos. Ces pansements sans valeur apportaient un immense réconfort moral aux malades. Pendant ce temps, Bonaventure se précipitait dans les caves du cantonnement SS et ramenait une quantité impressionnante de boîtes de conserves, de la margarine, du pain. »

Toutes les demi-heures explosent des bombes à retardement. Dans ce camp où plus de 1 500 hommes viennent d'être fauchés, dans ce camp sans barrières, déserté par les gardiens, chacun s'organise pour vivre. Couture et ses amis découvrent, contre une bombe non explosée, deux chevaux morts. Ils arrachent la viande qu'ils font griller sur des feux de bois.

« Toutefois, il fallait penser aux autres. Marcel et moi, nous prenions en charge, un, puis deux, puis trois Français, plus ou moins blessés, complètement hébétés, sonnés, qui surgissaient d'entre les morts. Certains avaient oublié jusqu'à leur nom. Nous les avons conduits auprès de notre fosse à réparation. Pendant quelques jours, en effet, hantés par la crainte du retour, soit de nos geôliers, soit des bombardiers, par celle aussi de ces maudites bombes à retardement, nous allions graviter autour de ce gîte de fortune. Partout, le sol était jonché de mourants auxquels nous essayions de donner un peu d'assistance. D'abord, en les nourrissant. Nous pouvions, grâce à nos découvertes de la cantine SS, préparer des repas chauds que nous avons distribués aux blessés. Marcel, patiemment, les faisait manger à la cuiller. »

Normand, débordé de travail, doit de plus participer à la corvée d'eau :

« L'eau était le problème le plus angoissant. Toutes les canalisations avaient été arrachées. Avec Bonaventure, nous allions à la rivière. Celle-ci roulait des cadavres. Il nous fallait pour l'atteindre parcourir un long terrain découvert et les policiers embusqués (Schupos et Volksturm) nous tiraient dessus à la moindre occasion. La situation devenait pour nous très périlleuse. Nous ne pouvions plus sortir des limites du camp sans risquer notre vie. »

Les policiers visaient les déportés pour les empêcher de fuir, mais aussi pour leur dérober les provisions qu'ils « organisaient ». Ils étaient aidés par les Kapos. Celui du 4, armé d'un grand coutelas, d'un revolver et d'une mitraillette, se livrait à un pillage systématique.

« Il arrêtait les prisonniers, entrait dans les Blocks, volait aux blessés, aux malades, tout ce qui était susceptible d'être mangé. Un jour que je passais dans un de ces Blocks avec au bras un panier contenant du matériel à pansement il se précipita sur moi et retourna mon panier. Les quelques malheureux bandages que je possédais encore furent souillés. Je remarquai que son coutelas était couvert de sang. Pour éviter l'irruption des soldats et de ce sauvage dans le Revier, j'encombrai, et même clôturai l'entrée secondaire avec un tas impressionnant de cadavres. Quant à l'entrée principale qu'il fallait laisser libre pour notre usage, je me contentai d'aligner dans le hall une trentaine de cadavres bien décomposés. Connaissant le dégoût des Allemands pour cette sorte de chose et leur peur des épidémies, j'étais maintenant tranquille. J'avais eu du flair car le 8 avril le camp fut cerné par les Schupos et la Volksturm. Ils ramassèrent les valides et les convalescents qui erraient dans les cours. Personnellement, ils me trouvèrent dans un baraquement en train de faire un pansement qui sentait assez mauvais. Ils furent probablement dégoûtés et s'éloignèrent en oubliant de m'emmener. »

Couture, comme Normand, ne s'allongea pas ce soir-là. Ils allèrent de l'un à l'autre, recouvrant celui-ci d'une défroque arrachée à un mort, calant celui-là sur sa paillasse. Couture se souvient d'un malheureux qui l'a particulièrement impressionné :

« De quart d'heure en quart d'heure, il tentait de se soulever. Sa tête en retombant faisait sonner le béton tout près de nous, car bien entendu elle retombait toujours à côté du paquet de chiffons que nous avions interposé. Il était totalement inconscient, ne voyait, n'entendait rien et, j'espère, ne ressentait rien. Pendant les deux jours qu'il mit à mourir, Marcel et moi nous demandions lequel de nous aurait le courage de mettre fin à ses souffrances en lui écrasant la tête d'un coup de pierre. Nous ne l'avons pas fait. Je partis un matin avec le docteur Normand en tournée. Je posai des attelles, tentai des pansements de fortune, lavai des plaies. C'était un travail jamais fini. Pour mieux installer les blessés, je me souvins alors des dortoirs du premier étage et des couchages qui devaient s'y trouver. Par un escalier aux trois quarts éboulé, m'aidant de planches, je réussis à accéder là-haut. Il y régnait un calme effrayant, contrastant avec les gémissements du rez-de-chaussée. La voûte de béton était crevée et les extrémités de l'allée centrale débouchaient désormais sur le vide. Rien ne bougeait que des pans de linge agités par un courant d'air glacial. Quoique plus ou moins culbutés, les lits étaient à leur place avec leurs trois étages et leurs deux occupants par couchette, seulement ces occupants regardaient le ciel de leurs yeux morts, grands ouverts : tués net par le souffle des explosions, je pense.

« Je parcourus cette allée avec l'impression de me promener dans celle d'un cimetière à l'envers, côté racines des pissenlits. Un vague gémissement m'alerta cependant et je trouvai un Français épuisé, transi mais vivant. Immobilisé par une vilaine blessure à la jambe, il attendait depuis près de trois jours. Oh ! il n'était guère lourd le pauvre, mais c'était tout de même beaucoup trop pour moi. Je ne pesais que 49 kilos à mon retour. Aussi, je mis bien du temps et j'éprouvai bien du mal à le descendre au rez-de-chaussée. Bien sûr, notre petit cercle s'élargit pour lui. La nuit suivante, des fusillades éclatèrent très près de nous, et le lendemain un assez beau soleil printanier me fit redouter que la chaleur ne rende intenable le voisinage de ces centaines de cadavres. Je franchis donc les barbelés et découvris, à quelques centaines de mètres des garages, sous les bâtiments écroulés qui avaient été construits pour loger les tankistes allemands, le compartiment blindé qui servait de Luftschutzraum, il était en état. Nous y transportâmes nos pénates. »

*
* *

Neuf jours après le premier bombardement, les Américains arrivèrent. Le docteur Normand accueillit les médecins militaires. Ces hommes, habitués à tous les drames de la guerre, visitèrent les ruines de Nordhausen en pleurant.

XXXIII

AUSCHWITZ, HAUT LIEU DE LA SOLUTION FINALE

Le camion de charbon stoppe devant le Revier. Aimée Doridat la « nettoyeuse » des salles se précipite, un seau à la main. Une autre déportée place un escabeau contre la ridelle abaissée :

— Ce sera plus facile.

Aimée Doridat grimpe... un craquement, l'escabeau s'effondre. Cheville brisée, fracture ouverte, gangrène [1].

Le médecin-chef, Ena, une déportée tchèque, obtient des SS l'autorisation de transporter la blessée dans la salle d'opération des hommes. Les deux chirurgiens polonais l'anesthésient. Ils se penchent longuement sur la jambe et décident d'attendre le réveil de leur patiente pour lui annoncer :

— On pensait pouvoir éviter l'amputation, mais nous nous sommes trompés. Il faut couper la jambe au-dessus du genou.

— Je ne veux pas. Je préfère mourir.

— Vous avez des enfants ?

— Oui, deux.

— Ils vous attendent, même avec une jambe en moins.

— Coupez.

Ils coupent.

Aimée Doridat a retrouvé ses enfants. Elle ne sera libérée (à Ravensbrück) que vingt-deux mois après son opération. À Auschwitz,

1. Charlotte Delbo, ancienne secrétaire de Louis Jouvet, arrêtée au mois de mars 1942 avec son mari pour résistance, déportée par le convoi du 24 janvier 1943, a publié en 1965 *Le Convoi du 24 janvier* aux Éditions de Minuit. Elle fait revivre dans cet ouvrage ses 230 compagnes de voyage et de vie concentrationnaire. Elle a raconté l'accident d'Aimée Doridat, née en 1905 à Neuves-Maisons, arrêtée pour résistance en août 1942.

comme dans ce dernier camp, elle saura malgré ses béquilles se faire la plus discrète possible ; une chaîne de solidarité l'entourera efficacement, lui évitera « les sélections ».

Les sélections dans ce camp [1] où tout était démesuré — près de quatre millions de morts — suivaient les besoins des Kommandos de travail et les capacités d'absorption des fours crématoires. Si un convoi, en avance sur l'horaire, arrivait en gare quelques heures seulement après un autre, les déportés avaient une chance de survivre. Ils n'imaginaient pas que ce sursis leur était accordé uniquement parce que le Sonderkommando [2], réserves pleines, était « embouteillé ». D'autres sélections, les plus cruelles, frappaient les habitants des Blocks et du Revier, alors qu'ils commençaient seulement à s'habituer à l'idée de survivre. Le plus horrible « nettoyage » se déroula en janvier 1944.

« Le camp [3] de Birkenau était dans un état pestilentiel, sans eau courante ni canalisation, l'air était infecté, toujours saturé de l'odeur de chair humaine grillée que le vent nous apportait des fours crématoires d'en face... Les cadavres et les poux noyaient littéralement le camp. Le typhus, la gale, la dysenterie régnaient en maîtres. L'infirmerie était débordée. Elle comptait douze Blocks de 250 grabats et les malades devaient, en principe, être réparties dans des Blocks correspondant à leur maladie. Or, il y avait à cette époque 900 à 1 000 malades par Block et elles couchaient à trois ou quatre sur un grabat. Il était donc impossible de les répartir d'après leur mal. Le nombre des décès par mort naturelle atteignait trois cents par jour. En janvier, le bruit se répandit que le commandant du camp préparait une sélection monstre, que toutes les malades juives des Blocks 5, 6, 11, 12 et 18 allaient être gazées. La psychose de "sélection" était notre atmosphère quotidienne, mais cette fois, il s'agissait de quatre à cinq mille personnes ! Un matin, des chuchotements entre des médecins et la jeune femme slovaque chef de Block nous apprennent que la "haute commission de sélection" se trouve dans l'enceinte du Revier.

---

1. Je pense qu'il est inutile de présenter Auschwitz, plusieurs dizaines d'ouvrages lui ont été consacrés. Créé le 27 avril 1940 sur ordre d'Himmler dans une région marécageuse, située entre Katowice et Cracovie, il est le camp où on « entre par la porte et où on sort par la cheminée ».

2. Un millier de déportés chargés du fonctionnement et du bon rendement des chambres à gaz et des fours.

3. Notes manuscrites de Macha Sater-Ravine communiquées en 1963 au tribunal de Francfort-sur-Main, chargé de juger vingt-deux bourreaux du camp d'Auschwitz. Une partie de ce témoignage a été publiée le 20 février 1964 dans *Le Monde* et dans le livre de Florimond Bonte, *Six millions de crimes* (Éditions sociales). Macha Sater-Ravine a vécu vingt-six mois à Auschwitz.

« Le Block 18, où je travaillais, était long d'une trentaine de mètres et large de dix, coupé au milieu, sur toute sa longueur, par les tuyaux d'un poêle qui couraient d'un bout à l'autre de l'édifice. De chaque côté du poêle se dressaient des grabats de bois à trois étages, alignés de telle façon que nous ne disposions que de trente à quarante centimètres pour soigner nos malades. À chaque extrémité du Block, il y avait une porte. Avant que la commission franchisse une des portes, la Blokowa avait fait fermer l'autre pour que les malades ne puissent tenter de s'évader. Au moment où le médecin SS, le redouté Mengele [1], accompagné d'officiers nazis et assisté du médecin-chef de l'infirmerie, Ena (une détenue d'origine slovaque) et de la Lagerältester Orli (chef administratif du Revier) pénètre dans le Block, la Blokowa crie : *''Achtung !''* et nous restons figées au garde-à-vous... Ordre est donné aux malades de descendre des grabats et de défiler, une à une, en faisant le tour du Block devant Mengele, toutes nues, bien entendu. Les malades ne recevaient pas de chemises à cette époque, elles couchaient nues sur leur paillasse avec une couverture. Une panique indescriptible régnait parmi elles. Certaines, qui s'étaient ''organisé'' en hâte des semblants de vêtements et se tenaient à peine debout cherchent à s'intégrer aux membres du personnel. D'autres se terrent sur les grabats supérieurs dans le vain espoir de passer inaperçues. Le sinistre SS Tauber, un officier de la suite de Mengele, se promène le long du Block et débusque, à coups de cravache (son arme préférée, ''célèbre'' dans le camp entier) les malades qui cherchent à se cacher.

« Le défilé est horrible à voir : les corps galeux, chancelants, squelettiques, passent en s'agrippant aux murs, en s'accrochant aux lits et au poêle. Les femmes tombent et se relèvent. Il y en a qui, avec une grosse fièvre thyphoïde, courent presque et, voulant faire ''bonne figure'', évoquent l'image de ''l'homme qui rit'' tant leur masque est marqué par la frayeur derrière la grimace du sourire. Elles tendent le bras gauche et la secrétaire relève le matricule tatoué [2]... À ce moment-là, les condamnées se replient dans leur douleur. Beaucoup parmi elles ont déjà vécu des ''sélections''. Elles ont vu des centaines partir vers la mort, et elles se rendent compte du sort qui les attend. D'autres, brisées par cette épreuve, s'écroulent dans l'inconscience. De la condamnation à l'exécution s'écoulent quelques jours. Pendant ce temps, la Blokowa

1. Spécialiste des recherches sur les jumeaux (voir *Les Médecins maudits*).

2. Le docteur Alfred Sedel que nous présenterons dans la suite du chapitre a connu un déporté qui échappera à la sélection en présentant son numéro à l'envers... son matricule ne comportait que des six, des neuf et des zéro. Le secrétaire ne se rendit compte de rien.

et la secrétaire, déclarées par Mengele responsables du nombre des condamnées, établissent des gardes spéciales aux deux portes du Block. Personne, en dehors du personnel, n'a le droit d'entrer ni de sortir. Ordre nous est donné de ne plus les soigner ni même de les laver. En cachette, quelques infirmières soignent leurs malades et les choyent dans toute la mesure du possible. De son côté, le réseau clandestin de résistance du camp, dont je faisais partie, déployait toutes ses ressources pour sauver des vies humaines... Pour tenter cette dernière chance nous fîmes appel, comme précédemment dans des cas analogues, à notre Lagerältester Orli. Orli était une des rares survivantes des détenues politiques allemandes internées depuis 1933. Après avoir connu les tortures et des exactions dans d'innombrables prisons et camps de concentration de son pays, elle avait échoué à Birkenau, où sa qualité d'Allemande aryenne, son ancienneté, son expérience des camps, et également son caractère dynamique et son esprit d'organisation, lui valurent cette haute fonction administrative. Elle n'avait pas, pour autant, oublié son passé de militante antifasciste. Lorsque, en été 1943, se forma dans le camp de Birkenau le premier noyau de femmes résistantes venues de tous les pays de l'Europe occupée... elles cherchèrent et trouvèrent audience chez Orli. Ne pouvant, en raison de sa fonction, participer à toute notre activité, elle nous prêtait son précieux concours dans les circonstances graves.

« Dans ses fonctions administratives, Orli collaborait étroitement avec Ena, le médecin-chef (déportée) du camp et exerçait sur elle une influence personnelle considérable. Ena, qui était au demeurant très bien notée chez le médecin SS, s'était laissée d'autant plus facilement gagner à notre cause qu'elle avait des protégées parmi les condamnées qu'elle désirait soustraire à la chambre à gaz. Elles entreprirent toutes les deux des démarches auprès de Mengele, qui venait tous les jours inspecter le camp, pour le persuader de la nécessité de revoir certains cas. Elles lui présentèrent et représentèrent des malades susceptibles d'être sauvées, lui affirmant qu'elles étaient encore valides et capables de travailler. Au prix d'innombrables démonstrations, d'extraordinaires marchandages, de ruses aussi, elles obtinrent de lui que 140 femmes, sur le nombre total de 4 750 environ, fussent rayées des listes des condamnées.

« Mengele ordonna d'isoler les rescapées (une vingtaine dans notre Block) dans un Block à part. Le transfert eut lieu vers le Block 4, un Block d'Aryennes. Au début, les autres ne comprenaient pas (elles s'étaient faites, pendant ces quelques jours, à l'idée de la mort). Mais quand elles saisirent l'astuce, elles sortirent de leur torpeur, et eurent un sursaut de révolte. "Pourquoi elles ? J'ai aussi droit à la vie", clamaient-elles dans toutes les langues. "J'ai laissé des enfants dans mon pays", criait l'une. "Je suis jeune, je veux vivre et revoir la liberté", hurlait l'autre... Nous croyions devenir folles. Impuissantes à les sauver toutes, nous faisions l'impossible pour en épargner quelques-unes. Que faire d'autre ?

« Le jour de l'exécution, Mengele vint au Block pour une dernière inspection. Il y prit une mine de père bienveillant pour les malades, sachant très bien que dans quelques heures les camions arriveraient pour prendre leur "cargaison". Il s'arrêta devant chaque grabat et s'étonna de constater que les malades couchaient à trois ou quatre sur le même, mangeaient dans le même bol (il n'y avait pas assez de bols pour servir chaque malade). Il leur promit de leur procurer un travail facile au moment de leur guérison. Nous, qui assistions à cette comédie, nous aurions voulu lui cracher à la figure et mourir. Nous avions compris, depuis longtemps, la consigne du camp : il fallait se taire pour pouvoir, un jour comme aujourd'hui, porter témoignage. Quelques heures après le départ de Mengele et de sa suite les camions arrivèrent. Dans tout le Revier est proclamé l'état d'exception : *"Block Sperre"*, fermeture complète des Blocks, défense d'entrer et de sortir. Un silence terrible règne autour de nous. Nous tendons l'oreille. Brusquement des cris de femmes déchirent ce silence. Les camions, dans un bruit de moteurs assourdissant, repartent, étouffant leurs clameurs. Avec l'exactitude d'une montre, les camions reviennent toujours pour vider les Blocks suivants et repartent toujours, accompagnés de hurlements insupportables. Ainsi, nous les entendons passer devant le Block 5, puis le 6, puis le 11 et 12, qui est en face du nôtre. Maintenant, nous le savons, c'est notre tour. Cette fois, ils s'arrêtent devant la porte. Nos dents claquent, nos nerfs sont tendus à craquer. Les camions ont stoppé devant notre Block. La porte s'ouvre toute grande. Une bande de SS se rue avec fracas à l'intérieur.

« La Blokowa avait placé son personnel aux portes pour faire sortir les malades de leur lit. Une bataille commence. Il y en a qui sortent dociles, résignées, le regard absent, mais d'autres se couvrent la tête de leur couverture et ne bougent pas, ou bien s'enfoncent dans leur paillasse. D'autres encore courent comme des bêtes traquées à la recherche d'un abri. Les SS nous poussent à la besogne, mais sont obligés de mettre eux-mêmes la main à la pâte et de traîner les victimes devant la secrétaire du Block qui, liste en main, contrôle minutieusement le matricule sur le bras, tout en les comptant. Le SS responsable se tient à ses côtés avec une copie de la même liste et compte également. Une porte du Block étant condamnée pour la circonstance, les femmes sont poussées dans la direction de l'unique sortie qui aboutit dans un vestibule d'où les SS et leurs aides les chargent sur des camions comme du linge sale. Arrivées près du vestibule, certaines se débattent encore, opposant une ultime résistance. Les SS frappent. Parmi les cris de douleur, on entend des femmes lancer aux infirmières des adieux et des messages pour leurs parents et amis.

« Le Block se vide. Les dernières victimes qui gisent à terre, dans les passages entre les grabats et le poêle, sont traînées par les SS vers la porte. Mais le compte n'y est pas. Quatre numéros manquent. Les SS nous harcèlent : ''*Los, los, schneller !*'' D'abord en menaçant que si nous ne les trouvons pas ils en prendront quatre parmi nous. Ensuite par des promesses. C'est Tauber qui nous réunit pour nous annoncer que celle qui les trouvera aura du ''*Zulage*'' (une ration supplémentaire de pain et de saucisson). Mais, encore une fois, ils sont obligés de grimper eux-mêmes sur les grabats supérieurs où ils trouvent trois femmes enfouies dans la paille de leur paillasse. Ils les en sortent avec sauvagerie, en les rouant de coups. Elles tombent, à peu près mortes. On les emporte sur le camion. Il en manque toujours une. Les SS s'impatientent. Ils en ont visiblement assez de ce ''jeu''. Ils décident de faire partir le dernier camion. Auparavant, ils s'adressent à la secrétaire : ''Si demain ton *Schmuckstück* n'est pas retrouvée, c'est toi qui iras à sa place.'' La secrétaire est blême.

« Les SS partis, nos nerfs lâchent. Une se trouve mal, une autre a un accès de spasmes. Quelques-unes parmi nous s'enfuient du Block comme des folles. Nous ne savons plus si ce que nous venons de vivre était réel ou si nous avons rêvé un cauchemar d'enfer. Et brusquement, la malade introuvable, sortie — mais d'où ? — se trouve parmi nous. La secrétaire et la Blokowa l'assaillent. La secrétaire lui lance ce reproche : ''Comment as-tu osé mettre ma vie en danger ?'' La pauvre gosse, une vingtaine d'années, tremble de tous ses membres et sanglote. Elle tremble encore quand, enveloppée dans un tas de couvertures désormais inutilisées, nous la couchons sur un grabat. Le lendemain, nous l'avons trouvée sur sa couche, morte d'émotion et d'épuisement. »

*
* *

Le même jour de la « grande » sélection d'Auschwitz, tandis que Mengele choisit les femmes, Tilho repère les hommes. Un médecin français, arrêté pour résistance, Alfred Sedel, est immobilisé sur sa paillasse du Revier :

« Le médecin-chef[1] (déporté) m'a fait, peu de temps avant l'arrivée du ''médecin'' allemand, un petit pansement aussi peu voyant que possible, mais j'avais une incision très profonde sur la plante du pied, qui commence au troisième orteil et se termine presque au talon, avec une mèche dedans. Mes jambes et mes cuisses sont amaigries à l'extrême et je ne peux marcher sans appui qu'en boitant très bas. Je suis vraiment misérable et ne me donne pas beaucoup de chances de m'en tirer. Je quitte mon lit, l'un des derniers, mais la colonne fait demi-tour et je me trouve parmi les premiers devant le médecin SS. C'est le commandant SS Tilho. Il est debout, face à la porte d'entrée, vers le milieu de la baraque. Derrière lui se tiennent deux secrétaires en blouse blanche, papier et crayon à la main. L'infirmier SS circule dans le Block. Les détenus ''aryens'' perchés sur leurs lits suivent la scène en témoins muets. Tilho est planté là, les jambes écartées, comme quelque ange des ténèbres. C'est un homme très maigre, à la figure triste, les coins de la bouche tombants, les joues marquées de profonds plis verticaux. Je le reconnaîtrais entre mille. Il est élégant, tiré à quatre épingles, mais ses vêtements sont trop longs, trop amples aussi. On dirait qu'il a gardé lui aussi ses vêtements en maigrissant.

« Les hommes nus défilent lentement devant lui et tendent leur avant-bras tatoué. Il y a de tout, des phlegmons des jambes, des têtes bandées, des fractures guéries ou encore appareillées. Un grand nombre de malades est guéri ou en voie de guérison. Le commandant jauge du regard les hommes qui passent, son regard n'exprime qu'un mépris plein de morgue. À chaque malade il fait un signe de l'index tendu, sans décoller le coude du corps, en remuant simplement le doigt à gauche ou à droite. À gauche vont ceux qui auront la vie sauve, à droite les condamnés à mort, à la chambre à gaz. Il n'y a pas beaucoup d'élus. Trois sont devant moi. Ils sont envoyés au fond du Block. Quand c'est mon tour, mon médecin-chef lui indique le diagnostic et ajoute : ''C'est un médecin.'' Le SS lui répond : ''Qu'il s'en aille, s'il est médecin.'' »

Alfred Sedel connaîtra d'autres chances avant d'être libéré. D'abord, cette rencontre avec un bien étrange personnage :

« Un visiteur comme je n'en avais jamais vu de semblables franchit la porte. C'est un détenu d'une élégance inaccoutumée. Il a de magnifiques bottes de cavalier, une culotte de cheval, une veste bleue cintrée de très bonne coupe et visiblement taillée pour le personnage, un béret

1. Alfred Sedel, *Habiter les ténèbres*, Éditions La Palatine. Né en Galicie, vient en France pour faire sa médecine. Médecin auxiliaire près des troupes du Levant pendant la « drôle de guerre », se marie à son retour en France et sept mois après est déporté.

impeccable et crânement incliné sur l'oreille. Je ne suis pas sûr qu'il n'ait pas eu ce jour-là une cravate avec une épingle. Il est droit comme un I et il me semble beau. Oui, vraiment beau. Il entre, très sûr de lui, avec un large sourire, s'approche de la table du médecin-chef, le salue d'une claque dans le dos et s'entretient avec lui. Puis il se retourne vers moi et me regarde. Je remarque qu'il a un œil vitreux, une large cicatrice blanche lui barre l'iris de l'œil gauche. Et, en même temps, qu'il s'écrie : ''Sedel, mon vieux'', je le reconnais : c'est P..., mon ami, mon copain de longues années d'études, plus qu'une relation, un ami de tous les jours pendant plusieurs années. C'est après plus de dix ans que nous nous retrouvons là, à des milliers de kilomètres de la France, dans cet état. Quelle merveilleuse rencontre pour moi. Il a toujours été sentimental. Il me saute au cou et m'embrasse : ''Mon vieux, que je suis content de te trouver. Non pas content pour moi, content que tu m'aies trouvé ici, car c'est ta chance, la chance de ta vie. Tu verras, je ne te laisserai pas, je ne t'abandonnerai pas ; moi j'ai tout. J'ai tout ce qu'il faut. J'ai à manger à foison. Je suis bien habillé, comme tu vois. Je peux tout ici, sauf en sortir, bien sûr, mais à part cela, tout ce que l'on peut imaginer. Tu verras tu auras tout ce qu'il te faut.'' Ce soir il ne reste pas longtemps. Après son départ, les langues se délient. Le médecin-chef s'approche de mon lit : ''Comment, tu connais P... ?'' ''Oui, nous avons fait nos études ensemble.'' ''Tu verras, c'est un chic type. C'est le médecin du Sonderkommando. Il est très puissant, c'est l'un des types les plus puissants du camp. Il a des moyens considérables, il pourra t'aider très efficacement. C'est une chance qu'il s'intéresse à toi.'' À partir de ce moment, je vis dans une ambiance d'espoir. Oh, espoir très modeste, à objectif limité : celui de manger un jour à ma faim. Il me l'a promis. Il a promis de m'aider, alors je pense qu'il le fera, et je l'attends ; je l'attends jour après jour, je trouve le temps long. Tous les soirs je suis déçu et je crois finalement qu'il m'a oublié. Mais un jour il arrive, aussi brillant, aussi élégant et bien nourri que la première fois, il s'approche de moi, aussi cordial et volubile, et me tend un cadeau inappréciable : un petit sac de toile contenant trois ou quatre kilos de semoule de blé et quelques oignons. Ici, un pareil cadeau n'a pas de prix. À partir de ce moment, la faim n'est plus une torture. Je sais que je peux avoir du supplément, que je détiens une précieuse monnaie d'échange. Insensiblement, ma position dans le Block change aussi. Je suis l'ami de quelqu'un de très puissant, donc j'ai droit à des égards, je peux m'approcher du poêle, je peux faire griller des tranches de pain, privilège des puissants, je peux aussi, quand j'ai trop faim, me faire cuire une soupe à la semoule, avec des débris d'oignons frits dedans... »

Le médecin du Sonderkommando invitera son ami à visiter les installations interdites d'Auschwitz : ce labyrinthe, cette chaîne où l'on assassine en permanence. Les hommes qui préparent les douches, qui traînent les cadavres vers l'ascenseur du crématoire sont, eux aussi, condamnés à mort. Régulièrement on les change et les nouveaux arrivants s'initient à leur travail de « chauffeurs » en chargeant les corps de leurs prédécesseurs. Le médecin lui, reste... pour combien de temps ? Plusieurs fois, P... a eu l'occasion de se glisser dans un transport vers un camp inconnu. Il a toujours hésité, refusé d'abandonner ses « privilèges » et de déboucher sur l'inconnu. Dans les derniers jours du camp, il a disparu. Personne ne l'a revu vivant. Sans doute les SS se sont-ils débarrassés de ce témoin de leurs crimes avant l'heure du jugement [1].

Quant à Alfred Sedel, il deviendra enfin « médecin de l'impossible », dans les Blocks, jusqu'à l'évacuation...

* * *

Anne-Marie Epoud crie :

— Danielle, je te confie mon fils !

D'autres se tassent dans leurs genoux ; une trouve la force de plaisanter :

— Je suis comme Marie-Antoinette...

— Taisez-vous !

— Danielle, pense à aller voir mon mari.

— Danielle...

— Danielle...

Danielle, c'est la force, la volonté, le courage. Si une seule doit revenir, Danielle reviendra. Danielle racontera. Danielle luttera jusqu'à sa mort pour qu'une telle chose ne puisse jamais plus exister. Danielle, c'est Danielle Casanova, chirurgien-dentiste, militante puis dirigeante des jeunesses communistes françaises, responsable de la publication de journaux clandestins pendant l'Occupation, arrêtée alors qu'elle portait du charbon à Georges et Maïe Politzer en février 1942.

Auschwitz.

Une jeune doctoresse tchèque, Manca Svalbova, regarde du côté de la porte que franchissent trois cents Zuzangs, trois cents nouvelles venues.

« De quel [2] pays arrivent-elles ? Nous guettons, attentives. Soudain notre respiration s'arrête, nos poings se serrent, nos yeux brillent : puissamment, au milieu de notre camp de mort, s'élève la *Marseillaise*.

---

1. Il restera tout de même une vingtaine de survivants de ce Kommando dont deux médecins : le docteur Bendel (Français) et Nyiszli (Hongrois).

2. Témoignage de Manca Svalbova publié à Prague en 1946.

''Allons enfants de la patrie...'' ; pour la première fois depuis longtemps nous respirons profondément. Parmi les trois cents prisonnières était Danielle Casanova. Elle portait la tenue rayée, un fichu gris-bleu couvrait ses cheveux. Étant dentiste, elle fut immédiatement conduite au Revier comme médecin. Dès qu'elle m'eut donné la main, je sus qui était Danielle Casanova. Dans les yeux noirs de cette Corse brillaient la décision, la fermeté, la camaraderie, la sincérité. Son sourire était large, presque naïf, avec quelque chose d'une gaieté enfantine, l'art de savoir se réjouir du bleu du ciel. Ses yeux disaient la joie des fleurs, des cristaux de neige collés contre la vitre. Sa poignée de main virile était celle d'un homme, d'une camarade, d'une compagne. Danielle parlait peu. Très vite pourtant elle incarna pour nous toutes un idéal. Elle devint un symbole, et pas seulement un exemple pour les Françaises. De cette intellectuelle, de cette personnalité politique de grand style rayonnait un charme enchanteur. Elle n'avait pas le retranchement des intellectuels mais, au contraire, une façon particulière d'approcher et d'attirer à elle les couches sociales les plus différentes, les opinions politiques les plus divergentes. À chacun elle savait parler dans son propre langage. J'avais l'impression qu'elle avait, elle-même, vécu tous les sorts. Avec quelques phrases, elle réussissait à vous envelopper, à vous embrasser. Il vous semblait avoir toujours connu son visage et que ses bras vous avaient déjà sauvé. Les Blocks du Revier et du camp, elle les visitait le soir, quand les colonnes rentraient, mais aussi pendant la pause de midi. Partout elle versait à pleines brassées la force, la confiance, la foi, la camaraderie. »

Très vite Danielle s'intègre dans le réseau clandestin de résistance. Les communistes allemandes lui offrent la direction de leur comité. Danielle protège les Françaises, les fait nommer dans les Kommandos moins difficiles ; Maïe Politzer devient médecin du Revier, d'autres, infirmières, filles de salle, couturières.

— Danielle...

À chaque transport vers le four, chaque Française crie son adieu, son message.

« Ce ''Danielle'', ce n'était pas un appel, ni une supplication. C'était la dernière poignée de main d'une compagne qui tombait. Danielle était à côté de moi [1]. Rien ne changea dans son visage. Seul, autour de sa bouche, se dessina un trait dur que je ne connaissais pas. Mais ses yeux, ses yeux dans lesquels luisait et chauffait le soleil de France, étaient partis avec nos camarades. Et puis, quand la nuit rouge et sanglante se fut allumée, quand les flammes eurent lancé vers le ciel

1. Témoignage Manca Svalbona.

leur affreuse lueur, les yeux de Danielle revinrent après un long détour. Ils avaient vécu toutes les souffrances et souffert les milliers de morts ; ils revenaient plus durs, plus graves et résolus. De nouveau ils accompagnèrent quotidiennement celles d'entre nous qui survivaient. Chaque jour de nouvelles victimes tombaient. Danielle ne se rendit jamais. Elle se jetait dans la lutte pour la sauvegarde des malades, elle s'y jetait avec une verve inouïe, méprisant fatigue et danger. Elle entrait dans les Blocks pleins de vermine et se penchait sur le délire des typhiques et des moribondes. Pour chaque malade, il fallait se battre. Il nous était interdit de déserter cette lutte pour des vies humaines. C'était un front silencieux sans balles de plomb ; la mort néanmoins passait sans cesse dans nos rangs.

« La compagne habituelle de Danielle : Maïe Politzer [1]. Ses yeux bleu ciel caressaient comme un sourire maternel et avec la chaleur des rêves d'enfance. Elle était médecin dans la plus pure acception du mot. Son sort cruel, la pensée de son petit garçon qu'elle avait dû abandonner en France, tout cela n'avait pu éteindre la joie de son regard. Une fois, elle dansa pour nous une danse populaire de son pays. Il me semblait que dans ses yeux se reflétaient tous les sourires d'enfants, tous les regards d'amoureux.

« Le Revier, à cette époque, était submergé par les typhiques et les médicaments étaient à peu près inexistants. Du matin au soir, Maïe visitait, soignait, encourageait, distribuant le peu qu'elle possédait, souffrant profondément de son impuissance, de l'inefficacité de ses soins, de sa volonté, de son amour. Les cauchemars labouraient son sommeil ; elle se levait la nuit pour retourner auprès de ses malades. Maïe vivait silencieusement, taciturne comme il arrive aux grands. Personne ne sut depuis combien de temps elle travaillait, déjà malade et enfiévrée, lorsqu'elle dut se coucher. Personne ne s'était aperçu que le typhus la terrassait. Elle continuait de se lever la nuit pour faire des piqûres à ses malades, les caressant, les écoutant, pour ensuite regagner son lit en titubant. Elle souriait. A-t-elle souffert, Maïe ? Quand mourut-elle ? Au bord de ses lèvres un sourire restait et les deux ruisseaux de larmes, sur ses joues, n'étaient pas encore séchés...

« Danielle Casanova devint plus rude, plus silencieuse, plus ferme encore. Ses yeux semblèrent désormais scruter le lointain, comme s'ils voyaient seulement le but à atteindre. Puis, un jour de printemps, Danielle tomba à son tour. Son organisme lutta farouchement contre la

1. Maïe Fourcade (Biarritz, 1905), élevée dans un couvent, découvrit le marxisme en épousant le philosophe Georges Politzer. Tous deux fonderont dès 1940 un groupe de résistance. Arrêtés le 14 février 1942. Georges Politzer sera fusillé par la Gestapo.

typhoïde mais la lutte fut inégale dès le premier moment. Le délire l'emmenait au loin, près de sa mère qu'elle embrassait, près de ses camarades dont elle serrait les mains. Puis ses grands yeux se perdirent quelque part, dans les profondeurs. L'obscurité descendait sur le camp lorsque nous l'avons portée sur son dernier chemin. Ses compagnes étaient venues en grand nombre prendre congé d'elle. Les bouches restèrent muettes et les yeux secs, mais les cœurs saignaient, révoltés. La nuit s'approcha. Nous restions inertes, debout. Dans le silence du camp, le bruit des moteurs devint un grand cri déchirant. Dans leurs guérites, les sentinelles veillaient, comme toujours. Les barbelés continuaient à chanter, les camarades à se tordre dans la fièvre, les Zuzangs à arriver. »

*
* *

André Lettich [1], quelques jours après sa découverte d'Auschwitz, est conduit avec tous ses « confrères » du camp dans le bureau du responsable déporté des Reviers, Peter Welsch. Ce médecin-chef est en réalité serrurier de métier :

« Ce serrurier nous fit passer un examen d'aptitude et chacun reçut une question qui devait être traitée en langue allemande. C'est uniquement grâce à notre connaissance de la langue allemande que nous avons été agréés à faire fonction d'infirmiers à l'hôpital. L'hôpital se composait d'un baraquement en bois : une écurie démontable de l'armée allemande. Il y avait encore, clouée sur la porte, la plaque de métal sur laquelle on lisait qu'en cas de morve il ne fallait pas faire pénétrer les chevaux dans cette écurie sans l'avoir désinfectée selon le règlement en vigueur. C'était le Block 12. Là se trouvait l'infirmerie où régnait en grand maître ce serrurier allemand, aidé d'un jeune Polonais de vingt-deux ans. Il y avait plusieurs sous-aides ; mais, chose qui nous attristait surtout, il y avait un médecin polonais, le docteur Zenkteller, de Posnam, dont l'attitude nous surprit douloureusement. Nous acceptions bien d'être maltraités par des serruriers, des coiffeurs, des condamnés de droit commun... mais qu'un médecin quinquagénaire frappât de plus jeunes confrères de la façon la plus brutale et qu'il les expédiât à la chambre à gaz, cela nous parut une énormité, une monstrueuse anomalie et, en un mot, un crime particulièrement odieux.

1. Médecin français arrêté à Tours, le 15 juillet 1942. Déporté avec sa femme et son fils âgé de cinq ans et demi. Édith Lettich et son fils seront assassinés dans la chambre à gaz le 25 septembre 1942. André Lettich a soutenu et présenté publiquement, le 10 juillet 1946, une thèse remarquable : *Trente-quatre mois dans les camps de concentration. Témoignage sur les crimes « scientifiques » commis par les médecins allemands* (Imprimerie Union Corporative, Tours, 1946).

« Le soir, après l'appel, tous ceux qui étaient malades devaient se présenter au secrétaire de leur Block respectif pour être conduits à l'infirmerie. Il fallait d'abord passer la visite médicale chez le chef de Block et, si celui-ci jugeait que le détenu n'était pas malade, alors c'étaient les coups. Combien de malheureux ont été ainsi tués et combien se sont laissés mourir dans la crainte de passer devant le chef de Block ! Ceux qui étaient déjà reconnus comme malades étaient conduits devant l'infirmerie du Block 12. Là, régnait, à part le chef de l'hôpital assisté de quelques Polonais, le docteur Zenkteller. C'est lui qui était devenu, avec le temps, l'homme le plus puissant de l'hôpital et l'homme de confiance des SS. Pour faciliter le travail, au moment d'envoyer le contingent bi-hebdomadaire à la chambre à gaz, le docteur Zenkteller avait trouvé un moyen simple, sinon ingénieux. Il désignait d'avance les victimes, inscrivait d'avance sur leur fiche d'admission au Block 7 et faisait tatouer sur leur bras gauche, devant le numéro matricule, la terrible lettre L (*Leiche :* cadavre). Et c'est ainsi que les condamnés à mort savaient, plusieurs jours à l'avance, le sort qui les attendait. Pendant ce temps, ils ne recevaient aucune nourriture, puisqu'ils étaient destinés à la chambre à gaz... Ici, au Block 12, n'étaient soignés que les Allemands et quelques Polonais favorisés. Rarement y étaient admis les Français. Pour nous remercier des soins que nous leur donnions : nettoyage de leur lit, des vases de nuit, etc., ces malades ''d'élite'' nous rouaient journellement de coups. Si ces messieurs n'étaient pas servis assez rapidement, nous recevions immédiatement des coups. C'était leur façon de reconnaître nos soins. Combien avons-nous vu de professeurs d'université hollandais, des professeurs tchèques, belges, des médecins français ''tués'' par leurs malades [1]. »

Le deuxième bâtiment de l'hôpital est en brique : Block 7, maladies infectieuses.

« À distance déjà, se percevait une affreuse odeur de pourriture et de fermentation de matières fécales. La porte de cette cour franchie, car ce Block était entouré d'un mur de deux mètres de hauteur, un spectacle vraiment épouvantable effrayait aussitôt la vue. À gauche, tout près de la porte, d'abord des pauvres diables avec des jambes brisées, des phlegmons, des œdèmes, toutes les infirmités imaginables d'impotents. Un peu plus loin, d'autres malades qui semblaient un peu moins

1. Le docteur Désiré Haffner précise, dans *Aspects pathologiques du camp de concentration d'Auschwitz-Birkenau*, que sur quarante médecins présents en août 1942, trois sont rentrés ; 90 % des déportés, toujours à cette date, mouraient en moins de deux mois.

affaiblis marchaient en se traînant ; enfin, au fond de cette cour infâme, des morts et des vivants décharnés mélangés les uns aux autres. Dans les premiers mois de notre séjour, lorsque nous entrions dans cette cour, de tous côtés se tendaient les bras suppliants de ceux que nous connaissions et des cris nous déchiraient le cœur : ''Docteur, aidez-nous !'' Mais nous étions, hélas ! totalement impuissants ; notre assistance devait se limiter à quelques mots d'encouragement, d'espoir et de consolation, réconfort qui nous manquait à nous-mêmes. Cette masse d'inconcevable misère humaine, cette cohorte de diarrhéiques et de cachectiques était effrayante à voir. Tous d'une maigreur indescriptible, la plupart étaient presque entièrement nus, ayant souillé jusqu'à l'abandon leurs vêtements et leur linge qui n'étaient pas remplacés. Trois caisses, au milieu de la cour, représentaient les waters. Ces caisses, qui n'étaient pas souvent vidées, débordaient de matières fécales, et l'urine inondait le terrain dans un périmètre d'environ deux mètres. Quel affreux spectacle que tous ces abandonnés, ces suppliciés, décharnés, se traînant misérablement jusqu'à cette caisse et qui, incapables de se tenir sur leurs jambes, tombaient dans l'ordure et agonisaient là jusqu'à ce que la mort vînt mettre un terme à leur lamentable fin. »

Reste à franchir la porte du Block :

« Le premier mouvement était de reculer en se bouchant le nez tant l'atmosphère était écœurante, violente, lourde, irrespirable. Ce n'étaient que cris et gémissements... Parfois on recevait dix, quinze comprimés d'aspirine pour huit cents, neuf cents malades [1]... »

Cette situation ne changea qu'en avril 1943... Les conditions s'amélioreront légèrement ; les déportés, au lieu de mourir en deux mois, se

---

1. Le docteur Désiré Haffner a bien connu le Block. Son témoignage rejoint celui du docteur André Lettich :

« Les descriptions qui nous restent des hospices du Moyen Âge auraient paru un rêve merveilleux à ces malheureux. Tout autour du Block 7 se dégageait une odeur lourde, de diarrhéique, de cadavre, de vermine. Dans la cour, des centaines de cadavres et d'agonisants, sur lesquels il fallait marcher pour entrer dans le Block. Là, plus de mille malades entassés dans des conditions indescriptibles donnaient l'impression d'une véritable cour des Miracles. L'atmosphère chargée de toute une série d'odeurs nauséabondes, était presque irrespirable. Aucun classement par maladie : dans la même niche voisinaient un phlegmon et un typhus exanthématique, un œdème par carence et un pneumonique. Aucun médicament n'était distribué, et des coups jusqu'à la dernière minute. Les rations alimentaires étaient très réduites : le tiers ou le quart de la ration normale, car le vol prenait dans ce Block des proportions scandaleuses. Une souffrance supplémentaire était encore imposée à ces hommes exténués et malades : la soif, le supplice atroce pour des fiévreux à 40°. Une souffrance morale s'ajoutait à cette souffrance physique : l'attente des voitures qui devaient les conduire aux chambres à gaz. »

maintiendront cinq, parfois six mois. Ils finiront tout de même par devenir « musulmans ». Et ces « musulmans » d'Auschwitz sont les plus « beaux », les plus « purs » que l'on puisse trouver dans un camp de concentration.

« Dans [1] de telles conditions de vie, le détenu surmené, sous-alimenté, insuffisamment protégé du froid, maigrit progressivement de quinze, vingt, trente kilos. Il perd 30 %, 35 % de son poids. Le poids d'un homme normal tombe à quarante kilos. On peut observer des poids de trente et vingt-huit kilos. L'individu consomme ses réserves de graisse, ses muscles. Il se décalcifie. Il devient, selon le terme classique des camps, « un musulman ». Il est impossible d'oublier avec quel dédain les SS et certains détenus bien nourris traitent ces malheureux du nom de « musulman », avec quelle angoisse les cachectiques viennent à la consultation, se déshabillent, se retournent, montrent leurs fesses et interpellent le médecin : ''N'est-ce pas, docteur, que je ne suis pas encore un musulman.'' Plus souvent, ils connaissent leur état et disent, résignés : ''Me voici musulman.'' »

« L'état de ''musulman'' est caractérisé par l'intensité de la fonte musculaire ; il n'y a littéralement plus que la peau sur les os. On voit saillir tout le squelette et, en particulier, les vertèbres, les côtes et la ceinture pelvienne. Fait capital, cette déchéance s'accompagne d'une déchéance intellectuelle et morale. Elle en est même souvent précédée. Lorsque cette double déchéance est complète, l'individu présente un tableau typique. Il est véritablement sucé, vidé physiquement et cérébralement. Il avance lentement, il a le regard fixe, inexpressif, parfois anxieux. L'idéation est, elle aussi, très lente. Le malheureux ne se lave plus, ne recoud pas ses boutons. Il est abruti et subit tout passivement. Il n'essaie plus de lutter. Il n'aide personne. Il ramasse la nourriture par terre, prenant avec sa cuiller de la soupe tombée dans la boue. Il cherche dans les poubelles des épluchures de pommes de terre, des trognons de choux et les mange sales et crus. On ne saurait oublier le spectacle présenté par plusieurs ''musulmans'' se disputant de tels déchets. Il devient voleur de pain, de chemises, de souliers, etc. Il vole d'ailleurs maladroitement et souvent il se fait prendre.

« À l'infirmerie, il s'efforce d'obtenir une place près d'un moribond dont il n'indique pas le décès, essayant ainsi d'obtenir sa ration.

« Il se fait arracher bridges et couronnes en or en échange d'un peu de pain ; il est alors souvent dupé.

1. Professeur Robert Waitz, *Témoignages strasbourgeois.* Professeur à la faculté de médecine de Strasbourg, membre du Directoire régional des MUR d'Auvergne, arrêté le 3 juillet 1943 à Clermont-Ferrand, déporté à Auschwitz le 7 novembre 1943.

« Ne sachant pas résister au besoin de fumer, il troque son pain contre du tabac.

« Dans l'ensemble, l'être humain est ravalé à l'état de bête et encore est-ce faire souvent, par cette comparaison, injure aux animaux. La durée de cette évolution est de six mois environ et rien n'est plus vrai que cette phrase d'un officier SS : ''Tout détenu vivant plus de six mois est un escroc, car il vit aux dépens de ses camarades.'' Ce temps de six mois est atteint si le moral du détenu est bon, mais il s'abaisse à un mois et demi ou deux mois si le moral est mauvais. Si le détenu pense trop à la faim, au froid, au travail harassant, à sa famille, à la chambre à gaz, en quelques jours il s'effondre, devient une loque et souvent un voleur [1]. Les exemples sont fréquents. Jamais plus que dans les camps de concentration ne s'est affirmée la primauté du moral et de la volonté sur le physique. Lorsqu'un détenu, après huit à dix jours de camp se présente à un médecin, il est possible à celui-ci de juger si le détenu tiendra ou s'il s'effondrera dans la suite. L'allure générale de ce détenu, le timbre de sa voix, sa manière de parler, de se comporter, etc. suffisent pour ce jugement. »

Et le professeur Robert Waitz, comme la plupart des médecins déportés, estime que ceux qui luttaient avec le plus de succès contre la déchéance, étaient : « les individus possédant un idéal, ayant l'habitude de la lutte, sachant s'imposer une discipline sévère, acceptant de vivre groupés ». Parmi les Français, ceux qui ont le mieux tenu sont : 1° les vrais résistants (détenus ayant fait effectivement de la Résistance en France) ; 2° les communistes ; 3° quelques jeunes ayant fait beaucoup de

---

1. À rapprocher de la description faite par le docteur Beilin au cours du procès Eichmann ; citée par Léon Poliakov dans *Auschwitz* (Julliard).

— Il y avait deux sujets que les détenus d'Auschwitz considéraient comme une espèce de tabou : les crématoires et la nourriture. Parler de la nourriture augmentait par voie de réflexes conditionnés la production d'acides dans l'estomac et donc l'appétit. Il fallait s'abstenir de parler de nourriture. Lorsque quelqu'un perdait le contrôle de lui-même et se mettait à parler de la nourriture qu'il mangeait chez lui, c'était le premier signe de la musulmanisation, et nous savions qu'au bout de deux ou trois jours cet homme passerait déjà au deuxième stade. Il n'y avait pas de distinction très nette : nous savions que cet homme ne réagirait plus, ne s'intéresserait plus à son entourage, n'exécuterait plus les ordres et ne réagirait même plus. Ses mouvements devenaient lents, son visage prenait un aspect de masque, ses réflexes ne fonctionnaient plus, il faisait ses besoins sans s'en rendre compte. Et il ne se retournait même plus sur son lit, de sa propre initiative ; il restait couché sans bouger, et c'est ainsi qu'il devenait un musulman, il devenait un cadavre aux jambes très enflées. Comme il fallait se tenir debout lors de l'appel, nous le mettions de force face au mur, les mains levées, et c'était simplement un squelette au visage gris qui se tenait contre le mur et qui ne bougeait que parce qu'il avait perdu son équilibre...

scoutisme ; 4° quelques intellectuels à grande force morale ; 5° quelques travailleurs manuels.

Ces observations sur le comportement quotidien des déportés, un autre médecin les a faites, patiemment, heure après heure, pendant trois ans. Il est aujourd'hui directeur de la célèbre Polyclinique de Vienne, professeur de psychiatrie et de neurologie, président de la Société médicale autrichienne de psychothérapie. Certains, ils sont de plus en plus nombreux dans le monde, veulent voir en lui l'égal de Freud. Sa « logothérapie », née de ses observations d'Auschwitz, sera peut-être considérée demain comme la « troisième école viennoise de psychiatrie » (après Freud et Adler). Son nom : Victor Frankl, né en 1905.

À 16 ans, il est déjà célèbre. Freud, à qui il a adressé une étude manuscrite sur « l'origine des mimiques » fait publier le texte... L'entrée d'Hitler en Autriche met fin à son activité médicale et psychiatrique, bien que pendant quelques mois il ait été autorisé à exercer dans un hôpital réservé aux Juifs... Sa déportation, élément charnière d'une vie, allait lui permettre de créer une nouvelle méthode thérapeutique et de devenir le plus grand psychiatre contemporain. Sa découverte, il l'a faite en même temps que tous les autres déportés :

« À [1] la différence de l'animal, l'homme n'est pas informé par ses instincts de ce qu'il doit faire et, à la différence de l'homme d'autrefois, il n'est plus informé par les traditions de ce qu'il faudrait qu'il fasse. Souvent il ne sait pas ce que, fondamentalement, il désire faire. Il désire donc, à la place, faire ce que font les autres (et c'est du conformisme) ou bien il fait ce que les autres désirent qu'il fasse (et c'est du totalitarisme). »

Ces « attitudes » peuvent conduire évidemment à une certaine forme de « musulmanisation » dans notre vie « moderne » où ne survivent réellement que ceux qui, comme en déportation, refusent de « démissionner », accrochés à un amour, une foi, un but, un idéal. Nous ne nous éloignons pas des « médecins de l'impossible » en insistant sur le cas Victor Frankl ; bien au contraire. Nous avons vu que l'influence des médecins déportés s'exerçait en général au moins autant sur le moral que sur le physique. Le psychiatre viennois est simplement allé un peu plus loin :

« Malgré l'effritement des traditions, la vie comporte un sens pour

1. Le professeur Victor Frankl a publié dès son retour de déportation : *Ein Psycholog Erleb Das Konzentrationslager*, traduit en français, en 1967, par les Éditions du Chalet : *Un psychiatre déporté témoigne*. Un livre capital sur la déportation et indispensable à ceux qui veulent comprendre la naissance de la « logothérapie ».

chacun pris individuellement ; et on peut même dire qu'elle conserve ce sens, littéralement, jusqu'à son dernier souffle. Aussi le psychiatre peut-il montrer à son patient que la vie ne cesse jamais d'avoir un sens. Il ne peut assurément pas lui montrer quel est ce sens, mais seulement qu'il y a un sens et que la vie le concerne, qu'elle reste, dans tous les cas, pleine de sens. »

Cette « manière », où le psychiatre parle en général plus que son malade, se montra efficace à Auschwitz au-delà de toute espérance. Deux déportés, par exemple, se laissent aller, avouant à qui veut bien les écouter « qu'ils n'ont plus rien à attendre de la vie ».

« À tous deux pourtant, il fallait révéler que c'est la vie qui attendait quelque chose ''d'eux'', et que quelque chose les attendait dans la vie : l'avenir. Effectivement, on découvrit que pour l'un c'était un être humain : son enfant qui attendait son père, à l'étranger, et il adorait véritablement cet enfant. Pour l'autre, ce n'était pas une personne, mais une chose : son œuvre. Cet homme était un scientifique et il avait publié une série d'ouvrages sur un même sujet : or, la série n'était pas terminée, et elle ''attendait'' son achèvement. Pour cette œuvre, cet homme était irremplaçable et non point interchangeable ; mais ni plus ni moins remplaçable ou interchangeable que le premier qui était, lui, irremplaçable... dans l'amour que son enfant avait pour lui. Cette manière d'être unique, d'être ''une seule fois'', qui est la marque distinctive de chaque être humain et qui donne à chaque être humain son véritable sens, se manifeste donc aussi bien dans son rapport avec une œuvre ou un effort créateur que dans sa relation avec un autre être, dans son amour. Cette irremplaçabilité et cette non-interchangeabilité de chaque personne, voilà justement ce dont il faut rendre l'homme conscient, étant mise alors dans une haute lumière la responsabilité qu'il porte en lui quand il s'agit de vivre et de continuer à vivre. Un homme devenu conscient de cette responsabilité qui est la sienne envers son œuvre, qui l'attend, ou envers un être humain qui l'attend, avec son amour, un tel homme ne sera jamais capable de ''jeter'' sa vie. Il connaît, lui, le ''pourquoi'' de son existence — et il pourra ainsi en supporter presque tous les ''comment''. »

Parfois Victor Frankl était amené à pratiquer une psychothérapie collective. Ainsi, ce jour-là, le camp avait refusé de dénoncer un voleur de pommes de terre et avait été condamné au jeûne absolu, le commandant avait rappelé la liste des actes de sabotage punis de pendaison. La lumière avait été coupée dans les Blocks. Le Kapo, qui connaissait les théories du psychiatre, lui demanda comment ''ne pas se laisser tomber soi-même ?'' »

« Je n'étais certainement pas d'humeur à donner des explications psychologiques... Et puis, je grelottais de froid, j'avais faim, j'étais abattu, irrité ; et me voilà obligé de surmonter tout cela pour profiter de cette occasion unique, car cette exhortation était vraiment alors plus nécessaire que jamais. Je commençai donc, en usant de cette consolation de pacotille : que notre situation actuelle dans l'Europe de la Seconde Guerre mondiale et dans ce sixième hiver de guerre n'était pas la pire — et de loin ; je comptais ainsi, dès le début, sur un effet de contraste que je pourrais utiliser. Je dis ensuite comment il appartenait à chacun de nous de se demander ce qu'il avait donc perdu d'irremplaçable — et je voulais faire entendre par là qu'en vérité ce n'était, pour la plupart d'entre nous, pas grand-chose : pourvu que l'on soit en vie, on avait des raisons d'espérer. Santé, bonheur familial, qualités professionnelles, fortune, position sociale — tout cela, ce sont des choses, dis-je, qui peuvent se remplacer, que l'on pourra éventuellement retrouver ou reconquérir. Mais nous conservons encore nos "os intacts" ! Malgré tout ce qu'on a dû supporter ces derniers temps, cela pourrait bien avoir "encore" une valeur utile pour l'avenir ! Et je citai Nietzsche : "Ce qui ne m'anéantit pas me rend plus fort." Puis je continuai en parlant de l'avenir : "Quiconque est au courant de notre situation pourrait la croire désespérée..."

« Je reconnaissais, évidemment, que chacun de nous, ou presque, pouvait compter comme infime la probabilité qu'il avait de survivre ; bien que l'épidémie de typhus ne régnât pas encore dans le camp, j'estimais qu'à mon avis cette probabilité ne serait que de 5 %. Et j'osai le leur dire ! J'ajoutai, en effet, qu'en ce qui me concernait, pour ma propre personne, il ne me venait absolument pas à l'idée de jeter le manche après la cognée, car nul ne connaissait l'avenir, nul ne pouvait savoir ce que lui apporterait l'heure suivante : bien que nous n'ayons rien à attendre de décisif des événements militaires pour les jours prochains, qui pouvait mieux que nous, avec notre expérience de déportés, savoir que souvent s'offre subitement quelque chance inespérée, pour un au moins entre tous : chance inespérée d'être pris dans un convoi partant vers un Kommando exceptionnel où les conditions de travail sont particulièrement avantageuses, ou toutes autres chances du même genre qui représentent (oui, c'est comme ça !) tous les désirs et le "bonheur" suprême du déporté.

« Je ne me bornai pourtant pas à parler de l'avenir, tout entouré d'une bienheureuse obscurité et du présent, avec toute sa souffrance ; je parlai aussi du passé, de toutes ses joies et de cette lumière qu'il projette encore sur les ténèbres de nos jours. De nouveau je citai, pour éviter de faire une espèce de sermon à partir de mes propres paroles, ces mots du poète :

« Ce que tu as vécu,
Nulle puissance au monde ne peut te le ravir. »

« Ce que nous avons vécu dans la plénitude de notre vie passée, ce que nous avons réalisé dans la plénitude des événements vécus, cette richesse intérieure, ni personne ni rien ne peuvent plus nous la prendre ! Et non pas seulement ce que nous avons vécu, mais également ce que nous avons fait, ce que nous avons pensé de grand, et ce que nous avons souffert... Tout cela en le faisant entrer dans le réel, nous l'avons sauvé ''définitivement''. Et même si c'est du passé ; car dans le passé, justement, cela est fixé et assuré pour toute l'éternité ! Être passé c'est aussi un mode ''d'être'' — et peut-être le plus sûr.

« Je parlai ensuite des multiples possibilités de remplir sa vie en lui donnant un sens. J'expliquai à mes camarades (car ils étaient tous allongés, silencieux, ne bougeant presque pas, laissant tout au plus échapper, de temps à autre, un profond soupir...) que la vie humaine a toujours, et dans toutes les circonstances, un sens, et que ce sens infini de l'existence inclut encore le souffrir et le mourir, la misère et la mort. Je suppliais ces pauvres diables qui m'écoutaient attentivement là, dans l'ombre épaisse de la baraque, de regarder les choses en face et le tragique de notre existence en face, et de ne pas désespérer pour autant, mais, bien au contraire, en prenant conscience que même s'il n'y avait, dans notre lutte, aucune chance de succès, elle n'en conservait pas moins toute sa signification et toute sa dignité : de garder courage enfin ! Sur chacun de nous, leur dis-je, quelqu'un, en ces heures graves, abaisse son regard, avec des yeux exigeants : un ami ou une femme, un vivant ou un mort — ou un dieu. Et il attend de nous que nous ne le décevions pas, que nous acceptions de souffrir ou de mourir, non pas en misérables, mais fièrement.

« Pour finir, je parlai de notre sacrifice : lui, a toujours un sens ! Du fait de son essence même, le sacrifice doit être fait en ce monde — notre monde de réussite — à la condition tacite de n'y rien gagner ; et cela est vrai, qu'il s'agisse de se sacrifier à un idéal politique ou pour un homme, d'offrir en sacrifice sa propre vie pour celle d'un autre. Naturellement un croyant — au sens religieux du mot — comprend cela facilement ; et je le leur dis. Puis je racontai l'histoire de ce camarade qui avait, au début de son internement, offert au ciel ce pacte : que ''sa'' souffrance et ''sa'' mort puissent épargner à l'être humain qu'il aimait par-dessus tout une mort affreuse. Pour cet homme, souffrir et mourir n'étaient pas dénués de sens : c'était au contraire devenu, sous forme de sacrifice, riche d'un sens profond. Il refusait de souffrir et de mourir sans que cela eût une signification — et sans une signification, nous ne le voulons pas non plus ! Donner cet ultime sens à cette vie — la nôtre, là, dans cette baraque du camp — et à ce moment, dans cette situation pratiquement sans issue : c'est la tâche que je m'étais assignée, en utilisant la parole. »

Il a fini.

L'ampoule électrique s'allume. Tout le Block se rassemble autour de Victor Frankl, beaucoup d'hommes pleurent ; ils pleurent et remercient ; ils pleurent et sont heureux. Ils ont retrouvé « leur avenir ».

Parfois cependant le psychiatre connaît l'échec. Un compositeur de musique s'approche de lui :

— Dis donc, docteur, j'aimerais te raconter quelque chose : j'ai fait, il n'y a pas longtemps, un rêve extraordinaire. Une voix me disait que je pouvais faire un vœu : je n'avais qu'à demander ce que je voulais savoir, et elle me répondrait, quelle que soit ma question. Et sais-tu ce que je demandai ? « Quand la guerre sera-t-elle terminée pour moi ? » Comprends-tu docteur, ce que ça veut dire « pour moi » ? Je voulais savoir quand nous, nous tous, dans le camp, serions libérés : en somme quand nos souffrances devaient cesser...

— Et quand as-tu fait ce rêve ?

— En février.

— Et que t'a répondu la voix de ton rêve ?

Le musicien murmure :

— Le 30 mars.

Les jours passèrent. La situation militaire ne laissait présager aucune grande poussée en direction du camp. Le 29 mars, le musicien tombait malade, le 30 il délirait, le 31 il était mort. Mort de typhus et de déception ou plutôt de déception et de typhus.

*
* *

Stupide ! Stupide, inconsciente Olga Lengyel qu'as-tu fait ? Stupide... Elle comprenait seulement maintenant, dans ce wagon qui l'emportait vers Auschwitz. Les Allemands avaient arrêté son mari, célèbre chirurgien de Cluj, capitale de la Transylvanie et elle s'était précipitée à la Kommandantur.

— Votre mari part travailler dans sa spécialité.

— Je suis aussi médecin.

— Et alors ?

— Et alors, je peux partir avec lui...

— Si vous voulez.

— Avec mes parents ?

— Avec vos parents.

— Avec mes deux enfants ?

— Avec vos deux enfants. Vous serez ainsi bien mieux en famille.

Dans le wagon, une jeune fille meurt. À côté un médecin regarde son père s'éteindre :

— Comme c'est long !

Oly, la femme d'un autre médecin, avale du poison :

— Il faut lui faire un lavage d'estomac.

— Avec quoi ?

Le mari d'Olga regarde son beau-père :

— Depuis votre opération, vous vous servez d'un tuyau pour uriner.

L'eau ? Il faut de l'eau et personne ne veut se séparer des précieuses réserves, quelques gouttes perdues dans le fond d'un gourde, d'un bidon.

— Allons ! Faut-il les prendre de force ?

Lavage réussi.

Tout à l'heure, Oly sera choisie la première pour la chambre à gaz.

Et toi, Olga, qui crois avoir compris, tu vas recommencer une seconde erreur aussi stupide, aussi inconsciente, aussi horrible.

— Les médecins sortez des rangs.

— À gauche !

— À droite !

— À gauche les vieux, les enfants.

— À droite, toi...

Le sélectionneur hésite devant le fils d'Olga :

— Le garçon doit avoir plus de douze ans.

Olga ne veut pas qu'on le range dans la colonne des adultes... Il est si jeune... et le travail... elle hurle :

— Non il n'a pas douze ans.

— À gauche !

Olga, tais-toi. Non, je dois aussi sauver ma mère...

— Ma mère est vieille, elle voudrait rester avec les enfants.

— D'accord, vous vous retrouverez dans le même camp. À gauche !

Les « à gauche » courent vers les douches. Le Sonderkommando avale une dernière gorgée d'alcool.

— Allez ! Un arrivage. Les fours sont prêts ?

* * *

Olga Lengyel vivra plusieurs jours comme folle, puis ses amies l'arracheront à sa douleur.

— Tu dois sauver le plus possible d'entre nous. Nous avons besoin de toi.

Et toujours le même mais efficace :

— Tu dois vivre pour témoigner.

Elle sauvera et témoignera.

Parfois, cependant, le sauvetage n'était possible qu'en sacrifiant une autre vie.

« Le problème [1] humain le plus poignant qui se posait à nous autres, chargées de soigner nos compagnes d'infortune, était celui des accouchements. Pendant de longues semaines, dès qu'un enfant naissait à l'infirmerie, mère et enfant étaient envoyés à la chambre à gaz. Ce n'est que lorsque le bébé n'était pas viable, ou encore quand c'était un mort-né, qu'on épargnait la mère. Celle-ci, une fois rétablie, pouvait alors regagner son Block. La conclusion à en tirer était simple : ''Il ne fallait pas que le nouveau-né vécût.'' Nous sentions, toutes les cinq, ce que cette conclusion qui défiait toutes les lois humaines et morales avait de monstrueux. C'était aussi un non-sens du point de vue purement médical. Que de veilles n'avons-nous pas passées à tourner et à retourner ce tragique dilemme. Et le matin mères et bébés allaient à la mort.

« Alors, un jour, nous prîmes la décision. Il fallait au moins sauver la mère. Mais pour réaliser notre projet et faire passer l'enfant pour mort-né, de multiples précautions étaient indispensables. Car si les Allemands venaient à soupçonner la chose, c'était pour nous aussi la chambre à gaz, et auparavant peut-être des tortures. Quand les douleurs d'accouchement se déclaraient dans la journée, nous ne menions même pas la parturiente à l'infirmerie. Elle accouchait sur une couverture, dans une des koïas du fond, en présence de toutes les occupantes du Block. Si le travail commençait pendant la nuit, nous conduisions la femme à l'infirmerie. Là nous disposions au moins d'une table d'examen, mais hélas ! faute de moyens d'aseptie, le danger d'infection était plus grand. Nous passions la journée à soigner dans cette pièce tant de plaies purulentes. Quant au sort du bébé il était toujours le même. Après nous être entourées de toutes les précautions possibles, nous pincions le nez du bébé quand il ouvrait la bouche pour respirer, nous lui placions sur la langue une dose suffisante d'un produit qui ne pouvait manquer son effet. Une piqûre aurait peut-être été plus expéditive, mais il y aurait eu une trace et il fallait avant tout éviter que les Allemands soupçonnent la vérité. Nous placions l'enfant, qui ne tardait pas à succomber, dans la même boîte qui nous avait servi à l'apporter au Block si l'accouchement s'était effectué sur place. Pour l'administration allemande, il s'agissait d'un mort-né.

1. Olga Lengyel, *Souvenirs de l'au-delà*, publié en 1945 à Budapest (traduction en 1946 aux Éditions du Bateau Ivre).

« Ainsi donc, les Allemands étaient arrivés à faire de nous des assassins. Aujourd'hui encore, le souvenir de tous ces nourrissons supprimés continue à me hanter. De quoi aurait été fait le destin de tous ces petits êtres anéantis au seuil de la vie ? Qui sait, peut-être avons-nous tué un Pasteur, un Mozart ou un Einstein ? Mais même si ces bébés n'étaient promis qu'à une existence sans éclat, notre responsabilité n'en était pas moins terrible. La pensée d'avoir sauvé les mères n'est qu'une maigre consolation. Sans doute, sans notre intervention ils auraient enduré de pires souffrances, puisqu'ils auraient été jetés, vivants, au four crématoire. Un élémentaire sentiment d'humanité aurait dicté, me semble-t-il, à toute autre personne à notre place, la même solution, aussi monstrueuse qu'elle puisse paraître, et pourtant c'est en vain que je demande à ma conscience de m'acquitter entièrement [1]. »

---

1. Pendant ce temps-là, André Lettich, affecté comme bactériologiste à l'Institut d'hygiène d'Auschwitz, était chargé de déterminer les causes de mort... des lapins qui périssaient dans les fermes ou chez les SS, de faire des autopsies de poulets, de poussins, de canards, d'oies, de chevaux, de vaches, de poulains, etc.

« Et c'est grâce à ces recherches si nous sommes restés vivants puisque, comme tous nos camarades, nous faisions cuire les cadavres de ces bêtes pour nous en nourrir. Nous étions indignés qu'on nous obligeât à faire ces autopsies, à faire des ensemencements et à rédiger des rapports pour déterminer les causes de la mort d'un lapin en sachant qu'au même moment ces assassins qui nous ordonnaient ce travail étaient en train de faire gazer et brûler des milliers d'hommes, de femmes, d'enfants innocents. Un dernier exemple de la bestialité et de la perversité de médecins allemands. Le Standortarzt (médecin de la place) SS Sturmbannführer, docteur Wirtz, ce renommé gynécologue, qui choisissait des femmes pour les utiliser comme cobayes, nous a adressé au laboratoire, en juillet 1944, à cette même époque la barbarie allemande gazait chaque jour six mille hommes, femmes et enfants innocents, nous a adressé, disons-nous, dans une enveloppe, un tout petit lapin crevé d'environ cinq jours, accompagné d'une lettre nous demandant de déterminer les causes de la mort de ce pauvre animal ; nul ne pourrait imaginer notre fureur et notre indignation devant de telles horreurs. Et toujours avec un semblant de sérieux, nous étions obligés de pratiquer l'autopsie de ces animaux, de faire des cultures et de rédiger un rapport pour expliquer pathologiquement le décès de ces animaux. » (Thèse du docteur Lettich.)

XXXIV

DANS LES RUINES DU GHETTO DE VARSOVIE

Il n'est guère différent des autres... Un peu plus maigre peut-être, parce que grand et raide. Après tout il n'a perdu que vingt-cinq kilos en trois semaines de Kommando à Buna. Cependant, il est déjà un « vieux » d'Auschwitz. Un vieux du convoi de juin 1942.

Rubin Kamioner [1], privilégié du Revier, passe sa matinée à refaire les pansements ; l'après-midi il troque les bandelettes de papier pour des ciseaux et se transforme en coiffeur ; le soir, enfin, croque-mort de première classe, il engrange les « morts frais » de la journée dans la réserve du crématoire. Parfois, il est envoyé à Birkenau ramasser dans le gigantesque bric-à-brac abandonné par les gazés de la veille quelques couvertures pour les malades. Dans ce Kommando s'essouffle son ami Jacques Mittelpunkt. Il s'approche simplement et dit :

— Pour tes malades. Attention !

Les couvertures pliées se gonflent de flacons, de boîtes de médicaments qui, tout à l'heure, ramèneront à la vie quelques mourants du Revier.

— Il était autrement difficile de cacher ou de truquer les cartes de ceux qui, sélectionnés par le médecin SS Entress, étaient condamnés à la piqûre de phénol qu'administrait le caporal Klehr. Nous y arrivions tout de même. À la fin du mois d'août 1942, sous prétexte de lutter contre le typhus et les poux, Entress a organisé une grande sélection. Il a vidé trois Blocks de malades et convalescents. Plus de mille ont été gazés. Mais nous avons pu cacher dans les caves plusieurs camarades. Parmi eux, le docteur Bieda, l'actuel recteur de L'université de Cracovie. Un jour, je me suis trouvé dans l'obligation d'accompagner mon chef de Block pour la désinfection des cellules de condamnés à mort et

1. Récit inédit recueilli les 17 octobre, 7 et 18 novembre 1967.

celles où le docteur Mengele « retenait » ses jumeaux avant certaines expériences. Même après vingt-cinq ans, cette scène me fait frémir d'horreur. Dans une cellule minuscule... un mètre cinquante de côté, le chauffage central donnant au maximum et nous étions au mois d'août, imaginez deux frères de douze ans, absolument nus, décharnés, inconscients, prostrés. Insensibles à notre présence ils se sont laissé asperger de liquide désinfectant sans esquisser le moindre geste.

— Coiffeur... J'étais appelé avant une intervention chirurgicale pour préparer les patients. Entress se nettoyait rarement les mains avant de pratiquer les interventions. Un jour, on nous a amené un jeune Grec de vingt ans. Il avait chanté à l'Opéra. Il fallait l'opérer d'urgence de l'appendicite. Ils l'ont étendu sur la table et ils l'ont obligé à chanter.

* * *

Octobre 1943.

— Rassemblement !

— Sortez.

Deux mille, ce jour-là, seront choisis, embarqués dans des wagons à bestiaux. Kamioner et son « organisateur » de médicaments, Mittelpunkt, sont du voyage. Près d'eux, un autre déporté, Charles Goldstein, qui ne se doute pas qu'il vit à cet instant même la première seconde de l'une des aventures humaines les plus extraordinaires de toute l'histoire de la déportation. Direction Varsovie :

« Varsovie [1] ! Ce mot produit sur moi un effet foudroyant. Varsovie ! Ville où je suis né, où j'ai grandi, où vivait et où a probablement péri toute ma famille car, en me fondant sur mon expérience des camps, je savais que tous les Juifs de Varsovie avaient été exterminés. Varsovie ! Ville du soulèvement du ghetto dont les échos sont parvenus jusqu'à notre camp et nous ont emplis tous de fierté, de douleur, mais aussi d'espérance : cinq mois se sont écoulés depuis la fin de la révolte du ghetto. Tout autour de nous, il n'y a que destructions. Pas âme qui vive. Nous marchons dans des rues détruites qui nous parlent de l'héroïsme et de la mort des Juifs. Çà et là traînent des objets abandonnés, témoins d'un passé humain : livres déchirés, pages du Talmud, lits tordus, fragments de rouleaux de la Loi. Aux alentours

---

1. Charles Goldstein, *Sept dans un bunker,* Gallimard, 1967. L'auteur, après l'élimination des malades — comme nous le verrons dans ce chapitre — se cachera avec six autres Juifs dans la cave d'une maison en ruine. Ils creuseront et aménageront une sorte de Bunker qui communique avec les égouts. Véritables « Robinson Crusoé », ils vont vivre quatre mois et demi dans la nuit.

c'est le vide. Les ruines jettent l'effroi. Nous sommes les premiers à fouler le sol sacré du ghetto...

Le Kommando des 2 000 est là pour récupérer tout ce qui peut servir à la grandeur du Reich. Goldstein deviendra électricien, Kamioner inspecteur en briques, tuiles et moellons :

— Repérer une brique, racler le ciment, la brosser, l'entasser sur d'autres. Un petit tas, plus d'autres petits tas, ça fait un wagon qui part pour l'Allemagne.

Avec l'hiver s'abat sur le ghetto une nouvelle fois la mort. Le chef SS du Kommando des 2 000, Kapesbau, effrayé par le nombre croissant des malades ordonne qu'une infirmerie soit aménagée dans une travée de l'ancienne prison militaire. Kamioner redevient infirmier :

— Des cellules infectes, grouillantes de vermine. Huit mètres carrés, avec une ouverture de cinquante centimètres fermée de barreaux. La moitié de la pièce est légèrement surélevée. Sur cette estrade, il faut entasser quinze malades. Le directeur du Revier et le médecin ont été choisis parmi les « droit commun » allemands. Le médecin est un charcutier. Sa passion est de fouiller à l'aide d'un bistouri, non stérilisé, dans les joues des déportés atteints d'érysipèle. Je me suis permis de lui faire remarquer qu'ouvrir une joue dans ces conditions équivalait à la mort. Il m'a répondu : « N'importe comment, aucun de vous n'en réchappera. » La prédiction s'avéra juste... du moins, pour lui. Quelques jours plus tard il était mort et personne ne se soucia de savoir s'il avait été réellement médecin.

Un Parisien, le docteur Suchodolski, le remplace. L'infirmerie se déplace et s'installe dans un baraquement :

— Nous n'avions aucun matériel chirurgical à notre disposition et ce jour-là on nous amena un camarade blessé. Il avait eu le pied pris sous une énorme pierre. Broyé, déchiqueté, les orteils en charpie. Il fallait amputer. Des déportés nous ont affirmé que dans un immeuble calciné, à la hauteur du deuxième étage, pendait, dans le vide, une table d'opération. Nous avons décroché la table et, dans les gravats, nous avons découvert tout un outillage chirurgical. Les docteurs Suchodolski et Chabowiecki ont réussi l'amputation.

Kamioner et ses infirmiers ont un jeune protégé : Pierre Schillio. Pour lui ils s'improvisent cuisiniers, gonflant au mieux ses rations, piochant dans « l'épais ».

— Ça va le gosse ?

— Il s'en tirera. Son père m'inquiète plus.

Ils sont là, tous deux couchés côte à côte sur les mauvaises planches des châlits. Depuis leur arrestation, ils ne se sont jamais quittés. Pierre avait treize ans le jour où les Allemands sont venus frapper à la porte de sa famille à Neuilly. Tous, son père, son grand-père, sa mère, ses deux sœurs ont pris le chemin d'Auschwitz le 2 août 1943 [1]. Seul le père devait normalement échapper au crématoire, mais son fils est arrivé à se faufiler entre les jambes du sélectionneur. Lucien et Pierre ; Pierre et Lucien toujours... Les autres Schillio se sont envolés par la haute cheminée.

Et aujourd'hui, que va-t-il se passer ? Les troupes soviétiques campent dans les faubourgs de Varsovie. Le commandant SS Umschnitz décide d'évacuer le Kommando des 2 000 :

— Tous les malades restent au Revier ainsi que trois cents prisonniers.

Les infirmiers secouent les moins malades.

— Allez vite, habillez-vous.

— Mets ce manteau.

— Si on te demande quelque chose, tu dis : « Je suis secrétaire. » Toi, « aide-infirmier ».

Les SS découvrent plus de cent « infirmiers » devant le Revier. Ils menacent d'abattre le tricheur Kamioner pour ce sabotage. Les malades rejoignent leurs grabats. Certains ont cependant profité de l'affolement des SS pour se glisser dans les rangs des travailleurs. Lucien Schillio est du côté des valides, Pierre Schillio à la porte du Revier. Le père veut rejoindre son fils. Pierre alors se fâche :

— Je me suis avancé devant le SS sans avoir peur — on n'a pas peur quand on va mourir. Je lui ai dit en allemand : « Je ne suis pas malade, je peux marcher à pied », et sans attendre son ordre j'ai été rejoindre mon père et les hommes valides... provisoirement sauvés.

Ils s'éloignent.

Alors le commandant Umschnitz entouré de SS pénètre dans l'infirmerie. Il dégaine seul et, seul, il abat un à un les trois cents malades. Charles Goldstein et les derniers déportés restés en place enterrent les morts. Goldstein, grâce à son Bunker, sera l'un des deux survivants de ces quatre cents déportés abandonnés dans le ghetto. Pierre et Lucien seront libérés à Dachau. Quant à Rubin Kamioner, infirmier de l'impossible, malgré tout, il arriva, aidé du docteur Grünbaum, à « organiser » une véritable infirmerie dans le Kommando d'Ampfing, dépendant de Dachau, où il venait d'aboutir après le repli de Varsovie. Il alla même plus loin ; en ayant assez de brûler des os, de les piler

1. Ce convoi : mille deux cents déportés, six survivants. Pierre Schillio est considéré comme le plus jeune déporté français revenu vivant des camps d'extermination. Les bébés rentrés avec leur mère (chapitre sur Ravensbrück) sont nés en déportation. Pierre Schillio a été promu, en août 1962, chevalier de la Légion d'honneur. Son père est mort en 1966.

pour préparer des poudres anti-dysentériques, il forma un comité de revendications. Le capitaine de réserve qui commandait le camp accepta que, de temps en temps, Kamioner se rende... à la pharmacie du village.

— Je ne sais si l'on doit attribuer ce geste à l'avance alliée (nous étions fin 1944) ou au fait que le commandant n'était pas SS mais, à partir de ce jour, accompagné d'un SS je me rendais au village et quelquefois le vieux pharmacien me glissait en cachette des tablettes de sulfamides [1].

1. Ces faits m'ont été confirmés par un autre déporté : N. Brombert : « Là, un nommé Kamioner, au péril de sa vie, a organisé un « hôpital »... C'est grâce à Kamioner qu'il y eut quelques rescapés. Je fus personnellement sauvé grâce à lui. »

XXXV

LE MOUROIR DE BERGEN-BELSEN

Une raclée ! Mon Dieu quelle raclée ! Il n'y allait pas de main morte le salaud. Une de ces volées...

Georges Hourdiaux venait d'avoir dix-neuf ans. Et il allait mourir à dix-neuf ans. Comme ça, comme une bête, pour une mauvaise blessure infectée.

Quel diable l'avait poussé dans ce wagon abandonné ? La fatigue, simplement. L'éreintement du tunnel de Dora. Il fallait « recharger les batteries » comme on disait là-bas, en reprenant souffle, en s'endormant quelques minutes. Il avait hésité, mais la tentation était trop grande, il avait bondi. Le SS de garde ne pouvait visiter toutes les cachettes, tous les recoins. Après tout, tant pis !

Il s'endormit.

Ce jour-là, un chien policier accompagnait le surveillant dans sa ronde. Le chien s'arrêta. Le SS ne monta pas dans le wagon.

— Toi descends !

Le chien aboyait.

— Sage !

La punition c'était lui, l'homme, qui allait l'appliquer. Aujourd'hui le spectateur-chien prendrait une leçon. À la rigueur il pourrait rattraper le « saboteur » s'il tentait de s'enfuir.

Le SS ramassa un morceau de bois qui traînait sur le sol et...

Une raclée ! Mon Dieu quelle raclée !

Georges Hourdiaux protégeait sa tête, l'autre s'acharnait sur les jambes... Les clous fichés dans le bois, les longs clous rouillés, s'enfonçaient, déchiraient les chairs.

Ce jour-là, le tunnel de Dora perdit un de ses travailleurs. Les plaies s'infectèrent. Le pied gonfla, passa du rose au violet. Hourdiaux était bon pour le premier « transport », la première « sélection » d'irrécupérables, de tuberculeux, de mourants, d'éclopés, de non productifs :

— Pour vous, très bon. Bergen-Belsen, bon sanatorium...

Les SS ne mentaient pas aux mille sursitaires de ce convoi [1]. Par quel miracle ?

Georges Hourdiaux (matricule 330) traîne de paillasse en paillasse, hésitant quatre longs mois entre la vie et la mort. Enfin, un chirurgien tchèque nouvellement arrivé décide l'amputation du pied.

— Le docteur Zdenek Wiesner m'avait fait comprendre dans un mauvais français mêlé d'allemand et d'espagnol que mes jours étaient en danger, qu'il allait essayer l'opération, mais qu'il n'était pas sûr de me sauver car il ne possédait pratiquement rien. Pendant quelques jours, il me prit avec lui et réfléchit de longs moments : comment, dans quel sens, à quel niveau allait-il amputer ?

La scie ? Impossible de trouver la moindre scie dans ce camp. Wiesner demande à un déporté espagnol, Esteban Teruel, d'« organiser » un gros couteau de cuisine et une lime. Tous deux patiemment se relaient sur la lame du couteau, attaquent le métal, façonnent une à une les dents.

Le 3 août 1944, deux semaines avant l'anniversaire de ses vingt ans, Georges Hourdiaux est endormi. La première opération de Bergen-Belsen, la première et dernière, commence. Très vite Wiesner s'aperçoit qu'il s'est trompé. Le couteau-scie s'enraye. Les dents découpées dans la partie fine de la lame, sur le tranchant, s'encrassent :

— La lime ?

— Faites bouillir la lime.

Au milieu de l'opération, Wiesner « refabrique » une scie. Il abandonne le tranchant et attaque le dos de la lame.

— Allons-y !

Le soir, Georges Hourdiaux se réveille sur sa paillasse, entouré de tous les Français.

— Le lendemain, un SS me contempla comme une bête curieuse. Il devait penser que pour moi tout était terminé et que les jours suivants auraient raison de ma résistance... Régulièrement j'urinais sur la plaie. Un camarade âgé me l'avait conseillé, affirmant que l'ammoniaque de l'urine est un désinfectant. Petit à petit mon moignon se cicatrisa. Maintenant il fallait marcher et le docteur Wiesner ne voulait pas en rester là. Ma jambe, immobile depuis de longues semaines, repliée à 120 degrés, ankylosée, ne voulait plus se déplier. Un camarade français

1. Sur les deux mille Français du convoi, cinq survivants en 1968.

entreprit de faire travailler ma jambe tous les jours. Lorsque j'étais allongé, je devais poser un sac de terre assez lourd sur le genou.

Il se lève. Appuyé sur deux bâtons, la jambe gauche repliée, il sautille...

— La cigogne !

— Vise la cigogne !

Georges Hourdiaux sera désormais pour le camp de Bergen-Belsen la « cigogne » et tous le respecteront pour son obstination, sa volonté de vivre ; beaucoup admireront même ce véritable miraculé. La « cigogne » deviendra le symbole du courage.

— Quand ma jambe fut redevenue à peu près normale, je me confectionnai une espèce de chaussure faite dans un carré de bois. Aux quatre coins, des cordelettes qu'il suffisait de nouer au-dessus de la cheville. Le moignon reposait sur un tapis de chiffons et de morceaux de couverture, mais la marche restait douloureuse. Je repliais la jambe. Alors, mon ami le chirurgien entrait dans des colères folles, m'arrachait les béquilles improvisées et hurlait : « *Franzose, bald Paris, muss marchieren* », accompagné d'un juron propre aux camps de concentration.

Le jour de la libération, la « cigogne » avait déplié sa jambe [1]...

* * *

Bergen-Belsen, le camp des camps, le fond du panier, le « laissez-mourir », le dépotoir des infirmeries « d'ailleurs ». Oui, le mouroir, l'égout, le cloaque. Plus de cent mille déportés sont arrivés en quinze mois dans cette lande de Lüneburg ; cinquante mille sont morts dans les six derniers mois. Morts seuls, sans soins, à l'ombre de la folie, morts de cette mort des abandonnés, morts sur la charogne, la pourriture des autres morts... Les Britanniques, en libérant ce gigantesque charnier, découvriront 13 000 cadavres ; cadavres « en surface », cadavres posés sur le sol, au niveau des vivants, entre les Blocks, dans les Blocks, sur les marches des Blocks, devant, derrière, ici, là, partout. Ils verront des cadavres entassés qui servaient de bancs, des cadavres-bancs et des cadavres-chaises, des cadavres-lits (les poux ne restent pas sur les morts). À tous ceux-là viendront s'ajouter les derniers morts, les plus atroces,

1. En 1951, Georges Hourdiaux a été amputé en France, au-dessous du genou : « Dans des conditions normales, j'ai mis plus d'un an à cicatriser. » J'ai pu « reconstituer » cette opération grâce au témoignage inédit de Georges Hourdiaux (31 janvier 1968), grâce aussi à une lettre du docteur Wiesner, qui exerce aujourd'hui à Prague (11 janvier 1968).

ceux d'après la *Marseillaise,* d'après la Liberté. Des milliers d'autres. Morts de joie, de typhus, de trop-manger. Morts.

Dix jours après la libération, en vingt-quatre heures : 1 732 nouveaux cadavres. Rien. Jamais rien n'égalera dans l'horreur Bergen-Belsen. Dans d'autres camps on tuait, on exterminait, ici on laissait faire... Ils ne sont aujourd'hui que quelques pauvres survivants ; ceux-là, seuls, peuvent savoir ce que fut Bergen-Belsen et encore n'ont-ils vu que « leur coin », mais ce coin rassemblait, presque toujours, tous les éléments du drame.

Je pense que le « phénomène » Bergen-Belsen ne sera jamais totalement expliqué [1] car ce camp ne ressemble à aucun autre. C'est un damier dont chaque case est isolée. Les parcs ainsi constitués abritent un groupe spécial, régi par des lois particulières. Des Juifs survivants de ghettos vivent richement, en famille ; ils ont conservé bijoux, argent, valises. À côté, des femmes polonaises allemandes s'entassent sous des tentes et s'épuisent à des travaux de force. Plus loin une case de diamantaires hollandais, des Juifs de Bengasi, des Françaises et leurs enfants, des Grecs de Salonique... la case des Juifs polonais détenteurs de passeports américains, des cases turques, albanaises... enfin le « petit camp » : six Blocks, puis huit, réservés aux déchets des Reviers d'autres camps... Il semble bien que Bergen-Belsen, ancien « aiguillage » pour les convois de prisonniers de guerre et champ d'exécution pour certaines catégories de prisonniers (50 000 combattants russes reposent dans des fosses communes) soit devenu dès 1943, sous l'autorité des SS qui ont emprunté à l'armée une partie de ses terrains, le camp des « Ils pourront bien servir à quelque chose ».

Ils pourront bien servir à quelque chose, ces Juifs privilégiés : échanges, négociations, chantages.

Ils pourront bien servir à quelque chose, ces déportés politiques malades que, dans sa bienveillance légendaire, le Reich s'est refusé à exterminer.

En quelque sorte, Bergen-Belsen, que l'on doit sans doute au génie créateur d'Himmler, seigneur tout puissant des camps, servait de « réserve en cas de besoin ». Et ces réserves furent parfois utilisées : des Juifs privilégiés échangés contre des prisonniers allemands découvrirent la Palestine ; la plupart cependant disparurent dans les chambres à gaz d'Auschwitz et de Treblinka. Bergen devint enfin le camp des dernières illusions nazies. Ils concentrèrent sur cette clairière encore « libre » tous les convois évacués. Avec eux arriva le typhus.

---

1. Voir en particulier l'étude magistrale de P.G. Fassina dans le n° 45 (janvier 1962) de la *Revue d'Histoire de la Deuxième Guerre mondiale.*

*
* *

Avant le typhus, Bergen-Belsen vit et meurt comme tous les camps ; à la seule différence qu'ici sont réunis des malades et les malades, n'est-ce pas logique ? meurent plus vite que les bien-portants... surtout si on les aide à s'éteindre en leur refusant les soins ou en les piquant. Le « petit camp » est donc un immense Revier dont s'occupent cinq médecins déportés, parmi eux le docteur Wiesner que nous avons vu amputer Georges Hourdiaux et le docteur Fréjafon [1]. Le règlement est strict : pas plus de deux pansements par semaine, quel que soit l'état des plaies. Suivons le docteur Fréjafon dans une visite du Block :

« Vision d'un autre âge. Le médecin, escorté des infirmiers, passe le long des couchettes. Des appels, des supplications désespérées, l'accueillent dès son arrivée ; des bras décharnés sortent de l'ombre pour attirer son attention, des mains tremblantes s'agrippent à ses vêtements, se crispent sur ses doigts, lui montrent des boîtes pleines de crachats et de sang. Il entre dans une travée sombre, palpe un corps dans la nuit, pendant qu'on le tire en arrière ; une jambe nue pend des places supérieures ; il se baisse pour passer, glisse sur des déjections, escalade les couchettes pour examiner un malade "du haut", revient vers un corps immobile : mort ? vivant ? ausculte un gars qui étouffe, fait une injection en équilibre, un pied de chaque côté de la travée ; et toujours ces cris, ces appels implorants dans toutes les langues : "Docteur ! Doktor ! Medico !"

« Le chef de Block passe et regarde d'un air réprobateur. Pourquoi le médecin s'attarde-t-il inutilement auprès de tous ces hommes qui seront morts dans quelques jours, quoi qu'on fasse ? Le docteur hausse les épaules : à quoi bon en effet ? Cette exténuante revue de moribonds est tellement vaine, tellement inopérante... Et pourtant, n'est-ce rien, cette lueur dans les yeux du malade auquel tu promets une guérison impossible, ce sourire qui détend un visage tout à l'heure angoissé, ce "merci", ce "spassiba" du tuberculeux auquel tu viens de faire une piqûre, cette pression des mains du moribond qui frémit encore d'espoir parce que tu lui as parlé.

« Les guérisons étaient impossibles, parce que l'hygiène du camp était volontairement horrifiante. Les hommes restaient cinq, six mois sans changer leur misérable chemise, leur unique caleçon, sans être conduits aux douches, sans aller, dans certains Blocks, aux lavabos dont on leur

---

1. Médecin à Fournols d'Auvergne. Arrêté le 19 mai 1944, déporté le 16 juillet à Neuengamme, puis à Bergen-Belsen (3 août 1944-15 mai 1945). Auteur d'un livre saisissant, *Bergen-Belsen, bagne sanatorium,* Librairie Valois, 1947.

interdisait l'accès ; les paillasses imprégnées des déjections des mourants n'étaient jamais remplacées ; les couvertures que l'on se repassait, minces loques effilochées, étaient couvertes de crachats desséchés ; le parquet des baraques était noir de vermine ; les détenus restaient quinze heures consécutives dans une salle aussi hermétiquement fermée qu'un tombeau, où se mêlaient tous les miasmes, tous les germes car, malgré les efforts des médecins, les tuberculeux couchaient avec les érésipèles, les dysentériques avec les pneumoniques, les scarlatineux avec les blessés.

« Les guérisons étaient impossibles, parce que les médicaments étaient donnés au compte-gouttes et n'étaient que des médicaments anodins. Allez guérir des dysenteries avec quelques grammes de charbon, des lobités tuberculeuses avec une piqûre de calcium toutes les semaines...

« Les guérisons étaient impossibles parce que les rations alimentaires des ''non-travailleurs'' ne représentaient pas la moitié du minimum vital. »

Impossible... Impossible... et pourtant que de succès pour les cinq médecins ; malgré tout, malgré Karl, Karl le superbe, le grand. Karl l'infirmier-chef. Cet ouvrier ajusteur, emprisonné pour le viol et le meurtre d'un jeune enfant, se chargeait de toutes les éliminations. « Grand prêtre de l'euthanasie », il libérait des lits en « abrégeant » les souffrances des « malheureux ».

« Cela [1] commençait à l'appel du matin ; Karl arrivait flanqué de deux séides, une liste à la main, et les plus braves se sentaient défaillir. Conscient de son effet, il ne se hâtait pas, plaisantait avec les chefs de Block qui le craignaient et le haïssaient cordialement. En face, les prisonniers grelottaient et leurs yeux, agrandis par l'épouvante, ne pouvaient se détacher du fatal papier. Enfin, il appelait les numéros. C'étaient presque toujours des jeunes, quelquefois des enfants de seize ans. Aussi pâles que s'ils étaient déjà morts, ils sortaient des rangs en chancelant, s'alignaient derrière les seconds du tueur et étaient conduits dans une petite salle du Revier. Ils y trouvaient quelques agonisants, choisis dès l'aube par Karl pour compléter le lot. On les déshabillait, on leur donnait une couchette et on leur offrait une soupe de Diät sucrée ; leur désir de vivre était si fort, à ces jeunes, que, bien qu'instruits par les disparitions quotidiennes des camarades, ils reprenaient espoir. Les heures s'écoulaient lentement avec des alternances de crainte et de confiance. Karl venait les visiter, leur tapotant les joues, les arrosant en manière de jeu avec cette même seringue qui tout à l'heure...

« Le soir tombait. Silencieux, des hommes entraient dans la petite pièce, quelques-uns avec des accordéons et des harmonicas. Faces sombres

1. *Bergen-Belsen, bagne sanatorium,* ouvrage cité.

et indifférentes, ils attendaient. Dès que les portes des Blocks se fermaient, que les dernières rumeurs s'éteignaient dans le camp, Karl reparaissait, en blouse blanche. Alors ses auxiliaires se ruaient sur les condamnés et les attachaient aux couchettes ; les cris, les supplications de ces pauvres enfants qui se débattaient avec désespoir se mêlaient aux pas redoublés que jouaient les musiciens. Karl prenait une longue aiguille... stérilisée — ô dérision ! — et l'enfonçait dans le thorax de la pauvre victime ; un aide lui tendait la seringue et il poussait l'injection... Un hurlement inhumain, quelquefois suivi d'un râle... on passait au suivant. »

Mais Karl « ratait » souvent sa victime. L'accordéon couvrait les hurlements pendant des heures puis, lassés, les musiciens achevaient le déporté. Un jeune Russe, un soir de « concert », réussit à détacher ses liens ; il força la fenêtre et plongea dans la fosse d'aisance. Le gardien du mirador alerta les SS. On repêcha le Russe. Il était sauvé. Les piqûres seront désormais interdites...

Karl, quelques semaines plus tard, sera condamné à mort par un tribunal clandestin de déportés. Enfermé dans une pièce, il accepta de se pendre. Ses juges refermèrent la porte. Karl tenta de s'évader en déclouant une planche... Il fut lynché et pendu mort. Les SS firent semblant de ne pas apercevoir les traces sanglantes des blessures reçues avant le « suicide ».

*
* *

La veille de Noël 1944, le docteur Fréjafon, d'autres médecins, des infirmiers, se rendent à la gare pour accueillir un convoi de Juifs repliés devant l'avance soviétique :

« Le long du quai de débarquement, les wagons de transport, les flancs bosselés par les blocs jaunâtres d'urine congelée, avaient leurs portes béantes, laissant voir des débris de hardes et des excréments de toutes sortes. En face était accroupi le détachement. Cinq cents Juifs recroquevillés et serrés les uns contre les autres pour lutter contre les morsures d'une âpre bise. À quelques mètres, une centaine de morts, en tas. Une plainte continue, monotone comme une prière, montait de cette humanité exténuée. Jorka, l'infirmier russe, se pencha sur un moribond, s'immobilisa en un examen attentif, passa à un autre et revint vers le groupe de ses camarades : ''Sie sind voll Läuse'', dit-il en arrondissant ses yeux bleus indignés, ils sont pleins de poux. Les baraques de Belsen étaient infestées de puces et de punaises depuis toujours, mais, en dépit de la saleté, il n'y avait pas encore eu de poux. Et voici qu'ils arrivaient des confins du Reich, des régions les plus dangereuses, portés par des malheureux délirants et grelottants de fièvre. Le typhus, par cette lumineuse journée d'hiver, faisait son entrée dans le camp de Belsen.

« Il était encore temps de l'arrêter, de l'étouffer : des douches, du savon, un étuvage, un isolement sévère, quelques mesures classiques et élémentaires de prophylaxie suffisaient pour préserver la masse grouillante des pâles zébrés qui, là-bas, traînaient une vie précaire dans des Blocks verdâtres. Les SS prévenus prirent une initiative intelligente qui était d'assommer les Juifs en les traitant d'immondes pouilleux, et ce fut tout... Les nouveaux pensionnaires furent conduits directement au Block 3 et, deux jours après, répartis dans toutes les baraques du camp [1]. Cela n'éclata pas tout de suite, le mois de janvier s'écoula sans que la nouvelle maladie se révélât ; la dysenterie fauchait alors de tous côtés ; sans doute y eut-il d'obscurs prisonniers qui mouraient dans des recoins de Blocks avec une fièvre et un délire qui n'étaient pas le fait de l'entérite, mais on n'y prêta pas attention. Les poux envahissaient lentement l'ensemble du camp ; on se grattait un peu plus, les désœuvrés faisaient, dans leurs chemises grisâtres, des chasses quotidiennes avec les rituelles plaisanteries, mais la menace ne se précisait pas. Les armées russes avançaient sur l'Oder ; les avions alliés ne quittaient plus le ciel ; des convois, venus des camps repliés devant les ennemis du Reich, débarquaient chaque jour, à bout de forces, mais pleins d'espoir ; l'optimisme était presque général, il s'agissait seulement de tenir contre la faim et de composer avec la dysenterie. Et soudain, un matin de février, la nouvelle parcourut les baraques, passa de groupe en groupe, alerta la maîtrise et les Reviers. Hermann, chef du Block 7, venait de mourir du typhus. Le lendemain, des chefs de chambre, des Kapos ; le surlendemain, trois chefs de Blocks, un médecin, cinq infirmiers étaient atteints. Le bâtiment des contagieux s'était rempli en quelques heures. Les infirmiers transportaient sans interruption de nouveaux malades, dans des couvertures, vers le Block 5. Les médecins attendaient avec impatience la visite du médecin-chef SS. Richard, le secrétaire du Revier dessinait avec sérénité le graphique de l'épidémie.

« Le médecin-chef vint, écouta, hocha la tête et dit : ''Je vais vous faire envoyer du vaccin.'' De douches, de désinfection, d'isolement il ne fut jamais question. Le vaccin préventif arriva, des doses pour deux

1. Voici le pourcentage d'atteintes typhiques parmi les déportés des grands camps établi par hémodiagnostic systématique dans les centres d'accueil de France. Mauthausen : 1,50 % ; Sachsenhausen : 5,50 % ; Buchenwald : 23,50 % ; Auschwitz : 35,70 % ; Dachau : 57,80 % ; Neuengamme : 59,30 % ; Bergen-Belsen : 86,60 %.

cents et il y avait quinze mille déportés à cette époque ; les flacons portaient joyeusement une étiquette : "Vaccin périmé en 1942".

« Dès lors, le typhus envahit tous les dortoirs, toutes les Stube ; les plus robustes de la maîtrise s'écroulaient, ceux qui avaient résisté aux cellules de la Gestapo, au tunnel de Dora, à la dysenterie, aux coups, aux piqûres, disparaissaient les uns après les autres. Il y avait des formes foudroyantes, qui tuaient en quelques heures, des formes en apparence bénignes, qui donnaient au malade l'illusion qu'il allait faire son typhus debout et qui, brusquement, le plongeait dans un coma mortel. On laissait des hommes atteints dans leurs Blocks, les bâtiments des contagieux débordaient jusque dans les lavabos ; à trois par couchette, les corps gisaient, la plupart agités d'un délire bruyant, marmonnant des mots rapides, les yeux injectés, la nuque raide, l'ouïe éteinte, la bouche imprégnée d'une saveur affreuse de pourriture ; quelques-uns étaient devenus aveugles et erraient à tâtons, leurs mains tremblantes battant l'air empesté du Block... »

Sans cesse de nouveaux arrivants. Sans cesse le typhus frappe. Il est ici chez lui. À l'aise. Triomphant. Le docteur Fritz Leo [1] assiste au débarquement de deux mille déportés :

« Quatre cents d'entre eux étaient morts pendant le voyage et les autres étaient si faibles qu'il fallait les aider à chaque pas. Ces mille six cents personnes furent rassemblées dans la plus petite partie du Block 10. Ce Block aurait dû rester isolé du fait de l'épidémie de typhus. Dans ces petites chambres en pierre, les internés gisaient sur la dalle. Ils étaient si affaiblis qu'ils n'avaient plus la force d'aller aux latrines et se libéraient sur le sol qui fut rapidement recouvert d'un liquide visqueux, mêlé d'excréments. Il s'y dégageait une telle puanteur que je ne pus y résister personnellement plus de deux minutes. Parmi ces déportés beaucoup étaient gravement malades, les uns avaient une forte fièvre, d'autres des plaies ouvertes, certains les mains et les pieds gelés ; ils attendaient d'être opérés ou amputés. Le ravitaillement de ces internés était encore plus mauvais que celui des autres dans le camp et la famine fut telle qu'on ne peut la décrire. C'est dans ce Block que commença le cannibalisme. J'y fus appelé et l'on m'y montra un corps qui présentait une ouverture à proximité du foie ; le foie tout entier avait été extrait. On me relata cinq autres cas ; puis, conséquence de la famine générale, le cannibalisme se développa dans toute la partie n° 2

1. Voir chapitre sur Natzweiler. Témoignage cité dans *The Belsen Trial*. R. Philips, Londres, 1949.

du camp des hommes... J'ai été personnellement le témoin de deux ou trois cents actes de cannibalisme [1]. »

Le four crématoire engorgé, essoufflé, s'éteint.

« On se mit à dresser des bûchers. Les corps étaient empilés en de grands monceaux et brûlés là où ils se trouvaient ; plus tard, le bois devint si rare que l'on ne put enflammer ces hautes piles de corps. Nous avons aussi entendu dire que l'administration des Eaux et Forêts avait interdit l'utilisation de bois dans ce but et, en conséquence, les corps restaient là où ils étaient. Comme il mourait chaque jour plus de mille personnes, plusieurs milliers de corps, dans un état horrible, verts et gonflés par la chaleur, certains dégageant une odeur nauséabonde, jonchaient la surface du camp. Plus tard, on les rassembla dans un Block en pierre et c'est seulement peu avant la libération par les troupes britanniques que les SS commencèrent à creuser de larges fosses pour ces morts. »

Les SS creusent car les déportés s'effondrent au deuxième coup de pioche... il leur faut pourtant — c'est paraît-il moins pénible — porter, traîner les cadavres.

« Les déportés [2] de la partie du camp où je me trouvais reçurent l'ordre de traîner à ces fosses les cadavres du Block 11, puis ceux qui gisaient çà et là dans le camp et enfin des quantités très importantes de cadavres de femmes que l'on transportait avec des voitures automobiles du ''camp des femmes'' jusqu'à l'allée principale du camp. Personne n'était dispensé de ce travail ni ne pouvait y échapper. Comme nous étions très affaiblis, on nous permit, à la fin, de tirer à quatre les corps attachés aux articulations des pieds et des mains avec des chiffons ou avec ce que l'on trouvait d'autre d'approprié. Les groupes se suivaient et formaient une procession d'environ deux kilomètres, titubant et geignant, pressés par les coups des Kapos polonais qui étaient maintenant les maîtres incontestés. Il y eut encore de nombreuses nouvelles victimes. Cela dura du 11 au 14 avril, puis personne n'en put plus. Pour ce travail, qui durait de 6 heures du matin jusqu'à la nuit, nous recevions chaque soir un quart de litre de soupe. Rien d'autre. Pas de pain, et rien à boire, car le camp tout entier était infecté. On se jetait sur un morceau de betterave, on se battait pour s'en emparer. Le typhus faisait chaque matin des centaines de victimes et par centaines les internés mouraient de faim.

---

1. Les autorités britanniques estiment que des prélèvements de chair ou d'organes furent effectués sur au moins 1 100 cadavres.
2. Wiener Library, Londres. Témoignage d'un déporté hongrois.

« Nous[1] attachions des morceaux de couvertures aux poignets et aux chevilles des cadavres que nous choisissions avec beaucoup de soin. Nous prenions d'abord les corps les plus petits ; ils étaient tous amaigris et plus décharnés que tout ce que j'avais pu imaginer jusque-là. Aussi, en prenant les moins grands, on prenait les plus légers. Puis, on repérait les corps qui n'étaient pas trop noirs. Le matin, la première tâche était d'enterrer les morts récents qui avaient été apportés des différentes baraques du camp où je me trouvais dans la cour mortuaire et non pas ceux qui étaient dans la morgue. En dépit du fait que nous étions plus de deux mille assujettis à cette tâche, il fallait tout le matin pour vider cette cour avant d'entrer dans les pièces et commencer d'enterrer les morts anciens. Nous partions de la porte nord de la cour, traînant notre corps derrière nous, à environ deux mètres du groupe suivant et du groupe précédent. Si la distance augmentait, un coup reçu sur la tête nous faisait nous hâter. Nous marchions le long de l'allée centrale vers les fosses d'inhumation. Répartis le long de cette allée, les Kapos veillaient à ce que la procession des morts se fît régulièrement. Ils étaient particulièrement nombreux à proximité des cuisines et des réservoirs d'eau. Une des choses les plus cruelles dans ce travail étrange était de passer, chemin faisant, près d'une eau où nous ne pouvions nous désaltérer bien que nous fussions torturés par la soif et de ne pouvoir atteindre le tas d'épluchures près des cuisines. Dans l'état où nous nous trouvions, quelques-unes auraient suffi à un très bon festin... Je ne puis exprimer ce que je ressentis exactement quand je vis pour la première fois l'un de ces fossés qui contenait déjà de très nombreux corps et dans lequel je dus à mon tour jeter le corps que je traînais. Pendant cette procession, je remarquai en maintes occasions une blessure singulière sur la cuisse de certains morts. Je pensai d'abord qu'il s'agissait d'un coup de feu tiré de très près, mais j'appris qu'un certain nombre de déportés coupaient des morceaux de cadavre pour les manger. Lorsque je retournai à la morgue, immédiatement après, je vis effectivement un prisonnier sortir un couteau, couper un morceau de la jambe d'un cadavre et le mettre précipitamment dans sa bouche, effrayé d'avoir été pris sur le fait. »

*
* *

Dans un Block, une jeune femme passe... Comment a-t-elle pu pénétrer dans le camp des hommes ? Elle se penche sur les paillasses

1. *The Belsen Trial*, ouvrage cité. Témoignage de M. Le Druillenec, instituteur à Saint-Helier, Jersey, arrivé à Belsen le 5 avril 1945.

pourries, écarte de la main les poux, sort de ses haillons un rasoir, rase les hommes, des dizaines, peut-être des centaines de déportés [1].

Enfin, la nuit du 14 avril. L'eau est coupée depuis sept semaines ; depuis quatorze jours aucune nourriture n'a été distribuée. Dans l'entassement de son Block, Rosane Lascroux s'endort. À l'aube, inconsciente, elle se dresse :

— Quel pressentiment me poussa donc vers cette porte de bois grillagée derrière laquelle je vis stopper en estafette une Jeep à étoile blanche, quelques motocyclettes, des soldats en uniforme kaki aux moleskines noires. De toutes mes forces, je me mis à crier d'instinct quelques mots d'anglais impératifs et affolés : « *Medical Service, please.* » Des coups de sifflet stridents répondirent. Des soldats s'approchèrent des barbelés et comme je leur parlais avec insistance, exigeant le plus possible de remèdes, ces hommes pouvaient-ils s'imaginer notre détresse et mesurer nos souffrances. Enfin, on brisa les barbelés.

Une voiture haut-parleur se glissa dans le camp :

— Déportés. La Deuxième Armée britannique vous délivre.

— Vous êtes libres.

— Libres.

Libres oui, libres de rester dans le camp. Le service sanitaire, effrayé, débordé, place des sentinelles partout [2].

— Interdit de sortir. Épidémie.

Aimé Haquart est l'un des rares Français à se sentir en forme physique. Avec d'autres déportés, il forme un « groupe de Libération », dont la première tâche consiste à réorganiser les cuisines. Les jours passent, presque une semaine... Haquart, exténué, fiévreux, rencontre le docteur Fréjafon.

— Magnifique typhus à ses débuts. Les plus costauds en crèvent. Toujours pas de médicaments, tu le sais bien. Prends-toi une couverture et tente de rentrer à l'infirmerie. Courage. Au revoir, à je ne sais quand.

Haquart, en s'approchant de l'infirmerie, doit enjamber les corps :

« Corps [3] de mourants et corps de morts. Qui le sait ? Les corps

1. Cité par Hélène Salomon, *Patriote résistant*. On appelait cette déportée Nana. « Les hommes la voyaient s'approcher d'eux comme si elle était une fée bienfaisante. Le plus atteint, le plus malade, retrouvait après son passage une lueur d'espoir. Et sur ce pâle visage, Nana a su faire naître un sourire. Ce sourire, disait-elle, c'est ma récompense. »

2. Ce service sanitaire britannique non préparé à découvrir Bergen-Belsen est totalement dépassé par l'ampleur de l'épidémie, le nombre des malades, de corps à enterrer. Plus de cent infirmiers, infirmières et médecins anglais mourront du typhus.

3. Manuscrit inédit (12 décembre 1967).

attendent l'évacuation vers un hôpital... ou la fosse commune. Des déportés aident les infirmiers anglais à distinguer ceux qui peuvent encore gagner à la loterie de la survie. Je m'allonge à même le sol. Demain, 19 avril, ce sera mon anniversaire ; mourir le jour de son anniversaire, et mon fils ? mon fils que j'ai si peu connu... Un infirmier anglais masqué et ganté de blanc se penche sur moi et me soulève la paupière. Ce geste, que j'ai tant de fois vu accomplir, me glace. Mon œil mérite-t-il que je sois évacué ? »

Le néant. L'oubli. Le coma. Aimé Haquart se réveillera quatorze jours plus tard dans une caserne de Bergen transformée en hôpital. Fantôme à barbe touffue, baignant dans ses excréments, il aura lutté pendant quatorze jours, seul, sans nourriture, sans médicaments contre le typhus. Lutté et gagné.

Des milliers d'autres n'en eurent pas la force.

Le 20 mai 1945, Bergen-Belsen disparut dans un gigantesque brasier allumé par les Britanniques.

* * *

1967. Une mère se recueille sur l'une des fosses communes de Bergen-Belsen. Son fils est perdu dans ce chaos d'ossements et de terre. Un général américain et une dizaine d'officiers s'approchent, Leicas en batterie.

— Madame, c'est ici qu'est enterrée Anne Franck ?

— Oui.

— Dans quelle fosse ?

— Partout, monsieur le général. Regardez bien, partout. Il y a ici des milliers d'Anne Franck. Ici et dans les autres camps.

« Les[1] considérations médicales n'expliquent pas plusieurs miracles dont les camps de déportés ont été le théâtre : quelques hommes sont morts là-bas, en pleine lumière, conscients de leur sacrifice, et d'autres, dignes de ceux-ci, ayant résisté physiquement et spirituellement à la vie matérielle et morale qu'imposait cette société sont revenus avec une sensibilité plus fine, un esprit plus clair, grandis, purifiés, embellis. C'est un lieu commun, en médecine, d'affirmer l'importance du moral d'un malade au cours de la maladie. Mais, dans les circonstances présentes, que le monde entier connaît, il n'était pas humainement concevable que le moral pût encore, au moins dans quelques cas, l'emporter. Cela eut lieu. Parce que des hommes qui, délibérément, avaient fait le sacrifice de leur vie ne la considéraient plus comme un bien premier, non plus la liberté. Ils se sont accrochés, sans désespoir, mais de toute leur volonté, et de toute leur puissance, à quelques valeurs que cette forme de civilisation ne pouvait détruire : le don de soi, l'amitié, la beauté, le respect de l'homme, même de l'homme déchu apparemment. L'affirmation de l'homme-esprit (entendons ce mot au sens humaniste le plus large) a tout sauvé, tout balayé.

« Nous sommes maintenant, tous, croyants et incroyants, persuadés que "l'homme ne vit pas seulement de pain...". »

1. Texte de Marc Zamanski, compagnon de déportation du docteur Guy Lemordant. (Cité dans la conclusion de la thèse : *Pathologie concentrationnaire*. Strasbourg, Imprimerie des *Dernières nouvelles de Strasbourg*, 1946.)

BIBLIOGRAPHIE

Si pour la réalisation de ce livre je me suis appuyé sur un certain nombre d'ouvrages déjà publiés, j'ai surtout recherché des témoignages, des manuscrits inédits. Que tous ceux qui ont accepté de me répondre ou de me recevoir trouvent ici mes remerciements sincères. Ce livre leur doit tout.

D'abord les médecins :

Berjonneau A. (Châtellerault)
Bogaerts G. (Bruxelles)
Bohn A. (Paris)
Bonnafous A. (Chantilly-Alès)
Bonnet L. (Bourganeuf)
Bouchet D. (Niort)
Boutbien L. (Paris)
Breiman L. (Crillon)
Brion J. (Romorantin)
Caër P.-E. (Deauville)
Chazette R. (Ponchartrain)
Chrétien H. (Paris)
Citrome P. (Epinay)
Clarté Ch. (Saint-Dié)
Combeau J. (Saint-Mars-la-Joille)
Comte X. (Rennes)
Cornu R. (Pont-d'Ouilly)
Desoille H. (Paris)
Elmelik J.-C. (Paris)
Escudier F. (Toulon)
Fric G. (Paris)
Gilbert-Dreyfus (Paris)
Gomez (Saint-Girons)
Goude H. (Château-du-Loir)
Grœneveld H. (Nimègue - Pays-Bas)
Grunberg R. (Montreuil-le-Chétif)
Haas A. (New York)
Hallot-Boyer P. (Angers)
Hansen E. (Saint-Brieuc)
Hirsch S. (Paris)
Inbona J.-M. (Paris)
Joannon H. (Murat)
Laffitte H. (Paris)
Lambolez S. (Paris)
Leboucher M. (Alençon)
Legeais A. (Paris)
Lemordant G. (Chambéry)
Lettich A. (Tours)
Lévy Robert (Strasbourg)
Lévy Roger (Paris)
Lignerat H. (Saint-Nectaire)
Lingens E. (Vienne - Autriche)
Lohéac P. (Gourin)
Mangin S. (Paris)
Marot C. (Paris)
Marsault A. (La Garenne-Colombes)
Michelin J.-M. (Caen)
Mitranic B. (Paris)

Morel R. (Arles)
Nivolle L. (Rennes)
Normand J. (Vesoul)
Ost E. (Luxembourg)
Papin J. (Mamers)
Raccabona M. (Lochau-Autriche)
Richet F. (Paris)
Roche M. (Boulogne)
Rudenko B. (Moscou)
Salan G. (Nîmes)
Sauvaget P. (Saint-Girons)
Schœngrun G. (Elbeuf)
Sedel A. (Bièvres)
Sergent G. (La Garenne)
Simonart A. (Louvain)
Solladie R. (Tarbes)
Soret L. (Le Havre)
Sourdille J. (Paris)
Suire P. (Niort)
Tabutiaux J.-E. (Chavanges)
Toulet J. (Paris)
Veyssière P. (Royan)
Vitek M. (Montréal)
Waitz R. (Strasbourg)
Wetterwald F. (Paris)
Wiesner (Prague)

Mes remerciements vont également aux infirmiers des « Reviers », aux déportés qui ont reçu des soins et à tous ceux qui m'ont fourni des témoignages.

Mme Avenier M. (Paris)
Mme Bertin A. (Le Breuil)
M. Bordes P. (Limoges)
M. Bromberg N. (Romainville)
M. Couture J.-P. (Nancy)
M. Delvaux C. (Bruxelles)
M. Dumont J. (Bruxelles)
M. le colonel Faure F. (Paris)
Mme Fourcade M.-M. (Paris)
M. Fuchs T. (Saint-Gallen - Suisse)
M. Gaffuri R. (Nice)
M. Gayot H. (La Rochelle)
M. Gesundet (Paris)
M. Grand R. (Paris)
M. Guillemin G. (Paris)
M. Halin H. (Bruxelles)
M. Haquart A. (Paris)
M. Helluy J.-R. (Nancy)
M. Honnel A. (Luxembourg)
M. Hourdiaux G. (Lunel-Viel)
M. Kamioner R. (Paris)
M. Kauthen R. (Luxembourg)
M. Ker M. (Brest)
M. Kerjean J. (Brest)
M. Laffitte J. (Miramon)
M. Langlet M. (Boulogne-sur-Mer)
M. Leclerc M. (Cherbourg)
Mme Limousin H. (Clermont-Ferrand)
M. Luce H. (Nantes). Manuscrit inédit communiqué trop tard.
M. Marlot E. (Dijon)
M. Masset R. (Tours)
M. Morel C. (Servan-sur-Vilaine)
M. Odou G. (Bruxelles)
M. Parouty G. (Fresselines)
M. Petit M. (Antibes)
M. Picart A. (Vaison-la-Romaine)
M. Priolet L. (Paris)
M. Proust E. (Tours)
M. Ribleur A. (Nice)
M. Somerhausen L. (Bruxelles)
M. Richoz C. (Genève)
M. Septépé G. (Gap)
M. Terrenoire L. (Paris)
Mme Van den Boom C. (Bruxelles)

Une bibliographie complète sur la déportation occuperait plusieurs volumes.

J'ai utilisé les livres et articles cités dans *Les Médecins maudits* (p. 169 à 174) et dans *Pathologie de la Déportation* du professeur Charles RICHET et du docteur Antonin MANS, Plon, 1956 (p. 266 à 285). De nombreuses références se trouvent déjà, en bas de page, tout au long des *Médecins de l'impossible*.

Liste des ouvrages plus particulièrement consultés :

ANTELME Robert. *L'Espèce humaine*. Gallimard, 1956.

BENT Philippe (docteur). *L'Attente de la mort dans les camps du Neckar*. Chez l'auteur, Montclar de Quercy, 1957.

BERNADAC Christian. *Les Médecins maudits*. France-Empire, 1967.

BILLIG Jacques. *Le Système concentrationnaire nazi*. P.U.F., 1967.

BLETON Pierre. *Le Temps du Purgatoire*. Tequi, Paris, 1954.

BONTE Florimond. *Six millions de crimes*. Éd. Sociales, 1964.

BOROWSKY TADEUZ. *Le Monde de pierre*. Calman-Levy, 1964.

BOUTEILLE-GARAGNO Marie-Jeanne. *Infernal rebus*. Crépin-Leblond, 1946.

BROAD Péry. *Mémoires d'un SS*. Mémorial d'Auschwitz.

CALIC Édouard. *Himmler et son empire*. Stock, 1966.

CARLIEZ LAMBERT DE BOULAY Wanda. *Déportée 50 440*. André Bonne, 1945.

CHAMBON Albert. *81 490*. Flammarion, 1961.

CHAUVENET André (docteur). *Une expérience de l'esclavage*. Office général du Livre (sans date).

CONDETTE Eugène. *Les Chemins d'une destinée*. Mâcon, 1966.

DEBRISE Gilbert (professeur Gilbert-Dreyfus). *Cimetières sans tombeaux*. La Bibliothèque française, 1946.

DEBRISE Gilbert (professeur Gilbert-Dreyfus). *Week-End à Dachau*. Éditions F.N.D.I.R.P.

DELBO Charlotte. *Aucun de nous ne reviendra*. Gonthier, 1965.

DELBO Charlotte. *Le Convoi du 24 janvier*. Éditions de Minuit, 1965.

DWORZECKI Marc (docteur). *L'Histoire de la déportation et des camps d'Estonie*. Thèse. D. 409 Comité d'Histoire de la Seconde Guerre mondiale.

Flossenburg et ses Kommandos. Témoignages. Imprimerie du Point du Jour, (Paris-16ᵉ).

FRANKL Victor (docteur). *Un psychiatre déporté témoigne*. Éditions du Chalet, 1967.

FRÉJAFON G.-L. (docteur). *Bergen-Belsen, bagne sanatorium*. Librairie Valois, 1947.

FROIDURE Édouard. *Le Calvaire des malades au bagne d'Esterwegen*. Édition Pax, Liège, 1945.

GAUCHER Irène. *Camp de mort*. Édition Julien Wolf, Paris, 1946.

HOESS Rudolph. *Le Commandant d'Auschwitz parle*. Julliard, 1949.

I.M.T. Tribunal international de Nuremberg. 42 volumes en éditions allemande, anglaise et française.

HUK Cécile. *Et le ciel resta bleu*. Alternance, 1958.

JOANNON Henri. *Remember*. Aurillac, Imprimerie moderne, 1947.
KAUFFMANN Charles-Julien (docteur). *L'Entreprise de la mort lente*. Imprimerie nancéenne, 1946.
KOGON Eugène. *L'Enfer organisé*. La jeune parque, 1947.
La Déportation. Éditions Le Patriote Résistant (F.N.D.I. R.P.).
Le Camp de concentration de Neuengamme, Amicale du camp, 37, rue Rousselet, Paris-7ᵉ, 1968.
LAFFITTE Jean. *Ceux qui vivent*. Les Éditeurs français réunis, 1958.
LASNET DE LANTY Henriette. *Sous la Schlague*. Imprimerie générale du Sud-Ouest, Bergerac, 1965.
LEBOUCHER Marcel (docteur). *De Caen à Oranienburg*. Imprimerie Ozanne, Caen, 1963.
LENGYEL Olga. *Souvenirs de l'au-delà*. Éditions du Bateau ivre, 1946.
Les Françaises à Ravensbrück. Gallimard, 1965.
LETTICH André (docteur). *Trente-quatre mois dans les camps de concentration*. Imprimerie Union coopérative, Tours, 1946.
LEWINSKA Pelagia. *Vingt mois à Auschwitz*. Nagel, 1945.
Livre blanc de Buchenwald. Amicale du camp, 1954.
LOHÉAC Paul (docteur). *Un médecin français en déportation*. Bonne Presse, 1949.
MARTIN-CHAUFFIER Louis. *L'Homme et la Bête*. Gallimard, 1947.
MASSET Robert. *À l'ombre de la croix gammée*. Promotion et édition, 1967.
MAURY Louis. *Quand la haine élève ses temples*. Louviers, 1950.
MAZEAUD H.-L. et J.-P. *Visages dans la tourmente*. Albin Michel, 1946.
MICHELET Edmond. *Rue de la Liberté*. Le Seuil, 1955.
NOVAC Anna. *Les Beaux Jours de ma jeunesse*. Julliard, 1968.
NUMÉRO SPÉCIAL de la *Gazette médicale* consacré au Martyrologue de la médecine française (n° 19, octobre 1946).
NYISZLI Miklos (docteur). *Médecin à Auschwitz*. Julliard, 1961.
POLIAKOV Léon. *Auschwitz*. Julliard, 1964.
RAGOT André (docteur). *NN* Cooped, 1948.
Un livre édité par l'*Yonne Républicaine* en 1955 a été consacré à la vie du docteur Ragot.
RENDU François. *Souvenirs de déportation*. Lyon, 1947.
Revue d'Histoire de la Seconde Guerre Mondiale. (J'ai surtout utilisé le n° 45 : Bergen-Belsen, Gusen, les enfants de Ravensbrück).
RICHET Charles (docteur), en collaboration avec Jacqueline et Olivier RICHET. *Trois bagnes*. Ferenczi, 1945.
RICHET Charles. *Pathologie de la déportation*. Plon, 1956.
ROUSSET Jean (docteur). *Chez les barbares*. Imprimeries réunies, Lyon.
RUSSEL OF LIVERPOOL (Lord). *Sous le signe de la croix gammée*. Amis du Livre, Genève et Londres, 1954.
SAINT-CLAIR Simone. *Ravensbrück, l'enfer des femmes*. Taillandier, 1945.
SALAN Georges (docteur). *Prisons de France et bagnes allemands*. Éditions de la Capitelle, 1946.

SEDEL Alfred (docteur). *Habiter les ténèbres*. La Palatine, 1963.
SEDEL Alfred (docteur). *Le Prix du passage*. Les Presses de France, 1965.
SUIRE Pierre (docteur). *Il fut un temps*. Soulisse Martin, Niort, 1946.
Témoignages strasbourgeois. Les Belles Lettres, 1947.
TISSEAU Pierre (docteur). *Nous les bandits*. Chez l'auteur.
Tragédie de la déportation. Témoignages. Hachette, 1954.
WETTERWALD François (docteur). *Les Morts inutiles*. Éditions de Minuit, 1946.
WIERZBICKI Georges et Marthe-Hélène BERNARD. *Deux ans dans les camps de concentration nazis*. Édition Le Déporté, 8, rue des Bauches, Paris, 1958.
ZYWULSKA Krystyna. *J'ai vécu à Auschwitz*. Éditions Polonia, 1957.

En dehors des témoignages recueillis, des archives consultées et des livres ou articles médicaux cités dans cette bibliographie, j'ai eu accès aux collections et aux archives de *La Voix de la Résistance*, de *La Voix du Maquis*, de *L'Écho de la Résistance*, du *Patriote Résistant*, du *Déporté* et de *L'Agent de Liaison*.

Enfin, je tiens à remercier plus particulièrement : MM. Michel et Rosier qui m'ont si souvent accueilli au Comité d'Histoire de la Seconde Guerre mondiale.

TABLE DES MATIÈRES

Les Sorciers du ciel

À mes jeunes amis des « Francs-Bourgeois ».
Aux prêtres et religieux déportés.
À Edmond Michelet.

POURQUOI ?

Nous n'aurons pas de repos avant d'avoir détruit le christianisme.

(HIMMLER - 1941)[1]

Le national-socialisme et le christianisme sont incompatibles.

(BORMANN - 1941)[2]

Nous ne pouvons plus tolérer les esprits obscurs, les bouffons, les sorciers du ciel.

(HEYDRICH - 1941)[3]

Ces sorciers du ciel — *Himmelzauberer* — dont parle pour la première fois, en 1941, un personnage officiel du Reich, ce sont les prêtres, les religieux, les pasteurs. Heydrich n'a pas inventé l'expression... Elle est certainement née dans un camp de concentration. À Oranienburg, par exemple, elle était employée dès 1937 avec des variantes, « traditionnelles » dans l'ensemble de l'univers concentrationnaire : clown du ciel, chien du ciel, menteur du ciel, m... du ciel, m... noire.

Les méthodes employées par Hitler et ses partisans pour « réduire » les Églises chrétiennes sont connues. Depuis 1934, un millier de livres ont été consacrés à ce sujet. Il suffit de relire un passage de l'entrevue accordée par Hitler à Hermann Rauschning pour être fixé sur les idées — haine implacable et souplesse pratique — du Führer.

---

1. Conversation H. Himmler - E. Von Weizsäcker (*Mémoires* E. Von Weizsäcker. Londres, 51).
2. Circulaire secrète adressée aux Gauleiters allemands. Procès de Nuremberg. Document D. 75.
3. Nuremberg - D. 159.

« Je vous jure[1] que si je voulais, je pourrais détruire l'Église en quelques années ; elle est creuse, pourrie, fausse, de bout en bout. Un bon coup et toute la structure s'effondre. Nous prendrons les prêtres au piège de leur avidité notoire et de la satisfaction d'eux-mêmes où ils se complaisent. Nous arrangerons tout, sans que soient troublées la paix et l'harmonie. Pourquoi se quereller ? Je leur donne à tous un sursis de quelques années. Ils avaleront tout pour conserver les avantages matériels. Jamais n'arrivera l'heure de la décision finale. Ils reconnaîtront l'existence d'une ferme volonté et nous aurons seulement besoin de leur montrer une ou deux fois où est le maître. Ils sauront alors d'où le vent souffle. Ils ne sont pas idiots. L'Église a été quelque chose de vraiment très grand. Nous sommes ses héritiers. Nous sommes l'Église. Son heure à elle est terminée. »

La prophétie du Grand Maître de l'Ordre nouveau sera sérieusement ébranlée lorsque les Églises d'Allemagne s'opposeront au programme d'euthanasie du régime. Après avoir étudié ce douloureux problème et les expérimentations médicales dans les camps de concentration *(Les Médecins maudits)*, après avoir publié un dossier sur l'action, dans ces mêmes camps, des médecins déportés *(Les Médecins de l'impossible)*, il m'a semblé nécessaire de présenter un ouvrage consacré aux prêtres et religieux déportés.

Sur les sept mille « sorciers du ciel » de vingt-huit nations, enfermés dans les camps, cinq mille disparaîtront dans les crématoires ou les fosses communes. Les survivants, pour la plupart, devront leur salut à une intervention du Vatican qui permettra, dans le dernier trimestre de 1944, le rassemblement des ecclésiastiques à Dachau. Certains, ayant caché leur qualité de prêtre, refuseront ce transport vers des « Blocks dorés » ; d'autres seront oubliés, volontairement ou involontairement.

Comme pour *Les Médecins maudits* et *Les Médecins de l'impossible*, j'ai travaillé en journaliste, recherchant et retrouvant une centaine de prêtres et religieux déportés, trois cents détenus ayant connu ou facilité leurs activités clandestines dans différents camps ou Kommandos. Au cours de cette enquête, j'ai reçu cinquante manuscrits inédits, rédigés spécialement pour la réalisation de cet ouvrage. Je n'ai pas, pour autant, négligé les récits déjà publiés dans des livres, des bulletins, des journaux d'amicales, des comptes rendus de procès. Je me suis toujours effacé devant les « acteurs ».

C'est à vous de tirer les conclusions de ce dossier. La déportation a profondément marqué les prêtres qui l'ont vécue et à travers eux toute l'Église. Là-bas, dans l'angoisse d'un chantier, d'une place d'appel,

1. *Hitler parle*, éditions La Coopération, Paris, 1939.

d'un Block, beaucoup de curés, de vicaires, de séminaristes ont découvert des ouvriers, des communistes, un monde qu'ils soupçonnaient, mais qu'ils ignoraient. Là-bas, beaucoup sont sortis d'eux-mêmes. Là-bas, peut-être, l'Église du Concile est née. Là-bas, des hommes ont aimé à en mourir d'autres hommes.

C.B.

LE PRISME

Comme un rayon solaire, au sortir de sa source
Droit et blanc, s'il rencontre un prisme dans sa course,
Au choc s'y décompose et d'un spectre irisé
Va colorer l'écran qui le reçoit brisé,
L'âme perd sa candeur en traversant la vie.
Le dur milieu terrestre où son essor dévie
Par le heurt la divise et lui fait découvrir
Tous ses pouvoirs latents d'aimer et de souffrir.

SULLY PRUDHOMME.

I

MELK

— Je t'ai vu parler au civil. Qui est-ce ?

— Un menuisier de Melk. Il a été « réquisitionné » au village. Les SS lui ont donné du travail pour deux mois.

— Il va rentrer tous les soirs chez lui ?

— Oui. Et revenir dans le camp tous les matins. Il a un laissez-passer. Il est libre.

— Alors c'est lui que tu as choisi comme agent de liaison ?

— Je ne l'ai pas choisi. C'est la Providence qui nous l'a adressé. Il est protestant, mais il a très bien compris notre situation et ce que je lui demandais. De plus, il a effectué des travaux à l'abbaye de Melk. Il s'y rendra ce soir et, si tout se déroule bien, demain, après-demain, au plus tard dans trois jours, nous pourrons communier.

— C'est...

— Attention, le Kapo !

L'abbé Pierre Deswarte, d'un coup de pioche, brise une motte de glaise.

*
* *

Melk, dernier-né des soixante-huit camps satellites de Mauthausen, est inauguré le 24 avril 1944 par un convoi de huit cents Français et de quatre cents Grecs. Ces premiers occupants, bientôt renforcés par des Italiens, des Russes, des Juifs hongrois et polonais, s'installent dans les dépendances d'une caserne de Pionniers hitlériens. Ils vont aménager la cité concentrationnaire destinée à « héberger » les dix mille travailleurs d'une usine souterraine de roulements à billes.

Pierre Deswarte, Jean Varnoux, Constant Domaigné, les trois premiers prêtres[1] de Melk, sont affectés à des Kommandos différents.

— Le premier jour j'ai fait de la terrasse, mais je me suis très vite rendu compte qu'il valait mieux devenir « spécialiste ». Le lendemain, un Kapo a demandé des maçons. Pensant que l'hérédité de mes grands-parents se réveillerait, j'ai levé le doigt. Nous construisons les W.-C. La semaine suivante, le Kapo lut sur ma fiche au secrétariat que j'étais « Priester ». Bien que je ne comprenne pas l'allemand à ce moment-là, les mots « Priester » et « Maurer » mêlés dans son discours, et la raclée qui suivit me montrèrent qu'il ne pensait pas qu'un prêtre puisse être maçon... J'ai cependant continué, mais dans un autre Kommando, celui qui était chargé de construire les canalisations d'eau sous les chaudières et autoclaves des cuisines. Le Kapo de ces cuisines nous gratifiait tous les jours d'un bouteillon supplémentaire de vingt-cinq litres de soupe, pour nous faire travailler vite et mieux... Les vingt-cinq litres sortaient de la cuisine et étaient distribués entre nos amis qui creusaient les galeries souterraines. Le 8 juillet, nous avions terminé nos travaux ; nous n'avions évidemment plus droit aux vingt-cinq litres... mais pourtant, chaque jour, deux d'entre nous venaient prendre possession du bouteillon avec la tranquillité d'une conscience en repos... Vu la vitesse acquise, cela dura jusqu'au 28 décembre, jour où Pierre Ryckebusch et Jacques Aulagnier ramassèrent une bonne volée...

* * *

Sur le chantier, l'abbé Domaigné vient de « toucher » sa « soupe ». Un déporté s'approche de lui :

« Il me dit[2] que dans sa baraque un camarade mourait et qu'il demandait un prêtre. Vite, je dépose à terre ma gamelle et je vais

1. Abbé Pierre Deswarte, professeur à l'institution Notre-Dame des Dunes à Dunkerque, arrêté en janvier 1944 pour résistance et propagande anti-allemande.

— Abbé Jean Varnoux, vicaire à Saint-Junien (Haute-Vienne), membre des Mouvements unis de la Résistance, aumônier d'un maquis, arrêté le 29 janvier 1944.

— Abbé Constant Domaigné, professeur au collège de l'Immaculée-Conception de Laval, arrêté une première fois en janvier 1941 pour « discours subversif », en décembre pour « sabotage » dans un cantonnement allemand, en avril 1942 pour « insultes à l'armée allemande », enfin en janvier 1944 pour « transmission de fausses cartes d'identité » à des réfractaires du STO.

Ces trois prêtres suivirent la même route : Compiègne, Mauthausen, Melk. L'abbé Deswarte et l'abbé Domaigné se retrouvèrent dans un wagon au départ de Compiègne. C'était le Vendredi Saint ; ils étaient cent vingt dans ce wagon. Cent vingt nus. L'abbé Deswarte fit le récit de la Passion à 15 heures.

2. Manuscrit inédit, septembre 1968.

assister ce jeune garçon d'une quinzaine d'années. Je suis resté près de lui dix minutes... À ma sortie, je n'avais plus qu'un souci : retrouver mon Kommando et me faire tout petit pour qu'on ne s'aperçoive pas de ma disparition. Quand j'eus rejoint mon groupe, quelle ne fut pas ma surprise de les trouver tous en rond, debout, autour de ma gamelle. J'eus l'impression de voir des loups affamés, fixant un petit agneau. L'un d'eux me dit : ''On savait où tu étais, personne n'aurait osé te faire une sal... pareille. Mange maintenant.'' »

* * *

Leopold Gsenger, le menuisier « travailleur-libre » change d'avis : pourquoi se rendre à l'abbaye de Melk où de nombreuses personnes pourraient découvrir le motif de sa démarche alors que le père Beda Atzlhuber vit seul dans son presbytère de Metzleinsdorf.

— Mon père, je suis bouleversé par ce que j'ai vu au camp de concentration de Melk. Ces hommes que l'on traite... ce sont des hommes comme vous, comme moi. On nous a dit que c'étaient des criminels, des bandits : ce n'est pas vrai... J'ai parlé à un prêtre... Il y a des prêtres, des instituteurs, des ingénieurs, des ouvriers...

— Je sais.

— Ils meurent de faim. On les assassine.

— Je sais.

— Le prêtre, un Français, m'a demandé des hosties consacrées.

Ce même soir, l'abbé Deswarte, après l'appel, se confiait à l'abbé Domaigné :

— J'ai été changé de Kommando. Demain, et sans doute les jours qui vont suivre, je vais travailler hors de l'enceinte du camp.

L'abbé Deswarte raconta sa conversation avec le menuisier, la promesse de ce dernier.

« J'ai [1] pris le relais, mais j'avais beaucoup plus de difficultés car j'ignorais la langue. L'abbé m'avait donné le signalement précis du menuisier, son lieu de travail habituel ; il l'avait également prévenu qu'au cas où lui-même serait empêché de se rendre au rendez-vous qu'ils s'étaient fixé, il lui adresserait un autre prêtre. Le 29 juin, jour de la fête de Saint-Pierre-Saint-Paul, donc de l'abbé Pierre Deswarte, je repère le menuisier. Furtivement, il me tend un petit paquet enveloppé dans un journal et me dit un seul mot : ''Demain.'' Je glisse le paquet dans ma poche. Je travaillais ce jour-là à la construction d'un mur de brique. Je tenais à la main une truelle et un marteau. J'ai ramassé une

1. Manuscrit inédit. Abbé Domaigné, octobre 1968.

planche abandonnée par terre et je me suis dirigé vers les casernes SS où nous campions. J'ai repéré un trou dans le mur. J'y ai caché ce que je croyais être des hosties consacrées et j'ai scellé à l'aide de ciment une pierre pour fermer la cachette. Le soir, en présence de l'abbé Deswarte rentré au camp, j'ai retiré la pierre et ouvert le paquet. Il contenait un morceau de pain et un bout de papier sur lequel était inscrit : ''Demain''.

« Le lendemain 30 juin, j'ai attendu dès le matin mon menuisier. En arrivant, il se mit au travail après avoir déposé sa sacoche près de lui. Il me regardait très souvent. Je m'approchai. Il me dit : ''Aujourd'hui''. Ses mains tremblaient. Ému aux larmes, je me rendis au bâtiment central. La cachette bouchée, je m'inclinai devant ce tabernacle improvisé. Pas une seule seconde, en cette longue journée, ma pensée ne quitta ce tabernacle. Mes yeux rencontrèrent peut-être mille fois ceux du menuisier. Il me paraissait soulagé. J'ai cru, une fois, le voir pleurer. Le soir, avec l'abbé Deswarte, nous avons ouvert le paquet et nous avons trouvé deux cents hosties. Sur un billet, le père Beda Atzlhuber avait marqué : ''Hosties consacrées''. Vous imaginez notre joie. La Présence Réelle dans un camp de concentration ! Trois mois seulement après sa fondation ! »

Les hosties sont fragmentées en minuscules parcelles, placées dans des boîtes de pastilles et réparties entre les prêtres du Kommando. Les responsables communistes sont prévenus de « la grande joie » de leurs amis catholiques. L'un d'eux confie à l'abbé Deswarte :

— C'est la plus importante victoire remportée jusqu'à ce jour par les déportés de Melk. Bravo ! Il faut maintenant qu'un prêtre soit nommé comme infirmier au Revier [1] pour secourir les mourants...

En attendant l'affectation de l'abbé École auprès du docteur Lemordant, Deswarte, Domaigné, Varnoux font jouer toutes les complicités possibles pour franchir la porte interdite du Revier. Ils réussissent. Tous les jours un prêtre passe une heure en moyenne dans le Block des malades :

« Ceux [2] qui voulaient aller à la ''visite'' devaient se présenter nus, avec leurs vêtements sur le bras. J'ai très souvent utilisé ce moyen pour aller voir les malades. Je me mettais ''en tenue'' et au lieu de me diriger vers le Kapo, j'entrais dans les salles. J'ai pu assister de nombreux malades... Je me souviens en particulier d'un malade juif que j'ai vu chaque soir, pendant une assez longue période. Chaque soir, il me faisait ses adieux. Il était bouleversé de voir un prêtre catholique qui le

1. Infirmerie.
2. Manuscrit inédit. Abbé Domaigné.

respectait et lui parlait de Dieu... Un autre malade, mourant, a murmuré alors que je le quittais : "Nulle part ailleurs je n'aurais été si bien préparé à mourir." »

* * *

Un jeune séminariste breton, Pierre Cohade, se meurt au Revier. Une longue agonie... des semaines d'agonie... Pourtant, chaque fois qu'autour de lui s'éteint un déporté, il trouve assez de force pour descendre de son grabat et réciter la prière des morts. Un soir, Maurice Combanaire apporte aux Français une gousse d'ail et une poignée de sel. Combanaire, employé à la cuisine SS, est passé maître dans l'art de chaparder des pâtes, du sucre, du paprika, des oignons, de la farine... trésors inestimables dans un camp ; trésors qui lui ouvrent toutes les portes.

« Je pénètre [1] dans la chambre des érysipèles où nos camarades devenaient méconnaissables et dans la chambre des dysentériques d'où peu sont sortis vivants. L'horreur des horreurs ! Tout ce qui peut exister de plus sinistre et que l'imagination se refuse à admettre. Ils étaient surveillés par Pelé, un étudiant en médecine de Lyon [2]... J'assiste à la mort du commissaire central de Belfort. Il avait reçu un terrible coup de pied dans le bas-ventre, par "le Tzigane". Un Français, responsable de la chambre, demande, comme c'était l'habitude, à quelques "valides" de s'arcbouter derrière la porte pour que personne ne puisse entrer pendant que le séminariste prononcerait la prière des morts. Tous se découvrent... Les uns sont debout, les autres à genoux sur les couchettes. J'aide le séminariste à descendre de sa couchette, la plus élevée à gauche de la porte. Le séminariste était à bout de forces. Il se recueille longuement... Je l'aide à remonter sur sa paillasse... Je l'allonge. Il pousse un grand soupir et meurt... J'ai vu beaucoup de camarades de misère disparaître mais cette scène est celle qui m'a le plus profondément marqué, le plus profondément touché. »

* * *

« Un jour [3], alors que mon Kommando travaillait au terrassement de la ligne de chemin de fer qui devait relier Leinsdorf à l'usine souterraine en construction, nous avons vu un prêtre autrichien en soutane traverser le champ voisin. Il est entré dans une ferme. Nous l'avons vu sortir,

---

1. Manuscrit inédit, Maurice Combanaire (communiqué par l'abbé Varnoux).
2. Un chapitre a été consacré au Revier de Melk dans *Les Médecins de l'impossible*.
3. Abbé Domaigné.

disparaître puis, plus tard, revenir. Chaque fois il paraissait pressé. J'ai pensé qu'il apportait la communion à un malade alors, subitement, j'ai dit aux déportés : "Tournons-nous vers le Bon Dieu qui passe." Beaucoup ont fléchi le genou dans la boue. Le prêtre a vu le geste et a tracé, avec la Sainte Réserve, un signe de croix sur nous. Les SS, le Kapo polonais, personne n'est intervenu. Personne n'a été puni. »

* * *

Le 8 juillet, à 11 heures, des bombardiers alliés qui venaient d'ouvrir leurs soutes au-dessus des gares de triage de Vienne larguent leurs dernières bombes sur les casernes de Melk. Plus de quatre cents morts parmi lesquels l'abbé Pierre Deswarte [1].

* * *

« Le 8 novembre [2], tous les ecclésiastiques, prêtres ou pasteurs, sont appelés au bureau. Ils doivent être rassemblés dans un Block spécial de Dachau [3]. On les gratifie de cigarettes et d'un discours "patriotique" du commandant Ludolf. Tous sont appelés... sauf moi. Drame de conscience ! Je vais consulter Pichon, le responsable de la colonie française. Il me dit qu'effectivement je serais mieux à Dachau... Je n'ai qu'à me faire connaître comme prêtre et je pars. Mais je préfère rester avec mes amis de Melk. Je considère cet oubli comme providentiel : il faut un aumônier... Tant pis pour les conséquences. L'explication de cet oubli est bien simple : j'ai pu, à la Libération, consulter ma fiche de déporté. Au-dessous du triangle rouge des « politiques », les ecclésiastiques avaient porté la mention "Geistlicher", ma fiche indiquait simplement "Priester" et l'ordre de Berlin ne concernait que les "Geistlicher". »

Les prêtres partent pour Dachau. Jean Varnoux a désormais la charge de dix-huit mille âmes. Il est épaulé par tous les « cadres » prisonniers du camp. Le 21 décembre, dans la rotonde des toilettes, il rencontre Sherrer, responsable du Block 18.

— Henri, si tu me trouves du vin, je te dis la Messe de minuit.

---

1. Le menuisier Leopold Gsenger, qui avait apporté à Melk deux cents hosties consacrées, se convertit au catholicisme avant la fin de la guerre, se maria et installa un atelier d'ébénisterie dans la ville. Il était né le 4 octobre 1900 à Kaumberg. Atteint d'une maladie incurable, il se pendit dans son atelier le 23 janvier 1958. Le médecin constata son « irresponsabilité ». Leopold Gsenger fut enterré chrétiennement. (Enquête décembre 1968 auprès du curé et des moines de Melk.)

2. Manuscrit inédit, abbé Jean Varnoux.

3. Voir les chapitres consacrés à ce camp.

— Tu es fou ?

— Non ! Qu'est-ce que tu risques ? Les SS seront tous saouls.

Sherrer ne répond pas.

« Le 23 décembre [1], Sherrer me fit appeler et me dit : ''J'ai ton affaire''. Je demandai à Henri Macau, cuisinier spécial des Kapo, de me faire des hosties avec de la farine blanche. Marc Zamansky copia le canon de la messe, reconstitué intégralement de mémoire, sur du papier pris au bureau [2]. Henri Sherrer trouvera, par la suite, un livre de messe, édité par la JOC, dans les bagages d'un Juif hongrois. Le vin de messe ? Sherrer avait volé un fond de Traminer sur la table du commandant Ludolf. Le 24 décembre, nous nous retrouvâmes à minuit dans la chambre de Sherrer : Marc Zamansky, Paul Arrighi, Pierre Traversat, Pierre Barbier [3], Robert Guichet, Robert Monin, William Courrier-Bossan, Marcel Faure et moi... Dans tout le camp : cris, beuveries, chants, orgies... Dans cette chambre silence, recueillement, émotion sous la garde vigilante du chef de Block Henri Sherrer.

— Paul Arrighi [4] lit à notre usage le texte de la messe qu'il a traduit en français. L'abbé a revêtu, pour la circonstance, un vêtement de bagnard à peu près neuf que le magasinier lui a prêté. Les hosties sont un peu lourdes mais malgré leur épaisseur c'est pourtant du pain pur, cuit par un ami. C'est ainsi, dans une atmosphère d'intense piété, qu'est célébrée cette messe des catacombes. Nous y communions au corps du Christ, validement consacré ; Christ dont le sang validement consacré a validement coulé dans ce verre tenant lieu de calice, auquel notre prêtre a communié. Ainsi également, quelques saintes hosties, consacrées par l'abbé Varnoux, lui permettront, par la suite, de donner la communion à nombre de vivants et de mourants.

Une nouvelle fois, l'abbé Varnoux a changé de Kommando : il

1. Inédit abbé Varnoux.

2. « On avait réussi à rédiger un missel, c'est-à-dire que le canon de la messe avait été écrit à l'encre, en lettres gothiques, noires encadrées de rouge. Malheureusement, comme je ne connaissais pas, moi — car c'est à moi qu'était échue cette tâche, — la préface de Noël, il est probable que cette nuit-là l'Esprit-Saint t'a permis de la reconstituer. C'est ainsi qu'il y a eu un livre de messe, officiel en quelque sorte, à Melk. » (Allocution de Marc Zamansky. Limoges, 31 mars 1968.)

3. Pierre Barbier, dirigeant *Cœurs Vaillants* arrêté en même temps que l'abbé Domaigné à Laval. Mort en janvier 1945. Le chanoine Jean Pihan a consacré un livre à ce jeune militant catholique qui fit l'admiration de tous ceux qui l'ont approché en déportation. (*Pierre Barbier*, Union des œuvres catholiques de France, Paris, 1951.)

4. Témoignage inédit de Pierre Traversat. Percepteur à Saint-Junien et chef scout de la Haute-Vienne, Pierre Traversat fut l'un des pionniers de la Résistance à Limoges et à Brive. Il appartenait à l'équipe de Témoignage chrétien.

retrouve l'usine souterraine. En un an les déportés ont creusé treize kilomètres de galeries... En un an, près de dix mille morts.

« C'est [1] le 1er février. Notre groupe est composé de dix Russes et Polonais... Je suis effrayé par la peur qui se lit dans tous les regards. Ce fut une très dure journée. Le lendemain, avec Pierre Saint-Macary et Ernest Chandezon, nous décidons de mettre un peu de joie dans cette peur. Nous partons pour la mine en chantant ; trois voix au milieu de ces mille cinq cents esclaves qui traversent, tête basse, la ville de Melk. Arrivés à l'usine, le travail nous est distribué par le Kapo de galerie. Nous devrons charger un wagonnet avec tout ce qu'arracheront de la paroi des camarades maniant le marteau piqueur. La galerie a quatre mètres de large, deux mètres de haut ; il faut avancer de un mètre cinquante au moins, pendant les huit heures de travail forcé sans aucun arrêt. Les trois Français, armés de leur pelle, se trouvent placés derrière quatre marteaux piqueurs tenus par un Polonais, un Grec, un Russe et un Français. Le Polonais commence par déclarer : ''Hier, nous n'avons pas assez travaillé, aujourd'hui le Kapo nous a dit de faire deux mètres. Il va falloir aller très vite.''

« Nous ne sommes pas venus là pour ''travailler'', mais pour y semer ''la joie''. Nous répondons à ces propos du Polonais par des éclats de rire car nous avons vu sur les murs des marques qui indiquent que la veille, comme l'avant-veille, comme chaque jour, le mètre cinquante a été dépassé. Nous chantons. ''Nous verrons bien ceux qui seront crevés les premiers. Allons-y ! Allons-y !'' Les marteaux piqueurs forent la paroi, arrachent vite, vite, les pans de mur et nous trois vite, vite, nous chargeons le wagonnet. Vite nous le roulons à la sortie de la galerie où d'autres camarades alimentent un tapis roulant ; vite nous revenons en montant sur le wagonnet ; (''strictement interdit'') et vite, sans arrêt, vite, nous recommençons. À ce régime, on a vite chaud. Dans ce tunnel humide et glacé tous travaillent en pull-over et veste. Nous enlevons la veste, le pull, nous retroussons les manches de chemise et volent les pelles ! volent... si bien que le contremaître civil félicite le Kapo d'avoir de si bons ouvriers, si rapides, si consciencieux et surtout si joyeux. Nous chantons. Au bout d'une heure et demie, les quatre marteaux piqueurs, suant, soufflant, furieux, s'avouent battus. ''Doucement'', disent-ils, chacun dans sa langue. Nous répondons : ''Ah non ! Comment doucement ? Les deux mètres ne seront jamais abattus.'' Un traité d'alliance est signé entre les deux équipes. Désormais on ne travaillera que lorsque quelqu'un — Kapo, SS, surveillant civil — apparaîtra. »

1. Inédit Jean Varnoux.

*
* *

Le 28 février 1945, l'abbé Varnoux est dénoncé. « Un prêtre à Melk ! » Le commandant du camp n'en croit pas ses oreilles.

« À 18 h 45 [1], après l'appel, un gamin de douze ans vient me chercher au Block 14. Mené par ce gosse à coups de pied dans le *Arsch*, je comparais devant Julius Ludolf, entouré de tous les SS, et de quelques sous-officiers de la Luftwaffe. Ludolf m'accuse d'avoir parlé à un civil de l'usine... Je nie. Il m'accuse de faire au camp mon travail de prêtre, de confesser, de dire la messe... Je nie. Derrière lui, Pichon me sert d'interprète et, par signes, me dicte mes réponses. Je suis condamné à la "Kompanie disciplinaire" dont le "Kommandoführer" aura mission de me liquider rapidement. Le fait est que les huit premiers jours je crus rendre l'âme ; mais j'ai tenu le coup physiquement parce que le moral était parfaitement intact. Le neuvième jour, Tony et Otto Baumgartner firent comprendre au Kommandoführer que... la libération approchait... et que... Mon régime s'améliore aussitôt. De plus, je suis autorisé à rentrer le soir dans mon Block où mes amis me dorlotent. Par la suite, ma relative liberté d'action me permet de soulager les autres "punis". »

Les derniers jours.

La mort, sachant que la libération approche et qu'elle va lui ravir les derniers survivants, accentue sa pression. Le commandement s'affole, fait classer les déportés en trois catégories : « valides », « faibles », « très faibles ». L'abbé Varnoux est reconnu « valide ». Il quitte la Kompanie disciplinaire pour un chantier moins radical. Ses amis, ceux qui l'ont baptisé Pope, Gshôns, Pfarrer ou Monseigneur, lui offrent une bague, tournée dans un boulon, gravée d'un poisson et Zenon Michalak, Kapo du Revier... une bouteille de vin. Le 18 mars, à 4 heures du matin, l'abbé Varnoux confesse une vingtaine de Polonais et célèbre la messe ; il recommence le 25 mars pour les Autrichiens, les Allemands ; le 1er avril chez Sherrer pour les Français... Dans le camp de concentration de Melk, deux cents déportés, un mois avant leur libération, fêtent Pâques en communiant et en assistant à la messe.

« Le vendredi 13 [2], Julius Ludolf nous rassemble tous sur la place d'appel. Il fait le tri des spécialistes. J'ai l'audace de me mettre sur les rangs. Ludolf, en personne, vient vérifier si les cinq cents mis à part sont bien des spécialistes. Arrivé devant moi, il me dit : "Tu es encore là ? — Ya, mein Führer ! — Eh bien restes-y !" »

1. Inédit abbé Varnoux.
2. Voir ci-dessus.

Les « spécialistes » sont évacués sur Ebensee en train. Les autres en péniche et à pied.

Le 6 mai, l'abbé Varnoux célébrait à Ebensee la première messe du camp libéré.

II

L'ORGANISATION GRUBER

En février 1940, les déportés qui installèrent à six kilomètres de Mauthausen les baraquements du Kommando de Gusen découvrirent, au premier coup de pioche, un « champ » d'amphores romaines. Les Kapos perplexes alertèrent la « citadelle » où un jeune officier SS collectionnait les trouvailles archéologiques des différents chantiers de Mauthausen. Sa chambre était envahie de tessons, de débris de statues, de fibules, de pièces de monnaie, de haches de pierre...

Les rives du Danube, voie de passage par excellence, ont connu pratiquement toutes les civilisations, toutes les invasions depuis la préhistoire et, récemment, des étudiants yougoslaves, dans le site des Portes de Fer, ont dégagé la plus vieille ville de notre monde : Lepinski Vir, bâtie il y a environ 8 500 ans.

Avant de disparaître sur le front de l'Est, le SS « amateur éclairé » eut le temps de signaler « ses importantes découvertes » à l'un de ses anciens professeurs de l'université de Munich. Le docteur Walther Wüst, recteur de cette université était également vice-président de la société Ahnenerbe, chargée par Himmler de « rechercher la localisation, l'esprit, les actes et l'héritage de la race nordique indo-germanique et de communiquer au peuple les résultats de ces recherches sous une forme intéressante » [1].

Le docteur Wüst écrivit au commandant du camp de Mauthausen en lui recommandant de veiller tout particulièrement à la protection et à la conservation de tous les vestiges archéologiques. Embarras du commandant : « L'amateur éclairé vient de quitter le camp, sac au dos,

1. L'Ahnenerbe « patronna » les expérimentations médicales humaines dans les camps (voir *Les Médecins maudits*).

en abandonnant à la poussière et à l'oubli ses trouvailles. » Dans les mois qui suivirent, l'administration centrale de l'Ahnenerbe, par l'intermédiaire de l'office central SS d'Oranienburg ordonna que des musées soient créés dans tous les grands camps [1].

Le commandant Franz Zieres convoqua le Hauptsturmführer Chmielevsky et lui expliqua que Mauthausen se devait de bâtir le plus beau, le plus grand, le plus riche « muséum » de tous les camps, que ce « muséum » devait s'élever sur le terrain même du champ d'amphores et qu'il n'était pas très difficile de trouver, dans le lot des pseudo-intellectuels polonais un spécialiste des fouilles et du classement des « bibelots ».

À cette époque, si l'on excepte les secrétaires autrichiens du « bureau du travail » et quelques Kapos allemands, tous les déportés de Gusen sont polonais.

— On recherche...

Le père Jean Gruber, secrétaire, bondit sur la note signée Chmielevsky :

— Ça, c'est pour moi !

L'aventure la plus extravagante sans doute de toute l'histoire de la déportation commençait.

* * *

« Les [2] conditions de travail à Gusen n'étaient pas différentes, en principe, de celles que connurent les déportés de Mauthausen. En fait, seul Gusen I [3] connut un régime comparable à celui de la maison mère.

---

1. On sait l'intérêt particulier qu'Himmler porta aux recherches archéologiques. (Voir sa correspondance in *Himmler aux cent visages*. Fayard, 1969.)

2. Étude de Michel de Bouard, ancien déporté de Mauthausen, doyen de la faculté des lettres et sciences humaines de Caen, publiée dans la *Revue d'Histoire de la Deuxième Guerre mondiale* (janvier 1962).

3. Le premier établissement de Gusen (Gusen I) fut implanté à six kilomètres environ de Mauthausen et à deux kilomètres au sud du village de Langenstein. En 1944 on y comptait trente baraquements de bois et deux construits en dur. À l'été de 1943, la SS Verwaltungshauptamt conçut le projet d'installer tout près du camp de Gusen un grand magasin d'habillement (Bekleidungskammer) pour ses troupes. Au sud du premier établissement, créé en 1940, demeurait disponible un vaste terrain de forme grossièrement triangulaire, limité à l'est par la route Mauthausen-Linz, à l'ouest par le petit chemin de fer, à voie étroite et unique qui circulait au pied des collines et servait surtout à évacuer les produits des carrières voisines. Entre le mur sud de l'enceinte de Gusen I et l'emplacement du nouvel établissement, il n'y avait guère plus de trois cents mètres ; cet espace était exploité par un maraîcher. La construction du magasin d'habillement fut commencée au cours de l'hiver 1943-1944. Elle fut menée à bien par les internés de Gusen I, sous la direction du Kapo Ludwig Goetz, condamné de droit commun. Alors que le travail était à peu près achevé, l'administration SS débordée par l'énorme afflux de déportés arrivant en nombre croissant, de toutes parts (Juifs hongrois, résistants

Deux carrières, percées dans le flanc des collines qui dominaient à l'ouest le camp étaient exploitées par la société Deutsche Erd und Steinwerke dont le siège était à Berlin et qui se trouvait entièrement aux mains des SS (ce qui explique que la plupart des KZ aient eu leur carrière). Celles de Gusen I occupaient environ mille cinq cents hommes ; la belle pierre était exportée par le petit chemin de fer qui longeait le pied des collines ; les déchets étaient acheminés par wagonnets que poussaient les détenus, vers un énorme concasseur à la construction duquel les Espagnols avaient, dès leur arrivée à Gusen, été employés : des centaines d'entre eux y étaient morts. Au début de 1943, la société Steyr installait à Gusen quelques ateliers, situés entre les carrières et le camp. On y fabriqua des pièces détachées de mitraillettes et de revolvers. Puis la société Messerschmidt, à son tour, créa, à quelque distance au sud-ouest du camp, des ateliers de montage de carlingues. Dans ces divers ateliers, deux équipes se relayaient quotidiennement, effectuant chacune douze heures de travail continu. Du moins y était-on à l'abri des très fortes chaleurs de l'été et des froids de l'hiver, auxquels succombèrent tant d'hommes employés aux carrières.

« Meurtrier entre tous fut, au contraire, le travail du percement des galeries au flanc des collines, à quoi furent employés la plupart des internés de Gusen II dès la création de cet établissement. Un groupe de galeries se trouvait à peu près à hauteur de Gusen II : c'était le chantier dénommé Kellerbau. Un autre chantier, le Krystallberg Kommando, se trouvait au village de S. Georgen, à trois kilomètres environ vers le sud, en direction de Linz : les déportés y étaient conduits dans les bennes du petit chemin de fer à voie étroite. Dans les derniers mois de la guerre fut entrepris le percement de galeries nouvelles, plus loin encore vers le sud, vers Linz. Ce devait être le Kommando de Gusen III. Ce dernier projet ne put être mené à bien. En revanche, les galeries du Kellerbau Kommando et celles de Krystallberg furent achevées en un temps record, mais au prix de milliers de morts. À Krystallberg, les machines avaient pu être mises en place dès le début de 1945 ; elles tournèrent quelques semaines. Au Kellerbau, elles venaient tout juste d'être montées lorsque le camp fut libéré par les Alliés. Dans ces tunnels, la société Messerschmidt comptait replier beaucoup de ses

---

français en particulier), décida brusquement de changer l'affectation des baraquements nouvellement construits et d'en faire une annexe de Gusen. Aucune canalisation d'eau n'avait été prévue ; point de latrines ; pas de lavoir. Lorsque arrivèrent, en avril 1944, les premiers occupants, la situation était atroce : un seul robinet d'eau pour tout le camp, alimenté par un puits. C'est seulement après deux mois que les SS firent aménager une distribution d'eau plus abondante, sinon plus perfectionnée : chaque Block fut pourvu d'un tuyau percé de trous... (Michel de Bouard, Gillis.)

usines, sévèrement pilonnées dès 1943 par les bombardements de l'aviation alliée. Les Totenbücher signalent un nombre important de morts accidentelles survenues sur ces chantiers. Trois équipes s'y relayaient en vingt-quatre heures. Travail particulièrement exténuant. Mais plus dure encore pour les hommes était l'impossibilité de prendre, au retour du chantier, un véritable repos. Les Blocks, d'ailleurs absolument impropres à l'usage d'habitation, étaient occupés à tour de rôle par les équipes assurant le service des trois fois huit. »

* * *

Le père Jean Gruber, ancien directeur d'une école de sourds-muets à Linz, premier historien anti-nazi de l'Autriche, ami du chancelier Schuschnigg avait été arrêté dès l'Anschluss... Les commandants Zieres et Chmielevsky, qui appréciaient son « secrétariat », hésitaient à le nommer Kapo et constructeur du muséum :

— Il y a bien un professeur polonais ?...

— Voyons ! Vous savez que j'habitais Linz. Je connais chaque centimètre de cette région, tous les archéologues de Vienne et j'ai, moi-même, fouillé dans les champs de Gusen il y a quinze ans.

— Très bien !

Le soir même, laissez-passer en main, le père Gruber sortait du camp... accompagné tout de même d'un gardien.

Trois semaines plus tard, il franchissait seul les barbelés, rendait visite au curé de la petite ville de Mauthausen et revenait au camp les poches bourrées de pain, de sucre et de cigarettes. Il remit le pain, le sucre et également une boîte d'hosties à un prêtre polonais, puis il se rendit au « marché » :

« Figurez-vous [1] au croisement de quatre Blocks un espace de dix mètres de large sur vingt mètres de long, constamment encombré d'une foule innombrable de prisonniers loqueteux : Russes, Yougoslaves, Lettons, Italiens, Français, parmi lesquels l'élément russe dominait. Sur ce marché — le bazar comme disaient les Slaves — se négociaient les échanges et les ventes les plus incroyables. C'était là une création des prisonniers, défendue, mais que leur obstination et leur instinct de conservation, ou ce qui leur restait de force vitale, imposaient et maintenaient malgré l'interdit. C'était la plus belle victoire des déportés sur les règles du camp. On y retrouvait un peu de l'atmosphère de certains souks sordides de l'Orient ou du ghetto de Mogador. La monnaie était la cigarette. Ceux qui travaillaient à l'usine Steyr touchaient environ

1. Roger Heim, *La Sombre Route*. Librairie José Corti, 1947.

quinze à trente cigarettes par mois. Quelques privilégiés, les caïds comme nous disions, s'en procuraient beaucoup plus par des moyens illicites et tolérés. La masse en recevait très rarement. Elle ne pouvait s'en procurer qu'en vendant ce qu'elle touchait ou ce qu'elle volait : rations ou objets utiles. Les fumeurs invétérés — Russes et Italiens surtout — y vendaient donc, contre ces cigarettes, leur maigre ration vitale qui déjà ne suffisait plus. C'était encore là un des aspects atroces de la vie des camps. Certains préféraient mourir plus vite en sacrifiant à leur vice : leur passion du tabac les précipitait vers le néant. J'en ai vu combien, même des jeunes Français, incapables de réagir, de suivre les avis de leurs camarades. Car celui qui vendait ainsi, même rarement, une parcelle de sa ration était condamné en quelques semaines. Ce marché était pour les vendeurs le vestibule du crématoire. Pour les porteurs de cigarettes, il représentait le triomphe de la volonté de vivre. Les deux aspects des hommes du camp : ceux qui sombraient et ceux qui luttaient.

« Dans cet étroit espace les coudes se touchaient. On entendait les invites lancées alentour : Salam ! Kartoff ! Mièço ! Hliéba ! On y vendait de minuscules morceaux de viande déjà pétris dans cent mains sales, des tranches de pain bistre, des morceaux de margarine. Chacun portait prudemment la main à l'intérieur de sa guenille, car le vol sévissait à chaque pas dans cette foule grouillante d'affamés. À tout moment une bousculade, à la faveur de laquelle cinq ou six bonshommes vous renversaient, vous coupaient les poches et, en un clin d'œil, vous vidaient de toute richesse, et quelles richesses ! Un vieux mouchoir, une chaussette usagée, une boîte à cigarettes, un couteau fabriqué en fraude à l'usine, une ceinture de cuir. Brusquement un sauve-qui peut. En trois secondes les quelques centaines d'hommes réunis là s'égaillaient dans toutes les directions environnantes. Un chef de Block ou un pompier — allemand ou polonais — arrivait à la course avec un gourdin ou un câble de caoutchouc. Les coups pleuvaient. Il ne faisait pas bon mordre la poussière. Cinq minutes après, l'orage étant passé, le commerce des gueux reprenait, et la foule ne faisait le vide que pour laisser passer quelque voiture chargée de loques, ou de cadavres — de ces morts qui semblaient des polichinelles, sans rien d'humain, les jambes et le ventre gonflés d'œdème, le buste et le visage privés de chair — ou bien le flot d'hommes nus qui partaient à la douche ou à la désinfection, grelottant et courant.

« Mais ensuite, il s'agissait de faire cuire les pommes de terre que les Russes, au péril de leur vie, allaient prélever dans les silos : il n'était pas toujours aisé de trouver un poêle pour les cuire. Certain jour, un Slave nonchalamment errait vers le crématorium, perplexe, les poches bourrées de tubercules crus. Il vit s'échapper à l'extérieur du four la cendre encore chaude des corps incinérés. Alors, il sortit de dessous ses loques les pommes de terre et il les plaça délicatement parmi les os calcinés et brûlants. L'expérience fut concluante : vingt minutes après les tubercules étaient rissolés et consommables. Depuis ce jour, chaque matin, quelques-uns de nos camarades allaient poser silencieusement leurs pommes de terre dans les os pulvérisés de nos camarades morts la veille. C'est de cette façon qu'ils se défendaient contre la mort, avec la complicité de celle-ci. »

Pour le père Jean Gruber, les jours passèrent, paisibles ; son petit commerce charitable se développait :

— Je te donne une cigarette et toi...

Très vite il devient « papa Gruber » ; un « papa » Gruber unanimement aimé et admiré car il soulageait ceux que lui signalaient les responsables nationaux : catholiques et communistes.

Au printemps 1943, les premiers Français arrivèrent à Gusen.

« Le 8 avril [1] exactement, une vingtaine de Français, dont j'étais, faisaient l'apprentissage du marteau pneumatique à la carrière de granit. Le 20 avril, deux cent cinquante autres venaient s'ajouter à nous, dont la plupart destinés au Kommando Steyr : la colonie française était née. Petite colonie noyée au milieu d'une dizaine de milliers d'étrangers, en majorité hostiles ; nous nous attendions, en sortant du secret de la cellule, à une seule lutte contre les gardiens allemands. Les SS faisaient mieux ; ils nous imposaient une lutte autrement délicate contre nos propres sentiments nationalistes, sentiments qui nous avaient poussés à engager le combat contre l'envahisseur, mais qui, ici, risquaient de se retourner contre nous en nous incitant à répondre par la haine aux sarcasmes de ceux qui avaient été cruellement déçus par la défaite de la France en juin 1940 et par son attitude officielle depuis. Nous étions alors au début de 1943 ; la plupart d'entre nous avaient commencé leur action dès 1941, action modeste, limitée par le petit nombre des combattants et les faibles moyens mis à notre disposition. Si les victoires des FFL combattant en Afrique sous l'uniforme étaient connues du monde entier, il n'en était pas de même de la lutte clandestine organisée en France dès les débuts de l'Occupation. Comment aurait-on pu en vouloir à des Espagnols, des Polonais, des Tchèques de l'ignorer alors que la grande masse des Français, au milieu desquels nous vivions,

1. Mémoire de Louis Deblé qui a vécu deux ans à Gusen. Mémoire présenté en juin 1948 à l'École nationale de la France d'outre-mer et conservé par l'Amicale de Mauthausen.

l'ignorait elle-même ? Notre devoir était justement de leur faire comprendre que peu à peu, malgré le règne de la Gestapo en France, des Français, issus de toutes les classes, s'organisaient en groupes de résistance pour passer à la lutte ouverte dès que les circonstances le permettraient. Ce fut un travail de longue haleine, fait de prises de contact, de conversations, de sympathies personnelles, travail rendu plus compliqué par la diversité des langues et les conditions d'existence si précaires à Gusen... Je dois également signaler la curieuse opinion qu'avaient de notre comportement les étrangers qui n'étaient jamais venus en France. Pour eux, les Français étaient des êtres qui passaient la moitié de leur temps dans les boîtes de nuit, ou à "faire l'amour" suivant des procédés qui les laissaient curieux et perplexes ; les Françaises, des femmes avec qui le premier venu pouvait coucher. Si l'on ajoute qu'ils nous considéraient comme des êtres sales, ne sachant pas se laver, on concevra aisément qu'il était difficile de ne pas s'enfermer dans un nationalisme rigoureux et de ne pas tomber dans une misanthropie générale...

« L'exemple et la faim aidant, les concentrationnaires se sentaient attirés effroyablement par le vol. Tous ont eu envie de voler ; beaucoup n'ont pu résister à la tentation ; des bagnards ont découpé des tranches de pain sur la ration d'autres bagnards ; d'autres ont dérobé des cigarettes, un pull-over, une paire de chaussures. Il ne s'agissait souvent là que de défaillances passagères ; la communauté ne les excusait cependant pas. Se montrer dur pour autrui comme pour soi-même était une nécessité dans cette société où toute défaillance était une défaite de l'homme... Tous les déportés vivaient à Gusen dans une véritable hantise du vol.

« Tout voleur surpris était frappé de façon impitoyable, parfois jusqu'à ce que mort s'ensuive ; ceux qui dispensaient les coups étaient les chefs de Blocks ou les Kapos, érigés pour l'occasion en grands justiciers et défenseurs de leurs ouailles. Un "droit commun" arrêté pour assassinat, détournant chaque jour des pains entiers en toute tranquillité se permettait de punir un pauvre hère surpris en flagrant délit de vol : image et symbole de la société concentrationnaire.

« Certains volèrent pour vivre. D'autres se prostituèrent. Un bon nombre d'Allemands, au triangle rose, étaient à Gusen pour pédérastie. Ceux-là ne firent que continuer l'exercice de leurs pratiques. Mais d'autres, jeunes Russes et Polonais surtout, se livrèrent aux "Prominenten" du camp pour bénéficier d'un bien-être relatif. Comme nul ne pouvait leur faire une remarque sans s'attirer une haine mortelle de leur protecteur, ils en profitaient pour se montrer d'une arrogance intolérable vis-à-vis de la masse des détenus ; arrogance qui les rendait plus odieux encore que leurs maîtres... Très peu de Français tombèrent dans ce vice dégradant. C'était cependant un Français, ce jeune homme qui, regagnant à minuit son Block, partageait avec son père, arrêté pour la même cause que lui, la récompense de sa prostitution...

« Comble d'ironie, pour extirper la pédérastie du camp, les Allemands firent construire un ''Puff'' en octobre-novembre 1942 ; une dizaine de femmes volontaires en furent les pensionnaires. Les Prominenten pouvaient s'y rendre moyennant un mark. On pouvait assister, trois ou quatre fois par semaine, au spectacle hallucinant d'une cinquantaine d'hommes attendant sagement leur tour devant le ''Puff'' ; la discipline militaire allemande ne perdant pas ses droits, c'était le Rapportführer lui-même qui réglementait les entrées et les sorties... La majeure partie de ces visiteurs était constituée par des ''droit commun'' ; mais il y eut aussi, hélas ! des Espagnols, quelques Polonais et deux Français fervents habitués du ''Puff'' ; pour s'attirer les bonnes grâces des prostituées, ils jugeaient bon de leur offrir, de temps en temps, un cadeau... un cadeau de Gusen, c'est-à-dire un bloc de margarine ou un pot de confiture. Pendant ce temps, des hommes crevaient sur des paillasses ; pendant ce temps la petite fumée bleue du crématoire emplissait le camp de son odeur nauséabonde de cuir brûlé. »

*
* *

Il sort. Il entre. Il sort. Il téléphone. Il écrit. Les SS le saluent. Il bavarde... Leur serre la main. Monsieur le Kapo du muséum est devenu le « personnage » de Gusen. Les colis que lui adresse sa sœur habitant Linz, à une dizaine de kilomètres seulement du camp, lui sont remis sans aucun prélèvement :

— Pensez ! Himmler a visité le musée et a félicité Gruber.

Ce jour-là d'ailleurs Himmler était particulièrement heureux.

« Il arrive [1] au camp de Gusen, pénètre sur l'Appellplatz accompagné de son état-major. Un prisonnier traverse la cour. Himmler l'appelle. L'homme pense : ''Dans un instant je serai mort.'' Pas de tout. Le Reichsführer se tourne vers un officier : ''Vous libérez cet homme ce soir.'' Et qui était-ce ? Un Polonais inconnu, peut-être un droit commun. Himmler avait fait ce geste sensationnel alors que la veille, à Mauthausen, il se faisait expliquer sur les lieux comment on précipitait les Juifs du haut de la carrière, ou mieux, comment on les obligeait, sous peine de mort, à ''tenter leur chance'' en se battant, deux à deux sur la crête, jusqu'à ce que l'un d'eux précipitât son camarade dans le vide. »

1. Roger Heim, *La Sombre Route*, ouvrage cité.

Deux, trois mois plus tard, le père Jean Gruber, qui avait fait écrire à Himmler par l'un de ses amis, avocat viennois, était nommé inspecteur général des musées des camps de concentration « autrichiens »... Il était autorisé à quitter Gusen, une fois par mois et pour deux jours.

Le père Gruber rendit visite à ses nombreux amis et leur emprunta des sommes importantes : plusieurs déportés m'ont assuré qu'on lui avait ainsi prêté, en un an, plus de cinq millions. Avec ces marks, papa Gruber va organiser un fantastique trafic. Il s'est aperçu, au cours de ses déplacements, que les cigarettes sont « le produit de luxe » le plus recherché par les civils autrichiens et que les paquets de vingt, dans les officines du marché noir viennois, atteignent des prix astronomiques. À Vienne, il a de nombreux correspondants dans les milieux archéologiques à qui il expédie, pour restauration, les découvertes des fouilles. Avec leur collaboration, le père Gruber va devenir, en quelques mois, l'un des « rois de la cigarette » et sauver des dizaines de « musulmans » du camp de concentration.

Les cigarettes, on l'a vu, sont pour les déportés à Gusen comme dans la plupart des camps l'étalon des échanges. Mais le marché est assez limité. Peu de cigarettes à vendre, peu de produits de consommation à acheter. Par contre, les gardiens SS, les contremaîtres civils des chantiers, les spécialistes « libres » des ateliers, les Kapos, les « Prominenten protégés », les prostituées... reçoivent régulièrement des cigarettes en primes. S'ils avaient de l'argent, les déportés pourraient acheter une partie de ce tabac. Mais les déportés n'ont pas de marks. Le père Gruber, lui, est riche et il peut... « exporter ».

Le prêtre « truste » les cigarettes. Discrètement, de Kapo en Kapo, de gardien en gardien, de Meister en Meister, un paquet par ci, une cartouche par là, il tisse son réseau de fournisseurs.

— Et il paie comptant !

— En beaux billets !

— Et il paie bien !

Ce que les vendeurs oublient, c'est qu'à Vienne ou à Linz ils auraient reçu le double, peut-être le triple.

Le Kapo du musée, après avoir bourré les amphores de ses acquisitions, les expédie à Vienne, pour expertise, nettoyage, restauration. Elles lui reviennent avec, cachées dans leur ventre, d'épaisses liasses de billets. Le père Gruber, avec le « bénéfice » rembourse ses créanciers, paie les intermédiaires et achète sur le territoire du camp toute la nourriture disponible... Les cuisiniers deviennent ses principaux fournisseurs. Parfois aussi, il achète la complaisance d'un gardien, d'un Kapo, d'un secrétaire — personnage influent — qui peut affecter le « protégé » dans un bon Kommando.

— Il était « amour »[1]. Il fut de ceux, trop peu, qui me permirent de devenir et de rester simplement un homme, dès l'âge de vingt ans. Souvent, dans mes pensées, je le revois avec ses yeux extrêmement rieurs, confiants. Tout le camp connaissait ce petit homme arrondi, toujours très pressé, donnant l'impression, hélas ! qu'il n'avait plus beaucoup de temps pour accomplir sa mission. L'organisation Gruber était toute-puissante... Des criminels, des SS y participaient ; cela m'a toujours amusé et enthousiasmé de voir ce prêtre, en grande conférence avec ce ramassis de gangsters... Les plus féroces tenaient leur « Mützen » à la main. Il les dominait. Autant que je me souvienne, le premier contact avec le père fut établi par Jim Pelletier et Jean Cayrol.

« En mai 43[2], il rencontra près de la terrible carrière un tout jeune Français, terriblement amaigri et épuisé. C'était Jean Pelletier, plus connu sous le nom de Jim. Le père Gruber parlait le français, il aimait la France et parla avec Jim. Tout de suite il l'aida en lui procurant des suppléments de nourriture. Jim ne voulut pas en profiter seul, égoïstement ; il parla au père Gruber de ses autres camarades, une vingtaine de jeunes Bordelais qui avaient tous moins de vingt ans. Le père Gruber ne recula pas. Il s'arrangea encore pour procurer de la soupe en supplément à ces jeunes hommes, tous affamés. Il y ajouta du pain et des douceurs en provenance de ses colis personnels. Il fit mieux encore : grâce à ses relations clandestines, il les fit tous sortir de la carrière et les plaça à l'usine Steyr, particulièrement au End Kontroll. »

— Le père Gruber[3] était un homme prodigieux. Le jour où il m'a trouvé, je n'en avais plus que pour quarante-huit heures à vivre, j'avais terriblement faim et froid. J'étais à peine couvert et j'étais épuisé. Je travaillais à la carrière. On lui a dit : il faut faire quelque chose de toute urgence, Cayrol est un de ceux qui ont besoin du secours le plus urgent. Alors il est venu, il m'a apporté cinq litres de pommes de terre écrasées dans l'eau. J'ai appelé un ami et, à deux, nous les avons mangées en cinq minutes. Le père Gruber en avait les larmes aux yeux.

« C'était un petit homme rond, toujours souriant, avec des yeux d'un bleu merveilleux, très vifs. Nous l'appelions papa Gruber et c'était vrai, nous lui devions la vie. C'était un personnage absolument incroyable. Il ne nous faisait jamais de réflexions au point de vue religieux. Je ne l'ai jamais vu prier. Quelquefois, il me disait simplement : ''N'écrivez pas, il faut manger'' et, une autre fois : ''Cayrol, l'âme après, il faut manger d'abord.'' Si on jugeait cette phrase en homme d'aujourd'hui,

1. Témoignage inédit, René Dugrand (janvier 1969).
2. Enquête Michel Carrouges : *Le Père Jacques*, éditions du Seuil, 1960.
3. Témoignage Jean Cayrol.

bien nourri, on ferait le pire des contresens. Le père Gruber voulait avant tout nous faire manger, parce que nous n'avions rien à manger, et c'est lui qui nous apportait de quoi tenir. Il était tellement nécessaire de nous le dire qu'on voyait, de temps en temps, le père Gruber venir à l'infirmerie, et il faisait manger lui-même, à la cuiller, avec une patience maternelle, les malades qui ne voulaient même plus manger, qui attendaient la mort comme une délivrance. Le refus de manger, c'était le suicide et l'abdication. Manger c'était la première, la plus élémentaire des formes de résistance. C'est là qu'on voit combien le père Gruber avait raison. Et, en même temps, ce que signifiait sa parole ; c'était tout le contraire, car c'est lui qui faisait passer l'âme avant tout, en se dévouant pour nous trouver de quoi manger, au risque de sa propre vie. Cette phrase était matérialiste ici. Dans sa bouche elle était de l'héroïsme pur. »

— Un soir [1], Jean Cayrol vient me trouver : le père voulait me voir. Je le suivis et, avec des « ruses » de concentrationnaires, nous pénétrâmes dans les lavabos d'un Block. Autour d'un bouteillon fumant et fleurant bon le ragoût : un groupe de rayés. Je ne reconnus personne et pourtant je les connaissais tous. Une seule pensée occupait mon esprit, mon corps : je vais manger. On me tendit une gamelle, une grande. Immédiatement, j'engloutis les pommes de terre. Une voix douce, avec un léger accent, me dit : « Encore... Encore... mangez... mangez. » C'était le père Gruber. Il était heureux de voir nos yeux durs et sans vie, nos yeux toujours au-delà de cet univers que nous refusions, reprendre une lueur d'espoir...

Quelques semaines plus tard, René Dugrand est admis au Revier.

— Le Kapo, un fou spécialisé dans les liquidations par piqûres d'essence, conduisit un matin, près de mon grabat, le père Gruber. Ce fou débordait de prévenances à son égard. Le père m'apportait à manger. Jean Cayrol, je le savais, avait communié de la main du père. Je lui fis part de mon désir, de mon espoir. Il me regarda longuement et tout doucement : « Dans votre état, pour le moment, il vous vaut mieux une bonne soupe que l'hostie... Nous en reparlerons. » Cette phrase, je la répétai au lendemain de ma libération, à Mgr Feltin, alors archevêque de Bordeaux. Lui aussi me fixa longuement : « C'était un saint, il avait raison. »

Au printemps 1943, le père Gruber ne s'occupe régulièrement que d'une dizaine de déportés. Ils seront bientôt trente, cinquante et, début 1944, soixante. Les cuisiniers lui livrent, chaque soir, cinquante litres de soupe épaisse, parfois soixante-quinze.

---

1. Témoignage René Dugrand.

« Tous[1] les soirs, sans exception, quelle que soit la température, le père Gruber est dans le Wasshraum du Block 12, attendant le retour du travail de ses protégés ; tout en distribuant lui-même les cinquante litres de soupe que deux Espagnols sortent clandestinement de la cuisine pour lui, il écoute les doléances de chacun, promettant une paire de chaussures à celui-ci, un médicament à celui-là. Le dimanche matin, il réunit autour de lui une douzaine de Français, choisis parmi les plus jeunes des NN et, devant leurs yeux extasiés, sort de ses vastes poches un pain, un pot de confiture, une tranche de rôti... Rayonnant de joie, au milieu de ses enfants rassasiés, défi vivant et permanent à toutes les lois du système concentrationnaire, véritable incarnation du Bien dans un enfer où le Mal seul semblait devoir triompher, il était l'image même du Christ.

— Un jour, ajoute Jean Cayrol, il nous apporta du pain brioché. C'était inimaginable. J'avais perpétuellement l'impression de miracle avec lui.

« L'organisation » s'étend encore ; elle atteint la morgue, le crématoire où le père achète des dents en or qui se transformeront en lingots à Vienne, les lingots en billets, les billets en bouteillons de soupe.

— Et votre montre, mon père ?

— Je l'ai échangée... mon « courrier » était en retard.

— Mais, mon père...

— Ne dites rien ! N'oubliez pas mon adresse quand nous serons libérés, vous viendrez me voir à Linz et on fera un festin. Rappelez-vous bien : c'est pour l'Autriche que j'ai entrepris cela.

* * *

Le 4 avril 1944, le père Gruber était arrêté à la porte de l'infirmerie et traîné brutalement dans une cellule du Bunker. À la même heure, son ami l'avocat était abattu par la Gestapo dans son appartement de Vienne, et tous les membres du « réseau » capturés. En fouillant l'appartement de l'avocat, les policiers découvrirent ce qu'ils étaient venus chercher : le manuscrit du « livre blanc » sur les camps de concentration, les crimes quotidiens commis par les SS que le père Gruber rédigeait depuis un an.

Pendant trois jours, le père Gruber allait être torturé par le commandant Seidler et les « imperméables de cuir » venus de Vienne et de Berlin. Cayrol, Deblé, Pelletier, Dugrand — et tous les protégés du

1. Mémoire Louis Deble.

père — tentèrent vainement de l'approcher, de faire passer par la lucarne de sa cellule un morceau de pain.

Le vendredi 7 avril, le Vendredi-Saint, à 15 heures, les Français du Kommando End Kontroll, les Polonais de Steyr, observèrent une minute de silence. Plusieurs pleuraient.

Le soir, des SS annonçaient :

— À l'heure du Christ, le curé s'est suicidé.

— Il s'est pendu avec sa ceinture.

— Pendu le Vendredi-Saint !

La porte de la cellule était ouverte. Le corps — corps sans visage, corps désarticulé, déchiqueté — se balançait au bout de la ceinture de cuir jaune.

— Regardez ! Regardez bien !

Ils ne voyaient que les murs éclaboussés de sang... ces blessures béantes, horribles.

Tous, communistes, catholiques, pensaient : « Menteurs ! Salauds ! Ordures ! Ils l'ont pendu mort ! »

Les déportés l'apprirent plus tard, le jour de la Libération, en interrogeant les SS capturés :

— C'est le commandant Seidler lui-même qui l'a torturé, pendant trois jours. Puis, le Vendredi-Saint, il lui a annoncé : « Tu crèveras comme ton maître, à trois heures. » Le père l'a regardé, il n'avait plus la force de parler ; il a tout de même fait un effort. Il a dit : « Merci mon Dieu ! » puis il a ajouté : « De toute manière la guerre est perdue pour vous. » À 3 heures, Seidler l'a étranglé. Puis il a enlevé la ceinture du père et a ordonné aux gardiens de le pendre...

Le jour de Pâques, un « Prominente », polonais influent qui couchait dans la chambre du père, au Block 1, demanda aux jeunes Français de le suivre :

« Aucun de nous [1] n'avait jamais été autorisé, par les « Prominenten » à pénétrer dans ce Block 1. Le Polonais nous amena près du lit du père. Il ouvrit une caissette et nous partagea ses affaires, ses dernières provisions. Nous étions douze. Je ne veux faire aucun rapprochement, je constate, c'est tout : nous étions douze. »

Le dernier repas : du pain et des oignons.

Le père Jacques, « le second géant de Gusen » franchira le porche barbelé le 18 avril.

---

1. René Dugrand (inédit).

III

LE CIRQUE DE NEUE-BREM

— Nous n'avons plus une place à Compiègne !

— Faites un convoi pour Neue-Brem !

— Mauthausen, Oranienburg ne peuvent accueillir personne avant quinze jours !

— Remplissez Neue-Brem.

Un camp minuscule, sur la route de Sarrebruck, à moins d'un kilomètre du poste frontière de la Brême-d'Or. Un camp inconnu... oublié : Neue-Brem. Centre de redressement pour les fortes têtes de la prison de Sarrebruck, il s'est peu à peu transformé en Kommando disciplinaire ou de « mise en condition » pour le « trop-plein » de Compiègne.

Dès les premières heures de leur séjour à Neue-Brem, les « stagiaires » souhaitent une nouvelle affectation ; certains devront l'attendre deux mois. Deux mois sans travail. Deux mois de loisirs. Loisirs dirigés.

« 7 h 30 [1]... Drokur nous surveille. Il paraît que ce bon père de famille, honorable charcutier de la région, a déjà quelques huit morts sur la conscience, dus à des coups de botte dans le ventre un peu trop brutaux. Malgré cela je n'arrive pas à le prendre au sérieux : quand il nous commande le ''garde-à-vous'' avec ses yeux riboulants et son menton mussolinien, il me semble un diable de bazar, une terreur pour cotillon de la barrière. Mais lui veut être une vraie terreur.

« Pour l'instant il marche de long en large et expectore avec autant d'adresse que de force à quelques mètres devant lui. Molotov [2] qui rôde par là, discret et pour faire sa cour, ne crache qu'à un mètre. Drokur

1. Pierre Bléton : *Le Temps du Purgatoire*. Paris, Tequi, 1953.

2. Un Kapo.

pose sur nous un regard méprisant : soudain, il bondit et fait arrêter la colonne en invectivant contre François, toujours notre chef de file : « *Schweine Franzosen... Scheiss Mensch...* [1]. » François nous traduit tant bien que mal au milieu d'un débordement d'injures : des camarades qui n'ont pas de mouchoirs sans doute se sont mouchés par terre. Nous sommes par conséquent des gens sales et sans culture. Pour nous punir nous devons... lécher... toutes les traces laissées par notre inqualifiable conduite...

« Nous croyons à une plaisanterie un peu grossière. Nous voyons François donner quelques explications à Drokur, mais celui-ci n'écoute rien, fait mettre l'un de nous à quatre pattes et lui ordonne d'entrer en action. L'intéressé tire une belle langue et s'en tient là, pensant que le simulacre suffit. Un coup de pied bien appliqué lui fait plier les bras et presque embrasser le sol. Molotov qui a suivi son maître fait passer son tuyau de caoutchouc de l'aisselle gauche à l'extrémité de son bras droit. La partie ne fait que commencer.

« Drokur se retourne vers la colonne et gueule en allemand : cela veut dire ''Appui-tendu''. Nous nous mettons à quatre pattes. ''Flexion sur les avant-bras.'' Nous traduisons par un plat-ventre général dans une boue épaisse. Attitude moins sportive mais aussi moins fatigante ; les considérations d'élégance ne nous en imposent plus. Drokur, un peu surpris de l'adaptation en langue française de ses commandements — et les autres nationalités dispersées dans nos rangs ont évidemment suivi le mouvement — est tout heureux de nous voir nous salir avec tant de bonne volonté. Satisfait, il ordonne : ''Debout !'' Malheureusement, il ajoute : ''Pas de gymnastique.'' Voilà qui va sécher nos vêtements. Hélas ! Non. ''Couché.'' Nous ne comprenons d'abord pas, puis nous saisissons trop bien : l'exercice de tout à l'heure a tant amusé notre SS qu'il veut nous voir le répéter, entrecoupé de pas de gymnastique. Après un nouveau tour de bassin fait en courant, un : ''Couché'' nous allonge mollement par terre, puis un : ''Debout'' nous redresse avec la même lenteur, chacun jugeant bon de faire, à ce moment-là, le geste de se frotter les genoux, sans doute par souci de propreté : encore un tour, et la comédie se répète. En somme, c'est un cinquante mètres rapide suivi d'un repos sur le ventre pour nous permettre de reprendre notre souffle. Molotov et son nouvel adjoint ne savent que faire. Drokur les appelle pour accélérer la cadence. Nous ouvrons l'œil.

« Nous ne sommes pas à la moitié du parcours qu'un : ''Couché'' sec nous stoppe en plein élan. Matraques, bourrades, coups de pied,

1. « Cochons de Français... Ordure ! »

coups de poing nous allongent vite au sol, respiration coupée. Aussitôt : ''Debout''. Nous essayons de nous relever en décomposant le mouvement. Dans la position à demi dressée où nos matraqueurs trouvent que nous restons trop longtemps, nous sommes pour eux une proie facile. L'un de nous, sous l'orage, trébuche et pique du nez par terre. Nous filons déjà coudes au corps. Dix mètres à peine et de nouveau ''Couché''. Je tombe simplement à quatre pattes pour repartir plus vite. Coups de bottes dans les fesses, coups de Schlague sur les bras m'allongent brutalement par terre. Pour que nous collions mieux au sol, ils nous cinglent les épaules, nous appuient leurs pieds sur les reins. ''Debout'', trois mètres, ''Couché''. Je me plaque haletant au sol, sans souci de m'écorcher les mains sur le mâchefer, de me meurtrir un peu plus les côtes. ''Debout'', mes bras qui viennent d'amortir ma chute doivent me projeter en avant, en départ de course. Je ne me suis pas encore redressé complètement que déjà un : ''Couché'' me fait m'écrouler avec les autres sur le sol, jambes coupées, reins cassés...

« ''Debout !'' ''Couché !'' ''Debout !'' ''Couché !'' C'est presque sur place que nous nous relevons pour nous effondrer sur-le-champ, sans avoir la force de faire un bond en avant. ''Debout !'' ''Couché !'' ''Debout !'' ''Couché !'' Les commandements vont si vite que le cerveau abruti ne les suit plus. Certains sont debout quand il faut être couché, se couchent quand il faut se lever. Les matraqueurs s'en donnent à cœur joie. Drokur, content du travail, affiche un masque hilare devant cette pagaille d'animaux affolés qui ne comprennent pas davantage les coups que les ordres.

« Drokur, satisfait, veut bien nous accorder une autre distraction : tour de bassin à quatre pattes. Pour nous, rompus, essoufflés, la tête vide et bourdonnante, bien incapables d'un équilibre sur nos pattes arrière, la quadrupédie a du bon...

« Midi a enfin arrêté notre ronde. Dans la chambre, nous groupons nos silences. Nous n'avons rien à nous dire que nous ne connaissions déjà, l'ayant éprouvé ensemble, le redoutant ensemble. Chacun calcule intérieurement les heures de supplice qui nous restent encore à passer, avant l'arrêt du soir.

« Sifflet. C'est la soupe. Nous nous précipitons avec moins de vigueur que d'ordinaire ; nous aspirons autant au repos qu'à une vague nourriture. Les bidons ne sont pas encore là mais Baron, un de nos SS, est au milieu de la cour avec la cohorte complète des matraqueurs. Par un discours énergique, traduit au fur et à mesure par François, il nous rappelle les fautes dans lesquelles sans cesse nous retombons ; notre désordre et notre indiscipline. Malgré sa grande patience et une mansuétude qui n'a que trop duré, il est contraint de montrer plus d'exigence ; un peu de bonne volonté de notre part lui permettra de reprendre bientôt, il l'espère, la politique de douceur qui sera toujours sa préférée. Après un si beau "hors-d'œuvre", quel est le dessert qui nous est réservé ? Pour l'instant, il s'agit seulement de recommencer le rassemblement.

« Sifflet. Les matraqueurs foncent déjà pour activer notre course ; nous nous engouffrons en bloc dans nos chambres. La rentrée ne peut être assez rapide pour que tous échappent aux poursuivants. Sous les coups qui pleuvent, chacun pousse, essayant avec son coude de passer devant son voisin pour s'en faire un bouclier. Nous retrouvons un peu d'humanité, en même temps que nos esprits, dans le calme de la chambrée. Nous sommes toujours tentés de croire qu'en allant plus vite nous parviendrons à "les" satisfaire. Illusion pourtant perdue depuis longtemps. Sifflet. Affolement et ruée ; on s'écrase pour sortir plus vite. À la porte, j'hésite... La poussée est irrésistible. Je passe en trombe, courbant le dos. Embusqués, deux matraqueurs attendent ; leurs instruments maniés sans relâche nous meurtrissent à travers nos vêtements et cinglent la peau jusqu'au sang. Cela dure dix secondes.

« Et la plaisanterie se répète ; retour dans les chambrées, puis sortie, cinq ou six fois peut-être... Une peur physique prend au ventre. S'offrir aux coups une première fois est relativement facile quand on ne fait que les imaginer, mais y retourner avec le souvenir et la sensation encore présente de la souffrance éprouvée paraît un affreux cauchemar. Cependant, nous allons de l'avant... Il suffit de mater son corps. Baissant un peu la tête quand une cravache se lève, mais sans bousculade ni précipitation excessive, j'accepte le jeu et je prends mon tour. Je n'en suis plus à un coup près.

« Les bidons viennent d'être sortis et fument dans l'air glacé. Le SS arrête le mouvement. Nous sortons nos cuvettes garées sous nos vestes. La soupe est mauvaise comme d'habitude et tiède par surcroît. Assis sur le rebord d'un lit, je sens mes yeux se fermer ; avec quelle satisfaction animale je me laisserais sombrer dans l'inconscience.

« La ronde...

« Drokur toujours guignolesque nous mime à demi le mouvement ; il s'agit de nous livrer à cet exercice hautement sportif qui s'appelle "faire la grenouille" ou "le crapaud". Nous nous sommes mis en position à croupetons, mains derrière la tête, et nous essayons d'avancer par sauts successifs, toujours en flexion. Ce n'est pas la première fois que nous jouons au crapaud, mais rarement après une séance aussi sérieuse. Je fais un bond, deux bonds, puis je m'assieds sur mes talons, à bout de souffle. Pour repartir, mes genoux ne trouvent pas assez d'élasticité, ni mes jambes de force, et je m'aplatis, le menton par terre... En queue de notre colonne, un retardataire épuisé, résigné, déjà vaincu s'est arrêté. Les coups pleuvent. Il tombe la face contre terre. Ils le frappent à coups de pied, ils le fouaillent de la pointe d'un gourdin jusqu'à ce qu'il se redresse. Ils le bourrent maintenant dans les côtes et dans les reins pour le forcer à avancer. Avec une contraction nerveuse, il parvient à faire un bond. Il s'arrête encore. On lui brise une latte sur le dos pour qu'il continue. Il bascule alors en arrière, montrant des yeux mi-clos dans un visage livide, souillé de terre. De sa chaussure cloutée, Molotov lui ausculte le ventre. Drokur, qui est venu jeter un coup d'œil, essaie de le remuer du bout de sa botte, puis monte à pieds joints sur sa poitrine. L'homme n'est pas évanoui, mais on sent qu'en lui tout est mort ; son esprit comme son courage et comme sa force. Un matraqueur reste à ses côtés, le frappant sans énervement, avec régularité, pour lui rappeler qu'ici il n'y a pas d'évasion hors la mort, que le SS est là et que la ronde continue.

« Nos autres anges gardiens nous ont repris en chasse. Magnanime, Drokur déclare : ''Encore trois tours et ce sera fini.'' Il faut que cela cesse. Un peu d'écume aux lèvres, je bouscule mes camarades qui n'avancent plus, je n'essaie pas de sauter, mais je traîne mes jambes l'une après l'autre comme un canard blessé. Mes tempes bourdonnent, mon corps tremble, je pleure. Je tente de boire mes larmes, mais ma langue ne lèche que de la boue séchée. Nous tournons... J'entends à côté de moi une respiration qui siffle et halète comme un soufflet de forge. C'est sinistre de voir un homme, qui va peut-être mourir, faire cet exercice de gosse.

« La fête est terminée. »

Autre spécialité de Neue-Brem : « La planche inclinée. »

— Cela [1] consistait en un tréteau de 1,50 m de hauteur environ, placé au bord du bassin, surmonté d'une planche inclinée à 45°, parfois savonnée, sur laquelle devait se tenir debout le « puni ». En face, de l'autre côté du bassin, une brute SS, son mousqueton appuyé sur un trépied, visait lentement... sadiquement... la tête, ou une oreille ou un membre. Tirerait-il ? Ne tirerait-il pas ? Le moindre geste, le plus petit tremblement et le pauvre camarade glissait et plongeait dans l'eau. C'était à recommencer... Soi-disant la brute n'avait pas eu le temps de viser (il n'avait jamais le temps de tirer !...). Après plusieurs tentatives, « puisque le misérable ne voulait pas mourir par balle, il serait noyé »... Alors commençait cette chose atroce : dès que le « nageur » s'accrochait à un bord pour essayer de sortir, il trouvait un SS ou un Kapo pour lui

1. Témoignage M. Malle-Jauréguy (Mauthausen, décembre 1967).

frapper sur les mains, l'obligeant à lâcher prise et à repartir vers un autre côté. Arrivait un moment où le supplicié, épuisé, avec dans le regard cette résignation à la mort que nous savons, nous disait adieu... Alors, et alors seulement, les SS s'étant bien amusés, ostensiblement « magnanimes » (!), lui permettaient de sortir ou qu'on le sorte. Et, naturellement, vous le savez : pas de vêtements secs de rechange !

« Parfois le ''jeu'' était inversé. La planche, dûment savonnée, le puni devait s'y tenir, toujours debout, sous menace d'être tué par le tir du mousqueton s'il glissait. C'était diabolique... »

* * *

Neue-Brem « prépare » donc — par un entraînement de chaque instant — ses hôtes à devenir de parfaits déportés. Les Juifs et les prêtres sont évidemment « privilégiés ».

« — Les Juifs [1], hors des rangs ! Ils sont quatre dans notre convoi et les quatre mourront : deux jeunes gens, un homme mûr, un vieillard. C'est un monstre qui commande, un SS dont la figure tient à la fois du dogue et de l'hippopotame. À le voir s'agiter on pense à un acteur de cinéma qui jouerait un rôle de fou sadique. Les quatre Israélites sont roués de coups sous nos yeux et restent sans connaissance. *''Priester wie Juden !''* (Les prêtres comme les Juifs.) Le R.P. de Jabrun [2], de la

1. Témoignage Georges Loustaunau-Lacau, *Souvenirs d'un rescapé des bagnes hitlériens*. Éditions du Réseau Alliance, Durassié, 1947.

2. Louis de Jabrun est un prêtre « de légende »... Simple fantassin au tocsin de 1914, il termine la guerre comme commandant... six fois blessé au combat, cité quatre fois à l'ordre de l'armée, médaille militaire, rosette de la Légion d'honneur. En 1927, il quitte le collège de Sarlat pour devenir aumônier des clochards de Bordeaux. Dans sa chapelle, de la rue Lisleferme se réunissent toutes les « brebis errantes » : mendiants, prostituées, débardeurs, dockers, forains et enfants de la balle, repris de justice... poursuivis. En 1940 il commande une compagnie de chars... Armistice, il rejoint Bordeaux occupé et aussitôt se consacre à ses nouveaux « amis » : Juifs, prisonniers, évadés d'Allemagne, suspects traqués par la Gestapo. « Un peu partout (témoignage A. Bessières) il trouve des complicités nécessaires jusque chez l'intendant régional de police, son ami, le colonel Duchon. Il travaille en liaison étroite avec le 2e Bureau de Toulouse, avec l'armée secrète, le service de Contre-Espionnage, le service de Renseignement de l'armée. Il a d'extraordinaires audaces. Avec son ami Louis Descudet, du réseau Alliance, il organise 28, rue Mably un centre d'assistance aux Algériens, immense ruche où des dames confectionnent jusqu'à dix-sept mille colis mensuels pour les vingt-deux mille Nord-Africains des Frontstalags, des chantiers Todt... Or, les Allemands occupent le premier et le second étage du vaste immeuble ! Tandis que les dames travaillent au rez-de-chaussée à leurs colis, le sous-sol abrite des dizaines de fugitifs des Frontstalags, des prisonniers évadés recherchés par la Gestapo. Il abrite des Polonais déserteurs de l'armée allemande, des aviateurs, des parachutistes anglais ou américains. Munis de faux papiers, ces pauvres gens seront conduits, la nuit, par petits paquets, en

Compagnie de Jésus, âgé d'une soixantaine d'années qui faisait partie d'un groupe bordelais de Résistance et l'abbé François Basset, premier vicaire de Saint-Étienne-du-Mont sont conduits sur la piste. Ils sont en soutane. Dès qu'il les voit, le monstrueux SS est pris d'une rage frénétique. Il les fait courir et les suit en les frappant de toutes ses forces, puis il les fait sauter, les mains croisées derrière le dos, de plus en plus vite autour de la mare, jusqu'à ce qu'ils tombent, brisés, évanouis. Je me détourne, ne pouvant plus supporter la vue de ces prêtres roulés dans la boue et sanglants.

*
* *

Le père Jacques — robe de bure, lunettes cerclées d'acier posées sur un nez long, fort, arqué — inaugurera en arrivant à Neue-Brem le nouveau numéro de « cirque » que le nouveau Monsieur Loyal (le lieutenant Schmoll toujours accompagné de son clown blanc Hornetz) vient d'inscrire à son nouveau programme :

— Le [1] père dut, des heures entières, avec une poutre de cinq à six mètres sur l'épaule, se promener sur des murets séparant les piscines et... souvent cette promenade il devait la faire nu.

Mais un « je ne sais quoi » se dégage des yeux, du visage, des mains, du corps amaigri de ce « pantin nu ». Schmoll et Hornetz baissent la tête.

Un autre jour, par dérision, Hornetz commande au père de diriger la procession autour du sinistre bassin. Les anciens, qui marchent depuis plus d'un mois, traînent la jambe. Le père Jacques se met au pas des plus faibles.

— De temps [2] en temps, il se retournait pour voir s'ils suivaient, et ce regard de bonté les encourageait dans cet enfer de brutalités... Je travaillais moi-même dans une annexe de la cuisine, donnant sur la cour, à laver les bouteillons où l'on mettait la soupe. Souvent, je levais

---

divers centres, par exemple le local de l'Armée du Salut désaffecté par la Gestapo. De là, on les guidera vers la zone libre ou l'Espagne. De Jabrun se rend chaque jour à ce QG. Par des données de la Croix-Rouge, il est informé de l'activité des troupes ennemies, des fortifications construites, tient à jour la carte du « front ennemi » qu'il communique chaque jour à l'armée secrète, au 2e Bureau de Bordeaux ou de Toulouse. »

Le père de Jabrun, arrêté au mois de juin 1943, venait de fêter sa millième « évasion »... Il est mort d'épuisement, de privations, à Buchenwald, dans la nuit de Noël. Son corps ne fut brûlé que trois jours plus tard. Les cendres de cette « journée » du 28 décembre furent utilisées comme « anti-dérapant » et répandues sur la place d'appel.

1. Témoignage abbé Barbier.
2. Témoignage Michel de Bouard.

les yeux sur la cour. Bientôt, je sentis que Hornetz était subjugué par la dignité du père ; cela se voyait dans son regard. Comme je le comprends ! Jamais, je crois, le père Jacques ne m'a paru si grand que ce jour-là...

Le père Jacques a toujours conquis, étonné ceux qui l'ont connu [1]. C'est dans son collège d'Avon, ce collège qu'il avait « fabriqué » (ne disait-on pas : « Ici il y a l'eau, le gaz, l'électricité, le père Jacques à tous les étages »), qu'il fut arrêté le 15 janvier 1944. Le père Jacques avait accepté que des familles lui confient des enfants juifs et il cachait des réfractaires au STO.

Korff, le chef régional de la Gestapo, fait rassembler tous les élèves dans la cour, sous les tilleuls ; trois jeunes Juifs, un réfractaire sont arrêtés. Là-haut, sous la soupente de l'infirmerie, un autre Juif, Maurice, se terre. Il sera seul épargné. Korff, dans la cour, demande :

— Y a-t-il encore des Juifs parmi vous ?

— Non ! répondent les élèves.

Germain, un élève de seconde ajoute :

— Ce sont nos camarades comme les autres.

Korff, furieux :

— Vous n'êtes pas camarade avec un Nègre, vous n'êtes pas camarade avec un Juif...

Le père Jacques, suivi de deux Allemands, s'avance tranquillement, une valise à la main, son béret brun sur la tête. Souriant, radieux, il regarde les enfants et leur crie joyeusement :

— Au revoir ! À bientôt !

— Au revoir, mon père ! répondent d'un seul cri élèves et professeurs et, spontanément, tous se mettent à applaudir frénétiquement.

Korff hurle.

— Taisez-vous ! Taisez-vous ! Silence !

Le petit chien jaune de Korff se promène dans les rangs des élèves ;

---

1. Plusieurs ouvrages ont été consacrés au père. Le plus complet a été publié par les Études carmélitaines chez Desclée de Brouwer : *Le Père Jacques, martyr de la charité*, 1947. L'auteur, le père Philippe de la Trinité, lui a consacré un second livre en 1949 : *Un martyr des camps* (Tallandier). Enfin Michel Carrouges a publié, au Seuil, en 1958 : *Le Père Jacques*.

Né en 1900 dans une famille ouvrière très pauvre, Lucien Bunel, entre au Petit Séminaire de Rouen en 1912. Ordonné prêtre en 1925 il s'occupera jusqu'en 1931 des élèves de l'institution Saint-Joseph du Havre. Mais l'abbé Bunel veut être moine. Il entre au noviciat des Carmes où il devient le père Jacques de Jésus, sous la conduite du père Louis de la Trinité, le futur amiral Thierry d'Argenlieu. Et lorsque le vieil ordre du Carmel s'adapte « aux temps modernes » et décide de fonder un premier collège d'enseignement libre, le père Louis de la Trinité charge le père Jacques de cette création.

l'un d'eux lui décoche un coup de pied. Le chef de la Gestapo bondit sur le garçon et le gifle cinq fois.

— Vous faites du mal à un pauvre animal, c'est donc « l'élevage » que vous recevez dans ce collège !

Dans l'après-midi le collège est évacué, les scellés plaqués sur les portes.

Après quarante jours d'emprisonnement à Fontainebleau, le père Jacques est dirigé sur Compiègne :

— À [1] l'arrivée au camp, des SS se moquent grossièrement du père quand ils l'aperçoivent en robe de bure. Lui me demande ce qu'ils disent : je ne veux pas traduire et un SS me donne un magistral coup de pied quelque part, ce qui, par la suite, a toujours été pour le père une occasion de rire en me taquinant. Nous nous sommes donné la main pour ne pas nous égarer et nous avons échoué dans une petite chambrée où nous étions sept dont Paul Mathéry. Les lits étaient superposés, je couchais au-dessus du père et nous pouvions nous serrer la main avant de nous endormir. À la petite table, il n'y avait pas assez de place pour sept ; comme toujours, le père s'effaçait, et nous mangions tous les deux assis sur son lit. Il y avait dans le camp une aumônerie où tous les prêtres se rassemblaient, couchaient et faisaient leur popote. On voulait l'y faire coucher également. « Comment, faire bande à part ? Ah ! non. Ma place est parmi mes camarades. » Ce qui froissait d'ailleurs quelques-uns de ses confrères et on le critiquait pour son indépendance, me disait-il.

« Tous les matins, il pouvait célébrer la messe et j'avais l'honneur de lui servir d'enfant de chœur. Je vois encore le père Jacques agenouillé sur le plancher de cette pauvre baraque, sans aucun prie-Dieu, sans aucun appui, toute son âme concentrée et unie à Dieu. Rien que cette vision du père en réconfortait beaucoup. Je vois encore ses yeux fixés sur l'autel, ses yeux où brillait une flamme douce comme la lampe des sanctuaires.

« L'abbé Poutrain, qui faisait fonction d'aumônier, prie le père Jacques d'assurer la réunion du soir pour la récitation du chapelet. Les sermons doivent être soumis à la censure et les cahiers porter le cachet allemand. La Vérité qu'il veut clamer à chacun de nous ne s'accommode pas de cette censure. La difficulté est tournée : le matin, à onze heures, tous les jours, il y aura leçon de catéchisme... Avant lui, la vie religieuse

1. Tous les témoignages sur le père Jacques « déporté » ont été recueillis par le père Philippe de la Trinité. (Déclarations de MM. Meyer, Goldlewsky, Devémy, De Bouard, Zamansky, Junguenet, Traversat, Motte, Berthelot, Fontana, Deblé, Bonsergent, Heim, Adam, capitaine Pétrou, abbé Barbier.)

du camp était léthargique. Son arrivée transforma tout. Le premier jour, il y eut cinq ou six auditeurs, le second jour deux fois plus. Le troisième jour le baraquement chapelle était plein. Alors le père qui, faute de chaire parlait debout sur un tabouret, aborda les grands sujets capables de frapper les cœurs et les esprits : l'amour de Dieu, l'amour du prochain, la chasteté, l'éducation des enfants. Bientôt l'assistance déborda hors de la chapelle.

« Le succès des conférences du père Jacques était tel que tout le camp en parlait et venait écouter le père, même ceux qui ne croyaient pas, même ceux qui, pour toutes sortes de raisons, étaient contre la doctrine exposée. La chapelle se remplissait quelquefois à 9 h 30, bien que la conférence fût fixée pour 10 heures. Chacun savait qu'en arrivant à l'heure il ne pourrait plus pénétrer dans ce local très réduit qui était toujours plein à craquer. Un jour, il aborda le problème de la pureté chez les jeunes, vous devinez jusqu'où nous fûmes entraînés. Le problème de l'amour, le respect du corps, le sens de la famille et de l'enfance, le rôle de l'État, le problème de l'enseignement, tout y a passé.

« Les communistes sont les plus ardents propagandistes de ces réunions. Ses rapports avec eux étaient très compréhensifs. Comparant la générosité et l'ardeur des communistes à la tiédeur d'un trop grand nombre de chrétiens, il nous disait son espoir de voir un jour prochain touchés par la grâce ces éléments populaires, profondément sains et généreux.

« Le père fut particulièrement attiré à Compiègne par un groupe de quatre cents communistes, venus de la Maison centrale de Blois et qui, au cours de plusieurs années de détention (deux ans pour la plupart) avaient pris l'habitude d'une vie quasi monastique : partage de toutes les ressources, éducation de la volonté, du sentiment de la fraternité (si rarement mis à l'épreuve dans un régime de cohabitation), éducation de l'esprit. Parmi ces hommes, plusieurs dépassaient les autres par l'élévation de leur pensée : Auguste Havez, secrétaire permanent du groupe communiste de la Chambre avant 1939 et Maurice Lampe. Le père se lia aussi d'amitié avec un autre communiste, cheminot de la Somme, nommé André Debailly ; ils devaient tous deux se retrouver à Gusen I. J'ai[1] la conviction que Debailly a été ramené par le père Jacques à la foi en Dieu, sans renoncer pour autant à ses convictions communistes.

« Un jour, le père était juste au milieu de sa conférence, il parlait devant l'autel, monté sur un petit escabeau, lorsqu'on entendit à la

1. Michel de Bouard. Il est souvent question du rôle important joué par Auguste Havez en déportation dans *Les Médecins de l'impossible*.

porte deux voix de SS allemands qui criaient et qui repoussaient les assistants. Ils sont entrés dans la chapelle, armés, casqués, et ils se frayèrent un chemin jusqu'à l'autel avec la brutalité qui leur était coutumière. Là, l'officier a tiré le père par le scapulaire en disant : ''De quel droit parle-t-il ? Pourquoi fait-il des conférences ?'' Le père Jacques a répondu avec calme qu'il avait la permission de faire du catéchisme. ''Ça, du catéchisme ?'' s'écria l'Allemand. Tout le monde pouvait témoigner que c'était du catéchisme, ce n'était que le commentaire d'un commandement de Dieu. Les Allemands ont emmené le père Jacques à la Kommandantur du camp et je vois encore la consternation générale lorsque tous ont vu sa haute silhouette partir en cette direction toujours si inquiétante, vers cette maison où se passaient beaucoup de choses graves. Toute la matinée, pendant plusieurs heures, nous étions aux écoutes ; nous voulions savoir quelles décisions et quelles mesures prendrait le commandant allemand mais, heureusement, le père rentra sain et sauf sans avoir été brutalisé. Les conférences étaient suspendues, le père Jacques n'avait plus le droit de prêcher, même le dimanche, mais il avait tout son temps du matin au soir, et il parlait continuellement avec ceux qui venaient le consulter, soit seul à seul, soit par petits groupes. Il continuait à rayonner. »

Le 27 mars : départ pour Neue-Brem.

* * *

— Couchez-vous !

— Debout !

— À genoux !

— Maintenant tous courir !

— Crapaud !

Un à un, les cinquante et un déportés qui ont quitté Compiègne en compagnie du père Jacques s'effondrent.

— À ce fameux régime [1], nous sommes restés sept hommes vivants sur cinquante-deux... Mauthausen, quoique très dur, c'était des roses à côté de Sarrebruck.

Hornetz, Hornetz la brute, Hornetz le tueur, admire le père Jacques... Plusieurs déportés le sentent ; le père le sait...

— Je voudrais m'occuper des malades.

Hornetz hausse les épaules.

— Je voudrais m'occuper des malades.

Nouveau refus.

---

1. Témoignage M. Berthelot.

— Je voudrais...

Trois jours plus tard, sur la place d'appel, Hornetz s'approche du père :

— Vous êtes chargé de l'infirmerie.

Le Revier, depuis un an, était à l'abandon :

— Il se dépensa sans compter. Il nettoya les malades un à un. Il fit un travail surhumain malgré les coups dont il était gratifié, journellement ; plusieurs fois il fut schlagué pour ses réclamations de médicaments et de pansements. Jamais, malgré toutes ces embûches, il n'abandonna la ligne de conduite qu'il s'était tracée.

— Exploitant l'ascendant qu'il avait pris sur Hornetz, il vient chaque jour à la cuisine réclamer, à titre de supplément pour les malades, les fonds de bouteillons qui revenaient du cantonnement des SS : soupe meilleure, pommes de terre, etc. Il ne craignit pas d'essuyer les rebuffades, voire les brutalités : j'en fus témoin [1], travaillant comme je l'ai dit à la « plonge ». Mais, avec de l'obstination, il parvient à faire admettre comme un usage cette attribution de nourriture supplémentaire aux malades. La veille de Pâques, il s'enhardit jusqu'à demander à Hornetz l'autorisation de célébrer la messe, le lendemain, dans la chambre d'infirmerie. Hornetz ne pouvait pas prendre sur lui de donner cette permission. Il affirma qu'il allait en référer au commandant... L'a-t-il fait ? Je l'ignore. Nous avons espéré un peu jusqu'au soir. La réponse est alors venue, négative.

Partir ! Ils vont partir ! Certains pleurent de joie.

— Ailleurs, qu'importe ! Ailleurs c'est le paradis ! Ailleurs c'est une chance de survie...

— Départ demain !

Le lieutenant Schmoll traverse la cour. Le père Jacques accélère le pas :

— Monsieur le commandant, je voudrais rester à Neue-Brem, les malades...

Le lieutenant l'interrompt :

— Je n'ai pas le pouvoir de modifier une liste de départ établie par la Gestapo de Paris.

1. Michel de Bouard.

IV

LE PÈRE JACQUES À GUSEN

Henri Boussel, comme chaque soir au retour des Kommandos, rend visite à son ami polonais Valentin Pienka, dans le bureau de la « répartition du travail ».

— Henri, j'ai une bonne nouvelle à t'annoncer : il y a un convoi d'une vingtaine de Français qui est arrivé, parmi eux se trouve un prêtre.

— Tu as son nom ?

Pienka feuillette son livre noir :

— Voilà : Bunel, Bunel Lucien... Tu n'as qu'à aller le chercher et nous allons nous occuper de lui.

Boussel se rend au Block 17, souhaite la « bienvenue » au père Jacques et, une heure plus tard, lui apporte une tranche de pain et un cube minuscule de margarine. Cet accueil, si inhabituel dans un camp de concentration, remplit de joie le père Jacques. Le mois suivant, il avoue à Henri Boussel :

— Je me rappelle très bien que le jour où vous êtes venu me saluer, le soir de mon arrivée, j'ai retrouvé en vous exactement la réponse à la prière que j'avais faite à sainte Thérèse de l'Enfant Jésus lorsque je suis arrivé au camp en lui disant : « Sainte Thérèse de l'Enfant Jésus je viens dans ce camp, je vous laisse toute liberté pour la façon dont je vais être reçu, mais je voudrais bien avoir un signe de votre réception, de votre protection. »

* * *

Boussel, Pienka, luttent pendant trois semaines pour arracher le père

Jacques au Kommando qui construit des réservoirs d'eau et où il s'épuise. Ils réussissent enfin à le faire affecter à l'usine Steyr :

« La première [1] fois que je vis le père Jacques, c'était un soir d'été 1944, juin ou juillet je crois. C'était Cayrol qui me le présenta. La douceur de son visage, pourtant mal rasé, la profondeur de ses yeux ne me frappèrent pas moins que cette phrase qu'il adressa à Cayrol : ''Enfin, je vois qu'il y a ici pas mal de gens avec qui l'on pourra faire quelque chose d'intéressant.'' Je me demandais ce que ce brave directeur d'école voulait bien faire d'intéressant ici ! D'autant plus que s'il travaillait à la carrière, il aurait déjà assez de mal à essayer de sauver sa peau ! Quelques jours après, je vis arriver le père Jacques au End Kontroll (contrôle final) où je travaillais déjà depuis six mois ; je fus heureux de le voir affecté à ce travail qui ne nécessitait pas beaucoup d'effort et qui laissait assez de loisir pour la conversation : le travail consistait à contrôler, assis pendant douze heures, cinq cents ou six cents pièces de fusil, au moyen de quatre ou cinq calibres ; l'absence de Kapo permanent, de machines bruyantes, la température relativement agréable, même l'hiver, la possibilité de se tenir propre, permettaient le calme de l'esprit, la méditation et, avec un peu d'attention, de longues conversations... J'aimais être à côté de lui, parce qu'il forçait, par son attitude, à rester calme ; quand on discutait avec lui, on avait l'impression de ne plus être au camp. Il ne s'est certainement pas passé un jour, durant les dix ou onze mois que nous avons vécu ensemble au contrôle, où je ne sois allé m'asseoir près de lui, parfois pendant une heure. Dès que j'arrivais, il souriait et entrait de suite dans le vif d'un sujet qui le passionnait et auquel, sans doute, il était en train de penser : ''Louis, connais-tu la forêt de Fontainebleau ? Que penses-tu de la forme d'esprit que donne l'enseignement secondaire en France ?'' Il s'étonnait de me voir ignorer Gide, ''un mystique qui cherche sa voie'' disait-il, et tandis que je gardais un calibre en main pour me donner une contenance, il m'exposait longuement, tout en contrôlant les pièces, ses théories sur l'enseignement, sur l'éducation morale des enfants. Un point sur lequel nous ne nous entendions pas toujours, c'était... les nouvelles. Le père Jacques était optimiste, trop optimiste ; il aurait volontiers accepté comme ''officielle'' une rumeur qui faisait faire un bond de cinquante kilomètres aux Alliés en une journée. Sans être pessimiste, je me méfiais beaucoup de ces nouvelles, ''dites par un civil'' ou ''entendues à la radio''. Avec le recul du temps, je me demande si cet optimisme n'était pas une attitude habile de sa part pour maintenir l'espoir autour de lui... Souvent, au cours de la journée,

1. Témoignage Louis Deblé (Études carmélitaines).

j'éprouvais le besoin de me retourner, de le regarder là-bas, au fond de la salle : ou bien il travaillait, contrôlant les pièces une à une, avec des gestes rapides mais sans hâte, les paupières toujours baissées, plongé dans une méditation profonde, ou bien il lisait, la tête penchée au-dessus du tiroir, ou bien il discutait avec un Français, un Espagnol, un Polonais venu prendre un bain de réconfort dans ses paroles. »

— Le père [1] réunit quelques camarades : commandant Ange Gaudin (Yves), Buchsenchutz (pasteur à Montbéliard), professeur Heim (du Muséum), Maurice Passard (Mickey) moi-même et quelques autres et il a monté un système de solidarité. Par groupes de quatre, nous adoptons un camarade particulièrement fatigué, amaigri, et nous prélevons sur notre soupe, sur notre part de pain, une petite ration supplémentaire qui aidera et soutiendra ce camarade... Cette aide matérielle se faisait sans aucune distinction et le père tenait lui-même les noms des groupes et des camarades aidés. Allant de Block en Block, le père Jacques savait remonter le moral de chacun et était devenu l'ami de tous.

— Pendant [2] cinq mois nous travaillâmes côte à côte. Nos premiers contacts furent pénibles. Nous nous heurtions sur les vues générales, politiques et confessionnelles. Cela s'explique : il était dans l'enseignement religieux, et moi laïque. Peu importe, avec nos cœurs et nos âmes communes, la distance fut vite franchie et l'on vit un chrétien et un athée les meilleurs amis du Kommando. Il organisa des secours aux plus malheureux que nous et, spontanément, je fis bloc avec lui. Souvent il me disait : « Quel dommage, mon cher Élie, que tu ne sois pas avec nous, tu agis comme le meilleur des chrétiens », et invariablement je lui répondais : « J'ai ma conscience et je crois qu'elle est droite... » Il m'avait baptisé « Frère prolo » dans la sueur du bagne. Jacques ! Quelle droiture ! Quelle loyauté ! On ne trouve que des qualités chez cet apôtre. Il se mourait à une époque parce qu'il ne mangeait plus sa « pitance » pour sauver de jeunes malades. Il fut l'exemple vivant de l'abnégation, du renoncement de lui-même, du dévouement sans relâche à mes camarades.

— Le [3] Front national des Français était dirigé par un groupe de quatre membres : deux officiers gaullistes et deux communistes. Par un camarade venu avec le père Jacques, nous avons su immédiatement que celui-ci avait été en relation amicale avec Havez, secrétaire du groupe parlementaire communiste de la Chambre. Immédiatement, nous décidâmes de prendre contact avec lui. C'est en tant que responsable du parti

1. Témoignage M. Bonsergent.
2. Témoignage Élie Maurin.
3. Témoignage Maurice Passard.

communiste que j'allai le trouver. Notre première entrevue politique eut lieu entre deux Blocks du Revier, face au Krematorium du camp. Dès les premières paroles, nous décidâmes de prendre pour base de discussion :

— 1° L'état de fait qui existait au camp et que nous subissions tous.

— 2° La lutte pour la libération qui continuait en France.

« D'un commun accord, nous prîmes la décision de ne parler que de tout ce qui nous rapprochait ou de ce qui pouvait le faire, et d'écarter le reste. "Rester les pieds par terre", tels avaient été les mots du père Jacques. L'élargissement du FN fut envisagé, accepté et mis en application. La direction du comité national fut réduite à trois membres, mais étendue au père Jacques. Les réunions multiples de ce comité, les mesures à prendre en commun, tout cela créa entre nous un sentiment amical qui ne cessa de grandir, petit à petit ; celui-ci s'ouvrit à moi de ses projets pour plus tard. "Mon premier prêche, je voudrais le faire à Notre-Dame de Paris, je crois que j'obtiendrai l'autorisation. Je veux parler de vous et l'essentiel portera sur mes amis les communistes." Une autre fois : "Il sera indispensable de conserver une liaison étroite entre vous et nous, non seulement la garder pour nous, mais en faire profiter les autres. Il faudra fonder un journal hebdomadaire où des deux côtés on écrira. Je voudrais que le premier article fût fait par M. Gauthier[1]."

« Vers janvier 1945, les bombardements et la nouvelle offensive russe nous firent prendre de nouvelles mesures préventives, principalement dans le domaine de la lutte armée que nous envisagions. Les projets discutés en comité international furent mis en application. Le Révérend Père Jacques fut entièrement d'accord avec toutes les mesures prises et m'ajouta : "Dorénavant, pour tout ce qui est lutte armée ou organisation militaire, je te demande de prendre, à ma place, toutes les décisions que vous, communistes, jugerez nécessaires. Vous devez bien comprendre que pour un prêtre, il est dur de parler de ces choses, mais que, par contre, celles-ci sont indispensables et je suis sûr que vous agirez au mieux et dans l'intérêt de tous." Cette amitié commune ne cessa de se resserrer. »

* * *

— Aussitôt[2] son arrivée, les Polonais ont offert au père Jacques l'Imitation de Jésus-Christ, un missel délavé, et même un bréviaire en

1. Secrétaire de syndicat, mort à Gusen avant la Libération.
2. Témoignage Henri Boussel.

deux parties. Nous cachions tout cela à l'intérieur de notre paillasse... Aussitôt que le père Jacques était habillé, il prenait son Imitation ou son bréviaire et se recueillait jusqu'au moment où on nous disait de descendre pour nous mettre en rangs, dans la cour.

« Il confessait tellement qu'il prenait même sur le peu de repos qu'il pouvait avoir après douze heures de travail et le consacrait entièrement aux confessions, le soir et le matin. Souvent, le matin, s'il y avait des personnes qui lui avaient donné rendez-vous, au lieu de lire son bréviaire ou de faire sa méditation, aussitôt qu'il avait bu son ''café'' et s'était habillé, il était à leur disposition avant de partir à l'usine. Comme il y avait une demi-heure de battement et que c'était moi qui faisais le lit, le père Jacques était libre alors. On peut dire qu'il n'a pris aucun moment de loisir vraiment à lui. Il allait à des réunions avec le groupe de séminaristes qui se trouvaient à l'intérieur du camp, il confessait, il allait dans certains Blocks où se formaient le soir des cours de catéchisme et faisait des conférences sur le clergé en France, sur les réformes qu'il y aurait à faire puis répondait à différentes questions que les communistes lui posaient. Il leur expliquait le but de la vie monastique. Il s'était entièrement rendu à leurs désirs et allait même faire au sein des groupements communistes de petites conférences. Aussitôt après ces conférences, il se prêtait à des interrogations auxquelles il répondait en toute camaraderie, comme il l'aurait fait avec des groupements catholiques. Il s'était acquis une grande considération dans les milieux communistes au point que certains catholiques polonais disaient : ''Mais le père Jacques est communiste, il va à des réunions communistes, etc.'' À quoi le père Jacques avait répondu à un Polonais : ''La parole de l'Évangile n'est pas pour ceux qui sont déjà dans la maison, mais pour ceux qu'il faut ramener de l'extérieur.'' Le père Jacques a eu aussi au cours de son ministère l'occasion de recevoir une abjuration et c'est lui qui a conduit à la foi, ou tout au moins aux sacrements, une personnalité parisienne qui a fait sa première confession et sa première communion là-bas, au camp. »

— Peu à peu [1] son prestige s'impose dans le camp. Il en devient l'une des personnalités respectées, dont le rôle sur le double plan moral et matériel sera essentiel pour la communauté française. L'hiver, que de problèmes se posent à lui ! Que de désirs, que de malheurs, que d'appréhensions ! Il s'agit de se servir des relations nouées avec les Polonais, maîtres effectifs du camp, qui ont recours souvent au ministère du père Jacques. Très dignement, il fait auprès d'eux son devoir de prêtre, parce qu'il le doit, et d'eux, en outre, il tire pour les siens,

1. Témoignage Roger Heim.

pour les Français, des faveurs qu'il répand, qu'il distribue : une veste meilleure pour l'un, une paire de bons souliers pour un autre, une soupe supplémentaire ou un morceau de pain pour celui-là. Mais il doit se méfier et cela n'est pas dans sa nature toute faite d'élan, de confiance, de désintéressement : c'est au prêtre que les Polonais jouissant dans le camp d'une position élevée font le don de quelque nourriture, et quand ils apprennent que le père Jacques ne la garde pas pour son profit propre, mais bien pour celui des Français, ils interrompent parfois leur aide. Parmi ses compatriotes, quelles difficultés pour établir une hiérarchie mesurée dans l'égalité, un choix parmi les plus méritants, ou les plus exposés à la mort, ou les plus jeunes, ou les plus vieux, avec si peu de pain pour tant de bouches ! Il devine parfois des incompréhensions, des jalousies. Il les secoue. Il explique. Il faut choisir, et là est le drame de conscience.

— Chaque [1] soir, il visitait le Block 24, où habitaient six cents invalides, condamnés à mort. Il les aidait matériellement et spirituellement, surtout par la confession... Malheureusement, à 7 heures ce soir-là, le chef du Block 24, ivre, ordonna un contrôle des vêtements et envoya tout le monde aux douches. Pauvres invalides. À 8 heures, le père Jacques est arrivé — comme il avait promis — triste parce qu'il ne pouvait pénétrer dans le Block, il ne savait pas que faire pour confesser les invalides. Il contourne le Block. Tous les invalides l'aperçoivent pleins de joie et se lèvent pour se confesser et pour obtenir l'absolution tant attendue... On a ouvert la fenêtre, où se dirigeaient tous les yeux des invalides. Une confession dans le camp ! On se rappelait une confession dans une belle église devant un prêtre habillé en surplis et étole. Aujourd'hui... Aujourd'hui, ils se confessent devant Dieu ; seul Dieu écoute leurs prières. Aujourd'hui le bon Dieu acceptera leur contrition et pardonnera leurs péchés... Le père Jacques découvrit sa tête, pria quelques minutes et donna l'absolution... Les invalides, comme des enfants, pleuraient, remerciaient Dieu, pleins de joie, sans peur... Ils s'endormirent. Après quelques jours, presque tous les invalides sont assassinés dans les chambres à gaz.

— Il [2] a réussi à dire la messe environ un mois avant Pâques. On avait pu se procurer avec bien de la peine un peu de vin et des hosties. Moi-même, j'avais fait des démarches auprès d'un civil (de l'usine) avec lequel j'étais bien : il avait eu la gentillesse de répondre à mon désir et d'aller trouver le curé de Schteyer. Le curé crut à un guet-apens et ne voulut rien donner. Enfin, grâce à des amis qui travaillaient ailleurs, on

1. Témoignage d'un jeune Polonais (communiqué par M. Wadseck).
2. Témoignage polonais. M. Wadseck.

a fini par obtenir un peu de vin du curé de Saint-Georges et des hosties par l'intermédiaire d'un Polonais qui faisait fonction de vétérinaire. Si bien que le père Jacques a dit une première messe clandestine à la lingerie dirigée par le brave Théophile qui nous fournissait le linge dont nous avions besoin. On avait fait une grotte à l'intérieur des vêtements qui étaient stockés. Aussitôt le réveil du matin, à l'heure de descendre aux lavabos il y avait une demi-heure pendant laquelle tout le monde était occupé à l'intérieur du camp. Nous, étant prévenus la veille, les uns les autres, nous nous étions réveillés un peu avant que la cloche sonne ; aussitôt habillés, nous nous étions immédiatement rendus à la lingerie où nous attendait Théophile. Nous y sommes entrés subrepticement et le père a commencé la messe. Le père Jacques avait en outre consacré des hosties qu'il porta à M. Passaguez et à deux autres de nos camarades les plus intimes restés au Block. Le père n'avait absolument aucun ornement et utilisait un petit verre en guise de calice ; le missel avait été procuré par Valentin Pienka.

Le jour de Pâques 1945, le père Jacques devait célébrer trois messes. La première dans un Block, les deux autres dans un recoin de barbelés, derrière le Krematorium.

— Une messe [1] a été dite dans la baraque, entre les lits. Tous assistaient à la sainte messe, debout. L'autel a été arrangé ainsi : la table couverte d'une serviette blanche sur laquelle a été placée la croix. Autour de la table ont été placés les aliments, l'agneau de Pâques fait avec six portions de margarine. Au milieu de la chambre, le père est debout, habillé d'un costume de prisonnier, entouré de camarades qui sont venus pour prendre leur part de cette grande fête. Deux séminaristes servaient la messe. On montait la garde au-dehors, autour de la baraque. « Au nom du Père, du Fils, et du Saint-Esprit... » La messe est commencée. Le père Zak (Jacques) ouvre le missel. Sur les visages de tous, le recueillement et l'attention. Dans les yeux des larmes. Tous pleurent. L'offertoire... le célébrant lève d'abord l'hostie puis le calice. L'élévation... Jésus-Christ est présent sur l'autel. Il est donc avec nous et entre nous...

* * *

— Le père Jacques [2] connaissait le « démon » qui me dévorait et, durant les journées si misérables du camp, il m'a aidé avec une telle compréhension, une telle ferveur à continuer à écrire dans des conditions

1. Témoignage polonais. M. Wadseck.
2. Témoignage Jean Cayrol.

impossibles des poèmes que je lui recopiais dans son petit carnet ! Je me souviendrai jusqu'à ma mort de cette soirée, hélas ! si courte étant donné les heures précaires que nous vivions, où nous avions fêté saint Thomas d'Aquin avec M. Boussel et M. Passaguez, devant des tartines de pain noir beurrées de « Tafel Margarine ». Pendant quelques minutes, grâce à la sollicitude du père Jacques qui avait voulu que souffle l'Esprit, nous avons communié dans la même prière ; nous retrouvions grâce à notre mutuelle foi, grâce à notre commune amitié, grâce à cette intimité de la Croix, une oasis de paix, celle qui demeure malgré tous les relents de la guerre autour de nous [1].

« Il a été pour moi ''essentiel'' de connaître, d'entendre, de voir le père Jacques... Notre petit groupe qui entourait le père a toujours lutté contre l'esprit ''gusenien'' comme on disait, c'est-à-dire l'esprit barbelisé... Nous ne parlions jamais de notre faim, de notre fatigue, de nos peurs durant même les alertes si nombreuses où nous nous réfugions, dans des conditions atroces de coups, au fond d'usines souterraines. Nous n'avons jamais cessé de tenir haut l'esprit de lutter contre cette ''dépréciation'' spirituelle qui courait le camp ; nous n'avons pas été contaminés par le vent de terreur, de brutalité, d'ordure qui soufflait dans nos vies quotidiennes parce que le père Jacques était là, près de nous, aidant ceux qui n'en pouvaient plus, relevant ceux qui tombaient, donnant même son pain à ceux qui avaient faim, c'est-à-dire — il l'a montré par sa mort — sa chair et son sang.

« Il faut le répéter, il n'a pas voulu partir avec les autres prêtres pour le camp de Dachau qui, pour nous, comme on disait, était le ''sana'' [2]. »

* * *

Avril.

Un déporté allemand se précipite dans le bureau de Valentin Pienka :

— Je viens d'entendre le secrétaire du camp dire au SS secrétaire du Kommando que tous les Français devaient être rassemblés, demain matin, pour être dirigés sur le camp de Mauthausen, afin d'être rapatriés par les soins de la Croix-Rouge internationale et échangés en Suisse contre des Allemands arrêtés au cours de la campagne de France.

Les Polonais courent vers les Blocks français :

— Demain vous serez libres !

Libres.

---

1. Jean Cayrol m'a raconté (décembre 1968) que le père Jacques l'avait invité un soir à un « festin » : deux petits morceaux de pain et des pétales de marguerites.

2. En arrivant à Gusen le père avait déclaré qu'il était professeur. Pendant neuf mois il allait rester seul prêtre à Gusen.

— Une rafale de folle espérance gonfla les cœurs. Les plus pessimistes durent se ranger à l'incroyable évidence [1]. De toute ma captivité, nul spectacle ne me fut peut-être plus pénible, quoiqu'il ne comportât rien de sanglant, que celui que nous offrit la cour d'appel de Gusen, le 25 avril. Et cependant n'était-ce pas le jour, imprévisible, inouï, d'une première libération hors du camp, hors de ce réseau qu'aucun homme n'avait pu réussir à franchir, alors qu'en ce jour les SS y étaient encore les maîtres ? Tous les Français avaient été rassemblés le matin, tous ceux du moins qui avaient échappé à la tuerie systématique, méthodique, des trois précédentes semaines où les plus déficients avaient été exterminés. Seuls quelques malades s'étaient crispés dans une énergie désespérée pour essayer de conserver une chance de survie. Ils avaient grimé leurs visages d'agonisants en masques de vivants par un effort surhumain, ils avaient imposé silence à leurs derniers râles, grimacé des sourires afin d'échapper au choix ultime des Kapos et des SS. Ceux-là étaient figés dans les rangs comme des automates, maintenus par la main plus robuste de leurs voisins qui les empêchaient de tomber à terre. On nous avait groupés par ordre alphabétique — ce qui était la première fois depuis longtemps — et on nous distribua à chacun un colis de vivres. Quelques prisonniers étrangers, qui devaient rester au camp — l'équipe de jour — s'y trouvaient. Je mesurai l'envie de ces Yougoslaves, de ces Russes, de ces Italiens, qui crevaient de faim, qui allaient mourir d'inanition, devant les boîtes éventrées de nos colis. Nous leur donnions quelques miettes de ces vivres sur lesquelles ils se jetaient. Mais déjà on nous appelait sur le terre-plein d'appel : le commandant devait nous passer en revue avant notre départ.

« Alors j'ai assisté au spectacle le plus extraordinaire qu'un déporté puisse contempler. Dans ce camp de la mort et de la faim, où la moindre indiscipline, le moindre écart, le simple retard de quelques secondes à un appel, le seul oubli de retirer sa casquette au passage d'un SS, était une provocation vis-à-vis de la mort immédiatement donnée, dans ce camp de Gusen où cent vingt mille hommes avaient disparu en moins de quatre années, martyrisés, affamés, assassinés, où tout était obéissance aveugle, machinale, où il n'était que des réflexes, les neuf cents Français alignés sur la place, auxquels on venait de donner l'ordre de ne plus manger, d'empaqueter soigneusement les vivres, ces neuf cents affamés, sortis des enfers, qui n'avaient vu depuis des mois ou des années une miette de gâteau ou de chocolat, ni un morceau de sucre, ni une fibre de viande, ces neuf cents hommes se précipitèrent sur leurs aliments comme des bêtes. Le risque de mort ne comptait

1. Roger Heim.

plus. Un autre réflexe les poussait irrésistiblement. C'était l'effroyable déchaînement de l'animal affamé auquel on apporte une écuelle pleine. Et autour de la place, des centaines d'autres déportés, ceux-là à demeure, et sous l'horloge des dizaines de SS, et de sa fenêtre le commandant du camp, observaient, les yeux agrandis de stupéfaction, ce spectacle hallucinant de neuf cents hommes qui dévoraient ''malgré l'ordre'', dans un mélange innommable le sucre et la viande, les confitures et le fromage, emplissant leurs mains de poudre de cacao. Les boîtes vides, les papiers, les emballages bien vite se répandaient sur le sol en un désordre inconnu. Et cependant aucune salve de mitrailleuse, aucun coup de revolver, aucune rafale, pas même de coups de bâton ne mettaient fin à ce spectacle de révolte, ce mirage de folie, cette exaspération alimentaire, cette imprudence incommensurable. Il ne se produisit rien. Parce que la scène était monstrueuse, fantastique. Les SS, les autres prisonniers, le commandant, les officiers regardaient ce spectacle ahurissant, sentant bien que son caractère exceptionnel annonçait évidemment une ère nouvelle, un écroulement imminent, l'approche du raz de marée définitif.

« Combien de mes camarades sont morts, les jours suivants, de cet excès instantané de nourriture, qui tua les organismes desséchés, fit exploser les organes ratatinés, provoqua des dysenteries fatales ? Ceux qui conservèrent la volonté de résister à la tentation ultime vers la mort, à ce suicide de la dernière heure, regardaient, profondément émus, l'étendue du désastre moral et physique, l'effondrement final de ces êtres pour qui le dernier geste de salut était en même temps la sentence ultime, parce que la machine usée, perforée, ne pouvait plus se défendre, qu'une faiblesse finale les entraînait vers le geste de folie, au moment même où la volonté dressée, inflexible, toute arcboutée vers l'avenir ensoleillé qui montait au loin, derrière le dernier orage, cette preuve essentielle de qualité, pouvait assurer la victoire de L'HOMME.

« Je me retournai et je vis le père Jacques, toujours digne. Je le savais affairé, dans l'heure précédente, à ne pas oublier parmi ces étrangers qui restaient au camp ceux auxquels il devait une aide efficace, prodiguée aux Français, au long de ce dur hiver. À ce moment, comme moi, il mesurait plus encore l'ampleur de la déchéance frappant certains des nôtres, fruit de l'horrible méthode, que l'inattendu de la chance qui semblait nous délivrer. Il était bouleversé par cette nouvelle preuve, par ce résultat si bien atteint par beaucoup, que les nazis restaient pétrifiés, gardant la certitude que leurs victimes n'étaient pas encore toutes dénombrées.

« La dernière vision de Gusen, de cette cour d'appel où tant d'hommes avaient péri, est pour moi inséparable du souvenir de l'homme, du prêtre qui dominait dans cette multitude, une fois encore, tous les désastres et qui, en définitive, nous donnait la victoire, celle de l'homme sur le système né de la matière et des bas instincts. Le grand vainqueur, c'était celui qui avait traversé ces épreuves comme la salamandre traverse le feu. Le 25 avril 1945, le père Jacques resplendissait dans sa victoire. »

* * *

Ils marchèrent cinq kilomètres. La porte de Mauthausen s'ouvrit. Les camions de la Croix-Rouge étaient bien là, tout blancs, avec leurs croix rouges sur les flancs... mais ces camions ne pouvaient plus partir :

— Le front !

— Le front est là, tout à côté : vous entendez le canon !

Ils espérèrent un jour. Une semaine. Neuf jours ; neuf jours sans sommeil, sans nourriture. Le dixième — combien étaient morts d'avoir trop espéré — un char, des chars ; un homme, des hommes.

— Les Américains !

Le père Jacques, nommé président du comité français du camp, s'alita. Il ne devait jamais plus se relever. Le 2 juin les déportés français amenèrent le drapeau tricolore qui flottait au balcon de l'hôtel de ville de Linz et en drapèrent le corps du père Jacques.

* * *

— Père Jacques [1], vous qui m'avez durant des mois, chaque matin et chaque soir, porté la parole de réconfort, d'affection, d'amour, vous qui avez entretenu chaque jour, par votre venue et votre sourire, la petite flamme de vie, vous qui avez prié pour un mauvais chrétien et pour d'autres, vous qui avez entretenu dans ce camp de mort tant de lumières, tant de pulsations, vous qui avez montré aux hommes, à tous les hommes, ce qu'étaient la noblesse d'une âme, l'élan d'un cœur et la force d'un esprit, laissez-moi vous adresser ce soir cette sorte de message des vivants, des rescapés de Gusen : « Père Jacques, nous sommes toujours rassemblés autour de vous. »

Le père Jacques, le père Gruber, l'abbé Varnoux, l'abbé Domaigné, l'abbé Deswarte... et combien d'autres dont la présence — parce que justement elle était une présence — a soutenu, fortifié, sauvé.

Avant de refermer ces cahiers sur Mauthausen et ses Kommandos, comment laisser dans l'ombre Mgr Svec, chanoine de Prague, providence des malades du Revier de Mauthausen et de tous les ecclésiastiques qui transitèrent par cette forteresse ? Mgr Svec célébra dans la nuit de Noël

---

1. Roger Heim.

1943 la seule messe de toute l'histoire tragique de ce camp. Mgr Svec mort en 1949, dans une prison de Prague. Comment oublier le rayonnement du R.P. Riquet, du père Gitenet, de l'abbé de Maupeou dont l'écrivain Paul Tillard (il en a fait le personnage principal du *Pain des temps maudits*[1]) me disait, quelques jours avant sa mort :

— Je ne l'ai jamais vu manger entièrement une seule fois sa maigre pitance. Tous les jours, matin et soir, à chaque distribution, il se contentait de la moitié de sa ration et portait l'autre moitié à un malade, à un affamé. Il en est mort. C'est pour moi l'être le plus extraordinaire qu'il m'ait été permis de rencontrer...

... Comme le père Gruber pour Jean Cayrol, le père Jacques pour...

Et combien d'autres, de Mauthausen et de ses Kommandos !

---

1. Julliard, 1966.

V

« *L'AGRICULTEUR* » *DES CAMPS DU NECKAR*

Sa décision était prise : il irait avec eux jusqu'au bout...

Et pourtant, le père de la Perraudière aurait pu « s'installer » à Dachau puisque ce camp avait été choisi par l'Inspection générale des camps pour accueillir tous les religieux.

— Profession ?

— Agriculteur.

*
* *

« Au camp de Neckargerach [1], dans la même ''Zimmer [2]'' que moi se trouvait un très jeune homme, pas vingt ans je crois, appelé Lupetit. Au mois d'août 1944, nous étions lui et moi au Revier et de lui-même il se mit à me raconter son histoire. Il était d'Alger, ses parents étaient morts et la charge d'élever la bande des enfants, sept ou huit peut-être, avait incombé à une sœur aînée. Cette fille courageuse s'était donné beaucoup de mal et il lui en portait une reconnaissance admirative. Seulement, ajouta-t-il, allant au plus pressé, elle n'avait fait donner aucune instruction religieuse aux plus petits. C'était son cas.

« Dans les camps on se raconte beaucoup de choses, mais la discrétion n'en est que plus obligatoire. Je me demandai un moment si cette confidence voulait en dire plus. C'est ce qu'il me sembla et, prenant le ton que j'estimais le plus propre à laisser à mon interlocuteur toute sa

1. Manuscrit inédit du père de la Perraudière (6 février 1969). D'autre part, on pourra lire en Annexe II une autre partie de ce manuscrit inédit concernant l'« engagement » dans la résistance, l'arrestation, l'« apostolat » du prêtre déporté.

Un chapitre est consacré aux camps du Neckar dans *Les Médecins de l'impossible*.

2. Chambre.

liberté, je lui demandai si cette communion, qu'il n'avait jamais faite, il ne voulait pas la faire ? La réponse fut immédiate :

— Je n'osais pas vous le demander.

« Dans les jours qui suivirent, je m'arrangeai, d'abord au ''Revier'' où nous disposions de plus de temps, puis, une fois renvoyés au travail [1], au cours des haltes de midi, ou le soir, pour lui donner une instruction sommaire de quelques semaines et bientôt il me sembla prêt.

« Comment allions-nous procéder ? Je portais à cette époque-là, dans mes vêtements, une petite boîte de fer blanc dans laquelle je conservais de petites hosties consacrées, préalablement brisées en petits morceaux, car le ravitaillement clandestin en hosties, en vin de messe, était des plus précaires [2]. Le matin, avant le rassemblement, ou au cours de la journée j'avais toujours quelques camarades dans le secret qui venaient me demander l'Eucharistie. Et cela se passait le plus simplement du monde. Au milieu de la foule des détenus, à moins que ce ne fût au détour d'une galerie de mine : l'hostie passait de ma main dans celle du communiant. Je lui recommandais au besoin de s'éloigner de quelques pas de moi avant de porter la main à sa bouche, tant ce geste, au milieu de ces affamés que nous étions, suffisait à attirer les regards.

« Pour mon ami Lupetit, je désirais qu'il y eût, pour une fois, un peu plus de solennité (si on peut dire !). S'isoler étant impossible, je pris le parti de mettre dans le coup dix ou douze camarades qu'il choisit ou accepta. Et un soir, à la sortie de la mine, sur le ballast d'une voie, le long de laquelle il nous fallait tous les jours attendre environ une demi-heure la rame de wagons qui nous reconduisait au camp, la ''cérémonie'' eut lieu. Les dix ou douze camarades se réunirent comme par hasard, de manière à faire écran entre nous et les autres. Au milieu de ce petit peloton bien serré, Lupetit et moi. Oh ! la préparation ne fut pas longue, mais enfin il y en eut une et la tête bien droite, ses yeux dans mes yeux, mon communiant reçut l'hostie.

« Nous ne pouvions pas rester plus longtemps sans attirer l'attention et le petit groupe se dispersa insensiblement. Mais j'eus là une bien agréable surprise : parmi nos compagnons on s'était dit qu'une ''chose'' comme celle-là demandait qu'on fît des cadeaux au communiant. Et, sortis des poches, je vis ces cadeaux surprise : une cigarette, un biscuit vitaminé, une pomme verte. Eh bien ! l'or, l'encens et la myrrhe ne durent pas faire plus plaisir, quand ils furent offerts à Bethléem.

1. Les déportés aménageaient une ancienne mine de gypse qui devait abriter une usine de construction aéronautique.

2. Comme on le verra dans la suite du récit, le père de la Perraudière avait pu établir un contact avec le prêtre allemand d'un petit village du Neckar.

« Hélas ! Lupetit n'est pas revenu des camps. Un wagonnet chargé de pierres dérailla et bascula sur lui. Il eut les deux jambes brisées, fut évacué. Direction inconnue.

« Au camp de Neckargerach le typhus avait fait son apparition dès le début de septembre 1944. Les Reviers étaient pleins à craquer. D'autres baraquements avaient dû être intitulés "Revier" et pourvus, vaille que vaille, d'équipes de prétendus "infirmiers". Ceux-ci n'avaient, il fallait s'y attendre, aucune ombre de formation professionnelle. Pendant ce temps, d'authentiques médecins continuaient à être envoyés au travail de terrassement. Mais comme il s'agissait de toucher une ration plus abondante, les "infirmiers" déjà en place faisaient appel à des camarades de leur nationalité, fussent-ils les plus ignorants en la matière.

« Je fus contaminé assez tôt et j'eus la chance de survivre. Dans la période d'affaiblissement qui suit la crise décisive pendant laquelle on perd à peu près conscience de tout, on reprend lentement ses esprits et, comme on va le voir, pas toujours l'esprit de prudence !... Un beau jour je décidai qu'il n'y avait pas de raison que je ne reprenne la célébration de mes messes clandestines et qu'il suffirait que j'attende la nuit pour me glisser jusqu'à la petite table de l'infirmier russe qui couchait lui-même tout auprès. Bien mieux ! Je prévins dans la journée une dizaine de camarades catholiques, presque tous des Français, qui étaient dans la même "Zimmer" que moi, laquelle comprenait à peu près une quarantaine de malades. Dans ma pensée, ils ne devaient pas quitter leur place mais me suivre des yeux et attendre que je me glisse jusqu'à eux pour leur porter la communion s'ils la désiraient. Avant la nuit, j'obtins qu'un infirmier français, Louis Guenegues, aille chercher dans la cachette où elles m'attendaient, confiées à la garde du docteur Helluy, les hosties et la petite fiole de vin que j'avais pu obtenir de l'excellent curé allemand Vater Joseph Henn. Non pas qu'il fût autorisé à entrer dans le camp, mais des Kommandos de travailleurs envoyés dans le village avaient servi d'intermédiaires.

« Le soir venu, les feux éteints, à la réserve d'une ampoule (qu'on enveloppait de surcroît d'une vieille chaussette pour la transformer en... veilleuse !) je me glissai doucement vers la table de l'infirmier. Un mouchoir étalé dessus, la croix de mon chapelet, un quart en fer blanc me servant de calice, tout cela ne demandait pas longtemps à disposer et je commençai les prières. À un mètre de moi, le Russe ronflait tranquillement.

« Soudain, j'eus l'impression d'une présence derrière moi. Un coup d'œil me fit voir dans cette pénombre sépulcrale plusieurs silhouettes, étrangement drapées, fantomatiques !... C'étaient mes "paroissiens" qui, au lieu de suivre de leur place, s'étaient enveloppés d'une couverture (tous les vêtements avaient été supprimés aux malades) et étaient venus se grouper derrière moi. Tant pis ! Il était trop tard pour faire quoi que ce soit. Je continuai la célébration.

« Mais tout à coup, voilà mon Russe qui se réveille en sursaut. En un éclair je vis ce qui allait suivre. Effrayé de ce groupe de spectres rassemblés si près de son lit, il allait crier, bondir sur le commutateur, faire la lumière, appeler...

« Au contraire, il ne dit rien, se redressa sur son coude et là, à moins d'un mètre, il regarda attentivement, dans cette obscurité presque totale, ce que j'étais en train de faire. De rien n'aurait servi de m'interrompre ; je continuai donc la messe. Il vit les signes de croix et, l'instant venu, les communions de mes camarades. Le silence était à peine troublé par nos mouvements précautionneux et lents. Voilà, tout était fini, maintenant quelles allaient être les conséquences ?

« Je reprenais mon mouchoir, mon quart, mon chapelet quand le Russe se rapprocha encore un petit peu, me tendit la main et serra la mienne [1] !... »

*
* *

La plupart des Kommandos du Neckar étaient privés de prêtres et pourtant plusieurs déportés réussirent à communier une fois :

— L'origine [2] de cette communion clandestine tient dans la rencontre fortuite du groupe de déportés auquel j'appartenais et d'un groupe de prisonniers de guerre qui travaillaient non loin de notre chantier. Un

---

1. Au camp de Vaihingen où par la suite le père de la Perraudière et de nombreux malades furent envoyés, les vols de nourriture entre détenus se multipliaient car, au cours de l'hiver, les rations avaient été diminuées.

— Il (père de la Perraudière) me vint à l'esprit de former une sorte de mutuelle d'assurance. Entre une trentaine de camarades français, il fut convenu que si l'un de nous était volé, tous les autres, ce jour-là, prendraient sur leur ration la valeur d'une demi-bouchée pour lui reconstituer sa part.

— J'avais un excellent ami, Jean Grellier, qui allait en s'affaiblissant de jour en jour. Ses malaises étaient tels qu'il perdait, à certains moments, les réflexes élémentaires. Un soir, à la distribution du pain, il posa sa ration auprès de lui sur le bord de son lit, quelques secondes d'inattention, le pain avait disparu. Le lendemain, il vint me conter son malheur : la mutuelle fonctionna et il eut ses petits morceaux de pain. Hélas ! peu de jours après le même accident lui arrivait. Quand j'en fis part aux « mutualistes » je vis à l'expression excédée de certains qu'ils n'étaient pas loin de soupçonner mon pauvre Jean — alors que moi je le savais insoupçonnable sur ce point. Il eut encore ce jour-là sa ration remplacée, mais il n'aurait pas fallu que cela lui arrive encore ! Cela ne lui arrivera plus. Quelques jours plus tard, on m'apprenait sa mort et je ne pus jamais revoir son corps.

2. Témoignage inédit J. Lutz (21 novembre 1968.)

aumônier demeurait dans le camp où séjournaient les prisonniers de guerre. J'ai réussi à décrire rapidement et sommairement l'état physique et moral dans lequel se trouvaient mes camarades et moi-même. J'ai pu recevoir, en retour, dans une petite boîte, quelques hosties consacrées par cet aumônier. Ensuite, il ne me fut pas facile, mais cela n'a rien d'héroïque, de remettre à ceux qui le souhaitaient des parcelles d'hosties. J'ai pu proposer, au hasard des travaux du chantier, à tel ou tel camarade qui semblait particulièrement démoralisé, de recevoir ce message consacré.

« Il ne m'est vraiment pas possible de me souvenir des péripéties, de ce qui n'est qu'une péripétie parmi tant et tant de circonstances infiniment plus dramatiques, mais ce dont je me souviens parfaitement bien, c'est de l'accueil généralement profondément religieux, dans son esprit même, que reçut cette proposition.

« Je ne suis pas certain d'avoir eu à faire à des croyants pratiquants ; je n'ose même pas assurer que tous les camarades qui reçurent cette communion étaient baptisés. Mais ce qui restera inexprimable, c'est que ces fractions d'hosties consacrées dont je me suis fait le porteur, sans doute sacrilège mais inconscient, furent l'occasion, pour chacun de ceux qui en reçurent leur part, d'une véritable, sincère et totale communion. »

VI

TRIANGLE VIOLET

Dans les différents camps de concentration, les détenus qui portaient un triangle violet cousu sur la poitrine ou sur la cuisse étaient tous d'origine allemande. Membres de différentes « sectes religieuses » — Témoins de Jéhovah, Sectateurs de la Bible, Fondamentalistes, Stricts Serviteurs de la Bible — ils avaient refusé de faire leur service militaire et de prêter serment.

Ces « communautés », nées pour la plupart aux États-Unis à la fin du XIXe siècle, avaient envoyé des « missionnaires » dans tous les pays d'Europe. Au lendemain de la Première Guerre mondiale, seule l'Allemagne était réellement touchée par ce « nouveau message ». Le national-socialisme, à la recherche des « sorciers en tous genres » fit arrêter les dirigeants (1934) et les enferma à Magdebourg. Pour faciliter la constitution des dossiers, les membres des différentes sectes furent groupés sous le titre : « Fondamentalistes ».

« La [1] grande vague d'arrestations commença en 1936. À la suite d'une ordonnance publiée en 1937 par le ministre de l'Intérieur, tous les Fondamentalistes furent remis à la Gestapo qui les plaça dans les camps. Jusqu'à l'automne 1937, leur nombre s'éleva par exemple à Buchenwald à deux cent soixante-dix environ ; le maximum y fut de quatre cent cinquante en automne 1938. Il y en avait un nombre à peu près équivalent dans tous les camps de quelque importance. Les femmes étaient envoyées à Ravensbrück. Les Fondamentalistes eurent la vie très dure à certaines époques. Mais aidés par leur foi patiente en la fin prochaine du monde, ils ne cessèrent d'être des travailleurs dévoués et volontaires, aussi bien pour la SS que pour leurs camarades de captivité.

1. Eugène Kogon : *L'Enfer organisé*. La jeune Parque, 1947.

* * *

Franke, un ingénieur, avait toujours refusé de saluer « à l'hitlérienne » :

« Et [1] parce que Dieu lui avait défendu d'adorer Hitler, aucune puissance terrestre ne pouvait l'y contraindre. Car les Stricts Serviteurs de la Bible sont des fanatiques, fidèles à leur foi. Ils disaient à qui voulait les entendre : "Hitler a bâti son royaume sur le sang." Et comme ils font partie des quarante mille âmes qui, après le nouveau déluge entreront au paradis terrestre, ils supportent d'un cœur léger les souffrances et les privations, et la pauvreté de leur existence actuelle.

« Cela le conduisit à Lichtenburg. Il ne parlait pas beaucoup et regardait tout le monde avec des yeux affectueux. Il avait des cheveux blonds, clairsemés et légèrement ondulés, couronnant un front lisse, de grands yeux bleus, des joues roses, une bouche féminine et un menton rond, un peu trop petit. Il pouvait avoir quarante ans. Il balayait infatigablement la cellule et le couloir, allait chercher de l'eau et se rendait utile à tous.

« Mais il ne levait pas le bras pour saluer. Il ne disait pas *Heil Hitler !*

« La première fois que la sentinelle remarqua la chose, elle lui cria :

— Pourquoi n'as-tu pas salué ?

— Parce que Dieu me l'a défendu.

« L'autre n'en croyait pas ses oreilles. Il regarda d'un air stupide :

— Est-ce que tu te moques de moi ?

— Non !

— Dans quel dortoir couches-tu ?

— Au dortoir n° 3.

« Le soir on vint le chercher. Cachot. Une semaine ! Après, nous le vîmes revenir avec des yeux pochés et noirs.

— Sois raisonnable ! lui dirent les camarades. Quelle importance cela a, un : *Heil Hitler !* Fais comme nous ! Nous le disons bien aussi.

« Il secoua la tête. Le lendemain, il se fit de nouveau attraper. Il retourna au cachot deux semaines !

« Quand il revint, il était méconnaissable.

« Mais il ne levait pas le bras pour saluer.

« Le gros Zimmermann entreprit de l'obliger à saluer. Accompagné de cinq SS, il le conduisit dans la petite cour.

— Lève le bras ! Lève le bras ! Lève le bras !

« Le commandant assistait à la scène.

1. W. Langhoff : *Les Soldats du Marais,* Plon. L'auteur avait été arrêté après l'incendie du Reichstag.

« Ils le rouent de coups. Il glisse sur l'eau gelée en flaques et tombe.

— Lève le bras ! *Heil Hitler ! Heil Hitler !* Alors, ça y est ?

« Ils le frappent jusqu'à ce qu'il perde connaissance. Son sang gèle sur le sol.

« Nous l'adjurons. Rien n'y fait. Son visage se durcit, prend un air d'obstination enfantine. Il ne veut pas saluer. Nous sommes désespérés.

« On le sépare de nous et on le met dans une cellule avec les "criminels invétérés". Il porte leur uniforme. Tous les jours, il doit faire la vidange des fosses d'aisance au pas de gymnastique. Ses mains saignent à force de porter des seaux. Et quand ce n'est pas cela, c'est le cachot ou les coups.

« Quand nous le rencontrons, nous lui faisons de petits saluts et nous levons le bras pour l'inciter à faire de même.

« Les SS tiennent des paris sur lui.

— Saluera !

— Saluera pas !

« Après plusieurs semaines, il revient au dortoir. Il se soutient au mur. Il rencontre un SS dans le vestibule. Son bras droit se lève maladroitement. La main, maculée de sang coagulé, se tend. Il murmure :

— *Heil Hitler !* »

* * *

« Au début [1], dans tous les camps, les violets furent versés dans la compagnie disciplinaire, à part quelques travailleurs spécialisés. Ils ne pouvaient ni écrire ni acheter quoi que ce soit. À partir de 1939, on leur permit seulement d'envoyer, une fois par mois, une lettre de vingt-cinq mots à leurs parents. Le 6 septembre 1938, la SS leur offrit l'occasion de reconquérir leur liberté en signant une déclaration répudiant leurs principes, c'est-à-dire surtout leur refus de prêter serment et de porter les armes. Un tout petit nombre d'entre eux, seulement, n'ont pas résisté à la tentation. À partir de ce moment, une oppression terrible écrasa les autres pour les rendre plus dociles. Le dimanche de Pâques 1939, l'inspecteur du camp de Buchenwald fit une nouvelle tentative pour convaincre les Fondamentalistes, pour les amener à "reconnaître l'État et le Führer". On les accueillit avec des petits noms gentils, tels que "comique céleste", "rongeur de Bible" ou "cheik du Jourdain". Le résultat fut nul. À la Pentecôte, tout le Block des Fondamentalistes fut de nouveau appelé sur la place d'appel. Après une allocution de Hackmann, on leur fit faire un terrible exercice punitif en deux sections.

1. Témoignage Eugène Kogon, ouvrage cité.

Ils durent rouler à terre, sauter, ramper, courir pendant une heure un quart sous les coups de botte des chefs de Block.

« Le 6 septembre 1939, les Fondamentalistes furent une nouvelle fois convoqués. Le premier chef de camp, Rodl déclara :

— Vous savez que la guerre a éclaté. Le peuple allemand est en danger. Si l'un de vous refuse de se battre contre la France ou l'Angleterre, vous mourrez tous !

« Deux compagnies de SS complètement équipées se tenaient près de la grande porte. Pas un seul Fondamentaliste, répondant aux questions de l'inspecteur du camp, ne se déclara prêt à combattre pour l'Allemagne. Après un moment de silence on entendit l'ordre suivant :

— Haut les mains ! Videz leurs poches !...

« Puis les SS se précipitèrent sur les ''violets'' et leur ravirent leurs derniers pfennigs. Scène grotesque après ce que l'on avait pu redouter ! Mais les Fondamentalistes furent envoyés dans le Kommando des carrières et, pendant cette période, ils ne furent pas admis à l'infirmerie.

« Le jour de l'an 1942, tous les Fondamentalistes furent de nouveau appelés à la grande porte parce qu'ils s'étaient refusés, d'un commun accord, à donner quelque chose pour la collecte de lainages en faveur des troupes allemandes combattant sur le front de l'Est. La décision de l'inspecteur du camp fut celle-ci :

— Criminels d'État et salauds de croyants ! Vous travaillerez par 20° au-dessous de zéro jusqu'à la tombée de la nuit. Retirez immédiatement tous vos vêtements !

« Ce qu'ils firent. Lorsque les gens du Block revinrent dans la soirée, il leur fallut même donner leurs souliers de cuir et les échanger contre de lourdes galoches de bois. Le 15 février 1942, le chef inspecteur lut devant les Fondamentalistes, de nouveau rassemblés près de la porte du camp, un véritable acte d'accusation.

— Vingt d'entre vous sont accusés de rébellion pour n'avoir pas respecté le règlement du camp, avoir soudoyé le doyen du Block et avoir coupé la radio lors d'allocutions prononcées par le représentant du gouvernement du Reich.

« Résultat : non pas l'exécution mais ''sport d'hiver'' dans vingt centimètres de neige poudreuse, jusqu'à ce que tous les hommes fussent en sueur et complètement épuisés.

« Une opération semblable eut lieu en mai 1944. Des représentants de la Gestapo vinrent à Buchenwald. Tous les Fondamentalistes furent rassemblés sur la place d'appel et on les fouilla pour découvrir des tracts hostiles au régime (dans un camp de concentration !). On fouilla également de fond en comble les endroits où ils travaillaient. Résultat après des jours d'attente : néant. »

VII

LE PASTEUR DE HRADISCHKO

— Monsieur Leroux, vous pouvez me prêter votre tricot ?

— Voyons l'abbé, il fait un froid de canard...

— Je sais. Justement ! Je dois... mais je vous expliquerai un peu plus tard. Vous me le passez pour une heure.

Leroux pose sa pioche et retire sa veste :

— Vous voilà bien mystérieux ! Je ne comprends pas, vous avez déjà un pull-over. Il est en loque mais vous en avez un.

— J'espère vous le rendre dans moins d'une heure. Alors, vous comprendrez.

L'abbé Gabriel Gay, en quelques secondes, se retrouve en chemise. Il enfile le gilet de laine du déporté, puis le sien.

— En route maintenant. Ne forcez pas trop, monsieur Leroux ! Mais n'oubliez pas de remuer pour ne pas attraper froid. À tout de suite !

L'abbé pousse sa brouette pleine dans le fond du fossé antichar que les déportés creusent entre deux collines. Une tranchée de six mètres de large et quatre de profondeur. Il s'arrête près d'un homme âgé :

— Ça va ?

— Le Kapo nous laisse en paix depuis un bon quart d'heure. Mais ce froid !

— Certainement moins 20°. À ce propos j'ai un petit cadeau pour vous.

— Ah non ! Vous m'avez déjà prêté vos sabots pour la journée... Depuis que vous avez reçu ces sabots [1] je les ai vus aux pieds d'une bonne vingtaine de camarades ; jamais aux vôtres.

1. Dans le premier colis expédié par sa famille, l'abbé Gabriel Gay trouva une paire de sabots de bois.

— J'ai un pull-over pour vous.

— Non ! Il n'en est pas question... C'est le vôtre !

— Oui c'est le mien. Mais regardez, j'en ai reçu un autre.

— Vous n'avez pas eu de colis, personne n'a eu de colis depuis plus de deux mois.

— Je me suis débrouillé avec les civils tchèques. Allons vite, le Kapo peut descendre dans la tranchée.

L'abbé retire sa veste, son pull-over déchiré.

— Vous voyez bien, ce n'est pas un grand cadeau... Il y a des fenêtres pour les courants d'air. Celui que je garde est presque neuf.

— Je n'en veux pas.

L'abbé jette le tricot aux pieds du déporté.

— Allons, nous avons assez perdu de temps. À bientôt.

Gabriel Gay, d'un coup de reins, soulève les brancards de la brouette. L'homme hausse les épaules et se baisse pour ramasser le tricot.

Une demi-heure plus tard, l'abbé retrouve Leroux :

— Voilà votre gilet. J'espère que vous n'avez pas eu froid. Vous grelottez ?

— Mais vous, monsieur l'abbé... vous êtes en chemise sous votre veste.

— Je vais vous expliquer. Je connais quelqu'un qui supporte moins que nous le froid ; il n'avait pas de lainage, et il n'aurait jamais accepté de recevoir le mien. Alors je lui ai fait croire que j'avais deux pull-over. Dieu me pardonnera ce mensonge... je l'espère.

***

Hradischko, petit camp « accordéon [1] », à une trentaine de kilomètres au sud de Prague, se compose de deux pauvres baraques. Les cinq cents déportés représentant douze nations ont « l'honneur » de servir un centre de formation SS, installé sur les quarante kilomètres carrés de ce qui fut, avant la guerre, la « campagne dorée » de Prague. Les riches maisons de week-end de la haute bourgeoisie ont été transformées en casernes, les parcs en champs de manœuvres, le monastère en état-major. Toute la population civile des environs a été expulsée ou réquisitionnée sur place pour le Service du Travail Obligatoire. Quant aux déportés, ils équipent le site : terrassements pour l'instruction et la défense, adduction d'eau, construction de routes. La maîtrise du camp

1. Les « accordéons » (argot des camps) ont la caractéristique d'avoir une population de travailleurs constante. Les morts sont remplacés par de nouveaux arrivants toutes les semaines ou tous les mois. Certains « accordéon » de cinq cents déportés ont vu défiler jusqu'à huit ou dix mille détenus.

est aux mains des « droit commun » allemands. Les Français occupent la dernière place dans la hiérarchie des nationalités.

L'abbé Gabriel Gay, après un « stage de formation » à Buchenwald et à Flossenburg, découvre Hradischko le 5 mars 1944.

— Ma nouvelle paroisse [1] !

Pour ses camarades il est : « l'abbé ». Pour les SS et les Kapos : « Pastor ».

Myope, ses verres de lunettes sont maintenus par un assemblage de fils de fer ; il met un malin plaisir à se « presser lentement ». Son Kapo, « le gorille de Hambourg », véritable terreur du Kommando, prend l'habitude d'étrenner chaque nouveau Gummi, chaque nouvelle matraque, sur les épaules du Pastor. Un jour où des SS de seize ans « apprennent » à surveiller les déportés, le gorille s'acharne sur l'abbé. Les SS sourient et l'un d'eux oblige le déporté à pousser sa brouette au pas de gymnastique. Mais le gorille estime que son « Pastor » ne court pas assez vite. Il prend la baïonnette du SS et poursuit l'abbé en le piquant :

— Plus vite Pastor ! Plus vite Pastor !

L'abbé vide sa charge et revient se planter devant le gamin SS :

— Vous croyez que c'est amusant ; ce que vous laissez faire est indigne d'un soldat.

Le SS baisse les yeux. Il reprend la baïonnette au gorille.

— Mais ce n'était qu'une plaisanterie !

— Si cela se reproduit, j'irai me plaindre au commandant.

Le gorille s'interpose entre le SS et l'abbé.

— Allons, c'est oublié, serrons-nous la main.

L'abbé regarde la main tendue et la refuse :

— Mes mains sont propres, les tiennes ne le sont pas.

Un autre jour :

---

1. Quelques jours auparavant, à Flossenburg, l'abbé Gay avait répondu à la question :

— Profession ?

— Prêtre.

— Malheureux, avait répliqué le secrétaire, ne dis pas cela, tu vas te faire zigouiller. Je vais mettre jardinier, par exemple

— Non, je ne veux pas. Je ne dois pas avoir peur de montrer que je suis prêtre ; inscris : prêtre.

L'abbé Gay avait été arrêté au cours de la grande rafle du 14 décembre 1943 à Nantua. Enfermé dans l'un des premiers wagons, il réussit à faire passer à un cheminot un billet pour son curé : « À quelque chose imprudence est bonne : le vicaire suit son troupeau. » Les témoignages sur l'abbé Gabriel Gay ont été réunis par deux prêtres du diocèse de Belley : les abbés P. Armand et M. Givre qui ont publié, en 1948 : *L'Abbé Gabriel Gay, vicaire de Nantua* (Société nationale des Entreprises de Presse, Imprimerie du Bugey-Belley).

— Alors [1] qu'il travaille dans un petit Kommando, sous la surveillance d'une seule sentinelle et sous les ordres d'un Kapo allemand dont l'immoralité était bien connue, l'abbé Gay est mis en demeure, par ce dernier, de se prêter à une étrange exhibition. Il refuse énergiquement et renouvelle son refus à chaque tentative du sinistre individu, malgré les coups dont il est accablé. Le travail se poursuit sur le chantier, mais au cours de cette même journée l'abbé est rossé à plusieurs reprises, sans autre raison que son refus du matin. Comme je lui exprime le soir mon indignation pour ce qui s'est passé, il me fait cette réponse : « Que veux-tu, il faut les excuser, ces Allemands... Ce ne sont que des brutes ; ils ne sont pas responsables. »

Et jour après jour, l'abbé devient, pour tous les déportés de Hradischko : « le meilleur d'entre nous ».

— Je l'ai vu [2] prendre les brouettes les plus lourdes, travailler avec les outils les moins pratiques. Bien qu'il ne fût pas habitué aux travaux manuels, il était toujours volontaire pour n'importe quelle corvée. Lorsque la colonne rentrait au camp, lui-même au milieu de ses camarades épuisés, révoltés par les brimades et criant de faim, il savait oublier sa propre fatigue, ses pieds en sang, pour secourir un défaillant, pour offrir son bras à l'un, pour soutenir l'autre, pour relayer, même quand ce n'était pas son tour, les camarades chargés de rapporter les bouteillons de la soupe de midi ou les lourdes bûches...

« Je le revois encore, ombre amie trottinant après le travail harassant, parmi les chambres des deux Blocks, toujours à l'affût d'une misère à secourir ou d'une consolation à apporter. Il nous parlait de choses douces, à nous qui ne connaissions plus la douceur depuis notre arrestation. »

Et si l'abbé prie et organise de nombreuses causeries religieuses « entre amis », il aime toujours bavarder longuement avec ceux « qui ne savent pas ».

— Militant [3] socialiste et syndicaliste, j'ai été surpris de trouver chez lui une connaissance et une compréhension si parfaites des aspirations ouvrières.

« Instituteur laïc limogé par Vichy, je ne partageais pas toujours les points de vue de mon ami ; mais nos discussions étaient cordiales, fertiles en aperçus qui nous surprenaient l'un et l'autre. Il m'avait fait part de ses projets d'avenir. À son retour il se verrait sans doute confier une cure de campagne. Il voyait déjà en pensée sa petite église de

1. Témoignage d'un survivant de Hradischko recueilli par les abbés Armand et Givre.
2. Voir note ci-dessus.
3. Voir note ci-dessus.

village et faisait des plans pour son aménagement et sa décoration. Je lui donnais des leçons d'aviculture et d'apiculture, car il voulait créer un petit élevage dont le produit serait consacré à ses œuvres paroissiales. Je me souviens de lui avoir dit un jour : "Mon vieux, n'ambitionne pas les honneurs, ne considère pas ce poste qu'on te donnera comme un échelon pour atteindre aux postes supérieurs ; tu passerais sans laisser de trace. Si tu veux faire œuvre utile, il faut consacrer ta vie à cette population qui te sera confiée. Il faut que tu formes une génération et que, plus tard, il t'arrive encore d'enseigner aux enfants de tes premiers catéchisés... Ce n'est qu'ainsi que tu pourras laisser ton empreinte : cela est vrai pour le prêtre comme pour l'instituteur." »

***

— Veux-tu communier ?

— Monsieur l'abbé, comment est-ce possible ? Comment avez-vous réussi ?

— Veux-tu communier ? Le premier du camp !

Les deux hommes se dirigent vers le fond du Block et se hissent sur la paillasse du troisième étage.

— Je vais t'entendre en confession.

L'abbé est ému, ses lèvres tremblent :

— Regarde comment et à quel point Dieu est bon.

Il sort de sa veste un papier soigneusement plié.

— Regarde comme Dieu s'humilie pour venir à nous et nous réconforter.

Cette première communion de Hradischko eut lieu le 18 décembre 1944 ; elle allait être suivie de dizaines d'autres.

Au début du mois de novembre, l'abbé Gabriel Gay travaille dans un chantier à la limite de la zone interdite aux Tchèques. Sur le sentier frontière, à moins de cent mètres, il aperçoit un prêtre.

L'abbé Aloïs Betik, curé de Stechovice a l'habitude de suivre ce chemin de terre pour rendre visite à un malade. Lorsqu'il croise des déportés, il les bénit et prie en poursuivant sa route.

Le soir, l'abbé se confie à son plus fidèle ami : un jeune séminariste lorrain.

— Il faut ! Il faut absolument contacter le prêtre. Lui seul peut nous offrir ce qui me manque le plus, ce qui nous manque le plus ici : la sainte Eucharistie.

— Peut-être par les civils tchèques qui travaillent dans la zone interdite.

— Peut-être, j'y ai songé... Ce soir je vais rédiger une lettre pour ce prêtre.

— Si vous voulez, je peux la traduire en allemand ?

— Non, je préfère le latin. Après il nous faudra prier pour que Dieu nous trouve un messager.

Et l'abbé Gabriel Gay écrivit :

« *Très cher Frère*[1] *en Jésus-Christ, je suis un curé de la Sainte Église Catholique Romaine du diocèse de Belley en France (le diocèse de Saint Jean-Marie Vianney, curé d'Ars) et je me trouve actuellement prisonnier au camp de concentration de Hradischko. Je suis seul prêtre parmi tous les prisonniers ; il y a en outre un séminariste théologien. Je fus arrêté comme otage par la Gestapo ; ici il est impossible de pratiquer les devoirs spirituels, célébrer la sainte messe et communier. Vous pouvez concevoir la douleur de mon cœur de prêtre. Ne soyez donc pas étonné que je m'adresse à vous pour que vous m'aidiez dans l'état d'abandon où je me trouve.*

« *Auriez-vous la possibilité après mûre réflexion et en prenant toutes les précautions, de m'envoyer les livres ci-après* : Le Nouveau Testament, l'Imitation du Christ, *un missel romain et quelques hosties consacrées. Depuis dix mois déjà je n'ai reçu la sainte communion. Soyez sûr que je serai prudent.*

« *Mon compagnon le théologien et moi, vos frères en Jésus-Christ, vous adressons notre salut et nous vous demandons votre bénédiction.* »

Gabriel GAY. Prêtre.

Cette lettre, le vicaire de Nantua allait la porter sur lui quinze longues journées. Enfin un matin, son groupe de travail est associé à des requis du STO tchèques. L'un d'entre eux rentre chaque soir chez lui à Stechovice. Il accepte avec joie de devenir le messager du « Pastor ».

L'abbé Aloïs Betik répond le soir même et joint à sa lettre les livres réclamés et des provisions.

Le prêtre déporté, qui espérait recevoir des hosties, est déçu :

« *La rapidité avec laquelle vous m'avez répondu*, écrit-il, *m'a profondément ému. Je vous en suis très reconnaissant... Dans une maison de détention, en France, un archevêque envoyait secrètement notre Sauveur par l'intermédiaire d'une infirmière très pieuse. Ne*

1. Toutes les lettres de l'abbé Gabriel Gay ont été publiées à Prague, après la Libération, par l'abbé Aloïs Betik dans une revue religieuse.

pourriez-vous pas aussi nous envoyer le Corps du Christ par la personne qui est à votre service ? Quelle joie ce serait pour moi, pour mon séminariste, pour quelques-uns de mes compagnons ! Priez pour nous. Nous sacrifions notre vie pour notre apostolat. Merci pour votre aide, vos cadeaux et pour vos prières. »

L'abbé Betik hésite. Et si les hosties étaient profanées ? Il doit en référer à l'archevêché de Prague.

Prague attend huit jours avant de décider : « Ce n'est pas possible. »

Le déporté se soumet filialement :

« La décision de Prague nous a causé une grande déception et une grande douleur. Nous attendions avec une telle impatience ! Encore un grand sacrifice ! Alors nous demandons au moins l'envoi des saintes huiles, pour les malades... Le 14 décembre, je commence ma deuxième année de captivité. Les journées sont longues ici. Heureusement, je suis certain que ma vie, dans ce camp, n'est pas inutile pour ma future activité de curé, car je n'oublie pas, même ici, mes paroissiens ; je reste uni à eux dans le sacrifice et dans la prière.

La lettre se termine par ce nouvel appel :

« Nous voudrions tellement communier le jour de la naissance du Maître, à Noël ! Mais : « Que ta volonté soit faite ! »

Le curé de Stechovice, pour la première fois de sa vie de prêtre se révolte :

— Ne devais-je pas exaucer la prière fervente d'un confrère, qui s'était adressé à moi avec une telle confiance ? Devais-je empêcher le Christ de descendre dans les cœurs de ceux qui, dans leur misère physique et spirituelle, aspiraient tant vers Lui, bien qu'ils fussent habillés d'une défroque rayée de forçats ? Lui, le Bon Dieu, n'a en aversion aucune classe humaine et se penche justement avec plus de sollicitude vers les plus malheureux.

S'il le faut, il se portera volontaire pour travailler dans la zone interdite ! À moins... Comment ne pas y avoir pensé plus tôt ! Le jeune curé de Pikovice a été requis pour le chantier du tunnel de Dauel et les gens du tunnel ont tous reçu une carte pour pénétrer dans la zone interdite. Le soir même, l'abbé Betik se rend à Pikovice et remet quinze hosties consacrées à son confrère. Le lendemain, il fait prévenir par le « messager » l'abbé Gay.

— L'abbé [1] tout heureux m'avertit qu'il profiterait de ce passage d'un prêtre pour se confesser. Il souffrait tellement de n'avoir pu s'approcher, depuis son arrivée ici, du tribunal de la Pénitence. Le prêtre tchèque devait venir entre 8 et 9 heures du matin. Chaque jour, nous nous mîmes à épier les civils qui passaient près de nous à ces heures. À leur passage, l'abbé et moi, nous chantions à mi-voix l'*Adoro te,* pour nous faire connaître.

« Pendant huit jours, ce fut en vain. Le neuvième, entre 8 et 9 heures, arriva un civil habillé comme un ''ingénieur''. Nous eûmes l'intuition que c'était lui. Il lui fallait du courage pour se hasarder ainsi sur notre chantier, à la barbe de nos gardiens. Quand il passa devant nous, nous chantâmes l'*Adoro te,* mais il hâta sa marche, probablement pour ne pas se laisser émouvoir à notre vue, et, par là, se dévoiler aux SS. Il fit mine de ne pas nous entendre.

« Nous commencions à douter que ce fût lui, lorsque nous le vîmes se réfugier dans une baraque en construction et faire signe au contremaître tchèque. Celui-ci, qui me connaissait, vint bientôt vers moi, comme pour contrôler mon travail, et me dit que j'étais attendu dans la baraque. Il me demanda d'être prudent, car les gardiens rôdaient, armés de leur fusil.

« Je me rendis à l'endroit indiqué. Le prêtre tchèque ne prononça aucune parole, mais il me frappa doucement et fraternellement sur la main pour me dire qu'il me comprenait et qu'il prenait part à notre misère. Je lui bredouillai quelques mots en latin, que je n'arrivais pas à prononcer tant j'étais saisi d'émotion. Il me remit les hosties avec un peu d'argent. Puis il s'en alla comme il était venu.

« C'est alors que l'abbé Gay se porta à sa rencontre pour se confesser ; il marchait à ses côtés, mais le prêtre tchèque s'en allait sans prendre garde à lui, semble-t-il. Il fit bien car, à un moment donné, j'eus peur que, par son attitude, l'abbé n'ait éveillé sur lui l'attention des SS. Le soir, il devait me dire, plein de tristesse : ''J'ai essayé de me confesser, mais je ne sais pas s'il a entendu ma confession et s'il m'a absous.'' »

Ce premier envoi allait être suivi d'un second, le mois suivant. Tous les déportés catholiques du camp purent communier [2].

---

1. Témoignage du séminariste lorrain de Hradischko (Armand et Givre).

2. Voici la lettre que fit remettre l'abbé Gay à l'abbé Betik ce jour-là :

« Le Ciel a visité la Terre au camp des pauvres. Nous ne savons comment vous en remercier. Après si longtemps, nous avons enfin communié aujourd'hui. Nous remercions aussi le jeune curé de Pikovice pour son courage et sa peine... Nous espérons que vous saisirez à nouveau l'occasion pour nous envoyer l'Eucharistie, lorsque vous le pourrez. Elle est pour nous l'espoir, la force et la paix. À l'occasion des fêtes de Noël, nous allons prier spécialement pour vous et pour votre paroisse. Ainsi nous serons tous unis

*
* *

Au mois de mars 1945, les chantiers de Hradischko sont abandonnés et, pour la première fois depuis l'implantation du camp, tous les déportés quittent la zone interdite. Ils vont creuser le « kolossal » fossé antichar qui protégera le centre de formation SS contre l'avance des forces soviétiques.

— Travail urgent et accéléré !

Afin d'aller plus vite, on supprime la soupe de midi.

— Tas de fainéants, vous allez voir...

Les SS de Hradischko redécouvrent les vertus de la gymnastique... Rien de tel qu'une bonne séance de...

— Debout !

— Couché !

— Allongez-vous mieux que ça !

— Debout !

— Encore au sol !

... Pour échauffer les muscles de ces saboteurs qui ne valent pas le pain qu'on leur donne.

Au début du mois d'avril, trois Kapos et trois déportés s'évadent. Les gardes SS sont doublés le long de la tranchée. Le 9 avril, deux sections des Jeunesses hitlériennes viennent prendre les déportés sur la place d'appel.

— En route pour le fossé.

À mi-chemin :

— Un peu de gymnastique ! Allongez-vous !

---

spirituellement dans la secrète communion des Saints. »

Après Noël, nouvelle lettre.

« Nous avons eu ici de belles fêtes de Noël car nous avions au milieu de nous Jésus qui a pu entrer dans nos cœurs. Plusieurs autres déportés ont communié avec nous. Mon séminariste et moi nous Le prendrons dans nos cœurs, une dernière fois, le jour de la fête des Trois Rois.

« S'il vous était possible de nous envoyer encore des saintes hosties, ne manquez pas de le faire. Le Christ Eucharistique est notre joie et notre suprême consolation. »

Le 8 février, après le second envoi clandestin :

« Le Christ Eucharistique a fait beaucoup d'heureux au milieu de toute notre misère, et cela nous le devons à vous... Nous sommes à présent on ne peut plus heureux car nous avons tout ce dont nous avions besoin : l'Eucharistie, le Missel Romain, le Nouveau Testament et le Bréviaire. »

Un mois plus tard :

« Pouvons-nous espérer encore recevoir, pour la troisième fois, le Corps du Christ, afin de satisfaire avec beaucoup de déportés à notre devoir pascal ? »

L'abbé Betik ne pourra répondre à cette ultime demande.

Les hommes s'aplatissent au sol.

Les jeunes SS braquent leurs mitraillettes et ouvrent le feu.

— Debout !

Cinq corps restent sur le terrain.

— En route !

Un Polonais traîne la jambe. Il arrive à parcourir deux cents mètres et s'effondre au moment où le SS crie :

— Allongez-vous !

Les mitraillettes crépitent. Le Polonais et deux autres déportés ont été tués.

Cinq fois la scène se renouvelle.

Le soir, sur le chemin du retour, l'officier SS ordonne à la colonne de stopper aux cinq endroits des massacres.

— Vous allez chanter.

— Chantez !

— Plus fort.

Ils chantent.

L'abbé Gabriel Gay passe une partie de la nuit à réconforter ses amis désespérés. À plusieurs il confie :

— Si ma pauvre vie est nécessaire pour faire cesser ces tueries, je l'offre bien volontiers.

Le lendemain les SS se contentent de quatre « arrêts gymnastique » et de quinze morts.

Dans le fossé, Louis Ducol est à la pioche. Depuis plus d'une heure il surveille, à un mètre de lui, un pissenlit qui semble le narguer. Ducol pose la pioche et bondit... le SS sourit, épaule, abat l'homme d'une rafale. Un officier accourt et autorise le « Pastor » à approcher le mourant. L'abbé lui donne conditionnellement l'absolution.

Toujours souriant, le meurtrier de Ducol hausse les épaules. Un déporté allemand l'entend confier à un autre SS :

— Demain ce sera le tour du curaillon.

Le soir, dans les Blocks, les déportés français se réunissent.

— Demain, ils vont tuer l'abbé.

— J'ai vu le tueur le désigner aux autres SS

— Et l'abbé a ses semelles décousues. Il va traîner et ils vont le descendre tout de suite.

— Je vais lui trouver une meilleure paire de chaussures, c'est bien notre tour de l'aider.

— Il faudra lui dire d'enlever son pansement du cou. Ils le repèreront moins facilement.

— Et ses lunettes ?

— Sans ses lunettes il est incapable de faire un pas.

L'abbé encourage et absout ses camarades. L'interprète l'interrompt pour lui offrir une paire de souliers.

— J'ai vu que vous boitiez !

L'abbé confie ses dernières intentions au jeune séminariste.

— Il reçoit [1] encore une fois ma confession et c'est à ce moment que nous nous faisons mutuellement nos adieux. Il me charge de saluer sa famille, ses paroissiens de Nantua, son évêque : « Tu leur diras que j'ai toujours pensé à eux. » Il m'encourage beaucoup devant l'angoisse de la mort qui m'étreignait : « Ce soir, me dit-il, ressemble un peu au soir du Jeudi-Saint. C'est le moment de dire : Père, que ce calice s'éloigne de moi... Cependant que Votre volonté soit faite. »

* * *

Les Kapos allemands ont intrigué toute la nuit pour protéger leurs nationaux. Au matin du 11 avril, sur la place d'appel, les détenus allemands regardent les autres déportés partir vers le fossé. Trois colonnes : la dernière composée uniquement de Français. Entre les trois, cent mètres. La plupart des Français prient.

— Vont-ils tirer ? Non ! pas tout de suite, nous venons de franchir le passage de la première fusillade. Maintenant ? Rien ! Que se passe-t-il ? La deuxième colonne est sur le lieu du deuxième massacre, la première à l'endroit du troisième. Encore trois cents mètres. Rien ! Vingt pas. Rien ! Alors ce sera pour demain ou ce soir en rentrant. Nous sommes sauvés pour aujourd'hui. Ils ne vont tout de même pas tirer dans la côte de la carrière...

— Couchez-vous !

La fusillade n'en finit plus.

— Debout !

Vingt et un cadavres. Tous les autres sont blessés et se relèvent péniblement.

« Il [2] est environ 7 heures du matin. Je suis moi-même blessé de quatre balles, dont l'une m'a traversé le pied. Je me trouve côte à côte avec l'abbé. Il a perdu ses lunettes. Sa mauvaise vue l'oblige à marcher les yeux fixés au sol. Une balle lui a traversé un bras et il perd du sang en abondance. C'est alors qu'il me dit : ''Mon vieux, je crois bien que cette fois-ci je ne reverrai pas la France.'' »

L'abbé et sept déportés se couchent sur l'herbe, à côté du fossé

1. Témoignage Armand-Givre.
2. Témoignage d'un survivant (*L'Abbé Gabriel Gay*, ouvrage déjà cité).

antichar. Les autres blessés se mêlent aux travailleurs. L'abbé est également blessé au côté gauche.

— Allez les blessés, de l'autre côté de la tranchée... une ambulance va venir vous chercher.

Ils rampent, dévalent, s'agrippent, s'aident, s'effondrent contre un char de manœuvre en contreplaqué.

Un officier apparaît sur le chantier. Il gesticule et montre le petit bois, à quatre cents mètres du fossé. Un jeune SS demande l'interprète :

— Voilà, il fait déjà soleil. Vous serez mieux pour attendre la voiture sanitaire dans le petit bois.

Un SS échange son fusil contre une mitraillette. Ils sont partis. Pas à pas. Ils tombent. Se relèvent. Ils arrivent. Disparaissent. Plusieurs rafales. Il est 9 heures. Huit coups de feu. Huit coups de grâce.

Plus jamais les SS ne joueront à la « gymnastique » sur la route du fossé antichar de Hradischko.

VIII

ORANIENBURG

Oranienburg, au garde-à-vous, subit l'appel du matin. « Tête de pioche », un Kapo, éclate de rire :

— Ça c'est de la veine ! J'ai gagné à la loterie du trou. C'est un des miens qui a les pieds dedans. On va voir combien de temps il tiendra sans jouer des claquettes.

Depuis le début de l'hiver, ce trou de soixante centimètres de diamètre, sur vingt de profondeur, terrorise le camp. Cinq minutes avant l'appel, un Kapo — bien souvent « Tête de pioche » — brise la glace d'un coup de talon. Les Kapos ont baptisé cette cérémonie : « la loterie », et demandé respectueusement au service de voirie de ne pas reboucher « leur » trou.

— Pourquoi ?

— C'est bien simple ! Pour l'appel, les Blocks et les différents Kommandos changent toujours de place. Le commandant veut que les groupes tournent pour ne pas avoir les mêmes imbéciles devant les yeux.

— Et alors ?

— Alors c'est jamais le même type qui a les pieds dans l'eau... et l'eau gèle s'il ne remue pas... S'il remue les SS gueulent... alors nous on doit empêcher l'autre de bouger. On établit des records !

L'abbé Würl, un solide tyrolien, perdit ce matin-là à la « loterie du trou ». Un étau enserrait ses chevilles. Il commença par faire jouer ses orteils.

« Tête de pioche » regarda sa montre :

— Six minutes... Le record va être battu. Tiens bon mon gars encore deux minutes.

— Encore une minute !

L'abbé Würl souleva le pied droit.

— Le salaud a bougé... et c'est le cureton. Ordure ! Tous à plat ventre.

« Tête de pioche » enjamba une dizaine de corps et s'immobilisa près de l'abbé. D'un coup de botte il poussa la tête dans la flaque et appuya son pied sur la nuque du prêtre.

— Gare à toi ! Au moindre mouvement ! Sale sorcier du ciel !

Il alluma une cigarette.

L'abbé Würl, front et nez collés au fond du trou, étouffait. « Tête de pioche » retira son pied.

— Respire un coup ! Je ne veux pas ta mort...

Le supplice se prolongea une quinzaine de minutes.

— Debout ! J'espère que tu as le nez gelé.

— J'ai le nez gelé.

— Avec ton nez gelé tu vas quand même nous chanter quelque chose dans le genre : « Je suis de la merde, de la merde noire, et Dieu aussi... »

— Je refuse.

— On recommence !

— Je refuse, monsieur le chef de Block.

— Je compte jusqu'à trois !

— Je refuse.

— Très bien, j'aime les gens courageux, vas vite à l'infirmerie !

Cette scène se joua le 15 février 1940. Oranienburg-Sachsenhausen à cette époque comptait une trentaine de prêtres, allemands pour la plupart. Une aile de Block leur était réservée. Très vite, ils furent « mutés » à Dachau, le camp des prêtres [1]. Mais l'administration avait oublié deux pères hollandais... Ils furent inscrits sur les registres de « l'orchestre » qui occupait la seconde aile du Block 15. Ils étaient encore là lorsque débarquèrent, au mois de janvier 1943, les six premiers prêtres français avec à leur tête l'aumonier D. [2]

L'aumônier est un personnage hors série. Né avec le XXe siècle, il choisit à dix-huit ans l'armée... Il y restera douze ans :

— J'ai terminé comme adjudant. Mais mon titre de gloire c'est d'avoir inventé un appareil d'approvisionnement pour les canons « 240 Batignolles ». Avec mon système on pouvait charger un obus de cent

---

1. Voir ce chapitre.

2. M. l'aumônier D... désire garder l'anonymat. Il est le seul survivant des quarante-cinq prêtres, religieux ou pasteurs d'Oranienburg qui « passèrent » par le camp après le départ pour Dachau du premier groupe d'ecclésiastiques allemands (témoignage recueilli le 14 février 1969).

soixante kilos en trente secondes, alors qu'auparavant il fallait un bon quart d'heure... Si l'on s'était occupé de moi, tout au long de ma jeunesse, on se serait aperçu que j'avais la vocation... En quittant l'armée, j'entre au séminaire et, au mois de septembre 1940, célèbre ma quatrième messe sur le front... Prisonnier. Je deviens « l'homme de peine, l'homme à tout faire » de la Grande Chartreuse de Düsseldorf... J'ai dû me battre pour pouvoir dire tous les matins ma messe... J'ai calculé qu'en un an, mes « confrères » m'ont fait transporter dans leurs jardins quatre-vingts tonnes de vidange.

De ses dix-huit mois de captivité l'aumônier ramène une lésion de la colonne vertébrale. Il s'installe en Touraine, à la Chapelle Blanche Saint-Martin... et devient le relais principal d'un groupe de passeurs clandestins. Arrêté le 10 septembre 1942, il est le premier prêtre français enfermé dans les barbelés de Royallieu à Compiègne [1].

— Merde ! lui dit le portier, voilà qu'on arrête les curés maintenant !

L'abbé Rodhain, aumônier général des prisonniers de guerre français, qui vient d'apprendre cet internement, fait déposer aussitôt deux valises-chapelle au poste de garde de Royallieu. Elles sont remises sans aucune difficulté au prêtre prisonnier :

— Je suis [2] allé trouver le commandant du camp. Il m'a attribué une pièce dans une chambre — trois mètres sur quatre — pour que je puisse installer une chapelle. Un gardien catholique m'a fabriqué un autel de bois et a façonné avec du plâtre une petite statue de la Vierge : Notre-Dame de la Paix. Mon « église » était toujours pleine...

Le soir de Noël 1942, les cuisiniers, tous communistes, invitent les prêtres « au réveillon ».

— Nous ne pouvons rien prendre avec vous... car nous allons dire la messe et communier. Nous vous souhaitons bon Noël.

La table de la cuisine est somptueusement décorée. Quatre tibias de vache servent de bougeoirs.

— Dites donc, les curés, quand vous aurez terminé, passez donc prendre un verre.

— D'accord ! À tout à l'heure et encore bravo pour les chandeliers.

À 10 heures, l'aumônier célèbre la messe de minuit. Les prêtres se retirent ensuite dans leur chambre. Dans la pièce voisine les « cuistots » poursuivent leur fête. Rires, cris, chants. Les prêtres prient.

Un sous-officier allemand ouvre brusquement la porte des prêtres :

---

1. Les casernes de Royallieu avaient été transformées en camp de concentration le 7 juin 1941. Pour l'administration, Royallieu devint le Frontstalag 122. Voir le livre d'André Poirmeur : *Compiègne 1939-1949*, imprimerie Telliez, Compiègne, 1969.

2. Témoignage de l'aumônier D. (février 1969).

— Vous avez fini de hurler !

— Mais...

— Silence !

Le lendemain matin, l'aumônier D. est convoqué par le commandant :

— C'est un scandale ! Ce bruit ! Vous serez punis... Vous vous coucherez tous les soirs à 9 heures au lieu de 10. C'est tout !

Le responsable des cuisines retrouve l'aumônier à la porte de la chapelle.

— Voilà ! Il faut que je t'en serre cinq ! Mais avant, prends ce paquet de cigares et de cigarettes...

— Mais pourquoi ?

— Tu as reçu l'engueulade alors que nous étions les seuls responsables... On a fait la quête...

Le prêtre accepte les cadeaux. Le cuisinier pénètre dans la chapelle :

— C'est ça ton église ?

— Tu vois !

— T'as le bon Dieu là ?

— Il est là !

— Il est tout seul le bon Dieu, t'as rien autour. Ça me ferait plaisir de t'offrir les chandeliers et les fleurs de notre table de Noël.

Le soir même, le premier aumônier du camp de Compiègne décorait l'autel de la chapelle de quatre magnifiques tibias de vache...

* * *

Sur le quai ferroviaire d'Oranienburg, l'officier SS surveille le débarquement des arrivants. L'aumônier D., calot frappé d'une croix de métal, soutane souillée, s'est placé au premier rang de la colonne. Le SS se campe devant lui, l'examine des pieds à la tête.

— Chien du ciel ! Tu as la croix sur ton calot... Ici tu la porteras tous les jours sur le dos. Fais attention ! Dieu n'existe pas. Si tu fais un seul signe de croix, tu es un homme mort.

Les six prêtres français, leur quarantaine terminée, s'installeront au Block 15, dans la pièce occupée par les deux pères hollandais « oubliés » à Oranienburg, au moment du départ des ecclésiastiques pour Dachau. Le matin de Pâques, les pères hollandais réserveront une surprise aux Français.

— Monsieur l'aumônier, êtes-vous capable de garder un secret, un grand secret ?

— Je garde bien le secret de la confession.

— Très bien. Suivez-moi dans les W.-C., je vais vous donner la sainte communion.

— La sainte communion !

— Oui, le gardien du magasin où les SS entreposent les bagages de tous les nouveaux est Hollandais comme moi... J'ai pu entrer dans le magasin et j'ai retrouvé la valise-chapelle de mon confrère. J'ai des hosties consacrées.

— Et du vin ? Si vous aviez pris le vin nous pourrions célébrer la messe.

— Il n'y avait plus de vin dans la valise... Mais je crois que dans quelques jours nous en aurons. Les prêtres polonais qui ont été internés la semaine dernière doivent recevoir des colis truqués.

— Truqués ?

— Oui, à double fond.

— C'est ridicule, ils vont se faire prendre !

— Si Dieu le veut ! Nous avons déjà le calice. J'ai trouvé trop dangereux de sortir celui de la chapelle portative. Nous utiliserons cette boîte de sauce tomate. Elle a été décapée, limée, par un ami communiste dans l'atelier des voitures. J'ai terminé l'opération avec un polissage au sable fin. Ce soir le gardien du magasin m'apportera un missel. Espérons !

Les colis polonais se firent attendre deux mois :

— Alors ce double fond ?

— Il n'y en a pas, mais regardez quelle trouvaille ! Pour tous les paquets le même procédé a été utilisé. Une plaque de pain azyme occupe tout le fond du carton ; dans chaque coin le pain recouvre une minuscule ampoule de vin.

Le soir même, étendu sur sa paillasse, au troisième étage, l'aumônier D. célébrait la messe et consacrait, dans une boîte de pastilles Salmon, près de cinquante hosties. Certaines n'avaient que trois ou quatre millimètres de diamètre [1].

*
* *

Jean se meurt au Revier IV. Il est de Caen comme le docteur Marcel Leboucher qui tente l'impossible pour le sauver :

— Docteur, si je pouvais recevoir la communion des malades...

---

1. Un vicaire français, l'abbé Berteaux, reçut plusieurs colis de sa famille. Le curé de sa paroisse joignit à chaque envoi un recueil de poèmes relié : l'abbé Berteaux s'étonna de cette attention surprenante : ni lui ni son supérieur n'étaient attirés par la poésie. Sur la page de garde il lut une inscription latine : « Briser la coquille ». L'abbé souleva l'armature intérieure de la couverture et découvrit dans un logement douze hosties. L'administration du camp remit au prêtre français sept colis. Aucun des sept livres tabernacle ne fut profané. L'abbé Berteaux mourut du typhus à Bergen-Belsen.

Le médecin ne répond pas. Il sait, pour avoir lui-même communié le dimanche précédent, que l'aumônier D. possède des hosties. Mais comment faire entrer le prêtre dans le Revier ? Acceptera-t-il ?

— Mais bien sûr, allons-y !

— Non attendez ! Le médecin-chef est un droit commun qui raconte tout aux SS

— On verra bien !

La porte. Le couloir et... le médecin allemand surgit :

— Que faites-vous là ?

L'aumônier sourit :

— Soyez sans inquiétude : nous apportons au jeune ami de Marcel Leboucher une pastille qui ne contrarie pas le traitement que vous avez institué.

Le prêtre montre un tube d'aspirine.

— Donnez-moi ça !

Leboucher s'empare du « ciboire » :

— Nous ne restons que quelques minutes à son chevet.

— D'accord, mais en échange, il faut que vous « m'organisiez » une paire de lunettes teintées contre le soleil.

Jean communia.

Il mourut le surlendemain [1].

*
* *

L'abbé René Giraudet [2] marche... un pas, un autre. Petits pas. Grands pas. Un saut, des sauts. Du sable, des cailloux, de la boue, des flaques. Ciment, mâchefer, pavés, gravier, asphalte, terre. Poussière. Soif. Sueur. Il faut courir. Rattraper les autres. Un pas, mille autres. Combien ? Peut-être cinquante mille pas... Peut-être soixante mille. Il faut marcher quarante-cinq kilomètres. Marcher. Le pas passé, le pas présent, le pas futur. Les mêmes qu'hier ; les mêmes que demain. Encore.

La Strafkompanie, la compagnie disciplinaire, rode les brodequins qui vont chausser les combattants du Grand Reich. Le déporté casse les empeignes, les contreforts, les quartiers, les tiges, les semelles, les talons, les talonnettes et les ailettes. La chaussure est un monde, la chaussure est le monde. Là-bas, du côté de la guerre, Frantz, Hermann et Fritz iront à la mitraille le pied dispos. Pied sans ampoule. Pied sans oignon. Pied sans cor, durillon ou œil de perdrix. Pied victorieux ! Pied glorieux !

L'abbé Giraudet marche. Il n'est pas puni. Il s'est trouvé sous le

1. Témoignage Marcel Leboucher.

2. Curé de Saint-Hilaire du Bois ; prêtre ouvrier clandestin à Berlin, arrêté le 1er juin 1944.

doigt du Kapo : « Toi... Toi ! », par hasard, à la fin de l'appel du Block de quarantaine. Le Kapo avait cinq paires de chaussures en trop !

« Tous [1] les jours, par tous les temps, ils marchent de 7 heures du matin à 5 heures du soir. À midi une pause d'une heure leur est accordée. La distance parcourue en une journée correspond à quarante-cinq kilomètres environ, à une allure moyenne de cinq à six kilomètres à l'heure.

« Pour accroître la difficulté de l'épreuve, les Allemands ont imaginé des handicaps. Chaque condamné porte sur le dos un sac de sable de vingt kilos ; de plus, le parcours en demi-cercle est jalonné de plates-bandes rectangulaires, remplies des matériaux les plus divers ; dans la première de l'eau jusqu'à mi-cheville, dans la suivante, du terreau puis du sable, du gravier, des cailloux, etc. Les punis, comme des automates, marchent et chantent des hymnes nazis pour se donner du cœur au ventre. Tous portent sur leur uniforme, en plus du matricule, un énorme point noir sur fond blanc. Beaucoup en ont un rouge, ce qui indique qu'ils ont tenté de s'évader. Les autres, coupables de vol ou de troc illégal, ont le motif de leur punition inscrit dans le dos.

« Les premiers en ligne sont des Allemands, marcheurs endurcis, bandits de droit commun qui, même en prison, continuent leurs trafics louches et leurs rapines. Jugés dangereux, la Gestapo les a envoyés à la Strafkompanie comme entraîneurs, en attendant de les exécuter. Ceux-là sont tellement faits à ce genre de ''footing'' que pour rien au monde ils ne reprendraient leur travail dans un Kommando. Ils abattent leurs quarante-cinq kilomètres comme des robots et n'en souffrent pas. Ceux qui suivent sont de toutes nationalités. Ils ne chantent pas ; le masque contracté par l'effort, noirs de poussière et pleins de boue à chaque tour de piste. Les têtes de mort qui bordent le chemin de ronde les regardent de leurs yeux vides. Comme me le dira plus tard un Français qui y passa six mois : ''Tu sais, il n'y a que les deux premiers mois qui comptent, après on tient le coup, un homme c'est pas grand-chose mais c'est solide quand même.'' »

L'abbé Giraudet, le quatorzième jour, fut affecté au Block des prêtres.

* * *

À la fin de l'automne 1944, l'inspection des camps de concentration — dont le siège était à Oranienburg — ordonna le rassemblement général des prêtres à Dachau. Le Block 15 d'Oranienburg ne fut pas évacué. Aucune explication satisfaisante ne peut justifier cet « oubli

1. Témoignage Robert Franqueville. *Rien à signaler,* Victor Attinger. Paris, 1946.

volontaire ». Au mois de février, les quarante-cinq religieux et pasteurs furent dirigés sur le camp de « convalescence » de Bergen-Belsen où sévissait une épidémie de typhus. Les quarante-cinq furent frappés. Malgré le dévouement du médecin français, G.L. Fréjafon, quarante moururent en quelques semaines [1].

Un seul prêtre avait réussi à éviter ce départ pour Bergen-Belsen : l'abbé Armand Vallée [2]. Venant du Kommando Heinkel, il était enfermé dans un Block pour satisfaire au rite concentrationnaire de la quarantaine... mais au matin du 13 février, les SS raflèrent les Blocks de quarantaine.

« Il neigeait [3]. On rassembla environ deux mille cinq cents hommes. Ils venaient de différents camps évacués. Ces hommes partirent à pied, en une longue colonne de cinq hommes de front, au pas cadencé. Ils allèrent jusqu'au quai d'embarquement de la gare d'Oranienburg. On les disposa le long du quai par groupes de cent dix, devant chacun des wagons à bestiaux qui formaient le train. Le groupe des Français dont faisaient partie le colonel de Dionne et l'abbé Vallée entra dans le même wagon. Il pouvait être 9 ou 10 heures du matin. Les SS dégagèrent un espace où ils s'installèrent et où ils placèrent un poêle ; ils firent de la cuisine. Ils étaient armés d'un gros gourdin. Le petit Juif qui était avec de Dionne reconnut en eux les tueurs d'Auschwitz. Parmi les déportés, un certain nombre avaient été refoulés d'Auschwitz. Les déportés, serrés les uns contre les autres, ne pouvaient se tenir que debout. Ils n'avaient ni à manger ni à boire. La soif devint vite si ardente que ceux qui avaient la chance d'être contre les parois des wagons les léchaient pour se rafraîchir. Il faisait très froid, et la buée qui se dégageait de la masse humaine se condensait le long des parois.

1. L'abbé Giraudet devait succomber le jour même de son retour à Paris, un père hollandais et deux prêtres polonais dans le mois qui suivit leur libération. L'aumônier D., seul survivant, s'occupe aujourd'hui d'enfants inadaptés.

2. Fils d'industriels, Armand Vallée, né le 9 avril 1909 à Saint-Brieuc, fut ordonné prêtre à 22 ans et consacra sa vie aux ouvriers et aux artisans ; il se fit même — avec l'accord du cardinal Verdier — chômeur pour mieux étudier à Paris la condition ouvrière. Pendant la Résistance, il crée dans l'Ouest des journaux clandestins et occupe un poste de responsabilité dans le réseau « Combat zone Nord ». Il est arrêté en février 1942 à Paris, incarcéré à Fresnes, puis déporté... Il restera au « secret » deux ans et demi dans différentes prisons avant d'aboutir à Oranienburg.

3. D'après le témoignage du lieutenant-colonel Jacques de Dionne devant la Commission d'Histoire de la Déportation (*Tragédie de la déportation*, Hachette, 1954). Jacques de Dionne, officier français, arrêté le 15 novembre 1941, déporté aux prisons de Leipzig et de Berlin - Alexander Platz, d'août 1943 à mai 1944, puis à Sachsenhausen et de nouveau à Berlin de juin 1944 à février 1945. Transféré à Sachsenhausen, puis à Mauthausen de février à avril 1945.

Il faisait sombre ; seule la lueur d'une lampe tempête éclairait l'intérieur du wagon. Le voyage dura un peu plus de trois jours. Le train alla d'abord vers le nord, puis à Weimar où il y eut un arrêt (le 14 au soir). Il arriva à Mauthausen le 16 février à midi. Le voyage fut effroyable : outre la faim, la soif et le froid, l'impossibilité de remuer... Une partie des déportés fut massacrée par les SS. Ceux-ci, ayant reconnu des Israélites d'Auschwitz, les appelèrent l'un après l'autre, puis les tuèrent à coups de gourdin sur la tête ; ils faisaient rejeter les corps au fond du wagon. Ils voulurent tuer le petit Juif de Toulouse, mais de Dionne le sauva en affirmant qu'il n'était pas Juif (ce qui fut facilité par le fait qu'il n'avait pas du tout le type juif classique). D'autres moururent d'épuisement. »

À l'arrivée, les SS ordonnent de descendre les cadavres des wagons et de les mettre en tas devant chaque porte.

« Les SS rassemblèrent les déportés devant la gare de Mauthausen. Les Français restèrent ensemble. Comme Le Dref était très malade (il avait une fièvre violente et une maladie pulmonaire), l'abbé Vallée et de Dionne décidèrent de le placer entre eux pour le soutenir. Ils durent marcher lentement à cause de la fatigue de Le Dref. Le sol était glissant et il neigeait. Ils arrivèrent enfin au camp. La porte d'entrée était surmontée d'un aigle. À cinquante mètres en arrière se tenaient des SS. Ils posaient à chacun la même question : "Es-tu bien portant ?" De Dionne et Vallée dirent : "Oui", mais Le Dref répondit : "Non". Cependant tous trois furent mis ensemble, à droite, avec un groupe d'environ cinq cents détenus, parmi lesquels plusieurs enfants ou adolescents d'à peine vingt ans, Polonais ou Ukrainiens. Vers une heure de l'après-midi, on leur ordonna de se déshabiller. Il faisait très froid ; la neige recouvrait le sol, et la température était de plusieurs degrés au-dessous de zéro. On les fit, ensuite, mettre cinq par cinq et on les emmena à gauche de l'entrée. Pendant ces divers mouvements, arriva l'adjoint du commandant. Il poussa divers hurlements, brandit sa matraque, frappa un certain nombre de détenus. On laissa les prisonniers debout. Il faisait terriblement froid. Vallée dit à de Dionne : "Je crains que cela ne se termine très mal." La souffrance faisait hurler certains détenus. Les SS alors allèrent chercher des lances et arrosèrent les groupes avec de l'eau froide. Vallée dit encore : "C'est la dernière absolution." La nuit tomba peu à peu. On les fit se placer entre la lingerie et le mur extérieur du camp où se trouvait un mirador. La nuit venue, le froid augmenta. De Dionne l'évalua à moins 15°. Bientôt Le Dref mourut. D'autres hommes tombèrent ; ils tournaient d'abord sur eux-mêmes, puis tombaient. Les rangs s'éclaircissaient.

« Beaucoup d'entre eux, les Russes et les Polonais qui formaient la majorité du groupe, parlaient allemand. L'un des SS dit à un Russe : "Il nous faut un certain nombre de morts." Des Russes et des Polonais pensèrent sauver leur vie en tuant un certain nombre de voisins et en fournissant ainsi aux SS les morts dont ils avaient besoin. Ils attaquèrent donc aussitôt, essayant de tuer les voisins en les écrasant contre le mur. C'est ainsi que de Dionne fut violemment poussé contre le mur et blessé à l'épaule, à la hanche et la fesse. Malgré sa douleur, très vive, il réagit et étrangla le Polonais. Cette réplique énergique intimida les autres qui ne s'attaquèrent plus à lui. Quelques cadavres gisaient par terre. Non loin, sur un tas de sable, les enfants assis pleuraient. Ils moururent tous de froid. Au fur et à mesure que passaient les heures, des hommes tombaient, morts, d'autres hurlaient. Ces hurlements furent parfaitement entendus des Blocks du camp de Mauthausen. Les déportés qui étaient occupés à la lingerie virent très bien le groupe nu, tout près [1].

« Vers 11 heures du soir, ce qui restait du groupe (il y avait peut-être

---

1. Le récit du colonel Jacques de Dionne a été confirmé par de nombreux survivants de Mauthausen et, en particulier, par le déporté français Maurice Lampe (arrêté le 8 novembre 1941) devant le tribunal militaire international de Nuremberg : (Tome VI, pages 192-193).

— Ceci se passait le 17 février 1945 ; devant l'avance des armées alliées, différents camps étaient repliés vers l'Autriche. Deux mille cinq cents détenus, partis en convoi de Sachsenhausen arrivaient le matin du 17 février à Mauthausen au nombre de mille sept cents environ. Huit cents étaient morts ou abattus en cours de transport. Le camp de Mauthausen était à ce moment, si j'ose employer cette expression, engorgé aussi ; dès la réception de ces mille sept cents survivants de ce transport, le commandant Bachmeyer fit choisir quatre cents, parmi les détenus, en insistant pour que les malades, les vieux, les plus faibles se désignent, avec l'espoir qu'ils pourraient être dirigés vers l'infirmerie. Ces quatre cents hommes qui se sont ou volontairement désignés ou qui furent pris d'office, furent déshabillés entièrement, par 18° sous zéro ; pendant dix-huit heures, ils sont restés entre la blanchisserie et le mur d'enceinte du camp. J'ai vu cela de mes yeux... Mon Block était en face. La congestion en frappa rapidement quelques-uns, mais il sembla aux SS que cela n'allait pas assez vite ; trois fois, pendant la nuit, on fit descendre les détenus sous la douche, trois fois durant une demi-heure, sous l'eau glacée, et ils remontaient sans s'être essuyés. Le matin, lorsque les Kommandos sont partis au travail, les cadavres jonchaient la place. Ajoutons que les derniers de ces hommes furent achevés à coups de hache.

« J'apporte ici le témoignage le plus absolu d'un fait qui peut facilement être vérifié. Parmi ces quatre cents hommes se trouvait un colonel de cavalerie français, le colonel de Dionne. Il ne dut son salut qu'en se glissant parmi les cadavres et échappant ainsi aux coups de hache. Lorsque les cadavres furent acheminés vers le crématoire, il réussit à se sauver en s'enfuyant à travers le camp, non sans avoir reçu toutefois un coup à l'épaule dont il portera la marque toute sa vie. Rattrapé par les SS, il ne dut probablement son salut qu'au fait que le SS a trouvé plaisant qu'un survivant sorte du tas de cadavres. Nous l'avons soigné, nous l'avons soutenu, et nous l'avons ramené en France. »

déjà cent cinquante morts) fut emmené aux douches. Il y eut un court moment d'espérance ; Le Durgeon crut que le martyre était fini... Il ne faisait que commencer. À l'entrée, Bachmeyer vint offrir un revolver à un prisonnier en lui disant de se tuer. Comme il refusait, l'Allemand l'abattit d'une balle dans la tête.

« Quand tous les détenus furent entrés dans les douches, on jeta sur eux de l'eau glacée. On avait pris soin de fermer les évacuations d'eau : elle monta et atteignit bientôt cinquante centimètres. Ceux qui tombaient se noyaient. Il était impossible de grimper sur la marche surélevée qui entourait la pièce car les SS l'occupaient. La douche dura vingt minutes environ. On fit sortir les déportés ruisselants : ils furent saisis par le froid, l'eau gelait sur eux ; beaucoup tombèrent sur l'escalier, morts. Les autres furent emmenés près du mirador. Ils étaient peut-être encore deux cents à deux cent cinquante... Vers 2 heures du matin, on les ramena aux douches et la même scène recommença : eau glacée pendant vingt minutes, sortie dans le froid, morts tombant dans l'escalier... Encore une fois, ils furent ramenés près du mirador. Étaient-ils deux cents, cent quatre-vingts ?... c'étaient les plus résistants, évidemment, et on en vit moins tomber, brusquement, de froid. Parmi les survivants, se trouvaient de Dionne, l'abbé Vallée et Le Durgeon.

« Le jour se leva (17 février), alors arrivèrent trois SS, grands, forts, munis d'énormes gourdins, gros comme le bras et très longs. Ils séparèrent en deux le groupe des survivants, dix mètres l'un de l'autre. Ils ordonnèrent aux détenus de se mettre à courir au coup de sifflet, d'un mur à l'autre, en se croisant au milieu. Ils se placèrent entre les deux groupes. Quand les détenus, en courant, passaient près d'eux, ils les frappaient à la tête à coups de gourdin. À chaque passage, plusieurs morts tombaient. De temps en temps, ils arrêtaient la course pour permettre à une charrette, poussée par un Kommando de prisonniers allemands, de transporter les morts au crématorium.

« À l'un de ces arrêts, les trois SS partirent puis revinrent avec des haches : ils recommencèrent à donner des coups de sifflet et à faire courir les détenus : ils attaquaient à la tête, arrachant tantôt la tête, tantôt la moitié de la tête des détenus qui faisaient encore quelques pas en hurlant et tombaient. Le nombre de morts augmentait considérablement. Il était évident que les SS étaient décidés à exterminer le groupe entier. Déjà de Dionne avait proposé de sauter sur les SS, de les tuer, de les désarmer : on n'aurait pas ainsi sauvé sa vie, on aurait au moins eu la satisfaction de combattre et de supprimer ces brutes. Mais la majorité des autres détenus avait refusé. »

De Dionne veut en finir... Une charrette, après chaque chassé-croisé, charge les cadavres destinés au crématoire. De Dionne s'allonge... des cris, de longues minutes d'attente, on le soulève enfin. Entre le Revier et le crématoire : le tas de suppliciés.

— Déchargez !

De Dionne se lève, marche, court... un SS le regarde en riant.

— Sauve-toi vite !

Une heure auparavant, l'abbé Vallée avait lui aussi « joué le mort » et gagné la vie... la vie... pour quelques jours de plus. Il mourut au Revier le Vendredi-Saint.

IX

LE RENDEZ-VOUS DES « MAGES »

Le 6 août 1943, sur la place d'appel d'Oranienburg, le commandant SS fait traduire en plusieurs langues un bien étrange message :

— Le Reichsführer SS et chef de la police allemande réclament pour une mission de confiance et d'une grande importance pour la sécurité du Reich des spécialistes de l'occultisme, de la chiromancie, de la radiesthésie. Toutes les personnes ayant des connaissances dans ces domaines, qu'elles soient professionnelles ou amateurs, devront se présenter ce soir à leur chef de Block. Si la volonté de participer se montre sincère, elles pourront envisager un régime meilleur, et même leur libération [1].

De nombreux déportés haussent les épaules :

— Ils sont tombés bien bas... Ils recherchent la route de la victoire.

— Non ! Ils veulent former un nouveau Block chargé d'établir les horoscopes de tous les combattants.

— T'es sûr !

— Puisque je te le dis... Je suis bien informé, non ?

D'autres s'étonnent.

— Il doit s'agir de quelque chose de très important... vous avez noté les termes de cette communication ? On demande la « participation »... C'est inhabituel, unique. De quoi peut-il être bien question ?

---

1. Cité par Édouard Calic dans son livre *Himmler et son empire* (Stock, 1966). Le docteur Marcel Leboucher y fait allusion dans *De Caen à Oranienburg* (Imprimerie Ozanne, Caen, 1963). Plusieurs déportés m'ont raconté cette opération « Recherches » mais Édouard Calic, jeune journaliste yougoslave, arrêté à Berlin en 1942 et enfermé à Oranienburg, s'est livré à une enquête dans le camp même. Aujourd'hui, Édouard Calic est secrétaire général du Comité européen pour la recherche scientifique des origines et des conséquences de la Deuxième Guerre mondiale.

— Demande-le à un « pendulard » !

La confirmation du « sérieux » de l'affaire est apportée par les différents chefs de Blocks qui lancent cet avertissement à leurs administrés :

— Charlatans s'abstenir ! Méfiez-vous des fausses indications professionnelles. Ça vous coûterait cher !

* * *

Oranienburg, le camp des camps, « propriété » d'Himmler, abrite deux centaines de « mages » professionnels et au moins cinquante amateurs. L'Allemagne, avant la guerre, comptait vingt-cinq mille voyants, astrologues, occultistes, radiesthésistes, spirites, etc. Hitler et Himmler, contrairement à la « légende » méprisaient ces « Verrückte » (toqués), ces « empoisonneurs de l'esprit du peuple » mais ne négligeaient pas de faire appel à eux. Sait-on jamais ? Et puis leurs trouvailles psychologiques peuvent influencer dans « le bon sens » les citoyens. Himmler et Walter Schellenberg, le chef du contre-espionnage, utilisèrent par exemple le Suisse Krafft, avant de l'enfermer à Oranienburg, dans plusieurs « thérapeutiques de choc [1] ».

« Le moral [2] français fut très ébranlé par un petit pamphlet, d'apparence innocente, qui était largement distribué par nos agents et largué par nos avions. Imprimé en français, avec l'indication qu'il s'agissait des prophéties de Nostradamus — nombre de ses prophéties y étaient effectivement incluses — cette petite brochure prédisait de terrifiantes destructions par des ''machines infernales volantes'', insistant sur le fait que le sud-est de la France serait préservé de ces horreurs. Jamais, en préparant ces brochures, je n'aurais imaginé qu'elles dussent produire un tel effet. »

C'est donc plus par « action psychologique » que par « crédulité » que les chefs du Reich s'entourèrent de « mages ». Lorsque leurs travaux ou leurs prédictions ne « satisfaisaient » plus... les camps de concentration ouvraient leurs portes.

Ils firent appel à eux dans des milliers de circonstances, mais chaque fois ils désiraient obtenir des résultats. Un jour, Himmler fit « sortir »

1. Krafft confia à Édouard Calic : « Quand j'ai discuté des prophéties de Nostradamus avec un collaborateur de Himmler, Schellenberg, il m'a recommandé de m'en tenir à la règle suivante, établie par le Reichsführer et par lui-même : ''Il ne suffit pas d'annoncer au peuple l'Apocalypse, mais le persuader, par la voie la plus convaincante, de la nécessité de terrifier les gens par les menaces, la destruction, l'assassinat ; après il est très facile de les conduire.'' Ce procédé, Himmler lui-même le définissait : thérapeutique de choc. »

2. Walter Schellenberg : *Le Chef du contre-espionnage nazi parle,* ouvrage cité.

d'Oranienburg Johannes Verweyen, théologien de l'Université catholique de Bonn, une autorité en graphologie et en horoscopes. Verweyen a raconté cette « consultation exceptionnelle » à Édouard Calic.

— Monsieur le professeur, nous vous avons donné le temps de réfléchir et de méditer. Existe-t-il un moyen de lire les pensées d'autrui ?

— Deviner les pensées d'autrui est aussi facile que de connaître les caractères des êtres par la graphologie.

Himmler ajusta ses lunettes et continua d'un ton amical :

— Eh bien, dans ce cas, veuillez me dire : comment peut-on lire dans les pensées des autres ? Où en est la science dans ce domaine de la psychologie expérimentale ? Nous avons fait un effort considérable de recherche, mais nous sommes encore loin du but. Nous sommes renseignés sur les effets réalisés par les fakirs indiens et les hypnotiseurs de nos écoles, mais il existe encore des vérités que nous n'avons pu découvrir.

— Eh bien, monsieur le Reichsführer, on peut lire les pensées par les gestes et le comportement des personnes. Cela surtout lorsqu'on est en contact avec elles.

— Dans ce cas, pouvez-vous me dire ce qui me préoccupe en ce moment ?

— Vous pensez à la façon de terminer la guerre et de sauver l'Allemagne.

— C'est exact, répondit tranquillement le Reichsführer, mais l'objet de ma demande est de savoir comment persuader les gens en Europe et surtout en Amérique et en Angleterre de la nécessité de conclure la paix avec le Reich. Nous préparons des armes effroyables. Et si nos adversaires exigent de nous une capitulation sans condition, nous serons obligés de les utiliser. Vous devez être au courant que les prophéties de Nostradamus se sont réalisées. Vous avez vu la rapidité de la campagne à l'Ouest. Nous préparons la reprise de ces opérations au moment opportun. Vous sentez-vous capable, vous, spiritualiste et croyant, de donner des conseils salutaires pour éviter la catastrophe ? Faites parvenir par vos prêtres un mémorandum au pape et à l'opinion mondiale.

— Arrêtez immédiatement ce massacre, monsieur le Reichsführer, voilà le seul conseil que je puisse vous donner, ai-je répondu à Himmler, qui me regardait d'un œil critique, mais tranquille.

— Monsieur le professeur, avez-vous entendu parler du docteur Gutbartlett, ce médecin formidable qui, grâce à son pendule cosmique, pouvait dans chaque société déceler la présence des Juifs, et prévoir leur action néfaste pour la paix du monde ? Il doit exister un procédé qui permette de prévoir les actions des ennemis de la paix et de la compréhension entre les peuples. Vous êtes une victime de la conspiration juive, et vos camarades, comme vous, se trouvent dans l'obligation de supporter les conséquences des bombardements, du rationnement, du manque de ravitaillement et de médicaments. C'est votre intérêt et celui de vos camarades d'entreprendre une action qui puisse terminer ce massacre... Faites quelque chose, je vous promets votre chaire à l'université de Bonn, une villa sur le Rhin, une bibliothèque personnelle. Nous allons vivre encore des moments très durs, mais les voyants qui tiennent compte de nos recherches seront largement récompensés et ils resteront sains et saufs, grâce à moi.

Le théologien Verweyen disparaîtra dans le charnier de Bergen-Belsen.

*
* *

— Alors les « pendulards », vous vous faites inscrire... Vous avez jusqu'à demain soir !

À Oranienburg, en ce soir du mois d'août 1943, les « mages » professionnels et amateurs se « consultent » mutuellement.

— Que va-t-on nous demander ?

On leur verse double ration de soupe et trois cuillers de confiture. Festin ! Estime ! Avenir ?

C'est Himmler en personne qui a réclamé cette première « participation » massive de tous les « mages »... Himmler est à la recherche de Mussolini... On a perdu Mussolini... Il faut retrouver Mussolini... Où est Mussolini ?

Le Duce, dans la nuit du 24 au 25 juillet 1943, s'était vu reprocher par les chefs du parti : Grandi, Ciano, de Bono... ses « irréparables » désastres militaires, qu'il ne pouvait « laver » qu'en offrant sa démission à Victor-Emmanuel. Mussolini, malgré les conseils de sa femme, se rendit au palais et fut arrêté. Le général Badoglio prenait la tête du nouveau gouvernement.

Dans la soirée du 25, Hitler recevait Otto Skorzeny, le « capitaine des opérations spéciales » :

— J'ai[1] pour vous une mission importante. Mussolini, mon ami, notre fidèle allié, a été, hier, trahi par son roi. Ses propres compatriotes l'ont arrêté. Je ne puis ni ne veux laisser dans cette situation le plus grand homme de l'Italie. Le Duce est, à mes yeux, l'incarnation des derniers romains. Sous le nouveau gouvernement, l'Italie va se détacher de nous. Je resterai fidèle à mon allié, il faut le sauver rapidement, sans quoi il sera livré aux Alliés. Je vous donne donc l'ordre d'exécuter

---

1. Mémoires d'Otto Skorzeny : *Lebe gefährlich*. Ring-Verlag, Helmut Cramer. Sieburg-Niederpleis, 1962.

cette opération, la plus importante, actuellement, pour la conduite de la guerre. Vous devez tout mettre en œuvre pour exécuter cet ordre. Vous réussirez. Mais voici le plus important ; cet ordre doit être tenu absolument secret. J'espère avoir bientôt de vos nouvelles et je vous souhaite tout le bonheur possible...

Skorzeny leva le bras, claqua des talons et s'envola pour Rome, suivi discrètement de ceux qu'il appelait : « Mes cinquante hussards, que j'aimais entre tous, pour leur grande bravoure et pour leur haute taille. » Skorzeny, comme l'amiral Canaris, piétina, se perdit en suivant de trop nombreuses pistes... Hitler, furieux, convoqua Himmler, le 2 août. Les deux hommes s'enferment. Une secrétaire avait déposé sur une table basse le dossier de la presse américaine. Il ne reste aucune trace de cette conversation où il fut décidé en désespoir de cause de consulter les « voyants » d'Oranienburg ; mais il est très facile d'imaginer « l'ambiance », si l'on sait que les journaux de New York et de Washington faisaient état de la proposition d'un célèbre impresario américain qui se proposait, après la capture de Mussolini, de le promener enfermé dans une cage à travers les USA, en chantant : « *Ainsi finissent les dictateurs...* »

Himmler dut proposer la solution Oranienburg.

— Que risquons-nous ?

* * *

L'abbé Louis Le Moing, vicaire parisien de Notre-Dame de Lorette, taquinait adroitement le pendule. Il était incontestablement « l'amateur » le plus célèbre du camp. Était-il sincère ? Son « numéro », parfaitement étudié, préparé, rodé, lui rapportait de substantielles améliorations alimentaires dont il faisait profiter les malades du Revier et les affamés de la quarantaine. Il opérait toujours de la même manière, en pointant le doigt vers son « client » qui était parfois un « patient » car il ne répugnait pas à jouer les guérisseurs. La chronique du camp lui attribue de spectaculaires soulagements. Il se tirait de toutes les situations embarrassantes.

Un Toulousain lui demande :

— Je voudrais des nouvelles de ma mère.

— Ta mère... attends...

Il pointe le doigt, ferme les yeux.

— Il me faudrait un objet lui ayant appartenu.

— Je n'ai qu'une lettre.

— Pose-la sur mon genou.

Le pendule entame sa ronde.

— Je la vois, elle est grande, elle marche difficilement mais elle marche, elle est en parfaite santé...

— Pauvre imbécile, ma mère est morte en me mettant au monde... Charlatan ! Je vais te gifler...

Et l'abbé, sans se démonter :

— Comment veux-tu que je trouve si tu es venu pour te moquer de moi ? Tes forces incrédules annulent mes forces opérationnelles.

— Charabia !

— Sais-tu seulement ce que veut dire charabia ?

— ...

— Algarabia... C'est de l'espagnol ; ça veut dire la langue arabe ; ce sont les arabes qui ont inventé le pendule ; et avec leur pendule ils ont trouvé la route de Poitiers. Mais c'était en 732 et en 732 ta mère n'était pas née, alors elle n'a pu te raconter...

Les spectateurs s'esclaffent, applaudissent. Le Toulousain « hérétique » s'éloigne.

— À qui le tour ? Mais je vous préviens, si l'on veut se foutre de moi, je ferme la boutique !

Johannes Verweyen, de l'Université catholique de Bonn, qui tint tête à Himmler comme nous l'avons vu, avait à la demande « respectueuse » du chef de camp rédigé des analyses graphologiques de tous les officiers et sous-officiers SS d'Oranienburg. Le Moing et Verweyen, voisins de lit, au cours d'une séance commune affirmèrent qu'Hitler serait tué par l'explosion d'une bombe, ce qui leur valut un long interrogatoire de la Gestapo mais, fait troublant, aucune sanction.

Parmi les « grands professionnels », Noak en est réduit à demander deux pommes de terre pour une séance « complète ».

— Que voulez-vous... Ils ont plus confiance en ce curé parisien. Et pourtant, moi, si je vous donnais les noms de tous ceux qui, avant, sont venus dans mon cabinet...

Il confie à Édouard Calic :

— Nous, les vrais, nous sommes dangereux parce que nous savons lire la métaphysique du cosmos. Les charlatans, le régime les laisse courir par milliers. Ils servent la propagande faite au profit du Führer, mais moi je préfère périr ici que de raconter des mensonges sur la victoire de l'Antéchrist.

Une autre « vedette », pour les SS comme pour les déportés, avait été « fabriquée » de toutes pièces par Édouard Calic. Zaim Zmaïev, Tartare capturé sur le front de Russie, souffre-douleur de son chef de Block qui le rossait copieusement matin et soir, rencontra un soir le journaliste yougoslave :

— Je vais finir au crématoire !

— Mais non ! Je sais comment il faut t'y prendre pour te gagner les bonnes grâces du chef de Block.

— Comment ?

— Tu es chiromancien. C'est tout ! Prends-lui la main, regarde-le bien dans les yeux, et dis-lui qu'il a deux enfants et une femme fidèle qui fait tout pour le tirer du camp et que ses démarches réussiront, dans trois mois au plus tard.

— Merci, vous êtes un voyant merveilleux.

Zaim Zmaïev le soir même ausculta la grosse patte de son tortionnaire et regagna son lit en brandissant une énorme gamelle de pommes de terre.

Le surlendemain, trois chefs de Block, alertés par leur confrère, demandaient le chiromancien « supérieur ».

Il prend la première main, l'examine longuement. Silence. Deuxième main. Silence. À la troisième, il se lève :

— Bon, bon ! Je vous comprends, vous voulez connaître exactement ce qui se passe chez vous. Donnez-moi une nuit de tranquillité pour me mettre par la pensée en rapport avec les vôtres. Revenez demain !

Calic contacta des secrétaires déportés informés du curriculum vitae des différents « collaborateurs subalternes ». Une plongée dans les mémoires, les dossiers, les rapports et le tour fut joué...

Zmaïev, l'abbé Le Moing et Johannes Verweyen n'eurent pas à se porter volontaires pour la séance spéciale que réclamait Himmler. Le SS chargé d'établir les cartons d'invitation les avait, d'office, couchés sur sa liste. Le docteur Marcel Leboucher, seul médecin spécialiste des maladies des yeux pour une population de soixante mille individus et qui, sur « ordre », soignait quelques officiers SS, était une personnalité à ménager. Pourtant, les rapports l'affirmaient, il avait été surpris par un surveillant, le mois précédent, pendule en main. Ce dimanche-là, Marcel Leboucher, de permanence au Revier, attendait la relève :

« Ne [1] sachant à quoi m'occuper, j'eus la bizarre idée de confectionner un pendule et de rechercher, sur une carte publiée par un journal nazi, la position des armées allemandes face aux Russes. Je faisais le ''point'' à l'aide d'un crayon à mine bleue lorsque le Vorarbeiter me surprit et décida de s'emparer du document. Mais quelle ne fut pas ma surprise de le voir revenir peu après, absolument enthousiasmé... Mes indications étaient (paraît-il) exactes. »

Le médecin français fut donc fiché « prophète ».

Le 7 août, il recevait une lettre de l'administration du camp lui annonçant la petite « fête » que donnait Himmler et lui demandant de

1. *De Caen à Oranienburg*, ouvrage cité.

préciser ses « possibilités ». Une heure plus tard, le sergent SS — recruteur — venait aux résultats. Deux heures de discussion... refus catégorique du médecin :

— En France, c'est insulter un médecin que de l'assimiler à un sorcier.

Furieux et déçu, le SS raya le nom du docteur Leboucher. Il disposait de deux cents candidats et ne devait retenir que quarante élus. Il enquêta minutieusement, rencontrant les « cas traités », avant de faire annoncer par les haut-parleurs :

— Ceux dont les noms et matricules suivent devront se présenter le 18 août, après l'appel, au magasin d'habillement.

Le Moing ouvrait la liste ; le Tartare, le théologien de Bonn, un ancien commissaire de la marine française coiffaient sur le poteau les « grands professionnels ».

Les quarante « mages », vêtus de rayés neufs et amidonnés, s'installèrent dans un autobus confortable.

* * *

— Alors ?

Mille questions accueillent les « mages » à leur retour, le soir du 18 août.

— Nous ne pouvons rien dire !

— Nous avons promis !

— C'est un secret !

— Un secret d'État !

L'abbé Le Moing fume un gigantesque cigare...

— Vous avez promis... mais à des Allemands, à des SS, vous pouvez bien...

— Non !

L'abbé Le Moing se confessa tout de même, le lendemain, à Édouard Calic, Marcel Leboucher et à son ami, l'aumônier D.

— Vous gardez [1] le secret ? Très bien ! Nous avons passé la journée à la Gästehaus de la SS, à Wannsee, la maison des hôtes. On nous a posé cette longue question : « Nous recherchons une importante personnalité. Quelqu'un peut-il entrer en communication avec elle ? Nous dire où elle se trouve et de qui il s'agit ? » L'ancien commissaire de la marine française expliqua qu'il saurait retrouver celui qu'on recherchait s'il pouvait se mettre en transes... mais que ses transes étaient commandées

1. Témoignage d'Édouard Calic, *Himmler et son empire*. Marcel Leboucher, *De Caen à Oranienburg*, aumônier D. (interview février 1969).

par son estomac et que son estomac était vide. On lui servit, dans la pièce voisine, une côtelette de veau et un grand verre de vin blanc. Moi, j'ai pensé d'abord qu'ils recherchaient Gœring, peut-être avait-il pris le maquis. On avait posé la même question à Verweyen. Mieux informé que moi, il comprit immédiatement qu'on pensait à Mussolini et que l'on cherchait à savoir où on le retenait séquestré. Il les avait entendus prononcer le nom du Duce. Comme une grande carte d'Italie était déployée sur la table, je promenai mon pendule. Il s'arrêta sur l'île d'Elbe. J'ai pensé à Napoléon, vif intérêt d'Himmler... car Himmler en personne était là avec des officiers de son état-major. Je les observai, mais l'arrêt de mon pendule ne paraissait pas les enthousiasmer... Je l'ai remis en route vers la Sardaigne... Leurs visages rayonnaient... Je brûlais, mais le Duce était-il en Sardaigne ou sur un bateau ? Ça, je l'ignorais. Mon pendule s'était mis alors à dessiner de grands huits et des spirales englobaient une bonne partie de cette région de la Méditerranée. L'un des huit passait au-dessus de l'îlot Santa Maddalena [1]. Himmler eut un sursaut. J'en restai là. J'avais compris qu'ils avaient des renseignements, mais insuffisants. Himmler dit à son aide de camp : « À l'abbé de Paris, trois cigares. »

« Le mangeur de côtelette venait de terminer son repas... Il prépara et réalisa parfaitement ses transes en hurlant : ''Oh ! comme il a peur ! Comme il a peur !... Il se cache... Il a peur.'' ''C'est vraisemblable, coupa un SS, son nom ?'' Le commissaire répondit gravement : ''Gustave.''

« Zaim Zmaïev, le Tartare, créa la sensation de la séance, effaçant mon petit ''succès''. Il prit la main d'un SS, l'examina et prononça une seule phrase, une seule : ''Mussolini est sain et sauf et fidèle à l'Allemagne ; si le Führer ne parvient pas bientôt à le délivrer, il sera extradé en Amérique !'' Après, nous avons eu tous droit à un repas pantagruélique ! Il y avait bien longtemps que nous n'en avions eu autant [2]. »

---

1. Skorzeny avait informé la veille le quartier général d'Himmler qu'il avait découvert la cachette où l'on retenait le Duce : Santa Maddalena. C'était vrai... mais lorsque le capitaine à « tête de mort » débarqua fin août, Mussolini avait quitté l'île depuis une dizaine d'heures pour une nouvelle destination inconnue.

2. Un hypnotiseur français, Jean-Jacques Beguin, qui s'était produit sur de nombreuses scènes européennes, impressionna si fortement Himmler au cours de ce rassemblement des « mages » qu'il décida de ne pas le renvoyer dans le camp de concentration, et d'utiliser ses services... Beguin « véritable » hypnotiseur, cinq jours plus tard, endormit le gardien SS qui le surveillait (le gardien avait voulu « voir »), le déshabilla et, revêtu de son uniforme, prit le train pour la Suisse. Il descendit à moins de dix kilomètres de la frontière et réussit le mois suivant à prendre contact avec un groupe de résistance de Grenoble.

Le plus surprenant de l'« affaire », c'est qu'à l'heure même où Himmler interrogeait ses « mages », Otto Skorzeny s'abîmait avec son avion au large de Santa Maddalena :

« Le mercredi 18 août[1]... l'équipage du *Heinkel 111* avait fait le plein, nous partîmes peu après quinze heures. J'avais donné l'ordre de monter rapidement à cinq mille mètres. Je voulais de cette altitude survoler le port, cap au nord. J'étais installé dans le cockpit au canon de bord. À côté de moi, la caméra et la carte marine que je voulais annoter. J'étais tranquillement plongé dans la contemplation de la mer, quand la voix du mitrailleur de queue me parvint dans les écouteurs : ''Attention, deux chasseurs anglais derrière nous !'' Notre pilote amorça un virage. J'avais moi-même le doigt sur la détente du canon et j'attendais qu'un objectif s'offrît à moi. Le commandant de bord avait déjà remis l'appareil en ligne. Je pensais que tout se passait bien lorsque je vis le nez de l'avion s'incliner droit vers le bas.

« Lorsque je me tournai, je vis le visage du pilote crispé dans son effort pour maintenir l'appareil. Un coup d'œil à l'extérieur : le moteur de gauche était arrêté. À une vitesse effrayante, nous foncions vers la mer. Il n'était plus question de penser à sauter. J'entendis encore dans le microphone une voix me crier : ''Cramponnez-vous.'' »

Skorzeny s'évanouit. Arraché du cockpit par le pilote, il se « réveillera » dans un hôpital avec trois côtes cassées[2].

1. *Mémoires* d'Otto Skorzeny, ouvrage cité.

2. Le capitaine SS mènera à bien l'opération « récupération » de Mussolini. Le 12 septembre 1943, il enlevait le dictateur dans l'hôtel même qui lui servait de prison au pied du massif Gran Sasso.

X

LA PAROISSE DE L'ABBÉ LAVALLART

À Neuengamme, lorsque « l'hôtesse d'accueil » a hurlé :

— Les médecins sortez des rangs !

— Les robes sortez des rangs !

... Il a fermé les yeux. Une seconde. Derrière lui un déporté a lancé :

— Vas-y curé ! Sinon ils vont te tabasser à mort et nous aussi. Si tu crois passer inaperçu avec tes presque deux mètres et ta soutane.

L'abbé Émile Lavallart s'est retourné vers le raflé de Figeac :

— Regarde bien avant de gémir. Je n'ai plus « ma robe ». Elle est restée quelque part sur la voie entre Compiègne et ici.

Un autre déporté, lui aussi de Figeac, a serré le poignet de l'abbé.

— Merci de rester avec nous. Nous aurons besoin de vous.

Apprentissage de la déportation : courses, cris, brutalités et sur la place d'appel :

« On est dix mille environ [1], bien alignés. Le ciel n'a pas été purgé par l'orage. Il fait lourd cependant que des nuages de plomb oxydé courent en se culbutant vers le sud-est. La musique à notre gauche rythme une mazurka. On est muet. Est-ce pour notre détente ? Tout le monde est là ; les chefs et sous-chefs rôdent, mauvais, autour de leur troupeau angoissé. La formation laisse un carré libre au beau milieu, de trente sur trente. Bientôt, deux géants en béret de marin apportent sur

---

1. Voir le *Livre mémorial* de Falkensee (Imprimerie H. Meffre, Vaison-la-Romaine, 1968). Je n'aurais pu traiter ce chapitre sans les témoignages inédits (novembre 68-janvier 69) de : Roland Picart, André Perret, Louis Coste, André Goupille, Fernand Coudrey, Maurice Thuillier, Henri Daudemard, André Quinton, compagnons de déportation de l'abbé Lavallart.

leurs puissantes épaules un portique de gymnastique ; derrière, un troisième porte une table, un petit escalier et un tabouret.

« Fête de gymnastique ? Non ! Deux nœuds coulants tombent du portique, on va pendre deux hommes ! Lesquels ? Pris au hasard ? Des Français ? Des nouveaux ? Les yeux se closent, les faces blémissent, les mains se crispent sur les cuisses, les genoux jouent des castagnettes. Les chefs lancent des volées de gifles aux tendres. Il faut ouvrir les yeux, bien en face, voir cette potence, regarder droit ce gibet... J'ai la chair de poule. Je serais horripilé si j'avais encore les poils de ma chair.

« Quart d'heure qui dure. La musique attaque une valse tandis qu'un officier s'avance à bicyclette. Après avoir ajusté son monocle, il lit un petit papier qui est immédiatement traduit dans toutes les langues européennes. "Avez-vous compris ?" Les plus forts hurlent : "Oui". "Deux détenus russes", on les désigne à côté de la potence, dans un garde-à-vous impeccable, sauf un bras cassé, "vont être pendus pour tentative d'évasion".

« *Der Erste !* Celui qui a le bras cassé monte le premier sur la table. Un bourreau athlétique le rejoint, lui donne la main pour se hisser sur le tabouret. Le bourreau le domine tout de même et lui passe le nœud coulant autour du cou, règle adroitement la tension de la corde et enlève le tabouret. Ce camarade qui s'allonge jusqu'à frôler la table de ses pieds sort une langue énorme, engluée de boue. C'est tout. Pas un geste, pas un mot. Il tourne doucement. L'officier et le bourreau rêvent ou méditent... Dix minutes s'écoulent, la musique a changé de partition, les cymbales sont aussi vives, les nuages se cuivrent, s'affaissent, prêts à pleurer.

« *Der Nächste !* ordonne l'officier. Le suivant en question a examiné de près, du pied de la potence, comment s'était comporté son camarade de tentative d'évasion. Il monte, souriant, salue du chef rasé l'orchestre où joue son cousin puis, d'une élongation du cou presque coquette, arrange le nœud coulant. Le bourreau est-il moins précis, la corde plus souple, le cou plus musclé ? Le pendu se débat, tire sur ses menottes, s'agite, déchausse un pied. Le bourreau, d'abord impassible, lui appuie sur les épaules puis saute en bas en tirant à la taille. C'est fini. Après un dernier soubresaut, une ultime vibration, la langue sort, énorme, et le pendu commence à tourner lentement tandis que les orteils du pied nu font des pointes.

« L'officier regarde sa montre-bracelet, ordonne de les descendre, se penche, dit un mot au bourreau et repart à bicyclette sans un salut, sa cigarette toujours aux lèvres, le monocle vissé à l'orbite. Les deux pauvres cadavres sont emmenés sur le chariot qui transporte la soupe et, tout à l'heure, la fumée du crématoire sera plus épaisse pendant quelques minutes, car ils étaient grassouillets.

* * *

Le Kommando de Falkensee où se retrouvent l'abbé Lavallart et les déportés de son convoi dépendait du grand camp d'Oranienburg.

Dans le Block de désinfection, Louis Coste « raconte » les pendaisons de Neuengamme et conclut :

— Puisque des choses pareilles sont possibles, Dieu n'existe pas.

Une voix grave répond :

— Dieu existe, et je te le prouverai.

Coste se retourne et aperçoit un « grand échalas » qui lui tend la main :

— Soyons amis, veux-tu ?

Coste, responsable FTP de son usine a toujours « bouffé » du curé.

— Toi tu causes comme un prêtre.

— J'en suis un. Lavallart du diocèse de Lille.

Au Block 2, un « ancien », Roland Picart, lui demande pourquoi il a caché qu'il était prêtre.

— J'ai voulu rester avec mes compagnons. Ma place est au milieu de vous et je n'ai même pas menti à l'enregistrement. J'ai dit que j'étais professeur. C'est vrai, je suis professeur en théologie.

Il est dirigé sur la « Kolonne 7 » et transporte, douze heures de suite, les lourds obus de l'usine Demag. Perret et Kauffmann, deux anciens scouts de France, veulent se « débrouiller » pour lui trouver un travail moins pénible. Il refuse :

— Je ne vais pas déserter. Que diraient mes amis ? Catholiques ou non, ce sont mes amis et je suis le leur. Je reste aux obus.

Très vite une petite paroisse se constitue autour de l'abbé.

— Il doit exister un moyen de se procurer des hosties et qui sait... du vin de messe.

— Pour le moment, voici une croix et une timbale qui pourrait servir de ciboire. C'est Coudrey qui a fabriqué le tout à l'usine.

Ce fut alors une véritable chaîne d'entraide qui s'organisa et, parmi ses maillons, laïques et athées n'étaient pas les derniers à rivaliser d'astuce pour réaliser le souhait de leur nouvel ami.

« Des contacts [1] furent pris avec les civils de l'usine et, par cet intermédiaire, des prisonniers de guerre purent toucher un aumônier militaire qui parvint à faire passer un missel et des hosties. Il ne faudrait

---

1. Témoignage Roland Picart (*Mémorial* et journal *Le Déporté*).

pas croire que tout se soit passé sans difficultés ni complications. Le Kommando de Falkensee n'avait pas la réputation d'un Kommando facile... Les SS et les Vorarbeiters y sévissaient... On y vivait misérablement, on y travaillait au-delà de ses forces, on y mourait de toutes les ''manières'' : de brutalité, d'épuisement, quelquefois de ''désespoir'', la pire des morts. Les « Kolonnes » de travail étaient fréquemment fouillées... au départ, à l'arrivée, parfois sur le lieu de travail, et alors, malheur à qui était trouvé porteur d'objets interdits : outils, couteaux, briquets, journaux, etc. À ce sujet, je rappellerai qu'en décembre 1944 des colis de Croix-Rouge (les premiers et les derniers que nous reçûmes) venant d'Afrique du Nord, nous furent distribués. Ces colis contenaient entre autres de la semoule de blé, des biscuits, de la confiture d'oranges, des cigarettes et aussi du café en grains. Du café ! C'était là, pour beaucoup de nos camarades, la tentation de l'échanger avec des civils allemands qui travaillaient à l'usine et qui en étaient privés depuis plusieurs années. Et le troc entre du pain et du tabac s'organisa sur une grande échelle. Au cours d'une fouille inopinée, ce fut le drame. Des dizaines de Français trouvés porteurs de pain civil et de cigarettes allemandes furent interrogés, matraqués, assommés et dirigés sur le grand camp de Sachsenhausen d'où ils partirent en convoi vers un camp d'extermination dont aucun ne devait revenir. Les civils allemands eux-mêmes furent l'objet d'enquêtes policières et de sanctions dont la plus bénigne fut d'être relevés de leur poste et versés dans une unité combattante. Toutefois, les objets du culte furent ramenés au camp sans difficulté et notre abbé, à présent en possession de son missel, de ses hosties, de son vin de messe, avait le souci de tous les instants de les dissimuler aux regards indiscrets...

« Quelle joie pour ceux qui, depuis leur arrestation, se cachaient dans l'ombre des dortoirs pour réciter leur chapelet, chapelet bien modeste et bien primitif fabriqué de bouts de ficelle récupérés dans les poubelles de l'usine et dont chaque nœud représentait un grain ! Quelle joie de pouvoir enfin assister à une vraie messe !

« Quelle victoire pour l'abbé Lavallart, quatre mois, jour pour jour, après son arrivée au Kommando de Falkensee, de pouvoir célébrer sa première messe ! »

C'était le dimanche 4 novembre 1944...

Dans l'abri antiaérien enterré entre les Blocks 2 et 4...

Une vingtaine de Français attendaient, recueillis...

Une planche simplement posée sur deux morceaux de bois : ce fut l'autel.

Un quart : ce fut le ciboire...

Une boîte à cirage : la custode...

« Mais alors qu'au fond de l'abri des hommes étaient tout entiers à leur foi, en haut, à la surface, près de l'entrée, se tenait un groupe de Français qui interdisait l'accès à l'abri aux personnes indésirables. Ces Français, pour la plupart des laïques, comme le disait savoureusement un syndicaliste parisien, montaient un piquet de grève... En tout cas ce fut une magnifique leçon de fraternité et de tolérance donnée dans le danger et dans l'épreuve et qui, alors, pouvait laisser entrevoir les lendemains qui chantent.

« Tous les dimanches, sans interruption, l'abbé Lavallart disait la messe à ses ''paroissiens'' de Falkensee. À la Noël 1944, après la cérémonie, tous se sont retrouvés au Block 2 et ce fut notre camarade, Lucien Piron, un militant communiste qui, pourvu d'une jolie voix, devait entonner le ''Minuit, chrétiens !'' au milieu d'une assistance émue de camarades de toutes opinions et confessions qui, ce soir-là, envisageaient avec sérénité l'issue de la guerre et la fin de leurs tourments. »

L'abbé Lavallart lut, ce soir-là, à ses camarades, la prière qu'il avait composée l'après-midi :

— Plus pauvres que les bergers, avec notre régime de famine, plus aveugles que les Mages avec notre vie ténébreuse sans étoile, nous ne savons trop par où prendre cette misérable vie, pour Vous l'offrir proprement.

« Pourtant les heures qui sonnent sont lourdes de tout un Monde Nouveau qui naît dans la douleur, nous ne voulons pas les perdre ! et nous croyons que Vous pouvez cacher Votre Richesse et Votre Vie divine sous ''mes haillons et sous mes mortifications'' humaines.

« Recevez donc, malgré son étrange laideur, notre offrande actuelle : la myrrhe de nos corps qui souffrent, l'encens de nos esprits qui veulent s'élever quand même au-dessus d'une vie bestialisée et surtout l'or de nos cœurs : du cœur de nos petits qui Vous ressemblent, et c'est tout dire ! du cœur de nos épouses — notre plus cher trésor — et l'or de nos cœurs qui ne veulent pas durcir, mais qui veulent être prêts à réchauffer l'humanité sitôt que les armes seront tombées, impuissantes, sous le regard radieux de Votre Amour vainqueur et pacificateur.

« Donnez enfin la paix à tous ceux qui, comme nous, sont des hommes pauvres, mais de bonne volonté. Ainsi soit-il. »

* * *

Le 18 février 1945, premier dimanche du carême, l'abbé Lavallart disait sa dernière messe puis « entrait » au Revier. La semaine suivante, le Kapo demanda les matricules de tous ceux qui se sentaient incapables de suivre à pied « une évacuation ». L'abbé s'inscrivit.

Tous les « musulmans » furent dirigés sur Mauthausen.

— Trois jours [1] et trois nuits de voyage, complètement nus ; beaucoup devaient mourir de froid. Arrivés au camp, nous fûmes rangés par groupes de cent, puis le camion pompe nous arrosa copieusement. Il faisait 20° au-dessous de zéro. Le soir, nouvelle douche pour les survivants puis on nous rassembla dans la cour devant le crématoire, et le massacre commença. L'abbé Lavallart eut un bras fracturé par un manche de pioche, puis il fut abattu [2].

*
* *

À son retour en France, Louis Coste, le « bouffe-curé » qui « savait que Dieu n'existait pas », se convertit :

— Je mis en règle ma famille et moi-même avec l'Église catholique. Combien j'aurais voulu que ce soit l'abbé Lavallart qui officie ! Sans lui je ne serais pas revenu.

---

1. Témoignage inédit. Fernand Coudrey.
2. À rapprocher de l'arrivée à Mauthausen de l'abbé Vallée.

XI

L'ÂME DE RAVENSBRÜCK

Léonie Meysembourg travaille au Kommando des douches, première étape obligatoire pour les arrivantes. Elle « récupère » médicaments, lunettes, nourriture, lainages, chapelets, missels.

Chaque matin, avant l'appel, mère Élisabeth rencontre Léonie et Léonie chaque matin glisse dans le tablier de mère Élisabeth un nouveau « trésor ».

Chaque matin, mère Élisabeth sourit. Comment pourrait-il en être autrement ? Elle est sourire, joie, paix, amour. Elle est exemple. Force. Courage. Prière.

Chaque dimanche, mère Élisabeth lit la messe dans un coin du Block 15.

Le camp vénère mère Élisabeth.

Le Vendredi-Saint 1945, dans le Block, les SS appellent les numéros de celles qui ont été désignées par le médecin pour la chambre à gaz.

Mère Élisabeth ne figure pas sur la liste.

Elle pleure.

Toutes les femmes pleurent.

Mlle Rose embrasse mère Élisabeth :

— Priez pour moi ! Priez pour nous !

Des femmes hurlent :

— Je ne veux pas mourir !

— Je suis jeune, je suis forte. Je peux travailler !

— Ne me tuez pas, j'ai des enfants, trois enfants !

La petite Luce Gire s'accroche aux jupes de la mère.

Une à une les femmes quittent le Block.

Mère Élisabeth s'approche d'une jeune femme.

— Allons... Il faut être courageuse.

— J'ai deux enfants...

Mère Élisabeth fixe la fenêtre :

— Allez vite, saute par la fenêtre.

La femme hésite.

— Personne ne te voit. Ils cherchent sous les lits, au fond. Vite...

La déportée s'échappe. Et lorsque le SS appelle l'avant-dernier numéro, celui de la déportée qui vient de fuir, mère Élisabeth s'avance. Elle regarde celles qui n'ont pas été désignées :

— Je vais au Ciel... Prévenez à Lyon.

Elle monte dans la charrette.

Sa main crispée cache une croix de bois. Elle embrasse Rose, Luce.

— Allons ensemble, je vais vous aider à bien mourir.

Elle élève la croix.

— Récitons le chapelet de Notre-Dame des Sept Douleurs [1]...

1. Mère Élisabeth de l'Eucharistie, née à Draria (1890) en Algérie, entra au couvent de Notre-Dame de la Compassion à Lyon le 3 décembre 1912. Elle était élue mère supérieure le 20 mars 1933. Dès la fin de 1940, elle fit héberger des réfractaires, renseigna la Résistance, cacha des armes. Le 25 mars 1944 elle était arrêtée par la Gestapo... Montluc... Ravensbrück.

XII

BUCHENWALD

Ils se sont immobilisés devant le Block des douches.

— Silence !

Un « ancien », en domino rayé bleu et blanc, a imploré de groupe en groupe :

— À manger ! Donnez-moi quelque chose. Vous ne profiterez de rien. Ils vont tout vous prendre.

Un SS a pointé son stick et a chargé en hurlant. Le domino a disparu derrière la baraque.

Debout, au milieu de la file des nouvelles recrues de Buchenwald : l'abbé Georges Hénocque. Il ouvre son bréviaire, fait le signe de croix... Le SS « cavalier » charge à nouveau :

— Pas de ça ici ! On n'admet pas ces sottises.

L'abbé sourit :

— Dieu est partout.

— Dieu est trop loin, il ne vous entend pas et il ne pourra exaucer vos prières !

— Peut-être n'exaucera-t-il pas ma prière aujourd'hui parce que vous l'interrompez. Mais un jour, il l'exauça : c'était à la bataille de Verdun, quand je le suppliai de nous donner la victoire...

Le SS tourne les talons. Quelques minutes plus tard d'autres officiers, dans l'« antichambre », s'acharnent sur le prêtre. Sa soutane est lacérée, son bréviaire déchiré, l'Imitation de Jésus-Christ piétinée, le chapelet broyé.

— Dieu n'existe pas !

Pour la première fois de sa vie, l'abbé ne réplique pas. L'eau de la douche noie sur son visage ses premières larmes de déporté.

Georges Hénocque, le plus célèbre des aumôniers militaires français de notre siècle [1], a soixante-quatorze ans en débarquant sur le quai de Buchenwald. Il n'a pas hébergé chez lui d'aviateur abattu, il n'a pas servi de boîte aux lettres, il n'a jamais transporté d'émetteur radio, il s'est simplement contenté de parler en chaire, chaque dimanche, pendant trois ans, développant inlassablement le même thème :

— L'occupant demeure l'ennemi. Jamais la France n'acceptera l'esclavage. Nous devons refuser toute collaboration et par tous les moyens chercher à chasser l'oppresseur.

Un jour « enfin » il est convoqué au siège de la Gestapo, rue des Saussaies. Il pourrait fuir.

— J'ai toujours dit à mes cyrards, à mes hommes, de ne jamais craindre l'Allemand, de ne jamais lui céder même sous la menace de mort. Et moi !... Non ! Je vais aller leur dire leur fait, sans périphrases, à la française [2].

Le 1er août 1944 il se présente rue des Saussaies. Un civil traverse la cour :

— Je cherche la chambre 525.

— Je vous plains ! C'est une des salles de torture et le commissaire passe pour être le plus terrible des agents allemands, vous le reconnaîtrez, c'est un rouquin.

Le grand roux n'est guère habitué à ce que les suspects se rendent à ses « invitations ». Il règne sur un adjoint brun, un bureau chargé de dossiers, une baignoire en parfait état de fonctionnement, des anneaux de fer fixés au mur, une centaine d'instruments chirurgicaux alignés sur une table basse.

— Qu'est-ce que vous voulez ?

— Voici ma convocation.

— C'est bon ! Allez attendre dans le corridor.

Une heure de « banquette ».

— Rentrez !

La porte s'est refermée brutalement.

— Asseyez-vous, ordonne le commissaire.

— Non, monsieur !

— J'ai dit : asseyez-vous.

— Non, monsieur. Quand je parle, j'ai l'habitude de rester debout [3].

1. Douze citations en 14-18, aumônier de Saint-Cyr pendant près de vingt ans. Aumônier de la 3e division d'infanterie ; aumônier de la Fédération des Cuirassiers de France.

2. L'abbé Hénocque a publié en 1947 : *Les Antres de la bête*, éditions G. Durassié, Paris. Ce témoignage a été complété par deux entretiens (1956-1958).

3. « Ma parole de prêtre peut garantir l'absolue authenticité de ce dialogue invraisemblable. » (Abbé Hénocque.)

— Alors restez debout, mais ne vous appuyez pas sur mon bureau.

— Votre bureau ? Oh, monsieur, vous faites erreur. Ce bureau n'est pas à vous ; il est à nous. On vous le prête, c'est entendu, pour... une quinzaine encore, mais il nous reviendra.

Le grand roux ne trouve plus ses mots. Il frappe du poing, du pied, hurle en allemand...

— Monsieur, ne vous gênez pas, continuez à votre aise. Je ne comprends pas un mot d'allemand.

— Ça suffit ; je vais vous interroger en français.

— Je ne répondrai pas.

— Comment, vous ne voulez pas répondre ?

— Non, monsieur, car j'ai fait du droit pendant deux ans et je me rappelle qu'un juge en colère ne saurait rendre une sentence équitable. Reprenez vos esprits et vous pourrez alors m'interroger.

— Taisez-vous, je ne vous ai pas convoqué pour me faire un sermon.

— Ce n'est pas un sermon. Si c'en était un, j'aurais fait intervenir saint Paul, qui se montrerait beaucoup plus sévère.

Le grand roux, lèvres gonflées, se lève. Le petit brun lui tend un papier.

— Et ça ? Tenez voici la lettre qui vous dénonce ! Lisez !

L'abbé Hénocque parcourt la feuille dactylographiée.

— Une lettre anonyme ! C'est une lâcheté et le Français n'accepte pas la lâcheté. Vous, vous en faites votre profit !

Il jette la lettre sur le bureau. Calmement, le grand roux la reprend :

— Eh bien ! je vais vous la lire. Vous nous traitez de « casques verts ».

— « Casques verts » ?... Non, monsieur, ce n'est pas là mon style. C'est une sottise et je ne suis pas assez sot pour en proférer de semblables. Vous devez vous tromper de dossier. Cherchez mieux.

— Vous nous avez appelés brutes et sans cœur.

— Ah ça... oui, c'est de moi ! Je reconnais mes paroles.

— Pourquoi avez-vous dit cela des Allemands ?

— Pourquoi, monsieur ? Vous allez le savoir. J'avais au Val-de-Grâce un petit Saint-Cyrien de vingt ans qui me disait : « Ce sont des brutes monsieur l'aumônier ! Ils m'ont rapatrié quand il a été trop tard, quand on ne pouvait plus me sauver, afin qu'il y ait un officier français de moins... » Ce ne sont pas ces mots de « brutes » et de « sans cœur » qui vous ont exaspérés. Ce qui n'a pas pu passer, je vais vous le dire. C'est la péroraison du sermon qu'on vous a rapporté. « Seigneur Jésus, ai-je crié du haut de la chaire, faites-moi vivre assez longtemps, je vous en supplie, pour voir ces gens qui souillent notre sol tourner les talons, et pour retrouver ma France dans l'honneur et la liberté ! »

Le commissaire écarlate referme son dossier :

— Une dernière question. N'avez-vous pas, dans votre ascendance, des parents juifs ?

— Certainement, monsieur.

— Je m'en doutais, s'exclama-t-il, la figure épanouie.

— Oui, mais ce dont vous ne vous doutez peut-être pas, c'est que vous les avez aussi, ces parents. Vous descendez d'Adam tout autant que moi.

— Mais votre nom ? alors...

— Monsieur, vous montrez bien là que vous êtes un vulgaire païen car si vous connaissiez la Bible, vous sauriez que le nom du prophète s'écrit Enoch tandis que le mien est Hénocque.

Vingt jours plus tard, l'ancien aumônier de Saint-Cyr se retrouvait à Buchenwald.

* * *

« Le 27 août [1], premier dimanche après notre arrivée, navré de ne pouvoir célébrer le Saint Sacrifice, je réunis une douzaine de confrères, captifs comme moi, et leur proposai, puisque nous étions privés de tout office, même de la récitation du bréviaire, de nous entretenir de quelque sujet religieux. Ils acceptèrent avec joie et me trouvant être leur doyen d'âge, je leur fis part des réflexions qui me venaient sur l'efficacité spirituelle des épreuves qui nous accablaient. Des prisonniers, arrivés de Compiègne, circulaient aux environs. Notre réunion les intrigua. Ils nous observèrent, s'approchèrent, écoutèrent eux aussi. D'autres, plus éloignés, attirés par la vue de notre groupe, s'y joignirent. Peu à peu, et fort rapidement, ces malheureux, hâves, épuisés, dont beaucoup depuis des mois étaient livrés au découragement, sans l'ombre d'un secours moral, d'une parole amie, s'assemblèrent autour de nous. Ils furent bientôt quatre cents. Quand je vis ces pauvres visages tendus vers moi, ces yeux décharnés où s'allumait une lueur d'intérêt, presque d'espérance, quand je sentis toutes ces âmes déprimées implorer du secours, mon cœur n'y tint plus. Je me levai et parlai avec tout l'élan de ma compassion.

« J'expliquai à mon auditoire improvisé comment ces souffrances quotidiennes, les sévices endurés, les humiliations, les déchirements broyant leur âme, bien loin d'être perdus, constituaient le rachat de notre patrie. Je leur démontrai que jamais rien de grand ne se fit sans

1. *Les Antres de la bête*... Cet « incident » de la tour m'a été rapporté par plusieurs déportés de Buchenwald. Texte complété par les deux interviews de l'abbé Hénocque.

cette vertu du sacrifice... Le monde actuel, enlisé dans son matérialisme et menacé d'une oppression féroce, avait besoin pour être sauvé de l'épreuve chrétiennement acceptée par une élite, cette petite élite qu'ils pouvaient former, eux, au sein de leur misère. Toutes les pensées qui jaillissaient de mon cœur, je les leur apportai dans l'affection la plus paternelle. À mesure que je parlais, je voyais ces pauvres gens se ranimer, se redresser, l'espoir les soulever, les arrachant à leur déchéance ; un baume pénétrait leurs blessures [1]. À la fin, emportés, oubliant tout à fait où ils étaient, ils applaudirent.

« Je n'étais pas trop fier car, jusqu'alors, les applaudissements ne m'avaient guère réussi [2]... De fait, je le sus plus tard, immédiatement après cette causerie, un sous-chef de chambre polonais allait me dénoncer.

« La nuit passa. Hélas ! le lendemain matin, le chef de chambre vint m'avertir qu'on me demandait à la "tour". Pour comprendre ce que j'éprouvai alors, ce qu'éprouvaient ceux qui m'entouraient, il faut savoir ce qu'était la "tour". Construite à l'extrémité de la place d'appel, de telle sorte qu'il fallait passer sous l'arcade creusée en son centre pour pénétrer jusqu'aux bâtiments, la "tour" ne possédait qu'un étage. Là se trouvait la chambre où les captifs que l'on convoquait étaient interrogés.

« De la "tour", en général, nul ne sortait vivant. Les anciens déportés avaient eu vite fait de nous en informer, car la terreur régnait parmi eux au seul nom de cet antre de la mort. Je n'avais donc, quand le sous-officier allemand vint me chercher, aucune illusion à garder : la fin de ma carrière était imminente. Mes camarades me regardaient partir d'un air consterné. Eux songeaient qu'ils ne me reverraient plus. En traversant le camp, je fis de toute mon âme acte de contrition, demandant à mon bon Maître de m'assister devant mes juges et offrant ma vie pour les miens et pour la France.

« Nous montâmes un escalier assez long et qui, pourtant, me parut terriblement court. Puis une porte s'ouvrit. J'entrai dans une vaste pièce traversée par une large table, derrière laquelle m'attendaient deux colonels, un commandant, un capitaine, tous en uniforme, et un pasteur dont la présence inattendue prenait une signification assez redoutable.

— Monsieur, me dit sans préambule celui des deux colonels qui paraît le plus âgé, je vous annonce que vous allez être pendu.

1. À rapprocher de la « conférence improvisée » de Victor Frankle à Auschwitz (voir *Les Médecins de l'impossible*).

2. C'est à la suite d'un sermon applaudi, dans l'église d'Enghien, que l'abbé Hénocque avait été dénoncé et convoqué par la Gestapo.

« Me raidissant dans un sourire forcé :

— Monsieur, je vous remercie de cette bonne nouvelle. Vous recevez aimablement vos hôtes.

— Je vous accorde dix minutes pour vous préparer à mourir, pour penser, comment dites-vous ? Ah oui ! pour penser à vos fins dernières.

— Vous êtes encore plus aimable que je ne pensais ! Préparer ses fins dernières, c'est là, précisément, la mission du prêtre.

« Les officiers ne répondent pas.

« Debout, je ne dis plus un mot. Simplement, je pense que, dans quelques instants, l'éternité va s'ouvrir pour moi. Je ne voudrais pourtant pas mourir sans avoir jeté à la face de ces misérables un peu de ce que j'ai sur le cœur...

« D'un geste brusque, le colonel retire sa montre, la pose sur la table :

— Plus que sept minutes.

« Le pasteur ferme les yeux.

« Je me tais.

« Le capitaine joue avec une règle.

— Plus que cinq minutes.

« Pense-t-il m'épouvanter ? Espère-t-il me voir m'abaisser jusqu'à lui demander grâce ?

— Trois minutes ! scande la voix implacable.

« Alors une force inconnue me soulève. Le cri de tout mon être s'échappe, se libère...

— Soit ! criai-je. Je vais mourir. Je ne crains pas la mort. Mais sachez bien que si vous avez le triste courage de tuer un vieillard de soixante-quatorze ans, aumônier pendant dix-huit ans des officiers de France, on dira dans toute l'Europe : « Les Boches sont des assassins ! »

« L'homme devant moi tressaute, devient blême :

— Boches ! hurle-t-il, pourquoi Boches ?

— Parce que je suis Français. Le mot est dans le dictionnaire, avec sa signification si vous en avez besoin. Je ne changerai pas de langage.

« Puisque je suis perdu, pourquoi hésiterais-je à leur cracher mon mépris ? Mais le bon Dieu ne veut pas encore de moi. Au moment où je crois que je vais paraître devant Lui, un véritable miracle se produit. Sidéré par tant d'insolence, le colonel se tourne vers son acolyte. Je l'entends murmurer :

— Il est drôle ce curé. Je n'en ai jamais vu comme celui-là.

« Les autres officiers se regardent. Ils semblent surpris et assez embarrassés.

« Enfin le colonel, se retournant vers moi, d'un air qu'il veut magnanime :

— Pour cette fois, je vous pardonne.

« Je bondis.

— Vous me pardonnez ! Je n'en veux pas de votre pardon ! On n'a besoin de pardon que lorsqu'on est coupable et je ne le suis pas. Je n'ai fait que mon devoir.

— Vous êtes coupable puisque vous avez célébré un office religieux dans le camp alors que c'est défendu. Dieu n'a pas droit de cité ici !

— Un office religieux ! Vous exagérez, monsieur, nous serions bien en peine d'en célébrer : vous nous avez enlevé jusqu'à nos bréviaires. J'ai simplement essayé, en leur parlant de Dieu, de remonter le moral des malheureux que vous laissez souffrir et crever de faim. Où ? Quand avez-vous défendu cela ? À quel endroit du camp est-ce affiché ?

— Eh bien ! maintenant c'est moi-même qui vous le défends. Vous voilà prévenu. Vous obéirez.

— Ce cadavre, qui n'a plus que la peau et les os, vous obéira peut-être parce que vous êtes la force et lui la faiblesse. Mais il y a deux mots, dans mon cerveau et dans mon cœur : Dieu et la France. Et ces deux-là, vous ne les enlèverez jamais.

— Allez-vous en ! crie-t-il, comme à bout de patience.

« Je comprends que ce n'est pas le moment d'insister...

— Merci, monsieur, dis-je, en prenant la porte.

« Je redescends, vivant ! l'escalier que j'avais monté quelques instants plus tôt, convaincu que je vivais ma dernière heure.

« Arrivé au sol, je me tâte les bras, la poitrine, pouvant à peine croire à la réalité, et remerciant avec ferveur la Providence.

« Cette scène inouïe avait été pour moi d'une gravité si décisive qu'elle est restée absolument intacte dans mon souvenir. Je l'ai rapportée avec exactitude et jusqu'aux moindres détails. Seule mon audace m'avait sauvé. J'ajoute que je n'eus guère de mérite à tenir tête à l'ennemi tant j'étais persuadé qu'il allait m'exécuter.

« Le lendemain paraissait dans le camp un ordre défendant, sous peine de mort, toute espèce de manifestation du culte, fût-ce la lecture d'un livre religieux ou la récitation d'un chapelet.

« Je vis venir à moi un jeune homme de vingt à vingt-deux ans, des larmes dans les yeux :

— Monsieur l'aumônier, j'ai dans mes affaires un livre de prières. S'ils le découvrent, ils me tueront. Ma pauvre mère sera désespérée. Où le mettre ? Comment m'en défaire ?

— Donne-le moi, répondis-je. Ils m'ont arraché mon bréviaire, ton livre le remplacera.

« Il courut le chercher et me l'offrit. C'était un diurnal. Je pus réciter mes ''Petites Heures'', dans le Block, en me promenant. »

* * *

« Buchenwald [1] n'était pas l'enfer. Mais ce fut un purgatoire, lieu redoutable, creuset de souffrance où se brûlent les scories. L'impur y est plongé, mais — et c'est l'essentiel — la grâce passe !

— Écoute, Jean, me dit un jour un révolutionnaire du temps de paix, je crois que j'ai compris. Si nous parvenons à nous en sortir, au retour, je fais baptiser mes enfants...

« Nous étions un groupe de sept, couchés côte à côte sur le sol, maigres et faibles. Aujourd'hui était peut-être notre dernier jour. Nous étions comme des explorateurs d'abîmes tombés au fond d'un trou aux parois abruptes et sans aspérités où s'agripper. Nous expérimentions notre essence propre : le néant. L'orgueil était enfin vaincu.

« L'un de nous dit : ''Faisons une prière.''

« Et il commença ainsi : ''Notre Père qui êtes aux cieux...'' Alors les six autres, tous les six autres, même les ''durs'' ceux qui, dans la vie courante faisaient entendre un fier : ''Moi, je suis athée !'' tous les six autres, dis-je, continuèrent tout haut : ''... Que votre nom soit sanctifié, que votre règne arrive, que votre volonté soit faite sur la terre comme au ciel...'' — même si cette volonté est dure pour nous à cette heure. Et ces pauvres corps squelettiques et fiévreux, qui n'avaient rien mangé depuis sept jours, dirent encore : ''Donnez-nous aujourd'hui notre pain quotidien...'' — nous sommes en train de mourir de faim.

« Et ces sept cœurs qui, dans les camps, avaient vu germer en eux un sentiment autrefois inconnu, la haine, demandaient au ''Dieu inconnu'' : ''Pardonnez-nous nos offenses comme nous pardonnons à ceux qui nous ont offensés...'' — même à nos bourreaux, pensèrent peut-être les plus éclairés. ''Et ne nous laissez pas succomber à la tentation...'' — aujourd'hui celle du désespoir. ''Mais délivrez-nous du mal...'' de tout ce mal qui depuis des mois nous écrase. ''Ainsi soit-il !''

« Ce fut tout. Chacun des sept se tut et retourna à sa souffrance. »

* * *

L'abbé Hénocque entend pour la première fois, en confession, un jeune Breton. Tous deux se promènent bras dessus, bras dessous. Soudain, le chef de chambre polonais surgit :

— Je vous y prends à confesser !

— Oui, mais c'est terminé.

---

1. Jean Héricourt : *Requiem à Buchenwald*. Apostolat des Éditions, 1968. L'auteur était, avant la guerre, un militant de l'athéisme. À l'automne 1941, il se convertissait au catholicisme. Arrêté pour résistance au printemps 1944. Déporté à Buchenwald.

Et brutalement l'abbé Hénocque saisit le bras du Polonais et le passe sous le sien.

— Marchons ! À votre tour ! Je vous écoute, confessez-vous. Et de plus, je vous avertis que si vous me dénoncez, je dirai que vous êtes venu, vous aussi, vous promener avec moi... pour vous confesser...

Le Polonais ne se confessa pas, mais « oublia » l'incident.

* * *

« Avec les frères franciscains, avec tous ceux qui ont été arrêtés pour l'Action catholique [1], nous formons une famille, une communauté très unie. Par équipe, nous faisons très bon ménage. Une amitié fraternelle et sincère nous permet de ne pas céder, comme cela arrive trop souvent parmi les détenus, à des querelles stupides et à des jalousies mesquines pour la répartition du manger. Cela permet encore de ne pas se faire dérober le morceau de pain, car le vol est d'une pratique courante, et des bandes s'organisent pour le pillage de leurs camarades.

« Dans les rares moments de répit, ensemble, bien que les attroupements soient interdits, nous essayons d'oublier les heures si sombres de l'exil... Frère Daniel, maître de chœur, excelle dans l'art de lancer un chant qui redonne du courage, comme le *Chant du prisonnier*.

> *Si rude soit la route,*
> *Marchons quoi qu'il en coûte...*
> *Sois fier et sois fidèle,*
> *De France douce et belle*
> *Souviens-toi !*

« Puis c'est au tour des vieilles chansons comme *Le Roi Arthur* chanté à trois voix. Nous applaudissons Mimile le Parigot dans son répertoire : *''Elle était swing !... swing''*, tressautements et grimaces à la clé ou bien : *J'ai sauté la barrière, hop là !* ou encore : *Il pleut dans ma chambre !* L'ambiance est bizarrement comique ; dehors, en effet, il pleut, mais songer à ''sauter la barrière'' hérissée de barbelés électrifiés et flanquée de miradors, voilà qui ressemble à de l'ironie... Allons bon ! voici maintenant les Russes qui protestent contre notre bonne humeur : ''Franzouze Ruhe !'' (Français, du calme !)... Qu'à cela ne tienne, le père Jean Robert sera encore là pour débiter, goguenard, une

1. Extrait de *Vingt ans après*, abbé Michel Gerbeaux, Imprimerie moderne de Dreux, 1966. L'abbé Michel Gerbeaux, requis par le STO, s'était joint à Cologne aux groupes clandestins d'Action catholique (abbés Cléton, Hery, Pannier, Brun, R.P. Doyen, etc.). Toute l'équipe fut arrêtée en juillet 1944.

histoire de son cru : ''Monsieur Adam, Madame Ève et le serpent'' qui détend et provoque même l'hilarité générale au grand ébahissement de tous ceux qui sont étrangers à notre langue.

« Par le R.P. Leloir, des pères blancs, nous sommes mis au courant des activités religieuses dans le camp... La messe était dite une fois par mois environ, toujours sans ornements, sans pierre d'autel, sans calice, sans patène, parfois sans servant, sans missel. Les hosties à consacrer, comme le vin de messe, arrivaient de diverses manières. Le plus fréquemment, c'était par l'intermédiaire d'un prêtre d'Iéna. Un jeune détenu hollandais, Jean Robert, du Block 50, se rendait régulièrement à Iéna pour y travailler à des recherches sur le typhus exanthématique ; il constituait un répertoire de toutes les publications dans ce domaine. Inutile de dire que de telles sorties étaient extraordinaires dans le monde des bagnards. Le SS qui accompagnait normalement ce détenu finit par lui faire confiance et par considérer, pour lui-même, ce jour comme un jour de congé. Détenu et gardien fixaient un lieu de rendez-vous pour rentrer ensemble au camp. Jean Robert, qui aurait pu de la sorte facilement s'évader, ne voulait pas en profiter. Lui parti, qui aurait apporté au camp vin et hosties ? Deux prêtres seulement, le R.P. Hermann Joseph Thyl, prémontré, qui, à vingt-sept ans, sur dispense de Rome, était déjà maître des novices en son monastère, et le P. Leloir célébraient au camp le Saint Sacrifice : tantôt dans un laboratoire, parfois à plat-ventre, en pleine nuit, sur la planche de leur box.

« Dans une boîte de fer blanc, sur un linge propre, le père Leloir avait disposé la grande hostie et une capsule qui servait de calice. Quatre gouttes de vin et avant de commencer sa messe (rite dominicain !) une goutte d'eau, les cinq gouttes cueillies à la pipette, débris d'un réservoir. À la suite de ces messes clandestines, un petit nombre de prêtres pourvus de quelques hosties consacrées purent nous donner la sainte communion en cachette. »

C'est Eugène Kogon, secrétaire déporté du médecin SS expérimentateur Ding-Schuler [1] qui avait réclamé les brochures scientifiques publiées par l'Institut d'hygiène de l'université d'Iéna et choisi le « passeur » Jean Robert. Au cours de la sixième ou septième expédition, le gardien SS Feld « fit confiance » à son prisonnier. Jean Robert rencontra l'abbé Labonté, vicaire d'Iéna et professeur de morale. Trois jours plus tard, Jean Robert franchit la porte de Buchenwald une valise à la main. Elle portait plusieurs étiquettes : « Typhus », « Danger de mort », « Matériel de haute virulence ». À l'intérieur : des hosties, du vin de messe, des livres religieux, l'huile des malades... Le père Thyl célébra la première

1. Voir *Les Médecins maudits*.

messe de Buchenwald le soir de Noël 1943, dans la « section » d'autopsie, au-dessus de la morgue, dans une minuscule cambuse, séparée par une cloison des « droit commun » du crématoire ; la seconde pour Pâques dans le laboratoire de chimie du professeur français Suard, au Block 50.

* * *

Depuis deux mois, les quarante-six prêtres de Buchenwald [1] attendent leur départ pour Dachau.

Depuis deux mois, presque chaque jour, les quarante-six prêtres sont réunis dans le « Kino », le cinéma...

— Cette fois, c'est vrai, vous partez !

... Et renvoyés dans leur Block.

— Demain sans doute.

Le 3 janvier 1945 enfin :

— Rassemblement sur la place d'appel.

— Les prêtres ici ; les enfants un peu plus loin...

Les prêtres s'alignent, leur maigre baluchon à la main.

À une vingtaine de mètres d'eux, quarante-huit enfants. Le plus jeune doit avoir trois ans, l'aîné neuf ans.

— Ils viennent à Dachau avec nous ?

— Non ! Ils sont Juifs... Sans doute Auschwitz... sans doute le crématoire.

Les enfants rient, s'amusent, tirent la langue. Ils se rangent deux par deux. On leur a dit qu'ils allaient prendre le train, ils ont touché une grosse boule de pain. Ce voyage c'est une promenade, une récréation dans leur vie de bagnards. Ils rient.

Un peu plus loin encore, un petit groupe de déportés. Le plus grand, en guenilles, serre dans ses bras un bébé. Peut-être dix-huit mois, peut-être deux ans. L'enfant est presque nu. Ce 3 janvier, il neige. L'enfant pleure. L'homme l'enveloppe de sa poitrine, de ses épaules, de ses bras, de sa tête. L'enfant se calme, puis pleure à nouveau. L'homme couvre le visage du bébé de son haleine ; un voile de vapeur cerne les joues, le nez, les yeux, les cheveux clairs. Alors le SS qui surveille l'alignement hurle :

— Silence !

L'homme berce l'enfant. Sa bouche, collée à l'oreille, doit chantonner...

L'enfant pleure.

1. Vingt et un Français, dix Belges, cinq Polonais, cinq Tchèques, deux Hollandais, deux Allemands, un Yougoslave.

La cravache, la longue cravache noire du SS cingle le dos de l'homme. Le SS tourne, l'homme tourne. Entre la cravache et le bébé, il n'y a qu'un dos tendu, immense ; un dos qui semble aspirer les coups. Et l'enfant pleure toujours.

Les différents groupes se dirigent vers la gare du camp. Un wagon militaire est réservé aux prêtres. Les enfants, les autres, s'installent en queue de train.

Ils roulent. Dans le wagon militaire, les prêtres entonnent le *Magnificat*. Les gardiens mangent du fromage.

Le deuxième soir, des SS détachent les wagons de queue.

Le troisième soir, le wagon militaire arrive à Dachau.

XIII

DORA

Dora, le dernier rêve d'Hitler.

Dans cinquante-six galeries des montagnes du Harz, jusqu'au dernier jour, dix-huit mille déportés fabriquent les *V1* et les *V2*, ouvrent de nouveaux tunnels ateliers, usinent des moteurs d'avion.

À Dora, s'il n'obtient pas un poste de maîtrise ou de spécialiste, le déporté « ordinaire » ne survit en moyenne que sept semaines.

Dora dépend administrativement de Buchenwald. En général, lorsqu'un Kommando important, destiné à créer un nouveau camp, est formé sur la place d'appel de Buchenwald, un prêtre [1] confie à un déporté catholique quelques hosties consacrées par le père Thyl ou le père Leloir :

— Cache bien la petite boîte de fer. Tu dois la garder jusqu'à ce qu'un prêtre arrive dans ton camp...

Ainsi, en novembre 1943, le premier convoi de Dora quitte le camp mère, avec, dans la poche d'un déporté, des hosties consacrées.

« Fin novembre [2], alors que je me trouvais dans le tunnel où nous vivions dans des conditions épouvantables [3], un camarade français qui devait être dans un état de santé plus déficient que le mien m'a remis trois ou quatre hosties consacrées contenues dans une petite boîte en fer. Je ne sais plus aujourd'hui quel était ce camarade. J'ai conservé ces hosties sur moi ; fort heureusement, je n'ai jamais été fouillé. À ce moment-là, il n'y avait pas encore, tout au moins à ma connaissance, de prêtres à Dora. Je crois pouvoir dire en toute simplicité que si les SS

---

1. En général l'abbé Stenger « secrétaire » du bureau politique.
2. Manuscrit inédit : Georges Soubirous (février 1969).
3. Voir chapitre sur Dora dans *Les Médecins de l'impossible*.

avaient découvert ces hosties, j'aurais peut-être subi la pendaison, mais je trouvais suffisamment de foi en moi, à cette époque, pour pouvoir envisager cette hypothèse sans faiblir, tant étaient grandes mes convictions. Un peu plus tard j'ai rencontré un "prêtre", je lui ai remis ce précieux gage. Je dois d'ailleurs à la vérité de dire que je l'ai confié à un déporté français du nom de Meresse qui, pendant tout son séjour à Dora, s'est fait passer pour un prêtre... La supercherie n'a été découverte qu'après notre retour en France... »

« Meresse [1] était un être bizarre, une sorte d'aventurier ; ancien séminariste, déporté résistant, il avait paraît-il témoigné d'un certain courage pendant la Résistance. Au camp de Dora, il fut sublime. Il se "refit" prêtre lui-même. Il dit qu'il était curé de la Nièvre. Alors il confessa, donna l'absolution, la communion et paya tellement de sa personne, prodigua tant de paroles apaisantes, fit preuve de tant de dévouement, qu'auréolé de gloire, il eut un nombre incroyable d'amis. Il avait tellement bien joué son rôle qu'il "s'était cru" réellement prêtre et, lorsque nous fûmes libérés, il se vêtit d'une soutane et alla mendigoter pour subsister dans les villages de la Nièvre, jusqu'à ce que l'évêché s'en aperçoive et mette fin à ce comportement. »

Meresse a disparu. Je n'ai pu le retrouver.

À Dora il réduisit ses activités religieuses et s'effaça même totalement, lorsqu'en février et mars 1944 arrivèrent l'abbé Jean-Paul Renard, le frère Alfred Birin et l'abbé Gérald Amyot d'Inville.

* * *

L'abbé Jean-Paul Renard, premier « aumônier » de Dora, franchit le porche du tunnel le 16 février :

« Hommes [2] qui luttent pour vivre dans une atmosphère viciée, incorrectement renouvelée, où se mélangent, sans souci de santé ou d'hygiène, la puanteur des cadavres en décomposition (enlevés tous les deux ou trois jours), l'odeur des tinettes, les émanations de soufre et de salpêtre des explosions de mines, l'air comprimé des marteaux piqueurs et des perforatrices, la poussière de roche en suspension, les gaz des moteurs Diesel, la fumée des machines à vapeur des trains faisant leurs manœuvres à 9 et 21 heures. Pour être complet, il ne faut pas manquer d'ajouter le froid, la faim, le manque de sommeil, les fouilles, la

1. Manuscrit inédit Louis Clément Terral, vice-président de l'Amicale Dora-Ellrich (novembre 68).

2. *Mémorial des camps de Dora-Ellrich*. Imprimerie de Montrouge, Paris, 1949. Abbé J.-P. Renard arrêté le 11 novembre 1942. Motif d'inculpation : « Lieutenant chargé de l'organisation de la résistance dans la Somme ».

brutalité, le vol, les désinfections, l'impossibilité d'avoir « sa place », la nécessité de ne pas se retrouver à heure fixe au même endroit, avec les mêmes compagnons de misère et, couronnement de tout, le travail forcé sous la menace perpétuelle de mort. En vérité, le néophyte était un peu ahuri au premier abord... »

Le soir même, Jean-Paul Renard retrouve des amis de Compiègne ou de Buchenwald :

— J'ai le saint sacrement sur moi, mais que l'on soit discret.

Premières confessions à l'entrée du tunnel :

— C'est toi Jean-Paul ?

— Oui.

— Je veux me confesser.

— Demande pardon de toutes tes fautes, je te donne l'absolution.

Un signe de croix invisible est tracé sous la veste.

— Veux-tu communier ?

— Oui, mais je viens de manger.

— Comme je ne sais pas quand nous pourrons nous retrouver, je vais quand même te donner le bon Dieu tout de suite.

L'abbé Renard se découvre :

« La sainte communion[1] se donnait dans un geste évoquant les premiers temps du christianisme : une parcelle d'hostie tenue par le prêtre entre le pouce et l'index était prise par le pouce et l'index du fidèle qui la portait ensuite discrètement à sa bouche après avoir, d'un regard, fait un tour d'horizon. Les doigts se purifiaient avec un peu de salive dont on les humectait et qu'on laissait évaporer. Pour un spectateur même attentif, il n'y avait là qu'un échange de poignée de main ; pour les chrétiens cette poignée de main était pleine d'"infini". »

L'abbé Renard demande asile à Pol (Hippolyte) :

« Ce dernier était "Vorarbeiter" d'un Kommando de spécialistes des installations de tuyaux d'aération et avait la bonne fortune d'occuper un "coin de Kapo" avec deux autres Français. D'autre part, il faisait heureuse exception, par son excellente camaraderie, dans cette fonction de "Vorarbeiter" où pullulaient les bandits. Pol offrit donc le quatrième lit de son "domicile" à Jean-Paul. Grâce à lui le tabernacle du tunnel était fixé, pour plusieurs mois, au Block 4, premier coin de Kapo à gauche. Ce fut dès lors un défilé continuel de chrétiens, avant et après le travail, soir et matin, pour se confesser, communier, prier en commun, mais toujours avec des précautions "d'Apaches". Au début il y eut principalement des Français, puis très vite s'ajoutèrent des Polonais ; plus tard, en juin 1944, quand le tunnel cessera d'être tombeau, le

1. *Mémorial Dora-Ellrich.*

cercle s'élargira et comprendra des Belges, des Hollandais, des Suédois, des Russes, des Allemands, des Tchèques. Pour tous ceux qui ignoraient le français, la langue témoin employée était l'allemand, parfois le latin. Quelle heureuse découverte ne fit pas, un soir de descente au tunnel, un marin yougoslave : Schimé..., quand il finit par comprendre, lui parlant l'italien et son interlocuteur le latin, que ce dernier était prêtre et qu'il pouvait lui donner le Seigneur. "Caro mio Padre" (Ô mon cher Père), murmura-t-il plusieurs fois, la voix coupée par l'émotion. Avant son arrestation, il communiait chaque semaine et depuis deux ans il n'avait pas rencontré de prêtre...

« À la faim spirituelle de ses enfants, le Seigneur répondit vers la mi-avril 1944 : Christian... reçut un jour une livre de farine de froment dans un des rares colis qui lui parvinrent. Contre toute attente, Roman, chef du tunnel-Block-dortoir 9, laissa passer la précieuse denrée. Christian en fit don au compagnon dont il connaissait le véritable état-civil. Par suite d'une décision inattendue, ce dernier se vit chargé d'assurer la permanence de nuit dans son bureau de classement.

« Il était seul avec la farine, quelques gouttes d'eau, sa main gauche pour pétrir, tandis que la droite paraissait écrire, son porte-plume comme rouleau pour étendre la pâte, un "Doppelstützen" (raccord double de tuyauterie) de 4 mm de diamètre servant d'emporte-pièce, un radiateur électrique, sa foi et sa puissance sacerdotale. En moins d'une heure, une cuillerée à soupe de farine fournissait deux cent cinquante à deux cent quatre-vingts hosties ressemblant à des confetti. Assis à sa table, après avoir vérifié que ni SS ni Kapo ne "croisait", tandis que l'ingénieur civil était occupé ou dormait (!), le prêtre laissait tomber sur ces hosties minuscules les redoutables paroles : "Ceci est mon Corps."

« Le papier servit d'enveloppe jusqu'au moment où l'on put faire fabriquer des petites boîtes d'aluminium, d'un centimètre de côté et d'un demi-centimètre de profondeur. Elles étaient faciles à camoufler dans le creux de la main au cours des fouilles ou lors du passage devant les "cerbères" de la désinfection. Le ciboire principal était une boîte à cirage. La transmission de ces "provisions" n'était pas toujours facile et se faisait aux endroits les plus divers, parfois dans une tenue tout à fait singulière et fort peu liturgique. N'était-ce pas souvent près des tinettes ou au lavabo que le Maître passait discrètement de la custode du prêtre dans celle du "diacre" ? »

Le diacre de l'abbé Renard est un jeune séminariste, Roger Dassé [1] :

« L'abbé Renard fut le soutien incomparable de ma vocation. Il m'a

1. Aujourd'hui curé de Saint-Magne (33). Manuscrit inédit, décembre 1968.

permis d'être le "diacre" porteur du saint sacrement et distributeur de la communion eucharistique ?

« Le sort [1] a voulu que l'abbé Renard devienne mon compagnon de paillasse. L'abbé, parlant couramment l'allemand, était secrétaire dans un petit Kommando. Nous logions au Block 9 dont le chef, un nommé Karl, était un communiste allemand. Maçon de son état, il avait été arrêté en 1943. Malgré cette longue détention, il avait su garder un cœur d'homme. Il n'en était pas moins, et pour des raisons humaines, attaché à sa place privilégiée de chef de Block. Par légèreté, l'un des camarades de Kommando de l'abbé Renard dit un jour à Karl que Jean-Paul Renard était prêtre, puis ce même camarade alerta l'abbé. Assez embarrassé, mais n'ayant rien à perdre, l'abbé Renard, lorsque nous sommes rentrés le soir du travail, est allé trouver le chef de Block et lui a dit : "Karl, je viens te dire qui je suis : je suis prêtre catholique." Et alors, m'a dit plus tard Jean-Paul, Karl lui a pris les mains et les larmes aux yeux lui a dit : "Je le savais, je te remercie de la confiance que tu me manifestes." »

* * *

L'abbé Gérald Amyot d'Inville [2] en arrivant à Dora se déclare menuisier. Il est aussitôt affecté au Block des charpentiers où il rencontre un déporté de Senlis qui, deux jours plus tard, lui présente l'abbé Renard.

« Pâques [3] approche. Il voudrait de belles Pâques... Le bruit se répand que le menuisier Amyot est prêtre et demande que l'on prépare cette fête. De paillasse en paillasse, le soir, Gérald se glisse près de ceux qui se font connaître et, dans un chuchotement plus ou moins prolongé, confesse et absout... M. Bonamy, dans un colis heureusement pas trop pillé, reçoit des œufs tassés dans de la farine. Frère Birin, de son côté, a trouvé des raisins de Corinthe dans un envoi. Et les amis de Gérald, les Hutin de la Croix-sur-Meuse, auront également la bonne idée de lui en adresser. Gérald est transporté de joie... Il se souvient de Mgr d'Herbigny, décrivant au grand séminaire les messes clandestines en Russie, précisément avec du jus de raisin de Corinthe. Il a du raisin et va pouvoir offrir le saint sacrifice !

« Le jour choisi est le 28 mai, fête de la Pentecôte. Rien ne manquera :

1. Manuscrit inédit G. Soubirous.

2. Chef régional de l'organisation civile et militaire (OCM), arrêté à Senlis en décembre 1943.

3. *L'Abbé Gérald Amyot d'Inville,* par l'abbé Jean-Marie et Jean Léturgie. Éditions Notre-Dame, Coutances, 1962.

pas même la discussion de liturgie que va trancher sagement un des bagnards, comte de Dreux-Brézé, chevalier de Malte et du Saint-Sépulcre. Gérald fait gonfler les grains de raisin pour en presser le jus. Un gobelet d'étain servira de calice, un mouchoir de nappe et de corporal. Pour missel, on trouve un livre de ''prières du prisonnier'' qui, on ne sait comment, a échappé aux fouilles... L'abbé se dirige avec Dreux-Brézé, son servant, vers une baraque en construction et provisoirement abandonnée. Semblant bavarder, ils récitent le *Veni Creator*. Tantôt debout, tantôt assis sur un tas de planches, on dirait deux compères poursuivant une passionnante conversation alors que la messe se célèbre. Le Christ descend à la voix de Gérald et la réserve d'hosties consacrées [1] prend place dans un petit sac confectionné dans un morceau de chemise kaki. Personne ne les a dérangés, personne n'a dû même les remarquer. Une telle réussite enhardit Gérald. Il décide que le dimanche suivant, celui de la Trinité, il célébrera la messe de nouveau... Pendant le rassemblement, frère Birin qui parle allemand sera de guet tout en faisant semblant de traduire du courrier ou de donner lecture d'un journal. L'alibi est efficace. Une autre fois, ce sera au bord d'un bois. À tour de rôle, les assistants ont l'air de se chauffer au soleil : ils veillent. »

* * *

— Profession ?

— Instituteur !

Alfred Untereiner, frère des Écoles chrétiennes [2] (frère Birin en religion) subit le sort commun des « habitants » de Dora :

« J'ai [3] fait du terrassement, j'ai poussé le wagonnet, porté le rail et le sac de ciment, coulé du béton. Je souffrais terriblement des yeux, surtout de l'œil gauche brûlé par une pelletée de ciment qu'un Kapo m'avait lancée en pleine figure. De plus, j'eus un doigt malade et le poignet enflé à l'excès par les efforts qu'il fallait fournir pour bétonner. Le ciment était, en effet, entièrement mélangé à la main. Miné ainsi par une fatigue excessive, hanté par la mort et le spectre du four crématoire, mes forces déclinaient journellement. C'est dans ces circonstances qu'un soir, après l'appel, la radio demanda des Schreiber

1. Elles ont été préparées par frère Birin dans une boîte de sardines.

2. Arrêté en décembre 1943 à Épernay où il avait été l'un des premiers (décembre 1940) à organiser la résistance. Renseignement, évasions de prisonniers de guerre, protection des réfractaires, etc.

3. Extrait de *Seize mois de bagne*, R. Dantelle, libraire-éditeur, Épernay, 1947. Ce document a été complété par deux interviews.

(secrétaires) et des Kaufleute (commerçants). Ceux-ci devaient se présenter à l'Arbeitsstatistik. J'eus un moment d'hésitation, la méfiance était de rigueur. Je risquais, de plus, d'encourir les foudres de mon Kapo, s'il apprenait ma démarche.

« Arrivé à l'Arbeitsstatistik, je fus reçu par le SS entouré de plusieurs employés de bureau. On me demanda ma profession. ''Instituteur'' dis-je. Le SS jeta un coup d'œil sur le numéro de ma veste, sur mon triangle et ajouta : ''Mais tu es un fumier de Français !'' puis me demanda mon lieu de naissance. ''Ah ! me dit-il, tu es encore un de ces cochons de Lorrains qui n'ont jamais voulu opter pour l'Allemagne, c'est sans doute la raison pour laquelle tu es en camp de concentration.'' Cependant, le Kapo ayant besoin d'un interprète insista et l'on prit mon numéro. Je rentrai à mon Block. Tard dans la nuit, le chef appela mon numéro et me remit un billet stipulant que je devais me présenter le lendemain à l'Arbeitsstatistik. Toute la nuit, j'appréhendai la réaction de mon Kapo. Je le savais très susceptible, autoritaire, méfiant et jaloux. Au réveil, je lui présentai mon billet. Il prit la chose de très haut ; ma démarche de la veille avait déjà été mouchardée. Il me dit ceci : ''Ah ! tu es allé te plaindre sur mon compte (il faut croire qu'il n'avait pas la conscience tranquille), je t'assommerai quand tu reviendras.'' Dans la suite, je n'ai pas oublié ce mauvais sujet, j'ai profité d'une circonstance favorable pour glisser son numéro dans la liste d'un transport pour Kleinbodungen.

« En dehors de mes fonctions d'interprète, j'aidais le détenu chargé de dresser les nombreuses listes de l'affectation, de la mutation des Kommandos, du contrôle journalier des malades, des entrées et sorties du Revier et, enfin, des pauvres et innombrables morts. Contrôle sérieux car c'est de l'exactitude de ces listes que dépendaient l'accord à l'appel du soir, et la durée de ces stationnements que les survivants n'oublieront jamais plus. Deux mois après mon entrée, je remplaçai le camarade que j'aidais et qui fut renvoyé à la suite de difficultés avec le Kapo. »

À ce poste de « responsabilité » et de « confiance », Alfred Birin exerça un véritable apostolat :

« Il avait accès [1] à toutes les parties du camp. Ainsi, il put apporter le précieux concours spirituel de son ministère à bien des agonisants et aussi réconforter des camarades physiquement et moralement déprimés et qui reprirent courage ; ainsi put-il distribuer, clandestinement aussi, ces soupes salvatrices qui réconfortaient le corps et l'esprit car la solidarité — dans ce monde féroce — était si rare qu'elle était exaltante, ainsi pouvait-il, par le maniement des ''fiches de travail'' dont il avait la

1. Témoignage Richard Pouzet. *Le Déporté*, mars 1969.

disposition, éviter à bien des nôtres des affectations aux ''Kommandos de sacrifices'' ou aux ''transports malades'' qui valaient condamnation sans appel et j'en passe... »

* * *

L'abbé Jean-Paul Renard veille dans son bureau du tunnel. La porte s'ouvre brutalement. Un Lagerschütze [1] entre :

— Vide tes poches !

L'abbé s'exécute le cœur battant.

« Par inadvertance [2] il a gardé sur lui le Seigneur au lieu d'avoir déposé, comme d'habitude, la boîte à cigares-custode sur la table, sous une feuille de papier. Un couteau, un bout de chiffon, une seconde boîte à cirage vide (celle-là) sont sortis avec lenteur. Le Lagerschütze plonge la main dans la poche et la retourne. Dépité de ne rien trouver d'autre : ''Ouvre ta veste.'' Une prière ardente monte : ''Mon Dieu, à Vous de Vous défendre !'' et la veste est déployée. Tranchant par sa couleur bleu foncé sur les rayures du costume bleu clair et gris, la poche s'étale largement, retenue par une épingle de sûreté. Elle appelle l'œil avec insolence. Le Lagerschütze ne voit rien, palpe deux fois le corps de sa ''victime'' puis s'en va.

« L'espionnage continuel appelait des cachettes inédites : creux de la main, bordure de la casquette, ourlet entre les boutonnières de la veste, poche à l'intérieur de la manche de chemise et même la chaussure. Au moment de ''passer'' au baquet de désinfection précédant la douche, le ''porteur de Dieu'' qui avait dissimulé son précieux dépôt au creux de sa main devant les ''dévaliseurs'' placés à la porte de la salle, lançait sa boîte-custode au fond de l'une de ses chaussures, la déposait le long du mur, se plongeait dans la cuve, en ressortait bien vite et ne cessait, pendant toute la douche, de surveiller son ''trésor'' de peur d'un ''comme ci comme ça'', c'est-à-dire d'un vol. »

* * *

Août.

L'abbé Gérald Amyot d'Inville traverse le camp avec, sur le dos, un lourd panneau de bâtiment quand, sous ses yeux, un de ses compagnons chancelle. Gérald s'arrête, pose son fardeau pour lui porter secours. Mais le SS accourt, lève sa matraque pour frapper l'homme à terre.

— Saboteur !

1. Gardes de police du camp.
2. *Mémorial Dora-Ellrich.*

Aussitôt, sans une hésitation, l'abbé Amyot lève, lui, sa main nue et trace le signe de l'absolution. Le SS se précipite :

— Curaillon ! Corbeau ! Sorcier du ciel !

Gérald s'effondre sous les coups :

— Mon Dieu, que Votre volonté soit faite.

Le SS note le matricule du prêtre et se dirige vers l'Arbeitsstatistik. Frère Birin se dresse :

— Il y a un convoi ce soir ?

— Non demain !

— Pour ?

— Wieda.

— Très bien ! Inscrivez ce numéro.

Frère Birin qui sait quel appui précieux lui et ses amis vont perdre, tout en soignant les plaies de l'abbé Amyot avec de la graisse, lui affirme qu'il peut rayer son nom sur les listes du transport :

— Non ! Ici je suis découvert et, même en cachette, je ne pourrai plus exercer mon apostolat sans attirer l'attention. Ailleurs, j'espère encore être utile. Merci quand même !

*
* *

« Un jour [1], le bureau de l'Arbeitsstatistik reçut un nouvel interprète. C'était un Russe, Nicolas Preschenko, gars solide, énergique, une honnête figure, âgé d'une trentaine d'années ; il m'inspira de suite la plus entière confiance. Comme moi, ce brave garçon se demandait souvent s'il lui restait quelque chance de revoir sa patrie. Comme Geheimnisträger (porteurs du secret des *V1* et *V2*), nous nous savions condamnés à mort et destinés à être massacrés à l'approche des Alliés. Un SS dans un moment de confidence nous avait d'ailleurs donné cet avertissement brutal : ''Si cela doit aller de travers pour nous, aucun de vous n'en sortira.'' Or, le passage de plus en plus fréquent de bombardiers alliés nous laissait présager une action militaire décisive. Le moment n'était-il pas venu d'essayer de mettre au point un projet destiné à nous sauver du massacre ? Mourir pour mourir... Devions-nous nous laisser égorger sans réaction ?

« Vers la mi-octobre, je dis à mon camarade : ''Tu vois, Nicolas, on ne nous laissera pas sortir vivants d'ici. En nous organisant, nous pourrions, au jour propice, un peu avant l'arrivée des Alliés, tenter de nous débarrasser de nos bourreaux. Au jour venu, que tous se soulèvent, s'emparent des miradors, maîtrisent les SS.'' — ''Des milliers d'entre

1. Frère Birin : *Seize mois de bagne*, ouvrage cité.

nous peut-être périront dans l'assaut, mais des milliers échapperont ainsi au massacre inévitable.'' — ''Parle à tes compatriotes, je me charge des Français, et que tous marchent au cri convenu de 'Paris' ''— Chacun devait recruter trois camarades sûrs, qui se chargeraient d'en recruter trois autres, et ainsi de suite. Comme toujours, tout alla bien au début, mais notre action était prématurée. Les Russes manquèrent de prudence et Nicolas fut arrêté. Torturé, il révéla l'organisation, mais, selon la promesse mutuelle que nous nous étions faite, en cas d'échec, de ne pas charger les amis, il déclara que cette tentative était exclusivement russe.

« Un jour, se rendant à un nouvel interrogatoire, ce brave Nicolas, honteux d'avoir faibli, échappa à son gardien et se lança tête baissée contre le mur au fond du couloir. Il fut relevé le crâne fendu et soigné par un médecin qui dut en répondre sur sa tête. Finalement, Nicolas fut pendu.

« Du côté français, on soupçonna une organisation analogue et, dans ce triste épisode, je dois dénoncer le rôle ignoble de Maurice Naegel, se disant ingénieur chez Citroën à Paris [1]. Engagé au service de la Gestapo à Paris, son zèle lui valut d'être promu au grade de Oberleutnant. Viveur, ses besoins d'argent étaient grands, il chercha le moyen d'en gagner beaucoup. Lorsqu'il était sur les traces d'un résistant, il faisait porter les chefs d'accusation sur un homme innocent, mais qu'il savait riche et qu'il faisait incarcérer. Puis il allait voir sa victime en prison et lui offrait de la faire libérer moyennant une somme importante. Avec un mot du détenu, il allait trouver la famille et touchait la forte somme. Il ne restait plus qu'à arrêter le véritable résistant et, dans une confrontation avec la victime, il prouvait l'innocence de celle-ci et obtenait sa libération. Selon ses propres aveux aux autorités anglaises auxquelles il fut remis dès leur arrivée, il reconnut avoir gagné entre trois et quatre millions. Mais un jour vint où son jeu fut découvert par la Gestapo et il fut envoyé à Buchenwald. Il chercha immédiatement, ainsi qu'un de ses amis, un Belge arrêté avec lui, à entrer en relation avec les SS pour se mettre à leur service. Le Belge obtint un rendez-vous, mais il fut quelques jours après ramené mort à son Block. Maurice Naegel, prenant peur, se tint tranquille. Il arriva à Dora fin septembre 1944 et prit facilement contact avec les SS, ceux-ci circulant presque toute la journée dans le camp. Par l'intermédiaire d'un de ces derniers, il adressa au commandant du camp une lettre : ''*J'ai été en France Oberleutnant à la Gestapo. Ayant toujours le même idéal, c'est-à-dire servir l'Allemagne, car je suis convaincu que mon incarcération est une*

1. Condamné à mort le 29 janvier 1947 par la 12e Chambre correctionnelle de Paris.

erreur judiciaire, je me mets entièrement à votre disposition pour dépister dans le camp ce qui serait d'action anti-allemande. Je serais même heureux de m'engager dans les SS'' — Le commandant le fit venir et lui fit comprendre que cela n'était pas de son ressort, mais de celui de la Sicherheitspolizeidienst (police secrète). Il lui fixa un rendez-vous avec l'Oberscharführer Sanders. Celui-ci félicita Maurice, mais ajouta qu'il lui fallait des preuves de sa sincérité. ''Nous soupçonnons, dit-il, qu'il existe en ce moment, dans le camp, une organisation russe de révolte, et nous nous demandons s'il n'y a rien de pareil chez les Français, nous vous chargeons donc de nous indiquer les détenus français qui feraient partie de cette organisation et, afin de vous faciliter la circulation dans le camp, vous serez nommé 'Kapo' à partir de ce jour.''

« Grâce au poste que j'occupais, je fus mis directement au courant de cette démarche, mais il était déjà trop tard. Des camarades que j'avais ''planqués'', auxquels j'avais trouvé des Kommandos plus faciles, ou que j'avais soustraits aux Kommandos d'extermination, ignorant le double jeu de cet individu, avaient parlé. Maurice, ainsi renseigné, vint me voir à plusieurs reprises, me félicita de ce que je faisais pour les camarades français et me demanda ma manière d'opérer. Je fis l'étonné et je niai. Il revint le surlendemain. ''Je te félicite, me dit-il, tu n'as pas besoin de nier, tous nos camarades parlent de toi avec éloge, et, d'ailleurs, c'est si naturel que, dans cette profonde misère, nous nous entraidions. De mon côté, je veux faire tout mon possible pour rendre service, mais, dis-moi, que puis-je faire ?'' Je ne répondis point... et je dormis mal. »

* * *

Dès le départ pour Wieda de l'abbé Amyot, l'abbé Robert Plotton, nouvel arrivé à Dora, décide de célébrer la messe :

« Nous nous[1] installions à même le sol, tandis que l'un de nous se chargeait de faire le guet. Pour nous avertir il ne criait pas : ''Vingt-deux'', suivant l'argot des casernes, car la signification spéciale de ce chiffre était connue des étrangers. Nous lui avions donc substitué le terme ''Belote''. Sur la serviette qui remplaçait le corporal, je plaçais mon quart en guise de calice. Les hosties, à peine plus grosses que des confetti, étaient déposées dans une de ces boîtes métalliques que nous fabriquions à la dérobée, pour notre usage personnel. Certaines avaient une réelle valeur artistique. Et sans autre vêtement que ma livrée de

1. Abbé Robert Plotton. *De Montluc à Dora*. Éditions Dumas, Saint-Étienne, mars 1946. L'abbé Plotton, vicaire à Saint-Étienne, a été arrêté pour résistance le 6 octobre 1943. La Gestapo devait trouver sur lui vingt-cinq fausses cartes d'identité.

bagnard, symbole de tant de souffrance, je célébrais la sainte messe, récitant les prières en français, sauf la formule consécratoire qui doit être prononcée dans la langue rituelle de l'Église. »

« Faute de raisins [1], il fallut, pendant quelques mois, interrompre la messe. La dernière de ''ce temps-là'' fut célébrée un dimanche après-midi, au début d'août 1944. L'église était le camp même ; la voûte : un ciel idéalement bleu ; la nef : la pente de la colline vers le Block 140 ; les reliques : un prêtre dont le genou droit servait de table ; le corporal : un bout de chiffon lavé tant bien que mal et encore gris ; le calice : une boîte à sardines minutieusement nettoyée. Un chevalier du Saint-Sépulcre, Georges, assistait le célébrant ; l'abbé officiait assis. Étendus, comme s'ils profitaient amplement du soleil, Pierre, Roger, et quelques autres, huit en tout, prenaient part à l'offrande sacrée. Au *Pater,* un inconnu qui dévalait à travers les taillis fit un magnifique saut par-dessus le ''tombeau-vivant'' et poursuivit sa route. À la communion, les hosties passèrent de main en main. Aucun oiseau ne gazouillait, le nouveau four crématoire, inauguré la veille, lançait ses volutes de fumée dans l'azur. »

*
* *

Jean Ficheux, un jeune séminariste, prépara au baptême plusieurs déportés.

« Cinq fois [2], au moins, par son apostolat, l'eau régénératrice rendra Enfants de Dieu des esclaves des SS. Le Block 113 lui doit d'avoir été le théâtre de deux de ces cérémonies clandestines... Dans la salle commune de l'aile du « Schreiber », les conversations vont bon train ; ici, la philosophie est à l'honneur ; et là règne la poésie en souveraine incontestée ; à la table du pasteur Heuzé, la Sainte Écriture se commente dans la Bible de Jean-Paul, dont prêtre et pasteur se servent fraternellement tour à tour ; à celle des ''Allemands'', la situation militaire fait l'objet d'une critique serrée ; près de la porte du vestibule un petit groupe compact : des camarades entourent étroitement l'un d'eux assis sur un tabouret. Jean Ficheux ferme les yeux :

— Crois-tu en Dieu, Père, Fils, Saint-Esprit ?

— Oui.

— Veux-tu être baptisé ?

— Oui.

« La tête du néophyte s'incline, penchée sur l'épaule droite. D'un

1. *Mémorial Dora-Ellrich.*
2. Voir ci-dessus.

gobelet en émail rouge foncé, l'eau coule sur le front tandis que sont murmurées les paroles sacramentelles :

— Marc, je te baptise au nom du Père, du Fils et du Saint-Esprit. »

Le brouhaha se poursuit.

Qui dit baptême, dit première communion.

« Il est [1] bien curieux le spectacle qu'offre le Block 9, au cours de l'après-midi du 25 décembre 1944. Le milieu de la salle commune, côté aile chef de Block, est libéré de ses tables, rejetées le long du mur. Une énorme couronne, ayant apparence de couronne mortuaire, faite de branches de sapin entrelacées, est suspendue tant bien que mal autour de la poutre centrale. Des rubans blancs l'entourent. Sur les parois de la pièce courent aussi des branches sur lesquelles une guirlande de laine de verre jette une note de clarté. Aux tables, les habitants ordinaires du Block jouent aux cartes (strictement défendu). Au centre, sous la couronne, sept hommes se serrent coude à coude. L'un d'entre eux parle : ''Tandis que nos bien-aimés sont anxieux à notre sujet, réjouissons-nous quand même. Marcel, que voici (grand gars de vingt ans), va recevoir pour la première fois Jésus en son âme. En vérité, les barbelés ne peuvent rien contre Dieu et nous dirons tous dans un instant, comme saint Paul : ce n'est plus moi qui vis, le Christ vit en moi.'' Très simplement, le geste que nous connaissons va se renouveler, comme dans une poignée de main, Marcel et Pierre, et Roger et Albert et Jean et Jacques vont prendre Jésus : ce Jésus de la crèche, des routes de Palestine, de la Croix et de la Résurrection. »

* * *

Le 4 novembre 1944, à minuit, des SS en armes pénètrent dans plusieurs Blocks. Frère Birin et sept autres Français sont arrêtés. Coups, tortures, transfert à la prison civile de Nordhausen. Tortures... en une seule journée, M. Debeaumarché reçoit trois cents coups de nerf de bœuf, Claude Lauth cent cinquante. Frère Birin, « chef des révoltés français » est ramené à Dora, enfermé dans le Bunker :

« Il n'y avait [2] aucune comparaison entre la prison de Nordhausen et celle du camp. Les nombreuses arrestations russes avaient surpeuplé les cellules. Celles-ci mesuraient 1,70 mètre sur 2,50 mètres et n'avaient comme ouverture qu'une étroite lucarne à gros barreaux. Nous étions dix-sept à vingt-trois détenus par cellule ; il était impossible de s'étendre ou de s'asseoir, sinon les uns sur les autres. Les interrogatoires avaient

1. *Mémorial Dora-Ellrich.*
2. *Seize mois de bagne*, ouvrage cité.

lieu parfois le jour, mais de préférence au cours de la nuit. Quelles scènes horribles j'y ai vues et vécues ! Des nuits entières, j'entendais crier, hurler et gémir. Les SS se mettaient souvent à trois pour frapper sur le même malheureux qui refusait de parler. Quand, sous la violence des coups, il s'évanouissait, les SS le traînaient sous la douche froide et reprenaient de plus belle leurs flagellations.

« Vint mon tour. Les motifs d'accusation ne manquèrent pas. Camarades planqués, numéros faussés, mouvement de résistance organisé dans le camp, lettre non censurée à un camarade de Harzungen, Pierre Pointe d'Épernay. Pour comble de malheur, mon dossier de Châlons était venu me retrouver avec des accusations inédites. Tout cela me valut des heures d'interrogatoire avec tout ce qu'elles comportent. Que les camarades auxquels j'ai rendu service reçoivent, ici, l'assurance que jamais le moindre aveu ne m'a échappé. Décrire ces cinq mois de Bunker, les plus durs, les plus angoissants de toute ma captivité, il m'est impossible de le faire. Je n'en donnerai qu'un court aperçu.

« Le régime alimentaire comportait invariablement un litre de soupe et cent grammes de pain, distribués à 6 heures du matin. Deux fois par jour, nous avions une sortie pour satisfaire aux besoins naturels et faire un soupçon de toilette. À la sortie de la cellule, afin de hâter le mouvement, un SS distribuait des coups de cravache en cadence ; il nous fallait filer ensuite entre deux autres SS tenant chacun un chien en laisse, tandis qu'un quatrième SS accélérait l'entrée du troupeau dans le petit lavabo. Ce lavabo comportait deux sièges de W.-C. et deux robinets pour un effectif de dix-sept à vingt-trois hommes. Nous ne disposions que de deux minutes pour faire notre toilette. Il fallut nous numéroter afin que chacun puisse tous les quatre ou cinq jours soulager ses intestins atteints de dysenterie. Puis c'était le retour à la cellule avec le même ''cérémonial frappant'' qu'à l'aller. De temps en temps, deux ou trois SS ouvraient une cellule au hasard et faisaient sortir un quelconque détenu pour lui administrer vingt-cinq coups, uniquement pour s'amuser. L'odeur nauséabonde qui s'échappait de notre tas grouillant de corps malpropres incommodait parfois ces messieurs. On nous faisait alors aligner dans le couloir pour une inspection des pantalons et on entendait cette réflexion : ''Toi tu seras à la diète pendant quatre jours, comme cela tu n'auras pas... d'ennuis...'' Un de mes compagnons de cellule, au retour d'un interrogatoire où il fut frappé sauvagement, délirait sous l'atteinte d'une forte fièvre. Le SS de surveillance dans le couloir ouvrit la cellule et demanda qui avait causé. Je lui répondis qu'il s'agissait d'un malade. Un regard féroce accompagna cette remarque : ''Si j'entends la moindre chose, je le guérirai à ma façon...'' La cellule à peine refermée, le malade reparla ;

quelques instants après, le SS ouvrit brusquement la porte et, d'un coup de barre de fer, fendit la tête au malheureux. Le cadavre resta sous nous durant trois jours.

« Au cours de ces cinq mois, nous subîmes des tortures de tous genres. Il y eut plus de deux cent quatre-vingts pendaisons. Les survivants étaient dans la continuelle appréhension d'être pris à leur tour. Nous avons vécu dans une atmosphère de cauchemars et d'angoisses impossible à décrire. »

* * *

L'abbé Renard sort du tunnel après sa nuit de veille. Un SS inscrit le matricule sur le cahier de contrôle et brusquement :

— Pourquoi as-tu cette boîte sous le bras ?

— Pour mon pain *(für mein Brot)*.

— Donne-la.

— ...

— Ach ! Une bible ! Et tu m'as dit que c'était pour ton pain.

Jouant avec les mots :

— Mais j'ai dit : livre et pain *(Buch und Brot)*.

— Tu crois encore au ciel toi ?

Le second SS intervient :

— Si ça lui fait plaisir à cet imbécile, il peut bien y croire.

Les deux SS éclatent de rire.

— Allez, tiens ton livre et va-t-en !

* * *

À Wieda, l'abbé Amyot transporte à longueur de journée des rails de chemin de fer. Plaies ouvertes, infectées. Épaules voûtées, yeux brillants, visage vieilli. Corps sans muscles, sans chair.

Jules Haas lui tend un paquet :

— C'est de la farine.

— Et des raisins de Corinthe, tu as pu...

— Il n'y a pas de raisins.

Les hosties ont été préparées.

— Et le vin ?

L'abbé prend une aiguille, remonte sa manche. Dans le gobelet, une à une les gouttes de sang s'unissent à l'eau.

La semaine suivante :

— Amyot, mon père se meurt, il veut te voir.

Fernand Méchin, protestant, a la force de prononcer :

— Promets... m'enterrer... comme en France...

Gérald trace un signe de croix sur le front du déporté.

— Promets !

— Je... C'est promis.

Fernand Méchin, yeux ouverts, est mort. Peut-être sourit-il ?

« L'abbé [1] avoue, le soir, à ses amis l'engagement qu'il a pris et leur demande conseil. Tous sont d'accord pour reconnaître qu'il s'est avancé imprudemment... Les jours passent et le corps se décompose. Le sixième jour, rien que pour être fidèle jusqu'au bout à la parole donnée — tant pis pour ce qui en résultera pour lui — Gérald va trouver le Kommandant du camp. ''Il y a un mort dans mon Block. C'est un Français qui a demandé qu'on l'enterre comme en France.'' Le SS est interloqué d'une pareille proposition ; mais aussi droit qu'il peut se tenir, Gérald attend. À la surprise générale, il obtient satisfaction. Après le travail, on creusera la tombe et, à la nuit, on enterrera Méchin. L'heure venue, le cortège s'organise. La tempête fait rage. Gérald marche en tête. Sur les épaules de ses camarades, le léger squelette est porté nu sur une longue planche. Le fils Méchin et son cousin Brossard conduisent le deuil. Une sentinelle, mitraillette au côté et torche au poing, les suit ''pour voir et se rendre compte''. Sur le bord de la tombe l'abbé récite lentement la prière du Seigneur : ''Notre Père... que votre volonté soit faite... Délivrez-nous du mal...'' »

Promesse tenue.

La semaine suivante.

Un Russe s'affale sur le chantier. L'abbé Amyot l'allonge contre le fossé et le recouvre de son mince manteau. La sentinelle ordonne au prêtre de reprendre son manteau. Il refuse. Le SS enlève son imperméable et en recouvre le Russe.

La semaine suivante.

Jules Haas, joyeux :

— J'ai trouvé des raisins de Corinthe.

— Nous pourrons fêter Noël.

En cette nuit de Noël 1944, une vingtaine de déportés se réunissent dans les lavabos. L'abbé courbé sur son bâton entre le dernier :

— Bonsoir, frères... C'est chic hein ? de se retrouver comme cela ! C'est Noël, le Seigneur va venir avec nous tout à l'heure, comme à Bethléem... Il est chic aussi le bon Dieu... Nous sommes un peu comme des bergers, mais eux ne savaient pas, ne pouvaient pas connaître tout ce que nous comprenons.

La messe.

La communion.

1. *L'Abbé Gérald Amyot d'Inville,* ouvrage cité.

La dernière messe.
Gérald meurt d'épuisement le 27 janvier.

*
* *

Frère Birin prie pour ses camarades russes qui demain, 10 mars 1945, vont être pendus. Les SS ont groupé les vingt déportés dans une même cellule. À 19 heures, les SS partent pour la cantine, abandonnant le Bunker à la surveillance d'un seul gardien. Les Russes démontent la planche du lit.

« Ils frappèrent [1] à la porte de la cellule comme s'il s'y passait quelque chose de spécial. Le SS vint ouvrir et fut assommé d'un coup de planche ; malheureusement, il eut encore la force de tirer quelques coups de revolver qui donnèrent l'alerte. Les SS accoururent et tuèrent les détenus, sauf les cinq ou six seulement qui s'étaient échappés du couloir. Une chasse à l'homme commença dans le camp. Un seul ne fut jamais retrouvé. Au fur et à mesure que les fugitifs étaient ramenés au Bunker, les SS les assommaient à coups de matraque dans le couloir. Vers 22 heures, les SS accompagnés de leurs chiens entrèrent dans toutes les cellules et nous firent sortir en nous frappant. Ils firent déchausser tout le monde, prirent les chaussures et les couvertures, démontèrent la planche servant de lit, puis nous firent rentrer dans nos cellules à coups de cravache. Bientôt après, les SS réapparaissaient sous la conduite de Sanders, afin de choisir les otages. Treize détenus furent pris dans ma cellule ; j'étais du nombre. On nous mit dans la bouche un morceau de bois lié très fort sur la nuque par un fil de fer. Nous étions placés par rangs de cinq et j'étais au troisième rang.

« Au moment de passer à la potence, je fis signe que je voulais parler. Je fus aperçu par Sanders qui avait mené les interrogatoires du Bunker. Il me fit sortir du rang en hurlant : ''Mais ce cochon n'a pas encore causé, il parlera d'abord et, ensuite, on le pendra.''

« Je ne dus la vie qu'à un réflexe *in extremis* mais, hélas ! à ma place, le SS qui me reconduisit en cellule prit le premier Russe qui lui tomba sous la main. Plus que jamais, le régime de terreur régna dans la prison, de ce jour jusqu'au 20 mars, date des dernières pendaisons russes. Sanders tint parole, il voulut me faire parler et c'est ainsi que je passai la nuit du 10 au 11 mars tantôt sous les coups, tantôt sous les douches. Malgré tout, j'eus le courage, grâce à Dieu, de ne point parler. Mon devoir était de ne compromettre personne. Heureusement pour moi, l'avance des Américains fut rapide et j'échappai à d'autres

1. *Seize mois de bagne*, ouvrage cité.

interrogatoires d'où je ne serais probablement pas sorti vivant. Nous ne savions pour ainsi dire rien de ce qui se passait.

« La veille de Pâques, il y eut à Nordhausen, à sept kilomètres du camp, un terrible bombardement. Le 2 avril au matin, nous voyons avec surprise, par notre petite lucarne, les SS démonter la potence et en jeter les morceaux à droite et à gauche. Ils détruisaient les témoignages de leur cruauté.

« Vers midi, nos cellules s'ouvrent brusquement et on nous jette à chacun une boîte de conserves et une boule de pain. Ignorant tout des événements en cours, cette générosité subite nous laissa quelque peu ahuris... [1]. »

---

1. Frère Birin est mort le 13 décembre 1968. Il repose en Moselle dans le petit cimetière de son village natal, Veckerswiller. Une semaine avant sa mort, il me disait : « Je crois que le livre que vous préparez sera utile... mais ne faites pas de nous des héros, d'autres sont morts là-bas qui ont fait autant que l'abbé Renard ou moi (il pensait aux abbés Bourgeois, Courcelles, Caron, Baranton, Klépinine). Oui ! Il est temps de faire ce livre car bientôt il n'y aura plus de témoins... »

Dora...
Par tes travaux forcés, sans amour et sans foi,
Tu voudrais être enfer pour chaque matricule,
Tu n'en seras jamais qu'un triste vestibule,
Car l'enfer est sans Dieu, et Dieu habite en toi [1].

« Dieu habite en toi. » : de novembre 1944 à avril 1945 les prêtres de cette paroisse concentrationnaire offrirent dix mille hosties consacrées. Dix mille communions ! Quatre cent cinquante par semaine...

Pour conclure ce chapitre, écoutons une dernière voix : celle de l'abbé Francis Schwertz, déporté à Dora le 27 juin 1943. Arrêté à Chamalières dans le Puy-de-Dôme, il se préparait à recevoir, six jours plus tard, l'ordination sacerdotale. Il avait vingt-trois ans.

« Je me suis [2] dit ceci : Seigneur, tu viens d'exaucer la prière que je t'adressais depuis mon diaconat : mieux connaître les hommes et leur vie. Eh bien ! tu me donnes là une occasion unique et inattendue. Sortirai-je vivant de cette mésaventure ? je n'en sais rien. Toujours est-il que si tu veux que je sois prêtre un jour, tu sauras bien me tirer de cette situation. Tu as permis que j'en vienne là ! Que ta volonté soit faite !

« ... Je puis affirmer, sans la moindre hésitation, que ce passage à l'usine souterraine des *V1* et des *V2* fut pour moi une épreuve terrible, certes, mais un terrain de probation tant pour ma personnalité croissante que pour l'éclosion de ma vocation sacerdotale.

« Aux plus sombres journées de travail sur les *V2*, aux plus dures épreuves de l'âme et du corps, aux plus crucifiantes heures de l'amertume et du découragement, tout à coup la présence de Dieu se faisait plus visible et plus sensible. Comment exprimer cette expérience si intérieure et si délicate, si profonde et si mystérieuse à la fois... ?

« Je crois pouvoir dire que jamais, dans ma vie, je n'ai vécu autant en présence de Dieu qu'à Dora. Je me surprenais à chanter le *Salve*

---

1. Jean-Paul Renard : *Chaînes de Lumière*. Amiens, 1947.
2. Manuscrit inédit abbé F. Schwertz (avril 1969).

Regina, au milieu du tintamarre assourdissant des perceuses électriques et du rivetage des coques des *V2*.

« Un jour, un homme d'un certain âge vint me trouver et me confia qu'avant sa déportation il ne croyait ni à Dieu ni à Diable. Or, depuis sa présence à Dora, il ne cessait, lui aussi, de penser à Dieu. Il ne s'expliquait pas lui-même comment cette pensée avait pu prendre naissance dans son cœur, alors que, pour beaucoup d'autres, la situation injuste qu'on nous faisait subir était, au contraire, occasion de haine et de désespoir. Quant à moi, je pense que le fait de pouvoir rencontrer l'abbé Jean-Paul Renard d'une manière irrégulière, de pouvoir recueillir les hosties consacrées qu'il avait pu fabriquer lui-même, contribuait énormément à me garder dans l'espérance et dans la foi au Seigneur. Quelle force de pouvoir garder sur soi, au mépris de tous les ''Läusenkontrolle'' (contrôle des poux) et de toutes les désinfections (occasions de nous piller), le Seigneur eucharistique ! Quelle joie austère, à l'exemple des premiers chrétiens aux catacombes, de pouvoir distribuer aux compagnons de misère le viatique des ''mourants en sursis'' que nous étions tous !

« Que dire de l'amitié si spontanée qui nous liait les uns aux autres, et qui me permit bien des fois d'avoir des échanges spirituels avec certains camarades se disant athées, mais qui, au fond de leur être, étaient littéralement dévorés par la soif de connaître le Christ dont ils étaient devenus l'image inconsciente. Je me rappelle tel camarade de Paris que je revois assez souvent, aujourd'hui encore, me demander un jour : ''Dis donc, tu ne pourrais pas me raconter la vie de Jésus ?'' Plus jamais, depuis lors, quelqu'un ne m'a posé semblable question, même au plus fort de mon activité pastorale actuelle, du moins sous cette forme aussi directe et spontanée.

« Comment ne pas percevoir l'action de l'Esprit-Saint dans ces moments privilégiés où la faim de Dieu, ainsi exprimée, devient le signe indubitable de sa présence agissante.

« Mais le fait le plus révélateur de cette proximité divine, dans ma vie de bagnard, pourrait bien être l'absence de tout sentiment de haine et d'esprit de revanche. Non pas que je fus insensible aux soubresauts de mon tempérament révolté, mais vite maîtrisé, non pas que je ne fusse découragé l'une ou l'autre fois par la longue attente de l'issue de la guerre, mais le calme dans lequel je baignais intérieurement, malgré les coups de Schlague reçus d'un SS et d'un de mes compatriotes de Mulhouse, ne pouvait être qu'un don gratuit de Celui qui, sur la Croix, avait dit à propos de ses bourreaux : — Père, pardonne-leur, car ils ne savent pas ce qu'ils font ! »

XIV

LA « GRANDE ÉVASION » DE L'ABBÉ LE MEUR

Printemps 1944. Compiègne.

— Ça va Gervais ? Tout est prêt ?

— Tout est prêt.

— À tout de suite ! Je vais voir Martin !

Et l'abbé Le Meur, chapelet en main, missel sous le bras, se dirige vers un autre groupe. On peut le voir ainsi, dès le lever du jour, parcourir des kilomètres dans le grand camp de triage. Il est certainement le prisonnier le plus occupé de Royallieu. L'abbé Le Meur prépare l'évasion de cinquante détenus.

Déjà, dans le train qui le conduisait de Paris à Compiègne, il avait voulu sauter par la portière. Clément Vanhoutte [1] le découragea :

— Ici, en plein jour... dans de telles conditions. Vous n'avez aucune chance !

— Eh bien nous nous préparerons à Compiègne !

Ses compagnons de compartiment constituèrent l'état-major de la « grande évasion ».

*
* *

« Les [2] trois semaines passées à Royallieu nous avaient permis de rechercher du matériel de fortune qui pourrait servir à une évasion, car nous étions fermement décidés à risquer le tout pour le tout.

« Martin, le garagiste parisien, avait démonté un couteau et en avait aiguisé la lame avec soin. Cela donnait, ma foi, un excellent ciseau à

---

1. Résistant (réseau Jade) arrêté le 18 février 1944 à Tourcoing. Son manuscrit inédit : *Par-delà le calvaire*, m'a permis de traiter ce chapitre.

2. Récit de Jacques Dhuy, recueilli par C. Vanhoutte.

bois. Avec une lime que j'avais été assez heureux de découvrir, il avait confectionné quelques petites scies. De son côté, Biaggi avait obtenu de la Croix-Rouge du camp un fragment de scie à métaux.

« Rassembler ce matériel, c'était bien... encore fallait-il le dérober à la fouille qui précéderait, la veille du départ pour l'Allemagne, notre transfert au bâtiment D. La répartition faite, chacun s'ingénia à dissimuler comme il pouvait la pièce qui lui était confiée... dans une boule de pain, sous la ceinture abdominale et pourquoi pas, entre les cuisses. Quant à moi, je me suis contenté d'entourer ma jambe d'un faux pansement sous lequel je glissai un couteau suisse.

« Nous sommes parés.

« La fouille se passe sans incident.

« Il y a encore un risque à courir. Dans la répartition des hommes par wagon, notre groupe de futurs évadés peut très bien être scindé en deux. Dieu merci, cet avatar nous est épargné et nous nous retrouvons au complet dans le même wagon.

« Avant d'en cadenasser la porte, un SS nous prévient charitablement qu'une tentative d'évasion n'a aucune chance de réussir. Nous retenons avec peine un sourire narquois, d'autant plus que nous savons de bonne source qu'au cours du précédent transport, il y a eu ''cinq incidents de route''. Délicat euphémisme pour cacher cinq évasions. Mais la nôtre, si elle réussit, promet d'être vraiment sensationnelle.

« Grâce à certaines circonstances favorables — entre autres un bombardement par l'aviation alliée — notre train effectue détour sur détour, manœuvre sur manœuvre, si bien qu'à la nuit tombante il se trouve encore à Lagny. Ce retard sert merveilleusement notre projet, car il nous permettra, la nuit venue, de fuir en terre française.

« Il fait noir à présent, et nous nous préparons à ouvrir la brèche par laquelle nous retrouverons le chemin de la liberté. Auparavant, l'abbé Le Meur s'adresse à nous :

— Mes amis, ce soir, au lieu de réciter le *Notre Père* et le *Je Vous Salue Marie* comme nous le faisions à Compiègne, nous allons dire ensemble toute une dizaine de chapelet pour demander le secours qui nous est maintenant si nécessaire.

« Et tous, sans exception, croyants et incroyants, retrouvant au fond de notre mémoire les mots qui bercèrent notre enfance, nous joignons nos voix à celle de l'abbé. Nous sentons à quel point l'heure que nous vivons est grave, dangereuse.

— Et maintenant à la besogne !

« Suivant les instructions reçues, nous nous attaquons d'abord au plancher. Malédiction ! Des barres de fer se croisent sous le bois... Il ne reste plus que la porte.

À ce moment, un camarade de wagon, ingénieur d'une grande firme française de construction électro-mécanique, s'interpose :

— Si vous tentez de vous évader, je donne l'alarme aux Allemands. Je ne tiens pas à subir des représailles à cause de vous.

« Aussitôt Biaggi et moi cernons le froussard :

— Mon vieux, si tu essaies de la ramener, on t'étrangle.

— Mais...

— Pas de mais ! Au moindre mouvement de ta part, on te descend. Compris ?

« Nous devons avoir l'air féroce. De fait, nous sommes bien décidés à cette exécution si elle s'avère nécessaire. L'autre n'insiste plus. Pendant ce temps, Martin attaque la cloison. Nous avons pris la précaution de tracer des points de repère à hauteur du système de fermeture.

« Je regarde l'abbé Le Meur qui prie avec intensité dans le noir. Sa figure pâle, ascétique se détache. Je ne puis m'empêcher d'admirer cet homme dont la foi ardente est génératrice de confiance. Je sens qu'il veut à tout prix mettre le Ciel de notre côté.

« Martin laisse échapper sa scie...

— Nom de Dieu !

— Cherchez !

— La voici.

« Nous poussons un soupir de soulagement.

« Les autres occupants, ignorants ou insouciants du drame qui se joue, sont plongés dans le sommeil. Cela vaut bien mieux. Ils ne nous gênent pas. Mieux, ils seront tout à l'heure en bien meilleure forme pour accomplir leur saut dans l'inconnu.

— Enfin !

« La planche a été enlevée. Tout va bien...

— Attention !

« Le train s'arrête brusquement.

— Que se passe-t-il ?

— Regardez !

« Nous replaçons vivement la planche contre laquelle nous nous appuyons.

— Des pas... Écoutez !

« Vont-ils découvrir la brèche que nous venons de pratiquer ?

— Les pas s'éloignent !

— Ils n'ont rien vu. Le train repart. Attendons qu'il ait atteint une vitesse suffisante.

« De la grille, je fais signe à Martin que nous sommes sortis de la ville. En moins de temps qu'il ne faut pour le dire, notre camarade arrache le fil de fer de la porte, tandis que l'abbé Le Meur manœuvre le loquet. La porte glisse sur son rail. Vide béant sur la nuit noire.

« L'abbé murmure :

— Allez les amis, l'instant est venu...

« L'ordre de saut a été réglé dans ses moindres détails. Martin bondit le premier mais il est parti tête en avant ; il se blesse au visage...

— Sur le marchepied ! Allongez-vous.

« Chacun, à son tour, descend sur le marchepied, s'y couche, les pieds dirigés vers la locomotive, puis se laisse glisser sur le côté.

« D'autres roulent.

« C'est à moi. J'aperçois le projecteur placé à l'avant du train qui s'allume... Nous sommes dans une courbe.

— Vite remonte !

« Nous refermons la porte. Le phare s'éteint. Je saute.

« Le contact avec le sol est plutôt brutal. Dans un roulement de tonnerre, le train poursuit sa marche. Il s'éloigne. Disparaît. Le silence.

« Je me tâte. Non... rien de cassé. La jambe droite un peu endolorie, une main égratignée. Immobile, j'attends encore... Je dresse la tête ! Rien. Je puis me lever. Le temps que j'ai perdu à attendre l'extinction du phare a été mis à profit par ceux qui m'ont devancé. Ils sont cinq qui se sont retrouvés et se dirigent vers le village le plus proche.

« Nous avions décidé que les évadés se rendraient après le saut de préférence dans les presbytères. Nous étions certains de pouvoir compter sur une aide efficace, que le curé soit résistant ou non. L'idée s'est révélée excellente et c'est sans doute grâce au concours des prêtres de la région que notre tentative a connu un succès si total.

« L'abbé Le Meur sauta le quarante-sixième [1].

« Trois blessés graves furent cachés par des prêtres.

« Dhuy retrouva un réseau à Paris. D'autres des maquis.

« Un seul des quarante-six évadés fut repris.

1. L'abbé Le Meur, en décembre 1944, dirigera l'aumônerie générale des prisonniers de guerre de l'Axe... Il organisera le secours religieux pour les prisonniers allemands et italiens : deux cent mille hommes début 1945, sept cent cinquante mille à la fin de l'année. Il fondera le Séminaire des barbelés à Chartres et en confiera la direction à l'abbé Franz Stock, ancien aumônier de Fresnes. C'est là que les deux hommes avaient fait connaissance et s'étaient liés d'amitié.

XV

HINZERT

Hinzert, ouvert pour héberger les constructeurs de la célèbre « ligne Siegfried » devint très rapidement un centre de redressement réservé aux SS « fautifs » et aux Luxembourgeois « anti-nazis ». Ce n'est que le 20 février 1942 qu'il se transforma en Sonderlager « ordinaire » et accueillit les premiers Français NN (Nuit et Brouillard) qui auraient à répondre de leurs crimes devant le tribunal spécial de Cologne ou les tribunaux du Peuple de Berlin, Sarrebruck et Trèves.

L'abbé de la Martinière [1] arrive le 12 juillet 1942.

« Nous pénétrons [2] dans la cour. Nous apercevons des hommes en haillons, d'une maigreur absolument extraordinaire. Nous n'avions jamais vu d'hommes aussi décharnés. Entourés de gardes qui criaient et qui les frappaient, ils poussaient une voiture remplie de pierres. Dès ce moment, une angoisse mortelle s'était emparée de nous. »

Le lieutenant Heinrich, surnommé « Napoléon », récite le discours traditionnel d'accueil puis fait sortir des rangs un détenu allemand.

« Il était [3] monté dans notre train à Trèves. On lui donna devant nous une magistrale volée, on lui mit dans les mains une très lourde barre de fer et il fut obligé de faire des mouvements d'élévation. Sporrenberg, le ''Kommandeur'', lança alors son chien sur l'allemand. Le chien se jeta sur l'homme, le mordit à la face. L'officier siffla pour le rappeler puis le relança de nouveau. L'Allemand restait impassible. Il saignait. Il gardait une espèce de sourire ; je vois très bien sa tête. Nous étions anéantis. On nous dit que c'était ce qui nous attendait si

1. Arrêté pour résistance à Giens le 12 mai 1942.
2. Manuscrit inédit (avril 1969). Abbé de la Martinière.
3. Voir ci-dessus.

nous n'étions pas décidés à faire ce que l'on nous demanderait. À ce moment je me suis dit : ''Nous venons ici pour y mourir.'' Je me suis tourné vers mes camarades en pensant : ''Combien pourront sortir vivants de ce camp ?'' Tous étaient figés sur place. »

*
* *

Parfois Brendel, rose, gras, toupet blond sur le front remplace Heinrich. Il fait déshabiller et défiler nus devant lui les déportés. Son œil éteint les ausculte longuement.

« Le dernier [1] à passer était un moine bénédictin de la célèbre abbaye de Ligugé, dont il était le bibliothécaire. Il s'appelait le père Lambert. C'était un homme déjà âgé, encore gras, au regard intelligent et vif derrière ses lunettes drôlement placées au haut de son nez. Il avait dans sa nudité un air de dignité qui m'avait frappé immédiatement.

« J'accompagnai moi-même le père Lambert devant notre maître. Celui-ci avait la nonchalance d'un homme d'importance qui arrive à la fin d'une lourde tâche. Il jouait avec sa baguette, souriait d'un air entendu, ce qui décuplait l'expression finaude et bête de son visage et qui accentuait d'une façon frappante la ressemblance de son regard avec celui d'un jeune porc.

« Très simplement, le père Lambert, nu, se plaça devant lui en esquissant un vague garde-à-vous.

« D'habitude Brendel était plus exigeant quant à la position respectueuse du prisonnier debout devant lui. Il faut dire que l'attitude du père Lambert était extrêmement correcte, que le sourire qu'il y avait en ce moment dans ses yeux était de ceux dont un SS ne pouvait déceler la présence, ni comprendre le sens.

« Le Kapo annonça à Brendel que le prisonnier qu'il allait examiner était un bénédictin. Malgré qu'il fût d'origine catholique, Brendel affecta, en bon SS qu'il était, d'ignorer ce que c'était et s'en fit donner une explication.

« Je demandai, pendant ce colloque au père Lambert s'il connaissait l'allemand. Il me répondit à voix basse : ''Suffisamment car je le pratiquais pour mes travaux.''

« Brendel renversant sa tête en arrière, et prenant un air entendu, un air qui voulait être supérieur et ironique, dit au père Lambert :

— Et alors mon vieux ! Il paraît que tu es moine ?

— En effet, je le suis.

---

1. Docteur André Chauvenet. *Une expérience de l'esclavage*, Thouars. (Voir *Les Médecins de l'impossible*.)

— Il paraît que tu es bénédictin ?

— Je suis bénédictin.

— Qu'est-ce que tu faisais dans ton couvent ?

— Ce que font les moines dans leur couvent d'habitude, c'est-à-dire la prière, la méditation et l'étude.

— Mais tu ne racontes pas toutes ces histoires de moines et de moinillons que vous cachez si bien et que nous savons tous.

— On croit tout savoir quand on écoute les mensonges de la propagande.

« Brendel un peu étonné et réellement désemparé par l'attitude du père Lambert qui ne s'était pas départi une seule seconde de son à peine perceptible sourire, qui avait d'ailleurs abandonné son garde-à-vous pour avoir le geste machinal et bien ecclésiastique de se frotter les mains en parlant, Brendel, dis-je, changea de terrain prit un air doctoral et dit :

— Et alors, parle-moi des travaux que tu faisais dans ton couvent.

« Naturellement, le père Lambert répondit d'une façon évasive et ''notre maître'' lui posa une série de questions que je ne me rappelle pas très bien, mais toutes puériles et toutes énoncées avec un ton de condescendance qui, à lui seul, était toute une comédie. Il accompagnait ses demandes et ses réflexions de froncements de sourcils, de regards dubitatifs ou réfléchis derrière lesquels on sentait l'inanité la plus SS que l'on pouvait imaginer.

« Et pendant toute la durée de cet entretien, Brendel n'avait pas cessé de tapoter de sa baguette la poitrine et le ventre du bon père. Et aussi durant tout cet entretien, on sentait peu à peu que la brute ne savait que dire pendant que s'accentuait le sourire du moine.

« Je n'oublierai jamais ce sourire où l'intelligence, une légère ironie, oh très légère, et en même temps la bonté s'alliaient avec le pardon.

« Battu, Brendel renvoya le père Lambert rejoindre ses camarades avec qui, tout nu, dans la nuit tombée, il devait traverser la cour pour aller subir la douche dans une pièce glacée.

« Je n'ai jamais eu autant la certitude de la primauté du spirituel que durant cette scène [1]. »

* * *

« Au milieu [2] de la cour, une fosse carrée de huit mètres de côté et profonde d'au moins quatre mètres. Elle contenait rarement plus de

1. Le père Lambert fut guillotiné le 3 décembre 1943 dans la cours de la prison de Wolfenbüttel.

2. Manuscrit inédit, abbé de la Martinière.

deux mètres d'eau. Cette fosse avait été creusée au mois de juin 1942 par les premiers Français arrivés au camp. La plupart étaient âgés de seize ou dix-sept ans. Ils travaillaient toute la journée, le torse nu sous le soleil qui les brûlait au point que leur dos n'était qu'une cloque. Ces jeunes devaient transporter, à deux, la boue et la terre, dans des caisses munies de brancards. Les caisses vides pesaient vingt-cinq kilos ; pleines, quatre-vingts ou cent kilos. Comme leurs doigts n'avaient plus la force de serrer ou de soulever, les Kapos attachaient les poignets des déportés aux brancards avec des chiffons ou des cordelettes... »

Dans le Kommando de la carrière, le Kapo « Louis » s'acharne sur d'autres jeunes. Pour échapper à sa matraque, une seule solution : offrir au « seigneur » une ration de pain ou de margarine. Le Kapo échange le soir le produit de son racket contre des cigarettes. L'abbé de la Martinière, un soir, réunit les jeunes dans un coin de Block. Plusieurs, qui n'ont pas « acheté » leur tranquillité portent sur leur corps les marques sanglantes du Kapo « Louis ».

— Si l'on vous interroge, direz-vous la vérité ?

— Pourquoi ? Qui va nous interroger ?

— Répondez ! Direz-vous la vérité ?

Ils hésitent, se concertent.

— D'accord, monsieur l'abbé. Dites-nous pourquoi maintenant ?

— Je vais aller trouver, demain, le commandant et lui parler de « Louis »...

— Mais vous êtes fou ! Vous allez vous faire tuer. N'y allez pas !

Le lendemain matin, l'abbé de la Martinière pénètre dans le bureau du commandant en second. Les SS présents, ahuris, attendent le geste du commandant Martin pour sauter sur le déporté « qui a osé ».

— Laissez ! Qu'il s'explique !

Il s'explique.

— Très bien, dit Martin. Si tu as dit vrai, le Kapo sera puni, sinon ce sera toi... Tu as les matricules de ceux dont tu parles ?

Les SS vont chercher les jeunes déportés.

Le soir même « Louis » était cassé et expédié dans un Kommando de travail.

* * *

L'abbé Schmitt et le père Émile sont convoqués par le SS Kertel :

— Vous avez reçu des colis, allez les chercher.

Les deux prêtres, suivant le rituel immuable d'Hinzert, sont accueillis dans l'antichambre du cabinet SS par des coups et des injures. Émile pénètre le premier dans le bureau. L'abbé Schmitt est au garde-à-vous devant la porte entrouverte. De l'autre côté Kertel corne, tempête, braille... et soudain murmure, ronronne. Schmitt glisse un œil. La brute superbe se penche :

— Crois-tu encore en un Dieu ?

— Mais oui !

— Et crois-tu aussi toujours en Jésus et en son Église ?

— Bien sûr. Oui !

Le SS baisse les yeux, joint les mains :

— Alors prie pour moi ! D'accord ?

— D'accord.

Deux secondes de silence. Il prend le colis le jette à la figure du prêtre, retrouve sa voix, ses cris, ses hurlements [1].

* * *

— C'est aujourd'hui ?

— Oui !

— Des pommes de terre à midi ?

— Oui !

Une fois par semaine Hinzert est en fête. Le cuisinier prépare les « Pellkartoffeln »... Chaque déporté peut espérer dans sa gamelle dix petites pommes de terre et une cuillère de sauce. Certains se précipitent ; d'autres, au contraire, préfèrent conserver pour le soir ou même le lendemain un certain nombre de pommes de terre. Mais il faut les sortir du Block et le sous-officier de garde a l'habitude de fouiller les détenus. L'abbé de la Martinière a conservé les pantalons de golf qu'il portait sous sa soutane.

— Vous voulez bien m'en cacher trois...

— Bien sûr !

— Vous voulez bien ?...

Les pommes de terre disparaissent dans le pantalon de golf... Dix, vingt, trente, trente-deux.

Ils quittent le Block.

Sur la place d'appel :

— Déshabillez-vous ! Placez vos vêtements en tas devant vous.

L'abbé de la Martinière pâlit, hésite, et d'un pas décidé quitte la place sous le regard « stupéfait » des SS, des Kapos et de tous les déportés.

* * *

1. D'après un manuscrit inédit du professeur Dr J.-P. Schmitt (avril 1969).

« Quelques [1] semaines après mon arrivée au camp, une grande agitation se manifesta parmi les prisonniers luxembourgeois. Beaucoup d'entre eux étaient là avec leurs fils et l'un des innombrables bobards qui circulaient — mais celui-là, hélas ! était vrai — leur fit croire qu'ils allaient partir pour Lublin, camp de très mauvaise réputation où l'on exécutait facilement les prisonniers. Craignant de connaître ce sort, après les fusillades qui s'étaient perpétrées au Luxembourg, ils se préparaient courageusement à mourir, mais déploraient de ne pouvoir obtenir les dernières consolations de la religion. Ils firent demander aux quelques prêtres que nous étions dans le camp de leur procurer la confession et la communion.

« L'un de ces prêtres était l'admirable abbé Keup, que nous appelions tous ''papa Keup'', ou ''oncle Keup''. Étant seul avec moi, il réussit à soudoyer un SS qui nous avait révélé après une bonne cuite qu'étant catholique et nanti d'une femme énergique, fermement attachée à sa foi, il avait refusé d'apostasier, ce qui faisait qu'on le maintenait dans le grade d'Unterscharführer, ou caporal-chef, au lieu de lui donner les galons d'Oberscharführer, ou sergent. En effet, pour monter en grade dans la SS, il était indispensable de rejeter toute appartenance à une confession quelconque, mais, soutenu par son épouse, ce brave homme avait résisté à la tentation.

— Puisque vous avez fait cela, lui dit papa Keup, je vais vous demander quelque chose qui peut vous coûter la vie, comme à moi. Mais si nous atteignons tous deux l'heure de la libération, je témoignerai pour vous. Procurez-vous des hosties et du vin de messe.

« Notre SS hésita, mais finit par accepter. Grâce à une pharmacie de Trèves tenue par d'excellents chrétiens, qui risquaient ainsi leur liberté, et peut-être plus encore, notre bon SS nous apporta à plusieurs reprises des hosties et un peu de vin. On décida que la première messe serait célébrée dans la nuit de Noël...

« ... Ces hosties et ce vin que nous devions aux bons offices de ce brave SS [2], il s'agissait de les cacher jusqu'au moment opportun, ce qui

---

1. *Le Témoignage de Mgr Jules Jost* (voir les chapitres sur Dachau). Colonel Rémy in *La Ligne de démarcation*. Librairie Académique Perrin, 1966.

2. Il est aujourd'hui (1969) vivant et désireux de garder l'anonymat. Mgr Jost, par la suite, devait le revoir plusieurs fois :

— Il fut compromis peu après dans une affaire de trafic de colis, et j'aurais plutôt tendance à l'appeler le Bon Larron... Les SS étaient extrêmement sévères pour tout manquement à la discipline commis par l'un des leurs, et il fut mis en prison. J'ignorais ce qu'il était devenu quand, me trouvant à Dachau, je le reconnus, peinant dans une Strafkompanie SS. On l'envoya ensuite au front russe, dans un des secteurs les plus meurtriers. Je le croyais mort quand, la guerre finie, une lettre nous parvint qui portait le timbre d'un camp de prisonniers. Son signataire était notre SS qui nous rappelait n'était pas simple. Un petit ouvrier communiste luxembourgeois s'en chargea. Ayant le privilège d'être Kapo, il avait secrètement aménagé une petite cambuse dans le plafond de sa baraque, et c'est là qu'il tint à l'abri, pendant une huitaine de jours, nos hosties et notre vin, que nous étions, pour notre part, dans l'incapacité absolue de dissimuler.

« Tout d'abord, nous avions pensé avertir nos camarades français chez qui nous comptions plusieurs prêtres. Mais l'expérience nous avait démontré que s'il était question de ''faire un coup'', les Français se laissaient emporter par un enthousiasme qui leur laissait parfois oublier les règles de la prudence. En fin de compte, nous nous sommes dit que moins nous serions nombreux, moins il y aurait de risques de fuites. Nous ne fûmes que cinq ou six à être de la conspiration et, la nuit de Noël, vers 11 heures, nous demandâmes à un jeune officier luxembourgeois, nommé Albrecht — aujourd'hui colonel et directeur du comité de la Défense nationale — de monter la garde, avec François Krajweski, ce Kapo qui nous avait aidés bien qu'il fût communiste : il est mort maintenant et Dieu lui aura sûrement tenu compte de ce qu'il fit cette nuit-là. Mon confrère ''papa Keup'' avait préparé sa messe, bien entendu sans aucun ornement. Un mouchoir propre tenait lieu de corporal et de drap d'autel à la fois, un autre mouchoir servait de purificatoire, et un verre propre remplaçait le calice. Les burettes étaient pareillement improvisées, et je ne me souviens pas que nous ayons pu nous procurer des bougies.

« Au tout dernier moment, ''papa Keup'' s'écria : ''Mon Dieu, je sais bien des choses par cœur, mais je ne sais pas tout le canon de la messe, et surtout pas celui de la messe de minuit !'' Or, on nous avait laissé la liberté de posséder un bréviaire, mais nous n'avions pas de missels : ''Moi j'en ai un ! dit Albrecht.''

« Comment avait-il réussi à faire entrer un missel dans le camp, je ne l'ai jamais su. Mais, le sortant de sa poche, il me le tendit. C'est ainsi qu'au Hinzerts SS Sonderlager fut célébrée la messe de minuit de Noël 1942, au cours de laquelle papa Keup consacra une bonne centaine d'hosties. La question était maintenant de conserver les saintes espèces que nous ne pouvions laisser entre les mains de notre brave Krajweski. Deux ou trois de nos compatriotes, qui travaillaient au Revier, et dont la situation était un peu moins précaire que la nôtre, cousurent des sortes de petites bourses où l'on mit les hosties, et qu'ils portèrent à

---

notre promesse. Avec « papa Keup » et quelques autres Luxembourgeois, j'allai témoigner en sa faveur. Plusieurs délits lui étaient reprochés, mais notre intervention réussit à abréger sa peine. (Rémy : *La Ligne de démarcation*, ouvrage cité.)

même la peau, pendues au cou, pendant une quinzaine de jours [1]. C'est ainsi que nous avons pu communier ceux qui allaient partir pour Lublin. »

* * *

Le 25 février 1944, le camp est consigné. Un seul Kommando — celui des pommes de terre — est « autorisé » à travailler. Après vingt minutes de « pluches », les déportés regagnent leur Block. Aloyse Sand, un Luxembourgeois de Bech-Kleinmacher se précipite aussitôt dans le fond de la pièce où l'abbé Robert Maroldt lit son bréviaire :

— Priez pour nous tous, monsieur l'abbé, on va fusiller des Luxembourgeois...

— Allons ! doucement ! doucement !

— Je vous dis... les Polonais qui étaient avec moi aux pommes de terre m'ont raconté qu'ils ont passé plusieurs heures cette nuit à creuser un fossé de dix mètres de longueur, deux de largeur et deux de profondeur ; je vous dis, on va certainement fusiller des Luxembourgeois, comme il y a dix-huit mois.

— Ne sois pas si énervé...

— Vous en avez de bonnes ! Moi je suis de la partie.

— Si ce que tu dis est vrai, nous sommes tous en danger : toi, moi, les autres.

L'abbé Maroldt se retourne et aperçoit Christian Calmes qui, comme lui, a hébergé un pilote américain. Calmes a entendu les dernières phrases de Sand :

— J'ai mal ! J'ai mal ! Ma femme ! Mon enfant ! Mon enfant est né il y a trois semaines. Je ne l'ai jamais vu. C'est un garçon. On m'a dit que c'était un garçon...

L'abbé Maroldt lui prend la main.

— Allons ! S'il faut mourir, on acceptera le sacrifice suprême pour la libération de notre cher pays ; pour la liberté tout court.

Coup de sifflet.

— Glesener au bureau.

Glesener sourit.

— Ce n'est rien, on va nous changer de camp.

---

1. Un déporté français, Charles Cardinot, écrit dans le livre d'or des congrégations françaises (Drac, 1948) :

« Les prêtres fouillés fréquemment ne pouvaient garder les hosties sur eux. Ils les confièrent à un camarade Bouny, décapité en août 1943, et à moi-même. Nous les dissimulions dans nos sabots qui, heureusement, étaient de la pointure 45 alors que nous chaussions du 39. »

Coup de sifflet.

Une voix hurle un numéro.

L'homme ramasse ses pauvres affaires ; l'abbé Maroldt se glisse près de lui :

— C'est vrai monsieur l'abbé qu'on nous change de camp ?

— Je ne sais pas ce qu'on va faire au juste, mais pour le moment, récite ton acte de contrition.

— L'acte de contrition ?

— Ne sois pas inquiet ! Il se peut que nous soyons séparés, qu'on ne se voie plus... alors il vaut mieux être en règle avec le bon Dieu.

— Vous avez raison. Donnez-moi l'absolution.

Coup de sifflet.

Appel d'un numéro.

Derrière les lits, couché sur le sol, l'abbé Maroldt console...

— *Ego te absolvo.*

C'est au tour d'Aloyse Sand.

— Cette fois, l'abbé, c'est fini. Pas question de changer de camp. Une nouvelle fois le commandant Sporrenberg s'est bien fichu de nous. Si tu peux rentrer dis au revoir à ma femme et maintenant donne-moi l'absolution.

Coup de sifflet.

— 7 468.

Le 7 468 c'est Pierre Maroldt, le frère de l'abbé.

— Pierre, il faut se quitter.

— Tu crois en cette histoire de changement de camp ?

— Je pense plutôt que nous allons être traduits devant le « Sondergericht » (le tribunal spécial). C'est mauvais. Ça va tourner mal.

Les deux frères s'avancent vers le placard où ils ont rangé leurs provisions : deux minuscules morceaux de fromage.

— Moi je te dis que si nous allons devant le tribunal, je m'arrangerai pour sauter du camion. Le tout pour le tout !

— C'est notre dernier jour, Pierre, c'est trop tard pour fuir. Prends le fromage. Je peux te le dire maintenant. Nous allons mourir avec les autres. Les Polonais des pommes de terre ont creusé cette nuit une grande fosse.

— Une fosse ?

— Qu'importe ! Nous n'avons plus de temps, les SS s'impatientent. J'ai eu le courage de te dire ça, parce que moi aussi je suis sur la liste. Pierre, ta conduite a toujours été celle d'un homme. Ces derniers temps d'un héros. Tu n'as pas bronché sous les interrogatoires. Tu n'as dénoncé personne. Sache que c'est bien une vertu chrétienne de mourir pour son pays. Alors, si c'est nécessaire, accepte aussi la mort, je vais te donner l'absolution.

Le SS pénètre dans le Block.

— Ça vient ? Que se racontent ces deux jolis frères ? Allez, sors.

— Je lui donne la moitié de mes provisions. Une seconde ?

Le SS éclate de rire.

— Il n'a plus besoin de manger.

— Mais si ! Dans cet autre camp, il aura aussi besoin de nourriture. Nous avons toujours partagé.

— Imbécile, il n'a plus besoin de manger.

Le SS sort.

« Je [1] voulais quand même laisser une chance à mon frère, une petite chance d'espoir, lui montrer que je n'étais pas trop sûr de ce que je disais tout à l'heure au sujet des exécutions. Il prit les deux morceaux de fromage. Je m'étais retiré derrière le lit où il devait prendre sa couverture. Il me suivit quelques instants après... Il disait : "Tu as raison, donne-moi l'absolution... Je suis prêt... embrasse Margot (sa femme)... il faut partir." Il jeta la couverture sur son épaule, me serra la main et sortit. C'est ainsi que je le vois encore après vingt-cinq ans. Je ne sais pourquoi j'étais si calme. Je me disais : "Tu n'est pas seulement son frère, tu es aussi prêtre, tu ne dois pas perdre les nerfs car c'est bientôt fini pour nous tous." D'autres SS rentrent. Coup de sifflet. J'avais le numéro 7 505. On appela le 7 502, le 7 503, le 7 504... Je faisais toujours mon "devoir". J'adressai à chacun quelques mots, je donnai l'absolution, je recueillis les dernières volontés, les derniers messages, les derniers adieux (en particulier pour les femmes de Koob, Kuhn, Lemmer)... J'attendais mon numéro... Alors on cria 7 507. C'était celui de Tony Nœsen. On avait sauté Maroldt et Neumann... Alors, je commençai à trembler. Mes nerfs allaient-ils lâcher ? "Non, non, pensai-je, tu ne dois pas te laisser aller. Tu es prêtre. Tu as des amis qui vont mourir. Tu dois les soutenir, les aider" et je me dirigeai vers Tony en tremblant. Les SS me laissèrent faire. Toujours le même cauchemar. Je faisais de mon mieux... Vingt-trois déportés furent "retenus" ce jour-là. Ils étaient rassemblés devant le bureau du commandant. Un autre prêtre, l'abbé Auguste Wampach, passa rapidement devant le groupe et leur donna l'absolution. Puis les vingt-trois partirent vers les fosses, vers la mort... »

1. Manuscrit inédit de l'abbé Robert Maroldt, juin 1969. Robert Maroldt et son frère Pierre faisaient partie d'un réseau de résistance. (Arrestation octobre 1943.)

XVI

AUSCHWITZ

— La Gestapo !

— Attention, la Gestapo !

En ce matin de mai 1941, une dizaine de voitures blindées cernent la paroisse Saint-Stanislas et le petit séminaire de Cracovie. Un quart d'heure plus tard, onze prêtres et un religieux laïc — accusés de tous les crimes de la terre : diffusion de journaux clandestins, émissions radiophoniques, résistance armée — se retrouvent enchaînés sur le plateau d'un camion [1].

Le centre d'accueil de la prison centrale Montelupi a l'habitude de « traiter » les ecclésiastiques :

— Toi, la première « merde noire », ici !

— Toi...

Et sans autres formalités les tortures commencent. Trente-deux jours de « salle de soins » avec baignoire et maître-nageur velu, chevalet à flagellation, chambre de réanimation équipée de crochets de suspension et de générateurs électriques.

— Alors, à propos de votre réseau de résistance, vous nous disiez...

Les douze salésiens n'échappent pas à la grande spécialité de leur inquisiteur :

— Enfoncer des clous, en pleine chair, dans les mains ou les pieds serait vous faire trop d'honneur : vous vous prendriez pour le Christ...

---

1. Tous sont salésiens. La congrégation fondée en 1854 par Jean Bosco se consacre à l'éducation de la jeunesse, surtout de la jeunesse pauvre et abandonnée. Plus de trois cents salésiens sont morts en déportation. Témoignages sur Auschwitz du père Garecki (l'un des douze arrêtés ce 23 mai 1941 à Cracovie) publiés dans différents cahiers de la congrégation.

mais si je prends ces mêmes clous et si, délicatement, je les glisse sous vos ongles...

Le 26 juin, jour de leur départ pour Auschwitz, aucun n'avait parlé.

* * *

Pour Reinhard Heydrich, l'un des théoriciens du règlement des affaires polonaises, il était évident que les prêtres, membres actifs de cette « intelligentsia » qu'il fallait détruire par le fer et le feu, seraient frappés parmi les premiers.

« La solution [1] du problème sera différente pour la couche des chefs et pour la couche inférieure des travailleurs polonais. Dans les territoires occupés, il ne reste au plus que 3 % de la couche des chefs. Mais ces 3 % aussi doivent être rendus inoffensifs et seront mis dans les camps de concentration. Les Einsatzgruppen (détachements de police SS) doivent établir des listes comprenant les chefs de marque, et des listes de la classe moyenne : instituteurs, clergé, noblesse, légionnaires, officiers, libérés, etc. Les besoins religieux des Polonais doivent être satisfaits à l'aide de prêtres catholiques venus de l'ouest, mais ceux-ci ne doivent pas parler le polonais... »

Il est facile de comprendre les motivations de cet ordre. On donne au peuple, à la masse des travailleurs que l'on va exploiter, ses amulettes, ses philtres et ses sorciers pour les séances dominicales d'exorcisme en latin, mais comme les mages ignorent le polonais, ils ne peuvent instruire les enfants et les adultes.

« Il s'agissait [2] donc de supprimer la nationalité et la culture polonaises, le génocide en un mot : extermination physique des ''chefs'' et ravalement au rang de bêtes de somme du peuple, conservé en vie. »

Les persécutions contre le clergé commencèrent donc, immédiatement après la conquête par les Allemands du territoire polonais.

« Le lendemain [3] de l'occupation de Varsovie, les Allemands arrêtèrent environ trois cent trente prêtres. À Cracovie, les collaborateurs les plus proches de l'archevêque Sapieha furent arrêtés et envoyés en Allemagne. Le chanoine Czeplicki, âgé de soixante-quinze ans et son adjoint furent exécutés en novembre 1939. Jusqu'en 1941, sept cents prêtres environ

---

1. Cité in *Procès de Jérusalem,* Calmann-Lévy (Paris, 1963) et *Auschwitz,* Léon Poliakov, Julliard, 1967.
2. *Auschwitz.* L. Poliakov, ouvrage cité.
3. *Procès de Nuremberg.* Tome VIII, page 333. Rapport du gouvernement polonais et témoignage du cardinal Hlond.

furent assassinés ; trois mille autres[1] étaient en prison dans les camps de concentration. Ceux qui reçurent l'autorisation de rester furent l'objet d'humiliations innombrables, d'entraves dans l'accomplissement de leurs fonctions religieuses, privés de tous leurs revenus paroissiaux et de tous leurs droits. Ils sont entièrement livrés à l'arbitraire de la Gestapo... Le tout rappelle la vision apocalyptique de la *Fides depopulata.* »

***

Les douze salésiens de Cracovie arrivèrent à Auschwitz de nuit.

— Ce camp[2] ressemblait, vu de loin, à une grande ville inondée de lumières. Toute une forêt de lampes électriques puissantes, attachées à de hauts pylônes en béton, jetaient de trois mètres en trois mètres, sur les Blocks, une lumière froide et hostile. Ces pylônes étaient reliés entre eux par des barbelés, au travers desquels passait un courant à haute tension. Entre les lampes électriques, l'éclairage des projecteurs implacables et les miradors, pas le moindre coin d'ombre. Tout projet de fuite nocturne devait être écarté. Nous défilons entre deux haies de SS qui, au passage, nous abreuvent de coups de pied et de poing, puis on nous libère de nos chaînes et nous enfilons de misérables haillons retirés certainement aux morts de la journée.

Les salésiens ayant satisfait à « l'incorporation » sont livrés à leur Kapo :

— Prêtres ?

— Prêtres.

Le « Gummi » cingle les douze visages.

— Il y a longtemps que vous n'avez pas fait de sport. C'est honteux !

Saut de crapaud. Arrosage glacé. Marche indienne. Arrosage glacé. Flexions...

— N'ayez pas d'illusions. Pour les Juifs, aucun ne sortira vivant d'ici. Ils n'ont pas le droit de vivre. Quant à vous autres prêtres, si vous êtes loyaux pour les autorités allemandes, si vous travaillez ferme, on verra.

Silence.

— Pas de questions ?

Silence.

— Allez dormir.

Le Block 2 abrite la section pénale :

---

1. En Tchécoslovaquie, quatre cent quatre-vingt-sept prêtres furent arrêtés à la déclaration de guerre (*Nuremberg*, IV, 530). Le ministre des Affaires étrangères du Reich, Von Ribbentrop, confia à son secrétaire : « J'en ai assez de voir tous mes tiroirs pleins de protestations du Vatican. » (*Nuremberg*.)

2. Témoignage du père Garecki.

— Véritable[1] enfer, où l'on n'entendait que maudire, hurler, blasphémer, se battre et le reste. Cette nuit fut totalement blanche et à 3 h 30, le premier appel sonna. Puis, au travail ! Chaque condamné reçut une lourde brouette, un pic, une pelle. Le travail consistait à détacher, à coups de pic, des pierres d'une carrière, à les jeter dans la brouette, et à aller la déverser à cinquante mètres de là dans d'immenses cratères. Ce travail déjà épuisant par lui-même devait être effectué en courant. Inutile de dire qu'il était au-dessus des forces de ces religieux, non habitués à ce genre de tâche et vieillards pour la plupart.

« Le premier à tomber fut le père Swierc, curé de notre paroisse de Cracovie. Il était déjà malade quand la Gestapo vint le prendre. La première matinée de travail qui suivit cette nuit d'épouvante, en fit une loque. C'est alors qu'entra en lice celui que, par la suite, nous baptisâmes : Frantz le sanglant. "Alors quoi, tu ne veux pas travailler ? jeta-t-il à ce pauvre vieillard qui n'arrivait plus à soulever son pic. Attends ! je vais te frotter les os." Et, à grands coups de bâton, il le frappa à la tête. Le bon père Swierc s'écroula, pour se relever bientôt dans un sursaut d'énergie, et courut prendre sa brouette ; mais son bourreau le suivit en le harcelant de ses cris. Le pauvre vieux, sentant sa fin prochaine, murmurait entre ses dents : "Mon Jésus, mon Jésus !" Le Kapo entend cette oraison ; elle redouble sa fureur : "Ton Jésus ! Ton Jésus ! Attends, je vais te le montrer, ou plutôt regarde s'il vient à ton secours. Tiens ! Tiens !" Et les coups pleuvaient avec les blasphèmes. Le prêtre s'écroula. Alors les coups de pied entrèrent en danse, sur la tête, sur le ventre, la poitrine. Un œil du vieillard sauta. Le crime touchait à sa fin.

« À ce moment, le cher curé jeta un dernier regard éteint à ses frères en religion, comme pour leur donner le suprême adieu, tandis que la brute s'acharnait sur son reste de vie. Il ne s'arrêta de frapper que quand le corps ne bougea plus. Quelques instants après le cadavre partait pour le four crématoire.

« La deuxième victime de cette lugubre journée fut le père Dobiasz. Il dut, à bout de forces, suspendre son travail ; Frantz le vit : "Ah ! toi aussi, tu refuses de travailler. C'est plus facile, hein, de débiter des sornettes à tes ouailles que de manier la pelle, grand paresseux ! Tu préfères exploiter la crédulité publique que de rouler une brouette. Allons ! Jette-moi ces pierres sur la brouette et cours au ravin." Le père Dobiasz réussit à charger son véhicule, mais pas à le soulever. Alors les coups de bâton lui tombèrent sur tout le corps. Un suprême effort et la brouette démarra. Mais, arrivé au ravin, il fut incapable de la retourner.

1. Témoignage du père Garecki.

Voyant cela, Frantz le jeta dans le trou avec la brouette. Le père se ravisant tenta d'en sortir, mais chaque fois qu'il arrivait sur le bord, une volée de coups l'accueillait. Enfin, il s'écroula et rendit son âme à Dieu.

« Quand les survivants retournèrent à leur Block, ils furent incapables de prendre la moindre nourriture. Excès de fatigue, excès d'émotion : rien ne pouvait entrer dans leur estomac. Ils n'avaient que deux désirs : s'asseoir un peu, tant leur lassitude était grande, et se préparer à mourir.

« L'après-midi, après l'appel, on repartit à la carrière. La chaleur accablante ajouta encore à la fatigue de ces corps qui, depuis la veille, n'avaient rien absorbé. Le premier à tomber, ce soir-là, fut le père Harazim. Une maladie de cœur le travaillait déjà : ces émotions et ces travaux excessifs lui enlevèrent le reste de ses forces. Il s'arrêta, épuisé. Le Kapo fut vite sur lui et la sinistre besogne recommença : coups de pied, coups de bâton, poussées brutales dans le ravin. Après l'une de celles-ci, le père n'arriva plus à regrimper. Il demeura agonisant au fond, suppliant qu'on lui amenât un de ses confrères pour l'absoudre. Frantz vint donc demander un prêtre pour cet office, mais prétendit que la confession fût faite à haute voix et en allemand. Le père Harazim passa par cette exigence infâme et le père Mabrianec fit descendre sur l'infortuné le pardon suprême.

« Une quatrième victime devait bientôt le rejoindre dans cette tombe anonyme : le père Wojeichowski, taillé en hercule celui-là ; aussi son bourreau n'en vint-il pas à bout aisément. Pour en avoir raison, il lui fallut redoubler de fureur : ses coups de gourdin au travers du visage furent d'une telle violence qu'il lui démolit presque entièrement les mâchoires. Cette scène de sauvagerie s'acheva par la poussée dans le cratère, aux côtés du père Harazim agonisant. Comme tous deux se débattaient contre la mort, le premier faiblement, le second avec énergie, le Kapo trouva le moyen de les achever rapidement en les étranglant à l'aide d'une longue masse de fer qu'il appuya lentement et de toute sa force sur le cou des moribonds.

« Quatre victimes en un jour : beau tableau de chasse ! Une cinquième fut cependant encore acheminée vers la tombe, le père Antoniewicz, recteur de notre séminaire de Cracovie. Son corps, au soir de ce jour, ne paraissait qu'une plaie ; sa face était toute tuméfiée par l'abondance et la vigueur des coups. Heureusement, à 4 heures de l'après-midi, il y eut un répit, dû à l'inspection du chef de camp [1]. Mais lui parti, les

1. Hœss, commandant et bâtisseur d'Auschwitz. Dans sa confession, il écrit : « Plus de dix mille hommes avaient été rassemblés pour fournir la main-d'œuvre nécessaire à la construction du camp. Vers l'été 1942, il n'en restait que quelques centaines. La volonté de travailler ne leur manquait pas, mais ils étaient tellement épuisés qu'on ne

sévices reprirent de plus belle. Après l'appel du soir, le père Antoniewicz dut sortir des rangs pour un jeu cruel : se jeter à terre et se relever de suite, pour recommencer sans arrêt. Après quoi on lâcha les chiens sur lui, puis ce fut une dernière volée de coups de bâton. À ces supplices raffinés, le père ne résista pas longtemps : sa nuit fut une lente agonie et à l'aube il trépassait. »

Cinq autres salésiens devaient, à peu de distance, le suivre dans la mort : les pères Niemir, Czaderna, Mroczek, Wfbraniec et Kowalski. Puis « Frantz le sanglant » se chercha et se trouva de nouvelles victimes.

* * *

Son Éminence le cardinal Hlond, primat de Pologne, dont la tête était mise à prix, réussit à gagner le Vatican dans les premiers jours de l'invasion de son pays. Jusqu'au débarquement sur les côtes normandes, il reçut en France et en Italie des courriers clandestins. Au mois d'août 1944, il était arrêté à son tour, déporté en Westphalie. Mais le cardinal Hlond avait eu le temps d'accumuler et de communiquer à Pie XII une masse de documents et de renseignements sur la « solution polonaise ». Le cardinal avait également donné ordre aux prêtres qui étaient encore libres, sur le territoire, d'organiser la résistance mais aussi d'aider matériellement les déportés. Au moins deux prêtres firent pénétrer à Auschwitz des hosties consacrées et même, semble-t-il, plusieurs valises-chapelle. Il m'a été jusqu'à ce jour impossible de retrouver des témoins directs de ces faits, mais des survivants du camp affirment avoir « entendu dire » qu'un prêtre avait été envoyé à Berlin, parce qu'il avait célébré une dizaine de messes dans l'enceinte même des fours crématoires... Il était de Poznan. Le docteur Miklos Nyiszli, qui a fourni avant de mourir le témoignage le plus complet sur les Kommando des fours [1], ne parle pas de ce prêtre..., mais il est vrai que le médecin n'est arrivé dans l'enceinte interdite qu'après la liquidation totale des onze premiers groupes de déportés chargés de gazer les arrivants et de les brûler. Cependant, dans une conférence prononcée à Budapest, en 1946, le docteur Miklos Nyiszli fait allusion à ce prêtre : « Avec l'or des crématoires on pouvait tout obtenir, y compris des hosties... » Et qui aurait pu désirer des hosties, dans ce Sonderkommando composé en général de Juifs, sinon un prêtre catholique ?

Dans le crématoire n° 2, une salle était occupée par des fondeurs d'or ; cet or si utile aux achats, aux échanges.

---

pouvait rien en tirer... Ils mouraient comme des mouches : leur faiblesse était telle qu'ils succombaient au moindre malaise. »

1. *Médecin à Auschwitz*. Julliard, 1961.

« C'est ici [1] qu'aboutissent toutes les dents et prothèses en or qui ont été ramassées dans les quatre crématoires, les bijoux, les monnaies d'or, les pierres précieuses, les objets en platine, les montres, les porte-cigarettes en or et tout métal précieux que l'on ramasse dans les malles, dans les vêtements ou sur les corps de ceux des transports. Trois orfèvres travaillent ici. On désinfecte d'abord les bijoux, on les trie et on les range. On enlève les pierres précieuses, ensuite on envoie les montures à la fonderie proprement dite. Les dents et les objets en or fournis chaque jour par les quatre crématoriums produisent, après la fonte, entre trente et trente-cinq kilos d'or pur.

« La fonte s'effectue dans un creuset en graphite d'un diamètre d'environ cinq centimètres. Le poids d'un cylindre en or est de cent quarante grammes. Je le sais exactement pour l'avoir pesé sur la balance de précision de la salle de dissection. Les médecins qui enlèvent les dents des cadavres avant l'incinération ne jettent pas tous les bridges dans le seau rempli d'acide sulfurique : une partie — plus ou moins importante selon la surveillance des gardes SS — va dans la poche des arracheurs de dents. La même chose se passe avec les bijoux ou les pierres précieuses cousus dans les vêtements ainsi qu'avec les monnaies en or laissées dans la salle de déshabillage. Là, ce sont ceux du Kommando chargés de dépouiller les bagages à main qui en profitent. C'est une opération excessivement dangereuse, il y va de leur vie, car les gardes SS sont partout présents et surveillent sévèrement les valeurs qui, désormais, appartiennent au IIIe Reich. Ils surveillent particulièrement l'or et les pierres précieuses.

« Au début, je ne savais comment apprécier juridiquement et moralement la façon dont le Sonderkommando se procurait de l'or. Mais après quelques jours, lorsque j'ai mieux fait connaissance avec la situation, j'ai compris que c'était bien le Sonderkommando qui devait être considéré comme héritier et propriétaire de plein droit des objets de valeur parvenus là. Les hommes du Sonderkommando remettaient également à la fonderie l'or ainsi procuré. Ils trouvaient le moyen de l'y faire parvenir malgré la plus stricte surveillance et de le reprendre ensuite sous forme de cylindres de cent quarante grammes. L'utilisation de l'or, c'est-à-dire son échange contre de la marchandise utile, était une opération plus difficile. Personne ne songeait ici à conserver de l'or, car chacun savait qu'il était mort-vivant avec un sursis de quatre mois. Mais, dans la situation où ils se trouvaient, quatre mois étaient excessivement longs. Être condamné à mort et effectuer un travail tel que celui qu'ils accomplissaient était une épreuve qui broyait le corps

1. Miklos Nyiszli, ouvrage cité.

et l'âme et qui poussait plusieurs d'entre eux dans les abîmes de la folie. Il fallait rendre la vie plus facile et plus supportable, même pour ce bref délai. C'est avec l'or qu'on y parvenait.

« Ainsi l'unité d'échange est devenue le cylindre en or de cent quarante grammes. Dans la fonderie, il n'y a pas de creuset de graphite plus petit ; par conséquent, il n'y a pas de cylindre d'or plus petit non plus. Ici, la valeur des objets achetés n'a aucune signification. Celui qui donne de l'or a déjà donné sa vie en entrant ici, tandis que celui qui donne quelque chose en échange de l'or joue deux fois sa vie. Une première fois quand, à travers les barrages de SS qui entourent le KZ et qui comportent quatre contrôles sévères et successifs, il introduit des articles difficiles à se procurer à l'extérieur, même avec des titres de rationnement ; la deuxième fois, lorsque, à travers ce même barrage, il fait sortir l'or pris en échange. Car, aussi bien dans un sens que dans l'autre, il y a la fouille.

« L'or s'en va dans la poche d'un homme du Sonderkommando jusqu'à la porte du crématorium. Là, un temps d'arrêt. L'homme du Sonderkommando s'approche du garde SS et échange quelques mots avec ce dernier. Celui-ci se retourne et s'éloigne de la porte. Sur la voie ferrée qui passe devant le crématorium travaille une équipe de vingt à vingt-cinq ouvriers polonais sous la conduite d'un chef. Sur un signe, le chef d'équipe arrive avec un sac plié et en échange prend l'or enveloppé de papier. Le sac a franchi la porte et se trouve à présent à l'intérieur du crématorium. Le lendemain, le chef d'équipe prend une nouvelle commande.

« L'homme du Sonderkommando entre dans la salle de garde qui se trouve près de la porte. Il sort d'un sac une centaine de cigarettes et une bouteille d'eau-de-vie. Le SS entre également dans la salle de garde. Il empoche rapidement le flacon ainsi que les cigarettes. Il est content, cela va de soi, car le SS ne reçoit que deux cigarettes par jour et pas d'eau-de-vie du tout. Ici pourtant les cigarettes et l'eau de vie sont indispensables, aussi bien comme stimulant que comme narcotique. Le SS fume et boit, et c'est ainsi que font ceux du Sonderkommando. Par ce chemin parviennent ici toutes les marchandises qui sont nécessaires, et plus particulièrement le beurre, le jambon, les oignons et les œufs. Rien de semblable n'est amené par les transports.

« L'or est procuré par un travail collectif et la répartition des marchandises échangées se fait sur les mêmes bases. Le Kommando du crématorium ainsi que le sous-officier reçoivent largement des cigarettes, de l'eau-de-vie et des denrées. Tout le monde fait comme s'il ne savait rien et personne ne veut rien savoir, car chacun y trouve son avantage. Chaque gardien SS du crématorium pris à part est très maniable. Ils ne se méfient que les uns des autres. Ils sont sûrs que les hommes du Sonderkommando ne trahissent personne. C'est pour cela que les cigarettes, l'eau-de-vie et la nourriture destinées aux SS sont remis en tête à tête à chacun par un homme du Sonderkommando.

« C'est par la même voie que parvient tous les matins le *Volkischerbeobachter,* organe du gouvernement du IIIe Reich. C'est encore un cheminot qui l'apporte. Prix de l'abonnement : pour un mois, un cylindre d'or. Celui qui apporte à un prisonnier du KZ tous les jours son journal durant trente jours, mérite cette paye.

« Depuis que je suis dans le crématorium, je suis le premier à le recevoir. Je le lis dans une cachette sûre, puis je raconte les nouvelles du jour à un prisonnier préposé aux écritures. Ce dernier les transmet à ses compagnons. Au bout de quelques minutes, tout le monde connaît les derniers événements. »

* * *

Auschwitz « accueillit » également de nombreuses religieuses.

« À l'hôpital [1] j'ai connu de près une de ces religieuses et je me suis liée d'amitié avec elle. Elle avait passé par plusieurs prisons polonaises et, au cours des interrogatoires qu'elle avait dû subir, elle avait souvent été maltraitée et frappée. En fin de compte, les Allemands n'avaient pu relever contre elle aucun fait précis, ce qui aurait peut-être mieux valu pour elle, car alors elle aurait été condamnée à une peine de prison et aurait connu un régime sans doute moins dur que celui des camps.

« À Birkenau, elle se vit infliger les pires humiliations. Lorsqu'on la dépouilla de sa robe de religieuse, des gardes allemands eurent l'idée de s'en affubler et, pour corser la plaisanterie, se livrèrent devant elle à une exhibition de danse du plus mauvais goût. À la suite de quoi elle fut tondue comme toutes les internées et obligée de défiler nue devant des SS plus ou moins saouls...

« Dans notre camp les sœurs partageaient entièrement le régime des autres internées. Cependant, elles faisaient preuve d'une fermeté d'âme peu commune, comme on n'en rencontrait guère que chez des déportés animés d'un idéal, résistants actifs ou communistes militants. »

1. Olga Lengyel : *Souvenirs de l'au-delà*. Éditions Bateau ivre, 1946.

XVII

NEUENGAMME

Dans les Blocks de quarantaine :

— Tous ceux qui ont plus de soixante ans peuvent passer au magasin toucher des chaussures neuves.

Les moins de soixante ans, jaloux, haussent les épaules :

— Des chaussures neuves pour les vieux !

Les vieux reviennent, claquettes rutilantes.

Le lendemain :

— Ceux qui ont reçu des chaussures neuves au travail !

Quelques jeunes ricanent.

« Ces vieillards [1] durent se rendre à la corvée. Il s'agissait de s'aligner et de passer de main en main deux lourdes tuiles à la fois. Il y avait parmi eux, le R.P. Muller, supérieur des pères du Saint-Esprit à Paris. Il avait soixante-quinze ans. Il fit remarquer au Kapo que son âge ne lui permettait pas un tel travail... Il ne pouvait porter qu'une tuile. Le Kapo, dont la grande gueule ne cessait d'aboyer, et qui menaçait sans cesse de sa matraque les malheureux dont les forces physiques ne pouvaient suppléer à la bonne volonté devint enragé.

— Fainéant ! Tu ferais beaucoup mieux d'aller au four crématoire si tu ne peux pas travailler !

« Et il leva la main sur le R.P. Muller qui lui répondit avec une dignité ferme :

— Frappez-moi, cela me sera compté...

« Un déporté qui parlait allemand s'interposa. Le Kapo se laissa fléchir.

— Allons, reste sur le côté. »

---

1. Manuscrit inédit Clément Vanhoutte : *Par-delà le calvaire*.

*
* *

Soixante-huit prêtres et religieux séjournèrent à Neuengamme [1]. Dix d'entre eux, groupés autour de Mgr de Solages, recteur de l'Institut catholique de Toulouse, furent reconnus « prisonniers d'honneur » et dispensés de travail en Kommando. Tous les autres subirent le sort du père Humbert :

« Lorsque [2] notre convoi partit de Compiègne, le 15 juillet 1944, Mgr Théas était avec nous sur les rangs. Il avait pris la parole à la messe, un dimanche, dans le camp, revendiquant très haut les droits de la personne humaine. Le dimanche suivant, en guise de messe, les gardiens l'avaient envoyé aux pluches. Le jour du départ, redoutant sans doute sa parole, ils le rejetèrent des rangs. Il se retourna, nous bénit en disant : ''Allez mes amis, tout est grâce.'' Je revois cette journée du 15 juillet à Compiègne. Le matin : appel général en vue du départ en Allemagne. Chacun y va le sourire aux lèvres, mais, une fois son nom appelé, revient tristement faire ses maigres bagages. Je logeais alors à l'aumônerie. À chaque instant la porte s'ouvre, on vient chercher une médaille, une image, un chapelet, un Évangile, une absolution. J'ai passé presque toute la soirée à confesser. J'ai vu couler des larmes d'hommes, c'est déchirant. On partait sans défense, sans vivres, sans rien. Seule la force intérieure nous soutenait. Chaque ''groupe'' s'était arrangé pour avoir un prêtre. Au départ, la *Marseillaise* éclata dans tous les wagons. Le voyage en plein mois de juillet, à cent par wagon, fut pénible, mais le pire fut ce que l'on a appelé : ''le wagon des 103''. Les SS avaient entassé là tous les déportés des wagons où il y avait eu évasion. Ils étaient cent trois, tout nus, sans air, ni lumière, ni boisson avec de la chaux vive par terre, et cela dura quatre jours. Je revois l'abbé Éliot, curé de Bérangeville (Eure), mort plus tard à Dachau, en sortir hébété, et tous les hommes le remercier et l'embrasser. Lui seul avait su, dans cet enfer de quatre jours, maintenir l'ordre et le courage. C'était un bon vivant, et il savait grouper ses hommes pour la prière. Quelle ascension spirituelle il a opérée en lui et autour de lui !

« À notre arrivée à Neuengamme : douche et épilage... Je fus étendu à côté d'Albert Sarraut, ancien président du Conseil. Aux douches, un prêtre ayant gardé son chapelet autour du cou, un SS l'arracha en

1. J'ai reçu et recueilli de très nombreux témoignages sur Neuengamme et ses Kommandos ; en particulier un très long récit de frère Henri Marie sur la déportation des huit frères des Écoles chrétiennes de Murat (arrêtés le 24 juin 1944). Il m'est impossible de publier dans le cadre de ce livre tous ces récits ; mais ils trouveront place dans une « anthologie » en préparation.

2. Manuscrit inédit du R.P. Humbert O.P. Janvier 1969.

criant : ''Ici il n'y a pas de bon Dieu !'' On nous avertit de suite que tout culte était interdit sous peine de mort. Nous nous réunissions alors par cinq pour méditer le rosaire sur nos doigts. La confession était le seul sacrement possible. Nous avons essayé d'organiser quelques cercles d'étude, cachés derrière les potences, dans la cour du Block 16, mais cela dura peu, car les départs en Kommandos bouleversaient tout.

« ''Par cinq'', tel était le mot d'ordre de tout. On allait par cinq, mangeait par cinq, travaillait par cinq... Un jour je poussai un wagonnet de terre avec quatre camarades. Leur ayant demandé ce qu'ils faisaient dans le civil, j'appris que tous les quatre étaient des préfets : MM. Bussière, Bonnefois et MM. les préfets du Finistère et de la Seine-et-Oise. Un prêtre a émergé durant le mois que je passai au camp : le père de Toulemonde S.J. Il y avait alors, dans notre Block 10, un petit abbé qui était interprète et qui ''fricotait'' avec les Allemands. C'est le seul cas que j'aie connu. Tous s'en apercevaient et en étaient scandalisés. Un jour, devant tous les déportés du Block, le père Toulemonde lui dit fortement : ''Monsieur l'abbé, au nom de tous les prêtres qui sont ici, je me désolidarise complètement de votre attitude envers les Allemands.'' »

« Salzghiter est un Kommando dépendant de Neuengamme. Nous travaillions avec des prisonniers de guerre. On les avait prévenus : ''Vous allez voir arriver des bandits, des terroristes...'' Le premier contact s'avère difficile. L'un d'eux hasarde le mot terroriste. ''Nous sommes six curés dans mon équipe, lui dis-je, tu ne vas pas nous faire croire que nous sommes des terroristes !'' Au fur et à mesure que nous leur apprenons notre situation, l'amitié naît entre nous et eux. J'apprends qu'ils ont un aumônier. Je lui fais demander s'il pourrait m'envoyer des hosties consacrées. Deux jours plus tard, un Breton, M. Byrien, me tend en cachette une boîte d'allumettes en me disant : ''Voilà, il y a trente hosties consacrées.'' Je les gardai sur moi sans rien dire jusqu'à 9 heures. Après le casse-croûte, je réunis les cinq prêtres de mon équipe derrière la caisse à outils et leur dis : ''Maintenant, je vais vous donner la sainte communion.'' Ils n'en croyaient pas leurs yeux en me voyant élever l'hostie sainte. Le silence qui régna ensuite me disait quelle devait être leur action de grâce. La nouvelle que j'avais des hosties se répandit très vite, et je dus faire des prodiges pour les fractionner. Chaque matin, dans mon équipe, en allant au travail, on récitait les prières de la messe, et on se communiait en marchant sous les yeux des SS qui n'y comprenaient rien. J'ai gardé ainsi la sainte eucharistie plus d'un mois dans ma poche, la faisant renouveler par le fidèle Byrien.

« Nous décidâmes, les prêtres du Kommando, d'organiser une

cérémonie religieuse le dimanche soir dans la salle des douches, seul lieu possible de réunion. Mais il fallait la permission du commandant du Kommando. L'abbé Pierre Arnaud, professeur d'allemand au collège Richelieu à La Roche-sur-Yon, fut désigné pour la demander. Après quelques démarches il fut admis dans le bureau du commandant. Celui-ci commença par se moquer de sa religion, lui opposant la science, le progrès, la race... L'abbé écouta dix minutes, puis se raidissant dans toute sa foi de vendéen : ''Écoutez, monsieur, j'ai laissé en France ma vieille maman, j'ai laissé trois frères prêtres, j'ai laissé ma patrie que j'aime ; eh bien, je suis prêt à ne jamais les revoir s'il me fallait renier un seul article de mon Credo.'' Devant une telle énergie et une telle foi, le commandant accorda la permission, et les réunions commencèrent [1]. Une chose m'a alors frappé : l'absence totale de respect humain. Dans les Blocks, on entendait crier par des déportés, le dimanche soir : ''Vous venez, c'est l'heure de la messe.'' En fait de messe, on priait ensemble un long moment puis l'abbé Arnaud prêchait. Nous avions décidé, les prêtres, de lui laisser le service de la Parole. Il s'en acquittait avec une force et une adaptation remarquables. Après le *Notre-Père*, je remettais un petit morceau d'hostie consacrée à ceux qui voulaient communier, et chacun la consommait. Ce prêtre, l'abbé Arnaud, a marqué ce Kommando. Il était véritablement assailli par tous, et pourtant toujours souriant. Il avait un grand ascendant sur tous et spécialement sur les prêtres. J'ai eu avec lui des entretiens qui m'ont révélé la grandeur du sacerdoce, quand il est vécu en plénitude, comme il le vivait lui-même. Comme il ne travaillait pas dans mon équipe, il venait chercher la communion près de mon lit, le soir, vers 23 heures. Un soir, après qu'il eût communié, je me rendormis. M'étant réveillé vers 2 heures du matin, je vis Pierre Arnaud encore à genoux, prolongeant son action de grâce. Peu de temps après il partit pour Housoum où il mourut d'épuisement.

« Le 29 septembre ce fut la première communion de Michel. Michel travaillait à la mine. Évadé de Compiègne, il avait demandé l'hospitalité à un curé des environs qui l'avait littéralement mis à la porte, le menaçant même de la police. Depuis ce jour, Michel ne pouvait pas voir les curés. Un jour il m'entendit dire : ''Si jamais je retourne en France, je crois que mon premier geste sera d'embrasser la terre de France.'' Le soir même il vint me trouver, me fit ses confidences... Pendant un mois, je le préparai à sa première communion. Il la fit sous mon lit à 10 heures du soir, le jour même de sa fête. À peine lui avais-je donné la sainte hostie qu'il se jeta à mon cou en disant : ''Jamais je

1. Ce cas est, semble-t-il, unique.

n'aurais cru que ma fête fût si belle.'' Pauvre Michel, je l'ai laissé à Neuengamme.

« En rentrant à Neuengamme, j'emportai avec moi la boîte pleine d'hosties consacrées. Je pensais alors aux prêtres restés au camp, à Mgr Bruno de Solages, et à d'autres camarades qui auraient été heureux de communier. Nous arrivons à 22 heures. Il faut d'abord passer aux douches et à la fouille. On nous fait déshabiller dehors. Je serre la boîte sous mon bras. Je regarde à l'intérieur des douches. Les SS fouillent tout le monde, dans la bouche, le nez, et jusque dans l'anus. Que faire ? Je consulte l'abbé Bouillier qui est avec moi. ''Ils vont, me dit-il, les profaner, il vaut mieux les consommer.'' Alors, tous deux, dans la nuit, tout nus, nous communions aux trente hosties en silence. »

« Kaltenkirchen [1] a été un Kommando très dur. On souffrait du froid, de la faim, des coups, de la fatigue. Nous sommes presque tous descendus à quarante kilos. Nous étions deux prêtres : l'abbé Besançon et moi ; un séminariste : l'abbé Menouillard mort à Bergen-Belsen et un novice bénédictin, pour deux à trois mille déportés, avec dix heures de terrassement par jour. Il fallut s'ingénier pour donner l'absolution aux mourants, car souvent ils tombaient en plein travail. Après maintes démarches, il nous fut permis d'entrer à l'infirmerie pour les malades qui nous demandaient. Cette permission ne nous fut accordée, en fait, qu'une fois. Nous usâmes alors d'un autre stratagème : l'interprète, un Belge, nous avertissait quand il y avait des mourants, et nous leur donnions l'absolution par la fenêtre qu'ouvrait un instituteur.

« Nous nous réunissions pour prier le dimanche soir à la menuiserie, ou le matin, quand il y avait eu des morts dans la nuit. Nous avions planté de petites croix sur les tombes, mais un SS les fit enlever disant : ''C'est du bois inutile.'' Pour aller au travail, nous faisions environ quatre kilomètres à pied sous la pluie ou la neige (on était en décembre et près de la Baltique). En marchant, nous récitions les prières de la messe par cœur. Nous n'avions ni consécration ni communion, mais notre offertoire était beau parce que dur. Chacun offrait son travail de terrassement sous la pluie, le vent, la neige, les habits trempés et la faim au ventre qui nous tenaillait encore plus que la dysenterie. Un jour, pendant que j'étais parti au travail, des SS étaient venus au Block 3 et avaient encouragé ceux qui étaient restés à s'engager dans la SS, faisant miroiter toutes sortes d'avantages. Aucun n'avait donné de réponse. Quand je rentrai le soir, les camarades du Block se groupèrent autour de moi, m'exposèrent la proposition, me demandant mon avis.

1. Suite du témoignage inédit du R.P. Humbert.

Je réfléchis quelques instants, me souvenant du texte de Tacite : ''*Germani nati ad praedam et mendacium :* Les Germains sont nés pour piller et mentir.'' Alors, élevant la voix, je leur dis : ''À mon avis il n'y a qu'une réponse à faire, c'est : merde.'' Tous furent de mon avis.

« Le dimanche, le travail durait jusqu'à 14 heures. Les gens du pays se dirigeaient vers le centre du village. Un déporté demanda un jour à un gardien s'ils allaient au culte protestant ou catholique. Il lui fut répondu : ''Au culte du parti.'' Je compris alors pourquoi les enfants allemands ont parfois craché au visage des déportés. Ils ne l'avaient pas appris sur les genoux de leur mère.

« Un soir, le commandant de Kaltenkirchen m'appela dans son bureau avec l'abbé Besançon et nous dit : ''Demain matin retour à Neuengamme. — Pourquoi ? demandai-je. — Nicht'', fit-il en passant sa main devant son cou, ce qui signifiait : ce n'est pas pour être pendus. C'était déjà réconfortant. Nous laissâmes à regret, malgré la souffrance, ce Kommando qui allait être désormais sans prêtre et qui devait finir atrocement dans l'épuisement presque total, sans savoir ce qui nous attendait. Après huit jours, à Neuengamme, nous partîmes environ soixante prêtres pour Dachau, enfermés dans un wagon à bestiaux. Nos affaires nous accompagnaient et, la nuit, nous récupérâmes subrepticement nos bréviaires. Il faut avoir été privé de son bréviaire pour comprendre notre joie de le retrouver et de pouvoir dire ensemble les prières de l'Église, aux oreilles même des SS. »

XVIII

DACHAU : LE CAMP DES PRÊTRES

— Allez, avance !

Coups.

Pieds. Poings. Crosse de fusil.

— Plus vite ! À genoux... debout !

Fritz Seitz glisse sur la glace qui recouvre la route de Dachau.

— Puisque tu ne tiens pas debout, rampe...

Il rampe.

— Reste couché !

Le SS se penche, arrache le rosaire de l'abbé Seitz...

— Debout, sorcier du ciel ; tu vas te faire une couronne avec ton gri-gri. Je veux que la croix se balance sur ton nez.

Coups.

La porte du camp s'ouvre.

— Regardez bien, ce salaud de curé...

Le 6 janvier 1940, l'abbé Fritz Seitz, du diocèse de Spire, premier prêtre allemand à franchir les barbelés de Dachau, fait une entrée remarquée dans le camp :

— Allons, marche. Nous n'avons pas terminé. Je veux que tout le monde te voie.

Le SS crie :

— Regardez ! Regardez ! Voici le premier salaud de curé du Reich !

— Vide tes poches !... Très bien... Voici ce que je fais de ton livre de recettes magiques...

Le bréviaire roule dans la neige : deux images glissent des pages... Le Pape Pie XII et la Vierge.

— Nous enfermerons après la guerre cet Oberpfaff (curé suprême) romain avec tous ses curaillons et le charlatanisme aura vécu pour toujours.

Il crache sur le portrait avant de le déchirer.

— Et celle-là, regardez-la... une vierge...

L'abbé Seitz n'entend plus... Il s'est évanoui.

* * *

Fritz Seitz avait été précédé à Dachau par une dizaine de prêtres polonais et autrichiens. Tous les Polonais « disparurent » avant l'arrivée de l'abbé Seitz.

La chronique du camp n'a pas retenu le nom du premier mort. On connaît par contre celui de son assassin.

« Deux[1] grands tonneaux pleins d'eau se trouvaient devant l'entrée du Block des cuisines. L'adjudant SS Welter choisit parmi les hommes de corvée un Juif et un prêtre catholique. Il voulait les obliger à blasphémer. Tous deux refusèrent d'injurier Dieu. L'adjudant les frappa, leur cracha au visage et enfin immergea leur tête alternativement dans l'un des tonneaux jusqu'à ce qu'ils soient morts. »

Le camp de Dachau, inauguré au printemps 1933, destiné à la rééducation des « têtes fortes », vit défiler avant la guerre socialistes, communistes, monarchistes bavarois, juifs, nazis dissidents et ennemis personnels des chefs du nouveau régime triomphant.

L'archiprêtre de la petite ville de Dachau, l'abbé Pfanzelt, considéra le camp comme un quartier de sa paroisse. Il était énergique, entêté. Après un an de démarches il fut autorisé à célébrer la messe dans un coin de Block. Les nationaux-socialistes n'en étaient qu'aux premiers jours de leur règne de « Mille ans » : ils désiraient, en « attendant », maintenir des relations « amicales » avec les Églises pour des raisons évidentes de stratégie politique.

L'abbé Pfanzelt est accueilli à la première barrière par un sous-officier souriant :

— Je vais porter votre valise !

— Non merci !

La place d'appel est déserte.

— Vous attendez là.

Le sous-officier disparaît. L'abbé pose la valise-chapelle. Un grésillement... Les haut-parleurs viennent d'être branchés... Une voix hurle :

— Viens donc, Bohémien noir et joue-nous quelque chose.

---

1. Témoignage Reimund Schnabel : *Die Frommen in der Hölle* (Union Verlag, Berlin, 1966).

— ...

— Allons courage ! Si tu ne veux pas jouer, viens chanter. Je suis sûr que tu as une belle voix.

L'abbé Pfanzelt reprend sa valise et se dirige vers les bâtiments SS. Un officier le reçoit.

— Ne nous en voulez pas. Le « speaker » est un fou... C'est un prisonnier !

L'archiprêtre de Dachau célébra la messe devant cent soixante déportés. En trois ans, il fut autorisé à revenir cinq fois. Le « speaker fou » ne varia guère dans ses plaisanteries. Le dimanche de Pentecôte 1937, les haut-parleurs restèrent muets. Le SS qui l'accompagnait le conduisit directement dans le bureau du commandant :

— Nous aurions dû vous faire prévenir. Vous vous êtes dérangé pour rien. Personne ne veut assister à votre Sainte Messe.

— Mais comment ? J'ai eu jusqu'à deux cents fidèles...

— Des fidèles ! Non, monsieur l'abbé, des criminels... Ils venaient pour passer le temps et comme nous n'aimons pas les passe-temps, nous avons mis fin à ce passe-temps. Nous allons vous faire raccompagner en voiture. Vous ne reviendrez jamais au camp.

— Mais j'ai l'autorisation de dire la messe aujourd'hui.

— Si vous voulez !

— Les haut-parleurs peuvent annoncer que je suis là...

— Les haut-parleurs sont en panne.

— Je vais prévenir moi-même les prisonniers.

— C'est inutile. Ils sont au courant de votre arrivée. Et puis après tout, si vous voulez !

L'abbé Pfanzelt, précédé d'un cerbère galonné, visite tous les Blocks.

— Monsieur l'abbé personne ne désire assister à la messe.

Un déporté, profitant d'une poignée de main, réussira à lui glisser une boulette de papier. Rentré au presbytère de la ville de Dachau, l'abbé pourra lire :

« Nous avons été avertis que tous ceux qui se présenteraient à la messe seraient punis de douze dimanches de carrière. Nous regrettons... Veuillez nous pardonner ce manque de courage. »

* * *

Dans les semaines qui suivirent l'internement de l'abbé Fritz Seitz, de nombreux religieux allemands et polonais furent immatriculés à Dachau. Au mois de décembre 1940, le Block 26, réservé aux Allemands, abritait soixante-dix-neuf pensionnaires ; le Block 28 huit cent soixante-quatorze « étrangers ». Dachau devenait le « camp des curés »[1]. Pour en arriver là, de nombreuses et délicates conversations entre le ministère des Affaires étrangères du Reich et le Vatican avaient été nécessaires. Hitler, condamné publiquement par ses Églises pour avoir institué l'euthanasie (décret du 1er septembre 1940), fut obligé d'accorder quelques concessions aux prêtres déportés.

Le Saint-Siège, dès mars 1940, réclamait par l'intermédiaire du nonce Orsenigo :

1° ... qu'un prêtre[2] nommé par le gouvernement fût autorisé à

---

1. Voici, d'après l'abbé François Goldschmitt qui a pu « fouiller » dans les dossiers et les fichiers du camp, les statistiques officielles sur le nombre de religieux internés.

— Jusqu'à la fin de 1939, aucun n'est consigné nominativement sur les registres. En décembre 1940, 79 prêtres allemands et 874 étrangers furent internés dans le Block des curés. En 1941 : 161 allemands et 619 étrangers. En 1942 : 113 allemands et 230 étrangers. En 1943 : 53 allemands et 85 étrangers. 1944 : 44 allemands et 221 étrangers. 1945 : 16 allemands et 65 étrangers. Si bien qu'il y eut en tout « officiellement » 2 540 religieux au camp, dont 466 sujets allemands et 2 074 étrangers. Pour cette même période le bureau du camp a consigné le décès de 604 religieux, dont 77 allemands et 527 étrangers. Suivant les statistiques : 288 religieux auraient été libérés et 536 transférés dans d'autres camps. 1 122 religieux se seraient trouvés dans les Blocks 26 et 28 le jour de la libération.

Le registre annonçait (état du 8 avril 1945) : 26 nationalités différentes. Il y avait 782 polonais, 202 allemands, 160 français, 69 tchèques, 33 belges, 36 hollandais, 31 italiens, et 19 autres sujets de nationalités diverses. Parmi ces religieux 62 seulement ne faisaient pas partie de l'Église catholique. C'étaient 27 protestants allemands, 9 calvinistes hollandais, 5 orthodoxes, 3 catholiques grecs, 3 protestants danois, 4 adeptes de l'Église nationale tchèque, 3 protestants tchèques, 3 protestants français, 2 protestants suisses, 1 protestant hongrois et 2 tchécoslovaques protestants. Les 980 prêtres séculiers se répartissaient sur 143 diocèses différents : 56 de France, 33 d'Allemagne, 20 de Pologne, 12 d'Italie, 8 de Tchécoslovaquie, 5 de Belgique, 5 de Hollande, etc. 160 moines réguliers et 40 frères représentaient 44 communautés ou congrégations différentes. 108 déportés étaient portés comme séminaristes.

(Rapport abbé Goldschmitt.)

Que dire de ces chiffres ?

Les registres portent 1 122 religieux présents à Dachau au mois d'avril 1945, alors qu'en réalité ils sont 1 352.

Combien de prêtres morts dans des transports n'ont jamais été « comptabilisés » ? Un seul exemple : en 1942 un convoi de 500 prêtres polonais arrive à Dachau... 386 passent au four crématoire... Les registres ne retiennent que 38 décès.

Il est à peu près établi aujourd'hui que sur les 5 000 prêtres et religieux assassinés par les Allemands : 3 000 ont disparu dans des camps de concentration... 2 000 d'entre eux dans le seul camp de Dachau.

2. Mémorandum de Weizsäcker (secrétaire d'État aux Affaires étrangères du Reich qui reçut le nonce Orsenigo), 15 mars 1940. Manuscrit archives du ministère des Affaires étrangères de la République fédérale allemande, Bonn (S.T.S. : V, AA. MS). Pour tous les documents concernant les relations Rome-Berlin on consultera utilement le livre de Saul Friedlander : *Pie XII et le IIIe Reich*. Éditions du Seuil, 1964.

administrer les derniers sacrements aux détenus ecclésiastiques qui se trouvaient dans les sections pour malades ;

2° que les prêtres morts ne soient pas incinérés car l'incinération était en opposition fondamentale avec les règles de l'Église ;

3° que les prêtres soient autorisés à obtenir des bréviaires et qu'ils puissent dire la messe entre eux, dans une cellule qui serait spécialement mise à leur disposition...

Dans une « note verbale » le nonce demande par la suite s'il ne serait pas plus logique de regrouper tous les ecclésiastiques dans un même camp ?

Trois mois plus tard il était rassuré.

— Tous les prêtres seront rassemblés à Dachau.

— Ils pourront célébrer les offices dans une chapelle. L'inspection générale des camps a donné, ce jour même, l'ordre de la construire.

Ce document signé Himmler n'arriva à Dachau que début septembre. Il est regrettable qu'il ait brûlé avec les archives « secrètes » du camp à la veille de la Libération, car il est assez inexplicable qu'un ordre d'Himmler ne soit exécuté que six mois après avoir été reçu. Comme nous le verrons par la suite, la chapelle ne sera « improvisée » qu'au mois de janvier 1941. Quant au regroupement des prêtres à Dachau, il se fera par « petites étapes » avant d'être effectué « massivement » au cours de l'hiver... 1944 (ordre d'Himmler du 28 octobre 1944) [1].

Pour se rendre compte de cette « mauvaise volonté générale » il suffit de regarder vivre et mourir les déportés du camp pendant cette période [2].

— Rassemblement des prêtres !

Un calot SS est placé sur un tabouret au milieu de la place d'appel. Pendant six heures, les prêtres défilent autour du calot et le saluent à l'hitlérienne, bras tendu.

— Rassemblement des prêtres !

Deux SS ont parsemé la place centrale de croûtons de pain, de morceaux de fromage, de tranches de saucisson.

— Vous allez ramper et nettoyer le sol... Sans vous servir des mains.

Ils rampent. Ils ont faim.

— Approchez mes porcs. Grognez.

Ils grognent.

— Venez manger dans le creux de ma main.

---

1. Archives de la Wilhemstrasse. Document 215.

2. J'ai pensé qu'il était inutile de revenir sur les différentes expériences médicales pratiquées dans le camp par des médecins allemands. Deux cent quatre-vingt-sept prêtres, polonais pour la plupart, furent « assassinés » par les expérimentateurs. Voir *Les Médecins maudits*.

Ils mangent.

— Rassemblement des prêtres !

— Vous allez vider les tinettes... avec vos sales mains.

— Rassemblement des prêtres !

— Vous allez vous barbouiller de merde. Défense de vous laver pendant une heure.

— Rassemblement des prêtres à l'intérieur du Block !

Et les SS font monter les déportés sur les armoires, laver le sol avec leur langue, jouer à saute-mouton.

Le chapelain autrichien Andreas Rieser installe les fils de fer barbelés d'une clôture. Le gardien s'approche :

— Tu vas me parler de la couronne d'épines du Christ. Mieux, tu vas me montrer comment elle était faite. Prends ton temps !

En silence, le père Rieser tresse une couronne.

— Donne-la moi. C'est très bien ! On va voir ce que ça donne sur ta tête.

Le SS coiffe le père Rieser.

— Voilà tu ressembles à ton modèle ! Ah non ! J'oubliais ! Il saignait !

Le SS enfonce la couronne, la fait tourner autour du crâne [1]...

* * *

Les prêtres partagent la vie des Kommandos. Comme dans tous les camps, la carrière est à « déconseiller ». Pendant le seul hiver 1942, trois cents religieux y périront.

Deux Kommandos — le « Moorexpress » et les « plantations » — sont pratiquement réservés aux ecclésiastiques.

---

1. Le Vendredi-Saint 1943, un lieutenant SS couronna de fil de fer barbelé un prêtre polonais après l'avoir flagellé avec un « Gummi » se terminant par une tresse de fil de fer barbelé (témoignage A. Gross, in *Die Frommen in der Hölle,* ouvrage cité).

« — Le Vendredi-Saint 1940, les SS pendirent un prêtre pendant une heure entière à un arbre, par les bras liés ensemble derrière le dos. C'est une torture des plus cruelles. Tandis que le poids du corps tiraillait de toute sa pesanteur vers la terre, le thorax restait comprimé et le manque de souffle causait des maux terribles. Après ces tortures, la victime mourait généralement au bout de deux à trois heures. Le Vendredi-Saint de l'année 1941, beaucoup d'autres prêtres endurèrent deux heures durant les mêmes tortures. » (Témoignage F. Goldschmitt.)

« — Le Vendredi-Saint 1942, on nous a rassemblés (les prêtres polonais) sur la place centrale et nous avons tourné en rond toute la journée, généralement au pas de course. Les surveillants se relayaient d'heure en heure... mais pas les détenus. Cet ''entraînement'' recommença dix jours de suite. Ces exercices ''raffinés'' ont causé la mort de quarante prêtres. (Témoignage de l'abbé Piotr Kowolik arrivé à Dachau le 25 juin 1940. Matricule 12 933.)

— De lourds[1] chariots à quatre roues servaient aux transports. On les appelait : « Moorexpress ». Deux hommes guidaient le timon. De chaque côté de la voiture pendaient trois ou quatre cordes, munies de nœuds. Là, s'attachaient les esclaves pour tirer la voiture. Cinq à six camarades poussaient derrière le véhicule. Le « Moorexpress » était bien lourd et pourtant il fallait qu'il avançât très rapidement. Un sous-Kapo, armé la plupart du temps d'une matraque en guise de fouet, aiguillonnait ces chevaux bipèdes. Le dos courbé, la tête inclinée, ces bêtes humaines tirent, déplacent ou poussent le fameux « Moorexpress », journellement durant huit à dix heures, du camp à la gare, de la gare à l'atelier, de l'atelier au dépôt, de la carrière au chantier de construction, de la cuisine aux baraquements.

L'abbé Bernard est muté au « Moorexpress » le 19 mars :

— C'était[2] la fête de saint Joseph. Je lui adressais de ferventes prières pendant que nous tirions le chariot. À la droite de la voiture, je partageais la corde avec un jeune curé polonais de Varsovie. Nous étions de taille et de force égales, ce qui importe beaucoup dans ce genre de travail. Il parlait vaguement le français et nous nous entretenions quelque peu sous les yeux du Kapo et des gardiens. En terrain plat, le véhicule avançait assez facilement. Mais bientôt les pieds commencent à faire mal. La marche sans chaussures et le séjour dans l'eau ont enflé les pieds. Morne silence partout. Chacun est absorbé dans ses réflexions. Tiendra-t-on ? Qu'aura-t-on à manger ?... Au bout d'une heure à peine, l'on nous rassemble à coups de sifflet. Nous allons à la gare, pour y mener... devinez quoi ?... un paquet de vis grand comme deux boîtes de cigares ! Dans notre naïveté de novices nous nous demandons pourquoi donc tout cet équipage de dix-huit détenus, de trois sentinelles, d'un chariot de cinq tonnes ? Mais nous ignorions encore que les internés, les gardiens et le chariot devaient rester inséparables. C'est là une loi suprême de tous les Kommandos extérieurs... C'est pourquoi nous acheminons ce lourd véhicule chargé de cet unique paquet minuscule à travers la boue, jusqu'à la gare aller et retour. Petit à petit on finit par ne plus réfléchir.

Les prêtres français n'ont connu le Kommando des « plantations » qu'en 1943. À cette époque il était considéré comme une section « paisible ». Par contre, de 1940 à juillet 1943...

— Les plantations[3] sont de véritables bagnes. Par tous les temps, les détenus prêtres et juifs peinent avec leurs seules mains. Ils se traînent

1. Témoignage abbé François Goldschmitt.
2. Témoignage abbé Bernard (Luxembourgeois).
3. Rapport des abbés Goldschmitt et Bernard.

sur les genoux, arrachent l'ivraie, rampent dans les fossés, sur le fumier, toujours traqués par les Kapos. Le « jardin » forme un carré de cinquante mètres de côté. Il a été arraché au prix de plusieurs centaines de vies humaines aux marécages. La terre meuble et féconde n'a que quinze centimètres de profondeur. Le carré est parcouru de sentiers et d'un système de drainage compliqué. On y cultive surtout des plantes médicinales [1]. L'été mille trois cents déportés travaillent dans les plantations ; l'hiver quatre cents à huit cents.

Les autres... l'hiver... sont de corvée de neige :

— Parfois le matin, au réveil, la couche de neige atteignait de vingt à cinquante centimètres. Au moyen de pelles et de planches clouées à un manche en bois, on entassait la neige en de gigantesques montagnes. Des brouettes et d'énormes voitures munies de plateaux la charriaient vers la Wurmbach. À défaut de véhicules on emportait la neige sur des dessus de tables posés sur les épaules de quatre détenus. La corvée de neige durait huit heures par jour. Tous les déplacements se faisaient au pas de gymnastique.

* * *

Le 15 janvier 1941, le père Lenz aperçoit un groupe de prêtres stationnant devant le Block 26. Il reconnaît le père Mruck.

— Que se passe-t-il ?

— On nous installe une chapelle ?

— Allons ! encore un bobard.

— Non ! Non ! Regardez ! Les Polonais transportent les panneaux qui séparent le dortoir du réfectoire au Block 29...

— Allons les aider.

Le soir même le sanctuaire — un rectangle de vingt mètres sur dix —, était prêt.

Le Kapo H... lança :

— Allez la prétraille, vous pouvez aller rigoler !

Il fallut six jours à l'abbé Pfanzelt (de Dachau-ville) pour faire parvenir par des voies officielles au doyen des prêtres déportés, Paul Prabutzki, des hosties et du vin de messe. Le 21 janvier, devant trois cent cinquante prêtres, l'abbé Prabutzki célébrait la première messe de la chapelle de Dachau.

« Pauvre chapelle [2] ! L'autel se composait de deux tables que l'on

1. Comme le Schweigrohr (*caladium seguinum*) utilisé pour les stérilisations (voir *Les Médecins maudits*).

2. Témoignage de Mgr Johannes Neuhaüsler. (*Die Frommen in der Hölle,* ouvrage cité.)

avait rapprochées. Elles furent recouvertes de draps de lit. Un petit crucifix, un livre de messe de poche, un calice miniature, deux chandeliers et deux minuscules bougies... c'était tout. »

— Au début [1] la sainte messe ne pouvait être dite qu'une fois par jour, avant l'appel du matin, et toujours par le même prêtre, un ancien aumônier militaire polonais (l'abbé Prabutzki) investi Kapo de la chapelle par la direction du camp. Les prêtres assistaient et priaient à mi-voix avec le célébrant. Chacun tenait à la main une petite hostie et communiait de sa propre main. Les offices solennels restaient prohibés, ainsi que toute activité religieuse en dehors de la chapelle. De jour, il était interdit de pénétrer dans la chapelle. Au début, un SS se tenait constamment à côté de l'autel improvisé, coiffé de son bonnet, une cigarette au bec.

Les SS multiplièrent les « incidents ». L'un d'eux, après la consécration, s'empara de l'hostie et, se retournant vers les prêtres :

— Ce truc-là c'est votre Dieu ? Qu'il vous délivre !

Il piétina l'hostie.

— Tout cela c'est de la folie ! Du charlatanisme pur. Vous êtes des sorciers...

Un autre, dans la même semaine, monta sur l'autel et urina...

Au mois de mars, à la surprise générale, le commandant Hoffmann dispense tous les ecclésiastiques du travail en Kommando [2] et annonce au « doyen » que le vin de messe sera désormais fourni par le Vatican.

Les sept ou huit premières « livraisons » furent distribuées d'une manière tout à fait spéciale.

Un commandement résonne dans la chambre :

— À la corvée de vin !

Aussitôt une vingtaine de déportés se précipitent à la grille du Block où le vin a été apporté par voiture. Ils se chargent de bouteilles. Entre-temps, les autres prêtres s'installent à table, leur gobelet en main. Un SS s'informe :

— Les curaillons sont-ils prêts à boire ?

L'ancien de chambrée se dresse :

— Prêts, monsieur le lieutenant !

— Très bien ! débouchez les bouteilles.

Il lance sur la table deux tire-bouchons.

— Et que ça saute !

Des coups de matraque sanctionnent les briseurs de bouchons, les traînards.

1. Témoignage abbé Goldschmitt.
2. Cette exemption allait durer huit mois.

— Distribuez !

Les quarts se remplissent. Une bouteille pour trois. Le SS monte sur un escabeau. Nouveau commandement :

— Videz ! Cul sec !

Les prêtres sont à jeun et pour tous cette « gratification » est un véritable supplice.

— Terminé ? Retournez les quarts sur votre tête, tas d'ivrognes !

Parfois le SS fait recommencer la distribution.

— Au rab !

*
* *

Le 18 octobre 1941, le commandant Hoffman s'adresse aux prêtres rassemblés... insulte le pape, les évêques, les « cochons de curés » et ordonne :

— Les Allemands d'un côté, les Polonais de l'autre...

Les prêtres hollandais, luxembourgeois, belges, se placent aux côtés des Polonais [1].

— Très bien ! Finis les privilèges. La chapelle sera réservée aux seuls prêtres allemands. Eux seuls auront le droit au vin et à la sieste de l'après-midi. Ils seront exclus des transferts.

Les Allemands réintègrent le Block 26, rapidement isolé par une ceinture de barbelés. Toutes les vitres furent recouvertes d'une épaisse peinture blanche afin d'interdire aux « autres » la « vision » de la chapelle.

Les « autres » s'installèrent au Block 28 et les SS confisquèrent les bréviaires, les chapelets, les objets du culte des « sous-curaillons ». L'abbé Prabutzki destitué de sa fonction de Kapo transmit ses pouvoirs au père Ohnmacht [2]. Ce dernier s'empressa de cacher un autel portatif qui, le soir même, était enterré dans une serre des plantations. Sous cette serre un prêtre polonais devait célébrer, chaque jour, la messe :

« Pendant [3] que l'un d'eux assurait la garde et que les autres faisaient semblant de travailler, le prêtre polonais, le plus ancien dans le camp,

1. Il n'y a pas encore de prêtre français à Dachau.

2. Ce prêtre autrichien sera libéré au printemps 1943. Il fut remplacé par Georg Schelling, prêtre autrichien également. Le cardinal Faulhaber nomma Schelling archiprêtre en 1944 et désigna de Conninck, un jésuite belge, comme père spirituel de toute la communauté religieuse de Dachau. L'abbé Schelling réussira à faire lever l'interdit qui frappait les prêtres polonais en septembre 1944. Le commandant l'annonça au doyen polonais l'abbé Théodore Korcz en ces termes : « Une messe par jour ! » mais comme il avait oublié de préciser l'heure, les prêtres polonais célébrèrent jusqu'à six messes en une seule journée.

3. Témoignage Reimund Schnabel.

s'agenouillait, tourné vers l'intérieur de la serre afin de donner l'impression qu'il arrachait de mauvaises herbes. Les veilleurs SS des miradors ne pouvaient rien imaginer d'anormal. D'autres prêtres, de l'herbe ou des plantes à la main, s'approchaient de la serre, s'agenouillaient. Le célébrant passait des hosties et ils se communiaient eux-mêmes. »

XIX

D'UN JOUR À L'AUTRE

Le 16 décembre 1941, l'abbé François Goldschmitt, curé-doyen de Rech-Sarralbe, épuisé par vingt-quatre heures de jeûne absolu et de gymnastique d'incorporation est accueilli par Nicolas Muth, « l'ancien » du Block d'arrivée :

— Toi, je devrais te foutre au troisième étage... Tu dois aimer la gymnastique !

L'abbé ne répond pas.

— Alors, vieux cochon, planque-toi dans ce lit, à côté de ce Tchèque syphilitique...

Et d'un coup d'épaule, Muth bouscule le prêtre sur la paillasse. Son voisin se penche et lui souffle à l'oreille :

— Nous sommes ici dans un asile d'aliénés : bien pis, Dachau c'est l'enfer ! Défense de parler, mais laisse-moi te dire seulement que je suis prêtre catholique. Si tu es catholique, je vais te donner ma bénédiction. Récite avec recueillement un *Pater*. Restons de bons amis.

— Merci bien, je suis prêtre moi aussi, dans le diocèse de Metz...

— *Benedictio Dei*...

Muth hurle :

— Vos gueules ! Cochons de curés.

Les deux prêtres pleurent de joie.

Le lendemain, l'abbé Goldschmitt horrifié découvre qu'il ne sait pas « faire son lit »...

« Le stupide [1] montage des lits était une effrayante corvée pour les

---

1. L'abbé François Goldschmitt a publié en 1945 et 1946 cinq plaquettes sur le camp de Dachau (imprimerie Marcel Pierron, Sarreguemines), sous le titre général : *Alsaciens et Lorrains à Dachau*.

débutants. Un brave tyrolien m'en expliqua patiemment la théorie compliquée, et plusieurs jours de suite me démontra la pratique du ''montage d'un lit réglementaire''. Les objets à manipuler étaient une paillasse, un polochon, un drap blanc [1] et une grossière couverture grise, telle que chez nous on en met sur le dos des bêtes. Cette couverture était traversée dans toute sa longueur par deux raies bleue et blanche, distantes de soixante centimètres. Les instruments indispensables au montage étaient les deux mains, un sens d'observation aigu, un bâton et deux planches lisses, munies de deux prises. La paillasse subissait le premier assaut : il fallait la transformer en une grande boîte à cigares rectangulaire, aux coins bien équarris. À travers la fente de la toile, le bâton se frayait un passage pour répartir la paille qui, la nuit, s'était aplatie ou disséminée. À l'aide des deux planches ensuite, on pressait, on frottait, on nivelait la malheureuse paillasse. Le drap devait être étendu sur la paillasse sans qu'il y parût l'ombre d'un pli.

« J'avoue que mes doigts n'ont jamais pu atteindre assez d'habileté pour border le drap sous la paillasse de façon à faire corps avec elle. Que de sueur d'angoisse cette opération délicate faisait-elle perler à mon front ! Toutes mes connaissances théologiques, philosophiques, ne m'étaient d'aucun secours. Lorsqu'à un bord j'avais réussi à éliminer tous les plis, voilà qu'à d'autres endroits apparaissaient de nouvelles irrégularités grimaçantes. Puis le polochon, bourré de varech, raide et anguleux, devait être placé au chevet du lit, exactement au milieu de la paillasse ; sa hauteur devait s'aligner minutieusement avec celles des lits voisins. Je me baissais alors, fermais un œil pour prendre d'enfilade toute la rangée de lits, je rectifiais de mes mains la position de l'oreiller jusqu'à ce qu'il eût trouvé, à mon sens, un alignement irréprochable. Pour finir, il restait à plier sur le parquet ou sur la table la couverture grise, de façon à laisser paraître, tout juste encore, les deux raies blanc et bleue du bord. Délicatement, après l'avoir pliée, il fallait la rouler et en déposer l'extrémité à vingt centimètres exactement et non pas à dix-neuf, du pied du lit. Avec mille précautions on la déroulait ensuite le long de la paillasse, jusqu'à la base du polochon qu'elle recouvrait en formant une suite de gradins. Toute l'attention était requise ensuite pour bien tracer les angles, car il ne fallait pas perdre de vue l'alignement avec les lits voisins. Les deux planches achevaient de polir parfaitement les surfaces. Notons aussi que le drap devait encore, à un endroit précis,

1. N'oublions pas la date « d'incorporation » de l'abbé Goldschmitt (1941). À cette époque, la capacité d'accueil des grands camps n'était pas encore atteinte... les draps disparurent fin 1942. Les couvertures, en 1944, se partageaient entre trois déportés... les lits étaient affectés à trois ou quatre occupants.

passer élégamment sous la couverture, mais j'ai oublié ce détail stupide, vu que dès le début de 1943 les draps avaient disparu. Aussi le montage des lits était-il moins sévèrement surveillé. Mais avant cette date, cette partie du règlement causait aux novices les tracasseries les plus odieuses. Pendant quatre semaines, je me suis fait prodiguer à ce sujet cours théoriques et démonstrations pratiques et pourtant je n'ai jamais réussi à obtenir une autre note que ''passable''. Les cigarettes tâchaient de compenser mon défaut de dextérité et comblaient si bien cette lacune que, finalement, je suis arrivé à passer cet examen, le plus sot de mon existence, avec la mention ''Prima'' (très bien).

« Quatre fois par jour, nous avions à subir l'inspection tracassière de notre montage. Chaque fois la même angoisse, les mêmes tremblements. Notre Kapo passait la première inspection, ensuite l'ancien de chambrée, très souvent également l'ancien du Block ; mais le SS chef du Block, infailliblement, examinait minutieusement tous les détails. Aussi nous le craignions comme la peste. À chaque fois que ce cerbère découvrait quelque part la moindre imperfection, aussitôt polochon, drap et couverture valsaient en l'air ; puis les soufflets, les horions, les coups de pied, accompagnés d'injures de la dernière grossièreté et défiant toute traduction, pleuvaient sur le malheureux ''délinquant''. Il fallait recommencer à deux, à trois et même à quatre reprises. Les délinquants encouraient des sanctions, telles que vingt-quatre heures de jeûne, vingt-cinq coups de Schlague, ou d'autres bagatelles de ce genre. Je me souviens d'un camarade tellement poussé aux abois par le montage du lit qu'il alla se jeter contre l'enceinte électrique pour se tuer. Son cadavre resta toute une journée pendu aux barbelés. »

* * *

Nicolas Muth n'aimait pas les curés en général, et l'abbé Cordonnier en particulier.

Un matin, à l'appel des « bleus » devant le Block 15, le chef de Block au garde-à-vous annonce :

— Tout le monde présent à l'exception de Nicolas Cordonnier. Cet homme a les pieds tellement enflés qu'il a de la peine à se tenir debout. Qu'on veuille bien le compter comme présent.

Muth se précipite dans le Block.

— Cochon de curé ! À l'appel ! Sors, vieux coureur de putains... et crève donc.

Pendant plus d'une heure, les quatre cents « bizuts » attendent que « Monsieur » daigne venir vérifier que personne ne manque. Il arrive :

— Ça colle !

Muth soulagé sourit. Un vieillard en profite :

— Je demande très humblement à l'ancien du Block de bien vouloir m'autoriser à regagner la chambre. J'ai trop froid.

— D'accord !

L'abbé Cordonnier s'avance à son tour :

— J'ai mal aux jambes...

— Non ! Cochon de curé. Tu resteras debout et crèves-en !

Muth frappe le prêtre. Un coup de poing en plein visage le fait chanceler. Un « ancien » intervient :

— Fais un geste ?

Alors Muth, bombant le torse :

— Soit, traînez le vieux cochon derrière le poêle. Je veux user d'indulgence pour cette fois. Mais le vieux frocard mériterait bien une nouvelle correction. Cette vilaine tête ne m'a-t-elle pas reproché hier de traiter les gens comme des bêtes. Cette stupide brute encornée pense que je devrais employer des expressions plus polies. Il me fait chier avec ses sermons. Tiens, lèche-moi le cul et maintenant fous-moi le camp, sinon...

Le lendemain :

— Dans une demi-heure, rassemblement général. Nous allons aux douches. On se présentera complètement nus ! Laissez tous vos effets sur vos lits !

— Mais il fait au moins vingt au-dessous de zéro !

— Nus !

— Mais les douches sont à plus de trois cents mètres ! Aller retour ça...

— Nus et silence !

Muth regarde sa montre.

— Tout le monde est prêt ? Au pas cadencé... en avant... marche !

L'abbé Goldschmitt sort le premier :

— À peine avions-nous franchi le portail du Block et atteint la large chaussée du camp, que les rangs se rompirent et que, malgré la défense expresse, les plus jeunes d'entre nous, aussitôt suivis de tous les détenus, détalaient au pas de gymnastique. Le sol gelé, rugueux, écorchait la plante des pieds. Le froid me coupa l'haleine, je n'en pouvais plus. Haletant, je m'arrêtai un instant. Là-bas, deux camarades gisaient à terre, deux cadavres ou presque. L'abbé Cordonnier avait les jambes couvertes de plaies ouvertes depuis des semaines, il ne se traînait que péniblement, à bout de souffle. Nous nous tendions réciproquement le bras. « Si jamais je devais mourir, me dit-il, donnez-moi l'absolution. Et pourtant, mon Dieu, je n'aimerais pas être incinéré à Dachau. »

« Les larmes me montaient aux yeux. Nous continuions de nous traîner péniblement quand mon compagnon trébucha et s'effondra évanoui sur le sol, la figure exsangue. Je m'agenouillai à son côté sur le sol glacé et bégayai une prière. Moment inoubliable ! Je cherchai à le relever. Impossible : il était trop lourd. Nicolas Muth, nu comme nous, s'approche, frappe du pied mon ami gisant à terre et hurle à tue-tête : ''Debout, vieux cochon... en avant, marche ! Sinon je te piétine le ventre.''

« Cordonnier soulève le buste, qui retombe en arrière aussitôt. Muth appelle trois hommes. Nous empoignons le prêtre. Malgré le froid, je transpire. Tous mes membres tremblent de faiblesse. Devant mes yeux tout à coup, un rideau opaque... et vlan... me voilà par terre à mon tour, entraînant dans ma chute l'infortuné confrère. Les trois autres de se mettre à jurer et de se sauver, nous abandonnant à notre sort. Le sang dégoulinait de mes genoux meurtris, mes pieds étaient en sang. Je gémissais de douleur ou plutôt de rage. Quelques détenus des ''Blocks libres'' emportèrent Cordonnier aux douches, je les suivis lentement, titubant.

« À mon arrivée, le malheureux ami était étendu sur un banc. Livide comme un cadavre, bégayant quelques syllabes confuses, réclamant de quoi se couvrir. Rien à dénicher nulle part. Je m'affaisse à ses côtés pour le réconforter alors que mon propre courage avait fait naufrage. Les autres camarades déambulaient, jasant, riant. Plus de gêne : on s'habituait à la nudité. Au bout de trois heures, on réintégra le Block, les jeunes au pas de gymnastique, les vieux en boîtant. Cordonnier dut être ramené. Notre promenade en costume d'Adam, par ce froid glacial, avait été vaine : les produits de désinfection n'étaient pas arrivés. Jugez de notre déception et de notre rage.

« Le 24 décembre, à la veille de la douce fête de Noël, après l'appel vers 6 heures du matin, nouvelle alerte : il fallait se déshabiller, se rassembler pour les douches. Le temps avait changé : il neigeait. Appuyé sur deux bras secourables, Cordonnier s'avançait lentement. Devant nous, sur des tabourets, la commission de désinfection, composée de détenus. Des SS circulent, nous palpent de leur regard lubrique, rient et plaisantent. Un ordre est lancé : ''Rassemblement colonne par un !'' Le matador de la commission plonge sa seringue dans un seau débordant d'acide caustique. ''Haut les mains !'' commanda-t-il à l'homme de tête. Une pression sur la seringue injecte l'acide dans la peau. Rugissement de douleur. La seconde injection pénètre dans la poitrine, la troisième dans le bas-ventre et les parties génitales.

— Demi-tour ! Baissez le tronc ! Des deux mains écartez les fesses !

« Nouvelle injection brutale.

— Rompez ! »

Hurlant de douleur, le « patient » court aux douches.

— Bientôt[1] ce fut mon tour. Le triple commandement fut précédé de la remarque, sortie de la bouche d'un SS ou d'un détenu (ce détail m'échappe) : "Ah ! voici le frocard à la sale gueule ! Nous allons lui brûler la panse." On enfonce la seringue dans un acide à peine dilué dans l'eau, et la brute m'en administre une dose plus forte qu'aux autres camarades d'infortune. J'avais l'impression que tout mon tronc se consumait en flammes. On avait visé surtout les parties corporelles les plus sensibles. La torture était inhumaine. Le feu gagna ma tête, embrasa la cervelle qui faisait éclater, me sembla-t-il, la boîte crânienne. On me traîna sur un banc. La peau de la poitrine et du bas-ventre, écarlate, se détachait en lambeaux. Un médecin SS m'ausculta, me railla à cause de mon épiderme trop délicat, prescrivit pour calmer mes brûlures une douche glacée d'une demi-heure. Un codétenu saisit un tuyau et m'arrosa d'un jet glacial. Il fallut l'intervention de nombreux camarades et de Muth lui-même pour faire cesser le supplice.

« L'abbé Cordonnier, sur un autre banc, était la proie d'atroces brûlures. Comme les plaies m'empêchaient de m'asseoir, je me tins à ses côtés, debout sur mes jambes défaillantes, tordu, fourbu de douleur, taciturne. Une faim aiguë me rongeait les entrailles ; 3 heures de l'après-midi venaient de sonner. À 6 heures du matin, nous avions bu notre jus et depuis plus rien. Vers 4 heures, nous regagnâmes, toujours aussi nus, endoloris et grelottants, notre Block de quarantaine. Ici nous attendaient un poêle sans feu, une atmosphère empestée de gaz, irrespirable, la soupe de midi maigre et froide. En dépit de cette désolation s'élèvera bientôt le beau cantique : "Douce nuit, sainte nuit..."

« Dans nos foyers de la lointaine et chère Lorraine, on allumait en cet instant solennel les bougies de l'arbre de Noël... Cette nuit de Noël restera inoubliablement marquée dans ma mémoire. Impossible de m'étendre sur le dos, ou sur la poitrine, impossible de m'asseoir : des brûlures partout. Pendant des heures interminables, je m'accotai sur le flanc du grabat ou je m'allongeai péniblement sur la paillasse, appuyé sur les coudes et sur les os de la hanche. Le sang collait à la chemise.

« Nous, les prêtres, nous avions demandé l'autorisation d'assister à la messe de Noël... en vain. En vain également l'espoir de pouvoir recevoir la sainte communion, en secret. Notre Block était trop sévèrement consigné. Dans mon abattement extrême, je suppliai l'ancien de chambrée de me faire interner à l'hôpital. Le brave Kopp me le

1. Suite du témoignage de l'abbé Goldschmitt.

déconseilla formellement : ''Une piqûre vous enverrait infailliblement dans l'au-delà.''

« Dans le fond de mon âme, je suppliai Dieu de me rappeler à lui. Pourquoi s'acharner à continuer une existence à ce point lamentable ? Lors d'un appel, j'appuyais mon bras sur les épaules d'un confrère. J'étais à bout de forces, incapable de toute énergie, de toute pensée. Ce même confrère m'a raconté ultérieurement que, dans mon inconscience et dans mon égarement, j'aurais murmuré, tout bas : ''Je vais mettre un terme à cette vie.''

« Les plaies qui rongeaient mon bas-ventre surtout me torturaient affreusement : elles resteront incurables. Deux de mes camarades ont payé de leur vie ce procédé abominable de désinfection. L'un, un nommé Stahl, était père de cinq enfants. La vue de son cadavre m'avait horrifié, anéanti. Mais un autre décès devait m'ébranler davantage encore. Mon voisin de lit, l'abbé Cordonnier, geignait sourdement.

« Un confrère du Block 26 réussit à me faire parvenir les saintes espèces et les saintes huiles. Le 6 janvier, si je ne m'abuse, l'abbé Cordonnier agonisait. J'étais bouleversé, je ne quittais pas son chevet. — Oh ! que j'ai soif ! râlait le moribond, exténué. J'ai quémandé une pomme ; il ne pouvait plus l'avaler, je l'écrasai donc en bouillie, que j'étendis sur la langue du mourant... Une dernière bénédiction. — Au revoir, là-haut, au Ciel !

« Ce furent ses dernières paroles. Le lendemain, le bon prêtre nous avait quittés pour toujours. Quelques semaines plus tard, nous célébrâmes dans notre chapelle un service pour le repos de son âme. J'eus le douloureux honneur de prononcer quelques mots d'oraison funèbre.

« C'était ma première fête de Noël à Dachau. Elle gardera à jamais l'empreinte d'une tristesse infinie. »

Le 24 juin 1942, le père de Conninck est admis dans le Block « d'invalides » :

— Je voyais [1] autour de moi emporter mes compagnons par dizaines. J'assistais à des assassinats raffinés, sans aucun recours possible ni aucun moyen de défense. Mais je possédais l'Eucharistie... On me la passait dans des mouchoirs, dans des petits papiers pliés. Un cher disparu, l'abbé Wampach, un Luxembourgeois, était parmi ceux qui avaient la corvée du ravitaillement : en allant chercher les lourds chaudrons il rencontrait un prêtre du Block 26 qui lui confiait le précieux dépôt ; deux ou trois particules. Je profitais de la sieste de midi, où victimes et tortionnaires dormaient allongés sur le sol, pour couper dans le fond de ma casquette les particules en petites parcelles. Je parvenais ainsi à faire soixante parcelles avec trois hosties : chacune coupée aux ciseaux en quatre, et chaque quart en cinq fragments. J'enveloppais chacun des fragments dans un papier à cigarettes et conservais la Sainte Réserve dans mon étui à lunettes. J'étais ainsi nuit et jour un tabernacle vivant.

« Combien de candidats à la mort n'ai-je pas ainsi pourvus du viatique ! Deux exemples seulement qui m'émeuvent encore. Je vis un jour à ma table, pendant le repas du soir, un vieux prêtre polonais agoniser. Or, il n'y avait aucune possibilité pour les ''invalides'' d'entrer au Revier. Je me glissai à côté de lui pour lui dire que j'avais le grand réconfort ! Quel regard m'accueillit ! Ses mains mourantes enserrèrent mes mains : il se confessa... il communia... Le lendemain matin, on emportait son cadavre au crématoire. Puis ce dimanche de juillet, où partit le premier convoi de la mort. Parmi les victimes désignées, trois amis : l'abbé Esch [2], le père Dembrowski [3] et l'abbé de Backer [4]. Quelle consternation quand l'atroce liste fut proclamée.

« J'avais pris l'habitude de réunir tous les jours quelques prêtres pour

---

1. Témoignage du père de Conninck (15 décembre 1945). Revue *Messages du cœur de Jésus*, Toulouse.

2. Rédacteur au *Luxemburger Waert*.

3. Jeune jésuite polonais.

4. Curé de Notre-Dame du Sourire à Bruxelles. L'abbé de Backer venait d'Oranienburg où il avait fondé pour les Belges une « Ligue du Sacré-Cœur ».

réciter les prières de la messe, ma mémoire était fraîche : eux, exténués de privations et de faim, l'avaient fort affaiblie. Je choisis pour ce jour la messe de la Sainte-Trinité. Il me restait encore trois particules que je tenais en réserve pour la fête de saint Ignace. Évidemment, à la communion de la messe, je les donnai aux trois qui allaient consommer leur sacrifice... Ils partirent... mieux que résignés... J'ai tout lieu de croire, d'après mes renseignements, qu'une heure après leur départ, ils étaient arrivés dans cette *vita aeterna* que leur garantissait le viatique.

« Atteint du typhus, je partis pour l'infirmerie. Les premiers jours de la maladie n'ont laissé en moi que des souvenirs confus. Un matin, comme j'étais encore un peu abruti de fièvre, je vis, près de moi, un autre confrère malade qui m'apportait la communion. Oh ! la sainte et délicieuse surprise... ne peut la comprendre que celui qui, malade aussi, ne recevrait aucune visite, aucune marque de sympathie, n'entendrait aucune autre parole que celle-ci : "Votre cas est clair : demain le crématoire !" Et voilà l'hostie qui surgit. Je compris alors la communion des malades. L'abbé Sheipers, déjà convalescent, se dévouait à chercher dans les chambres les confrères et les chrétiens à aider. Il m'a raconté comment un jour, portant en se dissimulant tant qu'il pouvait la communion à un malade, tout à coup un homme qu'il croyait moribond tourna la tête, vit le geste et comme ressuscité, tendant les deux mains, lui dit avec une intense passion : "Oh ! monsieur l'abbé, à moi aussi... la communion !"

« Quand je fus convalescent on me confia la garde du saint sacrement. Je l'avais dissimulé dans un coin de colis de vivres, arrangé avec des cartons et des mouchoirs blancs en tabernacle. Mes insomnies devenaient ainsi des heures d'adoration nocturne. Pâques vint. Je ne fis aucune propagande pascale mais de jeunes Belges vinrent se confesser et réclamer le sacrement pascal. Que d'histoires émouvantes ! Voici un jeune gars... Il est un peu gêné... il veut de l'aide... il y a si longtemps. Il me demande si je ne peux pas lui écrire les péchés et les prières sur un morceau de papier. Vous pensez bien que ce fut fait. Après la confession il me demande s'il peut m'amener un camarade... Ce sera plus difficile... il ne s'est encore jamais confessé, il n'a pas fait sa première communion. Bien sûr, qu'il l'amène ! Et me voici catéchiste. Le Jeudi-Saint, je suis cloué au lit par un terrible lumbago. On prévient mes deux amis que, malade, je ne pourrai donner ma leçon... Désolation... Ils viennent quand même, l'air si suppliant. Et malgré la torture — c'en était une — j'achève leur initiation. Le jour de Pâques, le quasi-néophyte, tout heureux, arrive et me remercie pour sa première communion. Que de fois pendant le séjour à l'infirmerie n'ai-je pas été prié par les camarades d'un malade d'aller lui porter les sacrements et que de fois ceux qui passaient ces messages n'étaient point des ''pratiquants''.

« Sorti de l'infirmerie après deux mois de séjour, je retrouvai la vie du camp notablement changée. La raideur de la discipline s'était sensiblement relâchée ; les jeunes SS et ceux de la première heure — les fanatiques — avaient été envoyés au front. La vie religieuse du camp en profita.

« Les prêtres polonais, par exemple, auxquels l'usage de la chapelle était refusé, ne se souciant pas de la défense d'exercer le culte, organisèrent, dans chaque chambre de leur Block, des ''messes dominicales clandestines'', combien émouvantes. Ayant été invité à prêcher un Avent chez eux, je pus me rendre compte. C'était tout au matin, vers 5 h 30. Dans la ''Stube'' tous sont assis autour des tables. Au milieu de la salle, un poêle en maçonnerie. À la table que masquait cette ''construction'', un prêtre ne portant que l'étole célèbre... À la communion, on circule de table en table et l'on porte aux assistants la sainte eucharistie. Dehors, des vigies montent la garde pour avertir de l'arrivée possible des SS. »

* * *

Le premier dimanche de l'Avent 1943, l'abbé Jean Seelig et deux autres prêtres se promènent sur la place d'appel. Pluie fine et glacée. Le haut-parleur diffuse un discours de Gœbbels sur l'ouverture du « secours d'hiver ».

— À [1] la fin du discours, retentirent le chant du parti *(Horst Wessel Lied)* et l'hymne national *(Deutschland über Alles)*. Nous continuâmes notre promenade, casquette en tête et cigarette aux lèvres. Le SS chargé de repérer les déportés qui ne se découvraient pas pendant l'exécution des hymnes nous suivait à la jumelle. Il enfourcha une bicyclette et fondit sur nous. Nous nous figeâmes sur place pour subir l'invective, nous gardant bien de dire mot. Punition : debout au garde-à-vous pendant trois heures, sous cette pluie froide, et suppression pendant un mois de la « Brotzeit » (supplément de nourriture des Kommandos). Le lendemain j'entrais à l'infirmerie pour quatre semaines avec une bronchite et une furonculose faciale. »

Lorsque l'abbé Seelig revint à son Kommando, l'Oberscharführer Otto Linnemann s'étonna de cette suppression de la « Brotzeit ».

— Vous m'étonnez ! Vu votre instruction et votre éducation, vous

1. Témoignage inédit (décembre 1968). Abbé Jean Seelig, curé de Rohrbach-les-Bitche. Expulsé d'Amnéville en juillet 1941. Arrêté en novembre. Prisons de Sarrebruck et de Berlin pendant seize mois. Camps d'Oranienburg et de Dachau.

devez savoir qu'on doit toujours saluer l'hymne national du pays où on se trouve.

— D'accord, en temps normal. Mais vous savez bien qu'il nous est sévèrement interdit de chanter l'hymne national ou un chant du parti. Alors je n'ai pas osé les saluer.

Otto Linnemann fut impressionné par cet argument. Deux jours plus tard, lui et ses camarades recevaient une caisse de pommes d'Italie. Il fit demander l'abbé.

— Écoutez ! Je ne suis pas d'accord avec la sanction qui vous frappe. Alors, voici la caisse : servez-vous tant que vous voudrez.

Ce soir-là les prêtres français de Dachau dégustèrent les pommes acides de Badoglio.

* * *

Tous les matins, l'abbé Béran, le futur archevêque de Prague, recherche les poux sur le corps des prêtres... Il avance baguette en main :

— Vous permettez ?

— Merci.

— Baissez le pantalon...

Dans un coin du Block, consciencieusement, l'archevêque orthodoxe de Prague découpe dans de vieux journaux des petits rectangles à usage postérieur.

* * *

« Je fus appelé [1] un soir auprès d'un petit parisien de seize ou dix-sept ans qui se mourait de dysenterie sur une infecte paillasse.

— Je suis un prêtre français. Tu veux te confesser ?

« Il reçut le bon Dieu et les saintes huiles avec une grande paix.

« Puis il fut pris d'un gros sanglot.

— Docteur, docteur ?

— Je ne suis pas le docteur. Je suis un père.

— Oui, je sais, mais vous êtes le docteur de mon âme.

« Puis les sanglots redoublèrent.

— Qu'as-tu donc ?

— Je veux revoir ma petite maman. Je veux revoir ma petite maman.

« Extrêmement ému, je lui demandai de m'embrasser comme si j'étais sa petite maman. Et je sentis deux maigres bras serrer mon cou, et sur

1. Témoignage P. Georges Morelli, dominicain. *Terre de détresse* (Bloud-Gay, 1947).

ma joue un gros baiser brûlant de fièvre, un gros baiser pour cette petite maman qui ne reverrait jamais plus son enfant. »

*
* *

Les prêtres l'avaient surnommé : « Notre-Dame de Pèle-Voisin ». Curé d'une petite paroisse de Belgique, grand, maigre, toujours coiffé d'un immense béret noir, on pouvait le voir monter la garde, sans cesse, devant son placard. Il avait entassé dans quatre cartons ses richesses « alimentaires ». « Pèle-Voisin » craignait les mauvais jours et pour rien au monde il n'aurait entamé ses réserves... Plusieurs prêtres vinrent le trouver :

— Donnez-nous quelque chose, ne serait-ce que trois ou quatre morceaux de sucre. Dans les Blocks de quarantaine, dans les Blocks de Kommando, au Revier, des dizaines de déportés meurent de faim...

— Allez trouver les Allemands. Ils sont plus riches que moi.

Une semaine plus tard, un prêtre belge se plante devant « Pèle-Voisin » et son placard.

— J'ai une surprise pour toi.

— Pour moi ?

— Que dirais-tu d'un bon fromage de chez nous ?

— Un fromage belge ?

— Oui, j'en ai reçu un dans un colis. Regarde !

Le prêtre sort d'un sac de toile une merveilleuse boule rouge... une croûte bien grasse, molle sous le doigt.

— Tu veux sentir ?

— Non ! Combien ?

— Vingt cigarettes.

« Pèle-Voisin » n'aurait sans doute pas accepté le marché si son confrère lui avait réclamé de la confiture, du café, du sucre... mais des cigarettes... il en avait une bonne quinzaine de paquets dans son « coffre-fort » et il ne fumait pas.

— Va pour vingt cigarettes ?

— Va pour vingt cigarettes. Mais c'est cher !

« Pèle-Voisin » enferme son fromage et reprend sa garde.

Le vendeur de fromage, dans le Block des prêtres allemands, échange ses cigarettes contre du sucre. Le soir, au retour d'un Kommando, il offrira ce « remontant » aux plus faibles travailleurs.

« Pèle-Voisin » ne se décida à entamer son fromage qu'une semaine plus tard. La croûte avait un peu durci. Un coup de couteau... Stupeur ! Sous la croûte épaisse, la lame venait de fendre une boule de terre glaise. À dater de ce jour « Pèle-Voisin » changea de surnom... Il devint « Pèle-Voisin Pelé » [1].

* * *

Après avoir raccommodé des paillasses, fabriqué des ficelles, dirigé un Kommando de désinfection, participé avec une trentaine de confrères à la Commission officielle des tueurs de mouches, l'abbé François Goldschmitt se retrouve Kapo des « arroseurs » : une vingtaine de Russes, armés d'arrosoirs qu'ils remplissent dans le Wurmbach, déversent six heures par jour une pluie fine sur la route qui relie les bureaux SS à la Kommandantur ; ainsi les officiers ne sont pas incommodés par la poussière. Mais l'abbé Goldschmitt, toujours à la recherche d'une « plaisanterie » transforme le chemin en bourbier. Il est chassé sans ménagements pour se découvrir des talents... d'inspecteur général :

« Pour [2] les trois cent cinquante raccommodeurs de bas, cordonniers et tailleurs, logés dans la cave du bâtiment n° 4, il n'y avait qu'un nombre très minime de W.-C. situés au premier étage. On y accédait par un escalier après avoir traversé la place. Chacun profitait volontiers de l'occasion pour échapper, de temps à autre, à l'atmosphère empestée de cette cave, respirer un peu d'air frais et, avant tout, pouvoir en toute tranquillité griller une cigarette, ce qui n'était guère possible que dans ce lieu. C'est pourquoi une foule bruyante assiégeait sans cesse les W.-C. Comment remédier à cette calamité, qui causait de véritables

---

1. L'attitude de « Pèle-Voisin » n'est pas unique. Il est reconnu que plusieurs prêtres ont profité seuls de leurs colis. Des témoignages envoyés à l'auteur font état de « stocks de pain » que des ecclésiastiques allemands laissaient moisir et jetèrent à la poubelle.

Lorsque les Français, quelques mois avant la Libération, reçurent des colis, une trentaine de prêtres se groupèrent autour de l'abbé René Fraysse et se répartirent les Blocks où ils distribuèrent plus de la moitié de leurs provisions. Voici le témoignage de l'abbé Louyot (inédit) :

— Nous avons parrainé le Block 28 en collaboration avec René Fraysse, un peu sous sa direction. C'était au fond lui qui menait l'action. C'était un Block où on amenait les convois d'évacuation. Les survivants avaient reçu au choix un caleçon ou une chemise. Et c'est tout. À la fin, il n'y avait même plus ni chemise ni caleçon... une simple couverture. Ils se promenaient, comme des sénateurs romains dans leur toge, mais sous la toge il n'y avait qu'un squelette. Nous avons surtout aidé les Français, et les autres nous regardaient avec envie. Ils me suppliaient de les aider aussi, de leur donner quelque chose, et moi je leur répondais : « Je vais le dire aux prêtres de votre nationalité. Vous comprenez bien que je ne peux aider tout le monde. Moi je m'occupe des Français, à chaque pays de s'organiser le mieux possible. » Au fond je les laissais crever. C'était du chauvinisme, mais comment faire ? Il était de toute évidence impossible d'aider tout le monde. J'ai pensé qu'il fallait aller au prochain le plus proche, mais aujourd'hui cela me laisse une gêne.

2. Témoignage abbé François Goldschmitt : *Alsaciens et Lorrains à Dachau*.

casse-tête à notre pauvre Kapo, déjà bien nerveux, et lui inspirait d'interminables discours, dont il nous accablait à chaque instant ? Des projets de réformes, de changement de méthode, des menaces de sanctions ne suscitaient que notre rire. Rien n'y fit. L'assaut des W.-C. noyés de fumée continuait. Durant une nuit d'insomnie, l'imagination féconde de notre Kapo avait élaboré une solution radicale. Il créa la commission des W.-C., dans laquelle trois prêtres avaient siège et voix. Dans le hall était assis un curé, chargé de la mission officielle de contrôler après chaque séance la propreté des sièges. Un second curé, à l'instar des policiers sur les places de nos grandes villes, devait régler la circulation. Votre humble serviteur devint secrétaire général de cette commission d'importance vitale. Pour endiguer cette écrasante affluence humaine, il me fallait dresser la liste de tous les mortels que tourmentait le besoin de monter aux W.-C. L'ascension n'était permise qu'à deux hommes à la fois. Je disposais également du pouvoir des clefs de cet établissement sanitaire. Sur une large feuille de papier s'allongeaient deux listes surmontées des titres suivants : « Grande commission » (au-dessus de la première), « Petite commission » (sur la seconde). Le premier groupe bénéficiait de dix minutes, l'autre de quatre seulement. La liste des candidats était toujours très longue, et l'affluence de nouvelles pétitions était continuelle. Voici qu'un jour s'amena un moinillon, m'annonçant d'une mine pâle un besoin extrêmement urgent. Je lui fis comprendre sèchement qu'il lui fallait attendre son tour jusqu'au lendemain à 9 h 30. Mais lui de me rétorquer avec le même air sec :

— Tant pis, il y aura court-circuit ; ça fera une belle catastrophe.

« La commission des W.-C. devint bientôt et à juste titre un sujet de raillerie. Au bout de quelques jours, on l'enterra pour toujours. Personnellement, je proposai une autre solution. Un inspecteur général devait faire continuellement la navette de la cave aux W.-C. pour stimuler les traînards, noter les rebelles et confisquer les cigarettes des fumeurs, etc. Mon plan fut admis à l'unanimité et je fus investi personnellement des fonctions d'inspecteur général. La charge n'était pas contraire à mon goût, puisque j'avais la fièvre des voyages. Un beau matin, un officier du camp, que je ne connaissais pas, m'aborda :

— Que signifie votre va-et-vient continuel ? Restez à votre travail !

« En deux mots je lui expliquai mes obligations officielles. Et lui de conclure en riant :

— Vous êtes donc l'inspecteur général des chiottes ?

« J'inclinai la tête en signe d'affirmation.

— Quelle est votre profession civile ?

« D'un air foncièrement sérieux, j'accentuai expressément la réponse :

— Monsieur le chef de camp, selon les données du dossier : commissaire épiscopal de Metz.

« La réflexion plissait soudain le front sombre de l'officier. Sans être fin psychologue, je pouvais lire les pensées qui sillonnaient à cet instant le cerveau de ce SS :

— Un commissaire épiscopal devient inspecteur général des W.-C. à Dachau. Pauvre Himmler, de quelle honte ineffable ne nous as-tu pas couverts aux yeux du monde entier, avec tes camps de concentration !

« Sans doute, cet officier a dû conclure logiquement, quelques mois après Stalingrad, en ces termes caractéristiques de la terminologie triviale de Dachau : Tout le système national-socialiste n'était que de la m... ! »

*
* *

« Un soir [1] après l'appel qui a duré plus longtemps que d'habitude, dans la chambre 4 du 26, on entend une *Marseillaise,* malgré les ''*Ruhe*'' (silence) de certains... C'est Robert Muller, prêtre lorrain, ancien officier d'aviation, qui joue sur un violon ''organisé'' on ne sait où. À côté de lui, Nicolas Lamboray, prêtre belge, vêtu d'une capote bleu horizon ''sanglier des Ardennes'' comme nous l'appelions — chante à tue-tête notre hymne national.

« *Allons enfants de la patrie !* »

« Stupeur de quelques prêtres allemands. Nous reprenons en chœur ! C'est folie gratuite. À quelques dizaines de mètres, dehors, les mitrailleuses SS pointent d'un mirador au-dessus d'un projecteur géant qui balaye la morne cité...

« Le lendemain.

« Dans la grande allée du camp, je me hâte vers ma baraque. Un inconnu m'aborde : il porte le F sur le triangle rouge :

— Vous ne connaissez pas un prêtre français ?

— Je suis moi-même prêtre.

— Ah ! tant mieux ! Voulez-vous me confesser ?

« Rien pourtant ne me distinguait au milieu des pauvres hères qui passaient à côté. Il était médecin. Et tout en continuant au même pas... L'opération fut rapide, mais combien sérieuse et réconfortante pour l'un et l'autre. »

*
* *

1. Témoignage inédit, abbé Maurice Tauziède (11 décembre 1968).

« Le soir[1], sur la "Lagerstrasse", la grande avenue du camp, deux détenus semblent causer innocemment, croisés et doublés sans cesse par des milliers de détenus vêtus comme eux de défroques et de "rayés". C'est un prêtre et son pénitent.

« Puis, tous deux s'arrêtent un instant ; le prêtre sort de sa poche une petite boîte — comme le Seigneur est accommodant — boîte de pastilles, boîte de cirage soigneusement nettoyée, et dépose la précieuse hostie dans la main du communiant ; dans la main pour ne pas attirer l'attention.

« Que l'on s'imagine la difficulté qu'il y aurait à donner la sainte communion sans être vu sur un grand boulevard parisien à une heure d'affluence et l'on pourra réaliser la prudence et la ruse dont il fallait faire preuve.

« Le communiant porte l'hostie à ses lèvres en tremblant. Il hésite souvent ; la petite hostie blanche se détache sur la main calleuse et parfois bien sale du misérable communiant :

— Dépêchez-vous, vous allez nous faire prendre, fallut-il dire plusieurs fois.

« L'un d'eux me dit un soir, les larmes aux yeux :

— Je viens de toucher ma portion de pain de camp, mais ce pain que vous m'avez donné me fait plus de plaisir et plus de bien encore.

« Il faut savoir, pour comprendre toute la portée de cette déclaration, ce que représentait un morceau de pain, si infect soit-il, pour un pauvre homme mourant de faim.

« Un autre me dit, après avoir ainsi communié dans le froid glacial d'une nuit d'hiver :

---

1. Témoignage du père Georges Morelli. Prêtre ouvrier clandestin, arrêté à Düsseldorf le 28 août 1943. Voici son premier interrogatoire par un inspecteur de la Gestapo.

— Quelle est votre profession ?

— Vous le voyez bien, je suis un travailleur français.

— D'accord, mais vous n'avez pas une autre profession ?

— Oui, je suis un prêtre français, un père dominicain.

— Est-ce que vous dites la messe chaque matin ?

— Oui, tous les prêtres célèbrent la messe chaque matin.

— Où dites-vous la messe ?

— Je ne puis vous dire.

— Pourquoi ? Parce que c'est défendu ?

— Peut-être.

— Quelle est votre position vis-à-vis du national-socialisme ?

— Ma position est celle de l'Église qui l'a réprouvé et condamné.

— Nous vous arrêtons. Nous savons que vous êtes venu en Allemagne en fraude, que vous célébrez des messes et tenez des réunions clandestines, que vous visitez les camps de travailleurs civils, les hôpitaux, que vous circulez dans les environs. Suivez-nous. (*Terre de détresse*. Librairie Bloud-Gay, 1947.)

— Mon père, c'est le plus beau jour de ma vie.

« Le matin, avant le travail, de petits groupes se réunissaient le plus discrètement possible et recevaient — oh ! sans cérémonie — le précieux viatique dans la main... et s'éclipsaient rapidement.

« J'ai connu deux jeunes Français, deux frères qui ont "tenu" tout un hiver dans un Kommando extrêmement pénible grâce, j'en suis persuadé, à leur communion quotidienne.

« Pendant les périodes de quarantaine de typhus, alors qu'il était impossible de pénétrer dans l'hôpital du camp, des prêtres français, mes compagnons ou moi-même, nous pûmes faire passer chaque matin une provision d'hosties à des médecins ou infirmiers français qui distribuaient eux-mêmes la communion à nos malades.

« Un réseau eucharistique s'étendit ainsi, invincible, à travers tout le camp. »

*
* *

— Monsieur l'abbé, on ne s'évade pas de Dachau !

— Moi, je pars pour la Suisse.

— La Suisse ?

— Je vous assure ! Ne me posez pas de questions, je ne pourrais répondre ; c'est mon secret. J'ai toujours eu de la chance... depuis soixante-quatorze ans. J'ai pu me procurer une carte détaillée de l'Allemagne et une boussole contre pas mal de tabac et de cigarettes ; je suis prêt. J'ai même ravaudé mon costume... Il ne manque aucun bouton !

L'abbé Hénocque possédait bien une boussole et une carte mais pas de « secret ». Il voulait partir. Tout simplement parce qu'il était l'abbé Hénocque il partirait. Depuis quinze soirs qu'il longeait la première ligne de barbelés, il avait étudié les habitudes des SS et découvert une zone d'ombre entre deux miradors. Une planchette servirait de levier pour soulever les barbelé du sol.

Le soir du Mardi-Gras :

— Au moyen de ma planchette, je soulevai le premier barbelé entre deux piquets et me glissai dessous. Je fis de même pour la seconde ligne et je rampai vers la troisième quand, soudain, j'entendis deux hommes parler en allemand et qui se dirigeaient vers moi.

Collé au sol, l'abbé récita son acte de contrition, attendit une dizaine de minutes, et rebroussa chemin.

Le lendemain, il conta son aventure à dom Gabriel Houdet, père abbé du monastère d'Urt.

— Comment ! Quelle folie ! La Providence heureusement veillait sur vous. Cette troisième ligne de barbelés...

— J'en étais à quelques centimètres.

— Elle est électrifiée.

— Électrifiée ?

— Oui ! Tout le camp le sait.

— Je l'ignorais.

*
* *

Dans les premières semaines de 1944, Roger Bibonne annonça :

— Les Français toucheront demain ou après-demain des colis !

Bibonne, spécialiste du colportage des « bonnes nouvelles », ne fut pas pris au sérieux.

— Des colis de la Croix-Rouge ! Tu parles. Les colis c'est bon pour les Allemands, les Norvégiens, les Hollandais... nous...

Le lendemain, cependant, les Français de la « Stube Vier » étaient convoqués cinq par cinq.

Le « tuyau » se précisait. Chacun rêva de cigarettes, de café, de chocolat, de sucre. Chacun imagina le profit qu'il pourrait tirer de tel ou tel échange. Chacun...

— C'est au Block 30... Cinq par cinq... Les colis sont là !

— Vous avez vu ? Ils sont deux fois plus gros que les plus gros reçus par les Norvégiens.

— Tu es fou. Les plus gros jusqu'ici n'ont jamais dépassé quatre kilos. Les nôtres font bien trente kilos.

— Trente kilos !

— Constituez-vous par groupes. Un paquet pour dix hommes.

Le groupe Moulin court vers son Block, arrache les ficelles, le papier, le carton...

— Merde !

Le colis contenait trois cents manuels de cantiques édités par l'Aumônerie générale des prisonniers de guerre.

— Pour une vacherie, c'est une vacherie ! [1]

---

1. Edmond Michelet conclut dans *Rue de la Liberté :* « Il convenait, néanmoins, de ne pas perdre la face. Les camarades d'à côté commençaient à venir flairer autour de nous, histoire de faire des comparaisons entre la générosité de leur Croix-Rouge et celle de la nôtre. Très digne, chacun des Français de la « stube vier » avait pris livraison d'une demi-douzaine de manuels et l'avait rangée discrètement dans le coin de son placard. D'un air détaché, on fit alors comprendre aux curieux, aux repus scandinaves, hollandais, flamands des Stube voisines qu'on avait ''pour commencer'' reçu cette littérature, mais que c'était la preuve que du plus consistant allait suivre. Maintenant qu'on savait à Paris qu'il y avait des Français à Dachau, qu'on était repérés, on pouvait être sûrs qu'incessamment on serait ravitaillés comme les autres... »

*
* *

Le 18 juillet 1944, pour la première fois dans la déjà longue histoire de Dachau, un jeune prêtre, le plus jeune d'ailleurs des Blocks 26 et 28, réussissait à franchir les barbelés, officiellement, sans être libéré :

« Je partais [1] volontaire pour une destination inconnue, afin d'enregistrer un grand "arrivage" de Juifs. Jamais un prêtre du camp — nous étions à l'époque quelque deux mille "Pfarrer" dont la fiche portait la mention NAL *(Nicht aus dem Lager)* — n'avait pu sortir en Kommando extérieur. Par un curieux hasard, j'avais été versé au bureau des secrétaires de la "Politische Abteilung" et mon nouveau chef, le Hauptscharführer Kloppmann, ignorait ma qualité de prêtre. Mes amis et confrères me pressèrent d'accepter, et c'est ainsi que pendant huit mois j'allais enregistrer dans onze camps de Bavière et de l'Allgäu environ vingt-six mille Juifs. C'étaient des rescapés d'Auschwitz, de Bergen-Belsen, de Ravensbrück, des survivants de pogroms et des exterminations de Lituanie et de Hongrie, que l'approche foudroyante des Alliés ne permettait plus de liquider assez rapidement sur place sans laisser de traces. Il y avait, dans un désordre indescriptible, des hommes, des vieillards, et des enfants, il y avait surtout des femmes !

« J'ai vu ainsi arriver près de Landsberg, le vendredi 24 novembre 1944, dans un état lamentable, mille deux cent cinquante-sept juives hongroises de Budapest (action Eichmann) ; elles avaient été traquées à pied depuis la frontière hongroise, plus mourantes que vives.

« Trois semaines plus tôt, le 1er novembre, au camp Kaufering IV, j'avais été gratifié par le sinistre médecin Hauptsturmbannführer Dr Mengele, d'une magistrale gifle pour avoir essayé de retarder la procédure d'enregistrement de centaines de Polonaises arrivées d'Auschwitz, épuisées à un tel point qu'elles étaient incapables de donner leur nom.

« Le 5 mars 1945, je vis arriver à Burgau quatre cent quatre-vingts femmes juives, parties le 13 février de Ravensbrück au nombre de cinq cents. Pour ces trois semaines de transport, chaque prisonnière avait touché un seul pain, et vingt d'entre elles "seulement" étaient mortes en cours de route. L'on s'imagine l'état squelettique des survivantes. Rien n'est plus lugubre et laid, sinistre et atroce, que des femmes prisonnières, tondues, enrégimentées et sans défense derrière des barbelés, et souffrant mille morts dans leur corps, plus encore dans leur

---

1. Témoignage Mgr Jules Jost. Curé doyen de Saint-Michel (Luxembourg). *Livre du Souvenir de l'Amicale des concentrationnaires et prisonniers politiques luxembourgeois.* Imprimerie Bourg-Bourger (Luxembourg).

âme sensible. Je n'oublierai jamais l'horrible spectacle qui s'offrit à mes yeux lorsqu'un jour d'hiver 1944, sous la neige, à Kaufering Emmerich AG., je dus descendre sous terre, dans une sorte de baraque tanière, où — charnier vivant — gémissaient et râlaient une cinquantaine de femmes italiennes arrivées la veille de l'île de Rhodos. La puanteur et l'horrible aspect de cet antre de la mort étaient tels que la femme sergent SS qui m'accompagnait, pistolet au poing, s'en trouva mal !

« Je n'oublierai pas non plus qu'une nuit je fus appelé dans une baraque, où une Hongroise venait d'accoucher d'un petit garçon, Geörgy. Étendue à même le sol, sur un peu de paille, la mère malgré son angoisse reflétait le bonheur de sa maternité. L'enfant reçut un numéro et devint *Zugang durch Geburt*. Mais dès le lendemain la mère et l'enfant furent envoyés à Auschwitz, la fiche de transport portant la mention "Sonderbehandlung". Leur crime était d'être deux bouches inutiles à nourrir et de ne pas appartenir à la race des vainqueurs. Et la phrase de Léon Bloy me revint à l'esprit : "L'antisémitisme est le soufflet le plus horrible que le Christ ait reçu dans sa Passion qui dure toujours, le plus impardonnable, parce qu'il le reçoit sur la face de sa Mère !"

« Les prisonnières des camps de Kaufering étaient astreintes à des travaux de terrassement dans une immense usine souterraine. Des hommes chargeaient des wagonnets que de véritables attelages de femmes tiraient sur rails, les SS dirigeant la manœuvre à coups de fouet. Je m'y trouvais un jour à porter secours à un garçon qui venait d'être écrasé par l'un de ces wagonnets. Un jeune médecin juif parmi les prisonniers, dépourvu de tout moyen, essaya en vain d'arrêter l'hémorragie et, devant ce spectacle et ces attelages humains qui rappelaient les travaux forcés sous les pharaons, auprès des pyramides, il me souffla à l'oreille en hébreux : *Misraïm* (Égypte). »

Sur la place d'appel...

L'orchestre russe, revêtu des dépouilles sang et or des gardes royaux yougoslaves, offre un concert aux déportés. Les SS comptent et recomptent les « Stücke ». Au premier rang du Block 26, Mgr Piguet bavarde avec son voisin. Un SS les gifle. L'évêque essuie quelques larmes nerveuses [1].

Le soir, au Block, il confie à Edmond Michelet :

— J'ai manqué de dignité tout à l'heure en me laissant aller à pleurer ainsi, comme un enfant. D'autres, qui sont nos modèles, ont été maltraités. Un Autre en particulier a été souffleté au visage, Lui aussi...

Un silence.

— Mais eux, ce n'était pas en musique...

* * *

— Tu as vu dans les arbres, près du crématoire ?

— Vu quoi ?

— Des nids ! Les SS ont mis des nids artificiels pour que les oiseaux n'aient pas froid cet hiver.

* * *

L'abbé Maurice Tauziède [2] découvre Dachau :

« Place d'appel immense... ! Les trois cent quarante du convoi sont là, en rangs serrés, muets, hirsutes, malpropres, les yeux fiévreux, les pieds gonflés. Ça hurle partout. Les chiens, langues tirées, tournent autour du troupeau. Les SS nous poussent en vociférant. Devant nous, sur un tonneau, un grand gaillard, casquette civile sur la tête, veste fripée, ornée d'un triangle rouge et d'une croix rouge sur le dos, nous répète en un français à l'accent rude les paroles d'un gradé SS :

---

1. Mgr Gabriel Piguet, évêque de Clermont-Ferrand. Arrêté le 28 mai 1944, à la fin de la messe pontificale. 30 août, Natzweiler. 7 septembre, Dachau. (Voir le chapitre : « L'ordination clandestine de Karl Leisner. »)

2. Arrêté le 13 juin 1944 à Grenade-sur-Adour pour résistance Prisons de Mont-de-Marsan, Fort du Ha, camp de Dachau. Manuscrit inédit (décembre 1968).

— Ici, il faut obéir... Il faut travailler... être propre... et vous serez heureux !

« Et de lui-même, lorsque le SS tourne le dos, il ajoute à voix plus basse :

— Vous êtes tous bien arrivés, pas de malades, pas de morts. Remerciez-en Dieu !

« La veille, en effet, "le train de la mort" venant de Compiègne avait débarqué neuf cents cadavres en gare de Dachau.

— Je salue mes confrères, ajoute-t-il. *Ego etiam sacerdos* (moi aussi je suis prêtre).

« Quel coup d'espoir pour moi et pour mes compagnons lorsque je leur dis : "C'est un curé [1]."

« Avant de passer au déshabillage total, à la désinfection brutale, au rasage complet, il faut se présenter devant une table où se tient un secrétaire. Le "Schreiber" parle français : lui aussi est un prêtre lorrain (abbé Lanique). Nous nous étions rencontrés avant la guerre, dans une colonie de vacances : nouvelle joie pour moi.

— Donnez-moi ce que vous voulez sauver des SS : chapelet, médailles qui sont ici interdits.

« Je lui confie mon chapelet, une médaille à laquelle je tiens. Il agit de même avec mes camarades. Chacun a l'impression de sauver une partie de lui-même.

« Et c'est la première nuit au Block de quarantaine.

« Un entassement indescriptible de corps rompus. Je suis entouré de mes paroissiens.

— Voulez-vous que nous priions, les amis, en pensant à ceux qui nous attendent chez nous ? leur dis-je à voix basse.

— Oh oui ! Faites-le pour nous, l'abbé !

« Chacun se recueille, tandis qu'éclate un sanglot étouffé.

— Dimanche ! Chez nous, c'est l'heure de la messe : on prie pour nous. Rejoignons-les par notre prière... Gardons toujours confiance. Nous sommes entre les mains du Seigneur...

« Les yeux brillent... quelques reniflements (on n'a pas de mouchoirs)... Mais quel profond recueillement, quel accent de sincérité dans ces voix qui répondent à ma prière ! Jamais je n'ai eu, "en paroisse", une telle communauté de cœur, sans respect humain... Des hommes !

« Le soir, Mgr Daguzan m'aborde :

— L'abbé ! Un prêtre lorrain m'a remis quelques hosties. Si vous avez quelques gars qui veulent communier, je vais partager.

— Oh oui ! avec joie.

---

1. Abbé Fabing, prêtre lorrain.

« Il sort de sa poche une boîte de cirage qui contenait le précieux dépôt. Puis, montés à l'étage des ''lits'' où nous sommes enfoncés comme dans des cages à lapins, je me tourne vers le jeune Gaby qui partage ma paillasse :

— J'ai le bon Dieu ! L'Eucharistie sur moi. Veux-tu la recevoir ?

— Oui, monsieur l'abbé. Demain matin avant le lever.

« Et pendant quelques instants, Gaby prie avec moi, à l'insu des voisins... si près. La nuit fut courte, mais si belle avec une présence divine que nous n'avons jamais sentie aussi vivante...

— C'est le moment, Gaby ! dis-je en le secouant.

— Oui... Confessez-moi.

« Bouleversante confession, tête contre tête, dans le silence de la chambrée où seuls se faisaient entendre quelques ronflements... Ce fut sa dernière communion, bien plus fervente que la première sans doute. Il ne reviendra pas du camp de Flossenburg : il avait vingt ans. »

* * *

— Elle veut faire ses Pâques !

— Quoi ? Une fille du bordel !

— Oui, du bordel ! Ils viennent de le faire évacuer. C'est une femme de Nancy. Et alors, si elle veut faire ses Pâques.

Une dizaine de prêtres se réunissent.

— Elle veut communier.

— Bon ! Discutons. Peut-on lui apporter la Sainte-Communion ?

Le premier :

— Elle est en état « prochain » de péché et par conséquent on ne peut lui donner l'absolution.

Le second :

— Elle a fait « ça » en état de contrainte. Elle n'en est vraiment pas responsable...

Le troisième :

— Nous avons appris en théologie qu'on doit défendre sa pureté jusqu'à la mort.

Et l'on recommence : le premier, le second, le troisième... un quatrième interrompt la discussion :

— Bon, ça suffit ! Pendant que vous palabriez, je suis allé là-bas... Je lui ai donné l'absolution et la communion. Où en étiez-vous [1] ?

---

1. Le père Joseph Fily, « homme de confiance des Français », rencontre au Revier une jeune femme :

— Elle appartenait au fameux Block 31 (le lupanar). Elle apprit par un malade que j'étais prêtre. C'était une Alsacienne amenée de Ravensbrück. Elle me demanda une

***

Dans le défilé des nouveaux arrivants, Edmond Michelet remarque un vieux prêtre. Il boîte. Il est presque chauve...

« Dans la cohue [1] de l'invasion, il avait pu conserver une petite valise contenant une chapelle portative, du modèle de celles qu'on distribuait aux aumôniers militaires. C'était effectivement celle qu'il avait ramenée de l'autre guerre et à laquelle, pour cette raison, il tenait comme à la prunelle de ses yeux. Cette chapelle faillit lui coûter la vie.

« Avec la paisible tranquillité du juste qui ne craint personne excepté Dieu, l'abbé Goutaudier, curé d'une petite paroisse du Charolais, s'avisa en effet, le lendemain du jour de son arrivée, de célébrer la messe entre deux rangées de paillasses, dans le fond du Block. Il faut avoir été déporté pour réaliser l'audace ou l'inconscience de cette performance. Ce fut pourtant assez discret puisque Ludwig, le Stubeältester des brigades internationales, ne s'en aperçut qu'au moment où, le sacrifice achevé, il quittait ses ornements.

— Tes Français sont fous, me dit-il en dirigeant son index vers la tempe, d'un geste en vrille que je connaissais bien (ce n'était pas la première fois qu'on nous traitait ainsi de loufoques). Dis à ton « Pfarrer » que si un SS apprend ce qui vient de se passer, je suis bon pour le crématoire. Explique-lui que nous ne sommes pas ici dans un couvent...

« J'essayai donc de faire admettre à l'abbé Goutaudier qu'il y avait effectivement quelque risque à se livrer, dans les nouvelles circonstances de lieu et de temps où il se trouvait, à pareille manifestation extérieure du culte.

— Attendez d'être muté au Block 26, lui dis-je.

« Il fit semblant de l'admettre. Le lendemain matin, néanmoins, il récidiva. Je me souviens que la messe, ce jour-là, lui était servie par un de ses jeunes compatriotes du nom de Michel Fonfrède qui s'efforçait de dissimuler le délit en se camouflant derrière la pile de paillasses. Le Stubeältester ne m'ayant pas fait d'autre observation, je pensai qu'il se résignait à tolérer l'inévitable.

— Eh bien ! me dis-je, cette désinvolture est bon signe. Décidément, la fin approche.

« C'est alors que, mine de rien, un infirmier du Revier survint dans

absolution. Je n'hésitai pas à la lui donner avec une parcelle d'hostie pour qu'elle puisse communier. C'était une mère de famille, excellente catholique. Je ne puis oublier son visage rayonnant. « Dieu m'aidera », me dit-elle en partant... Comme je serais heureux de la revoir. (Témoignage inédit, Joseph Fily, juin 1969.)

1. *Rue de la Liberté*, ouvrage cité. (Voir également : note 1 du chapitre « Intérim ».)

le Block pour procéder à un examen du crachat des nouveaux venus. Comme ils étaient trop nombreux, il fit un tri, au jugé suivant l'usage, en se contentant de prélever les expectorations d'une douzaine de ''Zugängen''. L'abbé Goutaudier, comme par hasard, était de ceux-là. Deux heures après on vint le quérir en toute hâte : l'examen du crachat avait permis de déceler que le vieux ''Pfarrer'' était tuberculeux au dernier degré.

« Un lit l'attendait au Block 13 où il devait se rendre sans délai. *Sofort*...

— Ah ! bien dame, dit-il placide, de sa voix un peu traînante, en ramassant ses hardes, j'ai attendu d'avoir soixante-huit ans pour apprendre que j'étais tuberculeux. Pourrai-je au moins célébrer ma messe à l'infirmerie ?

« Et il s'en alla, traînant la jambe, avec sa chapelle portative.

« Le lendemain, Jacob vint me voir. Il avait l'air grave des jours où il se passait des choses sérieuses, celles avec lesquelles on ne plaisantait pas.

— Fais réclamer illico, par tes copains du Block 26, ce « Pfarrer » que Ludwig a expédié hier chez les tuberculeux : il y a « transport » ce soir de tout le Block 13.

« On arracha à temps le téméraire abbé Goutaudier au sort qui l'attendait : la piqûre définitive qui, en ce temps-là dépêchait au crématoire, sans autre façon, les gêneurs déguisés en incurables par le tout puissant Kapo du Block 13. »

* * *

L'abbé Millot [1] a serré longuement la main du chanoine Hess avant de franchir les barbelés qui isolent le Block des typhiques.

— Vous savez Lucien combien ils ont besoin d'un prêtre et d'un infirmier. J'ai tout pesé avant de prendre ma décision : j'offre ma vie pour ma paroisse et pour mes chers JOC.

— Au moins promettez-moi de me faire prévenir s'il vous arrive quelque chose.

— Promis.

Trois semaines plus tard, un déporté remet à Lucien Hess un billet.

— C'est sorti clandestinement de chez les typhiques.

Lucien Hess reconnaît l'écriture de l'abbé Millot :

1. Curé d'Hirson, arrêté pour résistance. Témoignage inédit (décembre 1968) du chanoine Lucien Hess.

« J'ai 39° de fièvre. Venez demain matin derrière les barbelés, je dois vous voir. »

Le lendemain matin, l'abbé Millot est là, près du Block interdit.

— Vous voyez, j'ai enfilé trois capotes pour ne pas prendre froid. Aujourd'hui, j'ai 40 de fièvre.

Il enlève son béret.

— Tenez, voici les saintes huiles, donnez-moi l'Extrême-Onction.

Il appuie son front contre les barbelés. Le chanoine Hess applique l'huile en dessinant une croix...

— Rendez-moi la boîte. Si l'on nous aperçoit. Adieu !

* * *

— Le 137 780 ?

— Présent.

L'abbé Georges Hénocque avance vers le chef de chambre.

— Vous êtes sur la liste de ceux qui doivent aller au travail demain matin. Tenez-vous prêt. Vous partez à 7 heures.

— J'irai si cela me plaît. Mon âge [1] me dispense automatiquement de tout travail, vous le savez bien et ne pouvez m'y forcer.

Et l'autre, pour une fois, bonasse :

— Bon ! Je vous dispense de corvée de travail.

Mais il ne connaît pas la « puissance de contradiction » de l'abbé.

— Tout au contraire, je veux faire comme mes camarades. J'irai travailler demain.

— Comme vous voudrez.

Le lendemain matin, la corvée pénètre dans le Block 26, la chapelle. Deux rideaux noirs séparent l'autel du reste de la grande salle.

« Chacun [2] se plaça à sa guise sur les tabourets amenés du Block 28. Les plus malins se rangèrent contre les murs de façon à y être adossés. Les autres, dont j'étais, ne purent s'appuyer sur rien. Nous étions alignés sur six rangs, dans le sens de la longueur. J'avais choisi comme voisin l'abbé Lagarde, aussi modeste que cultivé. En outre, il parlait l'allemand et les ordres étaient, la plupart du temps, transmis dans cette langue, il me les traduisait.

« Quand nous fûmes installés, le Stubendienst prit la parole dans un silence relatif :

— Vous allez recevoir chacun une toile de tente. Il vous faudra surfiler 29 boutonnières qui sont coupées d'avance et coudre 29 doubles

1. Soixante-quatorze ans.

2. *Les Antres de la bête*, ouvrage cité.

boutons dont la place est marquée d'une croix rouge. La toile de tente doit être achevée dans la journée. Les boutonnières seront facilement terminées dans la matinée, de 7 heures à midi, et les doubles boutons doivent être cousus dans l'après-midi, de 13 à 18 heures. Je les ramasserai donc chaque soir. N'oubliez pas que vous devez passer le fil double trois fois dans chaque trou de bouton. Que tout cela soit fait convenablement.

« Comment donc ! Ces tentes n'étaient-elles pas destinées à garantir les précieux soldats de la Wehrmacht contre la pluie, la neige, et à les dérober aux yeux de l'ennemi ! On eut peut-être tort de compter, pour ces bons offices, sur le vieil aumônier de 1914.

« Les instruments de notre travail nous furent distribués : aiguille, fil, dé, ciseaux et enfin la toile de tente, bariolée de vert, rouge, jaune. Chacun l'étala sur ses genoux, attacha les ciseaux à l'un des boutons de son vêtement et piqua l'aiguille sur ce vêtement car, s'il nous arrivait par malheur de la casser, nous devrions présenter les deux morceaux au Stubendienst pour en obtenir une autre. Le fil nous fut donné par quelques aiguillées qu'il fallait enrouler sur un morceau de papier.

« Ces préparatifs terminés, l'étrange atelier se mit tant bien que mal à la besogne, tandis que les conversations particulières s'engageaient. Il fallait voir mes confrères transformés en ''confectionneuses''... Pour moi qui n'ambitionnais point le titre de ''petite main'' et ne savais comment m'y prendre, je demandai conseil à mes voisins. Ce travail me parut au-dessus de mes capacités et, pour m'encourager, je commençai par une lecture préparatoire et réconfortante. Je tirai de ma poche un livre emporté par précaution, dont le texte m'attirait singulièrement... Il traitait des batailles de Napoléon et, en particulier, de celle d'Iéna. Iéna ! que j'avais aperçu de loin quand j'étais à Buchenwald. Presque chaque jour, en ce temps encore proche, je contemplais avec une sorte de joie farouche le terrain où le grand empereur avait administré une si magistrale pile aux Allemands. Cette lecture passionnante me fit passer deux heures, tandis qu'à l'autre bout de la salle le surveillant était occupé, lui aussi, à lire puis à dormir.

« Cependant, il fallait me décider à commencer ma tâche puisque j'avais accepté d'être travailleur ''volontaire''.

« Je pris mon aiguille et mis une bonne demi-heure à l'enfiler. À 11 heures 30, j'achevais triomphalement ma troisième boutonnière.

« Quand le ''chef'' arriva vers moi, je lui tendis mon ouvrage.

— Comment ! s'écria-t-il, ahuri. Trois boutonnières sur vingt-neuf ! Et cela en quatre heures ! Pas même une par heure. Vous n'avez pas travaillé !

— Monsieur, répondis-je paisiblement, vous n'arriverez sans doute pas à mon âge, mais si vous y atteignez, vous vous rendrez compte que les doigts sont gourds, qu'on enfile difficilement une aiguille, et qu'il est impossible de travailler aussi vite que les autres. Je le regrette, monsieur, mais je ne puis mieux faire.

— Cela ne peut durer ainsi, je vois bien que vous y mettez de la mauvaise volonté.

— Vous oubliez que mon âge me dispense de tout travail. Par conséquent, je puis m'en aller quand il me plaira et vous n'aurez rien à dire.

« L'Allemand s'éloigna sans ajouter un mot... Ce fut seulement après douze jours, et non dix heures, que je remis au ''chef'' ma toile de tente. Je la glissai prudemment, après l'avoir soigneusement pliée, au milieu de toutes les autres. J'avais un motif sérieux de ne pas désirer l'étaler aux yeux du Stubendienst. On nous avait prescrit, après avoir surfilé les boutonnières, de faire un point d'arrêt solide pour qu'elles ne s'effilochent pas, ni ne s'agrandissent. Je fis un point d'arrêt. Seulement, au lieu de le faire à l'extrémité de la boutonnière, je le fis au milieu, en réunissant les deux bords, de façon qu'il fut impossible d'y faire entrer aucun bouton. Quant aux boutons eux-mêmes, que nous devions assujettir en passant trois fois notre fil dans chaque trou puis dans la toile, j'exécutai la consigne à ma façon : j'attachai par un fil simple le bouton à chaque trou du bouton, mais sans atteindre la toile. Ainsi, non seulement les boutons ne pouvaient entrer dans les boutonnières, mais ils tomberaient dès qu'on essayerait de s'en servir. Ma toile était inutilisable.

« Pour la seconde qui me fut confiée, je fis plus attention car le Stubendienst, mis en défiance par mon inconcevable lenteur, venait souvent surveiller mon travail. Que faire pour le jouer encore ? L'histoire de Pénélope se présenta opportunément à ma mémoire et j'imitai cette femme sage et adroite : sitôt le ''chef'' un peu éloigné, je défaisais l'ouvrage que je venais de faire. De cette façon, je mis non plus douze jours mais treize pour achever ma toile de tente.

« Cependant, un remords me harcelait : cette toile était, malgré tout, utilisable. Cela, je ne le voulais à aucun prix. Ayant donc étendu l'étoffe sur une table comme pour la bien plier, et saisissant le moment où le Stubendienst était à l'autre bout de la salle, je découpai dans la partie du milieu, qui n'avait ni boutons ni boutonnières, un superbe morceau que je transformai en musette. À la Libération, elle me permit de ramener mes affaires à la maison. »

* * *

Le chanoine Lucien Hess abandonne son ami à la porte du Revier.

— Je sais que tu souffres, mais ils vont t'arranger bien vite cet anthrax.

Le Kapo ordonne au prêtre malade de se déshabiller.

— Personne n'échappe à la douche !

Et plusieurs fois il crie :

— Allez, le curé, un peu plus vite ! Tu vas faire attendre les autres clients.

Les « autres clients », une vingtaine, sont des évacués d'un Kommando de terrasse. Des « machines » inutilisables. Plusieurs s'effondrent, meurent sous la douche brûlante. L'un des déportés se retourne vers le prêtre :

— Monsieur l'abbé, une absolution s'il vous plaît.

— Au nom du Père, du...

Lorsque l'abbé, guéri, retrouva son Block et raconta la scène, un de ses confrères conclut :

— Mon vieux, si t'avais eu une étole, on aurait pu dire : « un rien l'habille ».

XX

INTÉRIM

Edmond Michelet, arrivé au début de l'automne 1943, sera le premier déporté laïc français « autorisé » à assister à la messe du Block 26.

« Tous les matins [1] l'ancien bourgmestre de Vienne, le vieux Schmitz, catholique pratiquant, se recueillait longuement avant l'appel, devant la façade ''extérieure'' de cet inaccessible lieu, saluait le tabernacle qu'il devinait derrière cette façade, et s'en retournait résigné, comme un vagabond chassé de la porte d'un palais. Je m'efforçai moi-même, l'après-midi du premier dimanche qui suivit ma sortie de quarantaine, d'entrevoir l'intérieur du sanctuaire par une ouverture donnant sur la cour du Block 28. Je me faisais l'effet de ce personnage d'une affiche publicitaire de mon enfance : un pauvre hère calmant sa faim à l'odeur appétissante qui lui vient de la cuisine d'une demeure cossue où l'on sait apprécier les mérites d'une sauce célèbre.

« Dès qu'il m'aperçut derrière mon carreau, un ''Pfarrer'' qui jouait de l'harmonium — car il y avait même un harmonium dans cette chapelle — vint me faire signe de déguerpir : *Streng verboten*... Puis, comme je faisais semblant de ne pas comprendre, il effectua un long détour par la cour pour m'inviter, sous menace, à circuler sans délai. Je fus recueilli par les prêtres polonais de la baraque voisine. Ces derniers n'avaient pas plus que nous, les profanes, accès à la chapelle. S'il arrivait à quelqu'un d'entre eux de vouloir s'y aventurer, il en était expulsé. À coups de poing parfois : j'en ai été le témoin. C'est ainsi qu'à côté du pitoyable spectacle qu'offrait l'Église asservie du Block 26, l'Église

1. Extrait du livre d'Edmond Michelet : *Rue de la Liberté*. Éditions du Seuil, 1955. Cet ouvrage est sans doute le plus important publié sur le camp de Dachau. Je tiens à remercier M. Michelet qui m'a autorisé à reproduire son témoignage.

souffrante du Block 28 faisait contraste par le réconfort qu'elle prodiguait. Ici, nous respirions ce que devait être l'atmosphère des catacombes sous Dioclétien. Les messes clandestines du dimanche avant l'aurore, dans les chambres superpeuplées de bagnards aux traits tirés, un dérisoire gobelet de fer tenant lieu de calice, une boîte à pastilles de pauvre ciboire contenant les minuscules hosties ; le prêtre officiant, par prudence, dans ses haillons de tous les jours sans le moindre ornement liturgique, tout cela avait une allure extraordinaire, une majesté saisissante. À chaque extrémité de la baraque, un camarade faisait le guet pour s'assurer qu'aucun SS ne viendrait, dans un excès de zèle, troubler la cérémonie nocturne comme cela s'était naguère produit, bien des fois, non sans carnage.

« Quand un chrétien, quelle que fût sa nationalité, était repéré par un des prêtres polonais, il était fraternellement invité à partager le banquet eucharistique du Block 28. Exactement le contraire de ce qui se passait en face.

« Quand on est déporté, on conçoit qu'il faille subir en silence un certain nombre de servitudes. J'avais tout de même sur le cœur mon expulsion de la chapelle et je n'eus de cesse que cet intolérable interdit ne fût levé. J'avais dit mon indignation à Léon Fabing et à Robert Müller ; mais ces deux curés lorrains sentaient le fagot et leur autorité était mince au Block 26. On les mettait dans le même sac que les Français : c'étaient de dangereux indisciplinés. On soulignait le danger qu'aurait couru toute la communauté si les innombrables solliciteurs qui faisaient mine de vouloir assister aux offices s'étaient mis à envahir le local réservé, en contradiction avec l'ordre SS. Sans compter que les colis arrivaient encore à cette époque chez les ''Prominente''. Les paroissiens allemands n'oubliaient pas leur ''Pfarrer''. Où serions-nous allés si tous les crève-la-faim du camp s'étaient subitement pris d'un accès de piété et trouvés au contact des réserves de vivres emmagasinées dans les placards de cet inabordable Block 26 ? C'était bien assez que, pour jouir du tableau et se taper sur les cuisses à grands éclats de rire, les SS, quand l'humeur leur en venait, livrassent au pillage des Russes affamés les colis accumulés par la prévoyance des trop riches curés. Conçoit-on pire dérèglement de l'ordre établi que ce saccage de biens légitimement acquis, somme toute ?

« Peut-être ai-je tort de sembler conserver de la rancune à l'égard de ces malheureux curés allemands subjugués par la discipline. Mais il me faut bien souligner que ce n'est que lorsque nos curés français commencèrent à faire la police eux-mêmes à la porte de l'enceinte réservée que, progressivement, l'extravagant interdit prit fin ; alors l'entrée à la chapelle devint pratiquement libre.

« Au cours de l'été 1944, il était devenu relativement facile, grâce à eux, d'aller au Block 26. À la longue, les curés allemands finirent par tolérer la permanente insoumission de ces obstinés Français, insensibles aux impératifs du "streng verboten". En ce qui me concerne, la référence auprès d'eux de mon ami Diederich Hildebrand, le célèbre philosophe thomiste de Munich, dont j'avais favorisé la fuite aux États-Unis au cours de l'été 1940, avait fini par me valoir le privilège concédé au père Joos. J'eus ainsi l'inimaginable avantage de pouvoir participer tous les matins à l'émouvante demi-heure qui précédait le réveil réglementaire, avant même que les crieurs aient de loin hurlé dans leur porte-voix le lugubre appel : *"Aufstehen ! Aufstehen !"*

« Au Block 24, le bon Georg Surowy, avait devancé l'heure. Il venait me secouer sur ma paillasse pour s'assurer que je ne manquerais pas le rendez-vous quotidien, auquel il avait deviné que j'étais attaché. L'idée de ressembler ainsi au trappiste réveillé pour chanter matines apportait une fantaisie dans l'automatique déroulement du règlement quotidien. Et la pensée que le frère carillonneur était ce rouge du *"Frente popolar"* ajoutait du pittoresque à la chose.

« Dans la chapelle, serrés debout les uns contre les autres, les cinq ou six cents prêtres suivaient silencieusement les prières du célébrant. L'organisation avait réalisé là d'étonnantes performances : la couleur liturgique par exemple, celle qui donne sa tonalité au jour qui s'annonce, était rigoureusement observée. L'office se déroulait dans un profond recueillement. Nous n'étions plus perdus dans une lointaine planète. Nous participions à la vie d'une Église, de l'Église...

« ... Une statue de la Vierge, avec l'accord de tous, fut disposée à droite de l'autel au cours du dernier hiver. Elle était l'œuvre d'un déporté qui avait mis très longtemps à l'achever, au prix de difficultés que nous n'avions aucune peine à imaginer. Taillée dans un bois de couleur claire, stylisée, elle pouvait figurer aussi bien l'Étoile du Matin que le Salut des Infirmes, la Consolatrice des Affligés que la Reine des Martyrs. Tout le monde se mit d'accord pour l'appeler Notre-Dame de Dachau. Ce nom disait tout à la fois. »

* * *

« En arrivant [1] au camp avec les détenus d'Eysses, Auboiroux avait

1. Edmond Michelet : *Rue de la Liberté,* ouvrage cité. Edmond Michelet a déjà présenté Auboiroux dans un autre chapitre de son livre (p. 127-128).

— Auboiroux, petit, râblé, le visage étonnamment ouvert, était un cheminot, révoqué vingt-cinq ans auparavant sous le règne de Millerand, et que le Front populaire avait réintégré. Il avait passé les plus belles années de sa vie à militer dans les rangs du parti fait inscrire par le Schreiber, sur sa fiche de ''Zugange'' : ''Ohne Religion'', sans religion. C'est ainsi que les communistes se signalaient, dès leur premier geste, à leurs camarades de la Schreibstube. Non pas qu'ils fussent les seuls à se prévaloir de ce titre, mais cette déclaration était en quelque sorte de rigueur pour quiconque voulait, avant toute chose, se proclamer du parti. Auboiroux n'avait d'ailleurs aucune raison de ne pas se conformer à la règle. C'était un communiste de toujours.

« Il m'a bien des fois raconté comment, dans sa jeunesse, il était devenu d'abord révolutionnaire, puis communiste. Par sa famille, par sa première formation, il appartenait à ce qu'il est convenu d'appeler la tradition populaire chrétienne de notre pays. Il avait fait l'autre guerre de bout en bout : l'Yser, Verdun, le Chemin des Dames, toute la nomenclature. Cet antimilitariste poursuivi — et sans doute non sans raison légale — pour menées antinationales s'était tout de même payé le luxe d'une médaille militaire vingt-cinq ans plus tôt à l'occasion d'une opération qui l'avait amené à se servir de sa mitrailleuse jusqu'à épuisement de munitions. Le poilu bleu horizon classique, quoi. C'est, en fin de compte, le refus de l'injustice sociale qui avait fait de lui un communiste convaincu. On peut sourire en songeant à la désillusion de tous les Auboiroux le jour où ils se seraient trouvés devant la mise en œuvre d'un système qui ne semble pas se faire de la justice une idée aussi haute, aussi pure, aussi exigeante qu'eux. Mais rien ne permet d'affirmer qu'Auboiroux n'aurait pas subi ou accepté, comme tant d'autres aussi, le spectacle d'injustices qu'on lui aurait présentées comme provisoires, dans l'attente messianique de la Justice définitive. Auboiroux voulait être un communiste irréprochable.

« Quand le bruit commença à circuler dans le camp que des cas de typhus avaient été relevés, l'état-major des vieux détenus prit des mesures draconiennes. Le typhus était leur terreur. Jacob Koch, notre Kapo, obtint d'abord du Lagerführer, par des arguments mystérieux mais dont il se montrait très fier, que la chambre à gaz installée dans le bâtiment du crématoire fût mise à la disposition du Kommando pour

---

communiste. Il venait du vieux parti socialiste, qu'il avait quitté lors de la scission de Tours. Les camarades limousins en avaient fait un président de l'Association France-URSS. À ce titre, il avait effectué avant-guerre un voyage au pays de la révolution d'Octobre. C'était surtout un vieux révolutionnaire français dont je ne voudrais pas trahir la mémoire en affirmant qu'il n'aurait sans doute pas subi longtemps le régime qu'il appelait pourtant de ses vœux. Arrêté dans le courant de l'année 1941, en vertu des décrets Daladier, et, depuis lors, promené de prison en prison pour finir à Eysses, il avait participé à la fameuse mutinerie que Vichy noya dans le sang. La maison centrale d'Eysses ayant été évacuée sur Compiègne, il nous arrivait ainsi, accompagné de plusieurs centaines de camarades, la plupart communistes comme lui.

une utilisation moins brutale que celle primitivement prévue. Au lieu d'enfourner dans la salle en question l'excédent de Juifs que les chambres débordées d'Auschwitz ne pouvaient plus absorber, on utiliserait le stock de gaz zyklon à désinfecter là, à une cadence plus rapide, les hardes, haillons et autres guenilles porteuses de poux qui s'accumulaient devant la cour de notre chalet. Cette première mesure prise, Jakob, s'avisant que la vermine se multipliait à une cadence inimaginable, eut l'idée de confier à deux Häftlinge du Kommando une besogne méticuleuse et délicate : passer biquotidiennement au badigeon de crésyl la poignée de toutes les portes du camp pour tenter de rendre moins dangereux ces véhicules inattendus de poux meurtriers. Cette burlesque mission de confiance fut confiée à Auboiroux et à moi. C'est ainsi que, pourvus tous deux d'un Ausweiss rouge et d'un brassard de même couleur, nous pûmes aller et venir à loisir dans tout le territoire du royaume typhique, notre seau de crésyl d'une main, notre pinceau de l'autre.

« Auboiroux ressemblait à ce personnage de Jerome K. Jerome qui, dans *Trois hommes sur un bateau* se découvrait une maladie nouvelle tous les matins. Il avait une peur affreuse des microbes, auxquels il croyait (ce en quoi non plus je ne partageais pas ses convictions) et professait pour la science médicale et pour les médications, tisanes, potions, onguents et autres drogues, cette sorte de respect, de fétichisme qui, jusqu'à la fin des temps, fera sans doute la fortune de tous les Diafoirus et docteur Knock. Très sincèrement, ce n'est pas sans beaucoup de courage qu'il avait accepté ce poste mais parce qu'il se rendait compte de l'immense avantage qu'il nous donnerait en nous permettant de rencontrer, tous les jours, les camarades disséminés dans le camp, au Revier en particulier. Pour le reste, c'est-à-dire le danger de la contamination, il prenait des précautions amusantes mais dans le fond, j'imagine qu'il s'en remettait tout de même un peu à sa bonne étoile — ou à la Providence comme on voudra.

« Revêtu d'un de ces paletots courts qu'on appelle rase-pets, il circulait sans cesse, allant des uns aux autres, transmettant à celui-ci le message de celui-là, attirant l'attention d'un ami sur tel autre qui se mourait ailleurs. Quand l'épidémie atteignit son maximum, il se mit à distribuer aux nombreux diarrhéiques un charbon de bois qu'il avait eu l'idée de fabriquer en faisant calciner à point nommé des pieds de tabourets subtilisés dans quelque coin de Block à l'insu du Stubendienst. Il en bourrait les poches de son paletot, ce qui donnait à son allure un aspect plus cocasse encore. Il obligeait les malades à absorber son médicament, le leur introduisait dans la bouche, desserrant les dents quand c'était nécessaire et qu'ils n'avaient plus le courage de le faire eux-mêmes.

Grâce à ce remède primitif, beaucoup d'entre eux purent s'en tirer. Tel fut mon cas.

« J'avais en effet fini par attraper le typhus, comme tout le monde, ou presque. Un matin, à la sortie de la chapelle du Block 26, Soulange-Bodin m'avait ramassé dans la neige et porté sur ses épaules à l'Antreten puis au Revier. Je me souviens confusément de mon entrée au Block 3, dans la Stube dont Alex, le Luxembourgeois, était devenu l'infirmier. Il y avait là deux curés fort mal en point : l'abbé Cariou, de Douarnenez, et l'abbé Barré, de Saint-Brieuc. Un troisième était donné comme mourant, l'abbé Millot de Reims. Le docteur André Bohn, malgré les œdèmes qui rendaient énormes ses jambes et ses bras, s'était institué le toubib bénévole de cette salle qu'avait déjà abandonnée son Pfleger habituel, un garçon coiffeur de Cracovie, qui s'était défilé dès qu'il avait vu accroché sur la porte d'entrée l'écriteau réglementaire surmonté de la réjouissante tête de mort familière : "Lebensgefahr : Typhus !"

« Je garde ensuite le souvenir d'une chute verticale, vertigineuse, tout au fond d'un puits qui n'en finissait pas, de la volonté résolue d'en regrimper tout de suite les parois, puis d'une nuit interminable, coupée de temps à autre par une clarté, le sourire inquiet d'un visage ami qui se penche sur moi : le docteur Roche, le cher chanoine Daguzan, ami de ma jeunesse, Ravoux, Berthaud, le petit Fully, Auboiroux enfin.

« La période critique terminée, quand je commençai à reprendre mes esprits, l'immobilité restant obligatoire à cause de maudites escarres qui rendaient intolérable le moindre déplacement, Auboiroux me demanda ce qui pourrait m'être agréable. Je ne devais sans doute pas avoir envie de grand-chose. Alors il eut une inspiration :

— Ça doit t'ennuyer, hein ! de ne plus pouvoir aller tous les matins à la chapelle ?

— ...

— En tout cas, voilà : jusqu'à ce que tu puisses y revenir, j'ai décidé de m'y rendre à ta place. J'y ferai une demi-heure de planton. J'assurerai l'intérim, si tu veux...

« C'est ainsi que pendant les jours qui suivirent, les curés du Block 26 eurent la surprise de voir Auboiroux, le communiste français bien connu de la désinfection, monter la garde de l'amitié devant le tabernacle, revêtu de son inséparable paletot court, nuance moutarde, les poches bourrées du charbon de bois sauveur, le seau de crésyl à ses pieds. »

XXI

L'ORDINATION CLANDESTINE DE KARL LEISNER

— Vous ne vouliez pas venir me voir ?

— Non ! Mais ma mère a insisté. Elle me trouvait pâle, un peu faible... et cette toux l'inquiétait.

— Vous n'avez pas de médecin attaché au séminaire ?

— Non !

Le radiologue de Munster consulta un fichier :

— Vous auriez dû venir plus tôt.

Pour la première fois, Karl Leisner regarde avec attention le médecin. La veille, en demandant rendez-vous, il avait plaisanté :

— J'ai vingt-quatre ans, j'étudie la théologie, mais je suis fort comme un lutteur. Ce ne sera qu'une formalité...

Le médecin se leva et tendit une carte postale au jeune homme.

— Voici Saint-Blasien en Forêt-Noire. L'administrateur est un parent. Vous y serez très bien !

— Saint-Blasien ?

— C'est un sanatorium. Si vous suivez mes conseils, un séjour de dix mois vous mettra définitivement hors de danger, sinon...

— Mais je dois être ordonné prêtre dans six semaines.

— Disons dans dix mois.

* * *

Le 15 avril 1939, Karl Leisner quitta le séminaire. Dans le train, il nota sur un carnet ces questions :

« Le Seigneur veut-il encore de moi ?

— Vais-je retrouver la santé ?

— Combien de temps cela va-t-il durer ?

— Est-ce bien ça l'amour de Dieu ?

— Je dois... »

Le train s'arrêtait à Schönstatt.

Il sauta sur le quai. Désespéré, il venait de décider d'interrompre son voyage pour prier dans une petite chapelle consacrée à la Vierge. Le soir, réconforté par trois heures de recueillement et de réflexion, il repartait pour le sanatorium.

Dès la première semaine, un pneumothorax le soulagea. Puis les jours passèrent... reposants... ternes... silencieux... angoissés... L'Allemagne triomphante s'installait dans la guerre. À Saint-Blasien, Karl Leisner tourna le dos à la plupart de ses anciens amis assoiffés de victoires militaires, de destructions. Des fonctionnaires de la Gestapo reçurent des lettres anonymes dénonçant le défaitisme du « futur curaillon, protecteur des Juifs ». Ils les classèrent.

Le 9 novembre, une bombe explosa dans la grande salle de la Brasserie des Bourgeois a Munich, une quinzaine de minutes après le départ d'Hitler. Huit morts, soixante-deux blessés. Tous les ans, Hitler commémorait le « sacrifice » des « héros du 9 novembre » qui avaient dégusté une dernière bière dans l'établissement avant de voir échouer leur tentative de putsch (1923).

En 1939, contrairement à son habitude, Hitler « expédia » un discours en quatre phrases et trois battements de paupières. Puis il s'enfuit. Tous les assistants s'étonnèrent.

Après l'explosion, plusieurs membres du parti, « entre eux », confessèrent que la charge n'avait pas été « prévue » pour « causer de tels dégâts, de telles pertes ». Trop tard ! Le lendemain, le menuisier Elser [1] avouait :

— J'ai tout organisé et réalisé.

Au sanatorium de Saint-Blasien, tous les malades se congratulèrent :

— Heureusement que notre Führer était parti... La bombe placée derrière la colonne où il s'était adossé pour parler l'aurait tué. Quel miracle !

Tous, sauf le diacre Karl Leisner.

— Et moi je dis : dommage que le Führer n'ait pas été présent...

Ils hurlèrent :

— Écoutez-moi !

Un jeune garçon le gifla !

— Écoutez ! Comprenez ! Si le Führer avait été là il n'y aurait pas eu d'explosion, pas de morts, pas de blessés.

1. Elser, déporté à Dachau, devait être exécuté avant la libération du camp. Il confia à plusieurs détenus et peut-être même à Karl Leisner que « l'affaire » de la brasserie avait été montée par la Gestapo.

Quinze jours plus tard il était arrêté :

— Vous avez bien dit : « Dommage que le Führer n'ait pas été présent ? »

— Oui ! Bien sûr, mais j'ai ajouté...

— Vous reconnaissez avoir dit...

Prison de Fribourg. Camp d'Oranienburg. Enfin Dachau le 8 décembre 1940.

Les ecclésiastiques allemands le recueillent, le protègent, lui évitent les Kommandos difficiles et, lorsqu'en mars 1942 il est terrassé par une hémorragie pulmonaire, persuadent les Kapos du Revier de l'admettre dans le Block des tuberculeux. La « solidarité » allemande surveille le jeune théologien et achète « sa survie ». Cigarettes, chocolat, café, alimentent les réserves de quelques personnages influents du Revier qui cachent Karl Leisner à l'approche de chaque visite de sélection pour le camp de « repos » ou le four crématoire.

Karl, mieux qu'aucun autre diacre libre, remplit totalement sa tâche de « gardien du sanctuaire du Seigneur ». Sous sa paillasse, une boîte de cirage contient des hosties consacrées. Les prêtres qui pénètrent clandestinement dans l'enceinte des Blocks de malades, pour préparer les mourants, utilisent ce « tabernacle » toujours offert.

À chaque visite, Karl, souriant, ému, confie :

— Un jour, je serai prêtre. Je dois lutter pour vivre, pour au moins connaître la joie de ce don total...

En septembre 1944, Karl Leisner est condamné par les médecins déportés :

— Tout juste un mois, peut-être deux...

Le 5 septembre, Mgr Gabriel Piguet, évêque de Clermont-Ferrand, arrivait à Dachau.

Quelques jours plus tard, le R.P. de Conninck, jésuite, professeur à l'université de Louvain et supérieur de la résidence de Bruxelles, « présenta » à Mgr Piguet le cas Leisner. Il ajouta :

— Les médecins ne lui donnent que deux mois à vivre. Consentiriez-vous à lui conférer l'ordination sacerdotale ? La création d'un prêtre dans ce camp d'extermination des prêtres serait une revanche de Dieu et un signe de victoire du sacerdoce sur le nazisme.

— Mon père, un évêque ne saurait se dérober quand il s'agit de communiquer le sacerdoce et je n'hésiterai pas un instant à faire cette ordination. Il y a cependant des conditions à remplir que vous connaissez aussi bien que moi : l'autorisation de l'évêque de qui dépend le séminariste, l'autorisation de l'archevêque de Munich dans le diocèse de qui se fera l'ordination. Dachau dépend de Munich.

Le père de Conninck était illuminé de joie.

— C'est bien entendu ainsi. Les prêtres allemands se chargeront des autorisations, mais nous voulions au préalable avoir votre consentement puisque vous êtes le seul ici à pouvoir donner le sacerdoce.

Le soir même, le père Otto Pies s'agenouillait au chevet de Karl Leisner. La réponse du diacre devait le surprendre :

— Ici ? Ce serait merveilleux !

Il pleurait.

— Ce serait merveilleux, mais impossible...

— Mgr Piguet...

— En aucun cas ! Que dirait-on chez moi, dans ma paroisse ? Là-bas, chacun se réjouit à la pensée d'entendre ma première messe. Et puis quelle ingratitude envers mes parents ! Il me faut attendre, encore, j'attends depuis près de six ans, attendre, retrouver la santé, rentrer chez moi et y être ordonné...

Quinze jours plus tard, l'aviation alliée rasait Clèves, la ville natale de Karl. Sa rue, sa maison, son église... détruites. Le père Pies le réconforta. Karl lui prit les mains.

— Maintenant oui ! Maintenant je veux. Que la volonté du Seigneur soit faite.

*
* *

Nous étions le 17 octobre.

Mgr Piguet décida :

— Dans un mois, jour pour jour, le 17 décembre ; le troisième dimanche de l'Avent. Tout sera prêt ?

Le chanoine capitulaire Reinhold Friedrichs, doyen des Blocks de prêtres, réfléchit une longue minute :

— Monseigneur, tout sera prêt.

Le soir même, à la menuiserie, le père trappiste Spitzig s'attaque à la crosse épiscopale : feuilles de cytise à nervures dorées, portant une croix grecque.

Le prince Lœwenstein décide de gratter le parquet de la chapelle, de repriser les tapis et de leur tresser de nouvelles franges.

L'abbé Schilling démonte les « anges adorateurs » découpés dans des boîtes de conserve et qui, depuis deux ans, ornent la porte du tabernacle. Le Kommando des usines Messerschmidt en préparera de plus « réalistes ». L'organisation communiste de l'usine se charge également de l'anneau pontifical et de la croix pectorale. En s'excusant, le responsable réclame un plan à l'abbé Schilling et ajoute :

— Nous pourrons les faire en or...

L'abbé refuse :

— Du laiton, s'il vous plaît !

— Très bien. Notre meilleur artisan est russe. Le travail sera soigné.

Chaque responsable national, averti de « l'événement » par le doyen des prêtres, veut participer... mais pour garder le secret, le mot « ordination » est rayé de toutes les langues du camp. On parle de « Primiz » :

— Ainsi, un SS peut poser des questions ; s'il y a une « fuite », nous répondrons qu'il s'agit simplement d'une première prière devant l'autel.

L'abbé Durand, un oblat anglais, « organise [1] » la soie et les perles pour la mitre, dans les magasins de récupération SS. Les secrétaires du bureau des entrées se chargent de la confectionner. Un pasteur protestant propose de broder les sandales liturgiques.

Les « cousettes » du Block 28, recueillent tous les bouts de « tissus nobles » pour la préparation des vêtements sacerdotaux. L'abbé de la Martinière remporte la palme de la débrouillardise en découvrant des soies liturgiques de rabbin dans un ballot de vieux chiffons en provenance d'Auschwitz. Le lendemain, le même prêtre déposait, au Block, une descente de lit aussitôt défilée.

Les « surplus » du ghetto de Varsovie fournissent d'autres pièces utilisées pour la soutane violette et le camail de Mgr Piguet.

Pendant ce temps, deux prêtres jardiniers des « plantations pharmaceutiques » du camp font sortir par la « Porte sur le Monde » une douzaine de lettres. La « Porte », c'est une jeune allemande, postulante chez les Sœurs de la Miséricorde de Freising. Elle vient régulièrement acheter des plantes et comme elle paie très largement, le gardien-chef ferme les yeux. Depuis plus d'un an, elle alimente Dachau en vin de messe et hosties. Elle s'approvisionne dans la ville même de Dachau, chez l'archiprêtre Pfanzelt.

— La maladie [2] de Karl s'était malheureusement aggravée entre temps. Sa vie était réellement en danger et nous craignions qu'il ne puisse parvenir au jour de l'ordination. La fièvre montait, la faiblesse se généralisait. Il ne dormait plus. Il portait le masque de la mort et nous étions tous très inquiets. Seul Karl conservait bon moral. Il disait : « J'ai confiance ! Dieu me donnera la force nécessaire. » Karl s'entraînait sur sa paillasse au cérémonial de la Sainte-Messe. Pour cela, la menuiserie lui avait sculpté un calice de bois. Il arrivait sans peine à méditer profondément dans cette pièce surpeuplée, au milieu de ce bruit étourdissant.

---

1. « Voler » dans l'argot international du camp.

2. Témoignage du père Otto Pies S.J. Publié dans une brochure allemande : *Geweihte Hände In Fesseln*. Verlag Butzon, Bercker-Kevelaer (Freiburg am Breisgau).

Première alerte le 5 décembre. Le doyen du Block de prêtres est convoqué chez les SS de la censure postale.

— Alors j'ai lu, dans une lettre expédiée par un prêtre à ses parents, que vous prépariez une « Primiz ».

— Oui ! Et alors ?

— Qu'est-ce que c'est que ça une « Primiz » ?

— Oh ! rien de dangereux... une sorte de prière dans la chapelle... la première vraie prière d'un séminariste. Nous sommes autorisés à prier, n'est-ce pas ?

— Oui ! Oui ! Très bien.

Le lendemain, la « Porte sur le Monde » introduisait dans le camp un rituel pontifical, l'huile des catéchumènes nécessaire à l'ordination, les tunicelles, les gants, une mitre et une lettre de la sœur de Karl Leisner.

Le père de Conninck, rayonnant, tendit la lettre à Mgr Piguet :

— C'est l'autorisation de l'archevêque de Munster, Mgr Graf Von Galen.

Lettre banale :

« Ici tout va bien, nous espérons... »

Et soudain, au milieu de la première page, Mgr Piguet aperçut trois lignes qui, visiblement, n'avaient pas été écrites par la sœur de Karl :

« J'autorise les cérémonies demandées à la double condition qu'elles puissent être faites validement et qu'il en reste une preuve matérielle certaine. »

Suivait la signature, par le seul prénom, de l'archevêque de Munster. Le père de Conninck demanda :

— Le document vous suffit-il ?

— Parfaitement ! En pareille circonstance, je ne puis exiger une pièce authentique de chancellerie. L'essentiel pour moi est d'avoir la certitude de l'appel de l'ordinand par son évêque et son approbation, dans les circonstances présentes, sert d'équivalent aux indispensables lettres dimissoriales [1].

Le cardinal Michael Faulhaber, archevêque de Munich, fit parvenir son autorisation par la même « Porte » et dans une lettre identique.

Le vendredi 15 décembre, Karl Leisner était « enlevé » du Revier des tuberculeux et caché dans le Block des prêtres. Pendant deux heures, en « petit comité », on répéta la cérémonie ; puis, toujours clandestinement, il regagna le Revier.

*
* *

1. Les conversations sont extraites du livre de Mgr Piguet : *Prison et déportation*, Spes, 1949.

Le dimanche 17 décembre, après l'appel du matin, les pères de Conninck et Pies attendent Karl Leisner à la grille du Revier. Le Kapo soutient son malade.

— Tout ira bien ; le médecin lui a fait une injection de caféine.

Karl ajoute :

— Merci mon Dieu ! Tout ira bien !

Dans la chambre n° 2 du Block des prêtres, l'abbé Goldschmitt lui serre les deux mains et pleure de joie.

Karl est en rayé bleu et blanc.

Sous sa chemise, à même la chair, il a noué une ceinture de toile. Elle a été brodée par celle qui, autrefois, avant le séminaire, devait devenir sa fiancée. Elle porte ces mots : *Vinctus Christi* — Prisonnier du Christ. Karl a reçu la ceinture dans sa cellule de la prison de Fribourg, il y a cinq ans.

Il revêt l'aube blanche, baise l'étole.

Sur son bras gauche la chasuble pliée.

Dans la main droite un cierge allumé.

Mgr Piguet s'est habillé.

Or et lumière !

Sur les sandales rouges, merveilleusement ornées par le pasteur protestant, se casse le revers effiloché du pantalon zébré.

Dans la chapelle se sont installés tous les prêtres du diocèse de Munster présents au camp, les amis de Karl, le Kapo de son Revier, les prêtres âgés, les supérieurs, toutes les personnalités ecclésiastiques de la communauté, une trentaine d'étudiants en théologie [1].

Chacun des trois cents participants sait qu'il va assister à un événement historique, unique dans les annales de l'Église.

Sur un signe du chanoine capitulaire, Reinhold Friedrichs, les étudiants entonnent le *Ecce sacerdos magnus*... Voyez le grand prêtre...

Mgr Piguet pénètre dans la chapelle. Derrière lui avance, pâle, Karl Leisner. Un servant le conduit au tabouret de bois qui lui est réservé près de l'autel.

Recueilli, solennel, l'évêque commence la messe d'ordination.

— Réjouissez-vous dans le Seigneur ; à nouveau je dis : réjouissez-vous, car le Seigneur est près de vous.

— Qu'avance celui qui s'apprête à recevoir la consécration de la prêtrise : Karl Leisner.

Le diacre se lève, prononce : *Ad sum,* « me voici », s'avance vers l'évêque, le cierge à la main.

---

1. Parmi eux Raymond Demange, aujourd'hui dominicain (témoignage inédit, août 1968).

— Le prêtre doit sacrifier, sanctifier, remplir sa charge, prêcher et baptiser...

Mgr Piguet termine son « exhortation » et s'agenouille sur la seule marche de l'autel. Karl se prosterne, s'étend devant l'autel.

Puis, après les litanies de tous les saints, l'évêque et les prêtres du diocèse de Munster lui imposent les mains :

— *Tu es sacerdos in aeternum.*

— Tu es prêtre pour l'éternité.

Mgr Piguet croise l'étole sur la poitrine du diacre :

— Accepte le joug du Seigneur. Son joug est doux et le fardeau léger.

Après l'onction, le nouveau prêtre reçoit le calice, la patène et l'hostie.

— La sainte ordination [1] était arrivée à son terme. Les forces abandonnaient Karl Leisner, sa tête tournait, il luttait pour ne pas s'écrouler. La dose de caféine qu'il avait reçue en quittant le Revier était trop puissante pour ce corps affaibli, privé depuis longtemps de stimulants. Il était juste en mesure de donner sa première bénédiction dans la chapelle, et en tout premier lieu de l'envoyer, au loin, à ses parents et à ses frères et sœurs. Les prêtres ses amis s'agenouillèrent devant lui et il leur imposa la main, ointe encore des Saintes Huiles.

Avant de regagner l'infirmerie, Karl enlaça un détenu :

— Merci ! Merci à vous. J'ai prié longuement pour tous les Juifs persécutés.

Le déporté mit un genou à terre :

— Bénissez-moi !

Ce déporté juif, premier violon du célèbre orchestre de Karl Furtwängler, avait tout au long de l'ordination interprété des œuvres de Bach, Haendel, Mozart.

Mgr Piguet, comme Karl Leisner, est à bout de forces :

« Après cette magnifique cérémonie [2], je dus m'étendre. Dans le Block des prêtres, la joie et la reconnaissance à Dieu atteignirent le plus haut degré. Vraiment là où le sacerdoce avait été humilié au dernier point, et où il devait être exterminé, la revanche divine avait été éclatante : un prêtre de plus était né au sacerdoce du Christ. N'était-ce pas aussi le présage d'un écroulement que nous devinions prochain et que nous attendions ? Une image peinte portant mon blason épiscopal me fut offerte, symbolique et expressive, avec son inscription : ''Captif pour le Christ à un autre captif du Christ, j'ai donné le sacerdoce avec une pieuse reconnaissance envers Dieu.'' Une semaine plus tard, le

1. Témoignage Otto Pies.
2. *Prison et déportation,* ouvrage cité.

lundi 25 décembre, je chantai dans la même chapelle la messe pontificale de Noël, assisté à l'autel, comme je l'avais désiré, de prêtres de toutes les nations, captifs comme moi. La liturgie solennelle du Sacrifice rédempteur mettait en une éclatante évidence l'universalité de la foi et du salut pour tous les peuples et toutes les races. Et cela non plus n'était pas de l'hitlérisme racial... »

Karl Leisner passa seul les fêtes de Noël. Ses amis lui conseillèrent de ne pas essayer de quitter le Revier ce jour-là car le lendemain, le 26 décembre 1944, il devait célébrer sa première messe.

— La chapelle [1] était pleine à craquer. La ferveur des cantiques de Noël accompagnait la solennité de l'offrande. Droit, recueilli, attentif, il accomplissait la sainte action à l'autel avec une sûreté imperturbable. Le sermon porta sur les paroles de saint Étienne : « Je vois le ciel ouvert et le Fils de l'Homme assis à la droite de Dieu... » La fête achevée, la joie du jeune prêtre était indescriptible. Elle s'extériorisa dans le Block des religieux où nous lui avions réservé une surprise : sur les tables, recouvertes de nappes blanches, du café brûlant et des gâteaux secs, quelques bouquets de fleurs entre les assiettes, chaque place « personnalisée » par des cartes portant le nom des invités.

Après la première et unique ordination des camps de concentration, Dachau connaissait sa première et unique « réception mondaine ».

L'agape se prolongea par des discours. Une heure plus tard, les bras chargés de cadeaux alimentaires, l'abbé Leisner quittait le Block des prêtres pour le Revier. Dans la rue centrale du camp, un SS l'arrêta :

— Où vas-tu ?

Leisner songea : « Il sait, on lui a raconté... »

— Allons, où vas-tu ?

— À l'infirmerie.

— Et cette boîte ?

— Ce sont des vivres pour les camarades.

— Ce n'est pas vrai !

— Vous pouvez voir, mon lieutenant.

Le SS plongea dans le carton.

— C'est bon !

Karl Leisner n'eut jamais plus la force de quitter sa paillasse. Quelques jours après la libération de Dachau, il mourait dans un sanatorium de Munich [2].

---

1. Témoignage Otto Pies.

2. Sur un carnet, une heure avant sa mort, il avait tracé ces simples mots : « Amour... Réparation .. Ô Dieu, bénis mes ennemis. »

XXII

LE PÈRE OUVRIER

Le 22 décembre 1944, Edmond Michelet se précipite chez le docteur Pierre Suire :

— Le père Dillard est au Block 9, il y est entré ce matin très gravement malade ; tâchez de le prendre avec vous. C'est une grande personnalité française.

Suire entreprend les démarches nécessaires auprès du chef infirmier du Block 1.

— Accordé !

Le médecin français demande au secrétaire du Block 9 où se trouve le père Dillard :

— Au milieu de la salle. Au deuxième étage.

Et Suire cherche :

— Dillard ?

— C'est moi Dillard. Je n'en puis plus. Je suis à bout. J'ai 40°. Je n'ai qu'une couverture. Personne ne me soigne... Prenez-moi. Ici, je vais mourir.

Démarches nouvelles pour Suire. Le lendemain, le malade est autorisé à rejoindre le Block 1. Suire a gagné. Le médecin yougoslave du « 9 », en voyant partir son « client » lui lance :

— Tu t'en vas ; tu ne pourras être opéré que mardi puisque ce sont les fêtes. Il y a longtemps que tu seras crevé.

*
* *

Le père Victor Dillard, considéré dès 1939 comme l'un des grands spécialistes français des problèmes monétaires (il a rencontré plusieurs ministres européens des Finances et le président Roosevelt) s'était installé à Vichy au mois de novembre 1940.

« Il me paraissait [1] que le bon Dieu avait merveilleusement conduit mon existence pour m'amener en ce point unique, crucial, où j'étais fin prêt pour ramener en bloc ces richesses du passé et me lancer, sûr d'elles, dans l'immense bataille de la reconstruction française. »

Au tout début, il croit en la possibilité d'une « révolution nationale », mais il est très vite déçu par le maréchal et la « collaboration ». Il ne s'en cache pas... et la BBC le présentera souvent comme « le seul homme courageux de Vichy ».

Alfred de Soras, l'un de ses amis, écrit [2] :

« Durant ces trois années, par des conférences multiples, par ses prédications à Saint-Louis de Vichy, par ses contacts personnels avec des gens de tout bord, par les groupes d'action catholique qu'il anime, dans ce milieu difficile, le sens spirituel des valeurs chrétiennes mises en cause par les événements et les hommes, son influence spirituelle fut considérable. Quand il parlait à Saint-Louis de Vichy, ou quand il faisait dans la salle de Notre-Dame de Lourdes, pleine à craquer, son cours d'économie politique ou son cours de religion, des agents de la Gestapo étaient dans son auditoire. Le père le savait, mais il bravait parfois le danger avec une telle franchise sacerdotale que bien des fois ses amis ont pu craindre son arrestation immédiate... Bien des jeunes venaient se faire ''diriger'' par lui. »

Au mois de février 1943, au plus fort des « réquisitions » du STO il confie à Alfred de Soras :

— Si nous, prêtres, nous ne prenons pas part à cette épreuve de la classe ouvrière, les ouvriers nous reprocheront plus tard de les avoir laissés tomber et nous ne comprendrons plus ces jeunes travailleurs qui auront souffert sans nous, dans des conditions exceptionnelles. J'ai bien envie de demander au père Provincial la permission de partir comme travailleur.

Au mois d'octobre 1943, l'électricien Victor Dillard, volontaire pour l'Allemagne, prenait le train gare de l'Est.

— Le camp [3] où se trouvait le père, le plus grand de Wuppertal (bassin de la Ruhr), ne contenait qu'une cinquantaine de Français ; les autres ouvriers étaient étrangers. Ses premières impressions furent une

1. Texte de Victor Dillard cité par Jacques Duquesne dans *Les Catholiques français sous l'Occupation*. Grasset, 1966.

2. Revue *Études*, octobre 1945.

3. Témoignage d'un militant d'Action catholique que le père Dillard retrouva dans une usine de roulements à billes. *Études*, octobre 1945.

déception ; il avait espéré trouver beaucoup de catholiques, de jocistes, des scouts ; ceux-ci furent très peu nombreux. La vie des ouvriers en Allemagne s'avéra aussi moins facile qu'il n'avait escompté ; ce qui le força à modifier ses plans d'apostolat. Il dut en « rabattre ». Quand il travaille de 6 heures du matin à 6 heures du soir, l'ouvrier, le soir, n'aspire qu'au repos. Beaucoup d'ouvriers français n'avaient même pas le courage de s'habiller le dimanche pour sortir. Cependant, avec ténacité, le père a réalisé quelque chose du plan qu'il s'était proposé : créer des groupes d'amitié, gonfler quelques militants qui eurent de l'influence dans son camp et dans ceux d'alentour, en sorte qu'après son départ l'action continua.

« Chaque dimanche, à 18 heures, il disait la messe pour les ouvriers français qui, à Wuppertal, étaient environ deux mille. Y venait qui voulait. Ces messes ont laissé à ceux qui les ont suivies un souvenir inoubliable : spécialement le petit sermon d'après l'Évangile : c'était une explication approfondie des moindres rites de la messe...

« Le père était arrivé comme électricien dans l'usine. Son bagage professionnel, à vrai dire, était mince ; aussi eut-il parfois, surtout dans les débuts, du mal à découvrir la cause de certaines pannes et à y remédier. Il me racontait un jour que, quand il se trouvait ainsi en difficulté, il laissait tomber à terre un outil, comme si celui-ci lui avait échappé, et qu'alors, se mettant quelques secondes à genoux pour le ramasser, il priait Dieu pour obtenir de réussir son travail puisque celui-ci était ce qui conditionnait son apostolat. Jamais, affirmait-il, cette prière ne fut vaine. Bientôt d'ailleurs, un aide, un Russe, lui fut donné, qui du point de vue technique lui était de beaucoup supérieur. Il sut bientôt du reste qui était le père. Ses conseils furent d'un grand secours. Auprès des Français qui travaillaient dans son usine de roulements à billes, presque tous paysans et d'un égoïsme sordide (jamais ils ne partagèrent les nombreux colis qui leur arrivaient), le père acquit bientôt un ascendant extraordinaire. Voici comment il s'y prit : un ouvrier tombé malade n'ayant pas été reconnu par le médecin de l'usine, le père l'emmena à l'hôpital Saint-Joseph où, examiné par un des médecins catholiques, il fut immédiatement hospitalisé. Fureur du patron. Mais ce fut bien pis lorsque, quelque temps après, l'ouvrier réformé était renvoyé en France. Cinq fois le père renouvela son geste, qui fut l'occasion de deux rapatriements. Cela, la direction ne le lui pardonna pas. À l'ingénieur qui un jour le blâmait de cette intempestive ingérence : "Je suis Français, répondit le père, et tant qu'il y aura des Français malades dans l'usine et qu'ils ne seront pas reconnus par votre médecin, j'agirai de la sorte." C'est, semble-t-il, ce qui occasionna les premières délations.

« D'ailleurs, tout le monde savait qu'il était prêtre. Les premiers temps, quand il se rendait dans un camp et y rencontrait des Français, il le leur avouait carrément. N'était-ce pas nécessaire pour son ministère ? Un jour qu'il se révélait ainsi à un groupe d'une dizaine d'ouvriers, un Allemand était présent. Avant de prendre gîte à l'hôpital Saint-Joseph, il logea durant quelques mois au camp même, dans une petite pièce qu'il partageait avec un policier-gardien : une mince cloison de planches n'allant pas jusqu'à hauteur du plafond les séparait. Le policier, regardant un jour par le trou qui, pratiqué dans la cloison, laissait passer un tuyau de poêle qui chauffait les deux pièces, aperçut le père revêtu des ornements sacerdotaux ; cependant il ne le dénonça pas. Une entente tacite s'était établie entre les deux coupables : le policier recevait fréquemment, en effet, galante compagnie — pratique formellement interdite — aussi était-il reconnaissant du silence discret de son voisin. Presque chaque matin un nouveau servant venait répondre à la messe. »

Mais le policier avait des amis et l'un d'eux dénonça le père. À la prison de Wuppertal, détenu « de marque », il reçoit la visite de deux ou trois jeunes chrétiens. Il en profite pour leur confier ses lettres, ses manuscrits avant son départ pour Dachau [1].

1. On pourra lire, en annexe IV un texte du père Dillard « sorti » clandestinement de la prison de Wuppertal : L'honneur d'être ouvrier, publié par *l'Action populaire* en 1945 (Spes) sous le titre : Suprêmes Témoignages.

Le 15 mai, le père Dillard adressait une lettre à ses compagnons d'usine :

« Chers camarades,

« Plusieurs d'entre vous, je crois, m'ont pris pour un type plus ou moins cinglé, qui avait eu la drôle d'idée de venir dans le secteur voir ce qui se passait. D'autres ont supposé qu'il y avait une arrière-pensée politique dans mon séjour ici.

« En réalité, j'ai pensé que, pendant qu'un million et demi de notre plus belle jeunesse était emmené en Allemagne, je n'avais pas le droit de rester au coin de mon feu, tranquillement, à composer des sermons pour les vieilles dévotes.

« J'ai pensé aussi que je pourrais vous être utile dans les jours de cafard, parce que sûrement vous en aurez. Et puis, j'ai senti qu'il y avait un tas de choses à vous dire et à vous faire comprendre et que peut-être ce serait une occasion.

« La vie chrétienne véritable, beaucoup d'entre vous en sont tout près par leur générosité, leur camaraderie, leurs réactions devant les atteintes à la dignité de notre personne humaine et à notre liberté. C'est cet esprit-là qu'il faut arriver à suivre comme un idéal à la fois chrétien, social et révolutionnaire. Le Christ a vécu cet idéal et les premiers chrétiens sont morts pour la réussite de cette révolution. Si nous arrivons à débarrasser notre religion des éléments malsains qui l'encombrent, superstitions mesquines, hypocrisies des ''va-t-à la messe'', bourgeois, etc. nous trouverons facilement, avec l'esprit du Christ, la mystique dont nous avons besoin pour rétablir notre pays.

« Voilà l'essentiel de ce que je voulais vous dire. Vous savez, mes camarades, réellement, cet idéal-là, cela demande de vous une générosité qui aille jusqu'au sacrifice de soi-même. On ne bâtit rien de grand sans cela. »

***

Au Block d'arrivée, le père Dillard retrouve le R.P. Riquet qui, lui, vient de Mauthausen :

— Il était coiffé [1], comme par hasard, d'une casquette de chef de gare aux initiales de la SNCF. Il n'avait guère changé, maigri sans doute, mais les yeux étaient toujours aussi bleus, le sourire malin, les mains glissées dans les manches, les épaules un peu voûtées... Quelle joie de nous retrouver là !... Ensemble, nous avons récu dans le Block de quarantaine, mais non pas, malheureusement, dans la même chambre : nous étions aux deux bouts opposés du Block, moi avec mes camarades prêtres venant de Mauthausen, lui avec des Russes, des Polonais, mais bientôt aussi des prêtres belges.

« Le père Dillard venait nous voir de temps en temps. Il s'installait tant bien que mal au bout de notre lit, en travers, et bavardait. Il évoquait sa grande randonnée à travers les États-Unis, sa rencontre avec Roosevelt ; dessinait la physionomie du clergé et de l'épiscopat américain, rappelant ses contacts passionnants avec les protestants américains, ses souvenirs sur Bourrasol, dont il avait été l'aumônier. À son tour il était prisonnier, sans messe cette fois, mais non pas sans communion. Quelle joie, le jour où, dans une boîte de pastilles Guyot, je lui apportai la sainte communion ! Plus d'une fois nous avons fait ce précieux partage. Et il ne voulait pas en profiter seul. Il y faisait participer plus d'un de ses camarades, très particulièrement un commandant français, des Belges, des Hollandais avec lesquels il continuait de s'entretenir de ces questions monétaires qui avaient été le thème de ses dernières études. »

Le R.P. Riquet quitte son ami. La quarantaine de « ceux de Mauthausen » est terminée. Edmond Michelet lui apportera désormais des hosties consacrées. Et soudain, en quelques jours, c'est le drame : panaris, tumeur au genou, état septicémique... Suire... Démarches... Revier.

« Il est [2] d'une rare distinction. Le visage allongé est pâle et émacié. Les traits tirés pincent le nez aquilin et font ressortir les pommettes, les cernes agrandissent encore ses yeux légèrement globuleux, bleus-gris. Le grand front est d'une remarquable beauté ; trois qualités apparaissent sur ce visage : la volonté, la bonté et l'intelligence... Le soir de son arrivée au Block 1, il se sent mieux ; déjà il a fait connaissance avec tous les Français auxquels il donnera les colis qu'il reçoit de jésuites d'Allemagne. Pendant toute sa maladie, il sera soigné avec un dévoue-

1. Témoignage du R.P. Riquet recueilli par la revue *Études* (1945).
2. Pierre Suire : *Il fut un temps*, Soulisse-Martin, Niort, 1945.

ment inlassable par Lassus, ancien normalien, chargé de cours d'histoire byzantine à Strasbourg, et par Morin (de son nom réel Ninot) « Stubedienst », chef FTP de la Saône-et-Loire, ayant quarante déraillements sur la conscience. Il sera souvent veillé par un de nos amis, un malade de la salle, Perrot, médecin à Auxonne qui, quelques semaines plus tard, attrapera le typhus dans l'enfer du Block 21, en soignant ses camarades. »

Dans la soirée du 24 décembre, l'état du père Dillard s'aggrave. Le médecin déporté avertit le R.P. Riquet. Le malade communie et lorsque le père Riquet le quitte :

— Attendez ! J'espère encore guérir. Le cœur va mieux. Mais si je dois y rester, c'était prévu au départ et c'était offert pour l'Église, pour la classe ouvrière.

Le lendemain : légère amélioration qui devait se « maintenir » jusqu'au 8 janvier 1945.

« L'articulation [1] du genou devint volumineuse, nous soupçonnons une arthrite purulente. Le lendemain, notre impression se confirme. Nous demandons une ouverture. Sous le couvert d'une transfusion de 150 cc. de sang, que nous avons la joie de pouvoir lui donner, l'intervention est pratiquée : il s'écoule un flot de pus. Une contre-incision est nécessaire pour drainer une fusée vers la cuisse... Le soir du 11, nous pensons que seule l'amputation est peut-être susceptible de le sauver. Nous en avertissons le père Riquet et le père de Conninck. »

À 6 heures du matin, le docteur Suire est décidé :

— Mon père, la suppuration progresse, vous vous fatiguez. Vouloir garder ce membre peut conduire à des désastres. L'amputation vous sauvera.

— Je ne fais aucune difficulté ; c'est accepté.

Il sourit.

— En amputant, on ne coupe pas l'âme, alors on peut y aller.

Le père Dillard reçoit une nouvelle transfusion sanguine, Wrubloski et Skorko, les chirurgiens accrédités du Revier, opèrent.

« Une heure après [2] se déclare un choc opératoire qui ne rétrocédera pas. Depuis l'intervention, le père Dillard n'avait proféré que quelques paroles pour dire qu'il était heureux que ce soit fait, pour avouer qu'il souffrait et pour demander quelque nourriture : "Morin, donne-moi un peu de compote (Morin avait réussi à faire un peu de compote) comme cela tu me sauveras." Et Morin courait chercher la compote... La fin était calme. Vers 9 h moins 5, la respiration devint très faible et

1. Pierre Suire, ouvrage cité.
2. Voir note ci-dessus.

à 9 heures, le père Dillard mourait... Au moment précis de sa mort, dans les deux pièces réunies constituant la chambre 4 du Block 1, bruyante encore quelques minutes avant, comme elle l'était souvent, avec son entassement de malades, deux par casier pour la plupart, à l'exclusion des mourants, il se fit un silence total. Et l'on vit des corps se relever et des regards se diriger vers le père Dillard. Une profonde consternation figeait tous les visages, des rustres comme des intellectuels, des occidentaux comme des orientaux.

« Souvent, les morts étaient à peine remarqués ; parfois, ils ne frappaient que les voisins dont certains s'empressaient de voler le pain et la margarine restant ; aujourd'hui, tous participaient à ce départ. C'était la première fois que nous constations cette émotion collective : nous ne devions plus la retrouver. »

XXIII

LES DERNIERS JOURS

Au mois de décembre 1944, les soixante prêtres dépendant du camp de Neuengamme rejoignent Dachau. Parmi eux, le révérend père Humbert :

— À notre sortie [1] du wagon, nous marchions comme des vieillards, et cela dura quinze jours... nous étions tellement épuisés ; j'avais alors trente cinq ans et je me disais en moi-même : « Jamais tu ne retrouveras ta jeunesse. » On nous enferma dans une chambre du Block 17 ; cela nous reposa un peu du terrassement. Nous organisâmes nos journées : prière en commun, communion que nous apportait un prêtre du Block 26, cercle d'études, et, le soir, salut du Saint-Sacrement avec une petite boîte comme ostensoir.

« Le soir de Noël, nous eûmes la visite de Mgr Piguet. Il nous apporta un bidon de soupe et nous parla cœur à cœur. C'était réconfortant de voir un évêque concentrationnaire. ''Là où est l'évêque, là est l'Église'', avait écrit saint Cyprien. L'Église, en sa personne, partageait la souffrance des déportés. Après vingt et un jours de quarantaine, nous fûmes répartis dans les Blocks réservés aux ecclésiastiques. Le lendemain, il y eut une messe clandestine au Block 28. C'est peut-être la plus belle messe à laquelle j'ai jamais assisté.

« L'autel : une vulgaire table de bois blanc, une bougie à même la table, une timbale en aluminium pour calice, un missel de poche, une croix de chapelet, c'est tout. Un prêtre en habit de bagne se recueille pendant que les chrétiens arrivent. Les fenêtres sont calfeutrées. Un prêtre monte la garde à la porte : silence, obscurité, recueillement ; à quelques pas, le crématoire fume.

---

1. Témoignage inédit : 10 janvier 1969.

« Tous répondent aux prières à voix basse. Je suis agenouillé dans un coin, anonyme, ignoré. Tous ces inconnus, affublés des costumes les plus sordides, ces têtes rasées, ces visages émaciés par la souffrance, ce ne sont plus des bagnards, mais des prêtres. Les premiers mots du sacrifice me révèlent leur sacerdoce. Toutes ces mains jointes sont des mains consacrées qui délèguent deux d'entre elles pour offrir et rompre le Pain de vie. Tout cela je viens de le sentir en une minute de plénitude unique. Je n'aurais pas donné ma place pour un empire.

« Le prêtre élève l'hostie sur la paume de ses mains. Est-il patène plus digne que ces mains qui ont eu les menottes, qui ont manié la grosse pioche allemande, qui ont peut-être absout un typhique dans un coin d'infirmerie ? Dans son dépouillement total, le sacrifice de l'autel ne laisse transparaître que les gestes essentiels.

« Le prêtre élève un peu la voix à la consécration. Je vois, avec les yeux de la foi, le pain devenir le Corps du Christ. Je vois l'hostie des déportés, lourde de tant de tortures, de morts lentes, devenir la Victime du Calvaire au milieu de ces forçats prostrés dans la nuit. Ici s'arrête la puissance formidable du nazisme. ''Ici il n'y a pas de bon Dieu'', avait hurlé un SS et il a suffi de quelques mots tombés des lèvres d'un prêtre pour apporter la présence réelle de Dieu dans cet enfer de la terre, pour qu'il ne soit plus un enfer.

« Le prêtre élève le Sang du Christ dans la timbale d'aluminium. Laideur affreuse ou beauté sublime de ce calice ? Jamais la beauté du Mystère n'a été plus frappante qu'en cette simplicité sublime.

« Le prêtre passe au milieu des déportés avec une boîte servant de ciboire, et distribue le Pain de vie. La messe s'achève dans le silence. Il y a des intimités qu'on ne doit pas rompre.

« Un jour, un prêtre prolongera cette messe : il tombera fusillé en criant : ''Ne me vengez pas !'' »

« Le 29 janvier, je touchai mon premier colis de la Croix-Rouge. Quelle joie de manger quelque chose qui venait de France ! Dès l'arrivée des colis, l'abbé Fraysse et l'abbé de la Martinière organisèrent un service d'entraide pour ceux qui ne recevaient rien. On vit alors les pauvres Russes affluer au Block des prêtres. J'en avais adopté un qui parlait le français, et je partageai mes colis avec lui. Nous avons beaucoup parlé communisme ensemble. Il était farouchement communiste. Évacué trois jours avant la Libération, il vint me dire adieu. Nous nous embrassâmes en pleurant. Quelle ne fut pas ma surprise de l'entendre dire en me quittant : ''Nous nous retrouverons là-haut.'' Il est vrai qu'il avait été élevé chrétiennement par sa mère dont il parlait toujours avec une grande vénération.

« Nous avions, dans mon Block, un chef de chambre polonais qui n'était pas des plus sympathiques. Un jour il priva tous les Français de "rab" de soupe, sous prétexte que leurs placards n'étaient pas assez propres. Un bon curé savoyard, l'abbé Trufy, curé de Glières, qui fut un héros de la Résistance, lui reprocha sa partialité. Résultat : il fut privé de soupe durant huit jours. Mais le chef de chambre avait compté sans la générosité des Français, et jamais l'abbé Trufy n'a tant mangé de soupe que durant ces huit jours.

« La Fête de l'Unité, préparée par une neuvaine, prit un relief particulier, étant donné que nous représentions vingt-trois nations et plusieurs confessions religieuses. Le baiser de paix entre prêtres, officiellement "ennemis", mais intérieurement amis, prenait ici tout son sens ; écho des paroles de saint Paul : "Il n'y a plus ni Grecs, ni Juifs... vous êtes tous frères dans le Christ Jésus." La fête de Notre-Dame de Lourdes fut particulièrement chère aux Français. À cette occasion, l'abbé Joran composa un hymne en musique. Atteint du typhus, il ne put y assister. »

Pour le père Joseph Haller, la cérémonie « peut-être la plus importante » se déroula le Jeudi-Saint 1945 :

« Il était [1] 4 h 30. Ce matin-là j'ai compris qu'être prêtre c'est être un serviteur. Les douze prêtres les plus âgés étaient assis sur douze escabeaux. À l'exemple du Maître, un abbé bénédictin, lui aussi prisonnier, s'agenouille, lave les pieds de ses confrères, les essuie et les baise. Environ six cents prêtres étaient témoins de la scène et chantaient la parole de l'Évangile "Je vous ai donné un exemple afin que vous fassiez comme je vous ai fait." La parole : "Je suis parmi vous comme

---

1. Manuscrit inédit du père Joseph Haller (novembre 1968).

« Je fus arrêté le 27 décembre 1943 à Kerprich-les-Dieuze (Moselle). Motif : *Beihilfe zur Wehrpflichtentziehung*, c'est-à-dire aide aux réfractaires de la Wehrmacht. La proximité de la frontière favorisa notre action en faveur des jeunes Lorrains qui ne voulaient pas endosser l'uniforme hitlérien. La première station de mon calvaire fut le Fort Queleu, où je devais rester vingt et un jours, les yeux recouverts d'un bandeau et les mains liées. Interdiction de faire un mouvement ; il fallait rester immobile, rivé sur un tabouret. Pire que toutes les souffrances physiques, était l'ennui qui me guettait. Les minutes s'écoulaient si longuement et chaque heure me paraissait être une éternité. Privé ainsi de tout contact avec un être humain, réduit à la solitude totale, j'ai compris (Dieu m'en fit grâce) que je n'étais pas seul, que Dieu était avec moi et que cette certitude compensait largement la privation de tous les autres biens. Après trois semaines de séjour au Fort Queleu, le numéro 400 (que j'étais) devint le numéro 7 500 au camp de Struthof. Sachant que j'étais prêtre, le SS Fuchs m'accueillit par ces paroles : "Si vous avez la malchance d'être sous mes ordres, vous avez récité votre dernier chapelet." En fait, je le récite encore aujourd'hui, vingt-cinq ans plus tard. Fin février, je partis en transport pour Dachau. Là, je fus accueilli par un ami, M. l'abbé Goldschmitt.

un serviteur'' m'était certes connue mais, à cette heure, elle m'apparut chargée de toute sa dignité et de tout son poids. Séparé des âmes qui m'avaient été confiées, brutalement arraché de mon milieu de travail, n'ayant plus d'attention que pour ce qui est semé avec des larmes, j'ai mieux compris les signes du temps : l'exigence pour le prêtre d'être le serviteur de ses frères. »

— La messe [1] de Pâques où nous étions serrés comme des sardines, fut marquée par un admirable sermon de quarante-cinq minutes en latin, du père abbé de Belloc. De voir ce vieillard courbé en deux, épuisé physiquement, parler de résurrection, d'espérance, de vie nouvelle et de joie, faisait penser au grand saint Ignace d'Antioche : « Je suis le froment de Dieu, je vais être moulu par la dent des bêtes pour devenir un pain agréable à Dieu. »

« La semaine de Pâques, je portai la communion dans un Block de typhiques où se trouvait un marchand de tabac de Lyon, chez qui je me servais. J'étais aller le confesser la veille. Le lendemain, quand je revins, il avait ramené plusieurs camarades qui se confessèrent aussi. Je leur donnai la communion, à plat ventre, sous les lits. Après la cérémonie, l'un d'eux dit : ''Eh bien, comme action de grâce, je paye une tournée.'' Et il offrit une cigarette à chacun.

« Personnellement j'ai constaté, par les confidences qui me furent faites, que pour beaucoup de prêtres, la concentration fut l'occasion d'une montée spirituelle. ''Je ne peux pas recommencer comme avant.'' — ''Jamais je n'avais connu le prix de la souffrance comme ici.'' — ''Je crois que si je rentre, ma vie sera changée du tout au tout.'' Voilà ce que souvent j'entendais. J'ai constaté que, malgré le brassage, le travail, la saleté, la différence de langues, une grande atmosphère de prière régnait dans les deux Blocks de prêtres, à tel point que parfois on se serait cru dans un monastère. Chaque soir l'un d'entre eux donnait les ''points de méditation'' pour le lendemain. Chaque jour, on récitait en commun le rosaire et complies. La messe quotidienne était le centre de la vie spirituelle. Spontanément, nous avons dit ensemble les prières de l'offertoire. Cette messe faisait de nous tous, quelle que fût la nationalité, un seul corps et un seul esprit dans le Christ.

« Le dimanche avant la Libération, Munich, qui est à quinze kilomètres de Dachau, fut bombardé toute la journée. C'était à la fois, pour nous Français, réjouissant car cela annonçait la fin, et atroce car les trois cents prêtres allemands anti-hitlériens qui étaient avec nous en pleuraient. Je

1. Témoignage père Humbert.

puis dire que nous avons ''dissimulé'' notre joie le plus possible, par affection pour ces prêtres allemands qui ont été pour nous charitables [1]. »

* * *

Le 26 avril 1945, à 9 heures du matin, ordre est donné à tout le camp de se présenter, dans les trois heures, sur la place d'appel. Les responsables nationaux se rencontrent, s'opposent, font jouer leurs « influences », leurs « amitiés », protestent. Chantages, promesses, supplications... Des centaines de déportés se terrent. Vers midi, contre-ordre :

— Les Allemands seuls partiront !

Le soir enfin :

— Rassemblement des Russes, des Juifs, des Allemands.

Un SS s'arrête devant le premier rang :

— Pour éviter les chaleurs de l'été, nous allons maintenant, messieurs, dans les belles Alpes de l'Ötztal.

Un déporté demande :

— Nous trouverons un camp aussi grand ?

— Non ! Sachez seulement qu'au moins vingt pour cent d'entre vous n'arriveront pas... là-bas.

« L'horloge [2] du camp marque exactement 21 h 27 quand nous franchissons la barrière d'entrée. Allons-nous à la liberté ou à la mort ?... Huit mille hommes : des Russes, des Juifs, des Allemands, dont cent prêtres, marchent maintenant silencieux dans la nuit, gardés par mille SS et de nombreux chiens.

« Mais nos amis ne nous abandonnent pas. Nous ne savions point que, dès notre sortie du camp, un vicaire en civil accompagnait notre colonne à bicyclette, transmettant en cours de route des renseignements à Munich. Le chanoine Daumuller avisait de Munich les curés de tous les villages où nous devions probablement passer :

— Une colonne de dix mille détenus de Dachau passe cette nuit

1. À rapprocher d'un inédit de l'abbé de la Martinière (mars 1968) : « Un bombardement énorme, quelque chose d'épouvantable. On voyait les vagues d'avions passer, les incendies qui embrasaient le ciel et nous, on riait, on se congratulait et, à côté, les Allemands pleuraient. On aurait dû penser à leur peine, ne pas manifester notre joie, car au fond, c'était abominable ces bombardements. On ne s'en rendait pas compte. On ne pouvait pas s'en rendre compte, on ne savait pas que c'était l'extermination de villes entières et le massacre de dizaines de milliers de gens... Notre réaction était une réaction de ressentiment, de vengeance. Quel manque de charité ! »

2. Témoignage du père C. Pereira : *Mitteilungen aus den deutschen Privinzen.* (Traduction CECES.)

dans vos villages ; mettez sur pied vos paysans, faites tout pour ralentir la marche, arrangez-vous avec les SS. Donnez à boire aux détenus, tâchez de créer du désordre pour leur permettre de s'enfuir !

« Cependant, nous marchions silencieux dans la nuit. Dès la première heure, je vois, jetés à droite et à gauche du chemin, les premiers paquets. Les deux couvertures de laine que chacun avait dû emporter sont, pour nos corps épuisés, déjà trop lourdes. Mais bientôt les premiers détenus gisent sur le bord de la route, anéantis. Nous entendons des coups de feu dans l'obscurité... Pendant cette première nuit, nous faisons quarante kilomètres. Le matin, nous atteignons le premier camp dans le Mühltal près du lac de Starnberg. Je tombe sur le sol, n'en pouvant plus, et m'endors. Des coups de feu me réveillent : "Des gardes avec des chiens, des gardes avec des chiens !" Bon ! quelqu'un s'est enfui, espérons qu'ils ne l'auront pas ! J'appris plus tard que c'était un jeune vicaire du diocèse de Münster qui avait eu le premier la chance de s'enfuir.

« À la tombée de la nuit, nous reprenons la marche... La population est déjà trop excitée, on n'ose plus tirer en grand, on transporte sur des camions les détenus épuisés. Il pleut de plus en plus fort. Des paysannes se tiennent sur le bord de la route et nous donnent de l'eau à boire. Beaucoup ont des larmes aux yeux quand elles voient cette procession misérable. Procession ? Oui, c'en était bien une, la plus étrange qui ait jamais marché sur les routes d'Allemagne. Pas de prêtres en chape d'or, pas d'enfants de chœur en robe rouge, avec des sonnettes et des encensoirs, pas de drapeaux, pas de tir à blanc, pas d'assistance recueillie sur les deux bords de la route, mais le principal était là : le Seigneur dans l'hostie. Un jeune vicaire autrichien le portait, caché sous son habit de détenu, le même prêtre dont le Saint-Père disait dans son allocution du 2 juin que les SS sans Dieu avaient un jour singé sur son corps la Flagellation et le Couronnement d'Épines [1].

« Cette nuit-là aussi passa. Vers 10 heures, la deuxième étape est atteinte, dans la vallée de la Leisach, au sud de Wolfratshausen. Nous tombons à nouveau épuisés sur le sol et essayons de dormir un peu malgré la pluie et le froid. Au bout d'une demi-heure, on me tape sur l'épaule :

— Levez-vous !

« Ce qui arriva alors m'a souvent fait penser, par la suite, à la miraculeuse délivrance de saint Pierre... Je me lève. Ce n'est pas un ange qui est devant moi, mais un lieutenant de la Wehrmacht. Je n'en crois pas mes yeux lorsque je reconnais un confrère bien aimé qui, après

1. Le père Rieser : voir pages 274-275.

quatre ans de service courageux avait été démobilisé en janvier par suite des menées de la Gestapo. On sait que les jésuites n'étaient pas dignes de porter l'uniforme vert. Il nous informe que les Américains s'approchent déjà du lac de Starnberg, qu'à Munich la population commence à se révolter contre les SS, qu'avec d'autres jésuites, il nous apportera dans la journée des vêtements civils, afin que nous échappions aux mains des SS avant d'être fusillés. Mais on ne pouvait penser à une évasion, le camp d'étape situé au milieu de la forêt, à droite et à gauche de la grande route Munich-Bad Tolz, est entouré d'un double cordon de sentinelles. Nous attendons la prochaine marche de nuit. Alors nous réussirons à nous enfuir.

« À midi se présente à nous un major de la Wehrmacht. Les prêtres lui exposent la situation qui menace de devenir catastrophique ; contre l'ordre de Himmler, il ne peut rien entreprendre, mais promet d'aller chercher dans un magasin de la Wehrmacht du pain et du fromage pour les affamés.

« Entre-temps, retentissent des coups de feu : des Russes attaquent des Allemands. Sept détenus seront fusillés au cours de la journée pour tentative d'évasion, d'autres seront blessés. Nous attendons la marche de nuit qui devait nous apporter la liberté. Alors nous est transmis ce commandement : ''Le camp restera en place pendant la nuit.'' Eh bien ! tous les plans d'évasion sont à l'eau. Vers 21 heures nous nous étendons sur le sol humide et nous nous recommandons à la grâce du Tout-Puissant.

« Et Dieu ne nous abandonne pas. Soudain, j'entends mon nom dans l'obscurité :

— Venez avec nous !

« Le confrère en uniforme de lieutenant est à nouveau devant moi.

— Où allons-nous ?

— Pas de questions !... Vite, vite !

« Le manteau de bagnard vole quelque part dans la broussaille. Je remets la pèlerine en marchant et je suis mon guide à travers la forêt obscure. Sur la route, je vois un grand camion arrêté, deux jeunes jésuites sont étendus sur le sol boueux et font semblant de réparer la voiture. À la lueur des phares, les sentinelles SS vont et viennent avec leurs mitraillettes armées.

— Vite, sautez à côté du volant dans l'auto, me dit tout bas notre libérateur.

« Maintenant, nous jouons la carte décisive : en quelques bonds nous sommes dans la voiture. Les SS nous ont-ils aperçus ? Le conducteur n'est pas encore là. Trois, quatre minutes passent, une éternité ! Pourquoi ne partons-nous pas ?

« Nous ne nous doutons pas que, derrière nous, dans la voiture, huit autres prêtres allemands étaient montés... Soudain, la porte de la voiture s'ouvre, un jeune jésuite que nous ne connaissions pas monte d'un bond, klaxonne, met plein gaz et démarre. Je ne fais qu'une prière :

— Seigneur, que tout aille bien !

« Nous arrivons rapidement au premier cordon de sentinelles. Il se retire, car il avait vu l'auto entrer dans le camp ; au bout de cent mètres, nous traversons le second cordon de sentinelles. Nous sommes libres !

« À toute vitesse, nous filons maintenant sur les routes, en pleine nuit.

« Au bout de dix minutes environ, notre chauffeur aperçoit dans le rétroviseur une auto de tourisme qui nous suit. Des SS qui nous poursuivent ? Nous n'en savons rien. On pousse le camion tant qu'on peut, finalement la voiture reste en arrière. Après un grand détour sur les routes bavaroises où nous rencontrons partout des troupes qui se cachent des Américains, nous atteignons vers une heure du matin le lac de Starnberg et une maison de notre ordre. Après les premières salutations et le premier repas, nous tombons épuisés dans nos lits et nous nous endormons. Je ne me repose guère. En rêve se poursuivent les événements des derniers jours. Nous marchons sur les routes, les morts s'entassent en montagnes à droite et à gauche ; soudain, je suis assis dans une auto... ceux qui sont à notre poursuite s'approchent, ils nous rattrapent... des coups de feu... nos pneus ont l'air d'avoir été atteints, la voiture ralentit, s'arrête, nous sautons dehors, alors les SS viennent sur nous avec le revolver, tirent un coup de feu... mais je me réveille... Le clair soleil du matin brille dans ma chambre. Où suis-je ? Vers midi nous célébrons la messe dans nos chambres (nous devions encore rester cachés). C'est dimanche, la veille du 1er mai. Nous cœurs débordants font monter vers le trône de Dieu notre reconnaissance.

« Tandis que nous pouvions à peine concevoir notre bonheur, les jeunes jésuites travaillent déjà à un nouveau plan. S'il réussit, ils auront vraiment réalisé un coup de maître. Ils repartent après minuit, ayant chargé dans le camion mille pains et dix bouteilles de Schnaps. Hier, les SS les avaient arrêtés en route à l'aller et leur avaient commandé de charger sur leur voiture des Russes agonisants. Ainsi avaient-ils pénétré, pour ainsi dire officiellement, dans le campement. Cela réussirait-il une deuxième fois ?... Vers 2 heures du matin, coup de klaxon à l'entrée du campement, la sentinelle SS bondit :

— Nous désirons parler au commandant du camp !

« Au bout de quelque temps paraît le grand chef.

— *Heil Hitler !* Nous venons de la part du commandement suprême, disent-ils, faisant le salut hitlérien et montrant le ciel comme il se devait.

« Ils désignent le camion :

— Nous apportons du ravitaillement pour le camp et voici quelque chose pour vous !

« Ils lui mettent dans les mains trois bouteilles de Schnaps.

— Nous avons, en outre, l'ordre de mener les prêtres malades à l'hôpital secondaire de Pullach.

« Pullach était un collège de notre ordre où, effectivement, un hôpital secondaire avait été placé depuis quarante-huit heures lorsque s'était retiré le quartier général qui se trouvait là. Le commandant, dans sa joie de toucher trois précieuses bouteilles, a-t-il compris cela ?

— Déchargez seulement le pain.

« Les rôles sont bien partagés : l'un reste à s'entretenir avec le commandant afin d'étouffer dans l'œuf tout soupçon, un autre décharge lentement le pain ; le chauffeur reste au volant prêt à partir de suite en cas de besoin. Cependant le quatrième cherche les prêtres allemands. Ce n'est pas une petite affaire parmi les huit mille hommes qui dorment. Il finit par en trouver un qui réveille les autres ; ainsi peut-on en recueillir vingt. Tout paraît réussi lorsqu'arrive un SS qui, probablement, a dû tout observer de la forêt :

— Tonnerre ! vous avez monté ça d'une façon géniale ! Dans une demi-heure, je me « barre » aussi !...

« Ils font un clin d'œil, sautent en voiture, démarrent, vive la liberté !... Dieu nous a conservé la vie et nous en a fait don à nouveau ; nous lui devons toute notre reconnaissance. *Deo gratias !* »

*
* *

« Les 27 et 28 avril [1] arrivèrent dans le camp de Dachau deux convois de déportés venant de Buchenwald. Ils avaient enduré treize jours de voyage avec deux pommes de terre crues par jour. Ils furent parqués au Block 24. C'est là ce que j'ai vu de plus affreux dans ma vie. Les cadavres étaient mêlés aux squelettes vivants, qui tous avaient la dysenterie. Tous ces hommes nageaient littéralement dans le fumier, couverts de poux, couchés n'importe où, n'ayant plus la force de marcher et harcelés encore par les cris d'un chef de Block insensé. C'était une vision d'horreur. Parmi eux il y avait plusieurs franciscains qui me dirent qu'un des leurs était mort dans le convoi tandis qu'ils

1. Inédit du R.P. Humbert.

achevaient le Cantique de saint François : ''Béni sois-tu pour notre sœur la mort.'' [1]. »

— Le convoi d'Herzbruck [2] n'aura rien à envier au précédent. Les détenus seront dépouillés de tout en arrivant. Ils devront se contenter, pour tout costume, d'un petit caleçon et d'une couverture. Nous sommes fin avril, et il fait un froid terrible. Devant une pareille misère, le cœur des détenus s'ouvrira à la pitié : les Français qui sont dans le camp depuis plusieurs mois deviendront les parrains des nouveaux venus, on se mettra à cinq pour parrainer un des rescapés d'Herzbruck, on se privera de pain, de vêtements et on réalisera des miracles. René Duboc fait partie de ce convoi. Il a dix-neuf ans, mais en paraît quinze, tant il est maigre. Au cours du voyage, il a attrapé la dysenterie, et le charbon de bois que nous lui ferons absorber n'arrivera pas à l'enrayer. Il sent que la mort le guette... il pense à ses cinq frères et sœurs qui, dans un petit village de la Seine-Inférieure, l'attendent et qui auraient tellement besoin de son salaire pour vivre. « Cela ne me ferait rien de mourir après les avoir revus. » Lui aussi acceptera d'offrir sa vie pour sa famille, son pays. Il rendra le dernier soupir entre les bras du prêtre qui l'assiste,

---

1. Ce convoi de 3 114 déportés ne comptait que 307 survivants à son arrivée à Dachau. L'abbé René Fraysse se précipite dans le Block de désinfection :

« À leur descente du train, les détenus furent d'abord entassés, les uns sur les autres, dans le local de la désinfection ; couverts de poux, les yeux enfoncés au fond des orbites, les joues creuses. On ne pouvait pas, ne pas évoquer en les voyant, le tableau de Gros : *Les Pestiférés de Jaffa*. Dans un coin, trois hommes agonisent au milieu d'une mare de sang. Je demande des explications, on me fait comprendre que ce sont des détenus qui se sont vengés à l'arrivée des camarades indésirables. Dans cet amoncellement, il y a des prêtres, et l'un d'eux, l'abbé Harignordo, qui me signale immédiatement un de ses camarades à côté de lui, en me priant de m'en occuper. Francis Lemarchant, c'est le nom de ce malheureux, souffre épouvantablement. Il a reçu deux balles de mitraillette dans le talon, le huitième jour du voyage, et est resté douze jours sans pansement. Pour arrêter le sang, des camarades ont entouré la plaie avec tout ce qu'ils pouvaient avoir sous la main : mouchoirs, papiers, ficelles. Je l'emmène à l'infirmerie : il est sale, couvert de poux. Lorsque on enlèvera ces pansements sommaires, il s'en dégagera une odeur épouvantable, signe indiscutable que la gangrène s'est mise de la partie.

— Si le bon Dieu me donne de sortir d'ici, je consacrerai tout mon temps, tout mon argent, à la JOC pour rendre au Christ la classe ouvrière.

« Et lorsque il sentira que Dieu lui demande plus encore, il fera généreusement le sacrifice de sa vie pour ses frères ouvriers. »

(Abbé René Fraysse : *De Francfort à Dachau*. Éditions du Sol, Annonay.)

On pourra lire en annexe III le récit de frère Jean-Robert Hegnon, l'un des franciscains de ce convoi. Ce récit inédit a été recueilli le jour même du débarquement à Dachau des survivants par l'abbé Paul Bouiller, curé de Villeneuve-la-Guyard (Yonne). Communiqué à l'auteur le 11 février 1969.

2. Témoignage abbé René Fraysse.

dans un dernier sourire, une dernière offrande de tout lui-même. À peine mort, déjà deux Russes veulent emmener son cadavre pour le déposer aux lavabos, sur le tas qui ne cesse de grossir d'heure en heure. Les Français qui sont là s'y opposent. Ils laveront le corps de leur camarade, le déposeront sur une planche bien propre, posée sur deux tabourets, et ramasseront dans le camp tout ce qu'ils pourront trouver de fleurs. Ils veilleront toute la nuit ce cadavre, priant et méditant sur le magnifique exemple d'héroïsme que René leur a donné. Leur meilleure récompense sera de voir des Autrichiens, des Russes, des Allemands, venir leur serrer la main :

« Il n'y a que chez vous, les Français, qu'on trouve un pareil courage devant la mort, et une pareille fraternité. »

* * *

Une centaine de prêtres allemands prient dans la chapelle :

— Alarme ! Les avions !

Les prêtres blémissent. L'un d'eux, livide, « donne » l'absolution générale.

Deux « pères » français, dans le fond de la chapelle, éclatent de rire.

* * *

« Le dimanche 29 avril[1], à la messe de 6 h 30, le chef du Block 26 annonce que les SS ont hissé le drapeau blanc à l'entrée du camp et que nous n'avons plus rien à craindre. Le père Roth, prieur des dominicains de Cologne, qui est à côté de moi, me dit :

— N'en croyez rien, ils seront méchants jusqu'au bout.

« La journée se passe cependant, mi-joyeuse mi-angoissée, car les coups de canon se rapprochent, annonçant la délivrance, mais on ne sait jamais ce que les SS peuvent nous réserver au dernier moment. On fait toutes les suppositions.

« À 16 h 15 (je le dis avec précision car j'ai alors tout noté sur un carnet) j'entends crier :

— Les voilà ! tandis que les SS crient : « *Alles in die Baraken.* »

« Mais les portes et les fenêtres vomissent littéralement tous les déportés valides. »

« Je me trouvais[2] quant à moi dans un bureau de la baraque n° 1, à l'Arbeitsdienst, en compagnie de Mgr Cegjelka, vénérable prélat polonais et recteur de la mission polonaise de Paris, qui avait déjà arboré un

1. Témoignage R.P. Humbert.
2. Témoignage de Mgr Jules Jost. *La Ligne de démarcation*, ouvrage cité.

brassard aux couleurs de son pays, qu'il avait fabriqué en cachette. Nous vîmes les jeunes hitlériens apparaître sur les miradors et faire des signes vers le dehors. Soudain, la grande porte d'entrée fut enfoncée par une grosse poutre fixée à l'avant d'une curieuse voiture automobile, toute carrée, dont nous ne savions pas encore qu'elle s'appelait ''Jeep''. Son exploit eut pour premier effet de provoquer un court-circuit qui coupa le courant à haute tension. Mgr Cegjelka et moi nous nous précipitâmes comme les autres, dans un tumulte de cris et de rafales de mitraillette tirées par on ne sait qui.

« La Jeep était pilotée par un chauffeur juif allemand qui, détenu à Dachau avant la guerre, avait réussi à s'enfuir, puis à gagner l'Amérique, et s'était engagé dans l'armée en se jurant d'être le premier à revenir ici, pour y faire entrer les Alliés. Derrière lui se tenait assis un soldat d'origine polonaise. Et, à côté de lui, l'Américain le plus typiquement Far-West qu'on pût imaginer : bardé de cartouchières et de pistolets. Mâchant du chewing-gum, il tirait des coups de feu en l'air pour saluer notre libération.

« Le vénérable Mgr Cegjelka se jette à son cou et l'embrasse très fort sur ses deux joues, qui étaient très sales. L'Américain prend un chiffon, essuie la poussière mêlée de cambouis qui recouvrait son visage, sort de sa poche revolver un étui de cuir, l'ouvre, en sort un bâton de rouge et un miroir, puis, à notre stupéfaction, se fait un magnifique make up : il s'agissait de Margaret Higgins, la fameuse et intrépide journaliste ! Le pauvre Mgr Cegjelka ne savait plus où se mettre... »

« Un Américain [1] monte au grand mirador qui domine la place. Il met au moins vingt minutes à obtenir un peu de silence. Enfin, il crie en anglais : ''Je suis un aumônier. En de telles circonstances la première chose à faire c'est la prière *Our Father...*'' À sa descente, il est porté en triomphe. »

*
* *

« Après [2] quelques minutes d'un enthousiasme délirant, monstrueux, Kolossal, la chasse aux SS s'organise. Je rencontre un petit groupe de Polonais, mitraillette au poing, malmenant un SS, mains en l'air. Ses papiers sont jetés à terre... Sur une photo, je vois une femme avec des enfants.

— Moi, pas SS ! répète le malheureux...

---

1. Témoignage R.P. Humbert.
2. Inédit abbé Maurice Tauzìede.

« Je ne peux m'interposer : je ne fais pas le poids. Je tourne les talons. Une rafale de mitraillette crépite. Il est étendu raide...

« Je m'éloigne triste... triste, dans la joie indescriptible qui submerge le camp ; je n'ai pas le réflexe de tracer sur lui le signe de pardon.

« C'est la loi du plus fort qui continue de sévir. Mais c'est une justice que je comprends et que je ne peux approuver en mon âme et conscience. »

*
* *

Le R.P. Humbert se rend à la chapelle :

« Un prêtre allemand célèbre la messe. Quelques officiers et soldats américains s'approchent de l'autel pour communier. Un prêtre monte en chaire et improvise une allocution, magnifiant le geste de nos libérateurs communiant de la main d'un prêtre allemand. Son allocution fut suivie d'un *Te Deum* très mal chanté tant l'émotion nous serrait la gorge. Cela ne peut se raconter, il faut l'avoir vécu. Pour comprendre la liberté, il faut en avoir été privé.

« Dans la semaine qui suivit, alors qu'il y avait encore environ dix mille typhiques, arrivèrent à Dachau pour soigner les malades trois religieuses franciscaines, missionnaires de Marie. Je les vis descendre la Lagerstrasse, les yeux baissés, les mains dans leurs manches, perdues au milieu de cette masse humaine. Je les accompagnais, et tout le long du parcours, j'entendais dire : ''Oh ! des sœurs.'' Le mot était bien choisi.

« Tandis que le R.P. Riquet partait en France alerter l'opinion publique sur les camps de concentration, les prêtres de Dachau organisèrent, sur la place d'appel, un service funèbre pour les morts de ce sinistre camp [1]. »

L'abbé Tauziède et une dizaine d'ecclésiastiques [2] français répartissent le ravitaillement apporté à Dachau par les camions de l'armée de Lattre :

« Une équipe [3] de prisonniers allemands (chacun son tour), nous est confiée pour les différentes corvées. Finie l'arrogance de la race des seigneurs. Ils sont dépenaillés, mal rasés, sales, amaigris. Dans quelques jours, pour nous, c'est la liberté, l'ivresse du retour. Pour eux, les combats sont terminés, mais ils vont connaître la captivité, les privations. Malgré tout ce qu'ils représentent d'odieux, de cruel, d'inhumain, je ne peux me retenir d'aller au secours de leur détresse je leur donne du

1. On pourra lire en annexe I la conclusion de ce manuscrit inédit du R.P. Humbert.
2. Voir note ci-dessus.
3. Témoignage abbé Tauziède.

pain blanc, du savon, quelques conserves... Dans leur regard une lueur de reconnaissance me répond.

« J'étais heureux. Tous mes camarades qui ne reviendront jamais de l'enfer nazi ne m'en auraient pas tenu rigueur : j'avais conscience de ne pas les avoir trahis. »

* * *

« Cette période de ma vie au camp de Dachau, a été pour moi la plus exaltante [1]. Je remercie la Providence de m'avoir conduit dans ce camp où l'occasion m'a été donnée d'aider à vivre et à mourir de nombreux camarades et de leur donner l'espoir d'une vie meilleure. L'occasion aussi de constater que la plupart n'ont pas craint la mort, ont dépassé leur vie, car ils voulaient faire vivre ce qui mérite de vivre plus longtemps qu'eux : la liberté. Nous, prêtres, nous avons tout fait pour remplacer une mère, une épouse, des enfants, auprès des camarades terrassés par les souffrances physiques et morales. Ensemble, nous avons essayé de servir l'indéracinable aspiration à la justice et à la liberté qui ne fait qu'un avec la dignité de la personne humaine. Nous ne regrettons rien et souhaitons seulement que cela ne se reproduise plus. ''Pardonne, mais n'oublie pas...''. »

---

1. Manuscrit inédit du père Joseph Fily (juin 1969). Le père Joseph Fily a soixante-dix-huit ans aujourd'hui. Il appartient à la congrégation missionnaire du Sacré-Cœur. Réformé définitif, il s'engage en 1939 (Deuxième Bureau) et poursuit après l'armistice ses activités d'agent de renseignement (en particulier sur la côte cantabrique espagnole). 1941 : Réseau Vengeance. Renseignement, organisation de passages clandestins de la frontière pour les réfractaires au STO, résistants, aviateurs abattus. Il ne sera arrêté qu'au mois de juin 1944. À Dachau, le père Joseph Fily sera choisi par Edmond Michelet pour devenir l'homme de confiance des intérêts français. C'est à ce titre qu'il siège dans le comité clandestin international du camp. Son action quotidienne, efficace et discrète, en particulier dans le domaine de la solidarité permettra de sauver plusieurs centaines de déportés. Le père Fily reste pour tous les survivants de Dachau une grande figure.

1955. Le chanoine Lucien Hess célèbre la messe dans le camp de Dachau ; le servant est un médecin français. Tous deux ont élevé l'autel contre le four crématoire. Tous deux pleurent.

Le médecin a retrouvé la foi de son enfance ici même, il y a dix ans, en rencontrant le chanoine.

Comme pour s'excuser, il lui avait dit :

— Tout a commencé dans la cellule où la Gestapo m'avait enfermé. Ma lucarne était surplombée d'un auvent pour que je ne puisse voir les toits de la ville. Mais un jour j'ai aperçu entre deux planches la statue de la Vierge au sommet d'un clocher. J'ai dit, j'ai répété des centaines de fois : « Si vous êtes puissante au ciel, demandez au Seigneur de me sortir d'ici. » Et je suis sorti. Sorti pour découvrir Dachau, mais sorti quand même.

Et il avait souri.

— Je voudrais me confesser, mon père.

Dix ans plus tard, le médecin était arrivé à Reims, chez le chanoine Hess.

— Nous partons en pèlerinage...

Le prêtre élève le calice. Le calice de Dachau coulé au lendemain de la Libération sur le conseil de l'archevêque de Munich. Un calice unique. Le prêtre fondeur a utilisé l'or découvert dans les « canadas », l'or des disparus du crématoire : alliances, bijoux, montures de lunettes, mais aussi dents « récupérées » à la morgue...

— Ceci est mon sang...

ANNEXE I

« Moïse a dit au peuple : Gardez le souvenir de ce jour où vous êtes sortis d'Égypte, de la maison de servitude. » (Exode 13/3).

Vingt-cinq ans après [1] je me pose la question : Est-ce un rêve ?

Les camps de concentration resteront pour jamais le symbole de la barbarie et de la cruauté, le plus monstrueux de l'histoire.

Mais pourquoi des prêtres se sont-ils hasardés dans cet enfer ? Quelques-uns, très rares, avaient été pris dans des rafles. D'autres, plus nombreux, venaient du STO où ils s'étaient engagés comme aumôniers clandestins. Une fois découvert leur sacerdoce, ils furent envoyés à Dachau. Mais la grande majorité venait de la Résistance.

Au début, dans la Résistance, nous étions une poignée : 10... 15 dans les premières réunions clandestines, tandis que les foules chantaient *Maréchal nous voilà*. Il fallait s'encourager les uns les autres. J'y rencontrai quelques jeunes vicaires venus, comme moi, en cachette de leur curé.

Un jour, dans une réunion de prêtres, j'entendis un curé traiter le maquis de refuge de voyous. C'est dans cette réunion que se posa pour moi, clairement, le problème : une partie de plus en plus croissante de la population française vivait dans la clandestinité, sans prêtres, sans secours religieux. Fallait-il l'abandonner ? Dans la semaine qui suivit, j'appris que trois vicaires avaient pris le maquis. C'est alors que, sur la proposition du R.P. Moreau, qui avait été mon professeur de morale, et qui clamait : « La Résistance règle de la moralité », je m'engageai dans le réseau Coty.

Peu à peu les rangs de la Résistance grossissaient. On y rencontrait des hommes issus de la Révolution et des hommes issus de l'Évangile, défenseurs aussi farouches les uns que les autres de la liberté. Une

1. Conclusion d'un manuscrit inédit du R.P. Humbert (10 janvier 1969).

fraternité commençait à naître succédant à la solitude des premiers jours. Ce brassage du peuple et du prêtre a été providentiel. La spiritualité sulpicienne avait mis l'accent sur la séparation du prêtre d'avec le monde. La Résistance opérait en sens inverse, immergeant le sacerdoce en pleine pâte humaine. Le séjour dans les camps de prisonniers et de déportés acheva cette osmose et commença à marquer un tournant de l'Église. La pauvreté — témoignage essentiel de l'affirmation évangélique — les prêtres déportés l'ont vécue jusqu'à la nudité. Dans les camps, nous n'avions rien, pas même un mouchoir, pas même une cuillère, soumis au même travail que les autres, aux mêmes souffrances, habillés des mêmes guenilles, couchant dans le même dortoir, parfois dans le même lit, mangeant à la même gamelle, brûlés dans les mêmes crématoires, nous n'étions plus des êtres séparés, mais des frères de misère témoins de la foi. Mgr Piguet, sous l'habit du bagne, apparaissait moins comme un évêque que comme un successeur des Apôtres, semblable à saint Paul en prison.

Cependant, ici, une question se pose : les prêtres ont-ils joui d'un privilège spécial dans les camps ? À Neuengamme certainement pas. Au contraire, bien des gardiens sachant notre sacerdoce s'acharnaient contre nous. Je n'ai rencontré qu'un seul SS, vieux d'ailleurs, à Salzgitter, qui fut pour nous un peu humain. L'abbé Cariou, dans une conversation intime, lui fit comprendre l'inanité du régime nazi et, faisant appel à sa foi endormie, le tourna vers le Christ, ce qui eut pour effet d'accroître sa bienveillance.

Pour beaucoup, la concentration fut une épreuve vaillamment supportée, une croix. Certains semblent être montés proches de la sainteté, tel l'abbé Gay, vicaire de Nantua, disant la veille de sa mort : « Si ma vie est nécessaire pour faire cesser ces massacres, je l'offre volontiers. » Et d'autres dont Dieu seul sait le nom.

Il me semble, à y réfléchir après vingt-cinq ans, que j'aurais dû aller jusqu'au bout et donner le témoignage suprême, mais ceci est une grâce que Dieu n'accorde pas à tous, il faut l'avoir méritée. Je ne veux pas faire le malin. Quand on voit la mort de près, on se cramponne instinctivement à la vie, et j'ai fait comme les autres. Alors j'essaye de remplir le mieux possible ce surcroît de vie que Dieu m'a donné, tout en faisant appel à l'indulgence de ceux qui sont restés là-bas.

Chacun avait fait telle ou telle promesse à Dieu s'il rentrait en France. Personnellement j'avais promis que, si je rentrais vivant à Lyon, je n'entrerais sous aucun toit avant d'être monté à Fourvière. J'ai tenu ma promesse et, en me jetant aux pieds de Notre-Dame, la prière de Péguy me revint aux lèvres :

« Mère voici tes fils qui se sont tant battus
Qu'ils ne soient pas jugés sur une basse intrigue
Qu'ils soient réintégrés comme le fils prodigue
Qu'ils aillent s'écrouler entre vos bras tendus. »

ANNEXE II

Ce qui détermina [1] mon entrée dans la résistance active ce fut une réflexion que je me fis et qui déjà avait trait à mon état sacerdotal.

J'étais depuis avant la guerre aumônier de jeunes. De ce fait, après m'être évadé de la captivité militaire en 1940, j'étais revenu à Tours reprendre les mêmes fonctions qu'auparavant. Je ne craignais pas d'être recherché, mon évasion ayant eu lieu avant qu'on ait enregistré nos noms. Auprès des jeunes rassemblés à petit bruit, je me contentai d'abord d'entretenir un esprit de résistance morale et spirituelle. Trop de gens en effet se laissaient, à l'époque, impressionner par le succès matériel du IIIe Reich. Son culte de la force, sa remarquable discipline, allant jusqu'à l'abdication des consciences devant le « *Führer-Prinzip* » — le chef a toujours raison, rien ne dispense de lui obéir, quoi qu'il commande — le culte du sang et de la race, avec ses conséquences d'antisémitisme et de mépris des « races inférieures », tout cela ne risquait que trop d'envahir de jeunes esprits, humiliés par la défaite de leurs aînés et pas encore très affermis dans leurs idées. Réagir n'était que trop nécessaire. Pour commencer ce fut la seule forme de résistance qui me parut compatible avec mes fonctions.

Mais peu à peu l'attitude que j'avais adoptée fit qu'on me demanda des services : intervenir en faveur de personnes en difficulté avec l'occupant, cacher des proscrits, faciliter aux évadés le passage de la ligne de démarcation qui passait à 20 kilomètres de Tours, loger et héberger des clandestins, recevoir pour eux de la correspondance compromettante... Si bien qu'un jour, je me posai nettement la question : si l'occupant découvre ce que tu fais, ne risques-tu pas d'attirer la foudre et de voir disperser ces jeunes qui ont déjà tant de mal à organiser leurs activités ?

1. Manuscrit inédit Père de la Perraudière (6 février 1969).

C'est là que me vint à l'esprit l'argument qui me décida : « Si on admet qu'un père de famille invoque son devoir familial pour décliner sa participation active, toi, célibataire par profession, vas-tu aussi t'excuser ? En ce cas, qui va se charger de cette résistance active qui devient de jour en jour plus nécessaire devant la manœuvre allemande tendant à entraîner peu à peu la France dans son camp ? Prêtre, tu es célibataire. Célibataire, tu dois marcher. »

Et c'est de ce jour que je décidai de ne pas marchander mon concours à la résistance.

Il y a des choses qui doivent rester le secret des âmes. En parler en général leur enlève cependant beaucoup d'intérêt. Mais n'en pas parler et se réduire à l'anecdote, c'est ôter son principal sens à l'action que des prêtres ont pu exercer dans les camps de concentration.

Et d'abord, dans de telles circonstances, le prêtre a-t-il à exercer un apostolat proprement dit ? Certains penseront peut-être que non. Le prêtre doit donner l'exemple de la bonne camaraderie. Il doit aider matériellement s'il le peut, donner le coup de main à celui que son travail épuise, soutenir par son moral le moral de ceux qui flancheraient, et c'est tout. Bien sûr, il ne refusera pas d'entendre les aveux d'un mourant ou d'une âme qui éprouverait quelques remords, mais son ministère de prêtre n'a pas à aller plus loin.

Tel n'est pas mon avis. L'amour d'autrui doit inspirer le désir, pourvu que ce soit fait en toute discrétion, d'apporter à chacun le genre de secours dont il a besoin. Et c'est pour tous les hommes que le prêtre estime que le plus grand de leurs besoins est celui de la Foi.

— Ça y est ! Vous êtes parti en mission et vous avez voulu convertir !

Oh non ! Parce que je sais que l'homme ne peut convertir que lui-même. Par un laisser-aller dans les mots on a fini par dire « convertir » au sens transitif. En ce sens, seule la grâce de Dieu « convertit ». L'homme, fût-il prêtre, ne peut qu'aider son frère, et encore uniquement si celui-ci le veut. Importuner n'est pas seulement un « mauvais système », ce n'est pas bien agir. Mais être prêt à saisir la perche tendue, parfois gauchement, timidement, fugitivement, cela il le faut. Et pour cela y être attentif. La Foi j'en ai connu qui l'avaient perdue, tant la souffrance les avait amenés à la révolte ; je dois dire que j'en ai peu connu.

D'autres m'ont fait confidence que jusque-là ils s'étaient établis dans une commode indifférence et qu'à présent il ne leur paraissait plus possible d'y rester. Il est normal que j'aie connu beaucoup plus de ces cas. Les premiers, au contraire, n'étaient pas tenus de venir me le dire. Je ne tenterai donc aucune évaluation numérique ou proportionnelle.

Encore moins peut-on évaluer les motifs de ces retours sur soi, en tout cas l'intérêt matériel ne pouvait jouer aucun rôle dans un sens ni dans l'autre. La crainte d'une mort prochaine pouvait certainement agir, mais il n'y paraissait pas beaucoup. J'ai vu extrêmement peu de gens venir de l'irréligion ou d'une autre religion au catholicisme. Deux baptêmes m'ont été demandés, dont l'un par un médecin. Dans les deux cas, il s'est agi de conversions sérieuses et qui ont persévéré après le retour des camps.

Mais ce que j'ai vu avec admiration, c'est l'approfondissement de leur foi par des hommes qui étaient souvent restés à la superficie.

Et puisqu'il s'agit d'un mort, je peux bien citer le fait suivant. Nous étions au rassemblement et, par punition, on nous laissait alignés et au garde-à-vous indéfiniment. J'avais pour voisin un jeune Français et tout autour rien que des Polonais ou des Russes qui ne parlaient pas notre langue. Ce que voyant, mon jeune compagnon se mit de lui-même à me conter, à voix basse bien sûr et en s'interrompant aux allées et venues des Kapos, comment depuis sa captivité il avait mieux compris le problème de la douleur. Il voyait son « sens » rédempteur, non seulement pour les fautes de celui qui souffre mais aussi pour tous les coupables. Ainsi en était-il venu à offrir sa souffrance pour la réparation de la faute même que commettaient ceux qui s'acharnaient à le faire souffrir.

Je pense que les martyrs des premiers siècles n'ont pas dû avoir de sentiments plus purs. J'écoutais, bouleversé, les confidences de cette âme exquise et virile à la fois.

Je pense qu'il était prêt pour l'Amour Infini. Il n'est pas revenu.

ANNEXE III

Le samedi 28 avril 1945 [1], la veille de la libération du camp, arriva à Dachau un convoi d'évacuation de Buchenwald, dans un état de misère indescriptible, à côté de laquelle notre misère à nous, bien réelle pourtant, était véritable richesse : misère dont le souvenir, 25 ans après, me fait encore frémir. Parmi eux il y avait plusieurs religieux franciscains, qui nous firent le récit de leur odyssée. Sur un carnet, fabriqué avec les moyens du bord, j'ai pris des notes : elles sont du premier jet. Je les transcris telles quelles : elles me bouleversent encore. Je trouve ce témoignage du frère Jean-Robert Hegnon d'une qualité humaine remarquable surtout quand on pense qu'il nous a été fait, à chaud, par l'un de ceux qui ont vécu ce calvaire.

Samedi 7 avril : la battue dans le petit camp (le camp de Buchenwald était divisé en grand camp et petit camp) à coups de gourdins. Descente de Buchenwald : les éclopés s'affaissent et sont achevés. Embarquement à Weimar : wagons couverts et wagons découverts — 90 par wagon —

1. Manuscrit inédit de l'abbé Paul Bouiller, curé de Villeneuve-la-Guyard (Yonne) qui a recueilli le récit du frère Jean-Robert Hegnon. L'abbé Paul Bouiller a été arrêté pour résistance le 6 avril 1944. Auxerre, Compiègne, Neuengamme, Kommandos de Salzgitter et de Husum, Dachau enfin.

Dans ce convoi des évacués de Buchenwald se trouvaient de nombreux déportés français et parmi eux Pierre Salomon, Pierre Borgognio (qui réussira à s'évader) et Pierre Vourron. Tous trois m'ont adressé un long manuscrit retraçant, heure par heure, les tragédies de ce voyage. Je me propose de consacrer, prochainement, un livre aux « trains » que les déportés ont baptisés « convois de la mort de Dachau » : celui qui quitta Compiègne le 2 juillet 1944 (près de mille morts) et celui qui se forma à Buchenwald le 7 avril 1945 (plus de deux mille cinq cents morts).

Les 12 frères franciscains[1] en wagon découvert — Départ dans la soirée du samedi.

Dimanche : Lukenau : stationnement soirée et nuit. Ravitaillement : pommes de terre, deux fois ; un pain pour six.

Lundi : 11 heures : départ. Après-midi : banlieue de Leipzig — Sortie des morts sur le bord de la voie — Un pain pour dix. La nuit du lundi au mardi stationnement dans une banlieue de la gare de Leipzig.

Mardi au matin : on roule vers l'Est (60 kilomètres de Dresde) — Longe l'Elbe — En pays des Sudètes — Aucun ravitaillement.

Mercredi : Réveil à Pilzen en Tchécoslovaquie (devant l'abattoir). Étonnement, attroupement et générosité de la population tchèque — Irritation des SS — Dans l'après-midi nous arrivons dans un petit village. Sur le parcours, à chaque arrêt, générosité de la population en pleurs, qui nous jette pain, cigarettes, pommes de terre.

Stationnement dans un petit village. Le soir, une boule pour dix.

Manœuvres pendant deux jours. Chaque soir descente des morts — La nuit du départ du petit village : évasion.

Samedi : départ vers un autre petit village où nous stationnons jusqu'à lundi. La population nous jette des petits pains. Nos sentinelles les prennent.

Lundi : nous roulons en pleine Tchécoslovaquie : plaine vallonnée, paisible, verdoyante. On nous jette des pommes de terre, du pain.

Dans une gare, scène d'atrocité : piétinement d'un déporté qui s'est levé dans un wagon pour faire signe de lui apporter de l'eau (crachats).

Les petites églises regardées avec amour. Le chant des alouettes dans le calme de la campagne. Ensemencement des pommes de terre. Les lièvres et les perdrix foisonnent dans les champs. On croise un autre convoi de Buchenwald : ils sont plus heureux que nous dans l'ensemble.

Chaque soir, problème du coucher : torture de la nuit. Ne pouvant ni se lever, sous peine de se faire fusiller (les coups de fusil ne s'arrêtent pas : deux camarades déjà touchés, un mort) à bout portant, ni s'allonger faute de place, nous sommes obligés de rester à la même place 24 heures sur 24, et cela chaque jour.

La dysenterie — Les nuits : râles des mourants, disputes des coucheurs, arrivée des SS qui rouent de coups de crosse tout le monde — La fusillade — Folie de certains — Moyenne de trois morts par jour : morts qu'on achève. Doigts de pied gelés.

Mardi : stationnement dans une gare tchèque.

---

1. Les douze franciscains requis du STO ont été arrêtés à Cologne pour « activités religieuses » et répartis dans différents Kommandos de Buchenwald.

Mercredi : dans la nuit de mardi nous partons et toute la journée nous roulons.

Site grandiose des Alpes bavaroises. Le train s'engage entre des pentes rocheuses ou boisées, et du fond de notre wagon nous assistons à la naissance du printemps. C'est une féerie : le feuillage des bouleaux d'un vert doré, grêle et léger, se détache gaiement sur le vert sombre et profond des sapins géants. C'est au milieu de cette poésie, de cette fraîcheur, que s'avance notre convoi de misère — Fusillade à bout portant, sang, agonie — Détritus — La soif — La faim — L'anxiété. Nous apprenons à connaître la valeur d'une bouchée de pain, d'une cuillerée d'eau, d'un rayon de soleil, le salut sympathique d'un passant.

En pays tchèque, sur le plateau : la question de l'évasion : difficultés matérielles, double cordon de sentinelles — Impossibilité morale : Louis malade, le nombre que nous étions. Notre attitude : fidélité — Abandon. Ardente supplication — Marie médiatrice — Saint Joseph.

Mercredi soir : arrêt dans une petite gare. Nous sommes mis sur une voie de garage — Pont de Passau coupé — Véritable radeau de la Méduse — L'extermination — (les gouttes d'eau pendant aux fils téléphoniques : la SOIF).

Deux jours et trois nuits dans le vent et la pluie, tout mouillés, sans rien de chaud : huit pommes de terre, deux bouillons de choux déshydratés pour toute la semaine.

On fait du feu sur deux briques dans le wagon. Au milieu des vivants les morts sont étendus. On les foule, on les piétine, on n'en fait plus de cas.

Louis s'affaiblit. Il ne peut plus absorber aucune nourriture.

Mardi soir, on accroche : en route vers Passau.

Mercredi : Passau banlieue : une alerte nous arrête en campagne, dans la nuit nous roulons un peu.

Jeudi 26 avril : Cri suprême vers Notre-Dame.

Jean-Pierre croit bon de préparer Louis à la mort.

À Pocking en Bavière, par un beau soleil, étendu sur une couverture, entre Jean-Pierre et Jean-Marie à sa droite, Éloi, Marie Bernard à sa gauche, après avoir communié de la main de l'abbé Héry et avoir entendu réciter les prières des agonisants, paisiblement Louis expira, la règle de notre ordre entre les mains, tandis que ses frères en religion achevaient de chanter le cantique du soleil : « Bénis sois-tu, Monseigneur, pour notre sœur la mort. »

Départ vers Munich (110 kilomètres dans la journée). On touche un paquet de Maggi, mais pas d'eau (deux cuillères chacun), soif intense.

Samedi 28 : arrivée en gare de Munich : l'eau au fond du wagon.

Épuisement complet, couverts de vermine.

Aux douches de Dachau : deux biscuits, un bonbon, trois morceaux de sucre, une barre de chocolat (fruits d'une collecte faite auprès des internés du camp). Ça vaut plus que tout ce que nous avons reçu durant ces quinze derniers jours.

ANNEXE IV

« L'honneur d'être ouvrier »[1]

Pendant plus de six mois, j'ai eu l'immense avantage de vivre aussi complètement que possible la vie ouvrière. Je dis bien aussi complètement que possible, car en réalité je n'ai pas été, je ne pouvais pas être ouvrier. Je m'en suis rendu compte à l'attitude des autres qui ne m'ont jamais totalement pris pour un des leurs. Je n'ai jamais pu décider Méko, le Russe, qui fut comme électricien mon compagnon de travail, à me tutoyer : quelque chose l'en empêchait. Et j'ai compris peu à peu qu'ils avaient raison. Ne devient pas ouvrier qui veut. Il existe une culture ouvrière qui ne se jauge pas avec les barèmes de la culture tout court. Je sais maintenant ce que cela veut dire « l'honneur d'être ouvrier » autrement que par les discours et par la poésie.

Pour être ouvrier, il aurait fallu que mon corps fût façonné, sculpté pour cet usage. L'ouvrier ne travaille pas seulement avec ses mains, c'est tout son corps qui est engagé dans la bataille, la passionnante et amoureuse bataille avec la matière. Quand mes yeux ont été brûlés par l'arc de la soudure électrique, mes oreilles accordées à l'assourdissant ronflement des machines ou au martèlement des tôles, mes jambes, mes genoux habitués à la voltige des escalades dans les charpentes métalliques, tous mes muscles tendus pour le serrage d'un boulon ou le décrochage d'une mèche, les poumons rompus à la respiration empoussiérée du métal qui vous pénètre, tout le corps rhumatisant de courants d'air malsains et strié de cicatrices diverses, j'ai compris que si j'avais vécu cela depuis mon enfance, mon être ne serait pas ce qu'il est, et

1. L'honneur d'être ouvrier, a été rédigé par le père Victor Dillard dans sa cellule de la prison de Wuppertal. (Voir les notes du chapitre consacré au père Dillard.)

ma sensibilité serait différente. Il faut avoir été sur place, personnellement engagé dans la symphonie, pour se rendre compte que les mains ne peuvent pas être propres ni les ongles impeccables quand on a travaillé dans le cambouis. J'ai dit là-bas la messe avec des mains ignobles mais triomphales. On ne peut pas se servir d'un mouchoir avec des mains pareilles, et l'on doit se moucher avec ses doigts. J'ai compris que le fait de cracher par terre était une défense instinctive de l'organisme, et que l'hygiène était un luxe méritoire et pour certains quasi inabordable. Le vieux Dory qui travaillait avec moi à la soudure autogène touchait sans se brûler les gouttes de métal en fusion, il avait fait cela toute sa vie.

Je me souviens d'avoir, un jour, pendant l'hiver, réparé le moteur du pont roulant extérieur. Je travaillais sur le haut du pont, en plein vent qui glaçait complètement tout le corps. Il me fallait dévisser entre le pouce et l'index de minuscules vis qui résistaient ferme. Je ne sentais pas mes doigts, ils étaient violets. Je n'ai pu m'en tirer qu'en descendant de l'échelle toutes les cinq minutes pour courir me dégeler les mains sur un brasero et je suis resté longtemps après avoir fini, incapable de faire un mouvement et pleurant de froid. J'ai vu Méko, en d'autres occasions, réparer le même moteur. Lui tenait le coup : il savait ; il est vrai qu'il était russe. Il avait une manière à lui de dégeler ses doigts en se frottant les cheveux qui était souveraine. Et puis, il était ouvrier depuis toujours.

Si l'esprit est conditionné par la sensibilité, rien d'étonnant qu'il y ait une mentalité ouvrière, une pensée ouvrière, qui restera toujours étrangère aux philosophes et aux savants. Et cette mentalité est encore façonnée par l'objet sur lequel elle s'exerce. Il faut avoir travaillé pour comprendre la matière et sa beauté et son mystère et sa vie. Car la matière est vivante, je ne savais pas cela non plus. Dans mon domaine d'électricien, cette vie était peut-être plus sensible qu'ailleurs ; pourtant, il me semble que les camarades l'expérimentaient comme moi-même. La machine a une âme. Elle a ses moyens d'expression à elle ; elle a ses bruits, imperceptibles à tout autre qu'à son conducteur, ses plaintes, ses maladies, ses caprices, ses manies. Il existe un accord tacite entre elle et son maître, des habitudes réciproques, une collaboration d'impondérables. L'ouvrier ne travaille pas avec n'importe quel outil, fût-il le plus élémentaire, mais avec son outil, celui qui est marié à sa main depuis toujours. On dira que mon imagination travaille, et que tout cela est poésie. Je pense qu'il y a bien plus que cela, et que ce n'est pas par hasard que le Christ a voulu être ouvrier. Il a aimé le bois, dont il connaissait tous les secrets, dans la familiarité d'une collaboration de vingt années. Il est né sur ce bois dans la crèche et il a voulu mourir dans l'étreinte sanglante de son ami, de son frère, le bois. De nos jours peut-être aurait-il aimé le fer comme il aima le bois, il aurait travaillé avec passion la soudure et le tour et l'ajustage, et il aurait communié par là avec cette matière qu'il connaissait si bien, dans tous ses secrets, comme il connaissait le vent, la tempête et les poissons du lac. La réparation d'une machine est source des mêmes joies que la création artistique. Je me souviens d'une machine à soudure électrique (un couple transformateur moteur et dynamo), qui avait rompu ses amarres pendant un transport par le pont roulant et était tombée de 10 mètres de haut. La machine gisait là, debout sur ses deux petites roues de derrière, comme un chien malade, et Méko se tordait de rire en la regardant. On a travaillé dessus pendant trois jours, sans arrêt, réparant tout, pièce par pièce : le timon, les roues, les condensateurs, les interrupteurs, etc., etc. On l'a remontée complètement et puis, prudemment, on a essayé de lui redonner la vie en la branchant sur le courant. Cela n'allait pas au début, ensuite cela allait mal. Méko l'a réglée en fin connaisseur, jusqu'à ce que les sonorités soient exactement accordées, l'arc impeccablement ajusté à la soudure. Et quand elle a roulé à point, ce fut pour nous deux une joie inexprimable d'avoir ranimé ce cadavre, de sentir que par nous il y avait une vie de plus dans l'usine, comme si un enfant était né. Ce sentiment de la paternité ouvrière est peut-être un des plus forts que j'aie jamais connus ; il me semble que je pourrais revenir dans des années et des années, j'irais reconnaître tout de suite si l'interrupteur de sécurité que j'ai confectionné pour la perceuse, si le trolley aérien que j'ai ajusté au pont roulant, si les circuits suspendus de la sirène d'alarme fonctionnent encore, parce que tous ceux-là sont mes enfants, et je ne puis songer à eux sans un sentiment d'intense fierté, la fierté ouvrière. Quand le Christ, plus tard est repassé à Nazareth, j'imagine qu'il a dû jeter un coup d'œil sur telle ou telle charpente où il avait mis davantage de lui-même, et qu'il a demandé à Jacques ou à Gédéon des nouvelles de sa charrue.

Je m'inquiétais autrefois de savoir comment pouvaient fonctionner en Allemagne ces invraisemblables usines internationales où travaillait une population hétéroclite de Russes, de Serbes, de Polonais, d'Italiens, de Français, etc. J'ai compris sur place que le lien entre tous ces hommes n'était pas la destination de leur travail (sur laquelle ils ne s'entendaient évidemment pas), mais la simple communion collective avec la matière, quelque chose comme un corps vivant du travail. Quand je revoyais, en traversant les ateliers, trois compagnons frapper les rivets à la masse : un Russe, un Allemand, un Français, et que j'admirais le synchronisme impeccablement précis de leurs gestes, le rythme harmonieux de leur frappe, je pensais qu'au-dessus des contradictions du Weltanschauung et des incompréhensions de langue, il y a une solidarité essentielle de travail, et que le lien par la matière est aussi puissant peut-être que le lien de l'esprit. L'Internationale ouvrière n'est pas seulement une élucubration marxiste, mais une réalité tangible. Et il fallait que le Christ vînt et fût ouvrier et s'incarnât en la matière eucharistique pour que l'opacité de cette matière fût vaincue et que cette communion matérielle devînt une communion d'amour. Car les hommes, sans lui, s'arrêteront à la matière pure sans comprendre son âme. Comme ils ont su la prostituer contre nature pour l'asservir aux instruments de mort, ils savent aussi prostituer sa fonction réconciliatrice pour l'asservir aux œuvres de division et de haine. Et ceci est un sacrilège, car la matière est sainte.

Cette découverte de la matière et de sa fonction unificatrice m'a conduit à « réaliser », au sens anglais du terme, une échelle de valeurs que je ne faisais que soupçonner. La hiérarchie du travail n'est pas simplement une question de rendement, d'autorité, ni même de compétence. Elle a une valeur en quelque sorte ontologique. Je ne parle pas ici de la hiérarchie officielle des contremaîtres, ingénieurs, etc. Je parle de ceux qu'à l'intérieur de l'usine on considère comme les bons ouvriers. Leur salaire n'est pas toujours caractéristique de la valeur. En dehors du travail, ils peuvent ne présenter aucune qualité humaine, ils peuvent être balourds, ivrognes ou immoraux. À leur place, dans l'usine, ils sont comme transfigurés ; ils sont ceux qui savent. Ni la matière, ni l'outil n'ont de secret pour eux, ils opèrent des miracles de précision, de fini, de fignolé, qu'il faut avoir surpris pour les croire opérés de main d'homme. Ils ont des diagnostics infaillibles, des coups de main qui valent ceux d'un chirurgien de marque, des habiletés de fleuretiste, ils sont les artistes, les grands artistes du métal. Je vois encore Meyer, le gros Meyer, l'as de la soudure, que l'on appelait d'un bout à l'autre de l'usine dès qu'il s'agissait d'une opération délicate. C'est lui qui m'a soudé bout à bout des fils de cuivre trop courts, sans qu'on puisse découvrir où était la soudure, j'allais dire la cicatrice. Je pense à cet électricien de chez Huhan qui montait de temps en temps à l'usine et vous opérait en un tournemain les jonctions les plus scabreuses de courant à haute tension. Et combien d'autres. Tous ceux-là méritent un respect qu'on ne leur décerne guère en dehors du cercle infime de ceux qui les voient travailler. Ils sont les ignorés, les méconnus sociaux, ceux auxquels on dénie parfois toute valeur humaine. D'autres aux mains propres et au col immaculé se font saluer « cher maître », se pavoisent de rosettes et s'encadrent de publicité. Eux resteront comme ouvriers, inconnus même de leur femme et de leurs gosses, de leurs amis, parce qu'ils ne sont virtuoses que de la matière, comme si ce travail ne conférait pas une noblesse, comme s'il n'était pas, lui aussi, création et parfois œuvre de génie.

Il faut avoir vécu cela pour comprendre que Dieu s'est fait charpentier.

ANNEXE V

Défendre l'homme [1]

Au moment où nous commençons à penser, déjà, au 25e anniversaire de la libération des camps, essayons ensemble aujourd'hui d'abord de nous rappeler, de nous rappeler non pas le détail des faits, des événements que nous avons vécus, mais plus profondément comment nous sommes devenus plus hommes au cœur même de cette entreprise de déshumanisation que le régime nazi voulait nous faire subir.

Rappelle-toi...

Il me semble tout d'abord qu'au-delà des particularismes, nous avons tous été amenés à découvrir l'homme. Était-il blond, était-il brun ? Avait-il des cheveux blancs ?

Il était rasé.

Dans la vie courante, était-il un officier ? Portait-il un uniforme quel qu'il soit ? Était-il un intellectuel ? Un ouvrier ?

On l'avait mis nu, puis vêtu d'un pyjama rayé.

Ce qui, dans la vie courante, classait, étiquetait, semblait justifier les honneurs ou les considérations, tout cela avait disparu et l'on en était arrivé à ne pouvoir découvrir que l'homme avec une intelligence, un cœur, une générosité, un idéal, et c'était souvent indépendant de sa situation sociale antérieure.

Les frontières elles-mêmes avaient sauté : 19 nationalités dans ce camp de Buchenwald, des hommes de toute l'Europe, qu'ils soient de l'Est ou de l'Ouest ; qu'ils aient sur leur triangle rouge un F, un D, un R, un I, que sais-je encore ; chacun était pour l'autre un frère de misère, un compagnon de lutte.

1. Texte de l'abbé Jean Schyrr publié en 1969, par *Le Patriote Résistant*.

J'ai découvert dans cette ambiance internationale une richesse, une valeur qui font que, maintenant encore, je me sens un peu à l'étroit lorsque je ne me retrouve qu'avec des Français. Nous avons ainsi découvert que ce qui fait la valeur des hommes, ce n'est rien de ce qui est visible, c'est la qualité profonde de son être. Nous avons découvert qu'au-delà des frontières, il y a des valeurs communes qui peuvent rassembler des hommes et je peux dire que le chrétien que je suis a expérimenté pour la première fois dans sa vie, douloureusement mais concrètement, ce qu'est l'universalité, la catholicité.

Or, 25 ans après, qu'avons-nous fait de ces valeurs essentielles, que sont-elles devenues dans le monde d'aujourd'hui ?

J'ai, comme beaucoup sans doute, la tentation de classer à nouveau les hommes : ceux qui pensent comme moi et ceux qui ne pensent pas comme moi. C'est si facile et rassurant, peut-être, l'effort de sympathie, de compréhension, cette tentation de l'âge, de la fatigue et de l'égoïsme humain qui pousse à fermer sa porte, ses volets, à tirer les rideaux et finalement à fermer son esprit et son cœur. Et puis, tant d'autres problèmes travaillent le monde d'aujourd'hui que ce soit la Grèce, le Vietnam, le Biafra. Cette poussée de nationalisme un peu partout dans le monde, ces inscriptions racistes, antisémites qui fleurissent à nouveau dans le métro. Ce fait divers : dans un accident de circulation, trois Portugais sont morts et tout le monde, les témoins, la police, puis la justice disant, unanimes au chauffeur du camion : « Mais pourquoi vous en faites-vous tant, ce ne sont que trois Portugais. »

Et puis derrière tout cela, les pays riches et les pays pauvres, ceux qui s'enrichissent toujours plus et ceux qui s'appauvrissent toujours plus.

Alors ?

Alors, il y a le risque de se faire critiquer parce que prendre position sur le Vietnam, le Biafra, tous ces points chauds du globe d'aujourd'hui, ce serait faire de la politique. Mais je ne peux pas ne pas penser que derrière ces problèmes et ces conflits, il y a des hommes, des femmes, des enfants comme il y a 25 ans ; et si nous ne sommes pas aujourd'hui dans un point chaud, la fidélité à ce que nous avons vécu nous impose de ne pas nous asseoir tranquillement au coin du feu et de continuer ce service de l'homme, de continuer cette lutte pour la liberté, celle des hommes et celle des peuples.

Aussi, je pense que nous ne pouvons pas ne pas nous sentir solidaires de tous ces efforts à travers le monde, nous nous sentons en harmonie avec tous les appels, celui de la Déclaration des droits de l'homme, ceux de l'ONU, ceux des Églises, ceux des partis qui veulent préserver la liberté de la personne humaine, le droit de chacun de pouvoir penser et dire ce qu'il ressent, selon sa conscience, le droit plus réaliste mais indispensable à une vie décente car que serait une liberté théorique, sans la base économique qui permet de la réaliser ? Et si je me dis que tout seul je ne peux rien, ou presque, j'ai tort car je ne suis pas seul et je pense à tous les hommes de bonne volonté à travers le monde, et spécialement à vous, frères et sœurs de déportation, camarades de lutte, familles qui portez encore aujourd'hui, au fond du cœur, une souffrance que rien ne fera disparaître.

Qui ne voit que cette façon de vivre aujourd'hui continue cet immense effort de l'humanité pour la construction d'un monde fraternel, d'un monde de justice et de paix, et cela peut commencer par des choses toutes simples ; si, d'abord, je n'accepte pas de me désintéresser de ce qui se passe autour de moi, si je refuse de classer les hommes par catégories, si je cherche en chacun ce qui est commun à lui et à moi, si j'ai le courage d'affirmer cet idéal, même si cela va contre mes intérêts, ma réputation.

Plus que jamais, je crois que nous portons un idéal qui est indispensable au monde d'aujourd'hui. Saurons-nous, sauras-tu, saurai-je, moi aussi, porter cette lumière ?

BIBLIOGRAPHIE

Avant de présenter la liste des principaux ouvrages consultés pour la rédaction de ce troisième dossier sur la déportation, je tiens à remercier tout particulièrement ceux qui ont accepté de me confier des notes manuscrites, qui ont répondu à mes questions, qui m'ont reçu, qui m'ont permis de retrouver des témoins et des témoignages. La plupart sont d'anciens déportés. Ce livre est leur livre.

D'abord les prêtres, les religieux.

Bellanger V. (Sablé/S.).
Bernhard J. (Strasbourg).
Bibaux A. (Alençon).
Birin A. (Strasbourg).
Boca J. (Saint-Brieuc).
Bonaventure M. (Begrolles-en-Mauges).
Bouillier P. (Villeneuve-La-Guyard).
Bousquet H. (Rodez).
Bruyère J. (Athis-Mons).
Cariou P. (Guadeloupe).
Cyprien J. (Caen).
D... H. (Milon-la-Chapelle).
Dasse R. (Saint-Magne).
Demange R. (Nice).
Dentzer A. (Luxembourg).
Didier L. (Lorient).
Didierjean C. (Strasbourg).
Dobigny F. (Lyon).
Domaigne C. (Laval).
Dumoulin J. (Tournai).
Dutaur J.-E. (St-Vicasse).
École J. (Angers).
Fabing L. (Lachambre St-Avold).
Fily J. (Hendaye).
Frey X. (Marlenheim).
Galhaut A. (Clermont-en-Argonne).
Gélébart T. (Quimper).
Gerbeaux M. (Chartres).
Girault G. (Nice).
Graser J.-M. (Châlons/M.).
Haller J. (Bischoffsheim).
Hélin J. (Mézières).
Héry M. (Janville).
Hess L. (Reims).
Hourt F. (Épernay).
Humbert (Lyon).
Jégo J.-B. (Rennes).
Jost J. (Luxembourg).
Kammerer J. (Paris).
Lajarrige P. (Athis-Mons).
Lallemand H. (Belfort).
de la Martinière J. (Bauduen).
de la Perraudière B. (Limoges).

Laurent A. (Épinal).
Lechnev J. (Dachau).
Legay C. (Le Mans).
Lehrmann P. (Strasbourg).
Le Meur G. (Strasbourg).
Lepoutre A. (Lille).
Letort J. (La Croix-St-Leufray).
Manche M. (Besançon).
Marie H. (Montferrand).
Maroldt R. (Luxembourg).
Martin P. (Nouméa).
Mesnier G. (Besançon).
Meyer R. (Enschingen).
Michaux G. (Dormans).
Morelli M.-G. (Mexico).
Pannier R. (Sarcelles).
Pihan J. (Paris).
Renard J.-P. (Amiens).
Riquet M. (Paris).
Rivaux A. (Arras).
de Saint Laurent F. (Bayeux).
Scalbert A. (Beauvais).
Schmit J.-P. (Luxembourg).
Schwertz F. (Ranspach-le-B. — Hegenheim).
Seelig J. (Rohrbach-les-Bitche).
Siguier G., Pasteur. (Toulouse).
Sommet J. (Chantilly).
Taroux R. (Meaux).
Tauziède P.-M. (Bélis).
Tricoire L. (Angers).
Valton L.-M. (Tananarive).
Van Caver A. (Thaïlande).
Varnoux J. (Le Palais-sur-Vienne).
Weyland M. (Luxembourg).

Je remercie également :

Mme Aubry (Paris).
Mme Avenier M. (Paris).
M. Bailly R. (Montpellier).
M. Bissinger L. (Paris).
M. Boudet D. (St-Ismier).
M. Brion J. (Romorantin).
M. Brun J. (Paris).
M. Calic É. (Berlin).
M. Cayrol J. (Paris).
M. Coste L. (Caen).
M. Daudemard Gregnac H. (Asnières).
M. David J. (Luçon).
M. Dugrand R. (Bordeaux).
M. Durand R. (Isle/Sorgue).
Mme Garry (Paris).
M. Goine M. (Paris).
M. Goupille A. (Tours).
Mme Grunberg R. (Montreuil-le-Chétif).
M. Hansen E. (Saint-Brieuc).
M. Hoebeke L. (St-Brévin-l'Océan).
M. Knittel G. (Strasbourg).
M. Koolman B. (Chambourcy).
M. Lewin R. (Grenoble).
M. Lutz J. (La Tranche).
M. Marguerite M. (Amiens).
M. Michelet E. (Paris).
M. Nivolle L. (Rennes).
Mlle Pavie M. (Paris).
M. Pellan M. (Versailles).
M. Perrais M. (Missillac).
M. Perret A. (Moutiers).
M. Petit M. (Antibes).
M. Picart R. (Vaison-la-Romaine).
M. Quinton A. (Châtenay-Malabry).
M. Roche M. (Boulogne).
M. Ronceray G.-A. (Paris).
M. Roulard R. (Chateldon).
M. Soubirous A.-F. (Paris).
M. Terral L.-C. (Paris).
Mme Thiriart M. (Paris).

M. Thuillier M. (Amiens).
M. Valley E. (Paris).
M. Vanhoutte C. (Tourcoing).
M. Vezes G. (Fontenay-sous-Bois).
M. Wiesenthal S. (Vienne).

Il n'existe pas, à ma connaissance, d'ouvrage général et de bibliographie sur les prêtres et religieux en déportation. Cette première liste publiée, ne peut, en aucun cas, être considérée comme définitive.

Annuaire des Anciens de Dachau. Amicale de Dachau, Paris, 1955.

ARMAND P. et M. GIVRE. *Un témoin du Christ parmi les déportés : l'abbé Gabriel Gay*. Éditions du Témoignage Chrétien, Belley, 1948.

ARNOLDSSON Hans. *Aux portes des enfers*. Éditions « Je sers », Paris, 1947.

BENE Charles. *Du Struthof à la France Libre*. Fetzer éditeur, 1968.

BERBEN Paul. *Dachau*. Éditions du Comité international de Dachau, Bruxelles, 1968.

BERNADAC Christian. *Les Médecins maudits*. Éditions France-Empire, 1967. *Les Médecins de l'impossible*. Éditions France-Empire, 1968.

BERNADOTTE F. (Comte). *La Fin*. Éditions Marguerat, Lausanne, 1945.

BERNARD Jean. *Pfarrerblock 25 487*. Anton Pustet, Munich, 1962.

BERTRAND Simone. *Mille visages, un seul combat*. Les Éditeurs français réunis, 1965.

BIDAUX André (Abbé). *Déportation*. Imprimerie alençonnaise, 1966.

BILLIG Joseph. *L'Hitlérisme et le Système concentrationnaire nazi*. P.U.F., 1967.

BIRIN Alfred (Frère). *Seize mois de Bagne*. R. Dautelle, Libraire éditeur, Épernay, 1947.

BLANC Aimé. *Français n'oubliez pas. Reflets de notre temps*. Thonon, 1947.

BONHOEFFER Dietrich (Pasteur). *Résistance et soumission*. Labor et Fides, Genève, 1967.

BONIFAS Aimé (Pasteur). *Détenu 20 801*. Marrimpouey Jeune, Pau, 1966.

BONNIN M. *L'Abbé Bonnin mort déporté en Allemagne*. Imprimerie de l'Union, Poitiers, 1947.

BORWICZ Michel. *Écrits des condamnés à mort*. P.U.F., 1954.

BOUSQUET Hadrien. *Hors des barbelés*. SPES, Paris, 1946.

BRIQUET Georges. *Rescapé de l'enfer nazi*. Éditions la France au combat, Paris, 1946.

BRUN Louis (Abbé). *De Notre-Dame du Puy à Buchenwald*. Éditions de l'auteur, 1947.

BULLOCK Alan. *Hitler, a Study in Tyranny*. Odhamas, New York 1952.

CLOSSET René. *L'Aumônier de l'enfer*. Éditions Salvator, Mulhouse, 1964.

CAHMAN Werner. *In the Dachau Concentration Camp*. The Chicago Jewish Forum. Volume 23, n° 1, Washington, 1964.

CALIC Édouard. *Himmler et son Empire*. Stock, 1966.

CARROUGES Michel. *Le Père Jacques*. Éditions du Seuil, 1958.

CHAMBON Albert. *81 490*. Flammarion, 1961.

CHAUVENET André. *Une expérience de l'esclavage*. Imprimerie nouvelle, Thouars.

Chronique des prêtres ouvriers. Éditions Universitaires.

CONVERSY Marcel. *Quinze mois à Buchenwald*. Éditions du Milieu du Monde, Genève, 1945.

CONWAY John. *La Persécution nazie des Églises*. Éditions France-Empire, 1969.

CORDE MAGNO N° 50. (Abbaye N.-D. de Belloc). *Étude sur le père Grégoire et Buchenwald*. Juillet, 1967.

CYPRIEN Joseph (Frère). *Plaquette sur Frère Donan-Joseph*. Éditions de l'École normale libre de Normandie, Caen, 1946.

DACHAU. Report HBSG OSS Section. PWB Section. CIC Detachement of the Seventh US Army, Dachau, 1945.

DAGUZAN Auguste (Monseigneur). *Une âme de prêtre*. Imprimerie commerciale des Pyrénées, Pau, 1947.

Das Lager Bergen-Belsen. Verlag Für Literatur und Zeitgeschehen. GmbH Hannover, 1966.

DATNER SZYMON, JANUSZ GUMKOWSKI, KAZIMIERZ LESZCZYNSKI. *Le Génocide nazi*. Wydawnictwo Zachodnie, Varsovie, 1962.

D'HARCOURT Robert. *Catholiques d'Allemagne*. Plon, 1938.

DIERICKX Louis. *L'Abbé René Bonpain*. S.I.L.I.C., Lille.

DOMAGALA Jan. *CI, Ktorzy Przeszli Przez Dachau. Duchowni W Dachau*. Pax Verlag, Varsovie, 1957.

DONLAGIC Ahmet. *Jugoslavija U Drugom Svetskom Ratu*, Belgrade, 1967.

DILLARD Victor (Père). *Suprêmes témoignages*. SPES, 1945.

DUQUESNE Jacques. *Les Catholiques français sous l'Occupation*, Grasset, 1966.

ESPINASSE Jean (Abbé). *Témoignage*. Imprimerie Chastrusse, Brive, 1966.

ÉTUDES.

Journal conscience Française. Janvier 1945.

L'Europe à Mauthausen. Juin 1945.

La condition inhumaine : Dachau. Juillet 1945.

Le Père Victor Dillard. Octobre 1945.

La Mission de Paris. Mars 1949.

ÉTUDES carmélitaines. *Le Père Jacques*. (Témoignages recueillis par le P. Philippe de la Trinité). Desclée de Brouwer, 1947.

FEUERBACH Walter. *55 Monate Dachau. Ein Tatsachenbericht*. Rex Verlag, Luzern, 1945.

FLIECX Michel. *Pour délit d'espérance*. Imprimerie Hérissey, Évreux.

FRAYSSE René (Abbé). *De Francfort à Dachau*. Éditions du Sol, Annonay, 1946.

FRIEDLANDER Saul. *Pie XII et le IIIe Reich*. Documents. Éditions du Seuil, 1964.

Kurt Gerstein ou l'ambiguïté du bien. Casterman, 1967.
GAUSSEN Dominique. *Le Kapo*. Éditions France-Empire, 1966.
GEDZIOROWSKI Tadeusz. *Dachau*. Ksiazka I Wieda. Varsovie, 1961.
GELIN Joseph. *Nuremberg 1943-1945, l'expérience d'un prêtre ouvrier*. Les documents du centre jeunesse de l'Église.
GERBEAUX Michel (Abbé). *Vingt ans après*. Imprimerie moderne, Dreux, 1966.
GOLDSCHMITT François (Abbé). *Alsaciens et Lorrains à Dachau*. 5 plaquettes publiées par l'imprimerie Marcel Pierron, Sarreguemines.
GOUET Jean (Abbé). *Dieu a besoin d'une âme : l'abbé Jean de Maupéou*. Imprimerie Vilaire. Le Mans, 1949.
GRANIER Jacques. *Schirmeck*. Éditions des Dernières Nouvelles de Strasbourg, 1968.
GUÉRY L. *Volontaire pour le Christ* (abbé Giraudet). Éditions Siraudeau, Angers, 1948.
GUILLAUME Paul. *L'Abbé Émile Pasty*. Comité abbé Pasty éditeur. Baule, 1946.
HEIBER Helmut. *387 lettres du et au Reichsführer SS (Himmler aux cent visages)*. Fayard, 1969.
HEIM Roger. *La Sombre Route*. Librairie José Corti. Paris, 1947.
HÉNOCQUE Georges (Abbé). *Les Antres de la bête*. Éditions Durassié, Paris, 1947.
HÉON-CANONNE Jeanne. *Les Hommes blessés à mort crient*. Éditions du Chalet. Lyon, 1966.
HÉRICOURT Jean. *Requiem à Buchenwald*. Apostolat des Éditions, 1969.
HELLGRUBER Andréas. *Les Entretiens secrets de Hitler*. Fayard, 1969.
HOESS Rudolph. *Le Commandant d'Auschwitz parle*. Julliard, 1949.
HORBACH Michael. *Une poignée d'humains*. Éditions Alsatia, Colmar, 1968.
I.M.T. Tribunal international de Nuremberg — 42 volumes, éditions allemande, anglaise et française.
In Memoriam Et In Resurrectionem (témoignages sur l'abbé J.-B. Esch). Druck Der Sankt Paulus-Druckerei A.G. Luxembourg, 1951.
JEGO J.-B. *Marcel Callo témoin du Christ*, chez l'auteur B.P. 203, Rennes.
KAYSER N. *Paris Dachau*. Verlag Herz Jesu Kloster. Luxembourg, 1964.
KLEIN Charles. *L'Aumônerie des barbelés*. Éditions S.O.S., 1967.
KOGON Eugène. *L'Enfer organisé*. La jeune Parque, 1947.
La Déportation. Éditions Le Patriote Résistant (F.N.D.I.R.P.), Paris, 1968.
LAFFITTE Jean. *Ceux qui vivent*. Les Éditeurs français réunis, 1958.
LALEWITH Duschan. *Dachau*. Belgrade, 1955.
LE BAS Maurice (Chanoine). *Pierre de Porcaro*. Éditions Lethielleux, 1948.
LEBOUCHER Marcel. *De Caen à Oranienburg*. Imprimerie Ozanne, Caen, 1963.
LELIÈVRE Julien (Abbé). *Mon curé au bagne*. Imprimerie Megafi. Le Mans, 1966.
LELOIR (Père). *Le Christ au bagne*. Éditions de l'auteur, 1948.

LENGYEL Olga. *Souvenirs de l'au-delà*. Éditions le Bateau ivre, 1946.

LENZ Johann (Père). *Christus in Dachau*. Selbstverlag, Bücherversand « Libricatholici », Vienne, 1956.

LEROY Gustave. *À chacun son dû*. Ateliers Lacer, Paris, 1962.

Le Sacrement de l'Eucharistie à Dachau. S.E.D.A.P., Toulouse, 1945.

Les Cahiers du Rhône. Politique divine, 1943.

Les Témoins qui se firent égorger. Éditions Défense de la France, 1946.

LEWIN Roland. *Erick Mühsam*. Supplément au n° 143 (juin 1968) du *Monde Libertaire*.

LIGGERI Paolo. *Triangolo Rosso*. Instituto « La casa ». Milan, 1963.

Livre blanc de Buchenwald. Amicale du camp, 1954.

Livre d'or de la Résistance luxembourgeoise. Imprimerie H. Ney Eicher. Esch-sur-Alzette, 1952.

Livre d'or des Congrégations françaises. D.R.A.C., 1948.

Livre du souvenir. Imprimerie Bourg-Bourger. Luxembourg, 1965.

Livre Mémorial de Falkensee. Imprimerie H. Meffre. Vaison-la-Romaine 1968.

LOUSTAUNAU LACAU Georges.

Mémoires d'un Français rebelle. Robert Laffont, 1948.

Chiens maudits, Éditions du Réseau Alliance. Durassié, 1949.

MANUEL Roger et FRAENKEL Heinrich. *Le Crime absolu*. Stock, 1968.

MARIE Jean (Abbé) et LETURGIE Jean. *L'Abbé Gérald Amyot d'Inville*. Éditions Notre-Dame. Coutances, 1962.

MARNOT René. *Dix-huit mois au bagne de Buchenwald*. Éditions de la Nouvelle République, Tours, 1945.

MAUROY Charles (Abbé). *Mes prisons et Dachau*. Imprimerie Jacques Godenne, Namur, 1946.

Mauthausen. Éditions de l'Amicale du camp.

MAZEAUD H.-L. et J.-P. *Visages dans la tourmente*. Albin Michel, 1946.

Mémorial de France. Sequana.

Mémorial des camps de Dora-Ellrich. Imprimerie de Montrouge, Paris, 1949.

Messages. Carnet de route Buchenwald-Dachau n° 11 (11-9-45).

MICHELET Edmond. *Rue de la Liberté*. Éditions du Seuil, 1955.

MOLITOR Édouard. *Monseigneur Jean Origer*. Druck und Verlag der Sankt-Paulus Druckerei A.G. Luxembourg, 1968.

MORELLI M.G. (Père). *Terre de détresse*. Bloud-Gay, 1947.

NEUHAUSLER Johann. *Amboss und Hammer*. Manz Verlag, Munich, 1967.

NEURATH Paul. *Social Life in the german Concentration Camps*. Columbia University, 1951.

NIEMOLLER Martin (Pasteur). *Zu Verkündigen ein gnädiges Jahr des Herrn ! Sechs Dachauer Predigten*. Verlag Christian Kaiser. Munich, 1946.

Nouvelle Revue théologique. « Dachau bagne pour prêtres ». Septembre 1945.

NYISZLY Miklos. *Médecin à Auschwitz*. Julliard, 1961.

ONFRAY Joseph. *L'Âme résiste*. Imprimerie alençonnaise, 1946.

PARGUEL Paul (Abbé). *De mon presbytère aux bagnes nazis*. SPES, 1949.

Pélerins de Bagne. Édité par l'Institut catholique de Toulouse, 1946.
PÉLISSIER Jean (Abbé).
Pour Dieu et la Patrie. Bonne Presse, 1945.
Si la Gestapo avait su. Bonne Presse, 1946.
PIES Otto (Père). *Geweihte Hände in Fesseln*. Verlag Butzon, Brecker, Kevelaer, 1956.
PIGUET Gabriel (Monseigneur). *Prison et déportation*. Éditions SPES, 1949.
PIHAN Jean (Abbé). *Un petit gars parmi tant d'autres : Pierre Barbier*. Union des œuvres catholiques de France, 1951.
PILAR Iouri.
Rien que la Vérité. Éditions de Moscou, 1960.
L'Honneur d'être un homme. Éditions du Progrès, Moscou, 1966.
PINEAU Christian. *La Simple Vérité*. Julliard, 1960.
PLOTTON Robert (Abbé). — *De Montluc à Dora*. Éditions Dumas, Saint-Étienne, 1946.
POIRMEUR André. *Compiègne (1939-1945)* . Éditions de l'auteur : 62, rue de Paris, Compiègne, 1969.
POLIAKOV Léon. *Auschwitz*. Julliard, 1967.
RÉMY (Colonel).
Tome VII de *La Ligne de Démarcation* (chapitre : Le signe du Christ). Librairie académique Perrin, Paris, 1966.
Leur calvaire. Arthème Fayard, 1954.
RENARD Jean-Paul (Abbé). *Chaînes de lumière*. Éditions de l'auteur. Imprimerie Logier. Béthune, 1947.
Retour. Revue de l'Union chrétienne des Internés et Déportés. Numéro octobre 1957.
Revue d'Histoire de la Deuxième Guerre mondiale. Nos 15, 16, 36, 40, 45.
ROUYER Auguste. *Témoignages sur l'abbé Joseph Tanguy*. Imprimerie Guillau. Morlaix, 1947.
SCHELLENBERG Walter. *Memoiren*. Köln, 1959.
SCHNABEL Reimund. *Die Frommen in der Hölle-Geistliche in Dachau*. Union Verlag. Berlin, 1966.
SHIRER William. *Le Troisième Reich*. Stock, 1961.
SKORZENY Otto. *Lebe Gefährlich*. Ring Verlag, Helmut Cramer. Sieburgniederpleis, 1962.
SPARTACUS. *L'Église a-t-elle collaboré ?* N° 6 (Jean Cottereau).
STEINBOCK Johann. *Das Ende von Dachau*. Osterreichischer Kulturverlag. Salzburg, 1948.
SUIRE Pierre. *Il fut un temps*. Soulisse-Martin. Niort, 1946. *Témoignages strasbourgeois*. Les Belles Lettres, 1947.
TILLARD Paul.
Mauthausen. Éditions sociales, 1949.
Le Pain des temps maudits. Julliard, 1949.
Tragédie de la déportation (choix de témoignages par Olga WORMSER et Henri MICHEL). Hachette, 1954.

TRINITÉ (Père Philippe de la). *Le Père Jacques*. Tallandier, 1949.

VALLÉE Armand (Abbé). *Souvenirs de Fresnes*. Secrétariat social. Saint-Brieuc, 1946.

VANHOUTTE Clément. *L'Abbé Germain Coutteret.* Messager Cœur de Jésus, Juin 1962.

VERGNET Paul. *Les Catholiques dans la Résistance*. Les Éditions des Saints-Pères, 1946.

VERMEIL Edmond. *Hitler et le christianisme*. Gallimard, 1940.

Vie spirituelle. Janvier 1946. Comment les chrétiens d'Allemagne ont pratiqué la charité à notre égard. (J. DOYEN O.P.).

Vie spirituelle. La Vie des religieux dans les camps de déportés. Octobre 1945.

VILLENEUVE J. *L'Abbé Pierre Arnaud*. Imprimerie S. Pacteau. Luçon, 1947.

We have not forgotten. Éditions Polonia, Varsovie, 1961.

WORMSER-MIGOT Olga. *Le Système concentrationnaire nazi*. P.U.F., 1969.

WULF Josef. *Heinrich Himmler*. Berlin, 1960.

ZAHN Gordon. *Un témoin solitaire*. Éditions du Seuil, 1964.

Journaux :

La Croix,
La Voix de la Résistance,
Le Patriote résistant,
Le Déporté,
L'Agent de liaison,
La Voix du maquis,
Mauthausen,
ainsi que tous les bulletins, journaux des différentes associations d'anciens déportés.

TABLE DES MATIÈRES